십자가

IVP(InterVarsity Press)는
캠퍼스와 세상 속의 하나님 나라 운동을 지향하는
IVF(InterVarsity Christian Fellowship)의 출판부로
생각하는 그리스도인을 위한 문서 운동을 실천합니다.

ⓒ 2001 by Derek Tidball
This translation of *The Message of the Cross* first published in 2001
is published by arrangement with Inter-Varsity Press,
36 Causton Street, London, United Kingdom
through rMaeng2, Seoul, Republic of Korea.
All rights reserved.

This Korean edition ⓒ 2003, 2022 by Korea InterVarsity Press
156-10 Donggyo-ro, Mapo-gu, Seoul 04031, Republic of Korea.

이 한국어판의 저작권은 알맹2를 통하여
IVP UK와 독점 계약한 IVP에 있습니다.
신 저작권법에 의하여 한국 내에서 보호받는 저작물이므로
무단 전재와 무단 복제를 금합니다.

십자가

다함없는 지혜 · 변함없는 사랑

데릭 티드볼 | 정옥배 옮김

Ivp

차례

시리즈 서문 7

저자 서문 9

약어 13

서론 17

1부 예견된 십자가

1장 여호와께서 준비하시리라 창22:1-19	43
2장 여호와의 유월절이니라 출12:1-51	67
3장 이날에 너희를 위하여 속죄하리라 레16:1-34	93
4장 내 하나님이여, 내 하나님이여, 어찌? 시22:1-31	119
5장 슬픔의 사람 사52:13-53:12	143

2부 경험된 십자가

6장 십자가에 달린 메시아 마26:1-27:56	171
7장 고난받는 종 막14:1-15:47	199
8장 자비로운 구세주 눅22:1-23:56	225
9장 영광스러운 생명 수여자 요18:1-19:42	251

3부 설명된 십자가

10장 십자가, 과분한 의 롬 3:21-26   279

11장 십자가, 지혜로운 어리석음 고전 1:18-2:5   305

12장 십자가, 치명적인 화해 고후 5:16-21; 엡 2:11-22; 골 1:19-20   329

13장 십자가, 현재의 역사 갈 2:20; 5:24; 6:14; 빌 3:10-11   353

14장 십자가, 비장한 승리 골 2:8-15   377

4부 적용된 십자가

15장 단번에 히 10:1-18   403

16장 이를 위하여 너희가 부르심을 받았으니 벧전 1:2, 18-21; 2:13-15; 3:18-22   427

17장 하나님은 사랑이시라 요일 4:7-14   451

18장 어린 양이 합당하도다 계 5:1-14   471

연구 문제   495

참고 도서   521

시리즈 서문

BST(Bible Speaks Today) 시리즈란 다음의 세 가지 목적을 특징으로 하는 신구약 및 주제별 강해 시리즈를 말한다. 즉, 성경 본문을 정확하게 해설하고, 그것을 현대 생활에 관련시키며, 읽기 쉽게 만드는 것이다.

따라서 이 시리즈는 '주석'이 아니다. 주석은 본문을 적용하기보다는 설명하려고 애쓰며, 독립된 책이라기보다는 참고서 역할을 하는 경향이 있다. 다른 한편으로 이 시리즈는 단순한 '설교'가 아니다. 성경은 진지하게 다루지 않고 그저 현대적이고 읽기 쉬운 것만을 추구하려고 하지 않기 때문이다.

본 시리즈의 기고자들은 모두, 하나님이 이미 말씀하신 것을 통해 지금도 말씀하고 계시며, 그리스도인들의 삶과 건강과 성장을 위해서는 성령님이 오래전에 주신 그러나 항상 새로운 말씀을 통해 지금도 말씀하고 계시는 것을 듣는 일이 그 무엇보다도 중요하다는 확신을 가지고 있다.

시리즈 편집자
모티어(A. Motyer), 스토트(J. Stott), 티드볼(D. Tidball)

저자 서문

출판된 책에 대한 궁극적인 책임은 저자 혼자 져야 하지만, 어떤 책을 쓰더라도 여러 사람이 합작하기 마련이다. 이 책이 세상에 나올 수 있도록 해 준 사람들에게 감사드리고 싶다.

참고 도서 목록을 보면 명확히 알 수 있지만, 내가 십자가에 관해 대화를 나눈 상대는 대체로 조직신학자들보다는 성경 주석가들이었다. 그들이 제공한 풍성한 통찰에 감사한다. 그중 많은 사람은 그리스도인의 삶에 대한 학적 연구가 얼마나 가치 있는 일인지를 탁월하게 보여 주었다. 다른 대화 상대는 매우 초고 단계에 있던 이 책의 내용을 일부분씩 발표했을 때 들어 준 사람들이다. 프레스턴의 자유감리교 부활절 수련회(Free Methodist Easter Conference), 런던의 중국인 교회 여름 학교(Chinese Church Summer School), 멜버른의 리들리 대학 설교 학교(Ridley College Preaching School) 등에서 그러한 대화를 할 수 있었다. 그들이 보여 준 모든 반응과 격려에 감사한다.

안식 학기를 준 런던 바이블 칼리지(London Bible College)에 감사한다. 그 덕분에 나는 이 책을 쓰며 멋지게 새천년을 시작할 수 있었으나, 나중에 듣자 하니 다른 교수들은 그런 혜택을 누리지 못했다고 한다. 학장인 내가 자리를 비우는 바람에 다른 사람들은 일거리가 더 늘었다. 내가 휴가를 보낼 수 있도록 도와준 모든 동료에게 감사한다. 대학 임원들, 내가 할 일을 나누어 맡아 준 모든 사람, 그리고 언제나처럼 내가 방해받지 않도록 잘 보좌해 주고 그 외 여러모로 도와준 개인 비서 제니 애스턴(Jenny Aston)에게 특별히 감사한다. 대학은 글을 쓰기에 알맞은 환경을 제공해 주었다. 특히 훌륭한 도서관 시설이 한몫했다. 또한 기도로 격려해 주고, 연구가 진척되는 데 관심을 보이며, 목표에 도달하도록 박차를 가해 준 많은 학생에게도 감사한다.

친구 앤디 파팅턴(Andy Partington)에게 또다시 신세를 졌다. 그는 원고를 꼼꼼히 살펴보고 지혜로운 조언을 많이 해 주었다. 또한 원고를 읽고 여러 가지 유용한 제안을 해 준 데이비드 킹던(David Kingdon)과 알렉 모티어(Alec Motyer)에게도 감사한다. IVP로부터 BST 주제별 성경 강해 시리즈를 편집해 달라는 요청을 받은 것과 내가 이 책을 쓰게 된 것은 매우 영광스러운 일이었다. 그 두 가지 기획에서 콜린 듀리즈(Colin Duriez)와 함께 일하게 되어 기쁘다. 친절하고도 노련한 그의 편집 능력은 대단히 큰 도움이 되었다.

저자들은 으레 글을 쓰느라 오래 함께하지 못하는 동안 인내해 준 배우자와 가족들에게 감사를 표하곤 한다. 내 경우는 그 반대다. 내가 집에서 글을 쓰면서 우리 가족은 내가 평상시 학교에서 일하고 설교를 할 때보다 훨씬 더 많은 시간을 함께할 수 있었다. 그것은 이 책을 쓰는 일이 가져다준 진짜 보너스 중 하나였으며, 이 몇 달 동안 아내 다이앤(Dianne)과 아들 리처드(Richard)와 더 풍성한 사랑을 나눌 수 있었던 것에 더욱 감사한다. 지극히 사랑하는 아들 리처드가 어른으로 자라면서 오직 예수님의 십자가 안에서만 영광에 이르기를 바라며 이 책을 그에게 헌정한다.

나는 그리스도의 십자가와 같은 장엄한 주제에 대해 제대로 글을 쓸 수 있다고 생각하는 것이 얼마나 어리석은 야심인지 너무 잘 안다. 이 책을 쓰고 난 후 나는 하나님의 찬란한 은혜와 놀라운 구속 계획에 다시 한번 새롭게 경외감을 느끼게 되었다. 나는 하나님의 아들이 "나를 사랑하사 나를 위해 자신을 주셨다"는 것을 제대로 깨닫기에는 도저히 역부족이다. 이 책의 모든 결점과 부적절한 점들에도 불구하고, "주 달려 죽은 십자가"를 성경이 드러내는 여러 각도에서 함께 살펴볼 때, 여러분 역시 "우리를 위해 자기 목숨을 버리신" 그분을 더욱 사랑하고자 하는 마음이 생겨나기를 바란다.

데릭 티드볼

약어

AB	The Anchor Bible.
AV	The Authorized (King James) Version of the Bible, 1611.
BAGD	Walter Bauer, *A Greek-English Lexicon of the New Testament and Other Early Christian Literature*, Translated and adapted by William F. Arndt and F. Wilbur Gingrich (University of Chicago, 1957).
BSC	Bible Student's Commentary.
BNTC	Black's New Testament Commentaries.
BST	The Bible Speaks Today. 『BST 시리즈』(IVP).
CBG	Crossway Bible Guides.
CC	Communicator's Commentary.
CGTC	The Cambridge Greek Testament Commentary.
DJG	*Dictionary of Jesus and the Gospels*, ed. Joel B. Green, Scot McKnight and I. Howard Marshall (IVP, 1992).
DNTT	*Dictionary of New Testament Theology*, ed. Colin Brown, 3 vols. (Paternoster, 1975-1978).
DPL	*Dictionary of Paul and his Letters*, ed. Gerald F. hawthorne, Ralph P. Martin and Daniel G. Reid (IVP, 1993).

DSB	Daily Study Bible.
EB	*The Expositor's Bible.*
EBC	The Expositor's Bible Commentary. 『엑스포지터스성경연구주석』(기독지혜사).
ET	English translation.
IBC	Interpretation Bible Commentary. 『현대성서주석』(한국장로교출판사).
ICC	International Critical Commentary. 『국제성서주석』(한국신학연구소).
Int	*Interpretation.*
LXX	The Old Testament in Greek according to the Septuagint, 3rd cent. BC.
mg.	Margin.
NAC	The New American Commentary.
NCB	New Century Bible Commentary.
NICNT	New International Commentary on the New Testament. 『뉴인터내셔널성경주석』(생명의말씀사).
NICOT	New International Commentary on the Old Testament.
NIGTC	New International Greek Testament Commentary.
NIV	The New International Version of the Bible (Inclusive Language Edition, 1996).
NLCNT	New London Commentary on the New Testament.
NRSV	The New Revised Standard Version of the Bible (1995).
NTCS	New Testament Commentary Series.
OTL	The Old Testament Library.
PC	Pelican Commentaries.
TCS	Torah Commentary Series.
TDNT	*Theological Dictionary of the New Testament*, ed. G. Kittell and G. Friedrich, Translated by G. W. Bromiley, 10 vols. (Eerdmans, 1964-1976).
TDOTTE	*Theological Dictionary of Old Testament Theology and*

	Exegesis, ed. William A. van Gemeren, 5 vols. (Paternoster, 1996).
TNTC	Tyndale New Testament Commentaries. 『틴데일신약주석시리즈』(기독교문서선교회).
TOTC	Tyndale Old Testament Commentaries. 『틴데일구약주석시리즈』(기독교문시선교회).
WBC	Word Biblical Commentary. 『WBC성경주석』(솔로몬).
WEC	Wycliffe Exegetical Commentary.

서론

오늘날의 복음주의 영성과 신학에 나타난 십자가

런던 국립 미술관은 새천년의 도래를 축하하는 가장 좋은 방법으로, '그리스도의 모습'에 대한 전시회를 열기로 결정했다. 믿지 않는 관람객들이라도 화가들이 묘사한 예수의 삶과 죽음에 대한 작품들을 감상하면서 거기 그려진 영구적인 진리와 중요성을 알 수 있으리라는 믿음으로 그런 기획을 하게 된 것이다. 전시의 끝부분에서 방문객들은 살바도르 달리(Salvador Dali)의 1951년 작 "십자가의 성 요한의 그리스도"(Christ of St. John of the Cross)를 보게 된다. 그 작품은 처음 전시되었을 때 전문가에게 상당한 비판을 받았다. 하지만 두 달도 안 되어 5만 명에 이르는 각양각색의 사람들이 줄지어 그 작품을 보러 왔으며, 언론은 이렇게 논평했다. "그 그림이 걸린 방에 들어가는 사람들은 본능적으로 모자를 벗는다. 들떠서 재잘재잘 떠들던 학생들이 그 그림을 보면 입을 다물고 경외감이 가득 찬 침묵에 잠긴다."[1]

모든 세대, 모든 문화의 수많은 사람이 찬미와 경이, 겸손한 회개의 마음으로 그리스도의 십자가 앞에 섰다. 십자가는 기독교 신앙의 핵심으로, 하나

---

1 *Scottish Art Review*. G. Finaldi, *The Image of Christ* (National Gallery, 2000), p. 198에서 인용.

님의 사랑을 드러내고, 죄에서 구원하며, 적대적인 악의 세력을 정복하고, 하나님과 화목하게 한다. 이 책은 다시금 십자가 아래 서서 성경에 나오는 다양한 증인들의 눈을 통해 감사와 믿음으로 그 십자가를 바라보도록 초대하고 있다.

십자가는 놀랍고도 복잡한 하나님의 역사로, 한 관점에서만 보면 그 충만함을 이해할 수 없으며, 한 가지 이론만으로는 더더욱 이해할 수 없다. 로널드 월리스(Ronald Wallace)는 이렇게 경고했다.

> 다양한 증거를 충분히 제대로 다루고 그것들이 복음의 의미를 충분히 드러내도록 하려면, 해설하는 중에 때에 따라 이런저런 속죄 '이론'이 필요할 것이다. 때로 십자가의 몇 가지 새로운 측면은 어떠한 교리 체계에도 잘 들어맞지 않는 경우가 자주 있을 것이다. 우리는 이를 준비해야 한다. 우리는 우리의 신학적 취향이 아니라 성경 본문의 형태와 역동성이 사고를 지배하도록 해야 한다. 성경은 운신의 폭을 넓혀 주어 여러 다른 차원과 관점에서 그리스도의 죽음을 볼 수 있도록 해 준다.[2]

따라서 우리는 성경을 죽 훑어가면서 성경이 제시하는 십자가의 이러저러한 묘사를 살펴보기 위해 간간이 멈추어 설 것이다. 먼저 십자가가 역사적 실체로 나타나기 오래전에 구약 저자들이 그린 스케치에서 시작할 것이다. 그리고 직접 목격한 증인들이 쓴 복음서의 주옥같은 설명을 자세히 살펴본 후, 바울과 다른 신약 저자들이 십자가를 좀 더 깊이 있게 해설한 본문을 볼 것이다. 연구해 볼 만한 대표적인 본문들을 고르려 애쓰기는 했지만 철두철미했다고 주장할 생각은 없다.

빨리 연구를 시작하기 원하는 사람은 당연히 1장에 나오는 창세기 22장

---

2   Wallace, p. 93.

의 첫 번째 묘사를 어서 살피고 싶을 것이다. 하지만 어떤 사람에게는 복음주의 영성과 신학에서 십자가가 차지하는 위치에 대해 사전 오리엔테이션을 어느 정도 하는 것도 유익할 것이다. 십자가는 언제나 우리의 교리를 규정하고, 설교를 지배하며, 헌신을 고취하고, 선교의 동인이 됨으로써, 복음주의 영성과 신학의 핵심이 되어 왔다.[3] 하지만 오늘날에는 십자가가 더 이상 과거처럼 중심적 위치를 차지하지 못한다는 몇 가지 표지가 있다. 적어도 전통적으로 해석된 십자가는 그럴 수 있다. 이 책에서 그 주제를 장황하게 다룰 수는 없지만, 간략한 개관은 할 수 있을 것이다.

1. 오늘날의 복음주의 영성과 십자가

1) 복음주의 영성에서 십자가가 지니는 전통적인 중요성

'영성'이란 그저 하나님에 관한 지식을 가리키는 말이 아니다. 그것은 하나님을 체험하는 것, 곧 신자가 하나님과 관계 맺는 내적인 삶, 변해서 행동을 취하게 하는 원동력을 제공하는 경건 생활과 훈련, 그러므로 다른 모든 것의 중심이 되는 축을 말한다. 복음주의 영성의 핵심은 그리스도의 구속 사역이다. 그리스도인의 삶은 무엇보다 십자가로부터 비롯되고, 감사함으로 십자가에 반응하며 겸손하게 십자가를 본받는 가운데 살아가는 삶이라고 볼 수 있다.

이전 세대의 찬송가 작사자들과 설교자들을 보면 그것을 알 수 있다. 아이작 와츠(Isaac Watts)의 "주 달려 죽은 십자가"를 생각하라는 초대는 고전적인 복음주의 영성이다. "내가 구세주의 보혈에서 과연 유익을 얻을 수 있

---

[3] 참으로 핵심이기 때문에, D. Bebbington은 회심주의, 행동주의, 성경주의와 함께 '십자가 중심주의'가 복음주의를 검증할 수 있는 네 가지 독특한 요소 중 하나라고 설득력 있게 주장한다. *Evangelicalism in Modern Britain: A History from the 1730s to the 1980s* (Unwin Hyman, 1989), pp. 14-17.

을까?" 묻고는 "놀라운 사랑이로다! 어떻게 나의 하나님이 나를 위해 죽으셨나이까?"라고 외치며 십자가를 찬양하는 찰스 웨슬리(Charles Wesley)의 찬송가도 마찬가지다. 십자가에 대한 수많은 찬송가와 노래는 십자가가 영성에 얼마나 중요한지를 입증한다.

18세기 복음주의 지도자인 찰스 시므온(Charles Simeon)의 신앙은 '십자가 발치에 있는 죄인의 종'[4]로 설명할 수 있다. 가장 중요한 그의 설교 중 하나의 제목이 "십자가에 달리신 그리스도, 혹은 복음주의 신앙 설명"인데, 여기에서 그는 속죄야말로 기독교 영성의 유일하게 적절한 기초라고 주장했다.[5] 또 다른 설교에서는 이렇게 말했다. "우리를 위해 죽으신 그리스도의 사랑을 인식하는 것이야말로 우리의 모든 순종의 근원이자 동기임을 마음에 깊이 새겨야 한다."[6] 라일(J. C. Ryle) 감독은 십자가에 기초한 뜨거운 기도를 드리면서, 대속이 없다면 "이 종교는 태양 없는 하늘, 종석 없는 아치, 바늘 없는 나침반, 태엽이나 추 없는 시계, 기름 없는 등잔"[7]이라고 말했다. 스펄전(C. H. Spurgeon)은 "십자가는 우리 세계의 중심"[8]이라고 말했다. 웨스트민스터 교회의 캠벨 모건(Campbell Morgan)은 "기독교의 모든 산 경험은 십자가에서 시작한다"고 말했으며, 십자가가 '영적 생활의 지렛대'라고 생각했다.[9] 현대에는 십자가에 대한 이와 동일한 이해를 존 스토트(John Stott), 패커(J. I. Packer), 마틴 로이드 존스(Martyn Lloyd-Jones)의 글에서 볼 수 있다.[10]

복음주의를 비판하는 일부 사람들과는 정반대로, 십자가가 복음주의 영

---

4 Gordon, p. 96.
5 앞의 책, pp. 96-97.
6 C. Simeon, *Evangelical Preaching* (Multnomah, 1986), p. 53.
7 Gordon, p. 219.
8 D. Bebbington, *Holiness in Nineteenth-Century England* (Paternoster, 2000), p. 38에 인용. 이 책에는 복음주의 영성의 중심이 십자가라는 다른 통찰도 많이 담겨 있다.
9 Gordon, p. 314.
10 Stott, *Cross of Christ*, 여러 곳. 『그리스도의 십자가』(IVP). Stott의 저술은 메마른 학문적 논문이 아니라 수시로 찬송이 터져 나오게 만든다. 참고 도서에 나오는 Packer의 저술을 보라. Lloyd-Jones의 글에는 십자가에 대한 진술은 단 한 문장도 나오지 않지만, 십자가라는 주제는 매우 여러 곳에서 발견할 수 있다.

성을 그렇게 규명한 적이 없다는 말은 사실이다. 하지만 복음주의 영성은 중심이 무엇인지를 규명했다.

2) 복음주의 영성의 배양

사람들은 종종 복음주의 영성을 말씀 중심적인 것으로 그리고 설교와 연관해서 생각한다. 심지어는 영성이 곧 '경건의 시간' 훈련이라고 오해하고, 다른 것은 거의 없다고 생각하기도 한다. '경건의 시간'이란 날마다 개인적으로 성경을 일정 부분 읽고 때로 간략한 주석을 참고하기도 하면서 개인적인 기도를 아마 즉석에서 드리는 것이다. 그것은 실생활과 동떨어진 일종의 마술적인 의식이 되기 쉽다. 그렇게 되면 영성은 어떻게든 그리스도인들을 보호해 주기는 하지만 그들을 변화시키지는 못한다. 영성을 그런 식으로 이해하는 것이 복음주의 외의 다른 기독교 전통에서 볼 수 있는 풍성한 관상과 비교할 때 얼마나 빈약한가 보라! 그런 관상들은 종종 다채로운 성상들과 상징 혹은 다른 시각 자료들을 이용하며, 금식, 수련회, 침묵 정진 등과 같은 희생을 요하는 훈련을 포함한다. 현대의 시각 중심적인 환경에서 말로만 표현되는 복음주의 영성은 빈약해 보일 때가 많다.

하지만 복음주의 영성을 그저 설교로 듣거나 기계적으로 '경건의 시간'을 갖는 것이라고만 이해한다면 잘못이다. 그것은 복음주의적 방법이라는 껍데기를 복음주의 진리와 경험이라는 내용물로 오해한 것이다. 하나님의 놀라운 은혜에 대한 관상과 그분의 살아 있는 말씀에 대한 순종에 기초한 영성보다 더 풍성한 영성은 있을 수 없다. 잘못된 것은 영성이 아니라 우리가 그것을 제대로 실천하지 못한다는 것, 그리고 아마도 우리가 미친 듯이 질주하며 살아간다는 것이다.

복음주의 영성은 십자가를 묵상하도록 요구한다. 아이작 와츠가 주 달려 죽은 십자가를 '생각하라'고 한 것은 괜한 말이 아니다. 조지 윗필드(George Whitefield)가 여러 편지에서 십자가를 크게 기뻐하고 독자들에게 "피 흘리시는 하나님을 잊지 말라"고 촉구한 것은 괜한 말이 아니다. 그는 자신을 통해 회심한 어떤 사람에게 "십자가에서 돌아가신 예수를 즐거워하는 것이 무엇인지 알기"를 바란다고 썼다. 그는 "십자가에 달리신 구세주를 가까이서 뵐 때 다른 모든 피조물은 얼마나 더럽고 비열해 보이는지" 지적했으며, "성육신하신 하나님의 고뇌와 피땀"을 묵상해 보라고 권했다.[11]

감리교 지도자 새뮤얼 채드윅(Samuel Chadwick)은 그리스도의 수난을 중심으로 사순절 훈련을 했는데, 그것은 "보통 십자가를 향해 '얼굴을 고정한' 채 그 기간을 보내는 것이었다." 가톨릭 기도서들, 속죄에 관한 책들 그리고 주의 깊게 뽑은 성경 본문들이 수난에 대해 묵상하는 수단이었다. 제임스 고든(James Gordon)은 이렇게 말한다. "성경을 연구하는 학생들은 성경에 대한 비판적 경외를 버리고 영혼으로 조명을 구하면서 겸손히 성경을 연구했다. 그들은 '서두르지 않으며 기도하는 마음으로 위대한 본문을 하나에서 다른 하나로 옮겨 가며 단어들을 추적하고 그 단어들이 하나님의 책 안에서 어떻게 펼쳐지는지를 따라간다.'"[12]

핸들리 모울(Handley Moule) 주교는 『사순절로의 초대』(The Call of Lent)에서 기도는 확신의 전제 조건이며, 십자가에 달리신 주님의 사랑을 묵상할수록 사랑받는다는 느낌이 강화된다고 가르친다. "십자가에 달리신 분의 사랑, 그분의 존재 자체인 그 사랑은 '구속', '소유', '예속' 등의 단어를 무한한 애정이 담긴, 가장 깊은 곳에서 나오는 음성으로 바꾼다."[13]

홀로 상상의 나래를 펼 때보다는 성경의 계시에 확고한 기초를 두고 묵상과 기도를 할 때 우리는 갈보리에 드러난 하나님의 은혜를 점점 더 깊은 경이로움으로 바라보게 된다. 싱가포르의 복음주의 신학자 사이먼 찬(Simon Chan)이 쓴 대로, "묵상은 신학과 실천 사이의 주요한 연결고리다. 묵상을

---

11 Gordon, p. 57.
12 앞의 책, p. 260.
13 앞의 책, p. 212.

통해 진리는 머리에서 마음으로 그리고 일상생활로 흘러가면서 생생하게 살아난다."[14] 그는 묵상이 최근에 창안된 것이 아니라고 주장한다. 그 뿌리는 묵상이 우리와 그리스도의 연합에서 중심이 된다고 본, 장 칼뱅에게까지 거슬러 올라간다는 것이다.

3) 십자가 중심적인 복음주의 영성의 외적 표현

십자가 중심적인 복음주의 영성은 우선 **노래로 표현된다**. 하나님의 사랑은 십자가를 통해 경험되는(이전 복음주의자들이라면 '느껴지는'이라고 말했을 것이다) 것이기 때문이다. 그것은 진리에 대한 공식적인 주장이 아니라 은혜에 대한 산 체험에 입각하고 있다. 그래서 그것은 기쁨과 감사로 표현되며, 나아가 노래에서 표현된다. 아이작 와츠, 찰스 웨슬리, 존 뉴턴(John Newton)으로부터, 우리 시대의 그레이엄 켄드릭(Graham Kendrick)과 매트 레드먼(Matt Redman)에 이르기까지 많은 위대한 복음주의 찬양은 십자가에 대한 것이었다. 1970년대 은사주의 운동이 발흥할 때부터 생겨나기 시작한 현대적인 찬송가와 찬양을 보면 초기에는 십자가에 대한 가사가 거의 없었으나, 이제는 달라졌다. 전에는 영광과 승리와 승리주의 신학에 지나치게 몰두했으나 이제는 죽고 다시 살아난다는 신약 기독교의 주제를 반영하여 좀 더 균형을 잡게 되었다. 그레이엄 켄드릭의 "온유와 위엄"[15]이라는 찬송과 "값은 치러졌도다"(The Price is paid)라는 노래는 둘 다 십자가에 대한 풍부한 해설을 담고 있으며, 분명 세대가 바뀌어도 기억될 것이다. 마찬가지로, 우리의 '모든 호흡'으로 반응할 것을 권하는 매트 레드먼의 "예수 그리스도의 희생을 생각

---

14   S. Chan, *Spiritual Theology: A Systematic Study of the Christian Life* [IVP(USA), 1998], p. 167. 『영성 신학』(IVP). Packer는 "어떻게 하나님에 대한 우리의 지식(knowledge about God)을 하나님을 아는 지식(knowledge of God)으로 바꾸어 놓을 수 있는가? 그것을 위한 규칙은 힘겹긴 하지만 간단하다. 그것은 우리가 하나님에 대해 알게 된 각 진리를 하나님 앞에서 묵상하며, 하나님을 향해 기도하고 찬양하는 것이다." *Knowing God*, p. 18. 『하나님을 아는 지식』(IVP).

15   이 책의 부제는 3절의 "온유와 위엄"에서 따온 것이다.

할 때"("Once Again"의 가사 일부—편집자 주)와 "십자가가 모든 것을 말했네"(The Cross has said it all)는 그 곡조와 가사는 상당히 현대적이지만 고전적인 복음주의 전통에 서 있다. 복음주의 영성은 지금도 노래로 표현되고 있다.

그것은 행동으로 표현된다. 내가 젊었을 때 일어난 영웅적인 사건이 하나 있는데, 다섯 명의 젊은 미국인 선교사가 아우카 인디언들에게 순교를 당한 일이었다. 그들은 십자가로 인해 마음이 뜨거워져, 다른 나라의 부족민들이 복음을 모른 채 살아가는데 가만히 집에만 있을 수 없다고 느꼈다. 그들은 하나님의 사랑을 알리기 위해 갔으며, 생명을 대가로 지불했다. 하지만 그들에게 십자가의 의미는, 언제라도 자신을 희생할 수 있다고 믿는 믿음이었다.[16]

그리스도께서 우리를 사랑하사 자신을 주셨기 때문에, 신자들 또한 복음을 전하고, 사회에 참여하며, 화평케 하는 자가 되고, 자기희생과 자기부인을 통해 자신을 드린다. 존 스토트는 우리가 "안전을 고집하는 것과 십자가의 길은 양립할 수 없다"라고 썼다. 그는 이어서 야고보와 요한을 언급하면서 이렇게 말한다. "그리스도의 십자가의 영광은 그들의 이기적인 야심이 얼마나 비루하고, 초라하며, 시시한 것인지를 보여 준다. 그것은 또한 모든 세대의 기독교 공동체가 직면하는 선택, 곧 대중의 길과 십자가의 길 사이의 선택을 강조한다."[17] 모든 섬김과 선교는 십자가의 형상을 지니고 있다.

그것은 인내로 표현된다. 찰스 시므온은 케임브리지에서 복음주의 사역을 하면서 많은 반대를 받았다. 제임스 고든은 이렇게 말한다. "시므온은 고난받으신 그리스도에 대한 메시지에서 자신이 져야 할 십자가의 패러다임을 발견했다. 십자가에 달리신 그리스도를 향한 열정적인 충성은 그가 케임브리지에서 장기간 받은 반대와 조롱, 적대감과 분리할 수 없다."[18] 시므온은 그리스도의 십자가를 지고 갔던 시몬이 자신과 같은 이름이라는 것에 주

---

16 이 이야기는 살해된 사람 중 한 명의 아내인 Elizabeth Elliot이 *Through Gates of Splendour* (Hodder and Stoughton, 1957)에서 말한 것이다.
17 Stott, *Cross of Christ*, p. 288.

목했다. 그는 "이 얼마나 복된 격려인가!"라고 썼다. "나에게 십자가가 지워지다니, 예수님을 따라 그것을 질 수 있다니 얼마나 큰 특권인가! 그것으로 충분하다. 이제 나는 예수님의 고난에 참여하는 영예를 받았기에 기쁨으로 뛰며 노래할 수 있을 것이다.…이제 나는 핍박을 영광의 화관처럼 이마에 두른다."[19]

일부 복음주의 필자들과 작곡가들은 십자가를 낭만적인 것으로 혹은 연애 경험과 같은 것으로 말하지만,[20] 복음주의의 지배적인 경향은 엄밀한 현실주의에 입각해 십자가를 보는 것이다. 그 경향은 개인이 마음대로 하도록 놓아두기는커녕, 제자들로 하여금 예수님처럼 십자가에 팔을 한껏 벌리고 단단히 고정한 채 세상의 온갖 불유쾌한 일들과 고통에 관여하여 그것들을 감싸 안지 않을 수 없도록 하는 것이다.

그것은 거룩함으로 표현된다. 이 점에서도 시므온이 우리의 대변자가 된다. 설교에서 그는 이렇게 말했다.

마지막으로, 거룩한 삶을 삶으로써 우리의 지혜로운 의도를 보여 주도록 하자. 십자가에 달리신 그리스도라는 교리는 믿음 없는 사람에게는 지금까지 그러했듯 언제나 어리석게 보일 것이다. 우리가 효과적으로 "어리석은 사람들의 무식한 말을 막도록" 그 탁월함을 보일 수 있는 길은 단 한 가지뿐이다. 그것은 "선행으로" 하는 것이다(벧전 2:15). 이렇게 하여 우리는 이 교리가 성화시키고 변화시키는 효능이 있음을 보여 준다.[21]

그것은 공동체에서 표현된다. 우리는 개인주의자로 십자가 아래 서는 것

---

18 Gordon, p. 97.
19 앞의 책.
20 낭만주의 운동의 영향은 복음주의에서 특히 초기 케직 운동의 가르침에서 나타난다. Bebbington, *Evangelicalism*, pp. 80-81, 167-169와 *Holiness*, pp. 73-90를 보라.
21 Simeon, *Evangelical Preaching*, p. 57.

이 아니다. 십자가는 다른 사람들과 화평한 관계를 맺게 하며, 공동체로 모여 함께 떡을 떼고, 사랑으로 서로 섬기고, 세상의 비난을 견디는 가운데 서로 결속하도록 한다.

그리스도인의 삶은 그리스도가 우리 죄를 사하시고 우리에게 새로운 생명을 주시기 위해 십자가에서 죽으신 사역에서 시작되고 유지된다. 그리스도인의 삶은 십자가 모양이다. 우리가 죄와 이기적인 개인주의와 욕심과 야망, 세상의 사고방식과 그리고 옛 성품이 지시하는 삶에 대해서 죽고, 그리스도의 죽음 안에서 그분을 닮아 가기 때문이다.[22]

4) 복음주의 영성이 지닌 위험

십자가 중심적인 복음주의 영성에는 분명 몇 가지 위험이 있다. 먼저 불건전한 병적 상태에 빠져 갈보리의 어두움에만 너무 머무를 위험이 있다. 예를 들어, 우울한 성격으로 자기혐오가 심했던 윌리엄 쿠퍼(William Cowper)는 "샘물과 같은 보혈은/ 주님의 피로다"와 같은 찬송에서, 어떤 사람이 보기에는 "영혼이 처한 위험과 그리스도의 죽으심의 효과를 황량한 색채로 그려 속죄에 대해 변론적 표현"[23]을 썼다. 뉴이(Newey)는 "죄와 자기혐오로 인한 내적 황야…노여움을 진정시킬 수 없는 하나님에 대한 무시무시한 환상을 쿠퍼보다 더 자세히 알았던 사람은 거의 없을 것이다"[24]라고 해설했다. 하지만 십자가는 바로 그러한 양심의 고통을 낮추기 위한 것이다.

또 그리스도를 계속 십자가에만 계시게 하고 성육신과 부활 그리고 오순절의 중요성을 폄하하는 위험도 있다. 이 세상을 하찮게 여기고 왜곡된 방식으로 세상을 부인할 위험도 있다. 엘리자베스 클레페인(Elizabeth Clephane)의 "십자가 그늘 밑에"라는 찬송이 그렇듯, 자기 자신과 사람들 일반에 대한

22　빌 3:10.
23　Gordon, p. 73.
24　앞의 책, pp. 73-74에서 인용.

불건전한 태도를 보일 위험도 있다. 이 찬송에는 "내가 고백할 놀라운 일 두 가지/ 놀라운 구속의 사랑과/ **나 자신의 무가치함**"이라는 가사가 있는데, 이 찬송은 그 점만 빼면 매우 아름다운 찬송이다. 창조 교리와 우리가 어떠한 대가를 치르고 구속되었는지에 비추어 볼 때, 우리가 '무가치'하다고 말하는 것은 분명 잘못이다. 우리는 우리의 '합당치 않음'(unworthiness)에 대해서는 선뜻 노래해야 하지만, '무가치함'(worthlessness)을 노래할 수는 없다. 전자는 너무나 쉽게 후자로 옮아가서 인간의 생명과 창조에 대해 상당히 잘못 평가하게 한다.

5) 오늘날의 복음주의 영성의 발전 양상

십자가가 오늘날의 복음주의 영성의 중심에서 밀려나고 있다는 증거가 있다. 예를 들면, 최근에 나온 복음주의 영성에 대한 책 중 어떤 것은 여타 지점에서 탁월하지만, 십자가는 거의 다루지 않는다. 그리고 색인에서 '십자가'나 관련 단어를 찾아보면 예수님의 십자가를 언급한 경우와 십자가의 성 요한에 대해 언급한 경우가 수적으로 거의 비슷하다. 대중적인 차원에서 복음주의 영성은 자기 긍정과 위안을 추구하다 보니 '십자가 지기'보다는 '십자가 피하기'라고 말할 수밖에 없는 것을 발전시키고 있다.

현대 복음주의에 영향을 미친 두 가지 특별한 경향은 언급할 만하다.

첫째, 일부 사람들은 **오순절이 갈보리를 대신했다**고 생각한다. 은사주의 운동에서 손꼽히는 사상가인 톰 스매일(Tom Smail)은 최근 "성령 체험을 십자가에 달리신 그리스도에 대한 믿음보다 더 중요하게 여기는 사람이 많아지고 있다. 기독교의 중심이 갈보리에서 오순절로 이동한 것이다"[25]라고 썼다. 그 이유는 이해할 만하다. 은사주의 운동은 이 세상의 현실에는 너무 침잠하면서 미래이며 동시에 **현재**인 하나님 나라는 충분히 살아 내지 못하는

---

25 Smail, *Once and for All*, p. 17.

기독교, 패배주의적이고 이위일체론적인(binitarian) 기독교에 대한 반작용으로 일어난 것이다. 그런 기독교에 십자가의 신학은 있었으나 영광의 신학은 없었으며, 사탄의 역사에 너무 안일하게 대처하는 경향이 있었다. 성령을 재발견한 결과, 우리의 경험 속에서 새로운 확신을 하게 되고 하나님을 더 열심히 추구하게 되었다. 거기까지는 좋았다.

하지만 톰 스매일은 "십자가와 성령: 갱신의 신학을 향하여"(The cross and the Spirit: Towards a theology of renewal)라는 글에서 이 운동을 비판했다. 그는 오순절 신학이 다른 모든 신학과 마찬가지로 여러 가지 한계가 있다고 말한다. "이 중 주된 한계는 오순절 신학의 기본 구조에서는 새롭게 하시고 권능을 부여하시는 성령의 역사와 예수 그리스도의 성육신, 죽음, 부활에 나타난 복음의 핵심 간의 긴밀하고 깊은 관계를 인식하기가 어렵다는 것이다."[26] 오순절 신학은 "오순절에 이르는 길은 갈보리라는 것, 성령은 십자가로부터 온다는 것"을 잊어버리는 경향이 있다. 권능과 죄 사함은 한 지붕 아래 있지만, 은사주의 신학에서는, 주의를 기울이지 않으면, 그 둘이 반드시 관련이 있는 것은 아니게 될 수도 있다. 스매일은 이로 인해 두 단계로 된 기독교가 생겨날 수 있다고 말한다. 십자가가 1단계고, 거기서 졸업해야 은사 체험을 하게 된다는 것이다. 그것은 또한 권능에 집착하게 만들 수 있다. 하지만 권능에 대해 우리는 비판적으로 따져 보아야 한다. 스매일은 우리가 권능을 사랑하는 것인지 아니면 사랑의 권능을 아는 것인지를 묻는다. "우리가 십자가로부터 자신의 위치를 파악하게 되면, 예수님이 보여 주시는 유일한 권능은 전적으로 자신을 주는 사랑의 권능, 곧 갈보리에서는 그 자체가 연약하고 무력할 뿐이었던 권능이라는 것을 알게 된다. 그분은 거기에서 자신에게 가해진 모든 폭력과 사나운 악을 극복하셨다. 더 큰 폭력과 무력을 행사함으로써가 아니라, 그것들을 완전히 폐기해 버림으로써 극복하신 것이다."[27]

---

26 Smail, "Cross and Spirit", p. 54.
27 앞의 책, p. 62.

권능과 죄 사함을 구분하는 것은 나아가 치유와 여러 가지 표적에 대한 관심으로 이어진다. "치유 은사는 무언가 비밀스럽거나 심지어 초자연적으로 받는 재능이 아니다. 치유를 일으키는 것은 갈보리 사랑이다." "치유와 갱신과 효과적인 전도가 일어날 수 있는 교회는 그리스도의 갈보리 사랑에 열려 있는 교회다."[28] 그 둘을 구분하면 또한 고난과 실패에 대한 적절한 목회 신학을 제공하지 못할 수도 있다고 스매일은 말한다. 사람들이 '더 많은 사랑과 더 많은 권능'을 끊임없이 추구하고, 그리스도가 완성하신 사역 위에 서는 일과 그분을 통해 이미 그들에게 부여된 것을 확신 있게 자기 것으로 만드는 일을 잊어버리면서, 하나님께 받아들여졌다는 진정한 확신도 얻지 못할 수 있다는 것을 덧붙이고 싶다.

둘째로, 어떤 사람들은 **속죄 대신 성육신 혹은 창조가** 신학적 관점의 중심이 되었다고 생각한다. 어떤 복음주의 교사들은 교회와 포스트모더니즘의 관계를 고찰하면서, 현 세상에 영향을 미치려면 영성에 대한 십자가 중심적인 접근 방법에서 좀 더 창조 중심적이고 성육신적인 접근으로 이동할 필요가 있다고 최근 주장한 바 있다. 그들은 교회 밖 사람들의 영성을 불합리한 것으로 간주하기보다 인정하는 것에 주된 관심이 있다. 그들은 예수님과 바울의 모범과 같이[29] 선교는 사람들이 있는 곳에서부터 시작해야 한다고 말한다. 그들의 세계로 들어가서, 창조와 문화에 대해 복음주의자들이 전통적으로 신봉했던 것보다 훨씬 더 적극적인 자세를 견지해야 한다는 것이다.

영국에서 일어난 켈트 영성의 기묘한 부활이 그러한 경향을 잘 보여 준다. 다수 복음주의자들은 특히 그 창조 중심적인 정신에 이끌렸다. 켈트 설교자들에게 하나님은 아주 분명하게 실재하시며, 피조물의 평범함과 선함과 장엄함에서 자신을 나타내시는 현실적인 하나님이었다. 그분은 성찬식과 기도실뿐 아니라 바람과 파도 속에서도 뚜렷하게 인식되실 수 있었다. 그런 영

---

28   앞의 책, p. 63.
29   행 14:8-20; 17:16-34; 고전 9:19-23.

성은 생태 문제로 고민하는 이 세상 사람들의 공감을 받고 우리가 현실성이 결여된 영성에 빠지지 않도록 해 준다. 그러나 한편 이러한 영성을 접한 일부 사람들은 십자가가 실제 세계와 멀리 떨어져 있으며 덜 중요하다고 느끼기 시작했다.

6) 오늘날 십자가를 되찾는다는 것

이러한 추세는 우리에게 많은 것을 가르쳐 준다. 하지만 그것을 무비판적으로 받아들여서는 안 된다. 그것들은 우리를 십자가 없는 영성으로, 하나님이 그리스도 안에서 우리에게 주신 계시라는 견지에서 보면 불완전한 영성으로 너무 쉽게 이끌 수 있기 때문이다. 신학적으로뿐만 아니라 영성의 견지에서 보더라도 복음주의자들은 십자가를 원래의 중심적 위치로 회복시켜야 한다. 그렇게 하기 위해서는, 십자가에 등을 돌리고 우리 죄악에 대한 해결책이 다른 어딘가에 있다고 가정하는 것이 아니라, 십자가의 깊이와 넓이를 더 탐구하고 그 충족성을 발견해야 한다. 오늘날 얼마나 많은 그리스도인이 바울처럼 "그러나 내게는 우리 주 예수 그리스도의 십자가 외에 결코 자랑할 것이 없으니 그리스도로 말미암아 세상이 나를 대하여 십자가에 못 박히고 내가 또한 세상을 대하여 그러하니라"[30]고 진심으로 말할 수 있을까?

2. 오늘날의 복음주의 신학과 십자가

1) 전통적인 복음주의적 입장

복음주의자들은 어떤 한 가지 해석만으로는 십자가를 제대로 다 설명할 수는 없다는 것을 언제나 알고 있었다.[31] 하지만 속죄에 대한 전통적인 복음

---

30 갈 6:14.
31 십자가에 대한 다른 견해는 십자가가 사탄에게 주는 대속물, 하나의 본보기, 우리에게 주는 도덕적 영향력, 하나님의 도덕적 지배에 대한 표현, 악의 세력에 대한 승리, 성부 하나님께 대한 배

주의의 이해는 형벌의 대속이라는 개념에서 발견할 수 있다. 패커는 그것이 "우리를 기독교 복음의 가장 깊은 핵심으로 데리고 가는"[32] 개념이라고 주장한다. 레온 모리스(Leon Morris)도 비슷하게 주장한다. "내가 주장하고 싶은 것은, 속죄의 다각적인 측면을 염두에 두어야 하기는 하지만 대속이야말로 그 핵심이라는 것이다."[33]

예수님이 우리 죄에 대한 벌을 받으려고 우리 대신 죽으셨다는 것은 복음주의자들이 오랜 세월 동안 증언해 온 복음이었다. 예를 들어, 마틴 다비(Martin Darvie)는 최근 틴데일 교리 강좌(Tyndale Doctrine Lecture)[34]에서 1779년 찰스 시므온이 한 간증을 인용했다. "'내 모든 죄가 다른 사람에게 전가될 수 있다! 내 영혼은 한순간도 더 그 짐을 질 필요가 없다'는 생각이 섬광처럼 떠올랐다." 그는 1950년대 데이비드 왓슨(David Watson)이 한 간증도 이와 비슷하다는 것을 지적했다. 왓슨이 학생이었을 때 일이다. 어느 날 존 콜린스(John Colins)가 그와 아침 식사를 하면서, 토스트에 빗대어 십자가의 의미를 설명했다. 이사야 53:6에 따르면, 우리의 죄와 죄책은 우리에게서 예수 그리스도에게로 완전히 전가되었다는 것이다. 마치 토스트를 한 손에서 다른 손으로 옮기듯이 말이다. 왓슨은 이렇게 말했다. "나의 마음은 지적으로 훨씬 더 심오한 그 무엇을 원하고 있었지만, 나는 마음으로 그것을 이해하기 시작하고 있었다. 아마도 그것이 십자가의 의미였을 것이다. 아마도 예수님은 우리의 모든 죄와 죄책을 스스로 떠맡으사, 우리가 죄인이면서도 아무런 장벽 없이 하나님의 사랑과 죄 사함을 알 수 있게 하신 것이다."

십자가에 대한 이러한 해설은 성경에서 분명하게 볼 수 있을 뿐만 아니라,

상 등임을 강조한다. M. J. Erickson, *Christian Theology* (1983; Baker, 1998, 『복음주의 조직신학』, CH북스), pp. 798-817, W. Grudem, *Systematic Theology* (IVP, 1994, 『조직신학』, 은성), pp. 581-586, McIntyre, pp. 26-52를 보라.

[32] Packer, "What did the cross achieve?", p. 85.
[33] Morris, *Cross in the New Testament*, pp. 404-405. Morris가 말하는 '대속'이란 '형벌의 대속'을 말한다.
[34] M. Davie, "Dead to sin and alive to God", Tyndale Doctrine Lecture, 1999, 미발간 논문, p. 1.

또한 속죄에 대한 다른 해석과 관련해서도 독보적 위치에 있다는 것이 학자들의 주장이다. 역사적으로, 그것을 전면에 부각하고, 그럼으로써 다른 설명들을 무색하게 한 것은 종교개혁자들이었다. 마르틴 루터(Martin Luther)는 『갈라디아서 강의』(Lectures on Galatians, 1531)에서 이렇게 말했다.

…합당하지 못하고 길을 잃은 사람들인 우리를 향한 하나님의 말할 수 없고 측량할 수 없는 자비와 사랑을 보라. 지극히 자비로우신 하나님 아버지께서 우리가 율법의 저주에 억눌리고 압도된 걸 보시고, 그 저주에 붙잡힌바 우리 힘으로는 결코 해방될 수 없는 것을 보시고, 자기 외아들을 세상에 보내사 모든 사람의 죄를 지게 하셨다. 우리는 예수를 부인한 베드로다. 핍박자, 신성 모독자, 잔인한 억압자 바울이다. 간음한 다윗이다.[35]

그리고 장 칼뱅은 『기독교 강요』(Institutes of the Christian Religion)에서 이렇게 썼다.

그러므로 우리는 그리스도의 결백하심이 빛을 발하는 동시에, 그분이 죄인과 범죄자를 대표하신다는 것을 안다. 그리고 그분이 자신의 죄 때문이 아니라 다른 사람의 죄 때문에 고난받으신 것이 분명해진다. 그분은 본디오 빌라도 앞에서 고난을 받으셨다.…우리가 무죄 방면된 것은 이 때문이다. 우리를 벌을 받아 마땅한 존재로 만든 그 죄가 하나님 아들의 머리로 전가된 것이다(사 53:12). 우리가 하나님의 아들이 스스로 당하신 정당한 벌을 여전히 받아야 하는 것처럼 전율하고 염려하면서 평생 살지 않기 위해서는, 이러한 대속을 특별히 기억해야 한다.[36]

그 이래 많은 사람이 그 교리를 해설했는데, 그중에서도 특히 제임스 데

---

35 앞의 책, pp. 2-3에서 인용.
36 *Institutes* 2.16.5. 같은 책, p. 3에서 인용.

니(James Denney)의 『그리스도의 죽음』(The Death of Christ), 길레바우드(H. E. Guillebaud)의 『왜 십자가인가?』(Why the Cross?) 그리고 가장 최근의 것으로 잘 쓴 존 스토트의 『그리스도의 십자가』(The Cross of Christ) 등이 있다.

1973년 틴데일 성경 신학 강좌에서 패커는 그 모델을 강력하고 분명히 변호하면서, 우리의 '사색적인 이성주의'를 내려놓고 영감에 의한 성경의 증거들에 주의를 기울여, 성경이 십자가에 대해 말하는 것을 듣고 반응하라고 호소한다.[37] 그렇게 하면 우리는 철두철미하게 설명하는 어떤 냉랭한 공식에 십자가를 대입하는 것이 아니라, 십자가라는 비밀의 근본적 특징을 분별하도록 돕는 틀에 도달하게 된다. 우리는 신적 행동에 대한 역동적이고, 극적이며, '케리그마적인 묘사'[38]를 발견하게 될 것이다. 그것은 그리스도가 어떤 비인격적인 정의의 요구를 만족시키기 위해서가 아니라, 거룩하신 하나님과 우리의 인격적인 도덕적 관계를 회복시키기 위해, 우리 죄에 대한 벌을 받으시기 위해, 우리의 대속물로 죽으셨음을 보여 준다. 죄를 대속한다는 개념은 어딘지 생경하게 느껴질 수 있지만, 일부 사람들이 주장하듯이 '법적인' 것은 결코 아니다. 그것은 관계에 대한 것이다. 곧 거룩하고 사랑이 많으신 하나님과 죄 많고 자격 없는 사람들의 관계에 대한 것이다. 그 관계에서 하나님은 단절의 대가를 스스로 지심으로 회복을 위한 행동을 취하신다.[39]

패커는 대속이란 "어떤 사람이 다른 사람의 필요를 채우거나 의무를 대신 이행하여, 그 사람이 더 이상 그 짐을 지지 않아도 되게 할 때 적용하는 광범위한 개념"[40]임을 상기시킨다. '형벌의'(penal)라는 단어는, 대속을 '도덕법, 양심의 가책, 응보적 정의의 세계 안'[41]으로 붙잡아 두려고 덧붙여진다.

패커는 이어서 십자가에 대한 이러한 해석으로 네 가지 핵심 통찰을 이

---

37 Packer, *What did the cross achieve?*, p. 115. 또한 pp. 94-97를 보라.
38 앞의 책, p. 97.
39 앞의 책, p. 107.
40 앞의 책, p. 98.
41 앞의 책, p. 105.

끌어 낸다.

1. 응보적 원리는 하나님의 재가를 받은 것이며, 실로 하나님의 율법에 반영된 그의 거룩하심과 정의와 선하심을 표현한다. 그리고 육체의 죽음 및 영적인 죽음, 곧 육체의 생명뿐 아니라 하나님의 생명을 상실하는 것은 하나님이 우리에게 이미 알리셨으며 이제 선고할 준비가 된 적법한 판결임을 드러낸다.
2. 이러한 판결을 받은 우리는 과거를 돌이키거나 현재의 죄에서 벗어나는 데 속수무책이며 따라서 위협을 피할 길이 없다.
3. 신인(God-man)이신…예수 그리스도가…우리 대신 심판을 받으셔서, 우리가 선고받은 죽음의 모든 차원을 개인적으로 모두 체험하셨고, 그럼으로써 우리가 죄 사함을 얻고 벌을 면제받을 수 있는 토대를 놓으셨다.
4. 믿음은 무엇보다도 현재의 용서와 미래의 소망에 대한 유일한 근거로 자신의 외부로 눈을 돌려 그리스도와 그분의 십자가를 바라보는 것이다.[42]

2) 전통적인 복음주의 교리에 대한 불편함

최근 속죄에 대한 이러한 전통적인 복음주의적 해석에 대해 불편해하는 경향이 커지고 있다. 존 스토트가 그에 대해 주의 깊게 해설했음에도 불구하고, 많은 복음주의 저자들은 그것이 너무 제한적일 뿐 아니라 실제로 결함이 있다고 생각하여, 여전히 확신하지 못하고 있다.[43] 예를 들어, 알래스테어 캠벨(Alastair Campbell)은 최근 이렇게 썼다.

속죄에 대한 복음주의적 견해는 오랫동안 암초에 단단히 달라붙어 있는 병사와 같은 양상을 보여 왔다. 그는 여전히 자신을 방어할 능력이 있고 필요하다면 내

42　앞의 책, pp. 109-110.
43　그러한 비평가로는 Martin Davie, John Goldingay, Tom Smail, Stephen Travis 등이 있다. 그들의 글은 차후에 언급될 것이다. 또 다른 비판은 Nigel Wright, *The Radical Evangelical: Seeking a Place to Stand* (SPCK, 1996), pp. 58-72에 나온다.

려가서 총을 다 발사할 수도 있지만, 한 발자국도 전진하지 못하며 암초를 떠나면 파도 밑으로 가라앉을까 봐 두려워한다. 이때 암초는 형벌의 대속 교리다. 우리는 설교하거나 찬양할 때 그 교리를 단단히 붙잡지만, 마음속으로는 더 이상 진정으로 믿지 않는다.[44]

이러한 불편함에 대해 몇 가지 이유를 언급할 수 있다.

1. 형벌의 대속은 실제로는 아무것도 바꾸지 못하는 것처럼 보이는 법적 계약, 심지어 법적 허구로 제시되기가 너무 쉽다. 우리는 "이루어졌도다. 위대한 계약이 이루어졌도다"(새찬송가 285장 3절의 '새 사람 된 그날부터' 부분―역주)라고 노래한다.[45] 하지만 실제로 무엇이 변했는가? 죄인은 자신의 죄를 사함받았다고 교만하게 믿으면서 여전히 거룩하지 않은 삶을 살아간다. 관계적 차원은 사실상 없으며 계약은 순전히 법적인 것일 뿐이다.

2. 형벌의 대속은 성부 하나님과 성자 하나님 사이를 이간시켜서, 삼위일체를 분열시키는 것으로 제시되기가 너무 쉽다. 분노하신 하나님이 성자에게 마지못해 형벌을 대속하도록 해야 한다. 순종적인 성자가 마지못해 성부를 설득하여 죄를 사하시게 해야 한다.

3. 형벌의 대속은 죄의 문제에 초점을 맞추는데, 이에 반해 오늘날 많은 사람은 죄에 대한 인식이 거의 없으며 그 대신 치유와 온전함이 필요하다고 느낀다. 사람들이 하나님 앞에서 자기 죄를 인식하게 만드는 것이 그 답이 되겠지만, 오늘날 사람들이 경험하는 상황에서 좀 덜 직접적으로 십자가를 말할 수는 없을까?

4. 형벌의 대속은 응보적 정의라는 개념에 기반을 두는데, 그것은 모든 정의는 응보적인 것이 아니라 회복적인 것이어야 한다고 믿는 요즘 세상에서는 한물간 개념이다. 어떤 사람들은 신약이 하나님의 진노에 대해 한때 사람

---

44 Baptist Times, 8 April 1999에 나온 Smail의 Once and for All에 대한 서평.
45 Philip Doddridge의 찬송, "O happy day that fixed my choice."

들이 생각했던 것처럼 많이 말하지는 않으며, 그것을 말하는 경우에도 한때 우리가 생각했던 바를 의미하지는 않는다고 주장한다.

5. 형벌의 대속은 하나님이 실제 범죄자가 아닌 대리인을 벌하신다는 무언가 미심쩍은 도덕에 기초하고 있다. 그것이 정말 정당한가? 스매일은 "범인이 한 일에 대해 그 죄인이 아닌 다른 사람을 처벌하는 것을 과연 정의라고 볼 수 있는가?"[46]라고 묻는다.

6. 형벌의 대속은 '화목'(propitiation)이라는 개념에 근거하는데, 많은 사람은 그것이 하나님을, 달래어 진정시켜야 하는 야만적 존재로 묘사하는 원시적 개념이라고 생각한다. 많은 사람은 '화목'이라는 말을 '속죄'(expiation), 혹은 훨씬 더 부드러운 어휘로 대체한다.

7. 형벌의 대속은 십자가 사역과 부활 사역을 구원이라는 동전의 양면으로 보아 함께 결합하기보다, 그 둘을 분리하는 경향이 있다. 부활은 십자가 희생이 하나님께 받아들여졌음을 그저 확언하는 의미 정도로 축소된다. 그런 비판은 사실인 한에서는 정당하다. 성경은 그 둘을 분리하지 않기 때문이다. 하지만 그렇더라도 십자가에 초점을 맞추는 것은 여전히 가능하다.

8. 형벌의 대속은 기껏해야 신약에 나오는 속죄의 한 가지 모델일 뿐이며, 가장 중요한 모델은 아닐 것이다. 어떤 복음주의자도 성경에 십자가에 대한 모델 혹은 비유가 한 가지 이상 있다는 견해에 의견을 달리하지는 않을 것이다. 많은 사람들은 형벌의 대속이 그중 가장 근본이라고 계속 주장하겠지만 말이다.

이 책에서 해설하는 성경 본문을 살펴볼 때, 이러한 비판을 염두에 두어야 한다. 그 비판 중 많은 것은 '하잘것없어' 비판받을 만하며, 십자가의 형벌-대속적 견해에 대한 타당하고 성숙한 복음주의적 이해에 대한 것이기보다는, 그 견해에 대해 미숙하고 조잡하게 설교하는 것에 대한 과잉 반응이

---

[46] Smail, *Windows*, p. 48.

다. 어떤 것은 우리 시대의 변하는 문화적 태도를 반영한다. 세대마다 효과적인 의사소통을 위해 십자가의 메시지를 새롭게 표현할 필요가 있다. 하지만 그럴 때 우리는 그 해석이 그저 우리 시대의 문화를 반영하는 것이 되지 않도록 세심한 주의를 기울여야 한다. 십자가를 전할 때 그것은 필연적으로 반문화적인 성격이 될 경우가 많은데, 시회의 시류를 충족하려 하기보다는 하나님의 계시를 신실하게 나타내야 한다. 우리의 임무는 문화를 반영하는 것이 아니라 변화시키는 것이며, 십자가는 가장 근본적인 방식으로 문화를 변화시키라고 우리를 부른다.

3) 오늘날 복음주의 사고에서의 변화들

십자가에 대한 전통적인 복음주의적 이해가 가진 불편함을 감안할 때, 많은 복음주의자가 강조점을 바꾸어 속죄 모델을 개조하고 있다는 것을 뚜렷하게 인식할 수 있다. 이러한 변화들은 일련의 이분법으로 기초적으로나마 약술할 수 있다.

응보적 정의로서의 십자가에서, 회복적 정의로서의 십자가로 강조점이 옮겨 가고 있다. 십자가를 악행에 대한 처벌보다는 행악자를 바로잡는 수단으로 여긴다. 이와 더불어, 진노하신 하나님이 내리신 죄에 대한 처벌로서의 십자가에서, 우리 죄의 불가피한 결과로서의 십자가로 강조점이 이동하고 있다. 십자가를 법적인 틀에서 빼내어 관계적 관점에서 해석하려는 강한 경향이 많은 사람에게 있었다. 사법적인 면이 인격적인 면으로 대체된다. 그리스도를 우리의 대리인이기보다 대표자, 심지어 우리의 본보기로 여긴다. 그러므로 십자가는 화목 행위라기보다는 동일시 행위로, 곧 하나님이 우리의 고통 가운데 우리와 함께하시는 것을 의미한다. 또한 십자가의 그리스도는 죄인이 마땅히 받아야 할 죽음을 대신 죽는 범죄자가 아니라 세상의 고난을 지는 희생자로 묘사된다. 그렇다면 그분이 자신을 주신 것은 죄에 대한 응보로 그 값을 치른 것이라기보다, 순종하여 자신을 주는 본을 보이신 것이다.

예수님은 깨어진 언약 때문에 요구되는 희생 제물이기보다는, 언약의 성취이며 그 언약에 온전히 순종하여 살아가는 삶의 모델이다.

미켈란젤로가 시스티나 성당의 벽화를 그리는 일에 참여한 한 학생을 '암플리우스'(amplius)라는 말로 격려한 적이 있다고 한다. 그것은 '더 풍성한'이라는 뜻이다. 과거의 복음주의자들은 십자가 사역에 대해 더 풍성하고 더 다채롭게 이해할 필요가 있었다. 십자가를 보는 프리즘은 때로 너무 제한적이었는데, 성경은 그러한 편협을 용납하지 않는다. 이런 논쟁이 십자가에 대한 성경의 계시를 더 풍성히 이해하도록 한다면, 우리는 그것을 환영해야 한다. 이런 논쟁이 그리스도의 사역, 하나님의 거룩하심, 혹은 죄의 무시무시함을 약화하거나 사소하게 만든다면, 그것에 저항해야 한다. 한편 대속적 형벌의 개념을 보완하는 논쟁은 전체적으로 만족스럽고 긍정적이게 볼 수 있다. 하지만 비성경적이라거나 적절하지 않다며 어떤 개념을 없애려 하거나 다른 것으로 바꾸려 한다면, 그 논쟁을 매우 수상쩍게 보아야 한다. 십자가에 대한 전통적인 복음주의 관점만이 전부는 아닐지 모르지만, 성경 본문을 조금이라도 솔직하게 살펴본다면 이 책의 해설이 시사하는 결론을 피할 수 없을 것이다. 나에게는 그렇게 보인다.

레온 모리스와 같은 전형적인 복음주의 견해의 옹호자는 『예수의 십자가』(The Cross of Jesus)라는 작은 책에서, 전통적인 이론이 십자가를 설명하는 데 필요한 모든 것을 말하지는 않는다고 생각한다는 것을 고백한다. 그는 새로운 이해 방법과 해석의 새로운 깊이를 더 탐색해야 한다고 말한다.[47] 그래서 그는 승리, 무익함, 무지, 외로움, 아픔, 이기심 등과 십자가의 관계를 탐구하기 시작한다. 하지만 모리스와 함께 우리는 우리가 전개하는 비유들과 채택하는 관점들이 성경과 조화를 이룰 뿐 아니라 성경에 뿌리내린 것일 수 있도록 유념해야 한다. 현대의 비유들은 생생하고, 명제적 진술의 무미건조

47　Morris, *Cross of Jesus*, p. 116.

함과 메마름을 극복하며, 과거로부터 이어진 죽은 유추들이 더 이상 통하지 않을 때 새로운 통찰을 준다는 이점이 있다. 하지만 모든 비유에는 어떤 고정축이 필요하다. 그래서 톰 스매일이 경고하듯이, "예수님이 죽으심으로 행하신 것 그리고 자신이 해야 한다고 보신 행위에 대한 역사적 기록과 전혀 상관없는 속죄 이론은 사실상 실격이다."[48] 우리의 이해는 성경의 이해와 조화를 이루어야 하며, 우리의 믿음은 사실에 부합해야 한다.

결론

물론 이 책의 목적은 십자가를 이론화하는 것이 아니라, 십자가가 주는 유익을 얻고, 십자가의 삶을 살며 십자가의 복음을 선포하는 것이다. 앞으로 이 책에서 교리 논의밖에 할 수 없다면, 십자가를 언급하는 주요 성경 본문을 탐구하는 우리의 여정은 실패로 돌아갈 것이다. 우리가 '주 달려 죽은 십자가'를 생각하는 목적은 하나님의 은혜의 기적을 더 깊이 인식하고, '십자가에 달리신 그리스도'에 대한 복된 소식을 그것이 개인 및 창조 세계에 가지는 의미와 함께 충실히 전하겠다고 굳게 결심하는 것이다. 우리가 다시 십자가 아래 서서 예수님의 십자가를 통해 나타난 하나님의 모든 자비로 인해 겸손하게 경외하며 하나님께 감사하게 되리라고 믿는다.

---

[48] Smail, *Once and for All*, p. 19.

1부

예견된 십자가

1장

여호와께서 준비하시리라

창세기 22:1-19

이것은 구약에서 가장 절묘하게 묘사된 가장 충격적인 이야기다. 현대인들은 하나님이 아브라함에게 아들 이삭을 제물로 바치라고 명하신 이야기에 반감을 가진다. 그러면서도 이 잔인한 명령이 드러내는 관계의 깊이와 다정함에 감동받지 않을 수 없다. 이 이야기는 사랑과 희생에 대해, 신뢰와 순종에 대해, 당혹감과 충성에 대해, 주는 것과 받는 것에 대해, 신실함과 보상에 대해 말한다.

이것을 기독교적으로 이러저러하게 해석하기 전에, 우선 아브라함이 이삭을 제물로 바친 것은 하나님의 선택받은 백성인 이스라엘을 위한 이야기임을 알아야 한다. 모벌리(R. W. L. Moberly)에 따르면, 이 이야기의 두 핵심 단어는 '시험하다'(1절)와 '경외하다'(12절)다. 하나님의 백성은 이 이야기를 통해 본으로 삼을 모델을 보았으며 언제나 하나님을 경외하라는 격려를 받았다. 하나님을 두려워한다는 의미에서가 아니라, 어떠한 시험을 주시든 하나님께 순종한다는 의미에서 경외하라는 것이다. 그분은 언제나 그들이 신뢰할 만한 하나님이심이 판명될 것이기 때문이다.[1]

오랜 세월이 지나면서 그리스도인들은 이 사건에서 원래의 의미 외에도 하나님 아들의 십자가와 연관시킬 수밖에 없는 수많은 다른 특징을 보게 되었다. 이 이야기가 원래 이전에 가지고 있던 의미를 훼손시키지 않으면서 '매우 인상적인 방식으로'[2] 혹은 여러 인상적인 방식들로 이 이야기의 이미지들을 발전시켰다. 그 방식들이란 원래의 에피소드를 기록된 대로 일관되게 전개하는 것이었다. 다시 말해 그들은 자기 해석(eisegesis: 본문에 없는 것을 **집어넣어 해석하는 것**)이 아니라, 주해(exegesis: 본문에 있는 것을 **끌어내어 해석하는 것**)를 한 것이다.

이 이야기는 대단히 단순하게 쓰여 있다. 세 번에 걸쳐 음성이 들리면서 이야기가 모양을 갖추어 간다. 첫 번째 음성은 하나님의 것으로, 요구하는 음성이다(1-2절). 두 번째 음성은 이삭의 것으로, 질문하는 음성이다(7절). 세 번째 음성은 천사의 것으로(11-12, 15-18절), 하나님의 요구와 이삭의 질문 둘 다에 대한 해결책을 제공한다. 존 깁슨(John Gibson)이 주석하듯이, 이 이야기는 "가장 본질적인 사실들만을 제공하며 그 이상은 없다. 거기에는 현대 저자들이 좋아할 만한 부수적인 상세한 사항들은 완전히 빠져 있다."[3] 이 사건이 일어난 때가 언제인지는 분명하지 않으며, 배경에 대한 묘사도 최소한으로만 나와 있다. 관련 인물들의 동기와 느낌을 찾아보려 해도 헛수고일 뿐이다. 하지만 해설자의 그러한 전략은 드라마가 절정에 달함에 따라 그 느낌을 더욱 고조한다.

왜 하나님은 그처럼 냉혹하고 잔인하게 아브라함에게 이삭의 생명을 요구하셨는가? 하나님의 목적은 무엇이었는가? 그분의 성품에 대해 어떠한 통찰을 엿볼 수 있는가? 그분의 방식들을 어떻게 이해할 수 있는가? 그 대답은 첫째는 아버지인 아브라함에게, 둘째는 아들에게, 셋째는 여호와 하나님에게 초점을 맞추고, 마지막으로 그 일이 벌어진 장소인 모리아를 주목함으

---

1 Moberly, p. 155.
2 Wenham, Genesis, p. 117. 『WBC 성경주석: 창세기 하』(솔로몬).
3 Gibeon, p. 111.

로써 찾아낼 수 있다.

1. 아버지의 희생적인 제사(22:1-10)

1절의 가혹한 어조는 2절에 가면 좀 더 부드러운 어조로 곧 바뀌지만, 아브라함을 이야기의 한가운데 세우고, 그가 어떤 일을 겪게 되는지 그리고 그것을 어떻게 다루는지 주의 깊게 살펴보게 한다.

1) 아브라함이 직면한 시련(22:1-2)

하나님은 아브라함의 믿음이 얼마나 진심에서 나온 것인지 그리고 그가 "내 앞에서 행하여 완전하라"(17:1)는 언약 조항에 어디까지 순종할지 알아보시려고 그에게 시험을 하나 주신다. 하나님과 아브라함이 맺은 언약에 관한 한, 그것은 "충성과 순종을 테스트하는. 생각해 낼 수 있는 가장 구체적인 시험"[4]이라고 데릭 셰리프스(Deryck Sheriffs)는 말한다. 이 이야기에서 22:11에 이르기까지 하나님의 개인적 이름이 나오지 않는 것에는 어떤 의미가 있는 것 같다. 프란츠 델리취(Franz Delitzsch)는 이것이 아브라함에게 이삭을 바칠 것을 요구하시는 창조주, 즉 주권자로서 말씀하시는 하나님을 시사하는데, 이것은 후에 '여호와' 하나님, 곧 이삭의 생명을 구해 주시고 그 대신 숫양을 공급하시는 인격적인 언약의 하나님과 반대되는 개념이라고 말한다.[5]

아브라함의 관점에서 볼 때, 그 시험은 진짜다. 그에게 "이것은 단지 시험일 뿐"이며 해피 엔드로 끝날 것이라고 시사해 주는 것은 아무것도 없다. 텔레비전 퀴즈 프로그램을 보면, 참가자들은 답을 모르는 상태에서 시청자에

---

[4] D. Sheriffs, *The Friendship of the Lord: An Old Testament Spirituality* (Paternoster, 1996), p. 51.
[5] Wenham, *Genesis*, p. 103에서 인용.

게는 답이 보이는데, 이처럼 독자들은 전체 상황을 알고 있다. 하지만 아브라함은 전체적인 상황을 알지 못한다. 우리는 하나님이 아브라함에게 하신 요구가 주는 공포 혹은 그것이 아브라함에게 미치는 영향을, 일부 사람들처럼 성급하게 경감시켜서는 안 된다.[6]

그 시험은 이삭을 죽여서 제물로 바치라고 요구한다. 그보다 더 끔찍한 것은 아브라함이 자기 손으로 아들을 죽여야 한다는 것이다.[7] 2절에서는 희생 제물로 바쳐질 이삭에 대한 4중 묘사를 보면서 비애를 느낄 수 있다. 아브라함에게는 이삭과 이스마엘이라는 두 아들이 있었다. 하지만 그중 누구를 바쳐야 하는지에 대해 오해가 없게 하기 위해, 하나님은 "네 아들, 네 사랑하는 독자 이삭"을 바쳐야 한다고 말씀하신다. 제물로 바쳐야 하는 것은 그가 애지중지하던 특별히 귀한 아들이었다. 조이스 볼드윈(Joyce Baldwin)이 통찰력 있게 묘사하듯이, 아브라함은 분명 비행기가 역추진하여 정지할 때 승객들이 느끼는 것 같은 기분을 느꼈을 것이다. "하나님의 약속이 뒷걸음질 치는 듯이 보인다."[8] "창세기 11:30에서 시작된 순례길이 모두 무위로 돌아갈 위험에 처해 있었다."[9] 아브라함과 사라가 끝없이 지루하게 기다려 온 아이, 그리고 아이를 낳을 적령기는 고사하고 생리학적으로 아이를 가질 수 있는 시기에서도 한참 지난 후에야 마침내 받게 된 그 약속의 아이, 아브라함이 '열국의 아비'(17:4-6)가 되리라는 약속의 성취가 달린 그 아이가 갑자기 위험에 처했다. 외아들이 수 주간 생명이 위태로웠던 경험이 나에게도 있기 때문에, 아브라함이 인간적으로 느꼈을 감정에 조금은 공감할 수 있다.

---

6 예를 들어, Sailhamer, p. 167. "저자는 하나님의 진짜 목적에 대한 모든 의심을 재빨리 가라앉혀 버린다. 그렇게 되면 그 이야기에는 이삭이 실제로 바쳐졌다는 개념은 나타나지 않는다."
7 "하지만 아브라함은 자기 아들이 죽을 것이라는 사실을 알게 되었을 뿐 아니라, 자기 손으로 아들을 죽여야 한다. 마치 그가 자신의 구원 선언서를 그저 한쪽으로 치워 놓아야 할 뿐 아니라 조각조각 자르거나, 아니면 불 속에 던져 넣어야 했기 때문에 자신에게는 죽음과 지옥밖에는 아무 것도 남은 것이 없는 것과도 같다." Calvin, *Genesis*, p. 563.
8 Baldwin, p. 90.
9 Brueggemann, *Genesis*, p. 188.

그럼에도 100세를 훌쩍 넘긴 후에 약속의 아들을 여호와께 받았다가, 그다음 여호와께서 그런 식으로 그 아들을 데려가실지도 모르는 상황에 처했을 때, 아브라함의 문제는 나와 같은 사람이 직면했던 것과는 전혀 차원이 다른 것이었다. 하나님은 도대체 무얼 하고 계시는 것인가?

아이를 제물로 바친다는 개념은 오늘날 우리에게 혐오감을 불러일으킨다. 그러므로 하나님의 목적을 제대로 파악하려면 아브라함 시대의 정황에서 하나님의 명령을 이해하는 것이 중요하다. 이스라엘인들은 모든 생명이 하나님께 속한 것이며, 그분이 원하시는 대로 주시기도 하고 거두어 가시기도 하실 수 있다는 것을 분명히 알고 있었다. 율법에서는 "네 처음 난 아들들을 내게 줄지며"[10]라고 진술하는데, 이는 그들을 전적으로 하나님 마음대로, 곧 하나님이 그들에게 원하시는 대로 하실 수 있다는 뜻이었다. 하지만 클라우스 베스터만(Claus Westermann)이 지적하듯이, 그 명령은 주어진 즉시 장자를 구속하는 율법으로 인해 "동시에 폐지된다."[11] 이스라엘에는 실제로 아이를 제물로 드리는 일이 거의 없었고(주변 나라들에서는 흔했다), 대체로 그들에게는 그런 일이 명백히 금지되었다.[12] 하지만 그들은 하나님이 그런 제물을 요구할 권리가 있다는 데는 의문을 제기하지 않았을 것이며, "바로 이러한 양면성(ambivalence) 때문에 아브라함에게 내려진 명령은 특별히 적절한 시험이었다."[13]

이 본문을 읽으면서 우리는 아브라함이 살던 족장 시대에는 오늘날처럼 아이들을 떠받들지 않았다는 것을 인식해야 한다. 당시에는 아이들을 자신의 권리를 가진 평등한 개인이 아니라 아버지를 잇는 존재로만 여겼다. 그러므로 아브라함은 이삭을 무척 사랑했지만 우리가 지금 생각하는 것보다는

---

10 출 22:29.
11 출 34:20. Westermann, *Genesis*, pp. 357-358.
12 레 18:21; 20:2-5; 왕하 17:17; 23:10; 렘 32:35. 아주 드문 예외는 민족적 위기의 때와 관련된 듯하다. 삿 11:31-40; 왕하 3:27.
13 Westermann, *Genesis*, p. 358.

덜 감상적인 입장에서 그 시련에 접근했을 것이다.

그렇다고 해서 아브라함이 직면한 시련의 혹독함이 덜어지지는 않는다. 그는 이삭을 번제로 바치라는 명령을 받았는데, 번제는 모든 제사 중 가장 흔한 형태였다. 다른 몇몇 제사와 반대로, 번제는 제물을 불로 완전히 태워야 했다. 이는 속죄의 수단인 동시에 여호와께 향한 전적인 봉헌을 상징했다.[14] 다시 한번 우리는 이 제사가 특별히 적합했다는 것을 알 수 있다. 아브라함은 여호와께 전적으로 헌신했는가 하는 질문을 받고 있다. 그는 하나님을 더 사랑하는지 이삭을 더 사랑하는지 확실히 선택해야 하며, 대답을 회피하지 말고 분명하게 해야 한다. 아브라함은 우리가 종종 그러듯, 행함은 없이 말로만 헌신을 고백하는 호사를 누릴 수 없었다. 이것이 아브라함이 직면한 시험의 핵심이었다면, 그것은 원칙적으로 모든 하나님의 자녀들이 직면해야 하는 시험과 조금도 다르지 않다. 모든 신자는 마음과 영혼과 뜻을 다하여 하나님을 사랑하고, 날마다 전적으로 헌신하는 가운데 다른 모든 것들, 소유물, 사람들 혹은 야심보다 하나님을 더 위에 놓아야 한다.

2) 아브라함이 보여 준 신뢰하는 순종(22:3-10)

시험이 가혹했지만, 반응은 최고로 탁월했다. 아브라함은 순종했을 뿐 아니라, 본이 될 만한 방식으로 순종했다. 성경 구절을 따라가 보면 그가 어떻게 순종했는지에 대한 서술이 차곡차곡 발전하여 완성되며, 우리는 전적으로 신뢰하며 순종하는 사람인 아브라함을 만난다.

그의 순종은 신속했다(3절). 아브라함은 "아침에 일찍이" 순종을 행동에 옮겼다. 그는 하나님이 혹시나 명령을 재고하시지 않을까 하는 바람으로 꾸물거리지 않았다. 창세기에는 아브라함이 어려운 과업을 착수할 때 아침 일찍 했다고 여러 번 나와 있다. 그래서 데릭 키드너(Derek Kidner)는 "그가

---

14 레 1:3-17; 6:8-13.

어려운 과업에 과감하게 직면하는 습관이 있었다고 추론해도 무방한 듯하다"[15]고 말한다. 헨리 로(Henry Law)는 아브라함의 예를 일반화하여 "즉각적인 순종은 가장 확실한 지혜다"라고 조언하며, 이어서 다음과 같이 생생하게 경고한다. "꾸물거림은 파멸을 초래한다. 지체하는 것은 사탄의 가장 간교한 계략이다. 그 무시무시한 함성에서 벗어날 방법은 거의 없다."[16]

그의 순종은 세심했다(3절). 그는 임무를 수행하기 위해 필요한 모든 것을 가지고 갔다. 히브리어 원문에서는 그가 일을 잘못된 순서로 진행했다는 것을 강조해서 말하는 듯이 보이기는 하지만 말이다. 이상하게도 그는 나귀에 안장을 지우고 같이 갈 사람을 모으고 나서도 나무를 쪼개는 일은 남겨두었다. 최후의 순간까지 여행의 목적을 감추어 너무 많은 질문을 받지 않도록 하려는 것이었을까? 아니면 그의 마음이 혼란의 소용돌이에 빠져 있었을까?[17]

그의 순종은 확고했다(3-4절). 하나님이 그에게 말씀하신 행선지는 70킬로미터 정도 떨어진 곳이었다. 그러므로 거기 닿으려면 사흘 정도 걸렸을 것이다. 모든 세세한 사항에서 하나님께 순종하려면 인내와 결단이 필요했을 것이다. 딴 길로 들지 않으려면 아브라함에게는 꾸준한 결단이 필요했다. 순종은 하룻밤에 완수되는 것이 아니었다.

그의 순종은 고독했다(5절). 산기슭에 이르자, 그는 이삭만 데리고 혼자 가야 했다. 사환들은 남아 있어야 했다. 이삭이 나무를 지고 아브라함은 나머지 준비물을 가지고 갔으므로, 사환들은 남아서 나귀를 돌봐야 했을 것이다. 나귀가 올라가기에는 산이 너무 가팔랐을 것이기 때문이다. 하지만 칼뱅의 직설적인 설명은 다르다. 아브라함이 이삭을 향해 칼을 들어 올릴 때, 사환들이 그가 노망이 들어 정신이 나간 게 아닌가 하고 그를 붙잡을까 봐

---

15   Kidner, *Genesis*, p. 140.
16   H. Law, *The Gospel in Genesis* (1854; Banner of Truth, 1960), p. 139.
17   Wenham, *Genesis*, p. 106.

그들을 거기 남겨 두고 갔다고 칼뱅은 말한다.[18] 이야기는 아브라함이 이삭과 함께 갔다고 역설적으로 말하지만(6절), 실상은 아브라함이 직면한 시험이 얼마나 외로운 것이었는지를 강조한다. 그의 가족은 사흘 길이나 멀리 떨어져 있으며, 사환들은 가파른 산기슭에 있었다. 그는 어떤 사람도 그를 지원하지도 말리지도 않는 상황에서 스스로 이 일을 수행해야 했다.

그의 순종은 신뢰하는 것이었다(5절). 이야기 전체에서 가장 시사점이 큰 것은, 아브라함이 사환들에게 작별 인사를 하면서 "내가 아이와 함께 저기 가서 예배하고 우리가 너희에게로 돌아오리라"고 말한 것이다. 주석가들은 아브라함이 그들에게 진실을 숨기기 위해 거짓말을 하거나, 소망을 표현하거나, 아마도 심지어 '부활의 첫 일별'[19]을 했다고 확신하고서, 그가 무슨 일이 일어날지 혼동하고 있었는지를 놓고 논쟁을 벌였다. 고든 웬함(Gordon Wenham)이 "신자의 내면에는 악의 없는 거짓말, 예언, 소망, 심지어 불순종까지도 공존할 수 있다. 특히 위기 때는 그렇다"[20]고 인정한 것은 옳다. 그러나 아브라함의 이 말이 믿음에서 나온 것이라고 보는 것이 분명 다른 모든 사항에 더 부합한다. 아브라함의 말은 "그가 원래 알았던 것보다 더 많은 진리를 담고 있기는"[21] 하지만 말이다. 아브라함은 앞에서 하나님의 정의에 대한 자신의 믿음을 표명한 바 있으며(18:25), 히브리서 11:17-19은 분명 그의 진술을 믿음의 행위로 해석한다. 칼뱅은 이 구절에 대해 다음과 같이 주석한다.

하지만 그는 자신과 관계를 맺고 있는 그 하나님이 그의 적이 될 수는 없으리라는 결론에 이르자, 비록 그러한 모순을 어떻게 해결해야 할지 곧바로 깨닫지는 못했지만, 그럼에도 불구하고 소망으로 그 명령을 하나님의 약속과 조화시켰다. 그

---

18 Calvin, *Genesis*, p. 576.
19 Kidner, *Genesis*, p. 142.
20 Wenham, *Genesis*, pp. 107-108.
21 Von Rad, p. 244.

는 하나님이 신실하시다는 것을 전혀 의심치 않았기 때문에, 알 수 없는 문제는 하나님의 섭리에 맡겨 두었다.[22]

아브라함은 모든 것을 이해할 수 없을 때마저도, 옳은 일을 행하실 하나님께 모든 것을 맡겼다.

그의 순종은 겸손했다(5절). 아브라함은 "내가 아이와 함께…예배하고…"라고 기탄없이 말한다. 이 말은 그의 순종하는 마음을 보여 주며, 순종의 대가로 상처를 입은 사람이 말한 것이기에 훨씬 더 진실하게 들린다.

그의 순종은 총체적이었다(9-10절). 이야기가 절정에 이르면서 화면이 느리게 돌아가는 듯이 보인다. 대단원에 가까울수록 속도가 느려져서, 비애감을 더하기 위해 모든 동작이 하나하나 열거된다. 하지만 아들을 죽여야 할 순간이 왔을 때, 아브라함이 보인 순종은 절대적이었다. 그는 단을 쌓아 제사를 준비하고는 "칼을 잡고 그 아들을 잡으려" 했다. 여호와께 대한 그의 완전하고 흔들림 없는 순종과 그 사이에는 심지어 그의 소중한 아들조차 끼어들 틈이 없었다.

3) 아브라함의 이야기가 예표하는 의의

앞에서 말했듯, 이 이야기의 한 가지 목적은 하나님을 기쁘시게 하는 예배란, 다른 율법은 순종하든 말든 상관하지 않고 의식에 따라 제사만 드리는 것이 아니라, 하나님의 말씀에 순종하는 것이라는 사실을 이스라엘에 가르치려는 것이었다. 후대에 일부 사람들이 시내산에서 받은 말씀은 제쳐 놓고, 시온산에서 드리는 성전 예배를 높이 평가하고자 할 때, 이 이야기는 말씀과 예배를 결합하고 그 둘이 분리되어서는 안 된다는 것을 말해 줄 것이다. 모벌리가 주장하듯이, 아브라함의 이야기는 이에 대한 완벽한 모델이다.[23] 하

---

[22] Calvin, *Genesis*, p. 563.
[23] Moberly, p. 155.

지만 그것만으로 이 본문의 의미가 남김없이 규명되는 것은 아니다. 오랜 세월에 걸쳐, 그리스도인들은 여기서 십자가 사역의 전조가 되는 더 깊은 의미들을 발견해 왔다.

구약에 기독교적인 의미를 첨부하여 해설할 때는 주의해야 한다. 그리스도인들은 오랜 세월 동안 다양한 실험적인 도구들을 이용하여 고대의 본문에서 그 안에 있지도 않은 온갖 영적 의미를 끄집어냈으며, 그럼으로써 마치 그 본문들이 그리스도 이전 시대 하나님의 백성들에게는 아무런 메시지도 전하지 않는 것처럼 취급해 왔기 때문이다. 하지만 기독교적 관점에서 구약을 다시 읽는 것 역시 필요하며, 우리는 전체 성경의 통일된 메시지의 초점은 그리스도라고 주장해야 한다.

시드니 그레이다누스(Sidney Greidanus)는 탁월한 책 『구약에 나타난 그리스도, 어떻게 설교할 것인가』(Preaching Christ from the Old Testament)에서 구약에서 신약으로 이르는 몇 가지 길을 현명하게 제시한다. 그것들은 구속사, 약속과 성취, 예표, 유비,[24] 장기적으로 이어지는 주제, 신약의 참조, 대조[25] 등이 점진적으로 전개되는 것이다. 종종 한 가지 이상의 해석 방식을 이용할 수 있는 것이 사실이며, 그레이다누스는 창세기 22장을 살펴보면서 대조 외의 모든 방식이 적용된다고 판단한다. 그는 이렇게 결론을 내린다. "나는 그것이 대리 제물의 예표(숫양-그리스도), 대리 제물이라는 유구하게 내려오는 주제(숫양, 유월절 양, 성전 제사, 그리스도), 하나님이 자신의 독생자를 주시는 것에 대한 신약의 언급들(요 3:16; 롬 8:32)이 혼합된 것이라고 본다."[26] 하지만 이마저도 아브라함의 행동과 그리스도의 사역 사이를 적법하게 연관 지

---

24 Greidanus는 예표론에 대한 Walther Eichrodt의 정의를 인용한다. "예표란 '구약에서 신약 구원사의 상응하는 실제 모델 혹은 사전 소개 격인 인물, 제도, 사건으로 하나님이 정하신 것'이다." 이와 대조적으로 유비는 이렇게 정의한다. "구속사의 단일성에 기초하고 있기는 하지만" 구약을 신약과 관련시키고, 또한 신구약을 그리스도인의 삶과 관련시키는 좀 더 대중적이고 자유로운 비교 방법이다. Greidanus, pp. 254-255, 262-263.
25 앞의 책, pp. 182-225.
26 앞의 책, p. 314.

을 만한 것이 무엇인지 속속들이 다 규명하지는 못한다.

이 시점에서 우리는 자기 아들을 죽음에 내준 아브라함의 행동이 어떤 의의를 지니는지 주목하게 된다. 게르하르트 폰 라트(Gerhard von Rad)는 아브라함에게 하신 하나님의 명령이 "아이를 제물로 바치는 것보다 훨씬 더 무시무시한 어떤 것과 연관되어 있다. 그것은 하나님께 버림받으러 가는 길, 하나님이 단지 그를 시험하고 계실 뿐이라는 것을 모르는 채 가는 길이었다"[27]고 했다. 그래서 그는 아브라함을 십자가 위의 그리스도, 자기 아버지에게 버림을 당하고 "나의 하나님, 나의 하나님! 어찌하여 나를 버리셨나이까"[28]라고 부르짖는 분을 예표하는 것으로 본다. 하지만 이렇게 보려면 우리로서는 알 수 없는(그리고 폰 라트 자신이 전에 그것에 대해 경고한 바 있는) 아브라함의 심리적 상태에 대한 이해가 전제되어야 한다.[29] 그렇게 되면 이 이야기를 갈보리에 비추어 이해할 때, 해석의 일관성이 없다. 앞으로 보겠지만 그것은 아브라함, 이삭, 숫양이 모두 그리스도의 상징이 됨을 의미할 것이다.

아버지가 얼마나 기꺼이 자기 아들을 속죄제로 드리러 가는지를 주목하는 좀 더 단순한 견해가 더 낫다. 이러한 접근법은 "하나님이 세상을 이처럼 사랑하사 독생자를 주셨으니 이는 그를 믿는 자마다 멸망하지 않고 영생을 얻게 하려 하심이라"는 요한복음 3:16의 장엄한 말과 연결된다. 물론 이삭의 아버지와 예수님의 아버지이신 하나님 사이에는 엄청난 차이가 있다. 아브라함은 마지막 순간에 자기 아들을 죽이지 않아도 되었지만, 하나님은 그런 식으로 유예하실 수 없었다.

바울은 거의 분명하게 이 사건을 암시하면서 그 이미지를 한 단계 더 진전시킨다. 그는 로마의 그리스도인들에게 편지를 쓰면서 아브라함이 자기 아들을 내주는 데 주저하지 않았다는 생각을 반영하는 듯하다. 그는 묻는다.

---

27 Von Rad, p. 244.
28 막 15:34.
29 Von Rad, p. 241.

"만일 하나님이 우리를 위하시면 누가 우리를 대적하리요. 자기 아들을 아끼지 아니하시고 우리 모든 사람을 위하여 내주신 이가 어찌 그 아들과 함께 모든 것을 우리에게 주시지 아니하겠느냐."[30] 만일 하나님이 자기 아들을 희생 제물로 주시는 더 큰 일을 하셨다면, 그분은 분명 낙심한 제자들의 일상적이고 사소한 필요들을 공급하시는 더 작은 일도 하실 것이다. 하나님은 자기 아들을 희생 제물로 바치는 최고의 대가를 기꺼이 지불하신 아버지시며, 지금도 날마다 자기 자녀를 돌보는 대가를 기꺼이 치르시는 아버지시다.

2. 아들의 자발적인 순종(22:2, 6-9)

이삭은 성경에서 별처럼 빛나는 존재가 아니다. 하지만 그의 생애에서 일어난 이 감동적인 사건에서 그는 "당연히 받을 만한 주목을 받게 되었다. 자신이 한 일 때문이 아니라 자신이 겪은 것 때문에."[31] 펼쳐지는 드라마의 각 단계에서 그는 명백히 그리스도를 드러낸다.

1) 이삭의 아들로서의 신분(22:2)

이삭은 하나뿐인 아들로 아브라함의 많은 사랑을 받았다고 묘사되어 있다. 세례의 강[32]과 변화산[33]에서 하늘로부터 나온 음성은 예수님에 대해 이와 비슷하게 "이는 내 사랑하는 아들이요"라고 말한다.[34] 둘 다 자기 아버지의 가족 안에서 유일무이한 위치를 차지하고, 아버지의 유일무이한 애정을 받고 있다.

---

30   롬 8:31-32.
31   Kidner, *Genesis*, p. 143.
32   마 3:17.
33   마 17:5.
34   참고. 요 1:14.

2) 이삭이 진 짐(22:6)

제사를 드리게 될 산기슭에서 "아브라함이 이에 번제 나무를 가져다가 그 아들 이삭에게" 지웠다. 후대의 독자들은 그 말을 보면서 불가피하게 예수님이 골고다 언덕을 오르셨던 모습을 상기하게 된다. 요한에 따르면 예수님은 "자기의 십자가를 지시고"[35] 올라가셨다. 모벌리는 이 본문에 보다 근본적인 기독론적 해석을 하면서, 이러한 연관을 "상상에 의한 암시적인" 것으로, "본문의 도덕적 혹은 신학적 중요성과는 아무런 상관이 없는"[36] 것으로 치부한다. 하지만 그것은 지나치게 깔끔하게 표현된 학적인 해석일 뿐이다. 많은 사람은 요한복음에 이 말이 반영되어 있으며, 그렇게 쉽게 무시되어서는 안 된다고 생각해 왔다. 유대인들이라면 이삭에 대한 말을 처형 장소로 십자가를 지고 간다는 개념에 적용하지는 않았을 것이며, 따라서 그들이 이 본문을 이런 식으로 해석해서는 안 된다고 반대한다면, 그것은 좀 더 심각한 반대가 될 것이다. 하지만 그런 반대는 쉽게 논박할 수 있다. 왜냐하면 유대교 미드라시인『창세기 랍바』(Genesis Rabbah)는 "이삭이 나무를 등에 지고 가는 것은 사형수가 자기 십자가를 지고 가는 것과도 같다고 해설하기"[37] 때문이다. 분명 예수님을 믿지 않는 사람들이라도 그 둘 사이에 유사한 점을 볼 수 있을 것이다.

3) 이삭이 던진 질문(22:7)

아버지와 아들이 같이 산으로 올라갈 때, 이삭은 제물로 드릴 어린 양이 어디 있냐고 아버지에게 묻는다. 대부분은 이삭이 그런 질문을 한 것이 순진했기 때문인지(지금쯤은 그 대답을 추론해 냈어야 했다), 진심으로 물어본 건지(자기 아버지가 뭔가를 깜박 잊었을 것으로 생각해서), 아니면 영리해서인지(자신이

---

35 요 19:17.
36 Moberly, p. 162.
37 Wenham, *Genesis*, p. 115.

무슨 일이 일어나는지 알고 있다는 것을 나타내려고, 혹은 그렇지 않으면 반대로 자기 아버지에게 도대체 무슨 일이 일어날지 진상을 알아내려고) 잘 알 수 없다고 생각한다. 이 셋 중 하나라고 볼 수 있을 것이다.

이삭이 자기 아버지의 대답을 어떻게 받아들였는가 하는 것 역시 확실히 알기 어려운 부분이다. 게르하르트 폰 라트가 보기에 그것은 그저 '직관적인 소망이 아니라 다정한 사랑'[38]에서 나온 대답이다. 아마도 고든 웬함의 말처럼, 이삭에게는 그 말이 '얼버무리는 말처럼'[39] 들렸을 것이다. 비록 이삭이 그 대답을 듣고 심란해졌다 해도, 본문은 그렇게 말하지 않는다. 오히려 그는 계속해서 자기 아버지와 함께 터벅터벅 산으로 올라갔다.

신약에서는 정확하게 이것에 해당하는 것은 없다. 하지만 몇 가지 비슷한 것들을 관찰해 볼 만하다. 앞에서 말한 미드라시에 보면 이삭이 자기를 결박해 달라고 요청했다고 나와 있다. 자신이 '고지에 입각한 동의'(informed consent)를 했더라도 제사를 드리는 순간이 다가옴에 따라 결심이 흔들릴 수도 있지 않을까 두려웠기 때문이다.[40] 예수님이 자기 아버지에게 하신 질문에도 똑같이 동의와 우려가 섞여 있었다. 차이가 있다면 두 가지였다. 이삭은 약간 당혹스러워하는 듯한 암시를 보이지만,[41] 그것이 그리스도에게 이르면 큰 소리로 외치는 고뇌의 부르짖음이 된다. 하지만 그때에도 그리스도는 자신의 아버지 하나님이 무엇을 하고 계시며 그의 운명이 어떻게 될지 확실히 알고 계셨다. 하지만 그들이 어떤 우려를 하고 있었든, 그들은 둘 다 기꺼이 자기 길을 갔으며 각자 자기 아버지의 뜻에 복종했다.

---

38 Von Rad, p. 240.
39 Wenham, *Genesis*, p. 115.
40 Levenson, p. 135.
41 Gibson, p. 112.

4) 이삭이 보인 복종(22:9)

이삭과 예수님이 가장 놀랍게 비슷한 점은 결박당한 채 제물로 바쳐질 준비가 되었을 때 자발적인 순종을 보여 주었다는 것이다. 6절에서 이삭이 등에 나무를 지고 있던 것이 완전히 역전되어, 이제 이삭 자신이 나무 위에 올려진다.[42] 확실히 알 수는 없지만 이 사건이 일어났을 때 이삭은 아마 십대일 것이며, 하려고만 했다면 쉽게 자기 아버지를 저지하고 도망갈 수 있었을 것이다. 젊은 이삭이 협조하지 않는다면 나이 든 아브라함으로서는 도저히 그를 힘으로 이기고 죽여서 제물로 바칠 수 없었을 것이다. 하지만 이삭은 저항하지 않았다. 그는 복종했다.

이야기 앞부분에 나오는 말은 아마도 이삭이 이런 식으로 아버지에게 복종하리라는 것을 암시하는 것이다. 6절에서는 그들이 사환을 남겨 두고 갈 때 "두 사람이 동행했다"라고 말한다. 주의를 환기하는 이 문구는 아버지와 아들이 완벽한 조화를 이루고 있음을 시사하며, 아마도 이야기가 절정에 이르도록 도와주는 것이다. 이것은 가학적인 아버지가 내키지 않아 하는 아들에게 벌을 가하는 장면이 아니라, 하나님께 완벽한 순종과 완벽한 제사가 드려지도록 아버지와 아들이 기꺼이 일치된 의견으로 함께 협력하는 장면이다.

이렇게 이삭은 하나님께 대한 예수님의 완벽한 순종과 복종의 전조가 된다. 예수님은 자기 생명을 아버지의 손에 양도하셨으며,[43] 그럼으로써 다른 모든 제사를 폐하는 궁극적인 제사가 되신다. 예수님은 그런 순종을 보이심으로써 우리가 도저히 할 수 없는 것을 하셨다. 그분은 하나님의 율법을 완벽하게 지키셨으며 그래서 하나님께 대한 우리의 모든 불순종을 원상태로 되돌릴 수 있었다.

이삭을 위한 데릭 키드너의 비문은 빈틈이 없다. 고난이 "그의 역할인 듯이 보인다. 비록 그 자신은 평범한 사람이었을지 모르지만, 다른 사람들은

---

42 Levenson, p. 136.
43 눅 23:46. 누가가 예수님을 신뢰하는 아들로 묘사한 것에 대해서는 이 책 8장을 보라.

분명 공훈을 자랑할 것이다. 그러나 택함받은 '씨'에 대한 하나님의 유형을 보여 주는 일은 단 하나의 이야기에 나오는 이 조용한 희생자의 몫이다. 그것은 바로 희생 제물로 드려지는 종이 되는 것이다."[44]

5) 이삭이 경험한 '부활'

이삭의 경험에는 한 가지 더 살펴볼 측면이 있는데, 그것은 그의 '부활'이다. 우리가 보기에는 이삭이 모리아산에서 살아 돌아온 것은 부활이라고 말하기에는 좀 빈약한 듯이 보일지 몰라도, 히브리서 저자가 그 사건의 결과를 부활의 상징으로 본 것은 억지가 아니다. 그는 "비유컨대 [아브라함이 이삭을] 죽은 자 가운데서 도로 받은 것이니라"[45]고 주장한다. 이삭의 '부활'과는 달리, 예수님의 부활은 비유적인 것이 아니라 실제로 일어난 일이다. 그분은 죽으셨기 때문이다. 신약은 그리스도의 죽으심과 부활을 분리하지 않는다. 둘 다 우리의 구원을 얻기 위한 하나님의 한 활동의 측면들이다. 그러므로 그리스도가 우리를 구원하시는 것에 대한 이 초기 패러다임은 그리스도의 자발적인 고난뿐 아니라 그분이 죽은 자 가운데서 승리하여 돌아오신 것 역시 강조한다고 보는 것이 마땅하다.

3. 여호와의 인자하신 공급(22:11-19)

여호와의 사자는 이 드라마에서 두 번째로 아브라함의 이름을 급하게, 간발의 차이로 부른다. 그리고 이야기는 빠른 속도로 역전된다.

1) 하나님의 목적이 충족됨(22:12)

아브라함은 매우 성공적으로 시험을 통과했다. "네가 네 아들 네 독자까지

44　Kidner, *Genesis*, p. 143.
45　히 11:19.

도 내게 아끼지 아니하였으니 내가 이제야 네가 하나님을 경외하는 줄을 아노라." 그는 하나님께 대한 전적인 순종을 입증했으며, 시련을 최우등으로 졸업함으로써 다른 모든 것보다 하나님을 우선으로 한다는 것을 보여 주었다. 그 시험은 계속될 필요가 없다. 따라서, 원래의 명령은 이제 결정적으로 폐지되었다.

2) 하나님의 공급이 발견됨(22:13-14)

그다음에 이야기의 핵심부가 나온다. 아브라함은 하나님이 공급하시는 여호와이심을 발견했다.

"번제할 어린 양은 하나님이 자기를 위하여 친히 준비하시리라"(8절)라고 아브라함이 '애매하게 둘러댄' 대답은 예언이 되었다. 여호와의 사자에게 놀란 바로 그 순간 아브라함은 인근 수풀에서 "숫양이…뿔이 수풀에" 걸린 것을 보았다. 그는 그 숫양을 일시적으로 갇혀 있던 곳에서 꺼내서 그가 궁극적인 벌을 받도록 했다. 숫양은 죽었다. 하나님은 정확한 순간에 정말로 공급하셨다. 아브라함이 일찍이 상상한 것보다 더 '완벽하고 정확하게'[46] 그렇게 하신 것이다. 칼뱅은 "그 숫양은 우연히 거기서 돌아다니고 있었던 것이 아니라 하나님이 거기에 두신 것이었다"라고 주석한다.[47] 월터 브루그만(Walter Brueggemann)도 비슷한 말을 하면서, 그러한 믿음이 얼마나 반문화적이었는지 지적한다.

…대신 죽임을 당할 숫양은 우연히, 본래 혹은 다행히도 나타난 것이 아니었다(13절). 그것들(즉 8절과 14절)은 오히려 **주권적으로** 아브라함을 시험하신 그 동일한 하나님이 **자비로** 그 시험을 해결해 주시는 분임을 의미한다. 인본주의, 과학만능주의, 자연주의로 둘러싸인 세상에서, 하나님만이 공급하신다는 주장은 그

---

46 Wenham, *Genesis*, p. 115.
47 Calvin, *Genesis*, p. 571.

분이 시험하신다는 것만큼이나 물의를 일으키는 주장이다.[48]

하지만 그럼에도 여기에는 하나님의 성품에 대한 핵심적인 계시가 나온다. 그분은 우리에게 인자하고 자비롭게 공급하시며, 우리의 죄 문제에 관해서 가장 그러하시다.

하나님이 공급하신 숫양은 젊은 사람을 대신하는 것으로서는 어린 양보다 훨씬 더 적절한 것이었음을 주목해야 한다. 그리고 아브라함은 본능적으로 그것을 이삭 대신 사용했다. 조이스 볼드윈이 말하듯이, "아무도 아브라함에게 그 짐승을 자기 아들 대신 사용하라고 말할 필요가 없었다"[49]는 것은 흥미로운 일이다. 대속의 원리는 이스라엘 역사의 이렇게 이른 시기에도 당연하게 여겨진 듯이 보인다.

그러므로 하나님의 공급은 필요한 바로 그 순간, 필요에 딱 맞게 주어졌다. 하나님은 아브라함이 만족스럽게 하나님을 예배할 수 있는 재료를 제공해 주셨다. 이것은 그 당시 하나님에 대한 참된 계시였을 뿐만 아니라, 은혜 가운데 언제나 자기 백성의 필요를 공급해 주시는 앞으로 나타날 하나님에 대한 더욱 충만한 계시를 가리키는 것이었다. 하나님은 그리스도 안에서 우리에게 필요한 것을 최고로 공급해 주셨기 때문이다.

신약에서는 하나님이 제물로 사용할 숫양을 공급하신 이야기를 예수님께 적용한다. 신약은 모리아산에서 일어난 모든 일이 그리스도가 오신 것에서 훨씬 더 위대한 방식으로 다시 한번 일어났다고 말한다. 그분은 "세상 죄를 지고 가는 하나님의 어린 양"[50]이기 때문이다. 하나님이 공급하시는 어린 양, 곧 그분의 아들이신 어린 양은 자신을 희생 제물로 드리사 세상의 죄를 제거할 수 있는 유일한 분이시다.

---

48   Brueggemann, *Genesis*, p. 191.
49   Baldwin, p. 91.
50   요 1:29.

아브라함이 그날 드린 제사는 분명 기쁨으로 가득 찬 것이었다. 번제 때 드려지는 봉헌과 속죄 의식은 분명 감사의 말로 가득 찼을 것이다. 하나님이 대속 제물을 대신 공급해 주셨다는 것은 아브라함 자신의 아들은 해방되었으며 함께 집으로 돌아가도 좋다는 것을 의미했다. 하나님의 어린 양이 갈보리에서 우리를 위해 주신 자유는 지금도 우리에게 풍성한 감사와 "찬미의 제사"[51]에 참여하도록 청하고 있다.

3) 하나님의 약속이 확증됨(22:15-18)

이야기의 시작 부분에서는 아브라함이 이삭을 제물로 드리면 하나님이 아브라함의 평생에 걸쳐 하신 모든 약속이 다 무위로 돌아갈 우려가 있었다. 하나님은 아브라함이 애지중지하는 아들을 데려가시면서 어떻게 그를 복 주신단 말인가? 낙심하고 연약한 노인인 그가, 나이 들어 더 이상 아이를 낳을 수 없는 아내에게로 돌아간다면, 어떻게 다른 사람들을 축복할 수 있겠는가? 그의 외아들이 피 묻은 제단에서 숯덩이가 되어 버린다면 어떻게 그가 "여러 민족의 아버지"가 될 수 있겠는가? 하나님의 부르심과 언약은 모두 무위로 돌아가는 것인가? 이야기의 끝부분에서 하나님은 그분의 약속들을 반복하시고, 황량하고 메마르게 마무리될 뻔했던 이야기는 풍성한 열매를 맺으리라는 약속으로 끝난다.

게다가 하나님은 아브라함이 하마터면 큰일 날 뻔했다고 생각하고 전율하면서 여전히 벌벌 떨면서 집으로 가게 하실 만큼 무정한 분도 아니셨다. 하나님은 사자의 음성을 통해 그에게 세 번째로 말씀하셨으며, 약속들을 다시 말씀해 주셨다. 이 약속에 새로운 것은 거의 없지만, 하나님은 '독특할 만큼 단호하게'[52] 그것을 말씀하셨다. 아브라함은 아무 의미 없이 '목적 없는

51　히 13:15.
52　Moberly. Wenham, *Genesis*, p. 112에서 인용.

고난'[53]을 받고 집에 돌아간 것이 아니다. 그는 새롭게 되고 더 확실한 약속을 받아서 집으로 갔다. 고든 웬함은 여기에서 "창세기에서 처음이자 마지막으로 여호와께서는 이제 말씀하실 내용에 대해 자신의 이름을 걸고 맹세하신다."[54]는 사실에 주목한다. 하나님이 과거에 아브라함에게 복을 주시겠다고 약속하셨다면, 그분은 이제 정말로 그에게 복을 주시겠다고 약속하셨다. 하나님의 약속은 언제나 확실한 것이었지만, 아브라함의 순종으로 인해 더욱 강화되었다. 하나님의 약속이 성취되는 것이 아브라함의 순종에 좌지우지되는 것은 아니었지만, "아브라함의 순종이 신적인 목적에 통합되었다."[55]

4. 장소의 영속적인 의의

본문은 아브라함이 이삭을 바친 장소에 대해 유달리 주의를 기울이는 듯이 보인다. 그 장소는 이런저런 방식으로 2, 3, 4, 9, 14절에 언급되어 있다. 하나님이 말씀하신 장소(2절)는 모리아 지역에 있는 한 산으로 집에서 사흘 길이었다. 산에서 하나님을 예배하라는 명령은 특별히 놀라운 것은 아니었다. 산은 높이 솟은 아름다움 때문에,[56] 아니면 경외심을 불러일으키는 다른 특징 때문에, 하나님을 예배하기에 적합한 장소로 종종 여겨졌다.[57] 하지만 왜 바로 이 산으로 가야 하는가? 부분적으로는 그 이름에서, 부분적으로는 그 위치에서 대답을 찾을 수 있다.

1) 모리아라는 이름

"아브라함이 그 땅 이름을 여호와 이레['여호와께서 공급하실 것이다']라 하

---

53 Wenham, *Genesis*, p. 111.
54 앞의 책, p. 115.
55 Moberly, p. 161.
56 시 48:2.
57 시내산에 대해서는 출 19장을 보라.

였으므로"(14절). 아브라함이 이 이름을 택한 것은 분명 히브리어로 '모리아'라는 말로 말장난을 한 것이다. 히브리어에서 '공급하다'라는 말은 '본다'라는 의미도 될 수 있다. 혼란스러운 것 같기도 하지만, 첫눈에 보이는 것처럼 그렇게 이상한 것은 아니다. 브루그만이 지적하듯이, 그 둘 사이의 관계를 이해하기는 그렇게 어렵지 않다. '공급하나'에 해당하는 라틴어는 '프로비데오'(provideo), 즉 '미리 본다'는 말이다.[58] 이 사건의 핵심은 하나님의 섭리에 대한 우리의 이해인데, 그것은 하나님이 우리의 필요를 미리 보시고 필요한 것을 공급하신다는 것이다. 그래서 여기에서 갖가지 생각들이 난무하는 가운데, 하나님은 필요를 보시고, 그것이 채워지도록 '배려'[59]하시며, 동시에 제물을 제공하시는 자비로운 행동에서는 하나님 자신이 보인다(계시된다).[60] 그렇다면 모리아는 하나님이 자비로운 은혜와 공급하심의 아름다움 가운데서 나타나시는 장소다.

2) 모리아의 위치

서너 가지 이유로 해서, 전통적으로 모리아를 예루살렘과 동일한 곳으로 여겼다. 모벌리는 세 가지 이유를 든다.[61] 첫째로, 예루살렘은 하나님이 보시며 보이시는 장소다. 다윗이 교만하게 자기 군대의 수를 세어 하나님의 진노를 불러일으킨 다음에, 하나님이 보내신 재앙은 "여부스 사람 아라우나의 타작마당"에 이르렀을 때 멈췄다. 다윗은 그곳을 사서 거기에서 여호와께 번제를 드렸다.[62] 그곳은 후에 성전 부지가 된 곳이다.[63] 바로 거기에서 이사야는 주께서 "높이 들린 보좌에 앉으신"[64] 것을 보았으며, 또한 바로 거기에서 순례

---

58 Brueggemann, *Genesis*, p. 191.
59 Kidner, *Genesis*, p. 144.
60 Von Rad는 "여기에서 독자는 마음대로 자신의 상상력을 발휘할 수 있다"(p. 242)고 해설한다.
61 Moberly, pp. 157-158.
62 삼하 24:1-25.
63 대하 3:1.
64 사 6:1.

자들이 시온의 하나님 앞으로 나왔다.[65] 둘째로, 창세기 22:14은 "여호와의 산"이라는 말을 사용하는데, 다른 많은 본문은 예루살렘에 대해 그 말을 사용한다.[66] 그리고 셋째로, 아브라함이 이삭을 드린 것은 예루살렘 성전의 존재 이유와 잘 어울린다. 둘 다 제사를 드리며 예배하는 것이었다.

그렇다면 아브라함이 갔던 고대의 모리아가 장차 예루살렘이 세워질 위치였다는 것을 의심할 만한 심각한 이유는 없는 듯하다. 그렇게 볼 때, 그것은 언젠가 그 산 골고다에서,[67] 하나님이 공급하신 또 다른 아들 예수님이, 속죄의 희생 제물로 여호와께 완전히 드려질 훨씬 더 굉장한 희생 제사를 넌지시 암시한다.

결론

창세기 22장에서는 갈보리를 반복해서 볼 수 있다. 거기에 나오는 광경은 완전히 다 전개된 것은 아니지만 또한 피상적인 것도 아니다. 어린아이들이 가지고 노는 퍼즐을 풀 때, 물체 간의 연관을 밝히기 위해 서로 얽혀 있는 거미줄 같은 선을 먼저 분류해야 하는 것처럼, 신약 저자들은 그리스도의 죽음에 대해 쓰면서 이 이야기에 나오는 복잡한 연관들로 거슬러 올라간다. 화려한 불꽃놀이에서 하늘을 향해 폭발하고 쏟아져 내리는 빛줄기처럼 이 이야기에서는 실마리들이 무더기로 터져 나온다.

여기에서, 아버지는 내준다. 아들은 복종한다. 여호와는 공급하신다. 숫양은 죽는다. 그리고 사람들은 유익을 얻는다. 여기에는 분명 십자가가 예시되어 있다.

조이스 볼드윈이 이것을 잘 말했다.

---

65 시 84:5-6.
66 시 24:3; 사 2:3; 슥 8:3.
67 마 27:33; 막 15:22; 요 19:17.

아브라함이 시험을 받는 것에 대한 창세기 이야기는 완성품을 염두에 둔 위대한 미술가가 그린 첫 스케치와도 같다. 연필 스케치 자체로도 완벽하지만, 완성된 그림을 본다면 그것이 동일한 미술가의 작품이라는 것과 함께 또한 그것이 원래의 그림을 훨씬 능가한다는 것을 알 수 있을 것이다.[68]

수많은 시간이 지난 후, 어느 날 골고다라는 산 위에서 그 걸작품은 완전히 베일을 벗고 모든 영광 가운데 드러났다.

---

[68] Baldwin, pp. 262-263.

2장

여호와의 유월절이니라
출애굽기 12:1-51

역사 전체에 걸쳐 이스라엘의 출애굽은 정치적 혁명 운동과 해방을 추구하는 사람을 분발하게 하는 상징이 되어 왔다. 스튜어트 왕가의 억압을 타도한 올리버 크롬웰(Oliver Cromwell)과 영국 급진주의자들이 이를 인용했고,[1] 1960년대 미국의 인권 운동도 이를 염두에 두었으며,[2] 남미 해방 신학자들도 그 주제를 널리 채택했다.[3] 하지만 이스라엘을 위한 하나님의 주권적인 행동을, 자유를 향한 모든 운동에 공동으로 해당하는 은유처럼 바꾸어 버리는 것은 위험스러운 일이다. 사람들은 유월절 없는 출애굽, 피 없는 해방, 희생제사 없는 구원, 십자가 없는 자유를 원하는 경우가 너무 많다. 이스라엘을 역사적으로 이해할 때, 출애굽과 유월절은 떼어 놓을 수 없다. 유월절이 없

1　C. Hill, *The English Bible and the Seventeenth Century Revolution* (Allen Lane, 1993), pp. 113, 125, 144. Michael Walzer는 Oliver Cromwell이 출애굽은 "내가 알기로는 하나님이 우리를 다루시는 것과 세상에서 유일하게 유사한 것"이라고 말했다고 인용한다. *Exodus and Revolution* (Basic Books, 1985), pp. 3-4.

2　Walzer, 앞의 책, pp. 3-4. 그의 견해는 "우리는 출애굽을 오늘날 '민족적 해방'이라고 불리는 것의 한 예로 생각할 수 있다. 민족 전체가 노예가 되었다가, 민족 전체가 해방되었다"(p. 32)라는 것이다.

3　예를 들면, Gutiérrez, *A Theology of Liberation* (ET SCM, 1974), 특히 pp. 155-159. 『해방신학』(분도출판사).

었다면 출애굽은 일어나지 않았을 것이다.

이스라엘이 이집트에서의 "역사의 혹독함"(6:9)에서 해방된 유월절 밤에 일어난 사건들은 그들의 역사를 규정하는 사건들이었다. 그 밤은 그들이 하나의 민족을 이루던 밤이었다. 그 밤에 하나님에 대한 그들의 이해가 형성되었으며, 그들이 지닌 세계관의 틀이 만들어졌고, 그들의 율법이 형성되었으며, 그들의 사회생활 모습이 정해졌고, 그날 밤의 사건들이 그들의 예배에 깊이 새겨졌다. 월터 브루그만이 그답게 명쾌하게 말한 바에 따르면, "하나님에 대한 이스라엘의 이야기 핵심에는, 이스라엘은 사람들이 기억하는 그 옛날에 이스라엘이 백성을 이루어 역사 가운데 살아갈 수 있도록 해 주신 단 한 분 하나님만 안다는 일관된 주장이 있다."[4]

비판적인 학자들은 출애굽의 역사적 근거에 의심을 품어 왔으며, 그래서 그것을 다른 방식으로 설명하려 애썼다. 이 학자들의 널리 알려진 견해는, 유월절이 출애굽기 12장에 나와 있는 방식과 이유로 인해 시작된 것이 아니라, 풍성한 양 떼와 가축들로 인해 감사하고 적대적 세력으로부터 보호를 간구하며 가축이 번성하기를 구하는 옛 농업 의식이라는 것이다. 하지만 풍부한 상상력을 동원한 이러한 재구성은 여러 가지 이유로 잘못된 것이다. 그런 재구성은 전적으로 추론에 의한 것이며(그것은 아무런 증거도 없는 문헌 자료가 있다고 가정하여 전개된 것이다), 신학적으로 빈약하고(성경의 이야기는 그들이 주장하는 것보다 훨씬 더 풍성하다), 역사적으로 미심쩍다(이스라엘을 규정하는 기억이 허구에 기초했을 리는 없다).[5] 출애굽기 12장에 나오는 이야기는 복잡하지만, 역사적으로나 신학적으로나 있는 그대로 볼 때 의미가 더 잘 통한다.

이 이야기가 복잡한 이유는 이것이 유월절의 도입에 대한 정리된 기사가 아니기 때문이다. 이것은 이후 유월절을 준수하는 것에 대한 교훈들(14, 24-28, 43-49절)을 첫 번째 유월절에 대한 교훈과 엮어 놓았고, 또 그 속에는 관련되

---

4 Brueggemann, *Theology*, p. 176.
5 Alexander는 탁월한 비판을 제공한다.

어 있으면서도 그와 구별되는 무교절에 대한 교훈(14-20절)이 끼워져 있기 때문이다. 원래의 유월절과 관련된 요소만 살펴보아도, 어중간하게 띄엄띄엄 나와 있다. 이 제사는 1-13절에 개요가 있고, 21-23절에서 시작되며, 29-42절에서 완성되고, 50-51절에 결론이 나와 있다.

1. 하나님의 주도권: 유월절의 기원

출애굽을 모든 인간 해방 운동에 대한 은유로 사용할 때 가장 위험한 것은, 그것이 행동의 중심을 원래의 출애굽 이야기에 나오는 중심(즉 하나님)에서, 우리가 오늘날 그 행동의 중심이라고 독선적으로 생각하는 것(즉 우리)으로 이동시키는 것이다. 출애굽도 유월절도 인간이 주도권을 가진 것이 아니었다. 이전에 모세가 자기 힘으로 동료들을 해방하려 했을 때 실패했다(2:11-15). 그 주도권은 하나님이 확고하게 쥐고 계신다. 12장 첫머리에 나오는 "여호와께서 애굽 땅에서 모세와 아론에게 일러 말씀하시되"라는 말로부터 결론부의 "바로 그날에 여호와께서 이스라엘 자손을 그 무리대로 애굽 땅에서 인도하여 내셨더라"는 말에 이르기까지, 그 장은 하나님의 주권적인 행동으로 가득 차 있다. 핵심부는 11절로, 거기에는 "이것이 여호와의 유월절이니라"는 선포가 있다. 유월절 이야기는 다른 무엇보다도, 하나님이 자신을 드러내신 것이다.[6]

유월절은 자신의 말씀에 대한 **하나님의 신실하심**을 드러낸다.[7] 여러 세대 전에 하나님은 아브라함에게 그의 후손이 오랫동안 종살이를 하게 될 것이라고 경고하셨으며, 그 경고 끝에 "그들이 섬기는 나라를 내가 징벌할지며 그 후에 네 자손이 큰 재물을 이끌고 나오리라"고 약속하셨다.[8] 출애굽기에

---

[6] Stott, *Cross of Christ*, p. 139. 하지만 Stott는 하나님이 자신을 심판자, 구속주, 언약의 하나님으로 나타내신 것에 국한해 말한 것에 반해, 그 이야기에서는 하나님을 다른 역할로도 계시한다.

[7] Alexander, p. 16.

서는 그 약속을 여러 번 회상하고 있는데,[8] 그 약속은 하나님이 하신 약속일 뿐 아니라 하나님이 맺으신 언약이며 하나님이 하신 맹세라고 매우 의도적으로 말한다. 하나님은 약속을 어기지 않으시리라고 신뢰할 수 있는 분이다. 그리고 실제로 그분은 어기지 않으셨다. 430년이 지난 후인 이제(40절) 모세의 지도하에 그분의 약속을 성취할 때가 왔기 때문이다.

유월절은 자신의 백성에 대한 **하나님의 열정**을 드러낸다. 여호와가 그들의 신음을 들으셨고, 도와 달라는 그들의 부르짖음에 귀 기울이셨으며, 그들이 처한 비참한 상황을 보셨고, 그들을 불쌍히 여기셨다(2:23-24; 3:7). 그들은 종살이하고 있었으며, 힘든 노동을 해야만 했고, 걸핏하면 매를 맞았고, 짚 없이 벽돌을 만들어야 했다(2:11; 5:1-21). 그들을 감독하는 자들이 부당하게 그들의 자유를 부정하고 억압적인 행동을 함으로써 정의와 사랑과 자비의 하나님이 움직이시지 않을 수 없었으며, 그래서 그분은 이집트인들의 손에서 그들을 구해 주시기 위해 내려오셨다(3:7-8).

유월절은 여러 나라 안에서 **하나님의 정의**를 드러낸다. 하나님은 그분의 행동을 통해 자신이 이스라엘의 언약 하나님일 뿐만 아니라, 미약한 이류 부족신은 더군다나 아니며, 온 열방에 대해서 주권을 가지고 계심을 보이셨다. 그분은 주권적이시고 의로우신 하나님으로서, 그분이 창조하신 이 세상 모든 곳의 모든 불의를 저지하신다.

마지막으로, 유월절은 자신의 세상에 대한 **하나님의 권능**을 드러낸다. 그분은 마치 바로와 동등한 관계에 있는 정치가인 것처럼, 그리고 마치 각자가 어느 정도씩은 자신의 권리가 있는 것처럼, 바로와 미묘한 협상을 하지 않으셨다. 그분은 "편 팔과 여러 큰 심판들로써"(출 6:6) 바로에게 대적하셨다. 그분은 자신이 경쟁에서 질지도 모른다는 두려움을 조금도 갖지 않고 이 전체 주의 군주에 대항하여 "강한 손"을 드셨다. 그분은 우세하고 변화시키는 능

---

8 창 15:13-14.
9 출 2:24; 3:17; 6:5; 13:5, 11.

력을 발휘하셨다.

월터 브루그만은 출애굽기가 하나님에 대해 놀랄 만큼 다양한 '해방의 동사들'[10]을 사용한다는 것을 지적한다. 그분은 자기 백성을 "인도해 내"[11]고, "건져 내고"(3:8), "구하시고", "구원하시며"(14:30), "속량하"(6:6)신다. 각 동사는 그 나름대로 뉘앙스를 지니고 있다. 히브리어로 보면 그 동사들은 서로 다른 삶의 영역에서 나온 것으로, 어떤 지역에서 물러나는 것, 위험에서 끌려 나오는 것, 상황을 변화시키는 것, 결정적인 군사적 행동, 종살이에서 해방되는 것의 이미지를 가지고 있다. 하지만 놀라운 것은 하나님이 '이 모든 동사의 주어'라는 것이다. 출애굽은 하나님이 주도권을 쥐고 행한 것이었으며, 성공적으로 완수하신 것이다. 이스라엘의 언약의 하나님은 주권적인 창조주로, 신실함과 긍휼과 정의와 권능을으로 그분의 백성에게 해방을 주기 위해 활동하셨다.[12]

2. 하나님의 교훈: 유월절의 요지

이 구속적이고 변혁적인 하나님의 위대한 행동의 중심에 유월절이 놓여 있다. 그분은 자기 백성이 출애굽 하기 직전에 어떻게 유월절을 지켜야 하는지에 대해 주의 깊게 가르쳐 주셨다. 그 해방은 분명 하나님의 일하심으로 인한 것이었지만, 하나님의 행동은 그분의 말씀과 분리할 수 없다.[13] 이스라엘은 하나님의 권능을 목격했을 때 자유를 얻었을 뿐 아니라, 또한 하나님의 말씀을 순종했을 때 자유롭게 되었다. 그들은 하나님의 교훈들을 순종하면서 구원 드라마의 참여자가 되었다. 유월절을 경축하는 식사만이 그들이 종

10　Brueggemann, *Theology*, pp. 174-176.
11　출 13:3과 또 다른 열일곱 경우.
12　Brueggemann, *Theology*, p. 176.
13　Fretheim, p. 138.

노릇에서 벗어나는 발단이 된 것이 아니다. 그들은 그렇게 행함으로써 그러한 해방을 상징하고, 해석하고, 활성화했다. "온 이스라엘 자손이 이와 같이 행하되 여호와께서…명령하신 대로 행하였으며"(50절).

여호와께서 명하신 것은 무엇이었으며, 왜 그렇게 명하셨는가?

1) 시간이 정해지다

하나님은 자기 백성에게 봄의 첫 보름, 즉 아빕월 열흘에 유월절 식사 준비를 하라고 명하셨다. 이후에 생겨난 바빌론 달력으로 치면 니산월이었다(2-3절).[14] 이때는 옥수수가 새로 익었을 것이며, 그래서 옥수수는 유월절이 상징하는 것이 새로운 시작, 곧 이스라엘이 하나의 민족으로서 새로이 출발할 것임을 보여 주는 표시가 되었을 것이다.[15] 이스라엘은 그 달을 자신들의 달력의 첫 달로 삼고, 그것을 기점으로 모든 날짜를 계산함으로써, 이스라엘이 어떻게 시작되었는지를 정기적으로 상기하게 되었을 것이다.

제물은 나흘 후 해 질 때 죽여야 했다. 해질 때란 문자적으로는 '두 저녁 사이'로, 랍비들은 그때를 '오후 3시에서 해가 질 때까지'를 의미한다고 보았다.[16] 앞으로 보겠지만, 시간을 맞추는 것은 중요했다. 그날 밤 그들은 가족 식사 때 제물 고기를 구워서 먹어야 했다(8절). 제사는 보통 낮에 드렸으나, 이 제사는 데즈먼드 알렉산더(Desmond Alexander)가 주장하듯이[17] 아마 밤에 드리고 밤에 먹었을 것이다. 이집트인들이 낮에는 그들을 한가하게 놔두지 않았을 것이기 때문이다. 멸망의 사자가 방문한 후 아직 어둠이 가시지 않았을 때 이집트에서 서둘러 나가야 했다면, 그들은 늦게 제사를 드릴 필요가 있었을 것이다.

---

14   우리 달력으로 3월에서 4월.
15   Cole, p. 104.
16   Hyatt, p. 132.
17   Alexander, p. 7.

2) 제물을 고르다

그들이 어떤 짐승을 골라서 제물로 드려야 하는지 세심하게 지시되어 있다. **어린 양**이나 어린 염소는 드릴 수 있다.[18] 그 둘 사이의 차이는 그리 크지 않았다(3,[19] 5절). 하지만 늙은 양이나 염소는 드릴 수 없다. 선택된 짐승은 특정한 세부 사항들을 따라야 했다. 그것은 한 가족이 먹기에 충분해야 했지만, 필요한 분량 이상이어서는 안 되었다. 그래서 남지 않도록 해야 했다. 제물을 완전히 다 먹어야 했기 때문이다(4, 10절). 한 가족이 먹기에 짐승 한 마리가 너무 많다면, 다른 가족들과 나누어 먹어서 이 명령을 문자 그대로 따라야 했다. 제물은 귀한 것이므로 쓰레기로 버려서는 안 되었다.

양이나 염소 중 한 짐승을 취할 수 있거나 그것을 다른 가족과 나누어 먹을 수 있다는 사실로 인해서 이스라엘 사람들은 쉽게 제물을 구할 수 있었지만, 그다음 명령은 제한적이었다. "너희 어린 양은 흠 없고 일 년 된 수컷으로 하되"(5절). 중요한 것은 제물이 완벽해야 한다는 것이다. 그들은 그 짐승이 한창때여야 하고, 그들의 가부장적 상황을 기억할 때 수컷이어야만 완벽한 것일 가능성이 더 크다고 생각했다. 이스라엘 사람들은 병이 났거나 늙은 싸구려 짐승이 아니라, 무리 중에서 가장 좋은 것을 하나님께 드려야 하는 것이다. 그러고는 선정된 짐승을 나흘간 간직하고 있어야 했다(6절). 그것이 죽을 때 의식상 정결했는지[20] 또는 그것이 하나님이 요구하시는 완벽함의 기준에 미쳤는지 확인하기 위해서였다. 그때 다른 사람들이 그것을 검사할 수 있었다.[21] 그래서 하나님을 속이고 싶어 하는 사람을 금방 찾아냈을 것이다. 조금이라도 완전하지 않은 것은 하나님께 제물로 드리기에 부적절했던 것이다.

---

18 NIV 난외주를 보라.
19 Cole, p. 105.
20 Alexander, p. 7.
21 Ellison, p. 65.

3) 피를 칠하다

짐승의 목을 벨 때, 피는 그릇에 담고(22절) 우슬초[22]를 붓 삼아 문틀의 옆과 위에 피를 발라야 했다. 피는 뿌릴 뿐 아니라 발라야 했다. 그저 제물에서 피를 뺄 뿐 아니라, 그것이 죽음에서 그들을 구해 주기를 바라는 사람들이 자기 문에 발라야 했다. 후의 제사 의식에서 성막 휘장 앞에 있는 제단에 혹은 병이 낫기를 구하는 사람에게 피를 뿌리는 것도 마찬가지 의미를 담고 있었다.[23]

이 피는 죽음의 사자가 그날 밤늦게 무시무시한 심부름을 하기 위해 이집트를 방문했을 때 그것을 물리치는 표적이며 이스라엘 가정들이 보호를 얻는 수단이 될 것이었다. 테런스 프레타임(Terence Fretheim)은 피를 표적으로 선택하는 것이 얼마나 중요한지에 대해 적절하게 주의를 기울인다. 성경에서는 피에 중대한 의미를 부여하기 때문이다. 그는 이렇게 쓴다. "그 표적은 그저 눈을 끄는 화려한 색의 '표시'가 아니다. 피에는 생명이 담겨 있다. 그것은 살아 있는 생명체가 지닌 활력이다(레 17:11, 14; 참고. 신 12:23, 시 72:14).···이스라엘에 생명을 공급해 준 것은 그저 보호의 표시로서의 피가 아니라, **드려진 생명**이다."[24] 야광 페인트, 네온 불빛, 레이저 빔 그 어떤 것도 필요한 기준에 미치지 못했을 것이다. 그것들은 죽음의 사자를 끌어들일지는 몰라도, 물리치지는 못했을 것이다. 생명을 보존하려면 생명이 희생되어야 했다. 그래서 피가 중대한 것이다.[25]

4) 고기를 먹다

피를 문틀에 바르고 난 후에는 죽은 짐승을 구워서 가족들이 완전히 다 먹어야 했다(8절). 그래서 가족의 연합을 더욱 공고히 해야 했다. 그 식사는 생

---

22 시내광야에서 볼 수 있는 박하과의 향긋한 식물로, 밑부분은 목질이고 줄기를 곧고, 꼭대기는 작은 덤불을 이룬다(Kaiser, p. 376). 요 19:29과의 연관은 놓쳐서는 안 된다.
23 예를 들면, 레 1:5, 11; 3:2, 8, 13; 4:6, 17; 7:2; 8:19, 24; 9:12, 18; 14:7.
24 Fretheim, p. 138.
25 뒤의 p. 105를 더 보라.

명이 드려질 뿐만 아니라 또한 그 생명을 나누어 받는 것을 의미했다. 제물로 바쳐진 짐승은 자기 피를 뿌리는 대속물이 되어 장자에게 자유를 얻게 할 뿐 아니라, 또한 모든 가족에게 에너지를 공급하는 영양분이 됨으로써 가족에게 생명을 바쳤다.

식사에 대한 지침은 사소한 부분들까지 세세히 나와 있다. 고기는 "쓴 나물"(아마도 야생 상추)과 "무교병"과 함께 먹어야 했다(8절). 이스라엘 사람들은 후에 그 나물을 그들이 이집트에서 겪은 쓴맛을 상기시키는 향신료 식물로 여겼다. "누룩"은 후에 타락을 상징했다. 하지만 그들이 무교병을 먹은 것은 원래는 아마도 "이스라엘이 너무 급하게 떠나느라 반죽을 발효할 시간이 없었다"[26]는 것과 더 관계있을 것이다. 그들이 서둘러 떠났음을 보여 주는 다른 한 가지는 그들이 특이한 옷을 입은 채 식사했다는 것이다. 그들은 신호가 떨어지자마자 지체없이 이집트에서 떠날 준비를 갖추도록 여행에 알맞은 겉옷을 입어야 했다(11절). 이러한 지시는 즐거운 가족 모임을 가지라는 암시일지도 모르지만, 그렇더라도 식사할 때 꾸물거리거나 떠나라는 명령이 왔을 때 더디게 반응해서는 안 되었다.

뒤에서 살펴보겠지만, 이 모든 세부 사항들은 그리스도의 사역에 적용해 볼 때 더 큰 의미를 지니게 된다. 하지만 그것들에 부여된 의미를 추적하기 전에, 먼저 우리가 묘사한 것에 대해 설명해야 한다. 우리는 하나님이 왜 그렇게 행동하셨는지 그리고 그 첫 번째 유월절 밤에 어떤 일이 이루어졌는지 좀 더 자세히 살펴보아야 한다.

3. 하나님의 의도: 유월절이 이룬 것

하나님은 그 한 가지 놀라운 사건에서 다섯 개의 독특하지만 서로 연관된

---

26   Cole, p. 109.

결과들을 이루셨다. 그것들은 심판의 역사며 또한 구원의 역사이기도 하다. 심판은 불가피하게 구원의 필연적 결과이기 때문이다. 각각은 하나님에 대한 또 다른 계시로, 하나님의 놀랍고도 장엄한 성품의 탁월함에 대해 몇몇 측면을 더 보여 준다.

1) 죄 된 백성에 대한 심판: 하나님은 심판자시다

이스라엘 사람들에게 엄청난 기쁨을 가져다준 그 밤은 이집트 사람들에게는 깊은 슬픔을 가져다줬을 것이다. 바로 그때 "멸하는 자"(23절)가 그들 가운데서 자신의 일을 행했기 때문이다. 그 멸하는 자는 사무엘하 24:16에서 다시 한번 언급되는 천사로, 하나님이 통제하실 수 없는 악한 권세가 아니라,[27] 하나님 자신의 대행자, 심판의 천사다.

하나님이 바로에게 내리신 벌은 모든 장자와 처음 난 짐승을 치는 것이었다(12절). 바로가 이스라엘에 대한 대량 학살을 저지르려 했던 것에 비추어 볼 때(1:16), 그는 그런 벌을 받아 마땅하고도 남았다. 바로는 자신에 죄에 대한 응분의 벌을 받았다. 이스라엘 사람들의 생명에 대한 권리를 가지고 있다고 주장하던 그가, 이제 하나님의 반대 주장에 직면하게 되었다. 하나님의 창조 질서를 혼돈으로 전락시키려 애쓰던 그가, 이제 "그 도덕적 질서가 그에게 '되돌아'"[28]와 복수하는 천사가 그의 세계를 혼돈으로 전락시켜 버리는 것을 발견한다. 피를 바른 집에 피난하지 않으면 아무도 벗어나지 못한다. "밤중에 여호와께서 애굽 땅에서 모든 처음 난 것 곧 왕위에 앉은 바로의 장자로부터 옥에 갇힌 사람의 장자까지와 가축의 처음 난 것을 다 치시매"(29절). 태생이 고귀하건 비천하건, 부자건 가난하건, 사람이건 동물이건

---

27 앞의 책, p. 110. "멸하는 자"라는 말은 마치 선의 힘과 악의 힘이 우주에서 서로 싸우며 그 결과를 확실히 알 수 없다는 식의 이원론에 대한 믿음을 나타내는 것은 아니다. "멸하는 자"는 하나님의 통제권 아래 있다.
28 Fretheim, p. 141.

모두 바로의 악의 덫에 걸려 있었으며, 어린 생명을 바침으로 대가를 치렀다. 손으로 만질 수 있는 슬픔, 보편적인 "부르짖음", 파멸적인 결과가 있었다 (30절).

이집트에 대한 하나님의 분노는 재앙의 형태로 분출된 것처럼 보인다 (13절).[29] 우리의 서구적 사고는 기계론적인 설명에 익숙하기 때문에, 자연적 현상이라는 측면에서 상황을 설명하려 하지만, 성경은 그런 데는 거의 관심이 없으며, 하나님이 심판을 내리는 데 사용한 수단이 무엇인지에 대해서는 거의 말하지 않는다. 그저 그 사건들이 죄에 대한 하나님의 강력한 진노임을 설명하는 데 더 관심이 있다. 예를 들어, 시편 78:49-50은 그분의 진노에 대해 하나가 아니라 네 개의 서로 다른 단어를 사용하지만, 반면 하나님이 그분의 의로운 뜻을 이루기 위해 사용하신 방법에 대해서는 잠깐 언급할 뿐이다.

> 그의 맹렬한 노여움과 진노와 분노와 고난
> 곧 재앙의 천사들을
> 그들에게 내려보내셨으며,
> 그는 진노로 길을 닦으사
> 그들의 목숨이 죽음을 면하지 못하게 하시고
> 그들의 생명을 전염병에 붙이셨으며.

그런 접근은 현대인들에게는 잘 맞지 않는다. 우리가 사건을 초자연적으로 설명하기보다는 자연적으로 설명하는 것을 더 좋아하기 때문만이 아니라, 또 우리는 하나님이 쉽게 화를 내는 분이라는 이미지를 쉽사리 받아들이려 하지 않기 때문이다. 관용은 뛰어난 덕목으로 간주되며, 따라서 격노의

---

29 참고. 시 78:50.

하나님이라는 말은 경외심이나 경탄보다는 불신앙 혹은 당혹감을 자아낸다. 우리는 어떻게든 하나님의 엄중한 심판을 완화하고 하나님이 분개하는 분이라는 추문을 없애 보려 한다. 테런스 프레타임은 바로에게 내린 심판을 히틀러에게 폭탄을 떨어뜨린 심판과 비교함으로써 우리의 불편한 마음을 명확하게 드러낸다. 우리는 그렇게 하는 것이 왜 필요하며 심지어 좋은 일인지 충분히 이해할 수는 있다. 하지만 그는 "미국이 폭탄을 떨어뜨릴 수는 있을 것이다. 하지만 하나님이 '폭탄을 투하하는' 분이라는 말은 거의 신성 모독적인 것처럼 보인다"고 썼다. 하지만 "본문은 이러한 심판이라는 주제에서 양보하지 않는다. 하나님은 이집트의 모든 장자를 치셨다"[30]고 그는 덧붙인다. 그러나 하나님의 심판의 거룩한 엄중성은 사람들이 고안해 낸 폭탄 투하전과는 완전히 다르다. 이에 비추어 볼 때 성경은, 하나님이 악에 대해 노하시는 분이라고 확인하는 것을 당혹해하는 우리에게 동조하지 않는다. 실로 하나님이 악행에 대해 진노하시는 것은 그분 영광의 일부다.

하나님이 자신이 창조하신 사람들이 제멋대로 사악하고 파괴적인 행동을 저지르고, 다른 사람들에게 비인도적인 행위를 저지르는데도 책임을 추궁하거나 그들이 하는 일에 대해 불쾌감을 표현하시지 않는다면, 어떻게 우리의 예배를 받기에 합당하신 분이 될 수 있다는 말인가? 패커는 이렇게 썼다.

사실 하나님의 도덕적 완전함 중 일부는 그분이 심판에서 완전하시다는 것이다.
옳고 그른 것 사이의 차이에 대해 신경 쓰지 않는 하나님이라면 선하고 흠모할 만한 분이 될 수 있을까? 역사에 나타난 (굳이 이름을 들자면) 히틀러와 스탈린처럼 짐승 같은 인간들과 그분 자신의 성도들을 구분하지 않는 하나님이 도덕적으로 찬양할 만하고 온전한 분이실 수 있을까? 도덕적 무관심은 하나님의 완전함이 아니라 불완전함을 나타낼 것이다. 세상을 심판하지 않는 것은 도덕적 무

---

30 Fretheim, p. 141.

관심을 보여 줄 것이다. 하나님이 옳고 그름에 무관심하지 않은 완전한 도덕적 존재라는 결정적 증거는 그분이 세상을 심판하기로 하셨다는 것이다.³¹

바로에 대한 하나님의 징벌은 "이스라엘의 하나님이 인간 억압에 가차 없이 반대하는 분이심을 입증한다. 설사 적법한 권력처럼 보이는 것이 그런 억압을 자행하고 후원할 때라 해도 그렇다."³² 그것은 당시와 마찬가지로 오늘날에도 속박을 자행하는 사람들에게 경고가 되며, 억압자들의 손에 고통당하는 사람들에게 희망을 가져다준다. 언젠가 억압자들은 자리에서 쫓겨나고 갇힌 자들은 자유롭게 될 것이다. 최근 동구권의 공산주의 독재자들이 몰락하고 남아프리카의 인종 차별적 정권이 교체된 생생한 기억은 그것을 보여 준다. 하나님은 지금도 의를 좇아 "엄위하"신 행하심으로³³ 응답하시는 하나님이시기 때문이다.

2) 우상숭배하는 백성의 패배: 하나님은 살아 계신다

하나님은 바로를 심판하시면서, "애굽의 모든 신"에게 심판을 내리신다(12절). 이집트와 이스라엘, 즉 바로와 모세의 대결은 힘의 대결이었을 뿐 아니라 또한 영적 능력의 대결이었다. 그것은 이스라엘의 살아 계신 하나님과 이집트의 무력한 신들 간의 대결이었다. 사실상 세상의 모든 정치적 이데올로기는 자기보다 큰, 영적이고 보통은 초월적인 권위의 출처에 의지하여 자신을 합법화하려 하는데, 이집트도 예외는 아니었다.³⁴ 그렇기 때문에 하나님이 자기 백성을 해방하시려면 바로를 무찔러야 할 뿐 아니라 또한 그의 체제를 지탱하고 있는 신들이 무력한 존재라는 것도 보여 주어야 했다.

31　Packer, *Knowing God*, p. 130.
32　Brueggemann, *Theology*, p. 180.
33　시 65:5.
34　P. L. Berger, *The Social Reality of Religion* (1967; Penguin, 1977), pp. 44-48, 95-96.

이집트에 임한 재앙들(7:14-11:10)은 하나님의 능력을 보여 주었으며, 이집트 신들의 신뢰성을 떨어뜨리기 위해 특별히 선택된 것이었다. 예를 들어, 신격화된 나일강과 나일의 신 하피(Hapi)는 이집트에 풍작을 가져다주는 존재로 여겨졌다. 그러므로 나일강을 피로 바꾸는 것(7:14-24)은 그저 볼만한 구경거리가 아니라, 그들의 경제 및 종교 제도 전체에 위협이 되었다. 또는 두 번째 재앙에 등장하는 개구리를 생각해 보자(8:1-15). "개구리는 여자들의 출산을 도와주던 헤그트(Hegt) 여신과 관련되어 있다. 하지만 이집트인들은 그것을 부정하게 생각했다."[35] 그러므로 개구리 재앙은 나라 전체를 부정하게 만들었으며 헤그트 여신이 통제권을 잃었음을 시사한다. 처음에 이집트 술객들은 사람들을 깜짝 놀라게 만드는 권능을 몇 가지 따라 할 수 있었지만(7:11), 이 재앙에 이르자 한계에 도달했다. "요술사들도 자기 요술로 그같이 행하여 이를 생기게 하려 하였으나 못하였고"(8:18). 그러자 그들은 모세와 아론이 마술로 사람들을 속이는 것이 아니라, 하나님의 강력한 임재가 그들과 함께하고 계심을 보여 주고 있음을 깨닫기 시작했다. 이집트 신들은 자신들보다 훨씬 더 크며, 불가피하게 그들을 패배로 이끌 한 권능과 마주하고 있었다.

능력 대결은 마지막 재앙(장자의 죽음, 11:1-10)에 이르기까지 점차 강도를 더했다. 하나님은 한밤중에 유월절 식사를 하고 있을 때 죽음의 사자를 보내사 이집트를 마지막으로 치셨는데(29절), 기록을 보면 하나님이 치신 것에는 이집트 사람들의 장자들뿐 아니라 짐승의 처음 난 것들도 다 포함되었음을 알 수 있다. 이것은 그냥 부수적인 언급이 아니다. 짐승들이 포함된 까닭은 그중 많은 것, 특히 황소, 암소, 염소, 여우, 사자, 비비, 숫양이 신성을 나타내기 때문이다. 월터 카이저(Walter Kaiser)가 말하듯이, "이 신성의 상징들이 갑자기 죽음으로써, 이집트 신들 자체에 대한 직접적 공격이라는 것이 조

35　Ellison, p. 46.

금의 의심 없이 분명해졌을 것이다."³⁶ 이미 무력해져 있던 이집트의 신들은 패주해 버렸고, 사실은 쓸모없고 공허하며 무가치한 우상이었음이 만천하에 드러났다.

베드로는 그의 첫 번째 서신서에서 "오직 흠 없고 점 없는 어린 양 같은 그리스도의 보배로운 피"³⁷에 대해 쓴 적이 있다. 사람들은 대부분 그것이 유월절 양에 대한 분명한 암시라고 생각한다. 의미심장하게도, 그는 그 피가 사람들을 "너희 조상이 물려준 헛된 행실에서 대속함을 받"³⁸았다고 말한다. 이것은 그리스도의 사역과 유월절 밤에 일어난 사건 간에 더 깊은 연관이 있음을 강조한다. 그리스도가 우리를 무익함에서 구속하시고 우상들의 진짜 정체를 밝히신 것과 마찬가지로, 수 세기 전 이집트에서 유월절 밤은 바로의 빈 껍데기 신들을 패배시키고 조롱했다. 바울이 후에 분명하게 말하듯이, "통치자들과 권세들을 무력화하여 드러내어 구경거리로 삼으시고 십자가로 그들을 이기셨느니라."³⁹

3) 위협받는 백성의 보호: 하나님은 구속자시다

유월절은 위협받는 백성들을 일반적인 방식과 특별한 방식, 두 가지로 보호한다.

이스라엘 자손들은 그저 인종적으로 이스라엘인이라는 것 때문에 유월절 밤에 복수의 사자로부터 자동으로 안전하게 보호받은 것은 아니었다. 그들은 유월절 양의 피를 문틀에 바르고 피로 표시된 집 안에 머물러 있을 때만 안전했다. 그들은 "아침까지 한 사람도 자기 집 문밖에 나가지 말라"(22절)는 경고를 받았다. 그들은 거룩하신 하나님의 심판에 직면했을 때 어

---

36 Kaiser, p. 372.
37 벧전 1:19.
38 벧전 1:18.
39 골 2:15.

린 양의 죽음으로 인해 보호를 받은 것이었다.[40]

어떤 사람은 여기에서 속죄 개념을 찾아보려 한다. 예를 들어, 스티븐 드레이(Stephen Dray)[41]는 "이스라엘인들은 이집트인들과 마찬가지로 죄인들이었으며"(5:21; 6:5, 9), 하나님의 치명적인 심판을 면하려면 제사를 드리고 그들의 죄책을 제거하기 위한 준비를 해야 했다는 점을 지적한다. 이스라엘이 죄에 빠져 있었다는 것은 논란의 여지가 없으며, 그렇기 때문에 그들은 분명 속죄를 받아야 했다. 하지만 여기에서 강조하는 것은 그것이 아니며, 그런 접근법에는 십자가의 여러 가지 다양한 성취들을 너무 좁은 틀에 가두어 놓을 위험이 도사리고 있다. 사실상 여기에서는 후대에 생겨난 속죄제라는 의미에서의 희생 제사 개념이 완전히 발전되지도 않았다고 말하는 것이 더 맞다(우리가 유월절 양을 가리키기 위해 그 말을 막연히 사용해 오기는 했지만).[42] 여기에서 초점은 피의 능력이 악의 파괴를 막아 준다는 것이다.

그것은 그리스도의 피가 이를테면 요한계시록에서 그들을 파멸시키려 하는 "큰 용", 즉 "옛 뱀 곧 마귀라고도 하고 사탄이라고도 하[는]" 것의 진노에 직면했다고 나와 있는 사람들과 같은 훗날의 신자들을 보호해 준다는 것을 아직 충분히 발전되지 않은 상태로 묘사한 것이다. 하지만 요한은 "여러 형제가 어린 양의 피와 자기의 증언하는 말로 인하여 저를 이기었으니"라고 의기양양하게 말한다.[43]

피로 인해 보호를 받는 것에 대한 일반적인 묘사는 이스라엘의 장자가 구속되는 것에 적용할 때 좀 더 초점이 명료해진다. 피가 그들 모두를 보호

---

40 J. A. Motyer, *Look to the Rock* (IVP, 1996), pp. 45-51. Motyer는 "유월절 밤 이집트의 모든 집에는 예외 없이 죽음이 있었다"라고 지적한다. 장자의 죽음이든 아니면 제물의 피 아래 피한 사람을 보호해 준 어린 양의 죽음이든 둘 중 하나다.
41 Dray, p. 75와 Alexander, p. 17. Morris는 Midrash를 주목하는데, 거기에 보면 이스라엘 사람은 우상숭배 때문에 하나님의 정죄를 받게 되었다고 나와 있다. *Apostolic Preaching*, p. 132.
42 Cole, p. 106. Morris의 전반적 입장도 이와 일치한다. "원래 유월절에 속죄에 대한 언급은 없지만, 파멸을 피하는 수단인 피는 언급되어 있다." *Apostolic Preaching*, p. 132.
43 계 12:9, 11.

하긴 했지만, 특별히 장자의 생명을 구했다. 피가 아니었다면 그들의 생명은 이집트의 장자의 생명과 함께 하나님께 드려졌을 것이다. 모든 장자는 하나님께 속해 있었다.[44] 하지만 그들의 구속, 즉 그들이 적절한 값을 치르고 하나님에 대한 책무에서 벗어나는 것은 유월절 희생의 일차적 목적 중 하나였으며 그 희생은 그것을 위한 것이었다(12-13절). 그들이 생명을 구하려면 대신 다른 생명이 빼앗겨야 했다. 그래서 하나님은 자비롭게도 대신 어린 양을 바치고 그들의 피 대신 그 양의 피를 흘리도록 하셨다. 히브리서 11:28은 그것을 간결하게 요약한다. "믿음으로 [모세는] 유월절과 피 뿌리는 예식을 정하였으니 이는 장자를 멸하는 자로 그들을 건드리지 않게 하려 한 것이며."

그렇다면 어린 양이 죽은 결과, 복수의 사자가 이집트를 방문했을 때 그는 피로 표시가 되어 있는 집에는 들어가지 않고 다른 집으로 "넘어갔다." '유월절'이라는 말의 기원을 추적하기 위해 갖가지 독창적인 아이디어가 동원되었다. 어떤 사람들은 그것을 '흐느적거리는' 혹은 아마도 '껑충껑충 뛰는' 이라는 말과 연관시키며, 악한 영이 다가오지 못하도록 흐느적거리는 춤을 추었다고 생각한다.[45] 하지만 사람들은 천사가 이스라엘 사람들의 집을 '넘어간다'(아마도, '건너뛰다')라는 말에서 나왔다는 좀 더 단도직입적인 설명을 훨씬 선호한다. 후대에 자녀들이 자기 부모들에게 유월절 식사의 의미를 물었을 때, 그들은 명쾌하게 이렇게 대답했다. "이는 여호와의 유월절 제사라. 여호와께서 애굽 사람에게 재앙을 내리실 때에 애굽에 있는 이스라엘 자손의 집을 넘으사 우리의 집을 구원하셨느니라"(27절).

그 메시지는 아주 분명하다. 어린 양의 피가 하나님의 의로운 심판을 받아 마땅한 사람들을 그 심판으로부터 보호해 주었다는 것이다. 심판자 하나님은 또한 구속자와 보호자 하나님이시다. 완벽한 제물을 바치면 하나님의 진노를 면할 수 있었다. 대체물의 죽음으로 장자의 생명은 보장되었다. "편

---

44 출 22:29과 이 책 앞의 1장에 나온 논의를 보라.
45 자세한 것은 Durham, p. 155와 Cole, p. 108를 보라.

팔과 여러 큰 심판들"(6:6)로 그들을 구속하겠다고 약속하신 하나님은 유월절 식사를 통해, 천사의 방문을 통해, 바로의 마음을 바꾸심으로 그 약속을 지키신다.

4) 억압받는 백성의 해방: 하나님은 구원자시다

유월절 밤의 무시무시한 사건들로 인해서 이스라엘 자녀들은 이집트의 금을 지니고(34-35절), 그 순간까지 그들의 억압자였던 공포에 떠는 백성으로 인해 이집트에서 급히 추방되었다(33, 39절). 마침내 자유가 왔다. 마침내 해방이 이르렀다. 해방의 날은 여기 있었다. 본문은 우리에게 그것이 몇몇 정치적 해결 때문이거나 아니면 심지어 그들의 지도자인 모세의 천재성 때문도 아니고, "여호와께서 이스라엘 자손을 그 무리대로 애굽 땅에서 인도하여 내셨"기(51절) 때문에 이루어진 것임을 상기시키려 애쓴다. 하나님은 유월절 양이 드려진 후 이집트의 장자를 사형에 처하사 그들을 구원한 분이시다.

출애굽은 이스라엘이 자신의 정체성을 이해하는 데 중심이 되었으며, 해마다 유월절 축하 의식에서 정기적으로 되풀이되었다.[46] 그들이 다시 이번에는 바빌론에서 망명할 때, 해방의 패러다임으로 의지하던 것은 출애굽이었다. 그 이미지를 더 보강하여 두 번째 출애굽이 훨씬 더 영광스러울 것이라고 믿기는 했지만 말이다.[47] 오늘날까지도 유대인들은 유월절 식사를 지키면서 그들을 속박의 멍에에서 구원해 주신 하나님의 선하심을 기념한다.

유월절 하가다(전례서)에서 사용하는 말은 교훈적이다. 그중 한 군데에서는 다음과 같이 말한다.

편재하시는 하나님께 감사할 것은 얼마나 많은지!

---

[46] 모세오경에 나오는 유월절에 대한 다른 언급들 외에도, 그것은 수 5:10-11; 왕하 23:21-23; 대하 30:1-19; 스 6:19-20; 겔 45:21-24에도 나와 있다.
[47] 사 35:8; 52:11-12.

그분이 우리를 이집트에서 데리고 나오셨으나
    그들에게 심판을 내리지는 않으셨다 해도
    우리는 만족해야 했으리!
그분이 그들에게 심판을 내리셨으나
    그들의 신들에게는 심판을 내리지 않으셨다 해도
    우리는 만족해야 했으리!
그분이 그들의 신들에게 심판을 내리셨으나
    그들의 장자를 죽이지는 않으셨다 해도
    우리는 만족해야 했으리!
그분이 우리에게 그들의 재산을 주셨으나
    우리를 위해 바다를 가르지는 않았다 해도
    우리는 만족해야 했으리!
그분이 우리를 바다를 마른 땅같이 건너게 했으나
    우리의 억압자들을 바다 한가운데 빠뜨리지는 않았다 해도
    우리는 만족해야 했으리![48]

그 예배는 그렇게 이어지면서 그들이 약속의 땅에 이르기까지 광야에서 하나님이 그들에게 먹을 것과 율법을 공급하신 것에 대해 감사를 드린다. 모든 세대마다 유대인들은 바로 그들 자신이 이집트에서 나온 것처럼 살아야 한다고 선포한다. 그러고서 다음과 같은 말을 낭송한다.

그러므로 우리는 우리의 조상들을 위해 그리고 우리를 위해 이 모든 기적을 행하신 그분께 감사를 드리고, 찬양하고, 찬미하고, 영광을 돌리고, 높이고, 명예를 높이고, 축복하고, 칭찬하고, 받들어야 한다. 그분은 우리를 종노릇에서 자유로,

---

[48] N. N. Glatzer, *The Passover Haggadah* (1953; Shocken, 1989), pp. 53-55.

슬픔에서 기쁨으로, 애도에서 축제로, 어두움에서 큰 빛으로, 속박에서 구속으로 이끌어 내셨다. 우리 모두 그분 앞에 새 노래를 부르자. 할렐루야.[49]

우주의 왕이 실로 구원자시다.

5) 거룩한 백성의 창조: 하나님은 주님이시다

"속박이 사라질 때 순례 여행이 시작된다"고 알렉 모티어는 간결하게 말한다.[50] 그 백성은 여행할 준비를 하고 그 식사를 해야 했으며, 일단 해방을 경험하자 약속의 땅으로 가는 순례자가 되었다. 유월절과 출애굽은 그들이 자유로운, 그러나 거룩한 나라가 되도록 해 주었다. 그들은 하나님을 위해 따로 구별된 민족이었다.

데즈먼드 알렉산더는 유월절 식사가 출애굽기 29장과 레위기 8장에 나오는 아론과 그의 아들들을 제사장으로 봉헌하는 기사와 매우 유사하다고 주장한다.[51] 거기서도 숫양을 잡고, 피를 뿌리며, 숫양을 요리해서 무교병과 함께 먹는다. 다른 사람들은 아무도 그것을 먹으면 안 되며(참고. 출 12:43-49), 아침까지 남아 있는 고기는 모두 불태워야 했다(참고. 12:10). 이러한 유사점들을 기초로, 그는 유월절은 제사장직을 봉헌하는 제사 식사와 같은 목적이 있었다고 주장한다.[52] 이스라엘은 그 식사를 함으로써, 거룩한 나라요 제사장 나라로 봉헌되는 것이다. 유월절 양을 제물로 바치기 위해 제사장이 필요하다는 말이 전혀 나와 있지 않고, 각 가정이 자신의 양을 드려야 했다는 사실은 그 점을 더욱 강조한다. 이제부터 그들은 모두 하나님을 위해 "제사장 나라가 되며 거룩한 백성"(19:6)이 되라는 부르심에 참여한다. 그들은 성

---

49 앞의 책, p. 61. 몇몇 역본에서 사용한 '축제'(festivity)라는 말은 여기 본문에서 인용할 때 '축제일'(holiday)이라는 말로 대신했다.
50 Motyer, *Prophecy of Isaiah*, p. 420.
51 Alexander, p. 8.
52 앞의 책, pp. 8, 17, 18.

막에서 예배를 통해, 하나님의 율법에 순종함으로써 그리고 하나님의 세상에서 구별되게 삶으로써 그분을 섬겨야 했다. 모든 것에서, 그분은 주님이시며 그들은 오직 그분의 것이어야 했다.

그렇다면 유월절은 이스라엘의 구속과 해방의 신호가 될 뿐 아니라, 그들을 봉헌한다는 신호도 된다. 그들은 이집트에서 광야로 나왔고, 그리고 결국은 광야를 넘어 약속의 땅으로 갔기 때문이다.

이 한 번의 유월절 식사로 이루어진 성취는 놀랄 만큼 완전무결한 것이었다. 거기에는 구원과 심판이 포함되어 있었다. 구원이 있으려면 심판도 있어야 하기 때문이다. 거기에는 인간 죄에 대한 심판, 하나님의 거룩하심에 대한 속죄, 무익한 우상들의 정체를 폭로하는 것이 포함되었다. 하나님의 선택받은 백성을 악으로부터 보호하고, 죄로부터 구속하며, 억압으로부터 해방하고, 섬김을 위해 헌신시키는 것이 포함되었다. 제사 의식은 그 목적을 이루고, 전능하신 하나님의 갖가지 광휘를 반영하는 거울 역할을 하도록 절묘하게 디자인되어 있었다. 그것은 하나님이 심판자, 승리자, 구속자, 보호자, 구원자, 주님이라는 것을 드러낸다.

4. 하나님의 도구: 유월절의 성취

1) 명백한 진술

예수님의 죽으심에 대한 다른 구약 이미지들은 신약에 어느 정도 명확하게 암시되어 있는 데 반해, 유월절 양의 이미지는 아주 명백하게 드러나 있다. 바울은 "우리의 유월절 양 곧 그리스도께서 희생되셨느니라"[53]고 말한다.

이집트에서 제물로 드려진 유월절 양은 갈보리에서 제물로 드려진 그리스도의 전조다. 요아힘 예레미아스(Joachim Jeremias)가 지적하듯이, 이 진술

---

53   고전 5:7.

에서 놀라운 점은 바울이 마치 고린도 교회가 이미 그 비교를 잘 알고 있다는 듯이 '무심하게' 말했다는 것이다. 예레미아스는 그 말의 어조나 신약 다른 곳에서도 그러한 이미지가 종종 사용된 것을 보면서, 그러한 유비를 "아마도 예수님 자신이 먼저 말씀하셨을 것"[54]이라고 제안한다. 여기에서 주장하는 것은 놀라운 것이다. 그것은 이스라엘의 경험에서 유월절 양을 통해 일어난 모든 일이 이제 예수님을 통해 우리의 경험 속에서 일어난다고 말하는 것이다. 예수님이 십자가에서 희생 제물이 되심으로 죄인들은 심판을 받고, 통치자들과 권세들은 멸망했으며, 죽음을 선고받았던 사람들은 구속받고, 억압받던 자들은 자유를 얻고 봉헌된 백성의 일원이 된다.

바울의 진술을 전후 문맥과 함께 살펴보면, 이 중 제일 마지막 것이 강조되어 있다. 유월절 양이 죽임을 당했다면, 어떻게 하나님의 백성이 계속 교만과 부도덕이라는 옛 누룩을 지닌 채 죄 된 상태 가운데 살아갈 수 있다는 말인가? 양이 이미 제물로 드려졌다면, 그것은 옛 누룩이 이미 하나님의 지시에 따라 제거되었어야 한다는 의미일 것이다. 그러므로 그리스도의 희생을 힘입어 구원을 얻는다고 믿는 사람들은 그들 안에서 모든 죄 된 행동이 제거된다는 것을 믿어야 한다. 그럴 때만 진정한 기쁨과 진지한 마음으로 유월절을 경축하게 될 것이다.

2) 자주 사용하는 이미지

그리스도가 희생당한 어린 양이라는 이미지는 신약에 흔하게 나온다. 하지만 그 이미지를 사용할 때마다 반드시 유월절 양을 염두에 두고 있는 것은 아니다. 요한복음 1:29, 36에 나오는 "하나님의 어린 양"이라는 말이 유월절 양이나 구약에 언급된 다른 양 중 하나인지에 대해서는 사람들의 의견이 분분하다.[55] 그것을 유월절 양과 연관 짓기를 주저하는 것은 이 양이 "세상 죄

---

[54] J. Jeremiahs, 'pascha', TDNT 5, p. 900.
[55] 다른 제안은 뒤의 p. 266를 보라.

를 지고 가는" 양이라는 언급 때문이다. 앞에서 보았듯이, 죄에 초점을 맞추는 것은 유월절 이야기의 주된 강조점이 아니다. 하지만 그런 이미지는 아주 정확한 것은 아니며, 죄에 대한 언급은 당연히 예수님과 유월절 사이에 다리를 놓기 위한 것일 것이다.

베드로전서 1:18-19을 보면 어린 양의 피는 구속을 위해 치르는 값, 원래의 유월절 양이 그랬던 것과 마찬가지로, 종노릇하고 있는 사람들의 자유를 확보하기 위해 치르는 값이다. 그렇다면 요한계시록 5:6, 8, 12, 13과 12:11에 언급된 어린 양은 유월절 어린 양에 상당히 명백하게 들어맞는다.[56] 이 양은 비록 죽임을 당했지만 자신의 피로 하나님의 백성을 사고 자신의 죽음으로 용을 물리치는 권세의 형상이다. 그러므로 유월절 양을 통해 하나님이 이루신 두 가지 중대한 업적은 그리스도의 업적이기도 하다.

3) 암시된 비교[57]

초대 그리스도인들이 예수님을 새롭고 더 위대한 유월절 양으로 금방 이해했다는 것은 그리스도인의 유월절 식사인 최후의 만찬 시기와 그때 그리스도 자신이 하신 말에서도 알 수 있다. 누가는 최후의 만찬이 유월절 식사라는 것을 명확하게 밝힌다.[58] 그는 예수님이 제자들에게 "내가 고난을 받기 전에 너희와 함께 이 유월절 먹기를 원하고 원하였노라"[59]고 말씀하셨으며, 그들이 하고 있는 일을 유월절의 성취며 "구원 시대의 잔치"라고 부르셨다고 기록한다.[60] 예수님이 잔을 "많은 사람을 위하여 흘리는…언약의 피"[61]라고

---

56 계 1:5 역시 특별히 어린 양을 언급하지는 않으나, 그리스도가 "그의 피로 우리 죄에서 우리를 해방하[셨다]"라고 말한다.
57 최후의 만찬 배경과 거기서 예수님이 하신 말씀에 대한 더 자세한 해설로는 이 책 6-9장의 해당 면을 보라.
58 눅 22:13.
59 눅 22:15.
60 Jeremias, pp. 900-901.
61 막 14:24.

말씀하신 것은 유월절 용어를 비슷하게 반복하는 동시에 그것을 변혁시키는 것이었다. 예수님은 바로 자신이 피를 흘리는 어린 양이라고 주장하시기 때문이다. 요한도 마찬가지로 그리스도와 유월절을 동일시하지만 그 방식은 좀 다르다. 그의 시간표에 따르면 예수님은 "두 저녁 사이", 곧 유월절 양이 성전 경내에서 죽임을 당하는 바로 그 시간에 사형 선고를 받으셨다.[62]

요한은 유월절 양의 죽음과 그리스도의 죽음 간의 상세한 연관을 두 가지 더 찾아낸다. 하나는 두 경우 모두 목적은 다르지만 우슬초가 사용된다는 것이다.[63] 또 하나는 둘 다 다리가 꺾이지 않았다는 것이다. 이것 역시 아마도 이유는 달랐겠지만 말이다.[64] 하지만 원래의 유월절이 나중의 유월절에 반영되어 있다는 것은 명백하다.

이런 식으로 초대 그리스도인들은 유월절 양에 그리스도의 사역이 예시되어 있는 것을 보았다. 원래 유월절 양의 피가 뿌려짐으로 하나님이 이집트에 심판을 내리시고 이스라엘에 구원을 주실 수 있었던 것과 마찬가지로, 그리스도의 죽으심을 통해 하나님은 죄와 사탄을 멸하시고, 종노릇에 사로잡혀 있는 모든 사람에게 구원을 가져오실 수 있었다.

유월절 양은 우리의 유월절 양이신 그리스도를 나타내는 초기의 한 모형이었다. 유월절 식사는 떡과 포도주를 먹고 마시는 성만찬의 모델이었다. 유월절의 희생은 십자가의 패러다임이었다. 원래의 것도 멋지긴 하지만, 진정한 것과는 크게 다르다. 수동 타자기가 최신 워드 프로세서와 다른 것만큼이나 차이가 난다. 유월절 양의 사역은 이스라엘에만 제한되어 있었던 반면, 위대한 유월절 양이신 그리스도의 피는 "각 족속과 방언과 백성과 나라"를 사서 의로운 왕과 해방된 제사장으로서 하나님을 섬기도록 한다.[65]

---

62 요 19:14.
63 출 12:22; 요 19:29.
64 출 12:46; 요 19:33, 36.
65 계 5:9-10.

오늘날 유대인의 유월절 식사 때 하나님의 위대한 행동을 낭송하는 순서가 되면, 인도자는 사람들에게 이렇게 역설한다. "그렇다면 편재하시는 하나님께 우리는 얼마나 더 많이, 갑절 또 갑절로 감사를 드려야 할 것인가."[66] 십자가가 이룬 위대한 성취를 생각해 볼 때, 우리는 여호와의 유월절이신 그리스도께 얼마나 더 많이, 갑절, 세 갑절, 네 갑절로 더욱 감사를 드려야 할까!

---

66 Glatzer, *Passover Haggadah*, p. 57.

3장

이날에 너희를 위하여 속죄하리라

레위기 16:1-34

속죄일에 대한 모든 것을 보면 그날이 대단히 중요한 날이었음을 알 수 있다. 속죄일은 일곱째 달 열째 날에 지켰는데,[1] 일곱째 달은 가장 신성한 달이었다.[2] 대제사장은 특별한 옷을 입고 세심하고 주의 깊게 준비함으로써, 그 날을 더욱 중요한 것으로 만들었다. 시행된 의식들은 독특했고, 그 결과는 남달랐으며, 그 의미는 타의 추종을 불허했다. 속죄일은 1년에 단 한 번만 지켰다. 전체 공동체가 자기를 부인하고 일을 금하면서 그날을 지켜야 했다.[3] 그날에 대한 지시들은 레위기 제일 한가운데에 나와 있는데, 그것은 레위기 전체에서 속죄일이 중추적인 중요성을 지니고 있음을 강조한다. 이 모든 것을 고려해 볼 때, 왜 랍비들이 그것을 그냥 '그날'(The Day)이라고 말하게 되었는지 쉽게 이해할 수 있다.

레위기 16장에 나오는 그날에 대한 상세한 글[4]은 이스라엘 백성이 그날

---

1 레 23:27.
2 Hartley, p. 387. 신성한 이유는 이스라엘이 일곱이라는 숫자를 중요하게 여겼기 때문이다.
3 이 교훈은 레 16:29에만 나오는 것이 아니라 레 23장에 세 번(28, 31-32절) 나온다. 거기서는 그것을 불순종하는 자에게 가장 심한 벌이 주어진다(29-30절).
4 출 30:10; 레 23:26-32; 25:9; 민 29:7-11에도 언급되어 있다.

을 준수하는 것에 대한 포괄적인 지침을 제공한다. 거기에는 제사장들과 백성들에게 주는 지시가 다 나온다. 먼저 엄숙한 경고(1-2절)가 나오고, 그다음에 대제사장 개인에게 주는 지시 사항(3-5절), 의식에 대한 간략한 개관(6-10절), 상세한 세부 사항들(11-28절)이 나온 후, 백성들에게 주는 지시(29-34절)로 결론을 맺는다.

1. 하나님의 장엄하신 거룩함

처음부터 우리는 이 제사를 특별히 주의 깊게 다루어야 한다는 것을 알게 된다. 그 모든 요소는 이스라엘이 관련을 맺고 있는 하나님은 장엄한 거룩함을 지닌 분임을 보여 준다. 그분의 엄위하신 임재에 들어갈 때는 극도로 주의해야 하며, 하나님의 의를 어겼을 때는 피의 제사로 화목을 이루어야 한다.

1) 하나님의 경고

그날은 두려움을 불러일으키는 분위기에서 거행된다. "아론의 두 아들이 여호와 앞에 나아가다가 죽은 후에 여호와께서 모세에게 말씀하시니라"(1절). 나답과 아비후는 제사장 사역을 시작한 지 얼마 되지 않아 "여호와께서 명령하시지 아니하신 다른 불을 담아 여호와 앞에 분향하였[고]" 그 결과 "불이 여호와 앞에서 나와 그들을 삼키매" 하나님이 치셔서 죽었다(10:1-2). 아론은 고통스러운 개인적 경험을 통해 이미 하나님께는 주의 깊게 접근해야 한다는 것을 배웠다. 하지만 이 시점에서 그것을 상기함으로써 이제 주어지는 교훈들이 더욱 엄숙하게 된다.

2) 개인적 준비

아론은 앞으로 해야 할 임무를 어떻게 준비할 것인지를 지시받는다. 우리가 보기에는 3절에 대한 NIV의 번역은 매우 단도직입적이다. 하지만 바루크 레

빈(Baruch Levine)이 해설하듯이, 히브리어 원문은 강조체다. "이런 식으로만 그는 들어갈지니라." "규정된 절차를 엄격하게 지켜야" 했다.[5] 아론 자신에 대해서도, 본문에 나온 지시 사항을 보면 무엇을 입어야 하고, 얼마나 자주 씻어야 하며, 얼마나 자주 속죄제와 번제를 드려야 하는가 하는 것 등이 포함되어 있다. 그가 입는 옷이 평소와 다르다. 이날에 그는 출애굽기 28장에 규정된 화려하게 장식된 대제사장의 옷을 벗고 "거룩한 세마포 속옷"(4절)을 입어야 했다. 단순한 흰 세마포 옷은 지성소[6]에서 집례하기 위해서는 얼마나 정결해야 하는지[7]를 말해 주는 것일 수도 있다. 하지만 대부분은[8] 그것이 아론이 직무를 수행할 때 겸손하고 회개하는 태도가 필요함을 강조하는 것일 가능성이 더 크다는 데 동의한다. 그 옷은 종의 옷으로, "대제사장이 하나님의 임재에 들어갈 때, 그는 그저 종에 불과하다는 것을 상기시키는 중대한 표시"[9]였다.

대제사장은 이 옷을 입기 전에 목욕해야 한다. 사실상 랍비들의 말에 따르면, 대제사장은 속죄일에 모두 다섯 번 목욕해야 한다. 즉 옷을 갈아입을 때마다 목욕해야 한다는 것이다. 그에 더하여 손발을 열 번 씻어야 한다.[10] 하나님의 성소의 핵심부에 들어가기 전에 육체가 완벽하게 정결해야 했다. 이는 하나님의 제사장에게 요구되는 완벽한 내적 정결함을 상징하며, 제물이 이스라엘을 영적으로 완벽하게 깨끗하게 하는 것과도 어울리는 것이었다.

마지막으로, 지성소에 들어가기 전에 그는 "자기와 집안을 위하여 속죄"(6, 11절)하기 위해 속죄제를 드려야 한다. 어디에서도 대제사장이 당연히 그

---

5 Levine, p. 101.
6 "Most Holy Place"는 전통적으로 Holy of Holies라고 알려진 것에 대한 NIV의 번역이며, 여기에서는 그 번역을 사용할 것이다.
7 Jensen, *Graded Holiness*, p. 200. 다른 사람은 그것이 천사의 옷을 말한다고 본다. Milgrom, p. 1016.
8 Hartley, p. 235; Levine, p. 101; Wenham, *Leviticus*, p. 230.
9 Demarest, p. 174.
10 Morris, *Atonement*, p. 75. 자세한 것은 Milgrom, p. 1047를 보라.

날의 책임을 수행하기에 적합한 상태일 거라고 추정하지 않는다. 그는 자신의 행동 때문에, 아니면 가족 중 누군가 때문에 더럽혀진 결과, 의식상 부정하게 되었을 수도 있다. 그래서 그가 첫 번째로 해야 할 일은 하나님이 요구하시는 방식으로 사역하기에 문제가 없도록 의식 면에서 만전을 기하는 것이다.

이러한 여러 가지 요구들은 대제사장 자신과 모든 이스라엘에 강력한 영향을 미쳤을 것이다. 아론은 특히 주의를 기울여 적절한 경외심과 함께 접근해야 한다. 그가 지성소에서 만나게 될 하나님은 위엄 있는 힘과 절대적인 정결함을 지니신 하나님이시다.

3) 의식을 위한 채비

아론은 스스로 준비할 뿐만 아니라 의식에 필요한 재료들도 준비해야 했다. 그는 "수송아지를" 자신의 "속죄 제물로 삼고 숫양을 번제물로 삼아야" 한다(3절).[11] 그는 또한 전체 "이스라엘 자손의 회중"을 위해 각각 "속죄 제물"과 "번제물"로서 "숫염소 둘"과 "숫양 하나"가 필요하다(5절). 아론은 제사에 필요한 모든 짐승을 모은 후, 두 염소를 놓고 제비를 뽑아서, 그중 어떤 것을 죽여 여호와께 드리는 제물로 바치고, 어떤 것을 아사셀(scapegoat, 속죄 염소)로 광야로 보낼지를 결정해야 했다(7-10절). 아론 자신의 속죄제를 먼저 드리고(11절), 그다음에 이스라엘을 위한 속죄제를 드렸다(16절). 예배 의식의 절정은 속죄 염소를 풀어 주는 것으로, 그것은 의식의 독특한 요소였다(20-22절). 심지어 그때에도 제물들을 더 드려야 했다(24절). 이번에는 번제, 곧 봉헌의 제물들로서 다시 아론 개인을 위해 그리고 전체 회중을 위해 드렸다. 정결하게 되고 나서 새로워진 공동체는 다시 한번 여호와께 봉헌되었다.

---

11 속죄제에 대한 자세한 묘사는 레 4:1-35을 보라. 그리고 번제에 대해서는 레 1:1-17을 보라.

4) 필요한 보호

세심한 준비는 아직도 끝나지 않았다. 오직 이날에만 대제사장은 지성소에 들어가 거기 거하시기로 선택하신 하나님 자신의 임재 안에서 의식을 집전했다. 언약궤 덮개 위 그분의 자리에서 흘러나오는 거룩함은 분명한 실체를 가진 힘이다. 대제사장이, 성소에서 섬기는 제사장에게마저 지성소를 가리고 있는 장막 뒤로 갈 때, 그는 위험한 영역으로 들어가는 것이다. 그는 감히 자신이 거기 들어갈 권리를 갖고 있기라도 하듯이 들어가지 않는다. 하물며 되는 대로 들어갈 리는 전혀 없다. 그는 보호를 받지 않고서는 감히 들어가지 않는다. 그래서 하나님은 그에게 불과 "곱게 간 향기로운 향"[12]을 가지고 와서, 다른 어떤 것을 하기 전에 보호벽이 될 막을 만들라고 명하신다. 아론은 지혜롭게 순종한다. 이스라엘은 "하나님을 바라보면 반드시 죽는다는 것"[13]을 알았다. 그 연기는 죄 된 인간이 하나님의 거룩하심을 견디는 것이 가능하게 해 준다. 하나님의 존재는 여전히 신비에 싸여 있으며, 그의 종은 보호를 받는다.

이러한 앞선 지시들을 모아 보면, 엄위한 거룩함을 지니신 하나님에 대해 강력한 인상을 받게 된다. 그 지시들은 속죄일이 어떤 문제를 다루게 되는지를 시사하기 시작한다. 이 거룩하신 하나님께 어떤 이유에서든 어떤 식으로든 하나님의 백성이 죄를 범했다. 그리고 그 범죄는 그냥 무시해 버릴 수 없다. 그렇게 되면 하나님의 정결하심과 성품을 손상하게 되기 때문이다. 그 범죄는 제거되어야 한다. 그것은 저절로 없어져 버리지 않을 것이다. 그것은 제거되어야 한다. 하지만 그 의식들은 정확하게 어떤 범죄를 정결하게 하려는 것인가?

---

12 12절은 NIV에서처럼 그저 얼마만큼 잘 갈았는지를 언급하기보다는 드려진 향의 품질을 말한다. Hartley, p. 239와 Milgrom, p. 1025.
13 Noordtzij, p. 165. 참고. 출 20:19; 33:20; 삿 6:22-23; 13:22.

2. 죄의 소외시키는 성질

존 골딩게이(John Goldingay)는 이렇게 쓴다.

> 성경은 죄에 대해 매우 광범위한 갖가지 용어를 사용한다. 그중 가장 흔하게 쓰이는 것을 들면, 죄는 실패, 반역, 위반, 위법, 올바른 길에서 돌아서는 것, 흠, 불신 등을 의미한다. 이 용어들 각각은 상징적인 표현이다. 그것은 대단히 의미심장한 인간의 경험을 취해서 우리와 하나님과의 관계에 속한 본질의 여러 측면을 조명하는 데 사용한다.[14]

그의 말이 옳다. 죄는 복합적이다. 어떤 한 단어로 그 의미를 완전히 포착할 수 없다. 그래서 널리 스며들고, 다양하며, 심각한 죄의 특성을 전달하기 위해 다양한 비유가 사용되었다. 레위기 16장에서는 인간이 하나님께 대하여 행한 범죄를 나타내기 위해 네 가지 단어가 사용되었다.

1) 죄는 영적인 오염이다

16절에 나오는 첫 번째 단어는 "부정"(*tumâ*)이다. 이스라엘 자손의 행동은 이러저러하게 하나님의 거처를 오염시켰으며, 그로 인해 그곳은 하나님이 거하시기에 점차 더 불편한 곳이 되었다. 깨끗하게 하지 않으면, 하나님이 어쩔 수 없이 그 거하시는 곳에서 나가서 더는 그들 가운데 살지 않으실 수도 있다. 오염의 원인이 무엇인지는 언급되어 있지 않다. 하지만 그들이 마땅히 드려야 할 모든 제사를 소홀히 한 것은 거의 분명히 포함될 것이다. 그들은 제사를 드릴 때 정확한 방식에 따르지 않고 성의 없게 드렸거나, 자칫 잘못하여 어떤 부정함이 성소에 들어오게 했거나, 아니면 무지함 가운데 행하고 있

---

14 J. Goldingay, "Your iniquities", p. 39.

었다.[15] 원인이 무엇이든, 그들은 하나님이 요구하시는 거룩함의 기준에 미치지 못했고, 하나님이 거하시는 곳이 영적인 부정함으로 가득 차게 되었으며, 그로 인해 하나님은 거기서 떠나시게 되었다.

이 때문에 이 본문에서는 백성들을 위한 속죄가 아니라 "지성소를 위하여 속죄"(16절)하는 것에 대해서도 말하는 것이다. 이스라엘 자손뿐 아니라 (물론 그들도 정결하게 되어야 한다, 17절), 하나님의 회막도 마찬가지로 정결하게 될 필요가 있었다. 그리고 하나님이 그 일을 이루기 위해 택하신 정결제는 피다. 보통 피는 장막 앞에 뿌리거나 성소 혹은 바깥뜰의 적절한 단에 바르거나 할 뿐이다. 하지만 이 경우에는 모든 것에다 피를 쏟았다. 지성소의 "속죄소"(14-15절), 향단을 포함한 "회막"(16절), 바깥뜰에 있는 번제를 위한 "단"(18-19절) 모두에 "일곱 번 뿌려"[16] 이스라엘 자손의 부정에서 제단을 성결하게(19절) 했다. 이것은 이스라엘의 제사 제도에서 피로 정결케 하는 행동 중 가장 포괄적이다.[17]

자연환경이 물리적으로 오염되면 그 도시에 거의 거주할 수 없게 되는 것과 마찬가지로, 이스라엘이 영적으로 오염되어 회막은 하나님이 사실 수 없는 곳이 되어 버렸다. 그것은 죄에 대한 생생한 비유다. 무의식적으로 이루어진 영적 태만으로든, 좀 더 의식적인 영적 무관심으로든, 아니면 공공연한 영적 반역으로든, 죄는 하나님을 그분의 세계에서 밀어내고, 그분이 함께 살고 관계 맺기를 기뻐하시는 피조물로부터 소외시킨다.

2) 죄는 공공연한 반역이다

첫 번째 묘사가 무심코 저지른 죄 쪽을 강조한다면, 두 번째 묘사는 아주 명확하게 그 반대다. 죄는 영적인 오염일 뿐만 아니라 또한 고의로 범한 죄다.

---

15 Jenson, *Graded Holiness*, p. 207. 또한 그의 "Sacrificial system", p. 35를 보라.
16 일곱은 완전함의 상징이다.
17 Jenson, *Graded Holiness*, p. 204.

"반역"(*paša'*, 16, 21절, 개역개정에는 '죄'로 나와 있다—역주)은 기본적으로 법률상의 범죄 행위를 말한다.[18] 그것은 봉신이 군주에게 반역하는 것에 대해 사용되는 단어였다. 그것은 자기가 무엇을 하고 있는지 알면서 의도적으로 뻔뻔스럽게 하나님의 율법에 반항하는 것이다.

최근까지도 복음주의자들은 설교하면서 죄를 주로 이런 식으로 이해해 왔으며, 형벌의 대속 사역인 십자가와 법적 칭의 사역인 구원을 강조함으로 그러한 이해를 보완했다. 우리가 결백하다는 선포를 받아 하나님의 법정 피고석에서 풀려나게 하기 위해, 우리 죄의 심판자이신 하나님이 법정에서 내린 판결을 그리스도가 담당하사 죽으셨다고 말했다. 많은 사람은(이 책의 다른 데서 더 자세하게 살펴보겠지만) 이러한 관점에서 좀 벗어나, '반역' 혹은 '범죄'(transgression)가 법적인 용어이기보다는 관계적인 용어임을 강조하려 애썼다. 그들은 우리가 법을 위반하여 법정의 벌을 유발한 것이기보다는, 한 인격에게 반역하여 그분의 진노를 불러일으킨 것이라고 강조한다. 예를 들면, 존 골딩게이가 바로 이것을 강조한다. 그는 "우리가 연인이신 하나님을 부정하고, 친구이신 하나님께 신의 없게 행동하고, 인자한 아버지이신 하나님을 무시함으로써, 하나님과 우리 사이에 충돌과 분노와 대립의 장벽이 생겨났으며, 잘못한 당사자인 우리는 도저히 그 장벽을 극복할 수가 없다"[19]고 썼다. 그는 이어서 그 진노는 인간의 우정이라는 맥락에서 일어나며, 질투, 고통, 슬픔과 연관된 감정으로, 일반적인 사법적 분노와는 성질이 다른 것임을 강조한다.

나는 그런 저자들의 주장에 주저하지 않고 동의한다. 죄는 관계를 단절한다. 그것은 우리를 인자하고 다정하며 자비로운 아버지 하나님에게서 멀어지게 한다. 하지만 어떤 사람은 여기에서 중요한 것은 하나님의 율법이 아니라고 주장하기 위해 관계를 강조한다. 그들은 관계와 율법을 대조한다. 하지

---

18 E. Carpenter and M. A. Grisanti, '*pesah*', in *TDOTTE* 3, p. 707.
19 Goldingay, "Your iniquities", p. 49.

만 율법은 부분적으로는 좋은 관계가 존재할 수 있도록 해 주는 것이다. 죄와 속죄를 관계의 차원에서 보는 견해는 율법의 위치를 부정하기는커녕 그것을 확증한다. 아버지이신 하나님은 또한 거룩하시고, 심판자시고, 율법 수여자이신 하나님이시다. 그 사실을 부인하는 것은 하나님의 성품에 대한 성경의 가르침에 반하는 것이며, 특히 속죄일의 의식에 생생하게 표현되어 있는 하나님의 거룩하심을 손상하는 것이다. 우리가 범죄 함으로써 위반한 율법은 하나님의 율법이며, 그래서 우리는 하나님에게서 멀어지는 것이다. 하지만 우리는 여전히 범법자다. 우리가 직면하는 진노는 하나님의 진노로, 우리가 진노할 때처럼 흠 있고 변덕스럽게 판단한 것도 아니고, 하나님이 분노와 거리가 먼 분이라고 주장하는 일부 사람들이 말하듯 비인격적인 불가피성이 수반되는 것도 아니다. 그것은 의로우신 재판관과 마음이 상한 아버지에게 속한 바로 그 완전한 진노다. 그분은 우리에게 그분 자신과 율법을 주셨으며, 우리가 그분의 자녀이자 백성이 되기를 간절히 바라는 분이시다. 죄는 다른 무엇보다도 그분의 율법을 범한 것이라고 묘사하는 것이 정확하다.

3) 죄는 의식적인 사악함이다

속죄일에 해결된 문제가 무엇인지 나타내는 또 하나의 말은 21-22절에 나와 있다. 그것은 "불의"('āwôn, NIV에서는 'wickedness'로, NRSV에서는 'iniquities'로 번역했다)다. 제이콥 밀그럼(Jacob Milgrom)은 그것이 '핵심 용어'라고 주장하는데, 그것은 22절(NIV에서는 'sins'로 번역했다)의 요약 진술과 고백에서 사용하는 데 선택된 유일한 죄의 범주이기 때문이다.[20] 22절에서 그 말은 타락한 인간 본성의 왜곡된 모습을 나타내는 개념이다. 그는 랍비들과 마찬가지로, 그것을 "의도적인 나쁜 짓…으로 '범죄'(transgression)보다는 한 단계 덜 심각한 것"[21]이라고 규정한다. 그것은 일차적으로 종교적이고 윤리적인 영역과 관

---

20 Milgrom, p. 1043.
21 앞의 책.

련되어 있으며,[22] 하나님께 책임이 있는 도덕적 존재인 인간이 명백히 잘못에 대한 책임을 져야 한다고 본다. 하지만 '범죄'라는 말에 내재되어 있는 고의성까지 있다고는 보지 않는다.

4) 죄는 모든 악행이다

네 번째 단어는 단지 "죄"(ḥaṭṭāʾt, 16, 21, 30, 34절), 곧 심각한 것이든 사소한 것이든, 의도적인 것이든 무심코 저지른 것이든, 의식적인 것이든 무의식적인 것이든, 눈에 보이는 것이든 눈에 보이지 않는 것이든, 행동이든 성향이든, 작위의 것이든 무작위의 것이든, 모든 악행을 나타내는 포괄적인 단어다.[23]

존 헤이스(John Hayes)는 야구의 유추를 이용하여 그것을 잘 요약한다. 그는 죄에 대한 이 모든 정의에 대해 "야구의 모든 베이스가 다 포함되어 있다"[24]고 말한다. 1년 동안 일상적으로 예배를 드리는 가운데 많은 '죄'가 쌓였을 것이며, 따라서 성소가 부정한 것에서 깨끗이 되어야 하고, 백성들은 그들의 악행에서 정결하게 되어야 한다. 속죄일은 영적인 '대청소'를 하는 큰 날로서, 백성들의 모든 죄가 제거되고 그들과 하나님의 관계가 회복되어, 하나님이 다시 한번 그분의 성소에서 그들과 함께 편안하게 지내시도록 하는 날이었다.

존 하틀리(John Hartley)는 '죄'를 나타내는 네 단어가 모두 복수로 사용되었는데, 이는 "인간이 빈번하게 총체적으로 죄를 짓는다"[25]는 것을 나타낸다고 지적한다. 그 단어들은 결합해서 인간의 과실에 대해 놀랄 만큼 포괄적인 분석을 제공한다. 서로 분리되어 사용되고 있는 처음 세 단어는 죄의 본질에 대한 단 한 차원씩만을 나타낼 것이다. 하지만 그 단어들이 합쳐지면

22　A. Luc, 'āwôn', *TDOTTE* 3, p. 351.
23　Milgrom, p. 1034.
24　J. H. Hayes, "Atonement in the book of Leviticus", *Int* 52 (1998), p. 13.
25　Hartley, p. 241.

죄의 범위에 대해 뭔가를 보여 주며, 그렇게 함으로써 죄의 심각함에 대한 어떤 것을 전달한다. 죄는 깨끗해져야 하는 영적 오염이고, 바로잡아야 하는 고집 센 불순종이며, 사면받아야 하는 명백한 악행이고, 용서받아야 하는 갖가지 실패다. 이 중 어느 것도 값싸게 일어날 수는 없다. 죄에는 치러야 할 대가가 있다. 깨끗하게 하고, 바로잡고, 사면받고, 용서받는 일을 위해 우리는 뭔가를 대가로 치러야 한다. 이제 그 대가를 치르는 것에 대해 살펴보도록 하자.

3. 속죄의 본질

하나님과 그분의 언약 백성을 소원하게 만들었던 죄 문제를 극복하는 주도권은 하나님 자신이 쥐고 계신다. 하나님은 모세에게 배상하는 방법에 대해 제사장들에게 지시하라고 명령하신다.[26] 의식의 네 측면에 주의를 기울일 필요가 있다. 먼저, 그것은 본질상 희생 제사적인 것으로, 이스라엘 예배의 주류에 들어가는 것이었다. 둘째로, 그것은 접근 방식상 대속적인 것이었다. 셋째로, 그것은 의미상 속죄하는 것이었다. 넷째로, 그것은 계획과 결과 면에서 이중적인 임무를 충분히 성취하여, 그것이 나름대로 독자적인 범주 안에 들어가게 한다.

1) 그 특성은 희생 제사적인 것이다
역사의 이 단계에서 이스라엘의 예배는 본질이 희생 제사적인 것이었다. 레위기의 처음 몇 장에서는 여러 가지 목적으로 다양한 방식으로 드렸던 다섯

26　아론보다 모세에게 지시하신 이유는 Hartley가 지적하듯이 레 16장이 제사장들을 위한 안내서라기보다는 평신도들을 위한 일반 지침임이 거의 분명하기 때문이다. 그것을 제사장을 위한 안내서로 보기에는 세부 사항이 불충분하다. 그 교훈은 모든 사람에게 주어진 것이므로, 주로 제사장을 이끌던 아론을 통해서 주어지기보다는 모든 사람을 이끌던 모세를 통해 주어진 것이 적절했다.

가지 희생 제사를 상세히 설명한다. 그 제사들은 일반적인 예배와 속죄의 행위인 전제와 번제(1:1-17; 6:8-13), 언약에 대한 헌신의 표현인 소제(2:1-6; 6:14-23), 하나님 앞에서 먹는 기념 혹은 친교용 식사인 화목제(3:1-17; 6:12-13), 무심결에 행한 죄를 처리하는 속죄제(4:1-12; 6:24-30), 잘못한 것에 대한 배상을 포함하는 속건제(5:14-6:7; 7:1-10)였다. 그 제사들은 하나님과 그의 백성이 새로운 관계를 맺게 하거나, 손상된 관계를 개선하거나, 기존의 관계를 강화할 수 있었다.[27] 분명히 알 수 있듯, 그 제사들 모두가 죄에 대한 속죄를 포함하는 것은 아니었다. 희생 제사들은 또한 하나님께 선물을 드리고, 흠을 제거하고, 빚을 지불하고, 친교를 나누고, 이 평범한 세속 사회를 거룩한 세상과 연결하는 수단이었다.[28]

소제(보통 다른 제사에 수반되던 자발적인 행동)[29]만 제외하면 모든 제사에는 짐승을 죽이고 그 피를 의식 규정에 따라 처리하는 것이 포함되었다. 필립 젠슨(Philip Jenson)은 전통적으로 제사가 시행되는 여섯 단계를 밝힌다. 물론 몇 가지 변형이 있다는 것은 인정한다.[30] 예배자들은 제물로 바칠 짐승을 가지고 성소로 나아와 그 짐승에 안수하고 죽였다. 제사장은 여러 성물에 피를 뿌리거나 붓거나 발랐으며, 그러고서는 제물을 준비하여 단에서 불살랐다. 그 후에 고기를 먹고 나머지는 버렸다.

속죄일에는 이 단계를 대부분 정확하게 시행한다. 거기에는 아론과 그의 가족들을 위한 속죄제와 번제 및 전체 공동체를 위한 속죄제와 번제가 포함되었다. 하지만 이날에는 통상적인 의식에 약간 변화가 주어졌다. 백성들의 속죄제를 위해 염소를 두 마리 취하지만, 그중 한 마리만 잡아서 제물로 드

---

27 Jenson, *Graded Holiness*, 여러 곳.
28 이 목적에 대한 충분하고 다소 진취적인 해설은 Goldingay, "Old Testament sacrifice"에서 찾아볼 수 있다. 그는 제사를 공동체 안에서 폭력이 일어났을 때 그것을 해결하는 한 가지 수단으로 덧붙인다.
29 레 23:13; 민 15:1-12; 참고. 5:15.
30 Jenson, 'Sacrificial system', p. 27.

렸다. 다른 한 마리는 광야에서 놓아주었다. 제사의 이 새로운 측면은 곧 살펴볼 것이다. 지금으로서는 속죄일의 제사들이 다른 제사들과 어떤 공통점을 가지고 있는지에 관심이 있다.

제사용 제물이 죽는 것과 그 제물의 피를 처리하는 것은 제사 제도의 필수적인 구성 요소였다. 죽은 짐승에게서 피를 빼고 나면, 속죄일 같은 경우 그것을 먼저 "속죄소"('the mercy seat', NRSV) 표면에 뿌리고 그다음에 그 앞에 "일곱 번" 뿌렸다(14절). 그 후에 그것을 회막 나머지 부분과 그 주위에 발랐다.

레위기 17:11은 이것이 어떤 의의를 지니는지 이해하도록 도와준다. 거기 보면 "육체의 생명은 피에 있음이라. 내가 이 피를 너희에게 주어 제단에 뿌려 너희의 생명을 위하여 속죄하게 하였나니 생명이 피에 있으므로 피가 죄를 속하느니라"고 되어 있다. 피를 흘리는 것은 다른 사람들을 위해 생명을 내놓는 것을 상징하며, 피를 뿌리는 것은 부정한 것을 정결하게 하는 역할을 한다. 많은 사람은 이 구절의 초점은 희생 제물의 죽음이 아니라 제물의 생명이라고 주장한다. 그들은 제물을 드리는 것에서 중요한 요소는 짐승의 피를 흘림으로써 생명을 방출시켜, 그 생명을 완벽한 제물로 하나님께 드리는 것이며, 그럼으로써 예배자에게 생명이 주어지게 하는 것이라고 주장했다. 예를 들어, 폴 피데스(Paul Fiddes)는 거기서 말하는 것은 "짐승의 피에 있는 신선한 생명을 쏟아냄으로써 범죄 한 공동체의 더러워지고 깨끗하지 않은 생명이 새로워진다는 개념인 듯하다"[31]고 말한다. 그런 관점에서 보면 제물의 죽음은 우연히 일어나는 것, 생명을 획득하기 위해 할 수 없이 이용하는 수단에 불과하다.

레온 모리스는 이런 견해에 반박한다. 그는 성경에서 그 단어의 용례를 상세히 검토해 본 후,[32] 앨런 스팁스(Alan Stibbs)와 마찬가지로, 피 흘림이 나

---

31 Fiddes, p. 69.
32 Morris, *Apostolic Preaching*, pp. 114-118.

타내는 것은 "육체라는 짐에서 생명을 해방하는 것이 아니라 육체의 생명을 끝내는 것이다. 그것은 영적 생존의 증거가 아니라 육체적 죽음의 증거다"[33]라고 결론 내린다. 그렇다면 초점은 제사의 중대한 측면인 제물의 죽음이다. 즉 악행과 부정함으로 상실된 생명과 교환하여 생명이 주어지는 것이다. 피는 정결하게 함과 죄 사함을 얻기 위해 치러야 하는 값이었다.

2) 그 접근법은 대속적인 것이다

제사의 목적은 그것을 드리는 사람을 위해 속죄하는 것이다. 그 의식을 간단히 해석하면 죄 된 예배자를 대신하여 제물이 대리로 죽는다는 것이다. 제사를 드릴 때는 짐승을 죽이기 전에 드리는 사람이 그 짐승에 안수해야 했는데[34] 그것은 전적인 헌신(번제의 경우)이나 죄(속건제의 경우)를 그 제물에 전가하는 상징적인 행동이었다. 그렇게 되면 그 제물은 대리자로서 하나님께 드려지는 완벽한 선물(번제의 경우)이 되거나 아니면 하나님께 드리는 완벽한 속량(속건제의 경우)이 된다. 속죄일에도 똑같이 전가하는 행동을 하는데, 그때에는 제물만 드리는 것이 아니라 또한 염소를 광야에 보내기도 한다(21절).

최근에 다시 사람들은 그 제물이 정말로 대속물인지 의문을 제기했다. 그 반대는 제물이 형벌을 대신 받는다는 개념과 특별히 관련되어 있다. 그들은 악행에 대해 대속자를 벌주는 하나님이 과연 정의로운 분인지 묻는다. 어떻게 형벌, 특히 이와 같은 대리적 형벌이 상황을 바로잡을 수 있다는 말인가? 그들은 그 죽음이 대리적이며(vicarious), 그 희생자가 예배자와 동일시 된다는 것을 말하기 위해 '대표적'(representative)이라는 단어를 즐겨 사용해 왔다. 이 개념들은 죄에 대한 벌을 받는 것과 관련된 것이 아니기 때문이다. 하지만 그들은 '대속'(substitute)이라는 말까지는 사용하지 않고 싶어 한다.

---

33 A. M. Stibbs, *Meaning of Blood*, p. 11.
34 레 1:4; 4:4, 15, 24, 29, 33.

그 말은 형벌의 속죄 이론을 주창하는 사람들이 독점해 왔기 때문이다.[35]

현대인들의 세련된 반대들은 어떤 때 보면 다른 무엇보다도 교만에서 비롯되는 듯이 보인다. 그런 반대들은 교회사의 길고도 강력한 흐름에 저항한다. 희생 제사가 형벌적 대속이라는 개념을 옹호하는 스펄전[36]은 이렇게 말한 적이 있다. "우리는 때로 어리석은 사람들이 '성경에 대속의 교리가 어디 있느냐?'라고 묻는 것을 듣게 된다. 나는 그런 사람들에게 이렇게 대답할 것이다. '그것이 나와 있지 않은 곳이 어디냐?' 성경에서 그 교리를 빼면, 사실상 아무것도 남지 않는다."[37]

속죄일은 하나님의 성소에서 부정함을, 그리고 하나님의 백성에게서 죄를 제거하는 날이었음을 기억해야 한다. 적어도 교정해야 할 문제 중 일부를 나타내기 위해 '범한 죄'(transgression, NIV에서는 'rebellion', 16, 21절)라는 말을 사용하는 것으로 보아, 직면해야 할 법적인 범죄가 있으며, 그것을 사법적 맥락에서 다룰 것을 알 수 있다. 여기에서는 처벌과 그에 따른 법적 대속 개념을 얼핏 볼 수 있다.

이 논법을 레위기에 적용할 때,[38] 여기에는 앞으로 올 실체의 그림자만 나와 있다는 것을 기억해야 한다. 여기에는 하나님이 언젠가 그리스도를 우리의 대속물로 주심으로 세상을 위해 하실 일에 대한 사전 스케치가 나와 있다. 전체 그림을 보면, 더 잘 이해하게 된다. 크리스티나 백스터(Christina

---

35 이러한 입장에 대한 해설로는 Goldingay (ed.), pp. 54-72에 나오는 C. A. Baxter, "The cursed beloved: a reconsideration of penal substitution"을 보라.
36 "그것은 하나님의 저주다. 율법을 만드신 하나님은 그 율법을 범할 때 주어지는 특정한 벌들을 덧붙여 놓으셨으며, 율법을 범하는 사람은 즉시 율법 수여자이신 하나님의 진노 대상이 된다. 그것은 그저 율법 자체의 저주일 뿐만이 아니라, 강한 팔로 자신의 법령을 수호하시는 위대한 율법 수여자가 내리는 저주다. 그렇기에…율법-저주가 대단히 정의로운 것이며 도덕적으로 피할 수 없는 것임을 확신하도록 하자. 우리에게 복 주시기를 기뻐하시는 하나님이 최고의 의가 요구하지 않는데 자기 피조물 중 그 누구에게라도 티끌만큼의 저주라도 가하는 것은 불가능하며, 저주를 내리지 않고도 거룩함과 순결함을 유지할 수 있는 길이 단 하나라도 있다면 사랑의 하나님은 자기 피조물에게 슬픔을 임하게 하지 않으리라 믿고 안심하라." Spurgeon, p. 118.
37 앞의 책, p. 169.
38 이 문제는 10장에서 다시 살펴볼 것이다.

Baxter)가 말하듯이, 그럴 때 속죄에 대해 이런 대속적 접근을 주창하는 사람들은 깨진 유리창을 처리해야 하는 사람들과 같기 때문이다. 그들은 깨진 유리창을 수리하려면 비용이 든다는 것을 안다. 십자가에서 하나님은 스스로 그 비용을 치르신다고 그녀는 말한다. "하지만 죄 사함의 대가는 하나님이 부담하시는 대가다. 십자가는 하나님이 그 대가를 치르셨다는 선포다."[39] 십자가에서 하나님은 죄에 대한 진노를 표현하셨을 뿐 아니라, 스스로 그 벌을 받으셨으며, 자비롭게도 우리의 대속자가 되신다.

3) 그 효과는 속죄하는 것이다

제사 의식이 정확히 어떤 절차로 작동하든 간에, 그것의 놀라운 업적은 '속죄'(atonement)일 것이다. 하지만 '속죄'란 정확하게 무엇을 말하는가? 14세기 이후 영어에서 그 단어는 어원으로 '일치하다'(at one)라는 의미가 있었다. 즉 우정, 화목 혹은 조화의 상태라는 것이다. 존 위클리프(John Wycliffe)는 신약을 번역하면서 그것을 '하나임'(onement)이라고 번역했다. 하지만 어떤 사람들은 그런 이해를 유감스럽게 생각한다. 그 번역이 아무리 적당하다 해도, 그들이 보기에는 그것이 충분히 정확한 정의가 아니었기 때문이다.[40]

레위기에서 '속죄'를 가리키는 데 사용된 단어는 *kpr*라는 히브리어 어원을 가지고 있으며, 그 배후에는 세 가지 서로 다른 의미가 있다. 그것은 '덮어 가리다'라는 의미일 수 있다. 이를테면 역청으로 나뭇조각을 덮는 경우,[41] 혹은 빚을 지불하는(cover) 경우 등이다. 둘째로, 그것은 '몸값을 치르고 되찾다'(to ransom)라는 의미를 가질 수 있다. 그 말의 어원은 뇌물 혹은 유리한 결과를 얻기 위해 값을 치르는 것과 관련되어 있다. 아니면 셋째로, 그 말은

---

39 Baxter, "The cursed beloved", p. 72.
40 예를 들어, Brueggemann, *Theology*, p. 193는 이것이 그 말을 "부정함의 형태로 나타나는 구체적 위협의 봉쇄"를 시사하는 대신 하나의 관계적 용어로 만들어 버린다고 반대한다.
41 창 6:14.

'닦아 내다'(wipe out) 혹은 '깨끗이 씻어 내다'(purge)[42]라는 의미일 수 있다.

전통적으로 이 중 두 번째 개념이 속죄의 본질을 나타낸다고 여겨져 왔다. 즉 속죄는 몸값을 지불하는 것이었다. 하지만 오늘날 많은 사람은 '닦아 내다'라는 세 번째 개념을 더 정확한 번역이라고 여긴다.[43] 그 사람들은 다른 것들은 다 그만두고도, 속죄일에 성소를 깨끗이 하는 문맥에서 이 단어가 나온다는 것도 이러한 의미를 지지한다고 말한다. 그 말에 이러한 뜻이 있다고 해서 속죄일의 다른 기능이 줄어들지는 않는다. 그것은 회막의 부정함을 깨끗이 제거하는 것만큼이나, 백성들의 죄를 씻어 내는 것에도 적용될 수 있으며, 또 적용된다.

어떤 사람들은 속죄에 대해 전통적인 해석 대신 이러한 해석을 취하게 되면, 하나님의 거룩함에 대한 견해를 약화하고, 죄에 대한 혐오가 사소한 일이 되며, 제사의 가치를 경시하게 되지 않을까 두려워한다. 그럴 필요가 없다. 성경의 다른 부분들이 그러한 관심사에 대한 확고한 답변을 제공해 줄 것이다. 그것은 하나님이 우리에게 제공해 주신 속죄의 깊이를 단지 더 넓게 인식하게 할 것이다.

그렇더라도, '닦아 내다'라는 의미를 지지하는 논증이 결정적인 것은 아님을 반드시 말해야 한다. 속죄가 벌을 받는 것, 혹은 죄를 덮는 것이라는 개념을 받아들일 만한 훌륭한 근거들이 있다. 그 말은 '덮는 값을 치른다'라는 것을 의미할 수도 있다. 그것도 전후 문맥에 들어맞을 것이다. '깨끗이 닦다'라는 말처럼 그렇게 잘 들어맞지는 않을지라도 말이다. 그러므로 그런 해석을 쉽게 무시해서는 안 된다.

4) 그 범위는 포괄적이다

최근에 제기된 복잡한 신학 논쟁들에서 빠져나와 속죄 염소 의식이라는 명

---

42 R. E. Averbeck, 'kpr', in TDOTTE 3, pp. 689-710.
43 앞의 책, p. 696.

쾌함으로 들어가 보자. 그것은 신학적으로 마치 석양의 어슴푸레함에서 햇빛 찬란한 대낮의 투명한 명쾌함으로 들어가는 것처럼 느껴진다. 속죄일에서 독특한 것은 속죄 염소의 역할이다. 그 의식의 초점은 바로 이것이다.

아론은 "두 염소를 가지고 회막 문 여호와 앞에 두"라는(7절) 지시를 받는다. 특별한 것은 아무것도 없다. 하지만 그다음에 나오는 지시는 전례 없는 것이다. 그는 그것들을 놓고 "제비 뽑으라"는 지시를 받는다. 어떤 것을 잡아서 여호와께 속죄제로 바치고, 어떤 것을 산 채로 드리고 그 후에 "아사셀"(속죄 염소)로 광야에 보낼지 결정하기 위해서다(8-10절). 아론은 이에 순종하여, 먼저 "속죄제"로 정해진 염소를 잡아 제물로 바치고(15절), 그다음에는 그 피로 성소를 깨끗하게 한 후에(16-19절), 풀어 주어야 할 염소에게 주의를 돌린다(20절). 그는 이 염소를 끌어내 온다. 아론은 "두 손"으로 산 염소의 "머리"에 안수하고, 그 위에 이스라엘의 모든 죄를 고백하며, 그다음에 광야의 외딴곳에 보내어 풀어 준다(21-22절).

고든 웬함이 해설하듯, "이 의식이 상징하는 것은 명백하다."[44] 성소는 피로 깨끗하게 씻김을 받았으며, 백성들의 죄는 이제 가능하면 멀리 진영 밖으로 나가 처리된다. 거기에는 바루크 레빈이 '제거 의식'[45]이라고 부르는 것이 포함되어 있다. 이스라엘과 그 제사장들의 범죄를 "속죄 염소에게 극적으로 전가한 후, 다시는 돌아오지 못하도록 그 염소를 광야로 내쫓았다."[46] 그것은 하나님의 은혜에 대한 놀라운 묘사다. 시편 103:11-12에서는 그것을 이러한 말로 경축한다.

이는 하늘이 땅에서 높음같이
그를 경외하는 자에게 그의 인자하심이 크심이로다.

---

44 Wenham, *Leviticus*, p. 233.
45 Levine, p. 99.
46 앞의 책.

> 동이 서에서 먼 것같이
> 우리의 죄과를 우리에게서 멀리 옮기셨으며.

하지만 전반적인 묘사가 아주 명백함에도 불구하고, 몇 가지 세부 사항들은 좀 더 자세히 살펴볼 만하다. 두 마리의 염소를 끌어내어 제비 뽑아 그들의 운명을 결정할 때, 본문에서는 "한 제비는 여호와를 위하고 한 제비는 아사셀을 위하여 할지며"(8절)라고 말한다.[47] 아사셀이 누구인지 혹은 무엇인지는 결국에는 신비로 남아 있다. 그 말은 '떠나는 염소'에 대한 단어, '제거하기에 적절'을 의미하는 문구, 바위가 많은 절벽, 혹은 마귀의 이름, 심지어 광야에 자주 나타나던 마귀 자신을 의미할 수 있었다.[48] 가장 대중적인 해석은 그것이 광야 마귀의 이름이라는 것이다. 고든 웬함은 그것이 그 구절에 나오는 하나님의 이름과 균형을 이루고 있을 뿐 아니라, 후기 유대 문학에서는 이 말이 그런 식으로 사용되었으며, 또한 광야가 마귀들이 자주 출몰하는 장소라고 생각했던 사람들의 인식과도 잘 맞는다고 설명한다.[49]

그 의식은 무엇인가를 환기한다. 죄는 진에서 제거되어 그것이 원래 나왔던 근원으로 되돌아간다. 그 죄는 하나님의 언약 백성에게 속한 것이 아니라 마귀들과 광야의 거친 영들에 속한 것이다. 죄를 아사셀에게 다시 돌려보내심으로, 하나님은 마귀와 대결하고 그를 조롱하고 계신 것이다. 그분은 사실상 "네가 꾸며낸 모든 죄가 여기 있다. 다시 가지려무나. 그 죄들은 우리에게 더 이상 힘을 쓰지 못한다"[50]라고 말씀하신다.

랍비 문서들을 보면 후대 역사에서는 속죄 염소가 다시 진으로 돌아오지

---

47 NIV는 아사셀을 난외주에서만 언급하고, 본문에서는 '제거 혹은 추방의 염소'라는 의미의 속죄 염소라는 다른 번역을 택한다. Harrison, p. 170를 보라. 하지만 "여호와를 위하고"와 "아사셀을 위하여"라는 병치가 더 낫다.
48 Hartley, p. 237. Wenham, *Leviticus*, p. 78.
49 예를 들어, 레 17:7. "음란하게 섬기던 숫염소"(goat idol)는 광야에 사는 마귀다.
50 Demarest, p. 179.

못하도록 목적지에 도착하면 호위자가 그 염소를 바위에 묶어 뒤에서 절벽 밑으로 밀어 버렸다고 한다. "그것은 데굴데굴 구르다가 절반도 못 가 산산조각이 나 버리고 말았다."[51] 돌아올 길은 분명히 없었다. 죄는 회복할 수 없게 추방되었으며, 취소할 수 없게 용서되었다.

얼마나 넓은 범위가 속죄일에 깨끗하게 되었는지는 놀랄 만하다. 제이콥 밀그럼은 거기에 두 가지 다른 범주의 죄를 위한 구속 행위가 포함되었다고 생각한다. 아론이 지성소에서 드린 속건제와 그 후에 피를 뿌린 것은 회막을 깨끗하게 하는 것이다. 그는 속죄 염소는 백성들의 죄를 다룬다고 말한다.[52] 하지만 이것은 제사장들이 상상했던 것보다 혹은 본문에서 요구하는 것보다 너무 자세히 들어가는 것이다. 대부분의 해석자는 그 의식을 단편적으로 보아서는 안 되며, 하나의 통합된 의식으로 취급해야 한다고 생각한다. 그 의식의 각 부분은 이스라엘이 직면하고 있는 문제들을 포괄적으로 해결하는 데 기여한다. 그것이 의식 율법을 범하여 하나님이 거하시는 장소를 더럽힌 부정함의 문제이든, 하나님의 다른 율법들을 위반하여 그분의 비난과 진노를 받아야 하는 사회적 죄든 간에 말이다.

이 의식이 거행될 때는 어떤 제사 때보다 더 먼 거리를 이동했으며, 이 역시 속죄일에 얻게 된 죄 사함이 얼마나 포괄적인 것인지를 강조한다. 제사는 보통 회막 바깥 뜰과 성소에서 이루어졌다. 하지만 이 속죄일의 제사는 회막의 가장 깊숙한 곳인 지성소까지 들어가며, 속죄 염소를 진 밖의 지역에서 풀어 주어야 비로소 끝났다. 이스라엘 진은 다섯 개의 동심원적 구역에 배치되어 있다고 볼 수 있다. 제1구역은 지성소다. 제2구역은 성소다. 제3구역은 뜰이다. 제4구역은 회막을 둘러싸고 있는 진 자체다. 제5구역은 '진 밖', 곧 악한 영들이 사는 곳으로 부정하고 추방당한 자들이 사는 곳이다. 속죄일의 의식들만이 가장 신성한 장소로부터, 가장 부정한 장소까지 이스라엘의 거

51　Morris, *Atonement*, p. 78.
52　Milgrom, pp. 1060 이하.

룩함의 모든 범위를 다 포괄한다.

  필립 젠슨은 그날이 처음 시작될 때는 두 염소를 '구별하지 않았다는 점을' 지적한다. 둘 다 속죄 제사용으로 정해진 것이다. 제비를 뽑아야 비로소 그 둘이 구별된다. 그 후에 그들의 운명은 매우 달라진다. "그날이 끝날 무렵이면 그들은 중대한 구역의 가장 안쪽부터 가장 바깥쪽까지를 모두 포괄했다."[53] 속죄는 하나님의 핵심부까지 이르고, 죄를 세상의 맨 밑바닥까지 몰아냈다. 우리는 그 드라마로부터, 정결케 함은 하나님이 거하시는 바로 그곳에서 하나님의 행동을 통해 이루어지며, 생각할 수 있는 가장 먼 곳으로 문제를 가지고 가서 제거해 버린다는 것을 배우게 된다.

4. 그리스도의 무한한 우월성

이 위대한 날의 의식들은 실제로 속죄의 효과를 지니고 있었다. 하지만 그 의식들은 앞으로 올 실체의 그림자일 뿐이었다. 그것들은 영단번에 완벽한 제사를 드리실 대제사장, 번제와 속죄제의 어린 양으로서 자신의 생명을 죽음에 내어주실 분, 세상의 모든 죄를 지고 가는 속죄 염소가 되실 그분을 가리킨다. 신약에서 그리스도의 사역을 공공연하게나 독점적으로 속죄 염소의 사역과 동일시하지 않는 것은 이상한 일이다.[54] 주후 130년경 『바나바 서신』(Epistle of Barnabas)에 가서야 그러한 동일시가 이루어졌으며, 그 후에는 그 둘을 대비시키는 일이 초대교회에서 더 일반화되었다. 하지만 직접적인 언급이 전혀 없음에도 불구하고, 신약에는 속죄일의 여러 측면에 대한 암시가 무수히 많이 나오며, 히브리서 9장에서는 그것에 대해 특별히 고찰한다. 그 암시들은 예수 그리스도의 제사가 그날의 제사들보다 무한히 우월하다

---

53 Jenson, *Graded Holiness*, p. 202.
54 이를테면 요 1:29과 벧전 2:24 같은 곳에서는 유월절 양이라는 개념과 속죄일이라는 개념이 결합되어 있는 듯이 보인다.

는 것을 입증한다.

그리스도 사역의 우월성은 그 두 제사를 비교해 보든 대조해 보든 분명하게 알 수 있다.

1) 비교로 볼 수 있는 우월성

비교해 보면, 예수 그리스도의 피는 속죄제와 마찬가지로 "속죄의 제사"[55]로 부어졌다. 예수님의 십자가는 속죄 염소와 마찬가지로 세상의 죄를 지고 가며, 죄의 짐을 책임져야 하는 사람들에게서 그것을 완전히 제거하신다. 고린도후서 5:21의 말을 빌리면, "하나님이 죄를 알지도 못하신 이를 우리를 대신하여 죄로 삼으신 것"이다. 베드로전서 2:24의 말로 하면, 그분은 "친히 나무에 달려 그 몸으로 우리 죄를 담당하셨"다. 히브리서 9:28에 따르면, "그리스도도 많은 사람의 죄를 담당하시려고 단번에 드리신 바 되셨"다. 그분은 백성들의 죄를 그들로부터 멀리 치우는 가장 위대한 '제거 의식'이었다.

속죄 염소에 대한 또 다른 암시는 히브리서 13:12에 나온다. 속죄 염소를 진 밖으로 보낸 것처럼, 예수님은 성 밖에서 죽으셨다.

또 다른 유사점은(정확한 것은 아니지만) 광야에 간다는 개념에서 볼 수 있다. 베드로는 그리스도께서 죽으신 후에 나름의 광야에 가서 "옥에 있는 영들에게 선포하셨다"[56]고 말한다.

마지막으로, 예수님은 한 가지 측면에서 이전에 대제사장들이 하던 사역을 계속 시행하신다. 그분은 우리의 위대한 대제사장으로서 계속해서 "아버지 앞에서 우리에게 대언자"[57]가 되신다.

---

55 롬 3:25(개역개정에는 '화목제물'로 나와 있다—역주).
56 벧전 3:19.
57 요일 2:1, NRSV.

2) 대조로 볼 수 있는 우월성

유사한 점은 그리스도의 죽음을 속죄의 희생으로 해석하는 데 도움이 되긴 하지만, 그리스도의 위대하심이 드러나는 것은 이전 시대의 제사들과 대조할 때다. 옛 대제사장은 죄인이었으며 자신의 죄를 위한 제사를 드려야 했지만, 반면에 우리의 대제사장이신 예수님은 흠 없이 온전하며 죄를 위한 제사를 드리실 필요가 없으시다.[58] 아론은 염소와 황소의 피를 제물로 드려야 했던 반면, 예수님은 자신의 피를 드리신다.[59] 옛 제사장들은 해마다 반복해서 제사를 드렸던 반면, 예수님은 자신의 완벽한 제사를 "단번에"[60] 드리신다. 옛 제사 제도는 사람들을 외적으로 의식상 정결하게 만들 수 있었으나 사람들의 양심을 깨끗하게 하는 일은 전혀 하지 못했다. 하지만 그리스도의 제사는 양심을 깨끗하게 할 수 있다.[61] 이스라엘 백성들은 이전의 제사 제도에서 자신들의 실패를 반복해서 상기했다. 구속받기 위해 반복해서 제사를 드려야 했기 때문이다. 하지만 그리스도의 사역은 우리를 그러한 우울하고 단조로운 고된 일로부터 해방해 주었다. 단 한 분 그리스도의 죽음은 속죄의 드라마에서 최종적인 행동이었으며, 우리에게 영원한 죄 사함을 가져다 주었다.[62]

그리스도의 속죄 죽음이 가져온 놀라운 결과는 이제 "우리가 예수의 피를 힘입어 성소에 들어갈 담력을 얻었[다]"[63]는 것이다. 그리스도가 죽으셨기 때문에 모든 신자는 거룩하신 하나님이며 사랑 많으신 아버지께 직접 아무런 방해 없이 다가갈 수 있게 되었다. 이렇게 히브리서는 복음서에서 그리스도의 죽음과 관련된 사건들을 기록하면서 암시적으로 진술한 내용을 명백

---

58 히 7:26-28.
59 히 9:12.
60 히 7:27; 9:12, 26, 28.
61 히 9:9, 13-14.
62 히 10:11-12.
63 히 10:19.

하게 밝힌다. 그리스도가 십자가에 달리셨을 때, 성소 휘장이 둘로 갈라지면서,[64] 그리스도를 믿는 모든 사람이 방해받지 않고 지성소에 들어갈 수 있게 되었다. 하나님의 직접적인 임재에 들어가는 특권은 더 이상 대제사장이 1년에 한 번씩 연기가 가득 찬 방에서 하나님과 만날 때만 누리는 것이 아니다. 모든 하나님의 자녀들이 날마다 그것을 체험하고, 그들은 그 안에서 하나님을 아무런 가리는 것 없이 보게 되었다. 그분은 "예수 그리스도의 얼굴에 있는 하나님의 영광을 아는 빛을 우리 마음에 비추셨기"[65] 때문이다.

옛 언약하에서 속죄일은 큰 연례행사로 엄숙하게 지켜졌으며(29절) 즐겁게 마무리되었다.[66] 하지만 우리가 엄숙하게 기억하면서 동시에 즐겁게 경축하는 유일무이한 사건인 갈보리의 날은 그것을 훨씬 능가하는 날이었다. 속죄일이 이스라엘 자녀들을 다음 속죄일까지 그들의 모든 죄에서 깨끗하게 해 주는 수단이었다면(30절), 갈보리의 날은 그리스도의 제자들이 영원토록 그들의 죄로부터 깨끗하게 되는 수단이다. 그리고 속죄일이 그들을 부정함, 범죄, 불의, 죄로부터 정결하게 해 주었다면, 그리스도의 피는 훨씬 더 효과가 있다. 스펄전이 설교했듯이, "그리스도의 피, **그것은 모든 것에 충족하는 것이다**. 그리스도의 피가 해결하지 못하는 문제는 없고, 그 피가 씻어 버리지 못하는 죄는 없다. 그것은 아무리 많은 죄라도 정결하게 할 수 있으며, 아무리 심한 죄책이라도 제거할 수 있다."[67]

예수님은 제사장이자 제물, 속죄제로 죽으시는 어린 양이자 죄를 지고 광야로 가시는 속죄 염소이시다. 그분은 하나님께 전적으로 순복하고 헌신하는 삶을 사시고 죽으셨으며, 우리를 위해 온전한 번제가 되셨다. 그분은 우리의 죄로 인한 더러움을 제거하셨으며, 우리의 죄악에 대한 값을 치르셨다.

---

64   마 27:51; 막 15:38; 눅 23:45.
65   고후 4:6.
66   랍비들의 말에 따르면, 후기 유대 전승에서 속죄 염소가 광야에 도착하면 "예루살렘에서 알도록 수건을 흔들어 신호를 보냈다"라고 한다. Morris, *Atonement*, p. 78.
67   Spurgeon, pp. 112-113.

그분은 휘장을 찢고 우리가 하나님의 친밀한 임재에 언제나 들어갈 수 있게 해 주셨다. 그분 안에서 하나님과 우리 사이의 소원함이 극복되었으며, 우리는 화목하게 되었다. 고대의 연례 절기였던 속죄일의 복잡한 모델에 나타난 속죄 사역의 모든 측면은 예수님 안에서 성취된다. 그분은 실로 모든 것을 충족시키는 분이시다.

4장

내 하나님이여, 내 하나님이여, 어찌?

시편 22:1-31

데릭 키드너는 시편 22편에 대해 "그리스도인이라면 누구나 이 시를 읽으면서 십자가 처형에 생생하게 직면하지 않을 수 없다"[1]라고 쓴다. 분명 복음서 기자들은 그것을 읽으면서 그리스도의 십자가를 생각하지 않을 수 없었을 것이다. 이 시편 첫 부분에 나오는 말이 예수님이 죽어 가실 때 내뱉으신 비통한 유기(遺棄)의 부르짖음을 이루고 있을 뿐 아니라,[2] 또한 여기서 그분이 죽으시는 방식이 세세한 부분까지 예언된 것처럼 보인다. 복음서들의 수난 내러티브에는 열세 개의 구약 본문이 인용되어 있는데, 그중 아홉 개가 시편에서 나온 것이다. 그 아홉 개 중 다섯 개가 이 시편에 나와 있다.[3] 이 시편은 우리 주님의 고난을 너무나 정확하게 묘사하고 있기에 '제5복음서'[4]라고 불릴 만하다.

---

1 Kidner, *Psalms 1-72*, p. 105. 『틴데일구약주석: 창세기』(기독교문서선교회).
2 마 27:46; 막 15:34.
3 Mays, p. 105. Mays는 다른 사람들은 수난 내러티브에서 구약 인용문을 17개까지 찾아낼 수 있음을 인정한다.
4 Craigie, p. 202에 인용됨. 참고. S. B. Frost, "Psalm 22: an exposition", *Canadian Journal of Theology* 8(1962), p. 113.

하지만 그것을 십자가 처형에 적용하기 전에, 이 시편 자체를 이해해야 한다. 그렇게 하면 이것이 십자가에 대해 알려 주는 것을 더 풍성하고 깊게 인식하게 될 것이다.

이 시편은 두 부분으로 되어 있는데, 그 두 부분은 놀랄 만큼 서로 다르다. 첫 번째 부분인 1-21절은 애도의 시며, 두 번째 부분인 22-31절은 찬양의 노래다. 하지만 이러한 단순한 분석은 이 시편의 '정교하게 짜인 구성'[5]을 제대로 나타내지 못하는 것이다. 그것은 뒤범벅된, 심지어 모순되기까지 한 감정들을 표현하기 때문이다. 첫 번째 부분에서는 절망과 소망이 교대로 나타나며, 두 번째 부분에서는 직접적이고 개인적인 기쁨 다음에 우주의 아득하고 총괄적인 예배가 나온다. 초반부를 지배하는 한탄은 1-2, 6-8, 12-18절에 나오는데, 매번 그 한탄에 맞서는 신뢰의 표현이 3-5, 9-11, 19-21절에 나온다. 이 시편을 마무리하는 찬양은 응답받은 기도에 대한 개인적 간증으로 시작하여, 하나님의 우주적 주권을 선포하면서 감정이 고조되는 가운데 끝난다. 이 시편은 마치 두 개의 악장으로 된 음악처럼, 장조와 단조 선율이 처음부터 끝까지 서로 엎치락뒤치락하다가 마지막에 가서 절정에 이르고 화음이 조화되면서 끝나는 듯하다.

이 시편은 고난받은 자의 심정을 토로한다. 그것이 이스라엘의 고난 표현이라고 생각하는 사람들도 있지만, 대부분은 한 개인의 고뇌에 찬 부르짖음이라는 것을 받아들인다. 제목에는 "다윗의 시"라고 나와 있지만, 그의 생애에서 일어난 사건 중 이 시편에 완전히 들어맞는 특별한 사건은 없는 듯이 보인다. 그것은 실제로 그의 몇 가지 경험을 반영한다.[6] 하지만 그는 자신에 대해서만 말하고 있는 것이 아니라, 아마도 건강이 좋지 않다든가 아니면 죽음이 아주 임박한 사람같이 극도의 곤란을 겪고 있는 다른 사람들의 대표자로서 말한다. 이 시편에서 우리는 주로 고난받는 자의 고독과 외로움에 마

---

5 Mays, p. 108.
6 Frost, "Psalm 22", pp. 108-109.

주하게 된다. 하지만 어떤 면에서 그 고난받는 자는 혼자서만 고난받는 것은 아니다. 그는 하나님 백성의 회중에서 자신의 불평과 찬양을 표현하기 때문이다. 그는 그 회중 안에서 먼저 위안을 구하고 후에는 교제를 즐긴다. 그렇다면 이 시편은 개인적인 기도라기보다는 공적인 예배 의식이다.[7]

1. 그가 직면한 괴로움(22:1-2, 6-8, 12-18)

셰익스피어는 "슬픔이 올 때면, 스파이처럼 한 명씩 오지 않고/ 대부대가 온다"[8]고 썼다. 이 시편 기자는 분명 바로 그렇게 느꼈다. 그는 능력이 많으신 그의 하나님이 너무 멀리 계시는 듯 보이기 때문에, 그리고 그를 괴롭히는 사람들이 너무 가까이 있고, 그의 몸이 병약하고 허약하기 때문에 불평을 토한다.

1) 첫 번째 한탄: 하나님께 대한 갈망(22:1-2)

우리는 대부분 어려움에 맞닥뜨릴 때 "왜 하필이면 내가?"라고 부르짖는다. 시편 기자의 부르짖음이 바로 그러한 것이며, 그 이상의 것이다. 그가 어떤 경험에 직면하고 있든 간에, 그것은 육체적으로 극심하고 정서적으로 힘겨울 뿐 아니라, 영적으로도 격렬한 것이다. 그것은 신앙의 위기다. 하나님을 필요로 하고 그분의 위로의 임재를 온전히 기대하면서 그 임재를 추구하는 그 순간, 하나님이 완전히 부재한다고 그는 느낀다. 하나님은 너무 멀리, 완전히 먼 곳에 계신다. 하나님은 그를 괴로움에서 건지기 위해 간섭하시지도 않고 심지어 그의 기도를 들으시지도 않는 듯이 보인다. 하늘은 잠잠하며, 그의 우울한 말은 공허하게 되돌아오면서 그의 고통을 더욱 심화시킨다. 그와 그가 신뢰했던 하나님 사이에는 광대한 심연이 가로놓여 있다.

---

7 앞의 책, p. 198.
8 *Hamlet*, 4막 5장.

하나님께 버림받았다는 느낌은 그의 믿음과 경험 사이의 크나큰 긴장으로 더 악화된다. 그가 아는 신학에 의하면 이와 같을 때 그가 하나님께 무시당해서는 안 된다. 하지만 그가 지금 경험하는 것은 자신이 하나님께 버림받고 있다는 것이다. 그가 믿기로는, 지금까지 그가 신뢰해 왔던 하나님은 기도를 들으시며 어려움에 처한 백성을 구할 수 있는 능력의 하나님이시다 (3-5절). 그러면 하나님의 능력에 무슨 일이 일어났는가? 왜 그분은 지금 간섭하여 그를 구해 주시지 않는가? 그렇다면 그가 직면하고 있는 문제는 단순한 고난의 신비 이상의 것이다. 그것은 그가 배운 것(그리고 대단히 확고히 믿은 것)과 자신의 경험을 통해 아는 것 사이에 모순이 있다는 사실에서 비롯된 신비다. 많은 신자, 심지어 대단히 경건한 신자도 그리스도인의 삶을 살면서 때로는 그런 긴장들을 경험한다. 데이비드 왓슨은 말기 암과의 싸움에 대해 진지하게 쓰면서, 어느 순간 솔직하게 이렇게 고백했다.

나에게 최악의 시간은 새벽 두세 시쯤이었다. 나는 확신에 가득 차서 전 세계에서 복음을 전했다. 나는 그리스도를 통해 영생의 선물을 하나님께 이미 받았기 때문에 죽음을 두려워하지 않는다고 사람들에게 수없이 말했다. 오랫동안 나는 이 진리들을 전혀 의심하지 않았다. 하지만 지금 가장 기본적인 질문이 끈질기게, 특히 길고 긴 밤에 나를 사로잡고 있었다. 내가 곧 하늘나라에 간다면, 하늘나라는 얼마나 현실적인 것일까? 그건 아름다운 생각에 불과한 것이 아니었을까? 내가 죽으면 정말로 어떤 일이 일어날까? 하나님은 정말로 존재하시는가? 어떻게 확신할 수 있는가? 실로 내가 암과 죽음 이외의 어떤 것에 대해 어떻게 확신할 수 있는가? 나는 이런 질문들을 놓고 문자 그대로 땀을 뻘뻘 흘리며 씨름했으며, 종종 잠옷이 식은땀에 푹 젖은 채 잠에서 깨곤 했다! 나의 믿음이 그처럼 지독하게 공격받은 적은 이전 어느 때도 없었다.[9]

---

9   D. Watson, *Fear No Evil* (Hodder and Stoughton, 1984), p. 43.

그는 이어서 말했다.

의심과 질문은 아주 오랫동안 지속되지는 않았다. 한밤중에는 이따금 나를 엄습하던 두려움과 예감들에 맞서 싸울 만큼 충분히 의식이 깨어 있지는 못했지만 말이다. 그때는 하나님께 버림받은 것처럼 보이던 순간들이었다. "내 하나님이여, 내 하나님이여. 어찌 나를 버리셨나이까?"[10]

때로 하나님이 우리에게 말씀해 주시는 것이 가장 필요하다고 생각되는 바로 그때 하나님은 가장 굳게 침묵하시는 듯이 보인다.

2) 두 번째 한탄: 다른 사람들의 혐오를 받음(22:6-8)

하나님이 부재한다는 시편 기자의 느낌은 다른 사람들의 존재로 인해 엄청나게 더 심해진다. 하나님이 실재하지 않는 것처럼 느껴진다면, 그들은 너무나 실제로 느껴진다. 그들의 조롱하는 말과 경멸하는 듯한 몸짓은 그나마 있던 자존감을 완전히 짓밟아, 그로 하여금 자신이 사람이 아니라 짐승과 같다고 느끼게 했다. 그것도 중요한 짐승이 아니라 그저 한 마리 "벌레"(6절)에 불과하다. 그가 의지해야 할 바로 그 사람들이 그의 문제의 일부다. 그들은 그의 가장 아픈 곳을 친다. 그가 하나님에게 버림받은 것처럼 보이는 것을 조롱하고 그에게 저주를 퍼붓기 때문이다. 그들은 그의 신앙을 빈정거리고 비꼬았으며, 이것은 그가 하나님에 대해 가지고 있는 문제를 강조하고 더 악화시킬 뿐이다.

하나님이 그의 첫 번째 문제라면, 그 주위의 사람들은 두 번째 문제다. 그들은 분명 아무런 도움도 되지 않는다. 사실상 그들은 그와 하나님과의 문제를 더 복잡하게 만들 뿐이다.

---

10 앞의 책, p. 44.

3) 세 번째 한탄: 자신에 대해 한탄함(22:12-18)

시편 기자는 세 번째 한탄의 표현에서 그가 받는 공격이 어떤 느낌을 주는지 다시 묘사한다. 그는 그를 괴롭히는 사람들이 "짐승 가면을 쓰고 그 뒤에 숨어 있다"[11]고 묘사한다. 그는 동물 세계의 비유를 이용하여, 자신이 가장 무시무시한 방식으로 완전히 멸망하지 않으면 만족하지 않을, 피에 굶주려 짖어 대는 짐승들에게 둘러싸여 있는 것처럼 느낀다고 말한다. 그는 "바산의 힘센 소"(12절)에게 둘러싸여 있다고 느끼는데 그 소들은 그들이 풀을 뜯던 요단 동쪽의 비옥한 땅에서 나온 것들로 크고 힘이 세기로 유명했다. 그는 먹이의 살을 무자비하게 찢는 "사자"에게 할퀴는 것처럼 느낀다(13절). 그는 으르렁거리면서 먹이에 달려들어 죽여 버릴 만반의 태세를 갖춘 "개"에게 둘러싸인 것처럼 느낀다(16절). 피터 크레이기(Peter Craigie)는 "그 말은 힘은 없는데 포위되어 있으며, 도망갈 길이라고는 전혀 없는 사람이 느끼는 절망적인 두려움을 자아낸다"[12]라고 썼다.

시편 기자는 자기 연민의 느낌을 마음껏 풀어놓는다. 그는 쏟아진 "물"처럼 지쳐 버렸으며, 어그러진 뼈로 가득한 몸처럼 산산이 부서졌고, 녹은 밀랍처럼 맥이 빠진 반면, 구운 질그릇에서 수분이 증발하듯이 그의 힘은 증발해 버렸다. 그는 장사 지낼 준비가 다 된 시체와도 같다. 그를 공격한 사람들은 이미 그의 재산을 서로 나눴다. 그는 '한 뭉치의 쓸모없는 뼈들'[13]일 뿐이다. 그는 더 이상 살아 있는 인간이 아니다.

이 구절들은 그의 정서적·육체적 상태에 대한 심금을 울리는 묘사로, 우리가 이미 알고 있는 그의 절망적인 영적 상태에 추가된다. 그의 끊임없는 목마름, "혀"가 "입천장에 붙은" 것(15절)은 신경과민이 되어 기진맥진한 상태를 시사한다. 그는 육체적으로 고갈되어 더 이상 남아 있는 것이라곤 없

---

11   Mays, p. 110.
12   Craigie, p. 200.
13   앞의 책.

다. 그는 사회적으로 고립되어, 잔인한 조롱의 시련이나 불가피한 죽음의 공포를 함께 나눌 사람이 없다. 그의 생명은 깨어지고 산산이 부서졌다. 다른 사람들은 그의 생명이 끝난 것으로 여겨 그의 옷을 서로 나눈다. 차라리 생명이 끝나 편히 누워 안식을 취하는 편이 더 나을 것이다.

2. 그가 보여 준 신뢰(22:3-5, 9-11, 19-21)[14]

하지만 그는 포기하려 하지 않는다. 그를 따라다니며 괴롭히는 괴로움의 멜로디에 주체할 수 없는 신뢰의 곡조로 맞선다. 그는 하나님이 자신을 버렸다는 수수께끼 속에서 겁을 내면서도 불신으로 빠져들지는 않는다. 그의 '쉼 없이 추구하는 마음'[15]은 그의 경험을 샅샅이 뒤져, 자신이 처한 상황을 하나님에 대해 이미 알고 있는 것과 경험한 것에 비추어서 해석한다. 그는 지금 서 있는 흔들리는 기반에서, 더 확실한 기반으로 손을 뻗친다. 그는 고난이라는 현실을 또 하나의 현실, 즉 그의 언약의 하나님이라는 현실과 접촉한다. 그는 빛 가운에 있을 때 사실로 알던 것에 대해 어둠 가운데 있을 때 의심하지 말라는 지혜로운 조언에 맞게 행동한다. 그렇다면 그는 하나님에 대해 무엇을 생각하고 있는가?

1) 그는 하나님의 지위를 단언한다(22:3)

"주는 거룩하시니이다"(Yet you are enthroned as the Holy One). 자신의 백성 이스라엘의 찬양으로 확증된바 우주 안에서 하나님이 지니고 계신 주권적인 지위에 대해서는 의심하지 말아야 한다. 시편 기자는 하나님의 보좌가 폐위되었다는 소식은 듣지 못했다. 하나님은 여전히 세상을 주관하고 계신다.

---

14 히브리어에서는 각 부분이 "하지만"(yet)이라는 똑같은 단어로 시작하는데, 그것이 19절에 대한 NIV의 번역에는 분명히 드러나지 않는다.

15 Weiser, p. 221.

하지만 그분은 거룩하신 분으로서 주관하신다. 그분은 "오직 만군의 여호와는 정의로우시므로 높임을 받으시며 거룩하신 하나님은 공의로우시므로 거룩하다 일컬음을 받으시리니"[16]라고 나와 있는 분이다. 그렇다면 그분은 온전히 의로우시며(그래서 공격받는 자를 도우실 것이며), 동시에 전적으로 초월적인 분이시다(그렇기 때문에 시편 기자가 시키는 대로 하지는 않으신다).

2) 그는 하나님의 능력을 단언한다(22:4-5)

시편 기자는 역사를 회고한다. 틀림없이 하나님은 온 민족을 이집트의 속박에서 구해 낸 적이 있으시다. 그들의 정체성을 그렇게 확고하게 형성한 출애굽이라는 위대한 역사적 사건을 의심해서는 안 된다. 하나님이 바로를 처리하고 이집트 군대를 무찌르실 수 있었다면, 시편 기자 자신의 문제는 하나님께 그리 어려운 문제가 아니지 않겠는가? 그 이전에 있던 다른 사람들은 하나님을 의지하고 낙심하지 않았다. 그에겐 달라야 할 이유가 있는가?

3) 그는 하나님의 목적을 단언한다(22:9)

그의 탄생은 되는 대로 일어난 일, 진화의 힘에 의한 아무 목적 없는 결과, 심지어 그의 부모의 성적 충동으로 인한 계획된 결과도 아니었다. 그의 탄생은 그러한 것보다 더 중대한 것이었다. 하나님이 그를 그의 어머니의 "모태에서 나오게" 하셨다. 그는 자연의 우연한 결과가 아니라 하나님의 사랑스러운 설계와 목적의 대상이었다.

4) 그는 하나님의 섭리를 단언한다(22:10-11)

그는 자기 개인의 삶을 더 살펴보면서, 탄생 때부터 무수한 방식으로 하나님이 그를 돌보셨다는 표시들을 상기한다. "주께 맡긴 바 되었고"라는 말은 그

---

16 사 5:16.

것을 더 강조하기 위한 말이다. "**주께** 내가 맡긴 바 되었"다. 그것은 마치 시편 기자가 하나님의 특별한 돌보심과 보호 아래에 들어간 것과도 같다.[17] 그 때까지 하나님에 대해 경험해 본 모든 것에 비추어 볼 때, 지금이라고 하나님을 신뢰하는 것 외의 다른 도리가 있겠는가? 그는 다른 사람들이 도와줄 수 없거나 도와주려 하지 않을 때도 하나님은 여전히 자신을 돕는 분이시라고 믿는다. 피터 크레이기가 해설하듯이, 그가 치유된다면 그와 하나님 사이의 거리감은 분명 사라질 것이지만, 여기에서 그의 일차적인 관심사는 그것이 아니다. 그는 자신이 처한 상황에서 하나님의 친밀한 임재가 회복되기를, 그래서 그가 질병과 죽음을 '도울 자가 되실 하나님의 임재 안에서 정면으로'[18] 직면할 수 있기를 간절히 바란다. 그는 어떤 것보다도 하나님이 섭리로 돌보신다는 것을 새롭게 느끼기를 갈망한다.

5) 그는 하나님의 약속을 단언한다(22:19-21)

그 고난받는 자는 자신의 세 번째 한탄에서 자신이 이제 막 가장 밑바닥까지 내려갔음에도 불구하고, 여전히 하나님이 그의 하나님이라고 단언한다. 그는 자신의 "힘이 말라"(15절)라고 말하고 나서, 이제 그의 "힘"이신 하나님을 부른다(19절). 자신에게는 남은 것이 아무것도 없지만, 여전히 하나님이 자기처럼 구조가 필요한 사람들에게 풍성한 힘의 근원이 될 수 있다는 믿음을 고수한다. 하나님은 사라를 불임의 수치에서 구해 주겠다고 약속하셨으며, 실제로 그렇게 하셨다. 하나님은 이스라엘을 이집트의 폭정에서 건져 내시겠다고 약속하셨으며, 실제로 그렇게 하셨다. 그분은 약하고 무방비 상태인 사람들, 가난하고 궁핍한 사람들을 구해 주겠다고 약속하셨다. 그분이 그 약속을 지키지 않으시겠는가?

그는 그와 하나님 사이의 거리를 제거해 달라고(19절), 그리고 그가 방금

---

17 Mitchell Dahood. Anderson, p. 189에서 인용.
18 Craigie, p. 199.

말한 파멸의 탄원 기도를 역전시켜 달라고 하나님께 간청한다. 그가 하나님에게 쳐부수어 달라고 요청하는 적들의 목록은 12-18절에 나오는 목록과 같은데, 순서만 반대로 되어 있다. 거기에서는 그것이 "황소, 사자, 개들", 죽음이었는데, 여기에서는 죽음, "개, 사자, 들소"다. 그의 원수들과 삶의 체험이 그에게 가한 모든 것은 하나님이 다시 원상태로 돌릴 수 있다. 그는 또한 하나님이 구조하러 오시리라는 것을 의심하지 않는다. 하나님은 그렇게 하실 수 있으며 또한 기꺼이 그렇게 하실 것이기 때문이다.

그렇다면 가장 한탄할 만한 상황에서라도, 시편 기자가 지닌 믿음은 불신에 굴복하지도, 절망에 빠지지도 않을 것이다. 아르투어 바이저(Artur Weiser)가 말하듯이, "믿음의 불꽃이 그 안에서 타오르고 있다. 기도를 통해 그는 점점 더 하나님께 가까이 간다. 바로 이 순간에도, 즉 그가 가장 긴박한 필요에 처해 있을 때도, 그는 도울 수 있는 유일한 분이신 하나님께 의지하고 싶어 한다."[19]

이 시편은 월터 브루그만이 이스라엘의 '핵심 증거'와 '반대 증거'라고 부른 것 사이의 긴장을 집약된 형태로 담고 있다. 그것들이 한 개인의 삶에 압축되어 있다.

위대한 변혁의 동사[20]에 뿌리를 두고 있는 핵심 증거는 여호와의 신실하신 주권과 여호와의 주권적인 신실하심에 대한 단언으로 끝난다. 부재와 침묵이라는 이스라엘의 삶의 체험에 뿌리를 두고 있는 반대 증거는 여호와의 감추어짐, 모호함, 부정성에 대한 명확한 표현으로 끝난다.[21]

---

19 Weiser, p. 222.
20 Brueggemann이 염두에 둔 동사는 '창조하다', '생명을 주다', '해방하다', '구속하다', '구원하다', '끌어내다' 등이다.
21 Brueggemann, *Theology*, p. 400.

또는 브루그만은 다른 곳에서 바빌론 유수 같은 경험들이나 예레미야애가 같은 글들을 염두에 두고 이렇게 말한다.

이스라엘은 여호와를 엄위로운 주권을 지닌 분으로서 결정적이고 변혁적으로 개입하심으로써 세상에 생존 가능한 삶의 질서를 제공하는 하나님, 즉 자비로운 동정을 지닌 분으로서 자기 백성들의 필요를 돌보는 하나님이라고 증거했다. 하지만 이스라엘의 경험에 의하면 생존을 가능케 할 삶의 질서도, 자비로운 동정도 나타나지 않는 듯하다. 분명 꼭 집어 말할 만한 눈에 보이는 개입 행위로는 나타나지 않는 것이다.[22]

뒤에서 살펴보겠지만 증거와 반대 증거 사이의 긴장은 십자가에서 해결되기까지는 결코 영구적으로 해결되지 않는다. 이스라엘은 계속해서 그런 긴장을 느꼈다. 그들의 경험이 수수께끼 같은 것임을 솔직히 인정하려 했기 때문이다. 이스라엘은 하나님의 신실하신 손이 그들을 위해 역사하시는 것을 보았을 뿐 아니라, "인생은 기쁨들과 더불어 상처, 배신, 외로움, 질병, 위험, 염려, 당황, 분노, 증오, 고뇌에 둘러싸여 있다는 것을 직시하고 단언했다."[23] 시편 기자는 바로 이같은 모호함을 자신의 개인적인 관점에서 표현하는 것이다.

22　앞의 책, p. 318.
23　Brueggemann, *Psalms*, pp. 67-68(강조는 Brueggemann이 한 것). 그는 이어서 이렇게 주장한다. "애가를 연구해 보면 인생이 달콤함과 즐거움, 심지어 환희라고 낭만적으로 가장하는, 도취적이고 경축적인 믿음의 개념들을 바로잡게 될 것이다. 그것은 오늘날의 일방적인 예배 의식의 갱신은 사실상 우리의 경험에서 상처가 되는 측면은 믿음의 어두운 한구석으로 처박아 버리든가 기독교 예배에서 완전히 몰아내어 다양한 형태의 심리 요법과 성장 집단 속에 밀어 넣어 버리는 것임을 시사한다."

3. 그가 아는 변혁(22:22-31)

무엇 때문에 시편 기자가 한탄에서 찬양으로, 반대 증거에서 핵심 증거로 그처럼 극적으로 이동하는지는 나와 있지 않다. 하지만 그 이동은 놀라운 것이다. 그는 19-21절에서 일단 모퉁이를 돌고 나서, 그때부터는 계속 자신의 문제가 아니라 하나님의 영광에 몰입한다. 그저 하나님을 신뢰한다고 단언하다가 사물을 새로운 시각에서 보게 된 것일 수도 있다. 하지만 아마 하나님이 적극적으로 간섭하사 구조해 주셨을 것이다. 원인이야 어쨌든 그는 이제 도움을 청하는 고난받는 자의 부르짖음을 들으시고 응답하시는 하나님에 대한 신앙을 확신 있게 주장한다. 그는 예배하는 공동체에서 하나님의 선하심을 증언할 뿐 아니라, 그들이 더욱 크게 찬양과 감사를 드리도록 박차를 가한다.

1) 그가 지키는 서원(22:22-26)

그는 고난받는 동안 어느 땐가 자신이 회복되면 감사의 행위로 자원해서 희생 제사를 드리겠노라고 서원했음이 분명하다.[24] 그는 이제 그의 약속을 이행하고 있다. 그런 경우 보통 이틀에 걸쳐 제사를 드렸으며, 그 서원은 매우 개인적인 것이었지만, 일가친척뿐 아니라 종들이나 다른 궁핍한 사람들도 함께 거기 참여했을 것이다(26절).[25] 그것은 여호와께 드리는 제사일 뿐 아니라 "너희 마음은 영원히 살지어다"(26절)라는 말로 손님들과 건배하는 즐거운 경축 행사였을 것이다.[26]

감사의 말은 대단히 개인적인 말로 시작한다. "내가 주의 이름을…선포하고…주를 찬송하리이다"(22절). 그것은 다른 사람들까지 끌어들인다. "여호

---

[24] 레 7:16.
[25] Kidner, *Psalms* 1-72, p. 108.
[26] Craigie, p. 201.

와를 두려워하는 너희여, 그를 찬송할지어다"(23절). 그것은 하나님께 집중할 때 절정에 이른다(24절). 그것은 큰 잔치며 따뜻한 교제였지만, 현대의 사람 중심적인 '예배 의식'에서 종종 그렇듯 동료 의식과 우정 때문에 하나님이 밀려나서는 안 되었다. 감사하는 이유는 2절과 24절 사이의 대조가 보여 주듯이, 하나님이 시편 기자의 곤경을 완전히 역전하셨다는 것이다. 그는 하나님이 자신을 단념하셨다고 생각했으나, 이제 하나님이 자신을 절대 멸시하지 않으신다는 것을 안다. 하나님이 자신을 버리셨다고 생각했지만, 이제 그분이 전혀 그렇게 하신 적이 없다는 것을 안다. 하나님이 자기 말을 듣지 않고 계시다고 생각했지만, 이제 그의 부르짖음이 상달되었다는 것을 깨닫는다.[27] 하나님은 어둠 속에서 신뢰할 만한 분이심을 입증하셨으며, 이제 밝음 속에서 경건한 복종을 받기에 합당하신 분이시다.

시편 마지막 부분에 나오는 하나님에 대한 시편 기자의 접근은 첫 부분에 나온 접근과는 완전히 다르다. 여기에서는 하나님에게 책임을 묻기보다는 하나님을 공경하고 그분을 경외하는 것을 강조한다(23절). 그것은 욥이 겪은 유사한 고난의 체험을 상기시킨다. 욥이 길고도 어두운 영혼의 밤에서 빠져나왔을 때, 하나님을 더 깊이 이해하게 되었고, 그분을 덜 경외하는 것이 아니라 더 경외하게 되었기 때문이다. 욥은 자신이 아무것도 모르고 경솔하게 한탄했다는 것을 고백하고, 따라서 자신이 무가치함을 새롭게 의식하면서 다시 한번 겸손하게 하나님께 복종한다.

욥이 여호와께 대답하여 이르되,

주께서는 못 하실 일이 없사오며
무슨 계획이든지 못 이루실 것이 없는 줄 아오니

---

27 앞의 책.

> 무지한 말로 이치를 가리는 자가 누구니이까.
>> 나는 깨닫지도 못한 일을 말하였고
>> 스스로 알 수도 없고 헤아리기도 어려운 일을 말하였나이다.
>
> 내가 말하겠사오니 주는 들으시고
>> 내가 주께 묻겠사오니 주여 내게 알게 하옵소서.
> 내가 주께 대하여 귀로 듣기만 하였사오나
>> 이제는 눈으로 주를 뵈옵나이다.
> 그러므로 내가 스스로 거두어들이고
>> 티끌과 재 가운데에서 회개하나이다.[28]

그래서 예배하는 공동체 안에서, 이전에 고난받던 자는 감사의 말을 하고, 더 깊이 있는 찬양의 기술을 동료 예배자에게 가르친다. 하지만 그것으로 끝이 아니다.

2) 그가 보는 환상(22:27-31)

겸손한 자(the poor)의 필요가 완전히 채워지는 이 즐거운 잔치에서(26절), 시편 기자는 미래를 내다보고, 모든 사람이 여호와를 예배하는 때에 대한 환상을 본다. 그의 환상은 지리적으로는 예루살렘에서 "땅끝"까지 이르며, 모든 민족과 그 안의 모든 사회 계층을 포괄한다(27, 29절). 연대적으로는 지금 당장으로부터 장차 "태어날 백성"에게까지 이른다(30-31절). 그는 "땅의 모든 끝"이, 즉 시공간적으로 가장 먼 곳까지 여호와의 지배에 복종하고, 그분이 만유 중의 만유를 다스릴 미래를 눈앞에 그린다.

처음에는 개인의 찬양 노래였던 것이 계속 커져 나가 마침내 전 세계가

---

[28] 욥 42:1-6.

예배에 참여하게 된다. 패트릭 밀러(Patrick Miller)는 "한 사람의 음성이 많은 사람의 합창이 된다"[29]고 쓴다. 그것은 앞날을 내다보는 환상으로, 후에 바울이 그것을 확대한다. 바울은 우주의 모든 무릎이 "예수 그리스도를 주"로 인정하고 "모든 입으로 예수 그리스도를 주라 시인"할 그날을 고대한다.[30]

4. 그가 만든 틀

시편 22편은 그리스도의 십자가 처형의 틀 역할을 한다. 그것이 그리스도의 죽음을 예언한다는 생각을 반대하는 사람들[31](종종, 예언이 성취될 수 있다는 것을 일반적으로 믿지 않기 때문에)도 이 시편과 그리스도의 수난 사이에 진정한 접촉점이 있다는 것은 인정하지 않을 수 없다. 설사 그 이상까지는 가지 못한다 하더라도, 그들은 예수님이 시편 22편의 화자와 마찬가지로, 자신이 가진 믿음을 고수하며 극도의 고난을 견딘 의로운 사람이었음을 인정한다. 하지만 이 시편은 그리스도가 겪게 된 고난에 대한 놀랄 만큼 적절한 묘사처럼 보이며, 일반적인 취지에서뿐 아니라 세부 사항에서도 놀랄 만큼 정확하여, 많은 사람은 이 시편이 정말로 예수님의 십자가에 대한 예언이라고 믿는다.

예수님이 시편 22편의 틀에 들어맞는다는 것은 그분이 의도적으로 그 틀에 맞도록 자신의 상황을 조종했다는 말은 아니다. 그렇게 하려 해도 할 수 없었을 것이다. 우리가 곧 살펴볼 명확한 접촉점은 그분이 십자가에 달리셨을 때 그분으로서는 통제할 수 없는 것들이었다. 하지만 신약 저자들이 그 꼭 들어맞는 것을 보고, 예수님이 말씀하시고 고난당하신 것을 이 시편에

---

29 P. D. Miller, *They Cried to the Lord: The Form and Theology of Biblical Prayer* (Fortress, 1994), p. 192.
30 빌 2:10-11.
31 Anderson, p. 185.

비추어 해석했을 가능성이 농후하다. 그렇게 함으로써, 그분의 죽음에 대해 다른 시각에서 보면 어렴풋하게 남아 있었을 만한 사항들을 설명하고 훨씬 더 명확하게 하는 데 도움이 되었다.[32]

1) 예수님 그리고 하나님의 침묵

(1) 십자가에서 그리스도가 하신 말

예수님은 십자가에 달려 죽어 가실 때, 아마도 본능적으로[33] 자신의 고뇌를 표현하고 도움을 청하기 위해 바로 시편 22편을 떠올리셨다. 마태[34]와 마가[35]는 둘 다 예수님이 "나의 하나님, 나의 하나님! 어찌하여 나를 버리셨나이까?"라고 말씀하신 것으로 기록한다. 이 말을 사용하심으로 예수님은 고난받는 시편 기자나 이스라엘 전체와 자신을 동일시하셨다.[36] 예수님이 온 생애에 걸쳐 친밀한 교제를 누렸던 그 하나님, 그리고 가시적으로 예수님을 긍정해 주셨던 그 하나님이 이제 그가 그분을 절실하게 필요로 하는 그 순간 그를 버리신 것처럼 보인다. 갈보리의 고뇌는 육체의 고통, 대중 앞에서의 굴욕, 고통스러운 죽음으로 인한 고뇌 이상의 것이었다. 그것은 하나님, 곧 그가 알았고, 그가 아는 대로 능력 있으신 분이 지금은 매우 멀리 있는 것처럼 보이는 것, 하나님과 분리된 것으로 인한 고통이었다. 예수님은 그분 자신의 '영혼의 어두운 밤'에 들어가시면서, 심한 고난이나 괴로움과 싸우는 많은 사람의 심정을 충분히 이해하게 되었다. 한편으로는 선하시고 사랑이 많으신 하나님에 대해 알고 경험한 현실과 다른 한편으로는 그들이 겪고 있는 상처와 배신과 당황함과 고난의 현실 사이의 긴장을 예수님도 십자가에서 충분히 경험하셨다. 그분은 다른 어떤 사람보다도 온전하게 인간의 경험 깊

---

32   Mays, p. 106.
33   Lane, *Mark*, p. 572. 『뉴인터내셔널성경주석: 마태복음 상, 하』(생명의말씀사).
34   마 27:46.
35   막 15:34.
36   Craigie, p. 202.

숙한 데까지 들어가셨다. 고난의 경험뿐 아니라 우리가 하나님을 가장 필요로 하는 그 순간에 하나님이 숨어 침묵하시는 경험까지도 하신 것이다.

(2) 십자가에서 그리스도가 겪은 경험

예수님이 이런 식으로 자신을 고난받는 시편 기자와 동일시하셨다면, 복음서 기자들은 그러한 동일시를 더욱더 분명하게 만든다. 복음서 기자들이 예리하게 강조한 대로, 시편 기자와 예수님의 경험은 수많은 접촉점을 가지고 있다.

예수님도 시편 기자 못지않게 하나님이 숨으셨다고 느꼈다. 그것은 그가 겪은 생생하고 깊은 복잡한 고뇌였다. 몇 달 동안 대대적으로 요란하게 광고했으나 한순간에 끝나 버렸던 1999년 여름의 개기 일식을 목격한 사람들과 달리, 시편 기자와 예수님은 둘 다 진정한 오랜 어두움을 경험했다. 복음서 기자들은 그들의 경험의 밀접한 관련성을 세세하게 지적한다. 시편 기자는 예수님이 그랬던 것과 마찬가지로[37] 무리의 냉소적인 조롱을 견디고 그들의 모욕적인 비웃음을 들어야 했다(7절). 조롱하는 자들은 예수님에 대해 그랬던 것과 마찬가지로 시편 기자가 하나님을 신뢰하는 것을 조소했다(8절). 그들은 시편 22편을 단어 하나하나 그대로 인용하면서 "그가 하나님을 신뢰하니 하나님이 원하시면 이제 그를 구원하실지라. 그의 말이 나는 하나님의 아들이라 하였도다"[38]라 외쳤다.

두 사람 모두 각기 다른 세 가지 사항을 공동으로 겪는다. 먼저 요한은 예수님이 십자가에서 목마르셨던 것에 대해 말하는데,[39] 이는 시편 기자의 혀가 입천장에 붙었던 것을 상기시킨다(15절). 둘째로, 두 고난받는 자 모두 손과 발이 찔렸는데(16절), 이는 십자가 처형 형태에 대한 매우 적절한 암시

---

[37] 마 27:39; 막 15:29.
[38] 마 27:43.
[39] 요 19:28.

인 듯이 보인다.⁴⁰ 셋째로, 핍박하는 자들이 희생자의 옷을 제비 뽑아 나누는 것은 18절에 나와 있는데, 모든 복음서 기자들이 언급할 정도로 놀랄 만큼 선견지명이 있다.⁴¹

다른 사람들이 자신에게 가한 고난을 죽음에 이르기까지 겪으면서 하나님의 부재와 분투했던 의로운 사람에 대한 묘사에 꼭 맞는 사람이 있다면, 바로 예수님이다. 이 시편은 물론 다른 사람들을 두고 쓴 것이지만, 가장 중요하게는 예수님에 대해 쓴 것이었다. 그것은 인간이 쓴 것이자 신적인 영감을 받은 것이다. 그것은 고난이 주는 고뇌에 대한 감동적인 묘사이지만, 그리스도의 십자가 고뇌에 대한 최고의 묘사다.

그 모든 것 안에서 예수님은 하나님께 버림받았지만, 시편 기자와 마찬가지로 결코 하나님을 놓지 않았던 그의 경험을 충분히 표출한다. 데릭 키드너는 그 부르짖음을 믿음의 상실이나 깨어진 관계에서 나온 것이 아니라, "하나님의 친숙한 보호의 임재가 거두어지고 원수가 가까이 다가옴에 따라 방향 감각을 상실한 부르짖음"⁴²이었다고 본다. 그것이 그 부르짖음 안에 스며 있는 공포를 충분히 진지하게 다룬 것인지는 확실치 않다. 메이너드 스미스(Maynard Smith)가 주장했듯이, "구경꾼들을 놀라게 했던 그 무시무시한 부르짖음을 신앙에서 나온 실행으로 볼 수는 없기"⁴³ 때문이다. 하지만 신뢰의 어조가 남아 있는 것은 사실이다. 외견상 예수님을 버린 하나님은 여전히 그의 하나님이었다. 유기의 부르짖음은 하나님께 손을 뻗치는 것이자 도움을 청하는 부르짖음이었다. 시편 기자나 그리스도나, 다른 방식으로이긴 하지만 결국 그러한 부르짖음에 대한 응답을 받았다.

---

40 시 22:16은 히브리어로 확실하지 않으며, NIV처럼 번역하기보다는 "사자처럼 그들이 내 수족을 할퀴어 상처를 내었다"라고 번역할 수도 있을 것이다. Kidner, *Psalms 1-72*, p. 107는 언어학적 근거에서 그것이 명백히 십자가에 대한 예언이라고 본다.
41 마 27:35; 막 15:24; 눅 23:34; 요 19:23-24.
42 Kidner, *Psalms 1-72*, p. 106.
43 Morris, *Cross of Jesus*, p. 71에서 인용.

2) 예수님 그리고 하나님의 구조

(1) 예수님의 의도

예수님이 유기의 부르짖음을 발하실 때 무슨 생각을 하셨는지 알 수 있다면, 그 안에 하나님에 대한 믿음이 어느 정도 내재되어 있었는지를 결정하기가 더 쉬웠을 것이다. 예수님은 시편 22편의 첫 구절만을 인용하심으로 자신의 의도를 모두 말씀하신 것이었을까? 더 이상의 것을 암시하려는 생각 없이 그저 거부당하는 고통을 토로하기 위해 시편의 낯익은 말들을 사용하고 계신 것이었나? 아니면 자신을 시편 전체와 동일시하신다는 표시로 이 시편의 첫 구절을 사용하고 계신 것이었나? 비유로 말하자면 예수님은 그 말씀 다음에 마침표를 찍기보다는 쉼표를 찍어서, 우리로 하여금 시편 나머지 부분을 상기하게 하려는 것인가?

이 질문에 대한 대답에 따라 그분의 부르짖음에 대한 이해는 매우 달라질 것이다. 그분이 1절을 이 시편의 나머지 부분과 분리하려 하신 것이라면, 그것은 신뢰의 기미를 띠고 있긴 하지만 절망의 부르짖음이 된다. 하지만 이 구절을 이 시편의 나머지를 살피게 하는 수단으로 사용하시는 것이라면, 이 시편은 패배가 아니라 구출됨으로 끝나고 있기 때문에, 비록 고뇌의 기미를 띠긴 하지만 소망의 부르짖음이 된다. 그렇다면 그것은 자신의 하나님이 결국은 간섭하사 자신의 옳음을 인정해 주시리라는 것을 안다는 표시다.

불행히도, 둘 중 어느 한쪽이라고 확실하게 말하기에는 증거가 너무 뒤섞여 있다. 예를 들어, 제임스 메이스(James Mays)는 좀 더 전통적인 견해인 두 번째 견해를 취하며, "단순히 첫 구절만 관련된 것이 아니다. 본문의 첫마디를 인용하는 것은 그 당시 전통으로는 전체 본문과 동일시하는 것이다"[44]라고 생각한다. 그와 대조적으로 존 르우만(John Reumann)은 많은 사람을 대변하여, 예수님의 말씀은 일반적으로 이런 식으로 사용되었을 수도 있지만,

---

44   Mays, p. 105.

예수님 당시 유대인들이 이런 식으로 성경을 사용했다는 것을 입증할 증거가 부족하다고 말한다.[45] 레온 모리스는 "우리는 예수님이 첫마디를 인용했다고 해서 시편 전체를 인용하시는 것이라고 추정할 수는 없다"고 생각하며, 예수님이 시편 후반부의 좀 더 위로가 되는 말을 포함하고 싶으셨다면 "왜 그 부분을 사용하지 않으셨는지 묻는 것이 온당하다"[46]고 주장한다.

예수님이 무엇을 생각하고 계셨는지 우리는 확실히 알 수 없다. 하지만 하나님이 무엇을 생각하고 계셨는지는 확실히 알 수 있다. 바로 이 순간에[47] 예수님이 자신이 죽음을 통해 하나님께 구원을 얻으리라는 것을 우리에게 말씀하신 것이든 아니든, 바로 그러한 죽음을 통한 구원이야말로 하나님이 계획하셨던 것이기 때문이다.

(2) 예수님의 경험

예수님이 무엇을 의도하셨든, 예수님의 경험은 시편의 탄식 부분에서만 시편 기자의 경험과 동일한 것이 아니다. 그 경험들은 이 시편의 첫 부분만큼이나 뒷부분에서도 같은 것을 공유한다. 둘 다 하나님의 구조를 경험한다. 시편 기자와 예수님 둘 다 고난의 시간을 끝까지 견디고 온전한 생명과 건강을 회복한다. 하지만 유의해야 할 차이점이 있다. 피터 크레이기가 말하듯이, "시편은 그 고난받는 자가 죽음을 면했기 때문에 찬양으로 결론을 맺는다. 그런데 예수님은 죽으셨다." 시편 기자는 죽음**으로부터** 구조되는 반면, 예수님은 죽음**을 통해** 구조된다.[48] 그렇다면 예수님이 경험하신 구조는 완전한 것이었다. 시편 기자에게는 죽음이 그저 연기된 것이었다. 언젠가 죽음은 다시 그의 문을 두드릴 것이다. 그리스도는 죽음을 이기고 승리하신 것이다.

---

45   J. H. Reumann, "Psalm 22 at the cross", *Int* 28 (1974), pp. 48-49.
46   Morris, *Cross of Jesus*, p. 71.
47   다른 경우에도 예수님은 분명 자신의 의로움이 입증될 것이라고 확신하고 있다. 그러므로 그분은 그것을 염두에 두고 있었을 것이다. 예를 들어, 막 8:31; 9:31; 10:34; 요 2:19.
48   Craigie, p. 203.

죽음이 다시는 그의 문을 두드리지 않을 것이다.

22절에 나오는 시편 기자의 증거는 예수님의 부활을 통해 성취되었을 때, 전혀 다른 양상을 띤다. 부활에 대한 암시에 불과하던 것이 그리스도 안에서 실제가 된다. 시편 기자가 애써서 믿음으로 희미하게 보던 것을 그리스도인 신자들은 훨씬 더 명확하게 볼 수 있다. 그리스도의 죽으심과 부활은 시편 끝부분의 종말론적 환상에 대해 기자가 생각할 수 있었던 것보다 훨씬 더 확고한 기초를 제공한다. 십자가와 부활은 하나님이 여전히 출애굽의 하나님이시라는 것, 그분이 여전히 적들로부터 구해 주시고, 야생 짐승들로부터 구해 주시며, 재빨리 도우시고, 자기 백성을 사망에서 구해 주신다는 증거다. "통치자들과 권세들을 무력화하여 [그리스도가] 구경거리로 삼으시고 십자가로 그들을 이기셨"[49]기 때문이다.

이스라엘의 증거와 반대 증거 사이의 긴장(브루그만의 용어를 사용하면)을 최종적으로 해결하는 것은 십자가다. 십자가상에서 하나님의 택하신 자, 곧 그분의 독생자께서 이스라엘의 반대 증거가 주는 부정적 경험을 온전히 다 겪으셨기 때문이다. 그는 하나님이 숨으시는 것이 어떤 것인지 철저히 겪으셨다. 하지만 그분은 부활하심으로써, 영단번에 이스라엘의 긍정적 증거가 되고 그 증거를 확증했다. 최종 발언권은 이스라엘의 증거에 있다. 예수님은 반대 증거의 쓴 잔을 모두 마신 후에 하나님의 해방이라는 새 포도주로 그 잔을 다시 채우셨다. 우리의 경험은 여전히 때로는 하나님이 숨어 계시고 불확실하다고 느끼게 한다. 하지만 그분의 십자가와 부활은 최종적인 답을 해 주며, 하나님께 의뢰하면 수치를 당치 아니하리라는 것을 말해 준다(5절).

데이비드 왓슨은 말기 암과 싸우면서 다음과 같은 감동적인 글을 썼다.

윌리엄 템플은 그것을 이렇게 표현한 적이 있다. 사람들은 "사랑의 하나님이란 있

---

[49] 골 2:15.

을 수 없다. 만일 그런 하나님이 있다면 세상을 바라볼 때 마음이 찢어질 것이기 때문이다"라고 말한다. 교회는 십자가를 가리키면서 "실제로 찢어졌다"라고 말한다. "세상을 만드신 분은 하나님이니 그분이 짐을 져야 한다"고 사람들은 말한다. 교회는 십자가를 가리키면서 "그분이 정말로 짐을 지셨다"라고 말한다. 그리스도는 우리의 죄를 위해 십자가에서 영단번에 고난을 당하셨지만, 그분은 오늘날에도 여전히 우는 자와 함께 우시며, 우리의 고통을 느끼시며, 긍휼히 여기는 사랑으로 우리의 슬픔에 동참하신다.[50]

시편 22편은 바로 이 점에서 그리스도의 십자가를 예견한다. 그리스도는 긍휼히 여기는 사랑으로 실제로 우리의 슬픔에 동참하셨다. 하지만 시편은 또한 그 이상까지 나아간다. 그것은 십자가 너머에 부활이 있음을 시사한다. 그것이 예수님의 수난과 부활에서 성취되는 것을 보는 것은, 마치 그림 맞추기의 모든 조각이 제자리로 찾아 들어가 마침내 제대로 된 그림을 만들게 된 것을 보는 것과 같다. 그분이 우리의 고난 속으로 들어오시고 죽은 자 가운데서 살아나심으로 죽음 자체를 포함한 모든 원수가 정복된다. 하나님이 이 한 개인의 삶에서 역사하심으로 '하나님의 우주적이고, 포괄적이며, 영원한 나라'[51]가 세워진다. 그래서 십자가와 부활은 "세상(가장 포괄적인 의미에서)에게 여호와의 통치를 믿으라고 권하는 것이다."[52] 우리는 "모든" 족속이 "주의 앞에 예배하리니 나라는 여호와의 것이요, 여호와는 모든 나라의 주재심이로다"(27-28절)는 것을 인정하기까지 계속 커져 나갈 찬양의 공동체로 초청을 받는다.

제임스 메이스는 이 시편을 이해하는 단서로, 많은 교회가 이 시편을 성주간(Holy Week: 부활절 전의 일주일―역주)에 이용하는 것에 주의를 기울인다.

---

50 Watson, *Fear No Evil*, p. 136.
51 Mays, p. 113.
52 앞의 책, p. 115.

우리의 역할은 듣는 자의 역할이라고 그는 말한다. "우리는 개인적으로나 공동체로나, 다른 많은 시편을 이용할 때처럼 기도하고 찬양하는 사람과 동일시되지 않는다"라고 그는 쓴다. 왜 그런가? "그 역할은 예수님 한 분만이 주장하시고 그분으로만 설명되는 것"[53]이기 때문이다. 우리가 시편 기자의 고난에 동일시할 수 없다는 말은 아니다. 실로 우리는 그렇게 할 수 있다. 그리고 많은 사람은 나름대로 씨름하는 가운데 그 시편의 말을 이용해서 믿음의 모호성을 표현하고 찬양 가운데 그것을 해결하기 위해 노력하면서, 도움을 받았다. 하지만 예수님 한 분만이 그 말에 꼭 알맞으며 그 말의 의미를 완전하게 성취하신다. 그분은 기꺼이 하나님께 버림을 당하심으로 고난과 죽음의 권세를 역전시키고 "이는 물이 바다를 덮음같이 여호와의 영광을 인정하는 것이 세상에 가득"[54]하게 될 그때 절정에 이를 장엄한 합창을 시작하셨다.

---

[53] 앞의 책, p. 113.
[54] 합 2:14.

5장

슬픔의 사람
이사야 52:13-53:12

에티오피아의 국고를 맡은 큰 권세를 지닌 사람이 예루살렘의 종교 절기에 참석했다가 집으로 돌아가면서 이사야 53장을 읽고 있었다. 그는 전도자 빌립을 만나자, 그 선지자가 누구에 대해 말하고 있느냐고 물었다. 그러자 빌립은 주저 없이 이사야의 말을 예수님에 대한 복된 소식에 적용했다.[1] 이 무렵 초대 그리스도인들은 이사야의 예언에 나오는 이 본문이 예수님에 대해 말한다는 것을 일반적으로 받아들이고 있었다. 그들의 해석은, 그리스도가 죽은 지 한참 지나서 뒤늦게 발견해 고대의 예언서에 슬그머니 끼워 넣은 게 아니라, 그리스도 자신이 주장하고 가르친 것이었다. 그리스도는 자신이 이사야의 고난받는 종의 역할을 하고 있다고 보았다.

이사야의 묘사는 그리스도의 사역에 대해 구약에서 가장 풍성한 이해를 제시한다. 그 문맥 자체에서도 이사야는 하나님의 방식에 대한 이해의 범위를 점점 더 넓혀 준다. 종의 노래[2] 네 곡 중 이 마지막 노래는 다른 어느 것보다 마음에 사무치며, 다른 것을 능가하는 긴급함과 열정이 담겨 있기 때

---

1 행 8:32-35.
2 사 42:1-4; 49:1-6; 50:4-9; 52:13-53:12.

문이다.³ 하지만 이 노래의 으뜸가는 특징은 이것이 하나님에 대해 참신한 어떤 것을 말한다는 것이다. 종의 일이 어떤 것인지는 낯익은 속죄일 제사와 속죄제에서 볼 수 있지만,⁴ 이것은 그 제사 안에 있는 모든 요소를 훨씬 능가한다. 여기에서는 드려지는 제물이 인간이다. 이스라엘 인근 나라들이 인간을 제물로 바쳤다고는 하지만, 이스라엘 자체에서는 그런 것들이 금지되었다.⁵ 아브라함이 이삭을 바치러 갔지만 하나님은 그 일을 막으셨으며,⁶ 죄 된 이스라엘 자손 대신 자신이 죽겠다는 모세의 제의를 하나님은 거부하셨다.⁷ 그러므로 여기에는 전대미문의 혁신이 나타난다.⁸

이 노래는 인간 문제의 핵심과 하나님 마음의 핵심을 다룬다. 이것은 "하나님은 어떻게 죄를 처리하시며, 그분 자신의 의로운 성품을 손상하지 않고도 어떻게 죄와 처벌이라는 틀을 깨고, 그 대신 죄 사함과 긍휼을 보이실 것인가?"라는 질문에 대한 담대하고 참신한 대답을 제공한다. 그 대답은 다음과 같다. "하나님의 뜻에 전적으로 굴복한 나머지, 자신은 어떤 악행도 행치 않으셨음에도 공동체의 죄의 결과들을 스스로 지신 여호와의 종을 중심으로 한다."⁹ 이것은 대담한 접근이다. 이 대답이 전례 없는 인간 제물을 포함하고 있기 때문만이 아니라, 그 제안하는 해결책이 '정의의 왜곡'을 포함하고 있기 때문이다. 즉 제물로 드려지는 그 사람이 어떠한 죄도 범하지 않은 결백한 사람이기에 그렇다.¹⁰ 이것은 하나님이 자기 백성에게 열렬히 헌신하는 것 그리고 제사 제도가 제공하지 못한 해결책을 이루는 데 필요한 모든 조

---

3 P. D. Hanson, p. 158.
4 레 5:14-6:7; 7:1-10; 16:1-34.
5 Goldingay, *God's Prophet*, pp. 147-148.
6 창 22장.
7 출 32:30-33.
8 Whybray는 그것을 "듣도 보도 못한 그리고 설명할 수 없는 혁신…구약에서 끊임없이 여러 번 되풀이된 정의의 원리에 반대되는"(p. 171) 것이라고 말한다. "듣도 보도 못한" 것은 맞다. 하지만 "설명할 수 없는" 것은 분명히 아니다. 아직 인간을 제물로 바치는 것이 받아들여지지는 않았지만, 앞에서 인용한 본문을 보면 그런 수순을 예상하고 있다는 암시가 있다.
9 P. D. Hanson, pp. 156-157.
10 앞의 책, p. 158.

처를 기꺼이 취하시고, 그렇게 하는 데 드는 모든 비용을 기꺼이 스스로 지불하려 한다는 것을 말해 준다.

그렇다면 이것은 하나님에 대한 구약 계시의 절정 중 하나다. 그 정상에서 우리는 수 세기를 가로질러, 저 멀리에 있는 그리스도의 오심을 본다. 우리는 이제 유리한 입장에 서서 갈보리라는 아득히 먼 정상에서 일어난 그의 사역을 분명히 보고 그것의 의미에 대한 명확한 관점을 갖게 되었다.

물론 그 예언은 그저 그리스도의 사역에 대한 것만은 아니었다. 예언의 작용은 조류가 밀려 들어오는 것과도 같다. 조류가 최고점에 이르고 다시 물이 빠져나가기 시작할 때까지 물결이 일어났다 부서졌다 한다. 마찬가지로, 예언은 여러 번 성취되는 경우가 많다. 그것은 만조에 이르러 그리스도가 오심으로 명확하게 성취될 때까지 점진적으로 성취된다.[11] 학자들은 이 노래의 원래 배경이 무엇인지에 대해 의견이 분분하지만, 많은 사람은 그것을 바빌론 포로기에 이스라엘이 겪은 고난과 연결한다.[12] 그들은 그런 고난에는 목적이 있다고 주장한다. 그것은 구속적인 것이었으며, 죗값이 치러졌을 때 (40:1-2) 그들은 해방되고 회복되었다. 하지만 그것은 고난받는 자가 결백하다는 강조를 무시하는 것이다.

고난받는 종은 정확하게 누구인가? 어떤 사람들은 그를 이스라엘 민족과 동일시하는 반면, 또 어떤 사람들은 예레미야나 이사야 53장의 저자, 다른 선지자들이나 구원사의 핵심 인물 중 하나와 동일시한다.[13] 어떤 사람은 이들이 다 결합되었다고 본다. 그 이미지는 유동적인 것으로 때로는 집합적 복수로 그리고 때로는 개인으로 묘사되어 있으며, 서너 가지로 해석해도 들어맞을 수 있다. 하지만 노스(C. R. North)가 결론 내렸듯이, "역사적 해석들을 최선을 다해 살펴보았을 때, 우리는 하나하나의 해석을 따로 본 것이나, 그

---

11 Greidanus, pp. 242-244를 보라.
12 Watts, pp. 219-221.
13 시대에 뒤지긴 하지만 권위 있는 조사 자료를 보려면 North, *Suffering Servant*를 보라.

중 몇 개를 뽑은 것에나, 심지어 그 모든 해석을 함께 결합해 놓은 것에 뭔가 더한 것을 다루어야 한다. 그 더하기는 분명 아직 나타나지 않은 독특한 어떤 개인이다."[14]

그 종이 어떤 역할을 하기에 이스라엘이나 새 이스라엘인 교회 둘 다의 구원사에서 그처럼 중요한 존재로 여겨지는가? 본문은 그 질문에 상세한 대답을 해 주는데, 사람들은 그 대답이 대체로 매우 분명하다고 여기나, 부분적인 의미에 대해서는 몇 가지 논란이 있다. 본문에서는 선행사 없이 '그', '그들', '우리', '나'와 같은 대명사를 잘 쓰는데, 그 때문에 단계마다 누가 말을 하고 있는지가 약간 명확하지 않다. 어떤 사람들은 심지어 종이 다른 사람들 대신 죽는다는 것, 혹은 심지어 그 종이 죽는다는 것 자체에 대한 명확하고 문자적인 해석에 이의를 제기하고 싶어 한다.[15] 하지만 그들의 주장들은 비비 꼬인 특이한 항변으로, 시 언어의 암시적인 특징을 제대로 인식하지 못하는 듯이 보인다. 이 노래가 많은 사람에게 칭의와 생명을 가져다주는 한, 이것이 고난받는 개인의 수치스럽고 부당한 죽음에 대해 말하고 있다는 전통적인 견해를 받아들이지 않을 설득력 있는 이유는 없다. 독자는 본문의 취지와 깊이를 보면서 하나님의 은혜의 신비가 역사한다는 것을 깨닫게 된다.

이 노래는 다섯 연이다. 그것을 세 개의 동심원으로 보면, 바깥 원은 서론(52:13-15)과 결론(53:10-12)을 담고 있고, 다음 원은 고난받는 종의 삶(53:1-3)과 죽음(53:7-9)에 대해 담고 있다. 그 노래의 핵심인 한가운데 원은 그의 사명의 목적과 그의 희생의 의미를 성찰한다(53:4-6). 그 노래의 구성은 우리로 하여금 중심부에 주의를 기울이게 만든다.

---

14 앞의 책, p. 214.
15 특히 Whybray, pp. 171-172, 177.

1. 종의 불가해성(52:13-15)

노래의 서장에서 몇 가지 주제가 소개되는데, 그 주제들은 결론부에서 다시 다루어질 것이다. 그것은 말하자면 그의 전기의 앞부분에 대해 말하기 전에 생애의 마지막 단계에 대해 말함으로써, 노래의 주제가 누구인지를 폭넓게 알게 해 준다. 그것은 수수께끼에 둘러싸인 한 사람의 생애를 제시한다.

1) 그의 개인적인 위엄(52:13)

우리는 '지혜롭게 행동할'(NIV) 혹은 '형통할'(NRSV) 종을 주의 깊게 살펴보게 된다. 그 단어(śākal)는 보통 '지혜롭다'라는 의미지만, 또한 '성공적이다'라는 의미가 될 수도 있다. 여기에서는 두 가지를 모두 의미하는 것처럼 보인다. 한쪽은 다른 한쪽의 결과인 듯하다. 성공하는 사람은 보통 지혜롭게 행동하는 사람이기 때문이다.[16] 둘 중 어떤 의미라도, 이후에 그 종에 대해 말하고 있는 내용에 비추어 볼 때 그 종에게는 놀라운 주장이다.

그다음 주장은 훨씬 더 놀랍다. 그 종은 장차 "받들어 높이 들려서 지극히 존귀하게" 될 분으로 제시된다. 그를 보거나 그가 겪은 것에 비추어 볼 때 아무도 짐작하지 못했겠지만, 그는 다른 모든 사람보다 뛰어난 최고로 위엄 있는 자리를 차지할 것이다. 그 칭송하는 말은 그 종이 언젠가 "여호와 자신의 위엄에 참여하게"[17] 될 것을 시사한다. 알렉 모티어는 그 삼중의 구절을 좀 더 구체적으로, 분명 정당하게 살펴보면서, 그것이 종의 신원을 밝히는 중대한 단서라고 본다. 그것은 우리에게 예수님의 부활, 승천, 보좌에 앉으심을 상기시키기 때문이다.[18]

---

16 앞의 책, p. 169.
17 D. R. Jones. Goldingay, *God's Prophet*, p. 151에서 인용.
18 Motyer, *Prophecy of Isaiah*, p. 424; 같은 저자의 *Isaiah*, p. 332.

2) 그의 충격적인 외모(52:14)

종이 장차 누릴 위엄은 전에 사람들이 그에게 보인 반응과 현저한 대조를 이룬다. 저자는 종의 이전 삶을 살펴보면서, 극도로 고난을 받는 모습을 기술한다. 너무 몰골이 사나워서 사람들은 본능적으로 그를 외면했다. 우리가 갑자기 아주 추한 사람이나 사지가 심하게 손상된 사람과 정면으로 마주쳤을 때 으레 그렇게 하듯 말이다. 존 와츠(John Watts)는 그 말이 "처형된 시체의 손발이 절단"[19]된 것을 암시한다고 생각한다. 그랬을 수도 있다. 하지만 그렇든 아니든 간에, 사람들은 자신들이 보고 있는 것이 정말 인간의 신체인지 의아하게 생각했다.

시작하는 두 구절이 이같이 현저히 대조되기 때문에 우리는 그 종이 어떻게 그렇게 엄청난 운명의 변화를 겪었는지 묻지 않을 수 없다. 살아 있을 때 그처럼 상하고 상처받았던 그가 어떻게 죽은 후에는 그처럼 높이 들릴 수 있었을까?

3) 그의 놀라게 하는 효과(52:15)

다른 사람들도 우리와 마찬가지로 놀란다. 열방들과 왕들은 그 수수께끼를 풀어 보려다가 침묵에 잠기고 만다. 다 틀렸다고 여겨지고 그처럼 적대적인 대우를 받던 이 사람이 어떻게 그들의 권세와 권위를 훨씬 능가하는 높은 권세와 권위에 도달할 수 있다는 말인가? 가장 똑똑한 모사들도 그것을 설명할 수 없었다. 인간의 지혜로는 일어나고 있는 일을 도저히 이해할 수 없기 때문이다. 하나님이 모든 것을 드러내실 때만 그것을 이해할 수 있다.

이 구절에는 본문에 나오는 많은 수수께끼 중 하나가 담겨 있다. 상하였지만 변형된 이 종은 모든 나라에 '뿌릴'(sprinkle: NIV) 것인가? 아니면 그들을 '놀라게 할'(startle: NRSV) 것인가? 그 히브리어(nāzâ)는 통상 '뿌리다'라

---

19 Watts, p. 230.

고 번역되며, 그런 번역을 거부하려면 충분한 근거가 있어야 한다. 많은 사람은 칠십인역에서 많은 사람이 그 종을 보고 '놀랐다'라고 말한다는 이유로 그 번역을 거부하며, 그 사람들은 '놀라게 하다'라는 말이 전후 문맥에 더 잘 들어맞는다고 생각한다.[20] '뿌리다'라는 말은 종교 제사에서 피를 처리하는 것과 관련하여 사용된다. 그 단어는 정결함을 나타내는 어휘이며, 종의 사역을 죄 된 백성을 씻어 주는 제사장의 사역으로 보게 해 준다. 이것이 올바른 해석이라면, 배리 웹(Barry Webb)이 말하듯이, "사람들이 부정하다고 간주한 분이…다른 사람들을 정결하게 해 주는 분으로 판명될 것이다. 그것은 너무나 놀라운 역설이라서 모든 고발은 말라 버리고 모든 입은 닫힐 것이다."[21] 이러나저러나 그 종의 삶은 대단히 수수께끼 같은 삶이다.

2. 종이 거부당함(53:1-3)

서장 후에 저자는 그 종이 장차 이룰 성공에서 눈을 돌려 그가 과거에 거부당한 것을 다시 살펴본다. 그것은 역설이라는 동전의 한 면이다.

1) 신적 계시(53:1)

이 연의 처음 몇 행은 앞 연의 마지막 몇 행과 연결되어 있다. 그것은 그 종에 대한 메시지가 대단히 전례 없는 것이며 인간이 도저히 이해할 수 없는 것임을 강조한다. 종이 고난받을 때 일어나는 일은 "여호와의 팔"이 사람들에게 알려진다는 것이었다. 그의 힘과 능력이 일하고 있었다. 하지만 누가 짐작이나 했겠는가? 그분의 일은 권세를 측정하는 어떤 통상적 척도로도 판단할 수 없었다. 그것은 그들이 익숙하게 사용하는 말로 표현되지 않았다. 그것은 그들에게 통용되던 가치로 평가되지 않았다. 사람들의 마음은 죄로

---

20 반대 의견으로는 Whybray, p. 170와 Motyer, *Prophecy of Isaiah*, pp. 425-426를 보라.
21 Webb, p. 210.

너무나 왜곡되어 있어서 신적 계시가 아니면 절대로 종에 대한 올바른 결론에 이르지 못할 것이다.

알렉 모티어는 이렇게 말한다.

…종을 보고 그의 안에 "아름다운 것이 없다"라고 생각하는 것(2절 하)은 인간 정서가 파산 상태에 이르렀음을 나타낸다. 그를 멸시하고 거부하는 사람들과 한편이 되는 것(3절 상, 하)은 인간 의지가 길을 잘못 들어섰음을 드러낸다. 그분을 평가하고 그분이 아무것도 아니라고 결론을 내리는 것은 우리의 마음이 죄성으로 부패했고 죄에 참여하고 있음을 증명하는 것이다. 이처럼 인간 본성의 모든 측면은 부적절하다. 우리가 진리에 이르고 하나님께 반응할 수 있는 길은 본래부터 막혀 있다. 신적 계시만이 그 종을 우리에게 알려 주고 우리를 그분께 가까이 가게 해 줄 수 있다.[22]

2) 인간의 의견(53:2)

사람들은 그 종을 주시하고, 하나님의 능력이 역사하는 것보다는 쇠약한 인간을 보았다. 사람들은 그의 초라한 상태를 보고 수많은 이유를 들어 그분이 틀렸다고 간주했다. 이사야는 당시의 상투적인 말투를 사용하여 그 이유를 열거한다. 그는 전도유망하지 않게 출발했다. 그는 "마른 땅에서 나온 뿌리 같아서" 그가 자란다는 것 자체가 기적이었다. 그에게는 건강하게 자라는 데 필요한 중요한 영양소가 결핍되어 있었기 때문이다. 그들은 그의 시작이 전도유망하지 못했을 뿐 아니라, 외모도 인상적이지 못하다고 덧붙인다. 그들은 통상적인 평가 기준을 적용했다. 그는 잘생겼는가?(아름다움) 그는 인상적인 성품인가?(위엄) 그는 전반적으로 어떤 인상을 풍기는가?(외모) 그는 모든 점에서 실패한 듯이 보였다.[23] 그는 하나님의 관점에서 보면 "연한 순"

---

22 Motyer, *Prophecy of Isaiah*, p. 429.
23 Motyer, *Isaiah*, p. 333.

같았을지 모르지만, 인간적 관점에서 보면 그에게는 인상적인 것이 전혀 없었다. "그는 자랄수록 덜 인상적으로 되어 갔다."[24]

3) 전적인 거부(53:3)

인상적이지 못한 외모 때문에 그는 사회에서 매장되었으며 결국 철저히 거부되었다. 그저 그가 연약한 체질 때문에 또는 다른 사람들에게 인정이나 격려를 받지 못했기 때문에 시들어 약하게 되었다는 것뿐이 아니다. 그 이상의 것이 있었다. 그들은 의도적으로 그를 거부했으며, 의식적으로 그를 거절함으로 그가 고난을 받게 만들었다. "우리도 그를 귀히 여기지 아니하였도다"라는 말은 회계학 용어를 사용한 것이다. 그의 인생의 가치를 계산했을 때, 그들은 그를 무가치한 존재로 간주했다. 그의 생명은 인류의 대차대조표에 아무것도 기여하지 못하는 것으로 여겨졌다.

심리학자 에이브러햄 매슬로(Abraham Maslow)는 인간의 필요가 계층적이라고 가르쳤다. 공기, 음식, 물에 대한 물리적 필요가 충족되고 나면, 사람들은 네 단계의 심리적 필요가 성취되기를 바라게 된다. 그것은 안전, 사랑과 소속됨, 존중과 자존감, 자아실현에 대한 필요다.[25] 매슬로의 말로 하면, 이 "슬픔의 사람"(man of sorrows, 개역개정에는 "간고를 많이 겪었으며"로 번역되어 있음—역주)은 인생의 모든 심리적 필수 요소들을 빼앗겼다. 그는 결코 안전하지 않았다. 그는 사랑을 거부당한 고립된 사람이었다. 그는 다른 사람들에게 전혀 존중받지 못했다. 그는 자아 성취보다는 자기 파멸의 길을 걸었다. 그의 생명이 과연 보존될 수 있는지는 대단히 의심스러웠으며, 그는 심한 고난 속에서 전혀 보호받지 못한 채 위험에 노출된 취약한 상태로 있었다.

---

24 Webb, p. 211.
25 A. H. Maslow, *Motivation and Personality* (1954; Harper and Row, 1987), pp. 15-31.

3. 종의 사명(53:4-7)

왜 이런 상황이 벌어졌는가? 그 배후에는 무엇이 있는가? 이 슬픔의 사람이 거부당하고 고난당하는 것에서 어떤 더 깊은 의미를 발견해야 하는가? 그 대답은 단연 '그렇다'는 것이다. 노래의 다음 절은 그것을 더 자세히 설명해 준다. 그의 고난과 죽음은 어떤 범상한 고난이나 죽음과 견줄 수 없는 의의를 지니고 있다. "그", 곧 하나님과 "우리"가 모두 나름대로 역할을 한다. 그분의 죽음의 의미는 우리가 담당한 역할에서 명백하게 나타난다.

1) 그들의 견해(53:4)

"우리는 생각하기를 그는 징벌을 받아 하나님께 맞으며 고난을 당한다 하였노라." 그리고 그들은 옳았다. 하지만 그들이 생각했던 식으로 받은 것은 아니었다. 여기에 나오는 "우리"는 아마도 원래의 고난받는 종의 삶을 관찰하고 그것을 잘못 해석한 유대인 구경꾼들일 것이다. 하지만 후에 그 노래가 전개됨에 따라, 우리가 모두 그들과 함께 구경꾼의 입장이라는 것이 분명해진다.

그들은 그 종이 이렇게 황폐하게 살게 된 의미를 이해하려 애쓰다가, 이 사람이 죄 때문에 하나님께 벌을 받고 있다는 결론에 도달했다. 그가 받은 고난은 하나님이 적극적으로 내리신 것이었으며, 그가 받은 고통은 전능하신 하나님이 의도적으로 가하신 것이었다. 유대인들은 죄와 고난 간에 상관관계가 있다고 추정했기 때문에, 그들은 그 종이 이 정도로, 하나님의 치욕을 받을 만큼 뭔가 엄청난 잘못을 저질렀을 것이라고 추정했다. 그는 분명 하나님이 그에게 가하시는 벌을 받아 마땅한 존재였다. 하지만 그들의 그런 생각은 위험스러운 절반의 진실이었다. 참된 절반은 하나님이 관여하고 계시다는 것이었다. 하나님은 고난의 적극적인 행위자셨다. 참되지 않은 절반은 이 사람이 하나님의 벌을 받아 마땅한 무슨 일인가를 했다는 것이다.

2) 하나님의 목적(53:4-5)

오늘날 이런 식으로 생각하면 거슬릴지도 모르지만, 이 노래에서는 종이 받는 고난을 하나님이 주시는 것으로 여긴다. 그의 고난은 어떤 비인격적이고 불가피한 죄의 결과가 아니었다. 몇 가지 연속된 불행한 실수로 인한 결과는 더더욱 아니었다. 그것은 하나님이 내리신 것이었다. 10절에서는 그 주제로 다시 돌아가 그것을 강한, 심지어 충격적이기까지 한 용어로 말한다. "여호와께서 그에게 상함을 받게 하시기를 원하사 질고를 당하게 하셨은즉." 의로우신 하나님이 왜 그처럼 불의하고 소름 끼치는 행동을 도모하시는가?

4절 나머지 부분은 그 종이 "하나님께 맞으며 고난을 당"했고 "우리의 질고를 지고 우리의 슬픔을 당하였"다고 말한다. 그 말은 이스라엘의 제사 경험에서, 그리고 특별히 그들의 속죄일 관행에서 직접 유래된 말이다. 그 경험과 관행에서처럼 여기서도 속죄 염소가 백성의 재난과 죄와 실패들을 짊어지며, 일단 대속 제물을 바쳐 속죄를 받고 나면 재난과 죄와 실패들을 광야로 지고 감으로써 그것들을 처리하여 그것이 더 이상 백성들을 괴롭히지 않게 한다.

이 속죄 염소는 정확하게 무엇을 제거하는가? 3절과 4절의 어휘에 따르면, 그 종이 지고 가는 짐은 고통과 질병이다.[26] "징벌을 받다"(stricken)라는 단어는 레위기 13-14장에서 문둥병의 '재난'이 가해진 것을 묘사하기 위해 60회 사용되었다.[27] 이 특정 단어를 선택한 것은 여기에서 인간의 온갖 문제를 다 다루고 있음을 시사한다. 그 종이 받은 고난은 하나님에 대한 우리의 고의적인 반역뿐 아니라, 육체적, 도덕적, 영적으로 우리를 황폐하게 하는 모든 것과 관계있다.

어떤 사람들은 여기에 나온 개념이 대속 개념이기보다는 동일시의 개념이라고 애써 주장한다. 즉 그 종은 이스라엘과 자신을 고난에 있어서 동일

---

26 Sawyer, p. 146.
27 Motyer, *Prophecy of Isaiah*, p. 430.

시하며 심지어 그저 그들의 고난을 그의 고난과 교환한다는 것이다.[28] 하지만 이 구절에서 "그"와 "우리" 간의 상호 작용이 명확하게 나타나는 것으로 보아 이미 이스라엘의 예배에서 잘 알려져 있던 대속을 염두에 두고 있었을 것이다. 클라우스 베스터만의 말처럼 대속은 새로운 것이 아니다. "하지만 새롭고 혁명적인 점은 이 경우 고난을 받아 대속자가 되고 구속할 권세를 받은 사람이 상당히 평범하고, 힘이 없으며, 하잘것없는 사람이었다는 것이다."[29]

다른 사람들은 이 구절에 속죄(즉 우리의 죄를 바로잡는 것)나 객관적 행동으로서의 화목(즉 하나님의 진노를 제거하는 것)에 대한 전통적 이해가 나와 있다고 보면 안 된다고 주장한다. 그들은 오히려 종이 죄나 거룩하신 하나님과 관련해서 성취한 일이 아니라, 구경꾼들의 마음을 변화시킨 일을 강조해야 한다고 말한다. 폴 피데스는 이사야 53장이 그리스도 안에서 성취되었다는 관점에서 해설하면서 이러한 입장을 확신 있게 진술한다.

…그리스도의 희생은 우리의 은사 제물과 성찬 제물을 **가능하게 하고 그것을 만들어 낸다**. 우리 자신을 하나님과 다른 사람에게 드리는 것은 죄를 부인하는 것으로, 즉 자기중심적인 태도와 하나님에 대한 반역을 극복하는 것이므로, 이러한 효과를 가져오는 그리스도라는 제물을 '속죄제'라고 부를 수 있다. 이러한 의미에서 그리스도의 희생 죽음은 죄를 속한다. 죄인들을 변화시킴으로 죄를 속한다는 것이다.

이처럼 그리스도의 십자가가 죄인이 선을 행하도록 할 능력이 있다면, 우리는 그것이 "죄를 씻어 낸다"라고 진심으로 말할 수 있을 것이다.

실제로 고난받는 종의 노래는 짐승이나 과일이나 곡물이 아닌 사람을 제물로 드릴 때 그 제사가 다른 사람들의 삶을 변화시키는 능력이 있음을 **보여 준다**.…

---

28   Whybray, p. 175.
29   Westermann, *Isaiah*, p. 263.

그 노래가 묘사하는 장면으로 상상해 보면, 종이 받는 고난이 다른 사람으로 하여금 자신의 상태를 인식하게 하고 치유를 위한 회개에 이르게 하는 화목의 드라마가 펼쳐지는 것을 보게 된다.[30]

여기에서 회개의 요소가 발견되는 것은 분명 사실이다. 구경꾼들은 실제로 자신들이 그 종에 대해 잘못 생각했다는 것을 발견했다. 그들은 자기 잘못을 고백하고 종에 대한 견해를 바꾸었다(52:13-53:3). 그의 행동을 보면서 그들은 제정신이 들었다. 자신들의 길이 얼마나 어리석었으며, 자신들이야말로 하나님으로부터 멀어져 제 갈 길로 간 존재임을 분명하게 깨닫게 되었다(6절). 하지만 하나님의 목적이 종의 모범을 통해 죄인들에게 영향을 미쳐 그들이 회개하도록 만드는 것뿐이라고 결론 내리는 것은 매우 불완전한 것이다. 그것은 감사와 헌신과 교제의 행위뿐 아니라 화목의 행위 역시 포함하는 제사 제도 전체를 잘못 평가하는 것이다. 그것은 속죄제와 속죄일의 의식들이 이룩한 객관적 성취를 무시한다. 그것은 하나님이 아니라 인간을 중심에 놓는다. 그리고 하나님을 사람들보다 훨씬 더 큰 불의를 행하는 분으로 만든다. 즉 진짜 범인 대신 대리인에게 벌을 내리는 죄를 범하신다는 것이다. 하나님이 정말 그런 사람들이 태도를 바꾸도록 설득하기 위해서만 그런 방법에 의지해 의로운 개인에게 그런 고난을 가하시는 것일까? 분명 그렇지 않다. 종의 고난이 주는 전율을 설명하려 한다면 그 고난을 통해 더 큰 무엇인가가 일어나고 있었음이 분명하다. 죄인들은 그저 영향을 받기만 하는 것이 아니라 의롭게 되고 있었다(12절). 그저 죄를 범한 자가 죄를 단념하는 것이 아니라, 하나님의 은혜로운 행하심으로 죄가 처리되고 있었다. 그리고 하나님의 의로운 성품이 충족되고 있었다. 그저 사람들의 죄 된 태도가 변화되어 그들이 더 착해지는 것이 아니다.

---

30 Fiddes, pp. 79-80.

여기에는 우리의 죄와 질병을 처리하고 하나님과 화목하게 하기 위한 하나님의 자비로운 계획이 나온다. 그분은 우리의 모든 죄악의 짐과 죄책을 고난받는 종에게 지우신다. "그가 찔림은 우리의 허물 때문이요, 그가 상함은 우리의 죄악 때문"(5절)이었다. "그들의 모든 불의를 지고 무인지경에 이르는"[31] 속죄일의 속죄 염소처럼, 멸시받고 거부당했으며, 징벌받고 매 맞고 찔리고 상한 종이 그 모든 것을 지고 가셨다.

3) 그의 역할(53:4-5)

종의 역할은 대속자로 고난을 받는 것이며 그래서 죄를 가져가 버리는 것이었다. 그것은 자신의 모든 것을 대가로 치러야 하는 힘든 역할이었다. 그는 찔림을 받았다. 용을 찌른 "여호와의 팔"이 라합에게 치명상을 입혔을 때 그녀가 찢겼듯이 말이다.[32] 그는 상하되, 짓밟혀 죽게 된 사람처럼 상했다. 그의 삶에는 아무것도 남아 있지 않았다. 그는 부상을 입었으며, 찢어진 상처가 났지만 아무도 거기에 주의를 기울이지 않았다. 그가 부름받은 역할에는 즐거운 것이라곤 전혀 없었다.

그런데도 그는 기꺼이, 아무런 불평 없이 그 역할을 맡았다(7절). 폴 핸슨(Paul Hansen)은 이렇게 해설한다. "그 종은 할 수 없이 체념한 것이 아니라, 오랜 세월 동안 인간들을 붙잡았던 죄의 견고한 진을 하나님과 함께 파하려는 담대한 선택으로 고난을 감수했다."[33]

그가 하나님의 뜻에 온전히 굴복한 결과, 상상할 수 있는 가장 보람 있는 결과를 낳았다. 그가 하나님의 벌을 정면으로 맞이함으로 우리에게 평화를 가져다주었기 때문이다. 그리고 그가 다른 사람들을 위해 고난을 받음으로 그들은 나음을 입었다.

---

31 레 16:22.
32 Motyer, *Isaiah*, p. 335; 사 51:9.
33 P. D. Hanson, p. 159.

4) 우리의 몫(53:6)

6절의 의미를 역사의 어느 하나의 사건에 국한할 수는 없다. "우리"가 원래 누구를 의미했든지 간에, 지금은 분명 그 범위가 넓어져 우리를 모두 포함한다. 고난의 강렬한 드라마에서 우리가 담당하는 몫은 무엇인가? 우리가 기여할 수 있는 것이라고는 그 종이 불행을 당하게 한 원인인 죄밖에는 없다. "우리는 다…그릇 행하여 각기 제 길로 갔거늘 여호와께서는 우리 모두의 죄악을 그에게 담당시키셨도다." 우리가 그저 길에서 정처 없이 헤맸건, 고의로 잘못된 방향을 택했건, 이 고난받는 종의 죽음은 우리가 돌이켜 방향을 바꾸고 죄에서 풀려날 수 있게 해 줄 것이다. 그분 안에서 우리의 죄 된 상태는 용서함을 받고, 하나님과의 소원함이 극복되며, 깨어진 인격이 나음을 입는다.

4. 종의 죽음(53:7-9)

다음 연은 종의 죽음에 집중하면서, 그 목적과 의미에 관해 이미 앞에서 나왔던 몇 가지 근거를 전개한다.

1) 그의 복종은 자발적이었다(53:7)

저자는 그 희생자가 죽으러 가면서도 반항하지 않았다는 사실에 깊은 감명을 받는다. 그래서 저자는 그는 부당하게 비난을 받으면서도 "그의 입을 열지 아니하였"다고 두 번이나 말한다. 조지 애덤 스미스(George Adam Smith)가 말했듯이, 그것은 완전히 새로운 것이었다. "구약에서는 항상 고난받는 자가 자기 죄를 하나님께 고백하고 있거나, 아니면 아무런 죄책을 느끼지 못할 때는 하나님께 이론을 제기하며 도전하고 있거나 둘 중 하나다." 그로 인해 우리는 "왜 이 종은 고난을 받을 때 특이하게도 침묵을 지켰을까?"[34]라는 질문을 하게 된다.

그 대답은 그 종이, 이미 결정된 대로 그 비극이 일어나도록 자발적으로 선택했다는 것이다. 그것은 그의 편에서의 의식적인 선택이자, 의도적인 선택이었다. "그는 아무것도 행하지 않고 아무것도 말하지 않고 그저 모든 것이" 그의 결단으로 "그에게 일어나게 한다."[35]

그의 죽음은 자발적이기 때문에 그때까지 드려졌던 이스라엘의 모든 짐승 제사와 구별된다. 제물로 선택된 짐승들은 그 문제에 관해 아무런 선택권이 없었다. 설사 그들이 불평을 표했다 해도, 집행자들은 그런 불평을 듣거나 이해하지 못했을 것이다. 짐승들은 무슨 일이 일어나고 있는지 이해할 수 없었다. 그들은 아무것도 모른 채 그저 새로운 초장으로 가거나 털을 깎으러 가는 것처럼 죽으러 갔다. 그들이 잠잠했다면 절제로 인한 것이 아니라 무지로 인한 것이었다. 하지만 여기에 온갖 기능을 온전히 발휘하는 한 인간이 있었다. 그는 결과가 어떻게 될지를 알면서도 다른 사람들이 자신을 괴롭히고 박해하여 죽이도록 허용했다.

알렉 모티어(여기에서 그의 통찰력에 도움을 받을 것이다)가 언급하듯이, 종의 고난의 이 측면에는 엄청나게 중요한 무엇인가가 있다. 이스라엘이 이전에 드리던 희생 제사도 나름대로 좋은 것이었으나 한 가지 '치명적인 약점'이 있었다. "…죄에는 의지가 포함된다. 하지만 바로 이 점에서 짐승들은 우리가 요구하는 대속자를 묘사할 수는 있지만 실제로 그 대속자가 될 수는 없다. 짐승들에게는 활동하는 양심도, 의도적이고 인격적이고 스스로 굴복하여 그에 동의하는 것도 없다. 궁극적으로 인격적인 존재만이 사람의 대속자가 될 수 있다."[36] 여기에는 이전의 속죄제를 능가하는 제사가 있다. 그 제사는 속죄제의 치명적 약점을 노출하고 단번에 그것을 극복한 것이었다.[37] 숫양, 양,

---

34 Goldingay, *God's Prophet*, pp. 145-146에서 인용.
35 Clines. Motyer, *Prophecy of Isaiah*, p. 432에서 인용.
36 Motyer, *Isaiah*, p. 336.
37 Motyer, *Prophecy of Isaiah*, p. 433.

염소, 소들은 우리의 조건에 근접하긴 했지만, 그 이상은 할 수 없었다. 하지만 여기에는 우리의 필요에 꼭 들어맞는 대속자가 있었다.

2) 그의 죽음은 폭력에 의한 것이었다(53:8)

어떤 사람들은 의문을 표하지만, "이 장에 나오는 모든 것은 그가 폭력으로 인해 죽임당했음을 가리킨다."[38] 그가 처형된 것은 "곤욕"(oppression)으로 인한 것이었다. 다시 말해 그것은 오심(誤審)이었다. 변호인도 없는 부당한 재판을 받음으로 그의 인권은 침해되었다. 그리고 단순히 그의 인권뿐 아니라, 하나님이 정하신 그의 권리도 침해되었다. 하나님은 모든 사람이 법정에서 정의를 누리도록 명하셨는데, 여기에서는 그 말씀이 노골적으로 무시되었기 때문이다.

그는 재판을 받고 나서 이제 법정에서 처형장까지 나아간다. 그것은 외로운 걸음이었다. "세대 중에 누가 생각하기를"이라는 말이 나타내듯이, 그는 완전히 고립되어 죽으러 갔다. 이 문장은 이 구절에 나오는 많은 어려운 문구 중 하나다. 그것은 그의 생명이 갑자기 끝났고, 그의 혈통이 끝나며 그의 가계가 끊어져 버렸음을 의미할 수도 있다. 그는 자식이 없는 사람으로 미래도 없었으며, 오래 지나지 않아 아무도 그를 기억하지 못하게 될 것이다. 하지만 데이비드 클라인스(David Clines)는 그 문구를 이렇게 번역한다. "그리고 이 세대에 누가 이의를 제기하리오?"[39] 다시 말해 아무도 그의 편을 들어 그의 결백을 주장해 줄 사람이 없었다. 두 번역 다 동일한 의미를 가져온다. 여기에 홀로 죽은 사람이 있었다.

이 구절 나머지 부분에서 사용된 동사 "끊어지다"와 "형벌받다"(stricken)는 폭력적이고 무시무시한 죽음을 암시한다. 그의 죽음은 그 원인만큼이나 방식 면에서도 범상치 않았다.

---

38 North, *Second Isaiah*, p. 241.
39 Clines, p. 18.

3) 그의 매장은 양면적이었다(53:9)

이스라엘 사람들은 통상 자기 조상들과 재결합할 수 있도록 가족묘에 묻혔다. 하지만 이 종은 심지어 이것마저 할 수 없었다. 모든 일반 범죄자들처럼 "그의 무덤이 악인들과 함께 있었[다]." 이 특권을 상실한 것은 이 슬픈 이야기에 한 번 더 최종적인 모욕을 가한다.[40]

하지만 여기에서 이야기는 흥미롭게 한 번 꼬인다. "그의 무덤이 악인들과 함께 있었"다고 예언되었다 해도, 그 노래는 즉각적이어서 "그가 죽은 후에 부자와 함께 있었도다"라고 덧붙이기 때문이다. 어떻게 두 가지가 다 사실일 수 있는가? 그 둘은 상반되지 않는가? 많은 사람은 그것이 너무나 명백하게 상반된다고 생각해서 본문을 수정하여 모순을 제거하려 애썼다. 데이비드 클라인스 같은 사람들은 그것을 "그 무덤이 악인들과 함께, 그 매장된 것엔 범죄자들이 함께 매장되었다"고 번역한다. 그도 인정하듯이, '범죄자들'이라는 말이 히브리어를 만족할 만하게 번역한 말이기 때문이 아니라, 단지 "악인"(첫 번째 줄에 있는)이라는 단어와 어느 정도 평행한 위치에 있는 것이 필요한 듯이 보이기 때문이다.[41] '행악자', '오합지졸', '마귀들' 등의 번역이 제안되었지만, 그것들은 너무 억지로 끼워 맞춘 듯이 보인다. 다른 학자들은 다른 식으로 긴장을 해결한다. 그들은 그 말이 "부자"를 의미하지만, 어떤 부자든 악행으로 부를 모았을 것이므로, 그 문구는 그가 악한 자들과 함께 묻혔다는 것을 다른 식으로 말한 것에 지나지 않는다고 생각한다.

그것은 명백히 어려운 진술이며, 그 의미에 대해서는 누구도 확실히 알 수 없다. 하지만 왜 우리는 본문을 수정하는 데 그렇게 열중하는가? 그것이 궁극적으로 고난받는 종이 언젠가 아리마대 요셉이라는 부자 제자[42]의 동산에 매장되리라는 암시로 보는 것은 전혀 불가능한가? 분명 마태는 그렇게

---

40   Goldingay, *God's Prophet*, p. 143.
41   Clines, pp. 19-20.
42   마 27:57.

생각하지 않았다. 선지자는 그리스도의 장사 지냄을 분명하게 예견하지는 못했으며, 자신도 잘 해명할 수 없는 신비에 대해 말하고 있었을 것이다. 하지만 이 구절의 모호함에는, 비록 그 종을 죽음에 이르게 하는 데는 악인들이 관여되어 있었고 또 일반 범죄자들이 죽었다면 매장하는 대신 다른 무뢰한들의 시체 더미 위에 버려지게 되겠지만, 어쩐지 각본이 그런 식으로 진행되지는 않으리라는 것이 암시되어 있는 듯하다. 어떻든 이 사람은 예상치 못한 장소에 매장된다. 그리고 마침내 이 음울한 장에 한 줄기 빛이 비친다.

5. 종의 해방(53:10-12)

희미한 빛이 나타나기 시작하여, 마지막 연에서는 대낮처럼 점점 밝아진다. 저자는 이 노래의 마지막 악장에서 친숙한 주제들의 요점을 되풀이하면서 그 모든 주제를 합쳐 하나의 일관된 결론을 내리고, 또한 그의 음악을 절정에 이르게 하는 새로운 요소 몇 가지를 소개한다. 지금까지 우울하고 파멸의 그림자가 드리우던 곳에 기쁨과 감사가 나타난다. 저자는 고난 가운데 나타난 하나님의 손에 대해 상기시키고, 종의 성과에 대해 알려 주며, 그의 고난의 의미를 요약하면서 결론을 맺는다.

1) 종은 하나님의 뜻을 성취한다(53:10)

이 모든 일 중 인간의 계획대로 일어난 것은 아무것도 없다. 설사 피상적으로 보기에는 사람들이 그 일을 일으킨 것처럼 보인다고 하더라도 말이다. 그 종은 여호와의 뜻 때문에 고난을 받았다. 여호와는 죄를 영단번에 처리할 새롭고도 좀 더 만족스러운 제사를 제공하기 위해 그것을 계획하셨다. 하나님이 자신의 계획을 시행하실 때, 다른 사람의 죄를 지기 위해 자발적으로 자신의 생명을 내놓으신 그의 종이 기꺼이 하나님께 협력했다.

앞에 나왔던 제사에 대한 암시가 속죄일에 대한 것이었다면, 저자는 이제 고난받는 종의 생명이 속건제로 드려졌다고 분명하게 진술한다. 이 제물에는 배상과 속죄가 다 포함되었다. 그것은 고의적인 죄를 위해 드려지는 것으로, 그 죄를 범한 사람이 하나님과 올바른 관계를 맺게 해 주는 수단이었다. 이 제물에 대한 규정을 보면, 그 죄가 이웃에 대한 것임이 자명할 때라도, 사실은 여호와께 죄를 범한 것이며 여호와와 화목되어야 한다는 것을 분명하게 밝힌다.[43] 그 죄는 배상을 하고 피의 제사를 드림으로 속죄되었다. 고난받는 종은 "이전의 모든 것을 완전히 능가할 새로운 속건제"다.[44] 이전 어느 때도 완벽한 인간이 제물로 드려진 적이 없기 때문이다.

2) 종이 하나님에게 정당성을 입증받는다(53:10-11)

"후손"(8절, 개역개정에는 "세대"로 되어 있다—역주)이 없던 "그가 씨를 보게" 될 것이다(10절). 삶 한가운데서 "끊어[졌던]"(8절) 그가 이제 "그의 날은 길 것"이다(10절). "형벌받[은]"(8절) 그가 이제 "번성"(prosper, 개역개정에는 '성취하리로다'라고 되어 있다—역주)할 것이다(10절). 죽었던(9절) 그가 "만족하게 여길 것"이다(11절). "멸시를 받아 사람들에게 버림받[은]"(3절) 그가 많은 사람의 중심이 될 것이며(11-12절), 무력한 희생자였던 그가(7절) 의기양양한 승리자가 될 것이다(12절). 이러한 예상치 못한 엄청난 상황의 역전이, 이 노래 시작부에 나오는 "열왕"과 "열방"을 놀라게 만드는 것이다. 그들 중 누구도 이야기가 이렇게 끝나리라고는 예견하지 못했을 것이다.

앞 연은 그가 정당성을 입증받는 문제를 다소 모호한 채로 두었다. 아마 그는 부자의 묘실에 장사 지낸 바 되었을 것이며, 만일 그렇다면, 아마도 이것은 하나님이 그의 정당성을 입증하셨음을 넌지시 알려 주는 최초의 표시였을 것이다. 하지만 이제 저자는 우리에게 의혹 없이 말한다. 죽은 후 그 종의 미래는 영광스러운 것이라고. 그리고 하나님이 그의 제사를 받으셨으며,

---

[43] 레 6:1-7.
[44] Webb, p. 213.

그 제사가 제 소임을 다했음을 의심할 여지없이 입증한다.

3) 종이 사람들의 필요를 채운다(53:11)

이사야는 종이 정당성을 입증받은 것에서 그것이 사람들에게 미치는 영향으로 주의를 돌린다. "나의 의로운 종이 자기 지식으로 많은 사람을 의롭게 하며 또 그들의 죄악을 친히 담당하리라." 첫눈에 보기에, 종의 지식에 대한 언급은 좀 이상하게 보인다. 하지만 구약 사상의 맥락에서 보면 그것은 보기처럼 그렇게 이상하지 않다. 그의 지식은 학문적인 학식이 아니라 관계 속에서 자라나는 인격적 지식이다. 그것은 그로 하여금 제물이 되도록 그래서 "많은 사람을 의롭게" 하도록 하신 하나님과 그의 길에 대한 지식이다. 다니엘서에 나와 있듯이, 지혜롭고 지식 있는 사람들은 다른 사람들에게 긍정적인 영향을 미치는 사람들이다. 그들은 악에 저항하고, 긍정적인 행동을 취하고, 다른 사람들을 가르치는 사람들이다.[45]

52:11의 지혜로운 사람은 "나의 의로운 종"이며, 그래서 그는 자신을 드림으로써 "많은 사람을 의롭게" 할 수 있다. 이 문구는 구약에만 독특하게 나오는 구문으로서, 그가 많은 사람을 위해 '의를 제공한다' 혹은 많은 사람에게 '의를 가져온다'는 의미다.[46] 그렇다면 그 자신의 의가 그들의 불의와 교환된다. 그는 많은 사람의 불의를 지고 그의 의를 그들에게 옮겨 준다.

사람들은 그들에게 필요한 모든 것을 이 종에게서 발견한다. 그는 전례 없는 속건제를 드림으로 그들의 죄책을 제거한다. 그분은 그들 스스로는 결코 될 수 없는 것, 즉 완벽한 제사다. 그는 그들의 고난 가운데서 그들과 동일시된다. 하지만 그 이상으로, 그들의 죄와 슬픔을 가지고 가 버린다. 그는 철두철미하게 고난을 당한다. 그것은 그의 영혼의 고난, 즉 그저 생각만 하는 것이 아니라 실제로 당하는 고난이었다. 그래서 그는 불의한 사람을 의롭

---

45 단 11:32-33.
46 Motyer, *Prophecy of Isaiah*, pp. 441-442.

게 만든다.

알렉 모티어가 요약한 글은 전문을 다 인용해 놓을 만하다.

이사야 53:11은 일찍이 기록된 속죄 신학의 가장 완전한 진술 중 하나다. (1) 그 종은 충족시켜야 할 필요가 무엇인지, 무슨 일을 해야 하는지를 안다. (2) "나의 의로운 종"이신 그분은 우리의 죄로 마음이 상한 하나님께 완전히 받아들여졌으며, 하나님께 그 일을 하도록 임명받았다. (3) 의로운 자이신 그분은 우리 죄가 지닌 모든 전염에서 자유롭다. (4) 그는 우리의 죄와 필요에 개인적으로 자신을 동일시하셨다. (5) 강조하는 대명사 "그"는 그가 이 일에 개인적으로 헌신했음을 강조한다. (6) 그는 그 임무를 충분히 수행하셨다. 소극적으로는 죄악을 지신 것으로, 적극적으로는 의를 공급하신 것으로.[47]

4) 종이 원수인 죄를 정복한다(53:12)

이 노래는 종이 절대적인 최고의 존재임을 찬양하고, 그를 전쟁에서 돌아오는 승리의 장군으로 제시하면서 끝난다. 이 본문 역시 어렵다. 하지만 거기 나온 사상은 아마 정복자 영웅이 전쟁의 전리품들을 죽 진열함으로써 영광의 축하를 받듯이 종도 그렇다는 것인 듯하다. 그는 "많은 사람",[48] 즉 자신이 구속한 사람을 승리의 상으로 받는다. 그리고 자기를 제거하려 했던 "강한 자"들이 패했으며 그가 그들 모두를 정복했음을 보여 주기 위해, 그들을 그의 포로로 행진시킨다.

그에게 정복당해 포로로 그의 승리의 행렬에 참가한 모든 권세 중 가장 강한 것은 죄다. 그가 고난을 받으면서 죄의 무게를 졌다는 것은 그것을 영원토록 제거했다는 것을 의미한다. 그리고 억압받던 사람들은 해방된다.

얼마 전 나는 루마니아의 티미쇼아라(Timisoara)에서 차우셰스쿠의 폭정

---

47 앞의 책, p. 442.
48 NIV 난외주.

을 타도하기 위해 혁명을 일으켰던 희생자들을 기념하기 위해 세워진 십자가 앞에 서 있었다. 다른 사람들과 함께, 자유를 위해 삶을 희생한 사람들에게 존경과 감사를 표하는 것은 감동적인 경험이었다. 하지만 고난받는 종의 희생은 그들의 희생보다 훨씬 더 심오한 것이다. 그는 어떤 대의를 위한 순교자가 아니라, 의로우신 하나님 앞에 제물이 된 그리고 죄 많고 자격 없는 사람들이 온전한 구원을 받도록 하는 수단이 된 완전히 결백한 희생자였다.

6. 종의 신원

이 고난받는 종은 정확히 누구였는가? 오랜 세월 동안 유대인들이 받아 왔던 엄청난 고난에 비추어 볼 때, 그들이 종종 스스로를 고난받는 종으로 여긴 것은 놀라운 일이 아니다. 많은 사람이, 고난을 받고 그럼으로써 그 결과로 어떻게든 다른 사람들에게 구속을 가져오는 것이 자신들의 소명이라고 이해한다. 고난은 이스라엘의 경험의 많은 부분을 차지하므로, 존 골딩게이가 "이 본문에서 이스라엘인들이 자신의 모습을 발견한 것을 두고 이방인이 가타부타하는 것은 어떤 점에서 혐오스러운 것이다"[49]라고 말한 것은 옳다. 그것은 어느 정도는 이스라엘 백성에 대해 말하는 것이다. 비록 일부 사람들이 생각하듯이 이스라엘의 남은 자들만을 말하는 것이라 할지라도.

다른 사람들은 거기 맞는 개인을 밝혀내려 애써 왔다. 모세로부터 스룹바벨에 이르는 이스라엘의 선지자들(이사야, 예레미야, 에스겔), 이스라엘의 왕들(웃시야, 히스기야, 여호야긴), 그리고 심지어 페르시아 제국의 통치자인 고레스에 이르기까지 수많은 사람이 지목되었다. 그중 그 누구도 정확하게 들어맞지 않으며, 그 종이 그런 개인 중 누구와 동일한 존재로 판명될 가능성은 여전히 불확실하다.

---

[49] Goldingay, *God's Prophet*, p. 154.

고난받는 종의 역할에 정확하게 들어맞는 분은 오직 한 분, 나사렛 예수뿐이다. 기독교 교회는 처음부터 예수님을 고난받는 종과 분명하게 동일시했다. 예수님 자신이 그 종과 자신의 사역 사이에 관련이 있다고 보았다. 예수님은 한번은 이사야 53:12의 말씀을 인용하면서, "범죄자 중 하나로 헤아림을 받았음이니라"고 말씀하시고, "한 말이 내게 이루어져야 하리니 내게 관한 일이 이루어져 감이니라"[50]고 덧붙이셨다. 두 번의 다른 경우에도 그는 그 본문을 분명하게 암시하였으며,[51] 프랑스의 신중한 견해에 따르면, "말로 암시한 듯한"[52] 것이 두 개 더 있다. 그는 덧붙여, "이사야 53장이 가장 그럴듯한 출처일 만한 여러 예언"[53]이 있다고 주장한다. 그는 증거를 살펴본 후 "예수님은 자신의 사명을 여호와의 고난받는 종의 사명이라고 보았으며, 그 역할을 성취하면서 자신이 고난받고 죽어야 한다고 예언하셨고, 자신의 고난과 죽음을 종의 고난과 죽음과 마찬가지로 대리적이고 구속적인 것으로 간주하셨다"[54]고 결론을 내린다.

그의 제자들은 재빨리 종의 모습을 그리스도의 죽음을 이해하기 위한 틀로 받아들였다. 앞에서 말했듯이, 전도자 빌립은 주저 없이 그 둘을 연관시킨다.[55] 하지만 그 연관을 가장 충분히 해설한 사람은 수제자인 베드로다.[56] 마르틴 헹엘(Martin Hengel)은 어떤 면에서 초기 제자들이 그러한 연관을 본 것이 놀라운 일임을 지적한다. 그들의 시대 이전에는 메시아의 대리적 고난을 이사야 53장과 연관해서 말한 사람이 있었다는 분명한 증거가 전혀 없기 때문이다.[57] 하지만 그것은 너무나 정확하게 들어맞기에 그 둘을 비교하는

---

50 눅 22:37.
51 막 10:45; 14:24.
52 막 9:12; 마 3:15.
53 France, *Jesus and the Old Testament*, p. 130.
54 앞의 책, p. 132.
55 행 8:32-33.
56 뒤의 16장을 보라.
57 Hengel, *The Atonement*, p. 59.

일은 피할 수 없었을 것이다. 다른 사람들이 그 역할에 근접하기는 했지만, 그것을 최고로 성취하시는 분은 바로 십자가의 예수님이다.

그 종은 계속해서 우리의 연약함을 취하시며 우리의 질병을 지신다. 그렇다면 마태가 이사야의 말을 그리스도의 치유 사역에 적용한 데 암시되어 있는 것처럼 그분이 우리의 육체적 질병을 제거하시리라고 어느 정도로 기대할 수 있는가?[58] 그 말을 이렇게 사용할 때, 마태는 무엇보다도 "치유하는 것은 갈보리의 사랑"[59]이라고 말하고 있다. 종의 고난과 분리된 별도의 치유는 없다. 둘째로, 그는 그리스도의 구원 사역이 어느 정도인지 완벽하게 계시한다. 그 사역은 언젠가 우리의 육체적 질병과 죄악을 포함한 모든 질병과 죄악을 완전히 치유함으로 완결될 것이다. 하지만 그러면서 그분은 지금 모든 육체의 질병을 치유해 주겠다고 약속하시고 있지는 않다. 고난받은 종이신 그리스도에 대한 신약의 증거 전체는 그분이 우리의 **죄**를 치유해 주시는 것에 반복해서 초점을 맞춘다.[60]

존 골딩게이는 다음과 같은 지혜로운 말로 그런 입장을 요약한다.

하지만 우리가 죄를 사함받는 것이야말로 우리의 가장 깊은 필요라고 보는 한, 우리는 예수님이 우리를 위해 죽으셨기 때문에 나머지 병고들이 해결될 수 있음을 기뻐할 수 있다. 죄와 속죄와 죄 사함이야말로 근원에 있는 문제이기 때문이다. 우리는 죄를 십자가에 가져가 거기에 내려놓을 수 있다. 우리는 또한 고통, 슬픔, 비통함을 십자가에 가져가 내려놓을 수도 있다. 우리가 십자가에 매달릴 필요가 없다. 종이 우리의 반역을 위해 그리고 또 우리의 고통과 고난을 위해 고난받으신다.[61]

---

58 마 8:17.
59 Smail, "Cross and Spirit", p. 63.
60 France, *Matthew*, pp. 158-159를 보라.
61 Goldingay, *God's Prophet*, p. 156.

그렇다면 여기에 십자가에 대해 구약에서 가장 완벽한 예상이 있다. 그것은 우리를 이스라엘의 짐승 제사에서 한 단계 물러나게 하고, 갈보리의 궁극적인 제사에 한 걸음 더 가까이 가게 하는 환상이다. 그것은 우리 대신 기꺼이 고난을 받으신 그분의 십자가 앞에 겸손히 서서 그분의 희생을 경배하고 놀라워하면서 묵상하게 한다. 그분이 나를 위해 그렇게 많은 일을 이루셨다니! 그것은 주인공이신 그분을 묵상하는 가운데 비극과 소망을 적절히 섞어 놓는 아름다운 노래다. 배리 웹이 썼듯이, "종의 성품의 대단히 많은 측면이 이 노래에 나타나 있다. 그분은 현자이며, 제사장, 제물, 종, 고난받는 자, 정복자, 중보자시다. 그분은 하나님의 은혜가 죄인들에게 이르게 하는 통로다. 그분 안에서 하나님의 거룩함과 자비가 온전하게 조화된다."[62]

---

62 Webb, p. 214.

2부

경험된 십자가

6장

십자가에 달린 메시아

마태복음 26:1-27:56

"그것은 명백히 역사상 가장 유명한 죽음이다. 다른 어떤 죽음도 나사렛 예수의 죽음의 100분의 1만큼이라도 관심을 불러일으키거나 100분의 1만큼이라도 인상 깊고 강렬하게 기억된 적은 없다."[1] 예수님이 살아 계셨던 무렵 로마인들은 십자가 처형이라는 잔인하고도 불명예스러운 방법으로 수많은 사람을 죽였지만, 우리가 그들의 죽음에 대해서 사실상 아무것도 아는 것이 없다는 것은 놀라운 일이다. 이 사람, 예수의 죽음은 무엇인가 다르다. 그의 죽음은 여러 문화와 시대에 속한 사람들의 마음과 상상력을 전례 없이 휘어잡고 매혹한다. 이 사람의 죽음은 결코 잊히지 않는다. 오히려 그것은 마르틴 헹엘이 지적하듯이 그것이 해석되어 온 방식으로 인해 '독특한 영향을' 세계사에 미쳤다.[2] 초기 그리스도인들은 그의 죽음이 비범하고 특별하다는 걸 재빨리 인식했다. 그리스도의 십자가를 통해 하나님이 역사하사, 그의 사랑을 보이시고, 죄인들을 구원하기 위해 행동하시고, 인류 역사에 새로운 시대를 열기 위해 일하고 계셨기 때문이다.

---

1 Malcolm Muggeridge, "The cruxification", *The Observer*, 26 March 1967.
2 Hengel, *Atonement*, p. 1.

복음서를 대강 훑어보면 예수님의 죽음에 대한 해석은 거의 제시하지 않는 듯이 보이지만, 그 중요성은 분명하게 보여 준다. 전기 작가들이 복음서에서처럼 주인공의 죽음에 몰두하는 것은 보기 드문 일이다. 그들은 예수님이 배신당하고, 체포되고, 재판을 받고, 십자가에서 처형된 이야기에 매우 많은 지면을 할애할 뿐 아니라(절제되고 놀랍도록 사무적이기까지 하지만, 모든 사건을 사소한 세부 사항들까지 묘사한다), 예수의 생애 초창기에도 벌써 그분이 수난당하실 것을 예견한다. 그의 삶에 수반될 고통이 처음부터 암시되어 있으며,[3] 그가 어떻게 죽을 것인지에 대한 몇 가지 분명한 예측이 사역에 대한 이야기 속에 뒤섞여 있다.[4] "그의 운명에는 뭔가 비극적인 것"[5]이 있었는데, 예수님은 처음부터 이를 알고 있었다.

그리스도의 죽음이 복음서들에서 그렇게 중요하다면 왜 복음서들은 그 죽음의 의의에 대해서 거의 언급하지 않는 듯이 보이는가? 왜 사랑을 가르치고, 진리를 말하며, 기적을 행한 분이신 예수님이 그렇게 부당하게 죽어야 했는가? 왜 그분은 사고로 죽거나 아니면 천수를 누리고 노환으로 죽지 않았는가? 왜 그분은 그렇게 젊을 때 죽었는가? 왜 그분은 그렇게 끔찍하게 그리고 그렇게 잔인하게 십자가에서 죽었는가? 왜 평소에는 서로 으르렁거리던 로마 당국과 유대 당국이 이때만은 공모하여 그를 제거하려 했는가?

사실 복음서는 그분의 죽음에 대한 사실들을 그저 자세히 말하는 것으로만 그치지는 않는다. 바로 그 이야기를 풀어가는 방식을 통해 그리스도의 십자가에 대한 해석을 제공한다. 복음서들은 단어들과 세부 사항을 선택함으로써, 그리고 글을 쓸 때 특정 부분을 강조함으로써 암시적으로 십자가를 해석한다. 네 복음서 모두 역사적 정확성을 기하면서 하나의 동일한 사건에 대해 보도한다. 그 기사들은 상당 부분 서로 공통점이 있으며, 기사들 사이

---

3   눅 2:35.
4   막 8:31; 9:31; 10:45.
5   Denney, p. 19.

의 차이를 너무 부풀리지 않아야 한다. 비록 세세한 면에서는 다를 때라도 그 기사들을 조화시키기는 쉽다. 하지만 각각의 기사는 나름대로 독특한 관점을 지닌다.[6]

톰 스매일의 말을 빌리면, "네 개의 예리한 복음 탐조등이 갈보리의 어두운 무대를 비추며 지나간다. 각각의 탐조등은 때로는 같은 곳을 비추고 때로는 서로 다른 세부 사항들을 부각함으로써 각 복음서 기자들이 십자가에 달리신 그리스도에 대해 보여 주고자 하는 모습을 제시한다."[7] 그리고 "통일된 이야기를 구성하려는 마음에 이러한 묘사들을 함께 포개 놓으려고 성급하게 시도한다면, 복음서 기자들의 의도를 제대로 파악하지 못하는 것이다"라는 그의 경고는 옳다.

복음서 기자들에게 십자가 처형 장면은 광장에서 상연되는 연극과도 같다. 그들은 동일한 사건을 증언한다. 하지만 그 네 사람은 높은 위치에서 광장의 각 면에 있는 창문을 열어 놓고, 자기 눈에 보이는 것을 묘사한다. 그들의 보고에는 상당 부분 공통점이 있으나, 각 보고는 자기 나름의 각도에서 그것이 어떻게 보이는지 기록한다. 한 복음서 기자는 동료 복음서 기자들이 놓친 세부 사항을 좀 더 오랫동안 살펴보며, 또 다른 복음서 기자는 나머지 사람들이 듣지 못한 말을 포착하느라 귀를 쫑긋 세운다. 분명 각 복음서 기자들은 자신의 관심사에 맞는 그리고 자신의 글을 읽는 독자에게 특별히 적절하다고 생각하는 측면들에 민감하다.

각 복음서 기자들이 갈보리의 사건들에 분명하게 초점을 맞춘다 해서 그들이 쓴 기사의 역사적 신빙성이 손상되지는 않는다. 그들의 역사적 정확성

---

6 Burridge, p. 92. 또한 R. W. L. Moberly, *From Eden to Golgotha: Essays in Biblical Theology* (University of South Florida Press, 1992), pp. 83-104를 보라. 그는 그리스도의 죽음에 대한 사실들이 참된 것일 뿐 아니라, 그 사실들에 대한 해석 역시 참되고, 권위 있으며, 신적 영감을 받은 것이라고 믿었다. 그래서 복음서의 기사를 계속 구별하는 편을 찬성하고, 복음서들을 조화시키려는 전통적인 복음주의적 접근법에 반대했다. 특히 p. 97을 보라.

7 Smail, *Once and for All*, p. 20.

을 의심할 필요는 없다.[8] 실로, 종종 지적되었듯이, 그들이 앵무새처럼 서로의 말을 되풀이하기만 했다면 그들의 신빙성은 더 의심받을 것이다. 그렇게 되면 마치 법정의 증인들이 모든 세부 사항들에 다 의견이 일치하는 것처럼, 미리 서로 짜 맞춘 것이 아닌가 하는 의심이 생길 것이다. 오히려, 십자가에 대해 각 복음서 기자가 서로 다른 관점을 제시함으로써, 성금요일에 벌어진 일을 완전하고 다각적인 관점에서 볼 수 있게 해 준다.

결국 예수님을 십자가의 죽음으로 내몰도록 촉발한 적대감은 마태복음 앞부분에서부터 시작된다. 헤롯은 동방 박사들이 "유대인의 왕으로 나신 이"(2:2)를 찾으러 왔다는 말을 들었을 때, 즉각 자신의 통치에 대한 위협을 느끼고 그 위협을 제거하기 위한 조치를 했다(2:16-18). 헤롯은 평소의 그답게 베들레헴의 사내아이들을 모두 죽이라고 명령함으로써 그의 행동 방식, 곧 권력에 사로잡힌 전형적인 세상 통치자들의 방식과 왕이신 예수의 방식이 대립됨을 보여 주었다. 이러한 대립은 예수님이 그 세상 통치자들에게 체포되고, 재판받고, 처형될 때까지 점점 더 심해져 갔다.

마태는 세 번에 걸쳐 예수님이 어리벙벙한 제자들에게 자신의 죽음을 예언하셨다고 기록한다(16:21-27; 17:22-23; 20:17-28). 예수님은 변화산 위에서 장차 받을 고난에 대해 한 번 더 말씀하셨다(17:11-13). 수난 주간에 일어난 사건들 자체가 예수님이 "이틀이 지나면 유월절이라. 인자가 십자가에 못 박히기 위하여 팔리리라 하시더라"(26:2)고 다시 예언하신 대로, 비극적일 정도로 정확하게, 시작되었다. 대제사장들과 장로들과의 대립은 점차 심해져 이제 바야흐로 절정에 이를 것이다. 최후 대결의 시간이 왔다.

십자가의 그림자는 마태복음 전체에 드리워져 있다. 같은 예언을 좀 더 적나라하게 나타내는 마가복음에서만큼 현저하게 눈에 띄는 것은 아니지만

---

[8] 역사성의 문제에 대해서는 I. H. Marshall, *I Believe in the Historical Jesus* (Hodder and Stoughton, 1977)과 좀 더 최근 저술인 Blomberg, *Historicity* 그리고 Wright, *Jesus and the Victory*와 *Challenge*를 보라.

말이다. 그 이유는 그 예언의 중요성이 서로 다르기 때문이기보다는 각 복음서의 성격 때문이다. 마태복음은 마가복음보다 더 길다. 그의 관심사는 더 광범위하며 그가 다루고자 하는 것도 더 많다. 마가는 예수님의 행동에 집중하며, 마태는 예수님의 행동을 그분의 가르침이 집중적으로 나오는 부분(5-7장; 10-13장; 18장; 23-24장) 사이에 끼워 넣는다. 그렇기 때문에 불가피하게 마태가 묘사하는 예수님의 모습은 더 복작복작하다. 하지만 앞으로 보겠지만, 마태복음의 주요 색깔은 여전히 붉은 핏빛이다.

정확한 세부 사항이 무엇이든(그리고 그것들에 대한 학자들의 의견은 구구하다),[9] 마태가 기독교 신앙과 유대교 신앙 사이의 관계에 특별히 관심이 있다는 것은 분명하다.[10] 그의 원래 독자들은 유대 공동체와의 관계 면에서 특별히 어려움을 겪고 있었을 것이다. 그래서 사람들은 예수 그리스도를 믿는 믿음이 어떻게 구약성경을 성취하는가 하는 문제와 더불어 율법의 위치, 교회의 본질, 이방인의 위치, 복음 전도의 타당성 등의 문제에 관심을 가졌으며, 마태는 십자가 처형 기사에서 이 대부분의 주제에 초점을 맞춘다.

하지만 마태는 이러한 주제보다도 그리스도이신 예수에 대한 완전한 이해를 제시하는 데 더 큰 관심이 있다. 마태는 마가보다 기독론에 대해 좀 더 풍성하고 발전된 개념을 가지고 있다. 그러므로 십자가 처형에 대한 그의 기사가 갈보리에서 십자가에 달리신 분이 누구였는지에 초점을 맞추는 것은 놀라운 일이 아니다. 마태는 이렇게 가장 불명예스러운 죽음을 당한 분이 다름 아닌 하나님의 아들, 인자, 유대인의 왕, 그리스도시라는 것을 그의 독자들에게 일깨우기를 좋아한다(26:63-64; 27:37-44). 마태는 예수님의 죽음을 쓰면서, 그분이 무엇을 하셨는가 못지않게 그분이 누구이신가에 대해서도 말한다.

마태의 수난 내러티브에는 다섯 가지 주제가 등장하는데, 각각은 십자가에 달리신 분이 누구인지 알도록 빛을 비추어 준다.

---

[9] 이를 잘 소개한 것으로는 Hagner, pp. lix-lxxi가 있다.
[10] 특히 Gundry, *Matthew*, pp. 5-10를 보라.

1. 고대하던 메시아: 그는 성경의 예언을 성취하신다

예수님의 삶에서 하나님의 계획들과 목적들이 성취된다. 마태는 열 번에 걸쳐 그분의 탄생 혹은 사역의 측면을 "이 모든 일이 된 것은 주께서 선지자로 하신 말씀을 이루려 하심이니"라는 말이나 그와 비슷한 문구로 소개한다.[11] 마태는 여러 다른 전략들과 구약 인용문들을 사용하여, 역사가 예수님의 사역에서 절정에 이른다고 본다.[12] 예수님의 죽음은 예수님의 삶 못지않게 메시아에 대한 구약 예언을 성취하는 것이었다.

1) 마태가 인용하는 성경 구절

예수님은 인생의 마지막 막이 오르기 전에, 동시대 사람들에게 거부당했던 이전 세대의 경건한 선지자들의 반열에 자신을 놓았다. 그는 아들의 비유를 말한다. 그 아들은 포도원 주인이 보낸 여러 사신 중 마지막으로, 소작인들에게 내쫓기고 죽임을 당했다. 그 결과 그들은 심판을 자초했다(21:33-44). 유대인이라면 여기 살짝 감추어져 있는 암시를 놓칠 리 없다. 이사야의 낯익은 비유적 표현에 따르면[13] 포도원은 이스라엘이고, 주인은 하나님이시다. 사자들은 선지자들이며, 아들은 예수님 자신이다. 그는 시편 118:22-23에 분명하게 예시되어 있는 심판이 그들에게 임하리라는 말로 이야기의 결론을 맺는다. 예수님은 이런 식으로, "자신의 죽음을, 유대인들이 오랜 세월 동안 하나님의 메시지를 거부해 오던 것의 절정이라고 보았으며, 하나님의 심판이 유대 민족의 특권을 종식할 것이라고 예언하셨다."[14]

예수님은 후에 율법 교사들과 바리새인들을 향해 심판을 선포하시면서,

---

11 마 1:22-23; 2:5-6, 15, 17-18, 23; 4:14-16; 8:17; 12:17-21; 21:4-5; 27:9-10.
12 충분한 논의로는 France, *Matthew: Evangelist and Teacher*, pp. 166-205를 보라.
13 사 5:1-7.
14 Stott, *Cross of Christ*, p. 28.

다시 한번 예수님 자신을 그들의 조상이 죽인 선지자와 의인들의 뒤를 잇는 계승자라고 말하셨다. 사람들이 자기들이 선지자들의 시절에 살았더라면 그렇게 행동하지는 않았을 거라고 하자, 그분은 그런 변명을 거부하면서, 그들의 행동이 그들이 "선지자를 죽인 자의 자손"임을 증거한다고 말했다. 예수님은 그들에게 "너희 조상의 분량"을 채우라고 자극하신다(23:30-35).

당시에는 하나님이 구속의 새 시대를 시작하고 이스라엘의 죄를 사하시려 한다면, 의로운 자가 심한 고난을 받는 것을 통해 구속이 임할 것이라는 믿음이 널리 퍼져 있었다(그리고 그런 생각은 분명 예수님 자신의 의식 속에도 깊이 자리하고 있었던 듯하다).[15] 그렇다면 예수님은 자신과 유대 지도자 간의 대립을 좀 더 넓은 배경 속에서 바라보신 것이다. 하나님은 그 대립을 통해 두 왕국 권세들 사이의 전투가 절정에 이르게 하시고, 유대인들의 잘못된 종교 제도를 무너뜨리고, 이스라엘의 참 해방을 도모하실 것이다. 예수님은, 세례 요한에 이르기까지 자신보다 먼저 고난을 견딘 의인들의 자리에 기꺼이 서신다.

예수님 생애의 마지막 드라마에는 이같이 예언을 성취하고 있다는 의식이 충만해 있다. 무리가 겟세마네 동산에서 그를 잡으러 왔을 때, 예수님은 하늘의 보호를 구하지 않고 그들에게 순순히 잡히셨다. 그래서 "이런 일이 있으리라"고 한 성경 말씀이 이루어지도록 하셨다(26:54). 그는 그러시면서도 그들에게 도전하셨다. 예수님은 "내가 날마다 성전에 앉아 가르쳤으되 너희가 나를 잡지 아니하였도다"라고 말씀하시고는 "그러나 이렇게 된 것은 다 선지자들의 글을 이루려 함이니라"(26:56)라고 덧붙이셨다. 예수님은 아마도 어떤 특정한 성경 예언을 염두에 두시지는 않았을 것이다. 하지만 여러 곳에서 그리고 특히 이사야서의 종의 본문에서 하나님의 종이 고난을 받을 것을 상정하고 있다는 것을 분명하게 인식하고 계셨다.

---

15 Wright, *Jesus and the Victory*, pp. 579-592를 보라.

마태는 수난 내러티브에서 구약성경을 단 두 번만 직접 인용한다. 예수님은 제자들에게 그들이 마지막에는 자기를 버릴 것이라고 경고하면서 스가랴 13:7을 인용하신다.

> 내가 목자를 치리니
> 　양의 떼가 흩어지리라. (26:31)

두 번째 인용문은 유다가 예수님을 판 대가로 받은 은 삼십을 돌려주려 한 후 바리새인들이 그 돈으로 피밭을 산 이야기에 나온다(27:6-10). 그들은 그 돈에 손도 안 대려 했을 것이다. 부정하다고 여겼기 때문이다. 마태는 그들이 토기장이의 밭을 산 것이 예레미야의 예언을 성취하는 것이라고 말한다. 마태의 언급은 문제될 소지가 있다. 그것은 스가랴 1:12-13에 더 잘 맞는 듯하다. 하지만 그 구절이 예레미야 19:1-3에서 유래되었다고 주장할 만한 좋은 근거가 있다.[16] 마태가 말하는 요점은 분명하다. 예수님의 죽음의 드라마에서 어떤 측면도 우연한 것은 없다. 그 드라마의 모든 세세한 것들은, 죽음뿐 아니라 배신에 관련된 세세한 사항들까지도, 다 예상되고 예고된 것이다.

2) 마태가 빼놓은 성경 구절

마태가 구약을 즐겨 인용한다는 점에 비추어 볼 때 그의 레퍼토리에서 십자가 처형 자체에 관해 몇 가지 예기치 않게 빠진 것들이 있다. 예를 들어, 그는 8:17에서 이사야 53:4을 인용하지만, 수난 내러티브에서는 오늘날 그리스도인들이 수난에 대한 가장 명백한 참조 구절이라고 여길 이사야 53장을 직접 인용하지는 않는다. 그래도 그의 글의 기저에는 언제나 구약이 바탕에 있

---

[16] Carson, "Matthew", pp. 562-563를 보라. 다른 사람은 그 인용문을 렘 32:6-9과 연결한다.

다. 존 캐럴(John Carroll)과 조엘 그린(Joel Green)이 주장하듯이, "십자가 처형 장면에 명백한 성경 인용문은 없을지라도, 성경적 반향과 암시로 가득 차 있다."[17]

사실상 마태는 그리스도의 죽음에 대해 말하면서, 의인들이 하나님께 자신의 정당함을 입증해 달라고 하나님께 부르짖는 탄식 시편들을 상당히 많이 이용한다. 그중에는 특히 시편 22편과 69편이 있는데, "쓸개 탄 포도주"를 그에게 주는 것(27:34)은 시편 69:21을 암시하며, 군사들이 그의 "옷을 제비 뽑아 나누는"것(27:35)은 시편 22:18을 염두에 두고 있다. 게다가 "온 땅에 어둠이 임[한]"것(27:45)은 아모스 8:9을 암시하며, 유기의 부르짖음은 시편 22:1을 바로 반영한다.

3) 마태가 전달하는 의의

마태가 그리스도의 죽음을 말하면서 성취라는 주제를 강조하는 데는 몇 가지 이유가 있다. 첫째로, 그것은 그리스도의 죽음이 우연이 아니라는 것, 아무도 의도하지 않았는데 불행히도 우연히 맞아떨어진 환경이 빚어낸 결과가 아니라는 것을 시사한다. 그것은 모두 하나님의 신적 계획과 그분의 목적이 전개된 것이었다. 그분의 죽음은 하나님의 뜻이 성취된 것으로 보아야 한다.

둘째로, 그 예언은 예수님의 예언적 지식을 강조한다.[18] 벌어진 일들은 그분이 모르는 새에 불시에 일어난 것이 아니다. 그분은 미리 정해진 역할을 수행하기 위해 자신의 삶을 조작하거나 자신의 죽음을 끼워 맞추지 않으셨다. 그럼에도 불구하고 그분의 삶은 이스라엘을 구하실 분에 관한 예언에 꼭 들어맞으며, 그분이 메시아적 해방자이심을 확증한다. 예수님 자신은 성경에 푹 잠겨 있었으므로, 자신의 죽음이 불가피한 것이며 또한 그 죽음이 사람들을 구속하는 결과를 가져오리라는 것을 아셨다.

---

17 Carroll and Green, p. 51.
18 Senior, *Matthew*, p. 337.

셋째로, 마태는 하나님의 역사에는 불연속성뿐 아니라 연속성도 있다는 것을 지적하기 위해 성취라는 주제를 이용한다. 앞으로 살펴보겠지만, 십자가가 구원 역사에서 새 시대를 열긴 했지만, 예기치 못한 발전으로 여겨져서는 안 된다. 그리스도의 죽음은 하나님이 오래전에 알려 주신 그분의 계획이 전개되는 것 중 일부로, 많은 사람이 목말라하고 갈망해 왔던 것이다. 기독교가 유대교에서 이탈하는 것이 과연 타당한가 하고 의문을 제기했던 유대 그리스도인들은 이 진리를 이해하면서 확신하게 되었을 것이다. 하나님은 두 마음을 가진 분이 아니시며, 그분의 구원 계획은 일관성 없는 것이 아니다. 갈보리에서 일어난 일은 오래전에 예고된 것이었다.

2. 제사의 제물: 그는 제물이 되어 피를 흘리신다

그리스도인들이나 비그리스도인이나 할 것 없이 갈보리의 무시무시함을 잊은 지 오래되었다. 그리스도인들은 윤기 나는 십자가를 교회에 장식해 놓고, 목이나 옷깃에 달기도 하며, "줄곧 그것에 대해 말하고 들으면서"[19] 십자가에 너무 익숙해졌다. 기독교를 믿지 않는 사람들은 십자가를 그저 '패션 액세서리'[20]에 불과한 것으로 본다. 원래 십자가를 목격한 자들에게는 그 의미가 완전히 달랐다. 십자가는 비인간적이고 치욕스러운 고문 도구였다.

마태는 이것을 새삼스레 상기시키기보다, 피에 대해 자주 이야기함으로써 그것을 표현한다. 십자가는 피와 관계가 있었다. 십자가는 거기 달린 제물의 피를 말렸다. 십자가는 피비린내를 풍기고 집행자들의 몸에 피가 튀게 만들었다. 또한 피를 흘리는 것은 누군가에게 책임이 있음을 의미했다.

마태는 다른 복음서 기자보다도 그리스도의 피에 더 많은 관심을 쏟는다. 실로 "예수님의 피라는 주제는 마태의 수난 기사 전체를 선홍색 실처럼

---

19   Boice and Ryken, p. 137.
20   앞의 책.

누비고 지나간다."²¹ 그 주제는 복음서 초반부터 일찍이 무고한 베들레헴 어린아이들이 피를 흘렸을 때 이미 서서히 드러나기 시작했다(2:16-18). 그리고 예수님이 죽으실 때 그 절정에 이른다. 마태가 기록한 최후의 만찬 장면에서 예수님은 "이것은…많은 사람을 위하여 흘리는 바 나의 피 곧 언약의 피니라"(26:28)²²라고 말씀하신다. 유다는 자책하면서 자신이 "무죄한 피"(27:4)를 팔았다고 항변하고, 대제사장들은 유다가 돌려주려 했던 돈을 받기를 거부했다. 그것은 "핏값"(27:6)이며 그래서 부정한 것이기 때문이다. 그에 걸맞게 그들은 그 돈을 가지고 "피밭"을 샀다(27:8). 빌라도가 예수님의 죽음에 대한 책임을 면하기 위해 손을 씻을 때, 그는 피라는 개념에 의지해서 "이 사람의 피에 대하여 나는 무죄하니"(27:24)라고 헛되이 항변했다. 그와 대조적으로, 백성들은 "그 피를 우리와 우리 자손에게 돌릴지어다"(27:25)라고 외치면서, 예수님의 죽음에 대한 책임을 기꺼이 받아들였다. 마태복음을 읽을 때는 어쩔 수 없이 피를 의식하게 된다.

마태의 목적은 그저 사실을 전달하는 것, 즉 폭력적이고 비참한 죽음을 간략히 표현하는 것 이상이다. 그는 피에 대해서 사실적으로, 그리고 좀 더 깊은 차원에서 상징적으로 말한다. 그 상징에는 세 가지 측면이 포함된다.

1) 무죄한 피

유다가 "무죄한 피"(27:4)를 팔았다고 외친 것은 옳은 것이었다. 하지만 그렇게 인정하면서 그는 예수님의 죽음을 "의인 아벨"로부터 죽임을 당한 "사가랴"에 이르기까지(23:35) 각 시대의 종교 지도자들 때문에 부당하게 피를 흘린 여러 의인과 연관시킨다.²³ 제사장들은 예수님을 배신한 책임을 전적으로

---

21 Carroll and Green, p. 39.
22 참고. 눅 22:20.
23 예수님이 이 구절에서 "뱀"과 "독사"에게 하신 말씀(33절)의 요점은 성전이 파괴될 때처럼 이스라엘 민족에 대한 하나님의 심판이 절정에 이르기까지, 의인들은 예수님 자신이나 그분의 제자들이나 언제나 적대와 핍박을 받으리라는 것이다.

유다에게 돌렸다(27:4). 하지만 그것이 완전히 잘못되지는 않았다 해도 부적당한 대답이라는 건 누구나 다 안다. 독자는 죄의 책임 소재를 밝혀내기 위해 문제 속으로 더욱 깊이 들어가게 된다. 이 무죄한 피를 흘린 책임이 누구에게 있는가? 로마 지방 장관인가? 유대 당국인가? 아니면 예루살렘의 군중인가? 예수님의 죽음의 부당성에 대해 더 깊이 살펴볼수록 이 질문을 다시 생각해 보게 된다. 지금 우리가 관심을 갖는 것은 누가 그에 대한 책임이 있느냐가 아니라, 그의 흘린 피가 의도되지는 않았다 해도 구원의 효과를 가지고 왔다는 것이다.

2) 언약의 피

제자들이 유월절 식사의 네 잔 중 세 번째 잔(모든 사람이 함께 마시는 공동의 잔)을 돌려 가며 마시고 있을 때, 예수님은 그것을 "나의 피 곧 언약의 피" (26:28)라고 말씀하셨다. 크레이그 블룸버그(Craig Blomberg)가 말하듯이, "네 개의 잔은 각각 출애굽기 6:6-7상과 연관되어 있다. 이 잔은 6절 하반절에 나오는 '너희를 속량하[리라]'는 약속과 연관되어 있으며, 그렇기 때문에 좀 더 명확히 말해 하나님이 원래 이집트에서 이스라엘 사람들을 해방하셨던 것과 연관되어 있다."[24] 하지만 예수님의 말씀은 그 말에 새로운 의미를 부여하셨다. 결국 예수님이 말씀하신 그 잔은 이제는 더 이상 원래의 유월절 양의 피를 상징하는 것이 아니라, 새로운 해방의 수단인 자신의 피를 상징하는 것이다. 예수님의 피 흘림은 하나님과 인류 사이의 새 언약을 시작하는 것이다. 예수님의 말은 또한, 모세가 시내산에서 맺은 언약을 확정하기 위해 이스라엘 백성들에게 피를 뿌렸다는 출애굽기 24:8을 반영한다. 지금도 그때와 마찬가지다. 새롭고 더 큰 언약, 즉 예레미야가 마음에 그리고 있던 그 언약을 시작하기 위해 피가 뿌려져야 했다.[25] 언약을 통해 율법은 더 이상 외적

---

24 Blomberg, *Matthew*, pp. 390-391.
25 렘 31:31-34.

판단 기준이 아니라 내적 동기가 되고, 그 언약 안에서 하나님이 그의 모든 백성에게 알려지고, 죄가 영단번에 처리될 것이다. 예수님의 말 속에는 해방과 언약이라는 두 개념이 서로 결합되어 있다.

예수님의 말씀에 나타난 또 다른 문구에도 주의를 기울여야 한다. 예수님은 언약의 피가 "죄 사함을 얻게 하려고 많은 사람을 위하여 흘리는"(26:28) 것이라고 말씀하신다. 그렇다면 이 말씀은 출애굽기 6:6과 24:8을 반영할 뿐 아니라, 또한 여호와의 종이 "많은 사람의 죄"를 진다는 이사야 53:12도 반영한다. 이 새 언약은 포괄적인 것으로, 이스라엘 안의 부정한 자들과 버림받은 자들뿐 아니라, 이스라엘 밖의 사람들도 포함한다. 그것은 정결한 사람과 부정한 사람들, 부자와 가난한 사람들, 남자와 여자, 유대인과 이방인들을 막론하고 누구에게나 죄 사함을 베풀 것이다. 마태복음의 독자 중 일부는 이 주제로 논쟁을 벌였다. 그들은 그리스도가 그렇게까지 포괄하시는지 확신하지 못했다. 그래서 마태는 여기에서 새 언약의 포괄적인 성격을 그저 진술만 할 뿐 아니라, 또한 그 이후에 일어난 사건들을 보도하면서 그것을 강조한다. 유대인들은 불신앙적인 태도로 죽어 가는 그리스도를 조롱했던 반면, 한 로마 백부장은 "이는 진실로 하나님의 아들이었도다"(27:54)라고 고백했다. 마태복음은 동방 박사들이 유대인의 왕을 찾으러 온 이야기로 시작했고, 서방의 한 완악한 이방인이 하나님의 아들을 발견한 이야기로 끝난다. 예수님의 죽음이라는 복된 소식은 모든 사람을 위한 것이다. 그의 새 언약은 이전의 언약이 지니고 있던 인종적 차별과 문화적 차별을 극복하고 모든 사람에게 죄 사함을 베푼다.

3) 정결하게 하는 피

유대인이라면 누구나 피를 흘리는 것은 제사 제도와 연관되어 있다고 생각했다. 그들은 여러 가지 목적으로 하나님께 짐승을 바쳤다. 언약을 확증하기 위해, 교제를 굳건히 하기 위해, 감사를 드리기 위해, 서원을 입증하기 위해,

하지만 무엇보다도 속죄를 확보하기 위해 그것을 드렸다.[26] 유대인이라면 누구든 히브리서 9:22의 "율법을 따라 거의 모든 물건이 피로써 정결하게 되나니 피 흘림이 없은즉 사함이 없느니라"라는 말을 당연하게 생각했다. 그렇다면 예수님이 죽으심으로 언약의 피와 제사의 피가 한데 섞여 누구나 의롭고 거룩하신 하나님의 죄 사함을 받을 수 있게 되었다. 제임스 데니가 말하듯이, "언약의 피는 제사의 피며, 우리는 제사의 피가 그저 특별한 경우만이 아니라 보편적으로 화목의 능력과 연관되어 있다고 믿을 만한 충분한 이유가 있기 때문이다."[27]

예수님의 피 흘림은 가장 특별한 경우며, 그 유익을 받아들이는 사람들에게 놀라운 구속을 가져다준다. 사람들은 그리스도의 피 흘림의 의미에 대해 마태보다는 바울과 히브리서가 더 명확하게 설명하고 있다고 생각할지 모르지만, 바울과 히브리서 역시 마태가 말하는 것 이상은 말하지 않는다. 그들은 그저 그들의 통찰을 이용해 마태복음에서 나타난 싹을 완전히 만개하고 있을 뿐이다.

존 캐럴과 조엘 그린은 그 주제를 적절히 요약하며, 예수님의 피가 얼마나 놀라운 것인지 강조한다.

> 마태가 예수님의 피에 주의를 집중하도록 한다면…그것은 그저 누구에게 책임이 있는지 지적하려는 것이 아니다. 여기에는 심한 역설이 등장한다. 예수님의 죽음은, 무죄한 제물이 피를 흘렸다는 바로 그 이유로 인해, 심지어 그를 죽음에 이르게 한 책임 당사자에게까지 죄 사함을 받을 가능성을 열어 준다.[28]

---

26 레 1:4; 4:20, 26, 31, 35; 5:6, 10, 13, 16, 18; 6:7 등.
27 Denney, p. 37.
28 Carroll and Green, p. 47.

3. 무죄한 종: 그는 부당한 고난을 받아들인다

왜 예수님이 죽으셨는가? 어떤 사람들이 보기엔 그분은 불의의 희생자가 아니라 대의의 순교자다. 마커스 보그(Marcus Borg)는 이렇게 썼다.

> 내가 보기에 가장 설득력 있는 대답은 그가 하나님의 이름으로 지배 체제에 도전을 가한 사회적 선지자였다는 것이다.…그는 또한 하나님께 도취되어 한 무리의 사람들을 이끌고 종교적·사회적 항의를 대변하는 사람이었다.
>
> 예수님이 살던 사회에서는 이것만으로도 당국에 체포되고 처형되기에 충분했다. 당국자들은 비난을 괘념치 않았으며, 대중의 소요를 두려워했기 때문이다. 얼마 전에 예수님의 선도자였던 세례 요한이 처형당한 것에서 잘 알 수 있다. 한 가지 더 강조할 것은 예수님이 희생자가 아니라 순교자로 죽으셨다는 것이다. 순교자는 뭔가를 지지하기 때문에 죽임을 당한다. 예수님은 이 세상 나라들을 반대하고 하나님 나라에 근거한 다른 사회적 환상을 지지했기 때문에 죽임을 당하셨다. 지배 체제는 예수님을 하나님 나라의 선지자로 죽였다. 이것이 성금요일의 정치적인 의미다.[29]

보그의 주장에 반대하기는 어렵다. 예수님은 산상수훈에서 사회 통념을 뒤집는 가르침을 베풀었고, 또한 '죄인들'과 함께 먹었으며, 기존에 고수해 온 안식일을 지키는 것과 의식에 따라 몸을 씻는 것, 그리고 특히 성전을 대하는 것 등에 대해 다른 태도를 보이며, 유대 당국과 로마 당국 둘 다에 반복해서 도전하셨다.[30] 하지만 보그는 그리스도의 죽음에 대해 충분히 제대로 설명하지 못한다. 복음서는 예수를 단순한 순교자 이상으로 묘사한다. 마태가 보기에 예수님이 관습적인 사고방식에 얼마나 도발적으로 도전하셨든,

---

29   Wright and Borg, p. 91.
30   Green, "Death of Jesus and ways of God", pp. 27-30.

그분의 죽음은 무죄한 희생자의 죽음이었고, 그것의 더 깊은 이유를 반드시 알아내야 한다.

마태는 '명백한 불법 행위'[31]로 가득 찬 재판을 묘사함으로써 예수님의 무죄함을 강조한다. 밤이나 명절 기간에는 어떤 재판도 해서는 안 되었다. 어떠한 사형 선고도 단 하루 만에 판결이 내려질 수 없었으며, 변호인단이 있어야 했다. 대제사장들과 공회원은 "예수를 죽이려고 그를 칠 거짓 증거를 찾으매 거짓 증인이 많이 왔으나 얻지 못했다"(26:59-60). 결국에 그들은 그들의 진술을 뒷받침해 줄 두 명의 만족할 만한 증인을 확보했으며 그때부터 일사천리로 재판을 마무리했다. 그것은 법정을 우스꽝스럽게 만들어 버린 것이었다. 율법과 의에 관심이 있는 유대인인 마태에게는 이것이야말로 무엇보다도 가장 불의한 행동이었다.

마태는 다른 복음서 기자들이 빼놓은 자료를 포함함으로써 예수님의 무죄를 강조하는데, 그것은 그리스도의 무죄를 강조할 뿐만 아니라, 그에게 사형 선고를 내린 것이 누구의 죄인지도 밝혀 준다.

1) 유다의 배신(27:1-10)

마태는 유다가 예수님을 배신한 후에 자책에 사로잡혀 자살했다는 것을 언급하면서 사건의 흐름을 가로막는 듯이 보인다. 마태만이 그 사건을 기록한다. 어떻게 유다는 자신이 "무죄한 피"를 배신했다는 것을 깨닫게 되었으며, 배신을 도모하기 위해 대제사장들에게 숙명적인 발걸음을 돌리기 전에는 왜 상황을 제대로 알지 못했는가? 추측만 해 볼 수 있을 뿐이다. 어쩌면 그는 순진하게도 예수님이 검거는 됐지만 처형당하지는 않으리라고 생각했을 것이며, 상황이 악화되자 뒤늦게나마 사정을 바꾸어 보려고 애썼을 것이다. 어쩌면 그는 예수님의 강한 손이 나타나 권능으로 그의 나라가 임하게 하리

---

31   Blomberg, *Matthew*, p. 400.

라고 생각했을 것이다. 어쩌면 그는 진리를 너무 늦게 깨달았는지도 모른다.

유다의 자책은 온전한 회개가 되지는 못했다. 마태는 그의 마음 상태를 표현하기 위해, 보통 '회개'를 뜻하는 말로 사용되는 '메타노이아'(*metanoia*) 대신 '메타멜로마이'(*metamelomai*)라는 단어를 사용한다. 그것은 후회나 "그 결과로 따르는 죄 사함"은 받지 못했음을 암시하는 말이다. 프란스는 "따라서 그것은 유다가 구원을 받았다는 것을 시사하지 않으면서도 회한의 개념을 전달하기에 적절한 단어"[32]라고 말한다.

마태는 분명 예수님의 죽음에 유다가 어느 정도 책임이 있다고 본다. 유다가 신적인 계획 속의 한 역할을 담당했으며, 옛 성경 말씀을 성취하는 것이라 해서(9절이 강조하듯이), 자유 의지로 주님을 배신한 데 대한 개인적 책임이 덜해지는 것은 결코 아니다.[33] 그는 자기도 모르게 하나님의 계획을 성취하는 도구 역할을 했지만, 나름대로 탐욕에 가득 찬 동기에서 그렇게 한 것이었다. 도널드 해그너(Donald Hagner)가 말하듯이, "우리는 유다를 딱하게 여길 수는 있지만 그를 영웅으로 만들 수는 없으며, 심지어 신자로 볼 수도 없다."[34] 그는 무죄한 자를 배신한 대가를 치른다.

2) 빌라도 아내의 개입(27:19)

마태복음에만 기록된 두 번째 사건은 예수님이 총독의 재판을 받고 있는 동안 빌라도의 아내가 개입한 것이다. 그녀는 자기 남편에게 "저 옳은 사람에게 아무 상관도 하지 마옵소서. 오늘 꿈에 내가 그 사람으로 인하여 애를 많이 태웠나이다"라고 강력히 권했다. 그 당시에는 꿈은 신들이 사람들과 의사소통하는 중요한 수단으로 여겨졌다. 그녀가 이 꿈을 로마의 어떤 가공된 신에게서 온 것이라고 믿었는지, 아니면 이스라엘의 살아 계신 하나님에게서

---

32 France, *Matthew*, p. 385.
33 참고. 막 14:21.
34 Hagner, p. 815.

온 것이라고 믿었는지는 알 수 없다. 어느 편이든, 마태는 예수님이 무죄하고 의롭다는(*dikaios*) 것을 강조하기 위해 빌라도의 아내가 말한 내용을 끼워 넣는다. 그리고 스포트라이트를 비추는 반경을 더 넓혀서, 불의하게 행동하고 있고 예수님의 죽음에 진짜 책임을 져야 하는 사람들을 비춘다.

학자들은 종종 마태가 유대인들을 비난하는 데 치중한 나머지 예수님에게 사형 선고를 내린 빌라도의 역할을 경시한다고 말한다. 재판 장면은 짧으며, 이 같은 카메오의 출연은 빌라도와 그의 아내에게 유리하게 작용한다. 하지만 이런 견해는 올바른 것일 수 없다. 빌라도는 연약하고 우유부단한 모습과 좌절하고 고뇌하는 모습을 보여 주긴 했지만, 그럼에도 불구하고 불의가 시행되도록 허용했다. 그는 노력은 했을지 모르지만, 그가 머지않아 관여하게 될 범죄에서 손을 씻지는 못할 것이다. 자신의 무죄함에 대한 그의 항변(27:24)은 군중들의 함성에 파묻혀 버렸다. 그것은 역설로 가득 차 있다. 이 드라마에서 단 한 사람만이 무죄하다. 유죄 판결을 받게 될 그 사람만이 무죄하다. 빌라도는 예수님에게 사형 선고를 내린 책임을 면할 수 없을 것이다.

3) 유대인들의 반응(27:24-26)

하지만 빌라도는 예수님의 죽음에 대한 책임을 다른 사람들에게 떠넘기려 한다. 그 책임을 떠맡기 싫었기 때문이다. 유대 공회의 앞잡이들 때문에 광포한 폭도로 변한 예루살렘의 무리, 혹은 그 무리 중 일부가 기꺼이 그 책임을 떠맡는다. 그들은 "그 피를 우리와 우리 자손에게 돌릴지어다"(27:25)라고 외친다.

유대 당국은 여기까지의 드라마를 연출했고, 이제는 그를 죽이는 일에 개입한다. 그들은 예수님에게 불리한 증거를 찾으려 했다. 그들은 그가 메시아로서의 신원을 드러내는 맹세를 하도록 강요하여, 신성 모독의 죄(그들의 견해로는)를 범하게 했다(26:63-65). 그리고 빌라도의 법정에서 유죄 판결을 확보하기 위해 종교적 신성 모독의 죄를 정치적 선동죄로 바꾸어 놓는다. 이제 그들은 그의 죽음에 대한 책임을 자신들과 자손들의 머리에 다시 돌렸다.

모나 후커(Morna Hooker)는 이 구절에 대해 이렇게 쓴다.

> 이 말(마태복음에만 나와 있는)은 그저 백성의 지도자들이 아니라 전체 백성에게 해당한다. 마태는 이렇게 예수의 죽음에 대한 책임을 단호하게 유대인들에게 돌린다. 여기에는 엄청난 아이러니가 있다. 대제사장은 예수가 신성 모독죄를 범했다고 판결하는데, 이는 그가 하나님의 저주 아래 있다는 의미다. 산헤드린은 예수를 죽이도록 도모했으며 그를 저주받은 자로 낙인찍는 죽음의 형태인 십자가형에 처할 것을 요구했다. 하지만 그는 무죄였으며, 백성들은 그의 죽음에 대한 책임을 떠맡음으로 저주를 자초한다.[35]

사실상 대제사장들이 담당한 역할에는 몇 가지 아이러니가 있다. 예수님에게 맹세하도록 강요하여, 신성 모독 죄를 범했다는 판결을 대제사장의 관점에서 내렸다. 그 와중에, 예수님은 자신의 참된 신원을 적어도 용납의 형식으로 드러내셨다("네가 말하였느니라", 26:64). 이어서 그분은 "이후에"(in the future, 더 나은 번역은 "지금부터는") "인자가 권능의 우편에 앉아 있는 것과 하늘 구름을 타고 오는 것을 너희가 보리라"고 말씀하셨다. 그분은 다니엘 7:13-14에 나오는 천상의 인물로, "소멸되지 아니하는" 나라를 세울 신적 권세를 부여받은 분이다. 예수님이 통치하시는 나라는 대제사장이 생각하는 민족주의적이고 군국주의적인 나라와는 전혀 다르다. 그래서 아이러니하게도 재판관은 유죄가 되고, 재판을 받는 사람은 무죄가 된다. 아이러니하게도 하나님은 이러한 우스꽝스러운 법정과 신성 모독의 잘못된 판결을 정의와 진리와 자유를 확립하는 수단으로 사용하셨다. 아이러니하게도 유대인들은 예수님을 심판할 책임을 받아들임으로써 실제로 자신들과 다음 세대인 그

---

35 Hooker, *Not Ashamed*, p. 73.

들의 자녀들에게 심판이 임하게 했다. 그들은 하나님의 아들을 거부함으로써 하나님과 그분의 말씀을 거부하는 궁극적인 잘못을 저질렀으며, 그럼으로써 궁극적으로는 예루살렘이 패망하고, 성전이 파괴되며, 유대 국가가 종말에 이르게 만들었다.

유대인들이 예수님의 죽음에 대한 책임을 받아들이겠다고 한 것 때문에 그리스도인들은 오랜 세월 동안 부끄러운 반유대주의적 행동을 취해 왔다. 하지만 마태에게 그들을 비난하는 경향이 있다고 추측하는 것으로 그런 행동을 정당화할 수는 없다. 우리는 마태가 그들에게만 책임이 있다고 주장하지는 않는 것을 살펴보았다. 또한 그는 반드시 유대 민족 전체가 (우리 나머지 사람들보다 더) 예수님의 죽음에 대한 책임에 연루되어 있다고 보지도 않는다. 아주 엄밀하게 말하면, 크레이그 블룸버그가 지적하듯이, 마태의 말에 함축되어 있는 것은 '중립적인 대중의 한 부분'[36]일 뿐이다. 이 말을 반유대주의에 대한 이론적 근거로 사용하는 것은 '절대적으로 옹호할 수 없는'[37] 것이다. 복음서에 의하면 광범위한 사람들에게 골고루 책임이 있으며, 또한 "우리 자신 역시 유죄이기 때문이다. 우리가 그 자리에 있었다면 우리도 그들처럼 행동했을 것이다. 실제로 우리는 그렇게 **했다**. 그리스도에게서 등을 돌릴 때마다 우리는 '하나님의 아들을 다시 십자가에 못 박아 현저히 욕을 보이는 것'이기"[38] 때문이다.

4) 복음의 의미

마태는 예수님의 무죄를 강조함으로써 그분의 죽음 기저에 더 심오한 이유가 있다는 걸 가리키고 있다. 이사야서에 나오는 종의 노래는 예수님의 소명과 수난에 초점을 맞춘다. 예수님은 이사야 53장의 종처럼, 자신의 죄 때

---

36 Blomberg, *Matthew*, p. 414.
37 Stott, *Cross of Christ*, p. 59.
38 히 6:6; 앞의 책을 보라.

문이 아니라 다른 사람들의 죄가 지워졌기 때문에 죽으셨다. 그들이 받아야 할 죽음을 그분이 지시고 그들의 죄악과 죄의 무게를 지셨기 때문에, 그들의 억압과 심판이 제거되고 치유가 이루어질 수 있다. 그 모든 것이 지닌 경이로움은 "예수님의 죽음은, 무죄한 제물의 피가 흘렀다는 바로 그 이유로, 심지어 그를 죽인 책임자들에게까지 죄 사함 받을 가능성을 열어 준다"라는 것이다.[39]

4. 주권적인 왕: 그는 최고의 통제권을 지니고 계신다

그리스도가 무죄한 제물로 갈보리의 길로 가셨다고 해서, 스스로는 통제할 수 없는 불가항력적 힘의 불운한 희생자였다고 잘못 생각해서는 안 된다. 마태는 사실이 그와 다르다는 것을 애써 지적한다. 마가가 예수님을 수동적으로 침묵하는 볼모로 제시하는 반면, 마태는 예수님을 당당한 위엄을 지닌 인물로 묘사한다. 그분은 왕처럼 사건들의 통제권을 쥐고 계셨다. 그분은 왕이신 메시아로, 그 권위는 지상 생애의 무시무시한 마지막 단계를 겪는 동안에도 조금도 줄어들지 않았다.

예수님의 말씀은 그분이 주권적 통제권을 가지고 계심을 보여 주는 주요 수단이었다. 마가복음[40]과 누가복음[41]에서는 예수님이 제자들을 보내 집주인에게 그 집에서 유월절을 지켜도 되느냐고 묻도록(ask) 하신 반면, 마태복음에서는 제자들을 보내사 그 집에서 유월절을 지키겠노라고 집주인에게 이르도록(tell) 하신다. 그 말씀은 요한복음에서 사용하는 말과 놀랄 정도로 유사하다. 그분은 그들에게 "내 때가 가까이 왔으니 내 제자들과 함께 유월절을 네 집에서 지키겠다"(26:18)고 설명하라고 하신다. 예수님은 자신의 시간표를

---

39 Carroll and Green, p. 48.
40 막 14:14.
41 눅 22:11.

알 뿐 아니라 그것을 주관하고 계신 듯이 보인다. 저녁 식사를 하는 동안에 **그분은** 유다가 배신자가 될 것이라고 밝히시는(26:25) 반면, 마가복음과 누가복음의 병행 기사에서는 배신자의 신원을 밝히시지 않는다.

겟세마네에서 예수님은 유다에게 자신을 배신하도록 허용하신다. 아니 심지어 그렇게 하라고 지시하신다. 그분은 "친구여"라고 부르는데 이것은 애정을 표현하는 용어가 아니라, 그들 사이의 냉랭한 분위기를 표현하는 단어다. "네가 무엇을 하려고 왔는지 행하라"(26:50).[42] 예수님은 잡히시면서, 자신을 체포한 사람들에게 자신이 열두 군단 더 되는 천사(7만 2천 천사)를 불러 자신을 방어하게 하고 그들의 손에서 벗어날 수도 있었으나, 그렇게 하지 않기로 선택하시고 성경의 예언을 성취하기 위해 자발적으로 자유를 제한하셨음을 분명히 밝히셨다(26:53-54). 천사들은 이전에도 그분을 구하러 온 일이 있으며(4:11), 그분이 명하시면 분명 다시 왔을 것이다. 자기 생각대로 지시하고 계시는 분은 분명 예수님이셨다. 그분은 그들에게 자신을 체포하도록 허락하셨다. 그들이 그분을 억지로 굴복시킨 것이 아니었다.

예수님은 재판을 받을 때, 대제사장이나 빌라도 앞에서 굽히지 않는 당당한 위엄을 보여 주셨다. 그분은 가야바의 법정에 섰을 때, 신성 모독 죄로 고발하는 사람들에게 저자세로 대답하지 않으셨으며, 되려 이제 일어날 일은 자신이 다니엘서에 나오는 인자임을 보여 줄 것이라고 선포하셨다(26:59-64). 그분은 빌라도 앞에서도 "총독이 크게 놀라워"할 정도로, 자신이 메시아, 곧 유대인의 왕이라는 것이 제한적으로나마 밝혀지고 나서도 자신을 변호하는 일에는 관심이 없으신 듯하다(27:14). 다른 곳을 보면 예수님이 왜 그렇게 조심하시는지 분명히 알 수 있다. 빌라도와 예수님은 둘 다 왕권에 대

---

[42] NIV 난외주에서 알 수 있듯이, 원래의 단어는 의미가 다소 불명확하다. 문자적으로 해석하면 "그것을 위해 네가 여기에 있다"라는 것이다. 그것은 소망 사항을 표현할 수도 있고 그저 진술일 수도 있다. 그것은 아마도 또한 질문일 수도 있다. 하지만 France가 해설하듯이, "예수님은 유다의 사명을 잘 알고 계신다. 그럼에도 불구하고 그가 그 사명을 완수하는 것을 저지하지 않으시고 심지어 격려하기까지 하신다." France, *Matthew*, p. 375.

해 말했지만, 그 말의 의미는 서로 완전히 달랐다. 예수님은 빌라도와 마찬가지로 권세에 대해 말씀했지만, 그렇다고 해서 자신이 빌라도와 동일한 방식으로 다스린다는 의미는 아님을 보여 주려 하셨다. 예수님이 말하는 나라는 "여기[이 세상]에 속한 것이 아니[기]"[43] 때문이다.

톰 스매일은 요한의 기사에 대해 해설하면서, "십자가는 수동적으로 견뎌야 했던 비극이 아니라, 의도적으로 수행하여 성공적으로 완수한 행동이다"[44]라고 썼다. 그 해설은 마태의 기록에도 알맞다. 벗은 몸으로 팔다리를 벌려 십자가에 달리게 될 그분은 참으로 모든 사람의 주님이신 분이다.

5. 신기원을 이루시는 분: 그는 새로운 시대를 시작하신다

죽어 가는 그리스도는 고독 가운데 "나의 하나님, 나의 하나님! 어찌하여 나를 버리셨나이까"(27:46)라고 부르짖으셨다. 마태와 마가[45] 둘 다 그 말을 기록한다. 하지만 마가복음에서는 그 부르짖음에 대해 아무런 응답이 없고 예수님은 하나님의 부재에 몸부림친 반면, 마태복음에서는 그 부르짖음에 대해 대단한 초자연적 응답이 임했다.[46] 마태복음에서 예수님은 어둠 속에서 진정한 하나님의 임재를 경험하셨으며, 자신의 생명을 제물로 드린 것이 받아들여졌다는 분명한 확언을 받는다.

마태는 예수님의 십자가 처형 기사를 절망의 어두움으로 끝내는 것이 아니라 연속적인 '묵시 불꽃놀이'[47]로 끝낸다. 그가 돌아가신 후 일어난 여러 사건으로 인해서, 그분의 고뇌와 고난이 줄어드는 것은 아니다. 그렇다 하더라도, 그들은 그 모든 것을 다른 각도에서 볼 수밖에 없다. 우주적 표적은

---

43 요 18:34-37.
44 Smail, *Once and for All*, p. 58.
45 마 27:46; 막 15:34.
46 이 점은 Burridge, p. 95를 보고 알게 된 것이다.
47 Carroll and Green, p. 48.

나사렛 예수의 죽음을 통해 배후에서 강력한 사건들이 일어나고 있음을 나타내는 듯하다. 하늘은 정오부터 오후 중반까지 어두워졌다. 성전의 휘장은 둘로 찢어졌다. 지진이 일어났으며, 가장 놀라운 것은, 죽은 의인들의 무덤이 열리고 그들이 부활한 것이다. 그 후에 거룩한 사람들이 예루살렘에 나타나 많은 사람에게 자신을 보였다(27:45-53).

이런 사건이 당혹스럽게 보일지 모르지만, 그 의미가 분명하다. 그리스도의 십자가에는 인간 정부의 정치 공작과 관련된 어떤 힘도 충분히 능가하는 힘이 있다. 사람들이 명백하게 볼 수 있는 것보다 더 큰 힘이 역사하고 있다. 그분의 죽음은 로마 제국의 권력 엘리트들과 짓밟힌 이스라엘 간의 대결과는 별 상관이 없다. 그것은 전능하신 하나님의 계획과 상관이 있다. 그 하나님은 자기 아들의 죽음을 통해 모든 사람에게 새로운 시대, 곧 새로운 시작을 열어 주신 분이시다. 그것은 죄와 사망의 권세들을 무찌르시는 하나님의 권능과 관련이 있다.

1) 어둠이 땅에 임함

아모스는 "해가 대낮에 지게" 하며 "백주에 땅을 캄캄하게 하실"[48] 여호와의 날을 간절히 기다렸다. 갈보리는 여호와의 날이 이르렀다고 말한다. 심판이 임하고 자비가 부어질 날, 그래서 이스라엘이 해방되고 하나님의 자비로운 의도대로 회복될 그날이 왔다는 것이다.

2) 성전 휘장이 찢어짐

성전에는 두 개의 휘장이 있었다. 하나는 유대인의 뜰과 이방인의 뜰을 나누는 것이고, 다른 하나는 성소와 지성소를 나누는 것이었다. 우리는 어떤 휘장이 둘로 찢어졌는지 확실히 알 수 없다. 둘 중 어떤 것이든 그것은 대단

---

48 Carroll and Green, p. 48.

히 상징적이다. 전자는 바울이 에베소서 2:13-19에서 설명하듯, 유대인과 이방인 사이의 구분이 폐하여졌음을 의미할 것이다. 따라서 그때부터는 유대인과 이방인이 각자 딴 길로 하나님께 나아가는 것이 아니라, 단 하나의 길로 나아가게 될 것이며, 그리스도 안에서 하나의 새로운 인류가 창조될 것이다. 후자는 하나님께 접근하는 것에 대한 엄격한 제한이 폐하여졌음을 의미할 것이다. 어떤 인간도 하나님의 임재 안에 들어오지 못하도록(대제사장이 1년에 한 번씩 속죄일에 들어오는 것을 제외하고) 막던 휘장은 더는 장애물이 아니다. 이제 그리스도의 죽음을 통해 모든 사람이 어느 때나 하나님께 나아갈 수 있게 되었다. 히브리서에서는 바로 이 휘장이 찢어졌다고 추정하는데,[49] 그것이 거의 확실할 것이다. 여기에서 어떤 휘장을 의미하든 암시된 결과는 동일하다. 예수님이 십자가에서 죽으셨기 때문에 이제 모든 사람이 하나님께 나아갈 수 있게 되었으며, 그에 따라 죄를 사함받을 수 있는 수단을 가지게 되었다. 궁극적인 제물이 하나님께 드려졌으며, 죄는 영단번에 처리되었다. 성전은 그것이 의미하던 모든 제사 의식들과 더불어 하나님의 섭리 안에서 과거지사가 되었다. 실제로 이로부터 얼마 지나지 않아 성전은 더는 존재하지 않게 될 것이다.

3) 의인이 부활함

의인의 부활은 단연 가장 흥미를 자아내는 사건이다. 합리적인 서구의 지성은 그것에 대해 온갖 질문을 퍼붓고 싶어 한다. 정말 그 일이 일어났을까? 누가 무덤에서 나왔을까? 그들은 그냥 소생한 것일까, 아니면 영구적인 부활을 경험한 것일까? 그들은 어떠한 몸을 가지고 있었을까? 왜 다른 복음서 기자들은 그것에 대해 언급하지 않을까? 왜 우리는 그것에 대해 그 이상 듣지 못할까? 하지만 아무리 본문을 가지고 이리저리 질문하고 싶어도, 본문

---

[49] 히 4:16; 6:19-20; 9:11-28; 10:19-22을 보라.

에는 우리의 합리주의나 회의주의를 충족시켜 줄 만한 것은 아무것도 나오지 않을 것이다. 마태는 주권적인 여호와가 마른 뼈 골짜기에서 무덤을 열고 사람들을 다시 살아나게 하시리라고 예언했던 에스겔서의 이미지를 이용하여,[50] 그저 사실만을 아무 꾸밈없이 제시할 뿐이다. 그것이 지닌 상징적 의미가 분명하기 때문이다. 이 거룩한 자들이 다시 살아난 것은 모든 신자가 바랄 수 있는 부활에 대한 맛보기다. 예수님의 죽으심을 통해 새날이 임했다. 죽음이 죽음에 패하고, 영생으로의 부활이 가능하게 된 것이다.

이 사건은 다른 어떤 것보다도 미래를 가리킨다. 그것은 예수님의 부활이라는 복된 소식으로 이어지는 다리며, 동시에 언젠가 모든 신자가 그리스도 안에서 부활하면서 절정에 이를 새 시대를 알리는 것이다.[51] 그리스도의 십자가는 묵시적인 사건이었다. 미래가 이미 도래했다. 아니면 프랑스의 좀 더 적절한 말을 빌리면, "그분이 오심으로 새 시대가 밝았다. 그 어느 것도 결코 다시는 이전과 같지 않을 것이다."[52]

결론

모나 후커[53]는 마태복음이 마가복음보다 늦게 쓰였기 때문에 둘 사이에 어조 차이가 있는 것으로 추측한다. 그녀는 마가복음에 나오는 십자가 처형 기사의 수심에 찬 어두운 어조는 마가복음 독자들이 겪은 핍박에는 어울리는 것이었으나, 이제는 좀 더 긍정적으로 기독교를 받아들이는 것으로 바뀌었다고 주장한다. 십자가의 치욕은 뒷전으로 사라지기 시작하고, 하나님이 그것을 통해 권능으로 역사하신다는 것을 포함한 좀 더 긍정적인 해석이 전

---

50 겔 37:11-14.
51 고전 15장; 살전 4:13-5:11.
52 France, *Matthew*, p. 38.
53 Hooker, *Not Ashamed*, p. 76.

면에 드러난다. 하지만 마태와 마가의 차이를 설명하기 위해 그런 상황적 신학에 의지할 필요는 없다. 둘 다 여러 측면을 가지고 있는 그리스도의 십자가에 대해 참된 통찰을 제공한다.

마태에게 그것은 십자가에 달리신 메시아의 십자가다. 그는 골고다 언덕에서 그처럼 굴욕적이고 치명적인 방식으로 나무 기둥에 박히신 그분이 과연 누구였는지를 살펴보기 원한다. 그 묘사는 주인공의 진정한 신원에 대해 그리고 그의 사명에 대해 갖가지 방식으로 말해 준다. 그는 우리가, 십자가를 지나쳐 가거나 서성거리던 사람들이나 유대 지도자들처럼 예수님을 조롱하던 사람들과 함께 그리스도를 바라보기 원한다(27:39-43). 그들은 그분을 모욕했다. 하지만 묘하게도, 그렇게 하면서 그들은 그분에 대한 진리를 말했다. 마태는 우리도 동일하게 확언하라고 권유한다. 조롱하는 말이 아니라 순종하는 신앙으로 그렇게 하라는 것이다. 그는 우리에게 외부인인 로마 백부장과 함께 서서 그리스도가 누구인지를 우리 스스로 고백하라고 권한다(27:54). 십자가에 달리신 분은 참된 하나님의 아들, 하늘의 인자, 진정한 유대인의 왕, 기름부음 받은 분, 그리스도, 예언의 성취, 해방에 대한 이스라엘의 열망을 충족시킬 수 있는 분, 사람들의 구세주, 하나님께 이르는 새로운 길을 여시는 분, 새 성전과 새 인류의 개척자시다. 그분은 새 시대를 가져오시는 분이다.

7장

고난받는 종

마가복음 14:1-15:47

설교자이자 신학자인 포사이스(P. T. Forsyth)는 이렇게 주장한 적이 있다. "그리스도는…우리에게 바로 그분의 십자가다. 그분의 십자가를 이해할 때까지는 그리스도를 이해할 수 없다."[1] 누구든 마가복음을 읽으면 동일한 결론에 도달할 수밖에 없다. 십자가의 그림자가 전체 복음서에 드리워 있다고 말하는 것으로는 너무 약할 것이다. "예수님의 죽음이 복음서 전체를 덮고"[2] 있기 때문이다. 이 복음서가 '긴 서론이 달린 수난 내러티브'[3]라는 유명한 말은 괜히 나온 것이 아니다.

주석가 로버트 건드리(Robert Gundry)는 마가복음에 숨은 의미와 상징적인 수수께끼들이 많이 있다며 신비화하는 것에 반론을 제기하면서, 이렇게 설득력 있게 주장했다. "마가의 의미는 표면에 드러나 있다. 그는 십자가에 대해, 즉 기독교 신앙의 대상이며 기독교 선포의 주제인 분이 죽으셨다는 것

---

1 Forsyth, *Cruciality of the Cross*, p. 26.
2 E. Best, *Mark: The Gospel as Story* (T. and T. Clark, 1983), p. 66.
3 M. Kähler, *The So-called Historical Jesus and the Historic, Biblical Christ* (ET Fortress, 1964), p. 80.

에 대해, 따라서 십자가에 달리신 분인 예수님에 대해 단도직입적인 변증을 한다."[4]

마가복음이 복음서 중 가장 짧고 가장 활기 차다는 것[5]을 생각할 때, 십자가가 그런 식으로 그 복음서를 지배한다는 것은 더욱 놀라운 일이다. 예수님은 기적을 일으키는 자, 귀신을 쫓는 분, 놀라운 교사로 제시된다.[6] 그러면서도, 처음부터 그 복음서를 지배하는 것은 곧 닥치게 될 십자가다. 독자의 눈은 불가피하게 그것에 이끌린다.

마가복음은 급히 서두르는 복음서다. 그는 예수님의 탄생에 머무를 만한 시간이 없이, 세례 요한의 설교와 그리스도의 공생애의 시작부로 바로 들어간다. 그런데 단 열네 구절째 뭔가 근심거리가 다가온다는 첫 번째 암시가 나오는데, "요한이 잡힌 후"라는 말이다. 마가가 택한 그리스어 단어는 '파라디도미'(*paradidomi*)로 뭔가 불길한 어조를 지닌 말이다. 그리스인들은 그 단어를 "죄수들을 재판에 넘기다"[7]라는 의미의 전문 용어로 사용했으나, 그 단어는 종종 "배신했다"라고 번역되었다. 그 단어는 복음서 전체에서 여기저기 나오다가,[8] 마침내 순식간에 절정에 이르러 "빌라도가…예수를…십자가에 못 박히게 넘겨 주니라"(15:15)는 말로 나타난다.

처음부터 그리스도와 당국자들 사이의 충돌이 명백히 드러난다. 데니의 말을 빌리면 그것은 마치 "그리스도가 자기 앞에 놓인 두 길을 보시고, 영적 충돌에서 자신을 재판할 사람들이 바라고 기대하는 것과 도저히 화합할 수 없이 대립할 것을 알면서도 처음부터 그 길을 선택하시는"[9] 것과 같다. 예수

---

4   Gundry, *Mark*, pp. 1, 15.
5   마가가 좋아하는 단어 중 하나는 "곧"이라는 말로, 그 말은 마가복음에서 11회 나오며 예수님이 쉼 없이 손에 땀을 쥐게 행동하신다는 느낌을 주는 데 기여한다.
6   다른 복음서들과 비교하면, 예수님의 가르침은 거의 나와 있지 않다. 예를 들어, 예수님의 비유가 마태복음에는 27개, 누가복음에는 33개 나와 있는 데 비해, 여기에는 11개만 포함되어 있다.
7   R. E. Brown, *Death* 1, p. 211.
8   인자와 관련된 가장 중요한 언급들은 9:31; 10:33; 14:10, 21, 41; 15:1, 15이다.
9   Denney, p. 20.

님이 중풍병자의 죄를 사하실 수 있다고 주장한 후, 서기관 교사들은 그를 "이 사람"(2:7)이라고 경멸조로 무시한다. 그분이 기적들을 수행하고 죄를 사할 수 있는 권세를 보여 주어도 그들의 반대를 극복할 수는 없었으며, 얼마 되지 않아 "바리새인들이 나가서 곧 헤롯당과 함께 어떻게 하여 예수를 죽일까 의논"(3:6)했다. 주사위는 이미 예수님의 사역 초기에 던져졌다.

복음서의 중간 부분인 베드로가 예수님을 그리스도로 고백한 시점(8:29)으로부터, 십자가는 훨씬 더 두드러지게 나타난다. 예수님은 자신이 고난을 받을 것을 세 번에 걸쳐 숨김없이 예언하신다.[10] 베드로가 예수님이 메시아이심을 인정한 즉시, 예수님은 "인자가 많은 고난을 받고 장로들과 대제사장들과 서기관들에게 버린 바 되어 죽임을 당하고 사흘 만에 살아나야 할 것을 비로소 그들에게 가르치"(8:31)셨다. 예수님은 더러운 귀신 들린 아이를 고치신 후에(9:14-29) 제자들을 따로 데리고 가사 자신의 고난의 취지에 대해 더 교육하신다. "인자가 사람들의 손에 넘겨져 죽임을 당하고 죽은 지 삼일 만에 살아나리라"(9:31). 그리고 가장 중요한 것으로, 10:45에서 예수님은 제자들에게 지도력의 참된 본질에 대해 가르치면서 이렇게 말씀하신다. "인자가 온 것은 섬김을 받으려 함이 아니라, 도리어 섬기려 하고 자기 목숨을 많은 사람의 대속물로 주려 함이니라."

이 엄숙한 예언에 서너 가지 공통점을 발견할 수 있다. 각각의 예언은 제자들이 지도력에 대해 그리고 크다는 것이 무엇을 의미하는지에 대해 논란을 벌이고 있을 때 하신 것이다. 앞으로 보겠지만, 예수님은 그들이 크다는 것을 완전히 다르게 이해하도록 해야 했다. 그중 두 번은 부활을 내다본다. 모든 예언에는 십자가의 불가피성이 나타나 있다. 인자가 "고난을 받[으리라]"(*must suffer*), "인자가…넘겨지매"(직역하면 "인자가 배신을 당할 것이다"—역

---

10 France는 예수님이 자신이 고난받고 죽으시는 것이 불가피하다고 인식하고 있음을 보여 주는 다른 본문들이 많이 있다고 지적한다. 즉 2:20; 9:12; 10:38; 12:1 이하; 14:8, 21-24, 25, 29 등이다. *Jesus and the Old Testament*, p. 125.

주),"인자가 온 것은…자기 목숨을…주려 함이니라." 아무리 이상하고 신비스럽다 해도, 예수님의 죽음은 "신적 목적의 일부다."[11] 하지만 존 스토트가 지적하듯이, 이 말에서 "더욱 인상적인 것은 그가 표현하고 또 본을 보인 결단, 곧 십자가를 정면으로 직시하는 결단이다."[12]

십자가가 그리스도에 대한 마가의 묘사를 지배하고 있다면, 그는 어떤 특징을 강조하는가? 그가 명확하게 초점을 맞추는 십자가는 어떤 것인가? 네 가지 중대한 주제를 발견할 수 있을 것이다. 어느 것이 우선이라고 할 것 없이, 그 십자가는 고난받는 종의 십자가, 정복하는 왕의 십자가, 거부당한 아들의 십자가, 본이 되는 제자의 십자가라고 말할 수 있을 것이다.

1. 고난받는 종[13]

어느 모로 보나 10:45에 나온 자신의 죽음에 대한 예수님의 예언은 마가복음의 핵심 구절이다. 그리스도인들은 그것이 섬김을 강조하는 것에 비추어 볼 때, 이사야 53장을 암시하며 예수님을 고난받는 종으로 묘사한다고 재빨리 주장했다. 분명 "이사야서에 나온 여호와의 종, 대속적이고 자발적으로 다른 사람들의 죄를 위해 자신의 목숨을 준 그 종이 암시되어 있다고 보는 것은 적절하지만",[14] 어떤 사람들은 언어학적 개념적 근거에서 볼 때, 그러한 대비가 얼마나 유사한 것인지에 대해 의문을 제기한다.[15] 이사야 53장은 대속물이 아니라 속건제에 대해 말한다. 마가복음 10:45은 사람들이 해방될

---

11 Hooker, *Mark*, p. 90. 그녀는 또한 9:12; 10:33도 주목한다.
12 Stott, *Cross of Christ*, p. 27.
13 Senior (*Mark*, p. 141)는 "마가는 수난 이야기에서 여호와의 고난받는 종으로서의 예수님에 대해서는 그리 강조하지 않는 듯이 보인다"고 주장한다. 그러고서 곧 "하지만" 그 주제는 나와 있다"라고 덧붙이며, 최후의 만찬, 예수님이 재판 때 잠잠하신 것, 군병들이 조롱한 것 등에서 그 증거를 찾는다.
14 Lane, *Mark*, p. 384. 『뉴인터내셔널성경주석: 마가복음 상, 하』(생명의말씀사).
15 Gundry, *Mark*, pp. 591-592와 Hooker, *Mark*, pp. 248-249를 보라.

필요가 있다는 것을 전제하긴 하지만 죄를 언급하지는 않는다. 예수님의 말씀의 절정부와 이사야 53:11에서 가장 비슷한 대응어는 "많은 사람의"라는 말이다. 동일한 포괄적인 어조를 지닌 말은 마지막 만찬 때 예수님이 잔을 "많은 사람을 위하여 흘리는 나의 피"(14:24)라고 말씀하셨을 때 다시 나오는데, 이는 이사야 53:11을 분명히 반영한다. 반대하는 사람도 있지만, 여기에서 예수님이 이사야 53장을 언급하고 있으며 고난받는 종의 역할을 자임한다는 데 널리 의견이 일치되고 있다. 프랑스에 따르면,[16] 말과 생각 면에서 여러 가지 대비가 축적되면서, 특히 종이 구속적 고난에 자신을 내준다는 개념에서, 예수님이 의도적으로 그것을 암시하시고 있음이 나타난다. 그 말의 전체 취지는 종의 소명을 상기하게 한다. 그 말에 대한 배경은 구약에도 더 광범위하게 나와 있을 것이다. 출애굽기 6:6과 16:13(칠십인역)은 하나님이 이스라엘을 이집트에서 구속하는 것에 대해 말한다. 그리고 이사야 43:3-5에서 하나님은 자기 백성을 포로 생활에서 구속하겠다고 약속하신다. 그리스도인들은 예수님의 사역을 이사야의 고난받는 종의 관점에서 이해하는 데 어려움을 느끼지 않았다.

1) 종의 고난

예수님의 말씀에 담긴 구속적 의의를 깨닫기 위해서는 명백한 것을 놓치지 않는 것이 중요하다. 그 말씀은 야고보와 요한이, 예수님이 하나님 나라에 들어가실 때 영광의 자리를 차지하겠다고 싸우는 것을 꾸짖다가 나온 결정적인 말이었다(10:35-45). 그들은 예수님의 나라가 통상적인 판단 기준이 아니라 대단히 반문화적 방식으로 작용한다는 것을 아직도 모른다. 이러한 "대속물에 대한 말씀에서 예수님은 지위를 추구하는 관행들을 철저히 전복하신다."[17] 그분의 나라에서는 처음 된 자가 나중 되며, 힘 있는 자가 약한 자

---

16   France, *Jesus and the Old Testament*, pp. 116-121, 127.
17   Green, "Death of Jesus and ways of God", p. 31.

이고, 부자가 가난한 자이고, 내부자가 외부자이며, 가장 큰 자가 가장 작은 자다. 의미심장하게도, 예수님의 죽음에 대한 예언은 매번 사실상 권세와 지도력과 영광과 큰 자에 대한 논란의 와중에 나온다. 그의 제자들은 세계관을 재구성하고 위대함은 섬김에서 온다는 사실을 깨닫는 데 재빠르지 못했다. 그분의 죽음은 그분의 가르침이 진리라는 궁극적인 증거이며, 온전히 섬긴다는 것이 무슨 의미인지 보여 주는 탁월한 예시다.

2) 침묵의 고난

이사야서의 종이 주는 피할 수 없는 인상 중 하나는 다른 사람들이 자신에게 자행하는 것을 불평 없이 받아들인다는 것이다. 그는 그에게 가해진 경멸조의 범죄 앞에서 항변도 하지 않고 자발적으로 침묵을 지킨다.

> 그가 곤욕을 당하여 괴로울 때에도
> 그의 입을 열지 아니하였음이여,
> 마치 도수장으로 끌려가는 어린 양과
> 털 깎는 자 앞에서 잠잠한 양같이
> 그의 입을 열지 아니하였도다.[18]

마가는 그리스도의 삶에서 마지막으로 일어난 사건을 기록하면서 그분도 같은 특징을 지니신 것을 본다. 14장과 15장은 예수님이 연쇄적인 범죄 행각에 따라 "넘겨지고" 있다고 말한다. 유다는 예수님을 대제사장들에게 넘겨주고, 대제사장들은 그분을 빌라도에게 넘겨주며, 빌라도는 그분을 병사들에게 넘겨주어 십자가에 못 박게 한다.[19] 우리는 적극적인 행동을 취하는 사람들은 언제나 상대방이고 예수님은 다소 수동적인 분으로 그분을 중심으

---

18 사 53:7.
19 R. E. Brown, *Death* 1, p. 211.

로 사건이 전개되도록 허용하는 듯한 인상을 받게 된다. 심지어 겟세마네 동산에서 그들이 예수님을 잡으러 왔을 때, 예수님이 당혹스러워하시면서, 거의 체념하시듯이 말씀하시던 것에서도 그것을 볼 수 있다. "내가 날마다 너희와 함께 성전에 있으면서 가르쳤으되 너희가 나를 잡지 아니하였도다. 그러나 이는 성경을 이루려 함이니라 하시더라"(14:49). 마태복음에 나오는 예수님의 당당한 모습은 온데간데없고 도수장으로 끌려가는 잠잠한 어린 양의 모습이 제시된다.

재판이 진행되는 동안 그분이 결백하다는 것과 묵인하고 계신다는 것을 분명하게 감지할 수 있다. 유대 당국은 그분에게 불리한 증거를 찾으려 하나 그들이 찾을 수 있는 증거는 일관되지 않고 서로 모순된 것뿐이다(14:55-59). 예수님은 자기를 둘러싸고 이렇게 속 들여다보이는 재판이 일어나는 동안 침묵을 지키시며, 대제사장이 직접 다그칠 때야 비로소 짧게 자신의 신분을 확인해 주신다(14:60-62). 마찬가지로, 예수님이 빌라도 앞에 섰을 때 사람들은 그분이 침묵을 지키시면서 자신을 변호하기를 꺼리시는 것 때문에 기이히 여긴다(15:1-5). 참으로 예수님은 "마치 도수장으로 끌려 가는 어린 양과 털 깎는 자 앞에서 잠잠한 양같이 그의 입을 열지 아니하였도다."

3) 구원하는 고난

이사야 53:6-7에 따르면, 종은 다른 사람들의 죄악을 가져가고 그들에게 화평과 치유를 가져다주기 위해 고난을 받는다. 마가 역시 예수님의 고난이 우리를 구속하기 위한 것이었음을 여러 가지로 전달한다. 종의 생명은 대속물, 즉 포로로 잡힌 사람들을 해방하시기 위해 치러야 하는 대가로 주어진다. 그렇다면 그분의 죽음은 순교자의 죽음이나 하나님의 사랑을 보여 주는 모범 이상이었다. 그것은 구원을 완성하고 달성하고 이룬 죽음이었다.

대속물이라는 개념은 세 가지 질문을 고려하도록 한다. 왜 그것이 필요한가? 누가 그것을 지불할 것인가? 누구에게 그것을 지불하는가?

예수님의 초기 사역을 보면 대속물이 필요한 이유를 보여 주는 풍부한 예가 나온다. 사람들은 죄에 대한 종노릇으로부터, 그리고 사탄으로부터 구원받을 필요가 있었다. 큰 혼란을 일으키고 생명을 파멸시키는 사탄의 소행은 여기저기서 볼 수 있다. 마가는 손에 땀을 쥐게 하는 전형적인 본문인 4:35-5:43에서, 해방의 필요성을 맛보게 해 준다. 예수님은 타락한 성품의 파괴적 세력으로부터 제자들을, 귀신들림의 붕괴시키는 힘으로부터 한 남자를, 비참하게 만드는 질병의 영향으로부터 한 여자를, 마지막 원수인 죽음의 황폐시키는 힘으로부터 한 가정을 해방하신다. 또 사람들은 그들을 종으로 만드는 종교 지도자의 규칙이나 그들 자신의 본성 안에 잠복하고 있는 죄의 사악한 영향력, 혹은 심지어 마음을 사로잡는 물질주의 유혹으로부터 해방되어야 한다. 마가복음 전체는 해방자를 소리쳐 요구한다. 사람들은 억압당하고 있었으며, 로마 세력 이상의 것에게 억눌려 있었다.

콜린 브라운(Colin Brown)은 이렇게 지적한다.

사람들이 자신의 잘못과 어떤 더 높은 세력의 영향을 받아 다른 누군가의 통제 아래에 들어가고 자신의 의지와 결심을 실행할 자유를 상실할 때, 그리고 자기 힘으로는 그 다른 세력을 다룰 수 없을 때는, 제삼자가 개입해야만 자유를 되찾을 수 있다.[20]

예수님이 바로 그 제삼자, 대속물, 곧 그들이 지불할 수 없었으며 우리 역시 우리 스스로 지불할 수 없는 것을 기꺼이 지불하실 수 있는 분이다. 그때나 지금이나, 사람들은 해방될 필요가 있기 때문이다. 그 값으로 예수님은 자신의 생명을 고난과 죽음에 내주셨다. 나중에 성경 저자들이 설명하듯이, 자유에 이르는 길은 역설적으로 예수님 자신이 쳐부수러 오신 그 세력들에

---

20   C. Brown, 'Redemption', in *DNTT* 3, p. 177. Smail, *Windows*, p. 56에서 인용.

자발적으로 굴복하신 것에서 발견되었으며, 또한 그분은 자신의 연약함을 통해 그들의 권세가 종말을 고하게 하셨다.[21]

이어서 세 번째 질문도 다루어 보자. 신학자들은 시대마다, 누구에게 대속금을 지불했는지에 대해 온갖 추측을 해 왔으나, 그 대답을 보면 그 질문이 얼마나 어리석은 것인지 알 수 있다. 오리게네스(Origen)는 그 대속금을 마귀에게 지불했다고 말했다.[22] 하지만 분명 모든 영광의 주님이신 예수님은 자신의 창조 세계를 더럽히고 그분의 왕위를 노리는 자, 마귀에게 단 한 푼도 빚지지 않으셨다. 그런 질문을 던지는 것은 대속금의 은유에 너무 지나친 무게를 실어 주는 것이다. 대속금과 같은 속죄의 은유는 '불완전한 상징들'[23]이며, 그것을 너무 철저히 규명하여 논리적인 결론을 내리려 하는 것은 잘못이다. 누가 대속금을 받느냐고 묻는 것은 질문의 초점을 그것이 본래 속한 데서 딴 데로 옮겨 버리는 것이다. 값진 대속금이 지불되었으며, 영광스러운 해방이 이루어졌다.

예수님의 죽음이 구원을 이루는 것은 그분이 대속물이라는 진술에만 달린 것이 아니다. 그리스도의 재판과 처형 전체가 그분이 종이 되어 다른 사람들의 죄를 지고 죽으셨다는 것을 보여 준다. 예를 들어, 마가의 최후의 만찬 기사는 예수님이 우리의 유월절 어린 양임을 나타낸다.[24] 마가는 그 식사가 "무교절의 첫날 곧 유월절 양 잡는 날" 저녁에 일어났다고 말한다(14:12). 마태는 유월절 양에 대한 언급을 빼놓는다. 식사가 진행되면서, 그리스도가 자신을 유월절 양으로 여기시며, "많은 사람을 위하여" 자신의 피를 흘림으로써 해방의 새 언약을 확립하고 있다고 생각하신다는 것이 분명히 드러난

---

21 그 주제에 대해서는 10장과 13장에서 더 살펴보겠다.
22 마 16:8; 20:28과 롬 2:13에 대한 그의 주석에서. 그는 "이제 우리를 붙잡고 있는 것은 마귀였다. 우리는 우리 죄로 인해 마귀에게 팔렸다. 그렇기에 마귀는 우리의 몸값으로 그리스도를 피를 요구했다"라고 썼다.
23 McIntyre, p. 31.
24 신약에서 그리스도를 유월절 양이라고 명백하게 언급한 경우는 고전 5:7뿐이다.

다(14:24).²⁵ 그분의 행동은 옛 언약의 상속자인 유대인들뿐 아니라, 모든 인종 사람들에게 해방의 유익을 줄 것이다.

그가 십자가에 달려 피를 흘리면서 죽으실 때, 곧 "하늘과 땅 사이에서 매달리셨을"²⁶ 때, 그들은 그분을 잔인하게 조롱했다. 그들은 "그가 남은 구원하였으되 자기는 구원할 수 없도다"(15:31)라고 말했다. 그러나 기묘한 것은 그분이 자신을 구원하기를 거부하심으로 다른 사람들을 구원하셨다는 것이다. 그분의 사명은 완수되었다.

2. 정복하는 왕

마가복음 전체에 걸쳐, 서로 겨루며 궁극적으로 상호 보완되는 주제들이 마치 교향곡의 장조와 단조처럼 서로 다투어 나타난다. 한편으로는 어두움과 고난의 단조가 있다. 다른 한편으로는 권능과 승리의 장조가 있다. 지금까지는 후자를 무시하고 전자를 강조하는 것이 보편적이었다. 마가의 독자들은 로마에서 핍박에 직면하고 있었으며, 마가복음은 그들을 격려하기 위해 쓰인 것이라고 추측되었기 때문이다. 그리스도가 자기 제자들에게 가르치고 또한 자신의 삶에서 몸소 모범을 보이신 그리스도의 길은 큰 희생을 요하는 것이었다. 하지만 마가복음의 목적을 이렇게 추측하는 것은 그 복음서를 읽을 때 너무 많은 영향을 미칠 수 있다. 건드리는 최근 그러한 접근법에 의문을 표하면서, 마가복음이 "그리스도인으로 하여금 십자가의 수치로 인해 배교하지 못하도록 막기 위해서가 아니라…비그리스도인들이 십자가의 수치에도 불구하고 회심하게 하기 위해서"²⁷ 쓰인 것이라고 주장했다. 그는 이것을 인식해야만 마가복음의 모든 요소를 설명할 수 있다고 설명한다. 그가 지적

---

25 참고. 사 3:11-12.
26 Spurgeon, p. 36.
27 Gundry, p. 1026.

하듯, 마가복음은 예수님의 권위와 급진성, 그의 예언 능력, 능력으로 가득 찬 기적들과 귀신 쫓기, 대중적 무리의 지지, 그분이 죽으실 때 그리고 부자의 무덤에 장사될 때 나타난 초자연적인 표적들 등을 기록하고 있는데, 그 모든 것을 보면 "마가복음에 나오는 예수님은 압도적이며 저항하기 어려운 분"[28]이라고 결론 내릴 수밖에 없기 때문이다. 예수님은 고난받는 종으로 제시될 뿐 아니라 정복하는 왕으로 제시된다.

1) 부인할 수 없는 왕

십자가 처형에 대한 마가의 기사를 보면 주권이 느껴진다. 예수님은 여섯 번에 걸쳐 왕으로 언급된다. 첫 번째 언급은 빌라도가 예수님에게 "네가 유대인의 왕이냐"(15:2)라고 물을 때다. 빌라도는 그 말을 두 번 더(9, 12절), 조롱조는 아니라도 미심쩍어하면서 사용하고, 조롱하는 군사들은 비웃음 조로 그 말을 한다(18절). 그 절정은 빌라도가 예수님의 죄목을 십자가에 못 박을 때다. 거기에는 놀라우리만큼 아무런 제한도 없이 "유대인의 왕"이라고 쓰여 있다(26절). 마지막으로, 대제사장들과 율법 교사들마저도 모욕적인 말을 한다. "이스라엘의 왕 그리스도가 지금 십자가에서 내려와 우리가 보고 믿게 할지어다"(32절). 여기에 극도의 아이러니가 있다. 그들이 희롱하며 한 말은 사실상 참된 것이었다.

예수님의 왕권이 지엽적인 주제가 아님은 분명하다. 포사이스의 말을 빌리면, 마가는 우리로 하여금 "예수님이 왕으로서 죽으러 가셨다는 것, 그것은 그분이 왕으로서 스스로 재량권을 최고로 행사하신 것"[29]임을 깨닫게 한다.

이것을 보고 놀라서는 안 된다. 예수님은 사역하시는 동안 내내 질병, 자연, 굶주림, 마귀들, 심지어 죽음에 대해서까지 주권적 권능을 보이셨다. 예

---

[28] 앞의 책. 마가는 다른 모든 복음서 저자를 합한 것보다 '놀라움'에 대해 더 풍성한 어휘를 사용한다.
[29] Forsyth, *Cruciality of the Cross*, p. 37.

수님이 하나님 나라에 대해 선포하실 때 사람들은 그분의 새로운 가르침이 권위 있는 것임을 알아차렸다(1:27). 귀신들은 그분이 "하나님의 거룩한 자"(1:24)이며 "지극히 높으신 하나님의 아들"(5:7)임을 인식했다. 그분이 나귀를 타고 예루살렘에 입성하셨을 때 무리는 그분을 왕으로 환호하여 맞이했다(11:10). 그분은 강력한 왕으로 사셨으며, 주권적인 왕으로 죽으셨다. 예수님의 주권적 권세는 십자가를 피하는 것이 아니라 받아들이심으로써 절정에 이르렀다.

2) 알아보지 못한 왕

그 모든 것에도 불구하고, 그분이 왕권을 수행하는 방식은 어떤 통상적인 판단 기준으로도 측정할 수 없었으며, 많은 사람이 그것을 깨닫지 못한 것도 그리 놀라운 일은 아니었다. 그는 보통 왕권과 관련된 장식물과 지위를 멀리했다. 그분은 힘을 사용하는 것을 삼갔으며, 자기를 따르는 사람들에게 부담스러운 법이나 세금을 부과하신 적도 결코 없다. 그분이 예루살렘에 들어가실 때는 정복자의 백마를 타고 들어가신 것이 아니라 농부의 나귀 새끼를 타고 들어가셨다. 그분이 왕이라면, 가장 예상하지 못한 부류의 왕이시다.

그 때문에 그분이 수난을 받으실 때 모든 것이 완전히 거꾸로 나타난다. 책임자들, 곧 이스라엘의 왕이신 메시아가 오는 것에 예의주시하며 메시아를 제일 잘 인식해야 할 사람들이 그 메시아를 알아보지 못했다. 유대인의 왕을 알아보고 그에게 기름붓는 일은 대제사장들의 임무였으며, 가야바는 자신에게 부여된 임무를 수행할 기회가 충분히 있었다. 예수님이 그의 앞에 서 있을 때, 대제사장은 "네가 찬송 받을 이의 아들 그리스도냐"(14:61)라고 직접 묻는다. 예수님은 그렇다고 대답하셨다. 마침내 그분은 원수의 수중에 들어가자 지금까지 감춰 두어야 했던 것들을 공공연하게 말씀하실 수 있었다.[30] 그분은 심지어 그 주장을 상세히 부연 설명하기까지 하셨다. 시편 110:1[31]과 다니엘 7:13[32]을 이용해서 가야바에게 앞으로 자신이 왕위에 앉을 것이며, 성전에 대한 자신의 말씀이 장차 옳다고 입증되리라고 말씀하신 것이다. 하지만 종교 지도자들은 그것을 신성 모독이라고 무시했다.[33] 그들은 진리를 보지도 않았으며 그에 따라 행동하지도 않았다.

아이러니는 그분이 체포되기 겨우 하루 정도 전, 한 여자(그녀는 당시 문화에서는 보잘것없는 사람, 그중에서도 사람들을 당혹스럽게 만드는 사람이었다)가 그분이 누구이신지 알아보고는 그분의 머리에 값비싼 향유를 부었다는 것이다(14:3-9). 예수님은 그녀가 예수님의 장사를 준비하고 있다고 말씀하셨다. 그와 동시에 그녀는 그분을 왕으로 기름붓고 있었다. 그분은 부활을 통해서뿐만 아니라 죽음과 장사 지냄을 통해서 이스라엘의 왕으로 인정되기 때문이다. 모나 후커는 "여기에는 분명한 아이러니가 있다. 여자가 이스라엘의 왕을 기름부을 수 있다는 생각 자체가 어처구니없는 것이다. 여자는 그런 일을 할 권한을 가지기에 가장 부적당한 사람이었기 때문이다"[34]라고 쓴다.

그리고 아이러니는 계속되었다. 빌라도는 예수님이 정말로 누구이신지에 대해 종교 지도자들보다 더 잘 인식하고 있다. 그리고 또 다른 이방인, 곧 예수님의 처형을 집행한 완고한 로마 백부장 역시 예수님이 십자가에 달리실 때 왕에 대한 진리를 깨달았다. 그분의 왕권은 민족주의라는 협소한 한계를 벗어난 모든 백성을 위한 왕권이다. 그분은 이스라엘에서만 다스리는 것이 아니라 모든 사람을 다스리기 위해 기름부음 받으셨다.

---

30 Cranfield, *Mark*, p. 444.
31 "여호와께서 내 주에게 말씀하시기를 내가 네 원수들로 네 발판이 되게 하기까지 너는 내 오른쪽에 앉아 있으라 하셨도다."
32 "내가 또 밤 환상 중에 보니 인자 같은 이가 하늘 구름을 타고 와서."
33 Wright는 14:53-65에서 가야바가 예수님에게 던진 질문은 그릇된 결론이 아니라고 설명한다. 성전은 유대인들에게 중심적이고 상징적인 의미를 지니고 있었으며, 그것이 헐릴 것이고 자신이 그것을 다시 세울 것이라는 예수님의 약속은 자신이 메시아임을 암시적으로 주장한 것이었다. 메시아직을 주장하는 것은 어리석은 일이었다. 하지만 성전을 위협하는 것은 어리석으면서 동시에 정치적으로 위험한 것이었다. *Challenge*, pp. 54-58, 88-89.
34 Hooker, *Not Ashamed*, p. 60.

3) 예기치 못한 왕

예수님의 왕권이 예기치 않은 것이었다는 사실에 대해서는 좀 더 해설할 필요가 있다. 예수님의 왕권은 그들이 전에 경험한 어떤 왕권과도 달랐으며, 또한 사람들이 메시아에 대해 갖고 있던 기대에 정확하게 부응하는 것도 아니었다. 라이트(N. T. Wright)가 지적하듯이, 예수님은 사람들이 그분을 죽이려 들게 할 만큼은 그들의 기대에 부응했던 것은 사실이다.[35] 그분은 기존 당국에 도전을 가했다. 그분이 그들을 뒤엎으려 하자 그들은 그분을 반역죄로 고소했다. 하지만 "예수님은 자신이 하나님 나라를 중심으로 재규정된 메시아임을 주장하셨다. 그것은 대중이 메시아에 대해 기대하는 것을 몇 가지 포착하여 당시 다른 사람들이 살펴본 다른 어떤 것 안에도 부합하지 않는 완전히 새로운 유형으로 엮어 놓은 것이었다."[36]

우리는 그리스도의 죽음을 고난받는 종이라는 관점에서 살펴볼 때, 이미 그런 차이점을 지위와 권능이라는 면에서 주목한 바 있다. 그분은 자신의 사명을 협소한 민족주의로도, 정치적인 것으로도(그것이 지닌 모든 정치적 함축에도 불구하고) 보지 않는다는 점에서 다른 사람들과 달랐다. 하지만 가장 큰 차이는 그분의 죽음 자체다. 라이트는 이렇게 해설한다.

> 우리는 예수님 당시 주전 50년에서 주후 150년가량까지의 약 두 세기 동안 유대에 15개 정도의 메시아 운동이 있었다는 것을 안다. 그 운동은 모두 예외 없이 대중의 기대와 열심에 기초한 민족주의 운동이었다. 우리가 아는 한, 이러한 자칭 메시아 중 그 누구도, 그들의 대의가 그 자신의 죽음을 통해 실현되리라고 단 한 번이라도 생각했던 사람은 없었다.[37]

---

35 Wright, *Jesus and the Victory*, p. 538.
36 앞의 책.
37 Wright, *Crown and Fire*, p. 121. 『십자가를 향하여』(말씀사랑학원사).

메시아이자 왕이신 예수님만이 유일하게 자신의 죽음을 통해 이스라엘을 억압에서 해방하시고 그들의 죄를 용서하리라고 믿었다. 십자가에 달린 왕이 예배를 받는 것은 차치하고, 존경이나마 받을 수 있다는 생각은 아주 이상한 것이다. "세상이 십자가에 처형할 수 있는 왕은 결코 세상이 두려워할 수 있는 왕이 아니다"라고 포사이스는 쓴다.[38] 하지만 포사이스는 이어서, 이 왕은 십자가에서 비운의 종말을 맞이하는 것이 아니라, 거기에서 놀랍게 세상을 심판하시며, 거기서부터 주권적으로 다스리시고, 그것을 통해 자신의 새로운 나라를 성립시키신다고 말한다.

예레미야 라이트(Jeremiah Wright)는 나에게, 런던 화랑을 방문하여 "장군!"(Checkmate)이라는 제목의 그림을 구경하던 여행자에 대해 이야기해 주었다. 그 그림에서 메피스토펠레스가 파우스트의 왕과 체스 게임을 하면서 장군을 부르고 있었다. 여행자들은 한 명이 뒤에 처진 줄도 모르고 계속 회랑을 구경하고 있었다. 뒤에 처진 사람은 그 그림 앞에서 앞뒤로 왔다 갔다 했다. 두 개의 회랑을 지난 후, 뒤에 처진 그 사람이 외치는 소리에 고요히 그림을 감상하던 관객들의 평화는 산산이 깨어져 버렸다. 그는 이렇게 외쳤다. "거짓말, 거짓말이야! 왕이 한 수 더 둘 수 있어!" 그 사람은 러시아인으로 체스 세계 챔피언이었는데, 다른 사람들이 알아차리지 못한 수가 하나 더 있다는 것을 찾아냈던 것이다. 라이트는 이렇게 해설한다. "왕 중의 왕이신 그분도 마찬가지다. 그 왕은 언제나 또 다른 한 수를 가지고 있다."[39]

왕의 왕이 십자가에서 죽으셨을 때도 분명 그랬다. 다음 수인 부활이 그분의 정당함을 입증했다. 또 한 수는 어느 날 그분이 하늘 구름을 타고 오사 모든 사람이 그분의 최종적인 정당함을 보는 것이 될 것이다.

---

38 Forsyth, *Cruciality of the Cross*, p. 38.
39 P. S. Wilson, *The Four Pages of the Sermon: A Guide to Biblical Preaching* (Abingdon, 1999), p. 225에서 인용.

3. 거부당한 아들

우리는 주권이라는 장조에서 어두움이라는 단조로 돌아가야 한다. 마가복음에 충실하려면 장조 다음에 반드시 단조가 나와야 하는데, 악보에서 장조를 빼내 버리기 위해서가 아니라 음악에 풍성한 깊이를 더하기 위해서다. 마가의 십자가관이 가장 냉혹해서, "나의 하나님, 나의 하나님! 어찌하여 나를 버리셨나이까"(15:34)라는 유기의 부르짖음에 초점을 둔다는 견해에는 이유가 있다. 게다가 그 부르짖음만 나오는 것이 아니다. 가장 암울한 부르짖음이 가장 어두운 하늘을 배경으로 울려 퍼지기 때문이다.

1) 배경의 어두움

리처드 버리지(Richard Burridge)의 견해에 따르면, '전체 장면'은 '단조로운 어둠'[40]으로 덮여 있다. 그리고 마가는 마태나 누가와는 비교할 수 없을 만큼 무시무시하고 거의 전적으로 음울하게 이야기한다. 어두움은 겟세마네 동산에 엄습한다. 거기에서 예수님은 "심히 놀라시며 슬퍼하셨으며", 그의 "마음이 심히 고민하여 죽게 되었[다]"(14:33-34). 그분은 여전히 하나님을 "아바"(Abba)라고 부르신다. 하지만 그분은 앞으로 어떤 일이 닥칠지 알기에, 하나님의 진노의 잔이 자신에게서 옮겨지기를 기도하는 것도 무리가 아니었다(14:36).[41] 그럼에도, 그분은 순종하는 마음으로 자신이 기꺼이 그 잔을 남김없이 마시겠노라고 하셨다. 그분이 밤새워 기도하는 동안 친구들이 깨어 지원하지 못하자 그분의 영혼의 어두움은 더 깊어졌다(14:37-42). 그분의 외로운 고뇌는 그분이 체포되고 "제자들이 다 예수를 버리고 도망할"(14:50) 때 가장 깊은 어두움에 이르렀다. 그때로부터 그분은 철저한 고독 속에 혼자

---

40 Burridge, p. 60.
41 참고. 막 10:38; 그리고 구약 배경에 대해서는 시 75:8; 사 51:17-23; 렘 25:15-28; 애 4:21-22; 겔 23:31-34; 합 2:16; 슥 12:2.

계셨다.

마가는 다른 복음서 저자들과 마찬가지로, 정오부터 오후 3시까지 "온 땅에 어둠이 임[했다]"고 말한다(15:33). 하지만 마태복음에 나오는 굉장한 초자연적 표적 중 몇 가지는 나와 있지 않기 때문에, 그 어두움을 경감시켜 줄 만한 것은 아무것도 없으며 암울한 어두움이 드리워 있다. 그것은 이집트에서 첫 번째 유월절이 있기 전에 땅을 덮었던 사흘간의 어둠 재앙과 비슷하며,[42] 아모스가 예언한 하나님의 심판을 말한다.[43]

2) 분리의 어두움

하지만 그리스도를 둘러싸고 있던 어두움에 비교할 만한 것은 그리스도가 죽어 가시면서 하나님께 버림받았다고 부르짖은 어두움이었다. 아니 오히려 그 부르짖음이 그 어두움을 가려 버렸다. "나의 하나님, 나의 하나님! 어찌하여 나를 버리셨나이까"(15:34). 탄식 시인 시편 22편의 첫 구절은 예수님이 십자가에서 하신 말씀 중 마가복음에 기록되어 있는 유일한 말이다. 그래서 독자는 (마가가 의도한 대로) 불가피하게 그 말의 특별한 중요성에 주의를 기울이게 된다. 마가에게 있어 이것은 분명 그날 오후 골고다에서 일어난 일의 핵심이다. 그리스도의 수난은 그분이 하나님께 버림받은 이 순간 가장 깊은 수렁에 이르렀다.

그 부르짖음은 십자가 처형의 숨은 의미와 영적인 실상을 포착한다. 예수님은 십자가에서 하나님에 의한 완전한 유기를 경험하셨다. 수치와 벗음과 고문과 고난보다 더 비참한 것은 이것이었다. 즉 그의 아버지 하나님이 그를 버리셨다는 것이다. 하나님과 밀접한 조화를 이루며 살았고 하나님을 은혜의 하나님이라고 선언했던 그분은 가장 곤경에 빠진 그 순간 버림을 받았다. 그는 은혜를 전혀 경험하지 못했다. 단지 하나님께 버림받음을 경험했을 뿐

---

42 출 10:21-23.
43 암 8:9.

이다. 그분이 세례를 받을 때 하늘이 "갈라졌다"[1:10, 여기에서 사용된 그리스어는 '스키조'(schizō)다]. 하지만 여기에서 성소 휘장이 의기양양하게 둘로 찢어졌지만(다시 '스키조'가 사용된다), 하늘은 여전히 단단히 닫혀 있다. 변화산에서 하나님은 말씀하셨다. "이는 내 사랑하는 아들이니 너희는 그의 말을 들으라"(9:7). 갈보리산에서 하늘은 침묵을 지켰다. 하나님은 그곳에 계시지 않는 것 같았다.

학자들은 그 말을 좀 부드럽게 만들어 거기 나타난 깊은 절망을 축소하기 위해 여러모로 애써 왔다. 예수님이 "크게"(15:34) 소리를 지르신 것은 사실이다.[44] 이는 강력한 죽음, 심지어 초자연적으로 강력한 죽음을 시사한다.[45] 예수님이 하나님을 "나의 하나님"이라고 부른 것이 사실이다. 그것은 동산에서 그분이 사용하신 좀 더 친밀한 용어인 "아바"라는 말은 아니지만, 그분이 여전히 하나님을 신뢰하고 있음을 시사한다. 이에 기초하여 어떤 사람들은 그것이 절망의 부르짖음이 아니라 희망의 부르짖음이라고 말한다.[46] 어떤 사람들은 뒷받침하는 증거도 전혀 없이, 예수님이 하나님께 버림을 받지 않았다고 결론을 내린다. 그냥 그 순간 그에게 그렇게 보였을 뿐이라는 것이다. 하지만 그 부르짖음에 담겨 있는 지극한 공포를 줄여 보려는 어떤 시도도 그리 설득력이 없다. 나는 그것이 "그분은 살고 말씀을 전파할 때 하나님과 독특한 교제를 누리셨던 것처럼, 죽을 때 하나님의 독특한 버림을 받으셨다.…그가 느끼는 고통 중의 고통은 이같이 하나님께 버림받았다는 것"[47]을 나타낸다는 위르겐 몰트만(Jürgen Moltmann)의 말에 동의한다.

"그가 하나님의 사랑을 가장 충만히 구현하고 있던 바로 그 순간에 그분 자신은 하나님의 사랑, 곧 그가 어린아이 시절부터 친밀하게 알아 왔던 그

---

44 37절에 보면 큰 소리가 다시 언급된다.
45 Gundry, *Mark*, p. 947.
46 Senior, *Mark*, p. 123.
47 Moltmann, p. 149.

사랑에서 완전히 분리되어 있음을 발견했다는 것"⁴⁸은 역설이다. 왜 그렇게 되어야 했는가? 그것은 분명 그리스도가 죄인 대신 죽으사 죄인과 동일시하심으로, 성부와 성자 사이의 밀접한 관계가 불가피하게 깨어질 수밖에 없기 때문이다. "하나님이 죄를 알지도 못하신 이를 우리를 대신하여 죄로 삼으신 것은 우리로 하여금 그 안에서 하나님의 의가 되게 하려 하심이라"⁴⁹는 것이 사실 아닌가? 만일 그렇다면, 두려움을 일으킬 만큼 거룩하시고 도덕적으로 완전하심으로, "패역을 차마 보지 못하시[는]"⁵⁰ 하나님이 그럴 때 그 관계를 끊을 수밖에 없다는 것 역시 사실 아닌가?

어떻게 이럴 수가 있는가? 어떤 사람들은 그리스도의 인성은 고난을 받고 죽었으며 그렇기 때문에 하나님께 버림을 받았지만, 그의 신성은 그렇지 않았고 그래서 그의 신성은 처음부터 끝까지 성부 하나님과 교제를 누리고 있었다고 하면서 그 수수께끼를 풀어 보려 했다. 하지만 이것은 "상당히 만족스럽지 못한 설명이다. 예수님을 서로 반대되는 두 특질, 즉 고난을 받은 인성과 고난을 받을 수 없는 신성 두 부분으로 나누는 것처럼 보이기 때문이다."⁵¹ 그리스도는 한 분이시며, 그분 전체가 고난을 받든지 어떤 부분도 고난을 받지 않든지 둘 중 하나다. 우리가 그리스도를 나누지 말아야 한다면, 또한 삼위일체도 나누지(마치 우리가 그렇게 할 수 있는 것처럼) 말아야 한다. 삼위일체에는 결원이 있었던 적이 없다. 예수님은 성육신하신 그리스도, 신적인 성자로 죽으셨다.

이것은 제한된 인간의 마음으로는 결코 해결할 수 없을 정도로 놀라운 이율배반이다. 기이한 것은 성육신하신 그리스도가 "모든 죽음 중 가장 쓰라린 죽음, 죄인들처럼 하나님께 버림받은 죽음"⁵²을 할 수 있었다는 것과 그

---

48 Wright, *Crown and Fire*, p. 45.
49 고후 5:21.
50 합 1:13.
51 Smail, *Windows*, p. 70.
52 Morris, *Cross in the New Testament*, p. 49. 하나님에게서 분리되는 것이 무엇을 의미하는지에

렇게 하면서, 자기 아들을 버리시는 하나님이 참으로 그 자리에 임재하사 우리의 죄 문제를 해결해 준다는 것이다. 그 기이함은 루터의 말로 하면, 우리가, 진노하사 우리의 죄를 정당하게 심판하시는 하나님'으로부터 피할' 수 있으며, 십자가에 달리신 그리스도 안에서 자비를 누리기 위해 하나님'께로 피할' 수 있다는 것이다.[53] 기이한 것은 하나님이 십자가의 신비와 감춤 안에서 자신을 계시하신다는 것이다.

루터는 "십자가에 달리시고 숨으신 하나님"에 대해 대담한 용어로 말했다. 루터에 관해 탁월한 해설을 제시하는 현대 학자 알리스터 맥그래스(Alister McGrath)는 그 개혁주의자의 입장을 요약하고, 그것이 지닌 신학적·목회적 중요성을 보여 준다.

> 예수 그리스도의 십자가를 통해 하나님이 계시되고 인간의 경험이 설명된다. 그러면서도 그리스도가 고난받고 죽어 가시는 섬뜩한 광경을 묵상할 때, 신자는 하나님이 거기에 전혀 계시지 않는 것처럼 보이며, 겉으로 드러나는 인간의 체험은 무의미한 고난처럼 여겨진다고 생각하지 않을 수 없다. 하나님이 그리스도의 십자가 안에서 발견되어야 한다면, 그분은 비밀 가운데 감춰져 있다. 인간의 경험을 그 십자가에 비춰 조명해야 한다면, 조명된 경험들은 고통스러운 유기, 즉 무력하고 절망적이며, 죽음에서 절정에 이르는 유기의 경험이다.[54]

그리스도가 십자가에서 깊은 어두움에 들어가셨다는 사실은 그분이 인간 상황의 가장 어두운 부분에도 공감하며 동일시하실 수 있음을 의미한다. 우리가 받는 고난에는 둔감한 채 하늘에 점잖게 격리되어 있는 하나님이라

대한 논의로는 앞의 책, pp. 42-49를 보라. 『신약의 십자가』(기독교문서선교회).
53 A. E. McGrath, *Luther's Theology of the Cross: Martin Luther's Theological Breakthrough* (Basil Blackwell, 1985), pp. 148-175. 『루터의 십자가 신학』(컨콜디아사).
54 McGrath, *Enigma*, p. 102. 『십자가로 돌아가라』(생명의말씀사).

면, 고난받는 이 세상에서는 합당하거나 신뢰할 만하지 않을 것이다. 하지만 그분은 그리스도의 십자가 안에서 우리의 어두운 경험에 들어오셨다. 그러므로 몰트만이 가르친 것처럼, 우리는 유대인 대학살 같은 상황들도 허세나 생색 없이 다룰 수 있는 신학이 있다.[55] 그것은 사람들이 빠져들 수 있는 심연 중에 그분이 이미 뛰어들어 보지 않은 것은 하나도 없다는 것을 말해 준다. 그리스도는 버림받음의 고통, 고난의 외로움, 침체의 어두움, 환경으로 인한 당혹스러움, 죽음의 고뇌를 우리와 함께 나눌 수 있는 분이시다. 그분이 거기 계셨기 때문이다. 하지만 그분이 거기 계시면서 하신 일은 그저 그게 어떤 기분인지 안다고 말씀하시는 것 이상이다. 우리의 고통을 함께 나누고 우리의 고난에 동참한다고 말씀하시는 것 이상이다. 그분은 자신의 사랑으로 그것을 변화시키사, 어두움에서 빛을, 죽음에서 생명을 가져오신다. 라이트는 그러한 역설을 이렇게 요약한다.

명백한 실패로 인한 쓰라림, 곧 잔인하고 소름 끼치는 죽음으로 인한 육체적 고통이 그 길의 마지막이 아니라, 그분 자신이 세상 죄를 지사 하나님으로부터 분리되는 영적 어두움이 마지막이다. 그렇게 세상은 구속을 받았다. 엘리야와 메시아가 와서 불을 내려 모든 반대자를 태워 버려 달라고 기도하고 이스라엘의 정치적 원수들을 제거함으로써 구속받은 것이 아니라, 예수님이 요한의 위임을 받아 엘리야의 영과 능력으로 이스라엘과 세상의 참된 원수들을 제거함으로써 구속받은 것이다. 엘리야가 바알 선지자들과 대결하면서 어두움의 권세에 도전하여, 불로 응답하는 신이 하나님이 되기로 한 것처럼, 예수님은 세상의 통치자들과 대결하신다. 그것은 로마의 권세, 이스라엘의 율법, 그리고 그들의 배후에 있는 사탄의 찬탈하고 파괴하는 권세다. 그리고 이번에 대결 규칙은 사랑으로 응답하는 신이 하나님이 된다는 것이다.[56]

---

55 Moltmann, p. 1.
56 Wright, *Crown and Fire*, p. 45.

4. 본이 되는 제자

마가복음에 나오는 예수님의 죽음에 대한 모든 이야기는, 그것을 신자의 모델로 고찰할 때만 완결된다. 마가가 다루는 내용은 마가복음의 원래 독자들의 상황 때문에 어느 정도 결정되었을 수도 있다. 하지만 우리는 그 독자들이 누구였는지에 대해 확실히 알 수 없고 추측할 수만 있기 때문에 너무 독단적으로 우리의 견해를 주장하고, 그럼으로써 그 복음서를 읽을 때 지나치게 영향받아서는 안 된다.[57] 그렇더라도 많은 사람은 그 복음서가 적어도 부분적으로는 로마에 있는 신자들에게 핍박 속에서도 그리스도께 신실하라고 격려하고자 쓰인 것이라고 믿는다. 마가는 그들의 경험이 예수님의 제자라면 누구나 겪는 것임을 보여 주고 예수님이 고난을 받으사 그들의 귀감과 본보기가 되셨다고 말함으로 그들을 격려한다. 이런 점에서 예수님은 본이 되는 제자다.

1) 신자의 경험

마가는 제자가 된다는 것을 십자가를 중심으로 이해한다. 예수님의 제자들은 종 이상의 존재가 되도록 부름받는다. 그들은 "자기를 부인하고 자기 십자가를 지고" 그리스도를 따르도록 부름받는다. 그들은 자신을 구원하고자 한다면 자신의 삶을 그리스도와 복음을 위해 버리도록 부름받는다(8:34-35). 디트리히 본회퍼(Dietrich Bonhoeffer)의 유명한 말을 빌리면, "그리스도께서 사람을 부르실 때 그분은 그가 와서 죽으라고 명하신다."[58] 예수님의 제자들은 십자가를 지는 사람들이 되어야 한다. 십자가는 예수님이 그들을 위해 지신 것일 뿐만 아니라, 그들이 예수님을 위해 지는 것이기도 하다.

---

57 앞의 p. 208에 나오는 논의와 Gundry, *Mark*, pp. 1022-1026를 보라.
58 D. Bonhoeffer, *The Cost of Discipleship* (1937; ET SCM, 1964), p. 79. 『나를 따르라』(대한기독교서회).

마가복음을 보면, 세례 요한 이후 계속해서 예수님의 제자들이 반대와 박해를 받으리라고 예상할 수 있다. 마가복음 13장을 주의 깊게 분석해 보면, 그 이야기가 수난 내러티브와 놀라울 정도로 유사하다는 것을 알 수 있다.[59] 예수님이 개인적으로 받은 고난과 그의 제자들이 경험할 고난 사이에는 놀랄 만큼 부합하는 점들이 있다. 제자들의 고난은 하나님의 완전한 통치가 도래하는 것을 알리는 메시아의 고난을 계속 전개하는 것이다.

오늘날 제자들은 여전히 십자가를 지라는 부름을 받는다. 아직도 세상에는 신자들이 여전히 적대감과 괴롭힘, 투옥, 심지어 순교를 당하는 곳들이 많다. 관용적인 서구 사회에서는 제자들이 적대감을 겪는다 해도 기껏해야 오해를 받거나 어느 정도 개인적인 반대를 경험하는 것뿐이다. 하지만 심지어 거기서도 제자들은 여전히 십자가를 져야 한다. 그것은 핍박과 자기 부인을 나타낼 뿐 아니라, "적극적으로는 하나님과 사람들을 위한 희생적인 사랑이라는 면에서 예수님을 따르는 것이다."[60] 모나 후커가 최근에 주장했듯이, "참된 제자는 여전히, 십자가에 달리셨다가 살아나신 주님을 본보기 삼아 십자가로 이르는 길을 터벅터벅 걸어갈 것이다."[61]

2) 신자의 공동체

십자가는 개인을 구원해 줄 뿐 아니라, 새로운 공동체를 만들어 낸다. 예수님의 사역에서, 특히 제자들을 택하사 훈련하신 것에서, 예수님이 죽은 후 예수님의 방식대로 살고 그분의 메시지를 전파할 신자들의 공동체를 설립하려 했다는 것을 분명히 알 수 있다. 새로운 나라, 새로운 제사장, 하나님께

---

[59] J. B. Green, "The Death of Jesus", in *DJG*, pp. 158-159. 그는 성전의 무너짐(13:2; 14:48; 15:38), "넘기움"(13:9, 11-12; 14:10-11, 18), 배신(13:26; 14:62), 어두움(13:24; 15:33), 인자, 재난, 재림(13:26; 14:62), "때"(13:22-32; 14:41-42), 주의함(13:5, 9, 23, 33, 35, 37; 14:34, 37-38)에 대해 말한다.
[60] Smail, *Windows*, p. 100.
[61] Hooker, *Not Ashamed*, p. 67.

속한 새로운 백성이 그분을 통해 생겨나고 있었다.

그것은 놀라운 공동체다. 예수님이 놀랄 만큼 불안정하고 평범한 사람들을 택하사 공동체를 이루셨기 때문만이 아니라, 사회의 주변인들이 그 공동체의 중심 역할을 하며 외부자들이 따뜻한 환영을 받았기 때문이다. 수난 내러티브는 그 모든 것을 결론으로 이끈다. 예수님이 골고다로 가시는 길에 비틀거리자 그분의 십자가를 진 사람은 디아스포라 출신의 "구레네 사람 시몬"이었다(15:21). 마가의 기록에 따르면, 시몬은 제자가 된 게 분명하다. 그의 가족이 교회에 속해 있는 것으로 알려졌기 때문이다. 로마 백부장은 예수님이 죽으셨을 때 빈정대거나 비꼬지 않고 진리를 고백한 유일한 사람이었다(15:39). 모든 남자 제자들이 예수님을 버렸을 때, 거기 십자가에는 예수님이 살아생전에 필요한 것을 챙겨 드렸고 갈릴리에서부터 예루살렘까지 그를 따라온 여자들이 있었다. 예수님과 한편임을 밝히려면 많은 희생이 요구되었으며 심지어 위험하기까지 했을 것이다(15:40-41). 하지만 십자가는 이러한 가망 없는 사람들을 끌어들인다.

성소 휘장이 둘로 찢어진 것(15:38)은 그분이 제자들을 택한 것에 예시된 원리를 생생하게 강조한다. 십자가는 성별이나 인종과 상관없이 모든 사람이 하나님께 나아갈 수 있게 해 주었다. 옛 유대교의 '비밀 통로'는 닫혔다. 새 시대에는 단 하나의 출입구만이 있는데 십자가를 통한 길이다. 그리고 남자들과 여자들, 유대인들과 이방인들, 흑인과 백인, 부자와 가난한 자가 모두 평등 가운데 하나님과 회복된 교제를 누리고 새로운 인류를 형성하면서 자신들의 십자가를 지고 그 길을 걸어간다.

그렇다면 마가는 그의 수난 내러티브에서 예수님을 세상의 죄를 지고 가는 고난받는 종, 우리의 타락한 세상을 위협하는 억압적 세력들을 쳐부수는 정복자 왕, 우리 삶의 어두움에 들어오사 이상하고 신비한 방식으로 빛을 가져다주시는 거부당한 아들, 그리고 그분의 새로운 공동체가 완성되고 그분이 "하늘 구름을 타고 오는"(14:62) 것을 볼 때까지 계속 십자가를 지도록 격려하는 본이 되는 제자로 제시한다. 강하고 주권적인 왕의 장조들은 고난과 거부의 단조와 뒤섞인다. 그렇지만 모든 악기가 한꺼번에 울려 퍼질 때, 로버트 건드리의 말을 빌리자면, "마가복음의 예수님은 압도적인 분이시다. 약한 자들은 그분 안에서 그들의 투사를, 강한 자들은 그분 안에서 그들의 정복자를 발견하라."[62]

---

[62] Gundry, *Mark*, p. 1026.

8장

자비로운 구세주

누가복음 22:1-23:56

누가는 갈보리 위쪽 높은 곳에 난 창문을 열어 예수님의 죽음에 대해 세 번째 묘사를 한다. 그는 새로운 빛깔을 선택하고, 다른 사람들이 빼놓은 특징을 골라내어 그 사건을 놀랍도록 새로운 관점에서 묘사한다. 그는 노련한 예술가다. 마가복음에 드리워져 있는 암울함이나 마태복음의 의기양양한 초자연주의는 사라지고 없다. 누가복음에 나오는 것은 매우 인간적인 그리스도, 무엇보다 신뢰하는 성자며 자비로운 구세주시다. 이것은 바로 광범위하고 깊은 구원, 곧 "모든 사람에게 충분한"[1] 구원의 복된 소식이라는 주제가 전체에 면면히 흐르고 있는 누가복음에서 기대할 만한 것이다.

어떤 사람은 구원에 대한 누가의 이해는 십자가 자체에 좌우되기보다는 십자가 처형 이후 예수님이 부활하시고 높임을 받으신 것에 더 좌우되며, 누가는 예수님 죽음의 구속적 의의를 경시한다고 말한다.[2] 하지만 이런

---

1 J. B. Green, *The Theology of Luke* (Cambridge Univesity Press, 1995), p. 24. 『누가복음신학』 (기독교문서선교회). 학자들의 일치된 의견에 대해서는 앞의 책 여러 곳과 I. H. Marshall, *Luke: Historian and Theologian* (1970; Paternoster, 1974) 여러 곳을 보라.
2 Creed, p. lxxii.

견해는 받아들일 수 없다. 누가가 이 점에 관해 쓴 것을 마태나 마가와 주의 깊게 비교 분석해 보면, 그가 몇 가지 중요한 자료(막 10:45에 나오는 대속물에 대한 구절 같은)를 빼놓긴 하지만[3] 다른 면에서는 그들 못지않게 많은 자료를 포함하고 있다는 것을 알 수 있다. 설사 누가복음에 예수님의 죽음에 대한 것이 덜 나와 있다 해도(이런 견해는 의심쩍은 것이다), 하워드 마셜(Howard Marshall)은 다른 복음서의 기준으로 측량해 볼 때, "그리 두드러질 정도는 아니라"[4]고 결론을 내린다. 십자가에 대해 좀 다른 관점을 가졌다고 해서 구원에서 십자가의 의의를 축소한다고 오해해서는 안 된다.

누가는 예수님이 "자기 목숨을 많은 사람의 대속물로 주려"고 왔다고 말씀하신 것을 무시할 뿐 아니라, 마태와 마가가 포함하고 있는 수난 기사의 다른 많은 특징도 빼놓았다. 그는 베다니 문둥병자 시몬의 집에서 한 여자가 예수님께 기름부은 사건을 포함하지 않는다.[5] 진지한 기도를 드렸고 "핏방울"(22:44)과 같은 땀을 흘리셨음에도 불구하고 예수님이 겟세마네 동산에서 표현한 슬픔은 덜 강렬하게 묘사된다.[6] 예수님이 재판을 받을 때 거짓 증인들은 등장하지 않는다.[7] 유대 지도자와 하속들이 예수님을 조롱하지만, 로마 병사나 무리는 그렇게 하지 않는다. 빌라도는 예수님이 침묵하시는 것에 대해 전혀 좌절하거나 놀라지 않으며, "예수를 놓고자 하[였다]"라고(23:20) 되어 있다. 가장 놀라운 것은 십자가에서 예수님이 말씀하셨던 유기의 부르짖음이 전혀 나와 있지 않다는 것이다.

하지만 누가는 수난 이야기 중 마태와 마가가 빼놓은 많은 요소를 포함한다. 누가만이 예수님이 겟세마네에서 천사의 위로를 받았다는 것을 언

---

3 그는 22:27에 나오는 말의 전반부는 실었지만 대속물에 대한 중대한 문구는 빼놓는다.
4 Marshall, *Luke: Historian*, p. 171.
5 그는 7:36-50에 그것을 포함해 놓는다.
6 아마도 피에 대한 세세한 언급은, 누가가 의사이기 때문에 관찰할 수 있던 사항일 것이다.
7 로마 당국에 기독교 복음을 권하려는 의도가 누가에게 있었다면, 외교적 전략상 그 재판이 정의를 희화화하는 것이었음을 시사하는 요소를 누가는 소홀히 다루었을 것이다.

급한다(22:43). 누가만이 말고의 잘린 귀가 나음을 받았다는 것을 말한다 (22:51). 누가만이 빌라도가 세 번에 걸쳐 예수님이 죄가 없다고 선포했다는 것을 기록한다(23:4, 14, 22). 다른 복음서 어느 것에서도 예수님이 헤롯 앞에서 재판받으신 것(23:6-16)이나 예루살렘의 우는 여자들(23:27-32), 혹은 죽어 가는 강도의 요청(23:39-43)에 대해 언급하지 않는다. 그리고 누가는 다른 사람이 언급하지 않는 십자가 위에서의 세 가지 말씀을 기록한다(23:34, 43, 46). 이같이 추가된 사항들은 모두 십자가를 다른 관점에서 보게 하고, 갈보리에서 일어난 일에 대해 뭔가 다른(상충하는 것이 아니라 보완하는) 관점을 갖도록 도와준다.

누가의 묘사에서 네 가지 특징을 강조할 수 있다. 그는 죽어 가는 그리스도를 의도적인 희생자, 자비로운 구세주, 신뢰하는 성자, 오시는 왕으로 제시한다.

1. 의도적인 희생자

나는 어느 월요일 아침, 브라질 리우데자네이루에 도착했는데, 그전 주말에 총격전이 벌어졌으나 단지 56명밖에 죽지 않았다는 뉴스 보도를 듣고 충격을 받았다. 내가 묵었던 집의 주인들은 그 정도 숫자는 비극적인 폭력에 절어 있는 그 도시에서는 별것 아니며, 그 전해에는 우연히 총격전 현장에 있던 200명가량이 죽었다고 말했다. 그들은 상대방 총탄의 과녁이 아니었고 그저 어쩌다 그 자리에 있게 된 사람들이었다. 누가는 예수님이 총격전이 벌어지는 자리에 우연히 있었던 불운한 희생자가 아니라, 수많은 권세에게 의도적인 과녁이 되었기 때문에 죽으셨다는 점을 분명히 밝힌다. 각 권세는 나름의 동기 때문에 그분께 반대했는데, 그 동기는 서로 다를 수 있었다. 이러한 동맹 관계가 결합한 결과 그분의 죽음은 불가피한 것이 되었다. 그분은 신적 필요성, 사탄의 조작, 인간의 음모가 결합한 결과로 죽으셨다.

1) 신적 필요성의 세력

누가복음 첫 부분에서는 하나님이 자비롭게도 역사에 간섭하기로 하셨기 때문에 구원이 이루어진다는 것을 기술한다(예를 들면, 1:46-55, 67-79). 그리스도의 삶과 죽음과 부활을 통해 구원이 이루어지는 것은 하나님의 의식적인 주도권과 그분의 계산된 행동 때문이다. 누가는 "예수님이 오신 것과 사역이 역사에 나타난 하나님의 구속 계획의 실현"[8]이라는 것을 전달하기 위해 '비유의 병기 창고'를 사용한다.

예수님의 사역 전반이 그랬다면, 그분의 십자가의 죽음은 특별히 그랬다. 그분이 해방과 구원을 가져오기 위해 죽어야 한다는 것은 하나님의 계획이었다. 예수님은 자신의 죽음이 신적인 필요에서 나온 행동이라고 이해하셨다(9:22). 그분은 그것이 주의 깊은 계획의 결과(9:51)이자 성경 예언의 성취라고 보셨다(18:31).

예수님이 마지막 만찬 때 제자들에게 "인자는 이미 작정된 대로 가거니와"(22:22)라고 말씀하셨을 때, 그분은 그 모든 것 안에 나타난 하나님의 손길을 다시 인정하신 것이다. 이것은 신적인 수동이다. 그것을 작정하신 분은 성부 하나님이다.[9] 예수님은 "범죄자 중 하나로 헤아림을 받았"다는 이사야 53:12의 말씀을 인용하면서 "내게 관한 일이 이루어져 감이니라"(22:37)라고 말씀하실 때 겟세마네 동산에서 자신의 운명이 성취되고 있다는 것을 느끼셨다. 예수님의 재판과 죽으심에 대한 누가의 기사 전체에는 그 일 속에서 성경이 성취되고 있다는 몇 가지 암시가 나와 있다(23:9, 33, 34, 36).[10] 그리고 부활 후에 예수님은 "그리스도가 이런 고난을 받고 자기의 영광에 들어가야 할 것이 아니냐"(24:26)라고 말씀하시면서 엠마오로 가는 두 제자에게 그 모든 것을 이해시키려 애쓰셨다.

---

8   Green, *Luke*, p. 28.
9   참고. 사 53:10.
10   그것들은 각각 사 53:7, 12; 시 2:18; 69:21을 암시한다.

영원하신 하나님은 아들을 희생하는 이 역사적인 사건을 통해 세상의 구원을 이루기로 작정하셨다. 물론 우리는 이렇게 말할 때 조심해야 한다. 우리는 마치 화가 난 성부께서 마지못해하는 성자에게 가학적으로 벌을 준 것처럼 성부와 성자 사이를 이간해서는 안 된다. 그 사이에 불협화음은 없다. 성부와 성자는 완벽한 조화를 이루며 일하신다. 존 스토트가 상기시키는 것처럼, "우리는 그리스도를 하나님의 처벌 대상으로 만들거나, 하나님을 그리스도의 설득 대상으로 삼아서는 절대 안 된다. 하나님과 그리스도는 둘 다 죄인을 구원하기 위해 함께 주도권을 쥐신 주체시지 객체가 아니기 때문이다."[11] 실로 성자는 어디서든 성부의 계획을 성취하기 위해 자진해서 복종하시는 자발적이고 순종적인 성자로 제시된다. 예를 들어 누가는 최후의 만찬 기사에서, "일어나고 있는 일을 계속해서 제대로 이해하지 못하는 제자들의 배신과 경쟁과 연약함"[12]과 대조적으로, 예수님이 기꺼이 고난받으셨다는 것을 의도적으로 분명히 밝히는 듯하다.

그러므로 예수님의 죽음에 작용했던 권세 중 하나는, 그분 자신의 아버지이신 성부 하나님의 권세로, 예수님은 구원을 이루기 위해 기꺼이 성부께 복종하셨다.

2) 사탄적 조작의 세력

십자가 처형을 지배한 세력은 하나님의 세력만이 아니었다. 물론 거기 개입한 다른 세력은 자신들이 생각하는 것처럼 전적으로 자유로운 행위자는 아니다. 사탄은 누가복음에서 이따금 무대에 등장하여, 핵심적인 역할을 한다. 사탄은 예수님이 광야에서 시험받으실 때 그분에게 몰래 접근하면서 처음 등장한다(4:1-13). 그 이야기가 끝날 때 그는 "얼마 동안"(until an opportune time) 예수님을 떠난다. 예수님은 사역을 하면서 여러 번 적대적인 마귀의 세

---

11   Stott, *Cross of Christ*, p. 151.
12   Marshall, *Gospel of Luke*, p. 786. 『국제성서주석: 루가복음 1, 2』(한국신학연구소).

력과 맞닥뜨리신다. 하지만 도널드 시니어(Donald Senior)가 말하듯, "결정적인 싸움터는 수난 사건이었다."¹³ 수난은 사탄이 다시 돌아오기를 기다리고 있었던 바로 그 "얼마 동안"이다.

사탄은 막후에서 눈에 띄지는 않지만 분명하게 역사하면서, 심지어 예수님과 가깝게 지냈던 사람들까지도 그분에게 적대적인 사람에게 동조하도록 부추겼다. 그는 유다가 돌이킬 수 없는 일을 저지르도록 했으며(22:3), 심지어 한때 욥에게 그랬던 것처럼 베드로까지 신실치 못한 자로 만들려고 애썼다(22:31). 베드로에게는 잠시 성공하기도 했다. 베드로는 자기가 확고부동하다고 공언했으나 그렇지 못하다는 것을 드러냈다(22:54-65). 하지만 그 배신이 가져온 손상은 제한된 것이었으며 그 타락은 회복될 수 있는 것이었다. 사탄보다 더 강한 권세를 가지신 예수님이 그를 보호해 달라고 기도하셨기 때문이다.

예수님이 마침내 잡히셨을 때, 자기를 잡으러 온 사람들에게 저항하지 않고 순순히 따라가시면서 "이제는 너희 때요, 어둠의 권세로다"(22:53)라고 말씀하신다.¹⁴ 그분은 자신을 납치하러 온 사람들에게 말씀하고 있었지만, 예수님은 그들 배후에서 사탄이 역사하는 것을 보신 듯하다. 어둠은 '사탄이 지닌 권위의 상징'¹⁵이다. 이것은 마가가 기록한 유기의 어두움이 아니라, 적대감과 악의 어두움이다. 하나님에 대한 그 반대는 영광의 주를 제거하려 할 때 절정에 이르렀다. 이것은 우주적 규모의 전투로, 지상에서 일어나는 사건들로 설명할 수 있는 것보다 훨씬 더 큰 것이었다. 하지만 사탄은 이러한 위험한 일을 통해 자신도 모르게 역설적으로 하나님의 계획을 성취하고 있었고, 동시에 제 꾀에 넘어가 자신의 패배를 가져오고 있음을 알지 못했다. 하지만 당장은 악이 승리하는 것처럼 보였다. 누가는 이렇게 표현함으로써

---

13 Senior, *Luke*, p. 171.
14 참고. 요 13:30. "유다가 그 조각을 받고 곧 나가니 밤이러라."
15 행 26:18. Green, *Luke*, p. 785.

다른 어떤 복음서 저자보다 더 그리스도의 죽음의 원인을 '궁극적인 악'[16]과 연관시킨다.

3) 인간적 음모의 세력

신의 계획이라는 견지와 사탄의 반대라는 견지에서 설명할 수 있는 그 사건은 또한 인간적 견지에서도 설명할 수 있다. 시니어는 "위협적인 악의 존재는 인간의 탈을 쓰고 그 이야기 전체에 얽혀 있다"라고 썼다.[17] 더 정확하게 말하면, 그것은 수많은 인간의 탈을 쓰고 그 이야기 전체에 얽혀 있다. 예수님의 죽음에 대한 책임은 하나님께도 있고, 사탄에게도 있으며, 가장 명확하게는 인간들에게 있다. 사람들이 그리스도를 제거하기 위해 이러저러한 음모를 꾸밀 때 수많은 사람이 악의 거미줄에 걸렸다. 예수님을 처치하기 위해 사악한 동맹을 맺기도 하고 깨기도 했다.[18] 나사렛 출신의 골칫거리를 하나 처치하겠다는 공동의 목표로 단결하여 원수가 친구로 돌변하기도 했다. 혹시라도 사람들이 잘 알아차리지 못할까 봐 누가는 한 '사악한 동맹'[19]을 탁 터놓고 언급한다. "헤롯과 빌라도가 전에는 원수였으나 당일에 서로 친구가 되니라"(23:12). 심지어 그의 제자들까지 연루되어 있다. 그 누구도 예수님을 죽음으로 몰아넣는 범죄 동맹에 포함되는 것을 면할 수 없었다.

(1) 제자들: 이기심의 죄(22:24-30)

최후의 만찬 때, 적어도 우리가 보기에는 예수님이 제자들에게 자신의 임박한 죽음을 명확하게 알려 주시고 유월절 식사에 새로운 의미를 부여하셨을 때, 제자들은 자신들의 관심사에 골몰해 있었다. "또 그들 사이에 그중 누가

---

16 Senior, *Luke*, p. 172.
17 앞의 책.
18 Green, *Luke*, p. 745.
19 Milne, p. 254.

크냐 하는 다툼이 난지라"(22:24). 권세와 지위에 대한 낡아빠진 욕망이 그들의 인식을 가려, 제자들은 마땅히 그래야 했을 이 순간 자기 주님의 필요에 주의를 기울이지 못했다. 예수님은 참을성 있게 그들에게 하나님 나라에서 진정 큰 자는 겸손히 섬기는 자라는 것을 다시 한번 가르쳐 주셨다. 그들의 교만은 그들의 죄, 곧 예수님이 십자가를 지도록 만든 예수님의 친구들이 지은 죄의 한 예일 뿐이다.

(2) 유다: 탐욕의 죄(22:3-6, 22)

우리는 유다의 동기를 확실히 알 수는 없지만, 그가 배신함으로써 자기 스승의 죽음에 어느 정도 책임이 있다는 것은 분명히 알 수 있다(22:22). 그의 동기는 탐욕이었을 것이다. 일단 사탄이 그를 부추겨 예수님을 배신하게 하자, 그는 유대 당국을 찾아가 방책을 의논한다. 누가는 "그들이 기뻐하여 돈을 주기로 언약하는지라"(22:5)고 말한다. 누가는 유다를 기회주의자로 묘사한다. 누가는 유다의 성품에 대해 거의 말하지 않지만, 다른 복음서에 보면 유다는 돈만 따라 움직이는 사람으로 제자들 사이에 의견의 불화를 일으킬 수 있는 사람으로 묘사되어 있다. 유다의 성품에 대해 특히나 매도하는[20] 요한은 유다의 배신 행위가 베다니에서 마리아가 예수님께 엄청나게 비싼 향유를 부은 것 때문에 촉발되었음을 분명히 암시한다.[21] 존 스토트는 "복음서 기자들은 고도의 희곡적 감각을 가지고 마리아와 유다, 곧 그녀의 계산하지 않는 관대함과 그의 냉정하게 계산된 거래를 의도적으로 대조한다"[22]고 썼다. 그 같은 대조는 매우 뚜렷하다. 마리아는 자신의 값비싼 기름을 쏟아부었다. 유다는 자신의 쓸모없는 돈을 챙겼다.[23] 그는 자신의 주님을 일반적인

---

20 요 12:4-6.
21 마 26:6-13; 막 14:3-9.
22 Stott, *Cross of Christ*, p. 57.
23 R. Brown, "Saving message", p. 65.

노예의 몸값인 은 삼십에 사형 집행인들의 손에 넘겼다.²⁴

(3) 베드로: 침묵의 죄(22:31-34, 54-62)

배신과 신성 모독과 살인만이 죄가 아니라, 실패, 침묵, 냉담함도 똑같이 죄다. 베드로는 예수님이 예언하신 대로, 기회가 닥치자 주님을 고백하는 데 실패했다. 그리스도를 위해 감옥까지 가고 죽기까지 하겠다는 그의 자랑은 무익한 것이었다. 이것을 예수님뿐 아니라 다른 사람들도 분명히 보았다. 때가 되자 그는 제자도를 나타내는 것이 아니라 예수님을 부인했다. 닭이 울자마자 그는 자신이 실패한 것을 알고는 "밖에 나가서 심히 통곡"(62절)했다. 그리스도의 편을 들지 못한 그의 실패는 십자가에 또 하나의 못을 박은 것이었다.

하지만 하나님은 악에서 선을 이끌어 내는 데 전문가시며, 그 실패는 베드로의 생애에서 묘하게도 긍정적인 결과를 가져왔다. 리처드 보컴(Richard Bauckham)과 트레버 하트(Trevor Hart)가 말했듯, "십자가는 하나님의 사랑이 실패와 비극을 품는 장소이므로, 십자가로 가는 길보다 실패하기에 더 좋은 장소는 없었다. 베드로의 실패는 바로 하나님의 기회였다."²⁵ 십자가가 늘 그렇듯, 그것은 자신에 대한, 그리고 다른 사람들이 자신을 어떤 식으로 생각해 주었으면 하는 것에 대한 그의 환상을 산산이 깨뜨렸다. 십자가는 "우리가 보여 주고 싶어 하는 모습대로가 아니라, 진정 있는 그대로를 볼 수밖에 없게 하기"²⁶ 때문이다. 십자가는 그리스도의 나라에서는 실패자만이 성공한다는 것을 보여 준다. 따라서 "베드로의 실패는 그에게 십자가 도상의 제자로 살기 시작할 자격을 부여해 준다."²⁷ 장차 교회의 사도가 될 그는 마

---

24 출 21:32에 따른 것.
25 Bauckham and Hart, p. 30.
26 앞의 책. p. 35.
27 앞의 책, p. 33.

침내 지도력의 가장 중대한 교훈을 파악했다. 다른 사람들의 지도자가 되기 위해서는 자신과 자신의 능력이 아니라 그리스도와 그분의 말씀을 신뢰해야 한다.

(4) 제사장들: 종교의 죄(22:66-71)

공회 앞에서 이루어진 재판은 짧았지만 중대한 것이었다. 누가가 그 재판 이야기에 마태와 마가가 빼놓고 있는 다른 장면들을 통합시키기 원했기에 짧았고, 그것이 문제의 핵심을 찌르는 것이기에 중대했다. 조엘 그린은 예수님이 장로들의 공회와 치른 전쟁은 성경 해석학의 전쟁이었다고 말한 바 있다. "예수님은 사역하시는 동안 내내 누가 정말로 신적인 목적을 이해하고 수행하는가, 누가 정말로 신적인 말씀을 해석하고 구현하는가 하는 해석의 전쟁에 연루되어 있었다."[28] 제사장들과 장로들은 자신들이 하나님의 대리인이며, 말씀에 대한 유일하게 적법한 해석자이고, 유일하게 참된 율법의 수호자이며, 유일하게 자격 있는 예배 집전자들이라고 주장했다. 예수님은 그 모든 것에 도전을 가하셨으며, 그들의 관습들과 그들의 성전에 위협을 가하셨다.

그러므로 문제의 핵심은 예수님의 신원이 무엇인가 하는 것이었다. 그분이 그리스도라면, 그들은 그분을 알아보고 이제 그분께 결정을 맡겨야 한다. 그분이 그리스도가 아니라면, 그는 신성 모독자이며 죽어 마땅했다. 그들의 심문에 대한 예수님의 반응은 그들에게 지금쯤은 그분이 누구신지 이해할 충분한 시간이 있었다는 것을 가리킨다. 실제로 무리는 오래전에 그분의 신원을 파악했다(19:28-40; 20:41-47). 이제 이 마지막 순간에 예수님은 둔감한 그들에게 그것을 확인만 해 줄 뿐이다. 예수님은 그들의 질문에 대답하거나 (그들은 이미 마음을 정했으며 진리를 알고자 하는 열망이 없었으므로), 그들에게 질문을 던지는 [이전의 경험(20:1-8)에 비추어 볼 때, 그들은 대답하지 않을 것이므로]

---

28   Green, *Luke*, p. 746.

무의미한 행동은 하지 않으실 것이다. 하지만 그분은 그들 앞에서 자신이 메시아이심을 공개적으로 선포하셨다. "이제부터는 인자가 하나님의 권능의 우편에 앉아 있으리라"(69절). 이제 그분은 연약한 모습으로 그들 앞에 서 있으므로, 구원 드라마의 다음 단계가 바야흐로 시작될 것이라고 선포하셨다. 그분의 치욕은 이제 최고조에 달할 것이며, 그러고서 그분의 운명은 엄청나게 역전될 것이다. 유죄 판결을 받은 죄수가, 통치하는 주님이 되실 것이다.

율법에 얽매이고 남의 이목을 의식하는 종교는, 지금도 그렇듯, 방해될 수 있었다. 그들은 자신들이 그리스도를 대적함으로써 하나님을 섬기고 있다고 믿었지만, 사실상 사탄을 섬기고 있는 것이었다. 그 심문이 이루어지던 장소에서 200미터가량 떨어진 곳에서는 하나님이 성전 성소에서 종교상의 예배를 받고 계셨다. 하지만 그들이 서 있는 곳에서는 동일한 종교가 하나님의 아들을 처형하려 하고 있었다.

(5) 빌라도: 타협의 죄(23:1-5, 13-25)

누가는 다른 어떤 복음서 저자보다도 빌라도를 호의적으로 묘사한다. 주후 26년에서 36년까지 전권도 쥐지 못한 채 팔레스타인의 총독 노릇을 한다는 건 쉬운 일이 아니었다. 유대 당국이 예수님을 고발한 죄목은 그분이 하스모니안(Hasmonean) 왕조를 재건하려 한다는 것이었다. 빌라도는 정치적 반란의 위협을 무시하기 어려웠다. 물론 그들은 모두 이 나사렛 사람이 그들이 만난 다른 어떤 정치 혁명 지도자들과 다르다는 것을 알았다. 그렇더라도 그러한 죄상은 검토해 보아야 했다. 빌라도는 예심이 끝난 후 예수님이 무죄라고 선고했다. 그러고는 책임을 떠넘기기 위해 예수님을 헤롯에게 보냈다. 예수님이 헤롯의 영토인 갈릴리 출신이라는 것을 발견했기 때문이다. 빌라도 앞에서 받은 두 번째 심문에서 빌라도는 두 번 더 예수님이 무죄라고 선고했다. "나는 그에게서 죽일 죄를 찾지 못하였나니"(22절). 이 모든 것에도 불구하고 빌라도는 여전히 대세에 밀려서 예수님을 십자가에 못 박도록 내

주었다.

빌라도가 마태복음에서처럼 극적으로 예수님의 무죄를 단언하지는 않는 것이 사실이다.[29] 하지만 그는 분명 자신이 그 문제에서 결백하게 보이기를, 그리고 비난을 다른 사람에게 떠넘기기를 간절히 바랐다. 하지만 솔직하게 살펴보면 그가 결코 결백하지 않다는 것을 인정할 수밖에 없다. 빌라도는 이러한 불의를 허용함으로, "정의에 냉소적인 태도로 권력을 사용했을 뿐 아니라(이것은 일반적인 것이었다), 정의와 불의 앞에서 적나라하게 사리사욕을 추구했다."[30]

이같이 권력에 굶주린 정치가의 자기를 보전하고자 하는 욕망이 예수님을 사형에 처하는 데 기여했다.

(6) 헤롯: 조롱의 죄(23:8-12)

빌라도는 다음으로 헤롯을 죄의 덫에 끌어들였다. 헤롯은 "예수를…보고자 한 지 오래"였기 때문에, 빌라도와 헤롯은 일시적으로 동맹을 맺을 수 있었다. 빌라도의 동기는 헤롯에게 책임을 전가하려는 것이었거나, 아니면 15절에 비추어 볼 때 더 가능성 있는 것은 예수님의 무죄에 대한 찬성표를 한 표 더 확보하려는 것이었을 듯하다. 누가복음 독자들이 짐작해야 하듯이, 헤롯의 동기는 이보다 덜 진실한 것이었다. 누가는 이러한 만남을 준비해 왔다. 헤롯은 세례 요한의 목을 베고 난 후 세례 요한이 나사렛 예수의 모습으로 다시 살아난 것 같다는 소식에 심란해했다. 그렇기 때문에 헤롯은 자연히 예수를 만나고 싶은 마음을 피력했다(9:7-9). 하지만 누가는 다음번에 헤롯을 언급할 때는 그가 예수를 죽이고자 했다고 말한다(13:31). 그러므로 빌라도가 예수님을 넘긴 그 자리는 편안한 면담이 아니었을 가능성이 크며, 실제로 그랬다.

---

29   마 27:24.
30   Wright, *Jesus and the Victory*, p. 547.

헤롯은 공정하게 진리를 조사하는 사람이 아니었다. 그가 예수님을 보기 원했던 것은 사심 없는 호기심 때문이 아니었다. 그는 그저 예수님을 조롱하기 위해 그분을 보기 원했다. 전날 밤의 사건들을 겪은 예수님은 헤롯 앞에 섰을 때 분명 가련하게 보였을 것이다. 헤롯은 유대 종교 지도자들의 선동을 받아서는 예수님을 부추겨 뭔가 그럴듯한 기적을 행하라고 하고 귀찮게 질문을 던졌다. 예수님은 이 중 어느 질문에도 대답하지 않으셨는데, 그것은 헤롯을 더욱 화나게 했다. 그렇게 되자 헤롯의 진짜 동기가 분명하게 드러났다. 그는 예수님에게 조롱을 퍼부었으며, 자기 군병들도 그렇게 하게 내버려 두었다. 그들은 그분을 실패한 메시아로 조롱하면서 우스꽝스러운 왕의 옷을 입혀 다시 빌라도에게 돌려보냈다.

헤롯의 그럴싸한 겉치레 심문은 빌라도가 예수님의 무죄를 입증하려 하는 데 전혀 도움을 주지 못했으며, 그리스도의 십자가에 또 하나의 못을 박고, 호기심을 가장하여 사실은 그리스도를 조롱하고자 했던 모든 사람의 죄를 확증하는 데 기여했을 뿐이다.

다른 사람들 역시 죄의 덫에 걸려들었다. 예수님이 처음으로 잡히셨을 때 그를 조롱했던 지키는 사람들(22:63-65), 십자가 위의 그분을 지켜보던 냉담한 군중들(23:35), 그저 자신의 임무를 수행했던 군병들(23:36-37)은 모두 그분의 죽음에 책임이 있다. "히틀러에 기꺼이 동조한 처형 집행자들"[31]이 된 보통 사람들이 나치가 유대인들을 핍박한 책임을 나눠 지는 것과 마찬가지다. 누가의 죄책에 대한 묘사는 어떤 사람도 어느 정도는 예수님을 처형한 책임을 모면할 수 없음을 시사한다. 그분을 그 나무에 못 박은 것은 죄, 곧 종교 지도자들과 냉소적인 정치가들의 죄, 노골적인 적들과 연약한 친구들의 죄, 유명한 사람들과 이름 없는 여러 사람의 죄, 그리고 그들의 죄뿐 아니라 우리의 죄였다.

---

31 Daniel J. Goldhagen의 책 제목. 그 책에서 그는 보통 사람들이 Hitler의 반유대인 프로그램에 기꺼이 추종했다는 것을 상세히 기록한다(Abacus, 1997).

누가는 예수님의 죽음을 세 가지 차원에서 설명한다. 그것은 성부 하나님의 사랑, 마귀의 증오, 인간의 죄에서 기인한 것이었다. 각각은 의도적으로 예수님을 목표로 삼았으며, 그분을 희생자로 만들었다. 하지만 단 하나의 뜻만이 효력을 발휘했다. 그것은 성부 하나님의 뜻, 곧 십자가를 통해 "주의 백성에게 그 죄 사함으로 말미암는 구원을 알게 하[려]"(1:77) 하신 그 뜻이다.

2. 자비로운 구세주

예수님의 죽음에 대한 누가의 묘사에서 가장 눈에 띄는 특징은, 그분이 십자가로 가는 길에, 분명 자신이 겪고 있는 고난에 여념 없다 해도 아무도 뭐라 하지 않을 바로 그 순간에, 사람들에게 보여 준 배려와 동정심이다. 누가는 다른 사람을 평가할 때 천성적으로 관대한 듯하다. 마가와 비교해 볼 때, 그는 동산에서 제자들이 실패한 것(제자들은 그분을 버리기보다는 방어하려 한다, 22:49-50)[32]과 군중의 적대감(적대감은 주로 관원들이 보여 준다, 23:35)[33]을 최소한으로 묘사한다. 그리고 누가만이 예수님이 죽으실 때 예루살렘 여자들이 슬퍼한 것(23:27)과 그것을 "구경하러 모인 무리"가 집으로 돌아가면서 가슴을 치며 자책한 것(23:48)을 언급한다. 하지만 주의를 끄는 것은 누가의 관대함이 아니라 구세주의 자비하심이다. 이야기의 네 측면이 특히 그분의 자비심을 주목하게 만든다.

1) 말고의 귀를 낫게 하심(22:49-51)

여전히 예수님을 인간 왕처럼 생각하고 있던 제자들은 무력을 사용하면 그들의 주님을 체포자에게서 구하고 그분의 나라를 도래하게 할 수 있다고 믿었다. 그래서 그들은 겟세마네 동산에 검을 가지고 가서 유다와 그의 무리

---

32 참고. 막 14:50.
33 참고. 마 27:39-40; 막 15:29-30.

가 행동을 취할 때 그 검을 사용했다. 우리는 그들이 용기와 좋은 의도를 갖고 있었다고 보아야 한다. 그들이 "반드시 무모한 것만은 아니었다. 베드로와 다른 사람들이 군관을 분주하게 만드는 동안 예수님은 어둠 속에서 빠져나갈 수 있으셨을 것이다. 예수님은 살아남으실 수도 있었을 것이다."[34] 그런데, 의도한 것은 아니지만, 그 혼란 속에서 불행히도 대제사장의 종인 말고[35]의 귀가 떨어져 나가고 말았다.

예수님은 제자들에게 싸움을 당장 중단하라고 명하셨을 뿐만 아니라, 그리고(전에 종종 그랬듯이) 제멋대로인 상황을 평정시켰을 뿐만 아니라, 또한 "그 귀를 만져 낫게" 하셨다. 그것은 예수님 편에서 행하신 놀라운 은혜의 행동이었다. 그분은 그렇게 하심으로써, 자신을 망치려 하는 사람들에게 인자하심과 구원의 능력을 보여 주었다. 앞으로 상하게 될 사람은 그리스도 자신뿐이었다.

2) 예루살렘 여자들(23:27-28)

우리는 주변에서 벌어지는 비극에 민감하게 반응한 몇몇 사람들이 있었다는 것과, 예수님이 골고다까지 힘겹게 올라가실 때 예루살렘 여자들이 "가슴을 치며 슬피" 울었다는 말을 읽을 때 약간 안도하게 된다. 그들은 "그분의 임박한 고난을 슬퍼했으며 미리 애도자의 역할을 한다." 사형수들이 사형장으로 행진할 때 따르던 사람들의 관례가 그렇듯이 말이다.[36] 후에 다른 사람들도 그러한 슬픔에 동참했으나(23:48), 이 여자들은 십자가 처형이라는 최종 행동이 일어나기 전에 그것을 예상했다.

예수님은 마치 자신이 여전히 상황을 주관하시는 것처럼 즉시 그들에게 말씀하셨다. 그분의 관심사는 그분 자신이 아니라 그들이었다. 그들은 그분

---

34 Bauckham and Hart, p. 31.
35 요 18:10은 베드로가 말고를 공격했다고 이름을 밝힌다.
36 Nolland, p. 1139.

을 위해 앞질러 슬픔을 표현하기보다 자신들을 위해 슬퍼해야 한다. 그들의 미래는 예수님이 이미 그들에게 경고하시고 그 이유를 말해 주신 대로 고난으로 가득 차 있었다.[37] 그 순간은 곧 올 것이다. 그때는 너무나 엄청난 재앙이 예루살렘에 임해서, 평소에 불행하다고 여겨지던 자식 없는 사람들이 복되다고 여겨질 것이다. 자녀들이 즐길 미래가 없을 것이기 때문이다. 임박한 재난의 원인은 사람들이 하나님에 대해 오랫동안 갖고 있던 적대감이었다. 그 적대감은 그 순간, 곧 그들이 하나님의 아들을 거부하고 십자가에 못 박을 때 절정에 이르고 있었다.

예루살렘을 보고 우시던(19:41-44) 예수님은 십자가로 가시는 동안에도, 사악함에 몰두하고 있는 사람들을 향해 계속 사랑과 자비를 보이셨다.

3) 죄를 사해 달라는 기도(23:34)

누가는 이어서 예수님이 십자가에서 하신 말씀을 기록하면서 십자가 처형의 독특한 특징을 강조한다. 그는 다른 곳에는 나와 있지 않은 세 가지 말씀을 기록하는데, 거기에는 죄를 사해 달라는 예수님의 기도도 포함된다. "아버지, 저들을 사하여 주옵소서. 자기들이 하는 것을 알지 못함이니이다." 어떤 사람은 예수님의 기도 범위가 제한되어 있었다고 주장한다. 십자가 처형을 집행하고 있는 군병들의 죄를 사해 달라고 성부 하나님께 구하고 있었다는 것이다. 그 처형이 군병들의 임무였고 그들은 더 나은 것을 알지 못했다는 것이 사람들의 추론이다. 군병들은 무지했기 때문에 그렇게 행동했다. 그들은 이전에도 사람들을 십자가에서 처형했으며 앞으로도 그럴 것이다. 군병들은 자신들의 행동에 책임이 없다. 처형하는 권한은 다른 사람에게 있었고, 군병들의 임무는 그 명령에 순종하는 것이었다.

그분이 십자가에 달려 옷이 벗겨진 채 죽어 갈 때 이 보병들이 그분의 자

---

37 눅 13:34-35; 19:41-44; 21:20-24.

비와 죄 사함의 초점이 된다는 것도 무리는 아니다. 그것은 예수님의 죽으심에 대한 누가의 기사와 어울린다. 그 기사에 보면 예수님은 주변 사람들을 놀라울 정도로 잘 알고 계셨으며 그들에게 사랑과 인자하심을 퍼부으셨다는 것이 계속 반복해서 나온다. 존 놀랜드(John Nolland)는 군병들이 그분의 소유물을 나누는 데 관심이 있다는 것을 곧바로 묘사함으로써, 34절은 "자신을 처형하는 자들에 대한 예수님의 관심과 그들이 그분을 무시한 것"[38]을 의도적으로 대조한다는 점을 지적한다. 그럼에도 불구하고 그 부르짖음은 분명 그들에게 국한될 수 없다. 그것은 유대인이나 로마인이나, 통치자들이나 백성이나, 그때나 지금이나 할 것 없이 그의 처형에 관여한 모든 사람에게까지 분명 이르러야 한다. 왜냐하면 어떤 사람들이 의도적인 적개심으로 그분을 반대했으며, 정말로 몰랐다고 변명할 수 없지만, 모든 사람이 그분의 죽음을 통해 이루어지고 있는 하나님의 더 깊은 목적을 몰랐던 것이 사실이기 때문이다.

4) 죽어 가는 행악자(23:40-43)

구세주의 자비심은 좀도둑 정도가 아니라 유죄가 입증되어 사형이 선고된 중죄인, 즉 예수님 옆 십자가에 매달려 있던 죄인에게까지 임했다. 이 사람은 진짜 죄인[39]이지만, 자신의 인생을 마감하는 그 순간 예수님께, 그가 행한 모든 악행에도 불구하고 "오늘 네가 나와 함께 낙원에 있으리라"라는 보증을 받는다(43절). 로버트 스타인(Robert Stein)이 말하듯, 그는 "주의 자비"를 구했으며, "놀랍게도 구원을 얻었다."[40] 엄청난 은혜가 역사했다. 이 사람의 영원한 미래는 정의와는 아무런 관계가 없었다. 그는 죽어서 하나님의 심판

---

38   Nolland, p. 1146.
39   그리스어로 '카쿠르고스'(*kakourgos*). BAGD는 이를 "엄청난 악행과 중대한 범죄를 저지른 사람"(p. 399)이라고 규정한다.
40   Stein, p. 593.

을 받아 마땅했다. 하지만 그의 영원한 운명은 자비와 곧 "은혜를 모르는 자와 악한 자에게도 인자"(6:35)하시며, 자기 아들이 그들의 죄를 위해 대속물로 죽으신 것으로 말미암아 값없이 죄를 사해 주시는 하나님과 중대한 관계가 있다. 누가복음 전체에 걸쳐 예수님은 가난한 자들과 소외된 자들과 배척당하는 자들에게 특별한 관심을 보이셨다. 이제 십자가에서 예수님은 누구보다도 가장 소외되고 배척당하는 자를 포용하사 그에게 낙원에 있게 되리라고 약속하셨다. 그 고난받던 행악자가 할 일은 그리스도의 고난에 의지하여 자비를 구하는 것뿐이었다. 이 점에서 그는 우리 모두의 귀감이 된다. 우리가 어떤 사람이건 간에 구원은 그리스도를 믿는 믿음으로만 가능하다.

이 말에 대해 두 가지를 더 살펴볼 만하다. "낙원"이라는 말은 원래 동산, 곧 여호와의 동산[41]을 말하는 것이었으나, 결국에 의인의 고향을 나타내게 되었다. 예수님은 그 말을 사용하시면서 이 불의한 사람이 이제부터 의인들 가운데 살 것이라고 말씀하시는 것일 뿐 아니라 그날 훨씬 더 중대한 뭔가가 일어나고 있다고 말씀하신 것이었다. 예수님은 한 개인의 구원을 확증하셨을 뿐 아니라, 우주적인 재창조의 사역이 일어나 사람들이 쫓겨났던 에덴 동산이 회복되고 있다는 것을 암시하셨다. 사람들이 다시 한번 하나님과 함께 거하게 될 것이다.[42]

두 번째 사항은 어떻게 보면 자명한 것이지만, 십자가가 그리스도께서 우리의 고통과 동일시하사 우리의 고난에 참여하신 장소임을 강조하는 현대 신학에 비추어 볼 때, 이 십자가를 언급할 필요가 있다. 예수님이 그날 갈보리에서 회개하는 죄인을 위해 하신 일은 그저 그의 고난에서 그와 동일시된 것이 아니라, 그를 구원하신 것이다. 동일시만 말하고 구원을 말하지 않는 십자가 신학은 충분하지 않다. 톰 스매일은 그 점을 다음과 같이 아름답게 말한다.

---

41 창 2:8; 13:10.
42 계 21:1-5; 22:1-5.

회개한 도둑을 만나기 위해 예수님은 그의 옆 십자가에 매달리셔야 했다. 하지만 그가 거기에서 예수님께 의지했을 때 그분은 "오늘 내가 너와 함께 갈보리에 있다"라고만 말씀하시지 않고, "오늘 네가 나와 함께 낙원에 있으리라"라고 말씀하셨다. 예수님이 우리의 고통 속에서 우리와 함께 계시는 광경은 우리가 치유되리라는 약속이다. 예수님이 우리의 죽음을 함께 하는 광경은 우리가 생명을 얻으리라는 약속이다.[43]

십자가까지 가는 장면과 십자가를 둘러싼 장면은 분주하고 시끄러우며 붐빈다. 여러 사람이 나름대로 역할을 하고 있으며, 그중 많은 사람은 그 모든 것의 중심에 계시는 예수님의 사랑을 받는다. 그분의 사랑은 죽어 가는 강도로부터 냉정한 백부장(23:47)에 이르기까지, 우는 여자들로부터 한 유대 지도자에 이르기까지(23:50-54) 특히 뭔가 가망성 없는 것 같은 사람들에게 임한다. 리처드 버리지는 누가복음에 나오는 그리스도를 가장 잘 나타내는 상징은 '짐을 지는 황소'라고 말한다. 그리고 여기서 마지막 순간까지, "짐을 지는 분이신 그분은 여전히 여자들, 평범한 군병들, 십자가에 달린 강도 등을 구원하시려 애쓴다. 그러나 한편으로는 다른 사람의 짐을 지고 예루살렘에서 죄를 위해 희생 제물로 드려지는 것은 언제나 황소의 일이었다."[44] 도널드 시니어도 같은 의견이다. 그는 "십자가의 끄는 힘"에 대해 말하면서, 누가가 기록하는 독특한 각각의 사건들에서는 "두려움이나 연약함이나 악에 괴롭힘당하는 사람이 십자가에 가까이 감으로써 그들의 짐에서 해방된다"[45]는 것을 지적한다.

공생애 내내 병을 고치고, 귀신에게서 해방해 주고, 죄를 사해 주시는 자비로운 구세주셨던 예수님은 고난을 받고 죽으시면서도 계속해서 자비로운

---

43   Smail, *Windows*, p. 73.
44   Burridge, p. 127.
45   Senior, *Luke*, pp. 163-164.

구세주의 면모를 보이셨다. 실로 그분은 자신의 죽음을 통해 자신의 소명을 온전히 이루셨다. 그분은 다른 사람들 대신 죄와 사망의 무게를 받아들임으로써만 그들의 죄를 사해 주고 그들을 억누르고 있는 짐에서 자유롭게 해 줄 수 있기 때문이다.

3. 신뢰하는 성자

마가는 예수님을 거부당한 성자로 제시한다. 그의 마음에서 떠나지 않는 골고다의 기억은 절절히 사무치는 유기의 부르짖음에 대한 것이다. 마태는 예수님을 정당함이 입증된 성자로 제시한다. 그의 기억은 유기의 부르짖음뿐 아니라 예수님의 죽음에 수반된 초자연적 사건들에 대한 것이다. 누가는 그에게 정보를 제공해 준 사람들의 기억에서 뭔가 다른 것을 끌어낸다(참고. 1:1-4). 설사 그들이 하나님께 버림받은 예수님의 부르짖음에 대해 말했다 해도, 누가는 그것을 언급하지 않기로 한다. 그 대신 누가는 성부와 성자 사이의 관계에서 꾸준하고, 흔들리지 않으며, 지속적인 신뢰를 본다.

이러한 묘사들은 서로 상충하지 않는다. 관계는 복합적이며, 종종 여러 가지 심지어 서로 모순되는 감정을 동시에 포함한다. 부모에게 벌을 받고 있는 어린아이는 부모가 다정한 친구라는 것을 알고 계속 신뢰하면서도, 부모가 자기를 괴롭힌다고 생각할 수도 있다. 그리스도의 경우도 마찬가지다. 마태와 마가와 누가가 그들 각자 유익의 관점에서 십자가의 장면을 보기 때문이다.

도널드 시니어는 우리가 인생의 위기에 직면할 때, "피상적인 관계가 사라져 버리고 가장 깊은 영혼에서 참된 가치들이 표면으로 솟아 나온다. 그리고 생명과 충실함이라는 희귀한 보화들이 환하게 빛을 발한다"[46]라고 통찰력 있게 말한다. 예수님은 수난이라는 위기에 직면했을 때, 성부 하나님에게

---

46 앞의 책, p. 166.

서 등을 돌리는 것이 아니라 그분께 향했다. 이는 그 관계가 얼마나 깊고 분리할 수 없는 특성이 있는지를 잘 보여 준다. 예수님의 마음속에는 성부 하나님의 계획에 대해 한 점 의심도 없었다. 자신의 아들 됨을 빨리 확증해 달라고 요구하시지도 않았다. 그 대신에 그분은 다락방에서 수난 내러티브가 처음 시작될 때부터, 자신이 고난을 견디고 그의 나라에 들어갈 것을 고요한 확신으로 받아들이시는 모습을 보여 주셨다(22:16, 18).

누가의 수난 내러티브는 성부와 성자 사이의 특별한 관계를 서너 군데 드러낸다.

1) 동산에서(22:43)

누가만이 예수님이 동산에서 고뇌에 잠겨 있는 동안 "천사가 하늘로부터" 나타나 그분에게 힘을 주었다는 것을 언급한다. 다른 복음서 기자들이 보기에는, 동산에서의 고뇌는 외로운 철야기도였다. 인간 동료들은 예수님을 저버리고 잠들었다가 나중에는 그분을 완전히 버렸다. 하지만 신적 도움은 바로 가까이에 있었다. 그분의 아버지는 그가 시련을 겪는 동안 그를 돕도록 천상의 방문객을 마련해 두셨다. 그래서 어둠의 권세가 무시무시하게 모여들었지만, 마지막 순간까지 생생하게 남아 있던 하나님의 임재를 부정하지는 못했다.

누가는 천사들에 특별히 관심이 있어, 예수님의 탄생 이야기에서도 천사를 자주 언급했다. 그분이 세상에 오실 때 수종 들었던 천사들은 이제 그분이 세상을 떠나실 때도 수종들 것이다. 마태의 수난 내러티브에도 천사들이 언급되어 있다. 하지만 이 복음서들 사이의 차이가 시사하는 것이 있다. 마태는 그리스도가 잡히셨을 때 그분은 많은 천사를 불러 자신을 지켜 주도록 할 수도 있었다고 말한다.[47] 누가는 예수님이 십자가를 피하시도록 돕는

---

47 마 26:53.

것이 아니라 완수하도록 격려하기 위해 한 천사가 왔다고 말한다. 또한 마태는 그리스도의 아들 됨이 초자연적으로 확증되었다는 견지에서 말한 반면, 누가는 신뢰하는 순종이라는 견지에서 이해한다는 것을 알 수 있다.

2) 재판받는 동안(22:69)

각 공관복음서 저자들은 예수님이 유대 공회에서 심문받으실 때 "인자가 권능의 우편에 앉아 있는 것"[48]을 보리라고 말씀하셨다고 기록한다. 하지만 누가복음에서 예수님이 말씀하시는 어조는 다른 복음서들과는 다르다. 누가복음에서는 전후 문맥이 다르고 말도 더 짧은데, 이는 반항적인 선포보다는 조용한 신뢰의 목소리로 들린다. 예수님은 자신의 진정한 정체성을 아셨으며, 십자가가 그분의 보좌로 이르는 길이라고 확신했다. 그분의 성부 하나님은 그를 저버리시지 않을 것이다.

3) 십자가에서(23:34, 43, 46)

예수님의 확신에 대한 가장 놀라운 증거는 그분이 십자가에서 하신 말씀에서 찾아볼 수 있다. 세 번의 말에는 확신이 배어 있다. 첫째로, 원수가 사함을 받았다(34절). 싸움이 더 이상 계속될 필요가 없다. 이미 전투에 이겼기 때문이다. 예수님은 승리자다운 관대함을 지니고 있었다. 둘째로, 죽어 가는 강도에게 "오늘 네가 나와 함께 낙원에 있으리라"(43절)고 약속하셨다. 그 약속에는 의문이나 불확실한 점이 없다.

셋째로, 가장 놀라운 것은 그분이 죽으시면서 한 말씀이다. "아버지, 내 영혼을 아버지 손에 부탁하나이다"(46절). 의심으로 주저하면서 외치신 것이 아니라 "큰 소리로", 확신과 확실함으로 외치셨다. 예수님은 자기 생명이 성부 하나님께 받아들여지지 않으리라고는 추호도 생각하지 않으셨다. 그 말

---

48 마 26:64; 막 14:62. 마태와 마가는 "하늘 구름을 타고 오는 것"이라는 말을 덧붙인다.

씀은 유기의 부르짖음이 그랬듯이 시편에서 나온 말이다. 하지만 그 말씀은 시편 22편이나 탄식 시편의 다른 유약한 말에서 나온 것이 아니라, 시편 31:5, 곧 하나님께 피할 때 구원이 온다는 확신을 표명하는 시편에서 나온 말이다. 예수님은 기꺼이 자신의 영혼으로 하나님께 복종하고, 자신의 운명을 하나님께 맡기셨다. 그분은 자신의 옳음이 입증되리라는 것을 알고 있었다. 최후의 순간에 그는 "하나님은 신뢰할 수 있으며, [심지어] 죽음이라도 하나님에 대한 신뢰를 떨어뜨릴 수 없다"[49]고 선포하셨다.

이틀 후에 일어난 예수님의 부활은 그분의 확신이 잘못된 것이 아님을 입증해 주었다. 그분은 죽음을 겪으셨지만 죽음으로 인해 멸망하지 않으셨다. 그분은 사탄이 온갖 짓을 다하도록 두었지만 손쉽게 사탄을 이기셨다. 그분은 어둠과 거짓말과 배신과 종교가 활개 치도록 하셨지만, 자신의 영혼을 하나님께 맡김으로써 그 모든 것을 이기고 싸움에서 돌아오셨다. "그분과 하나님의 끊을 수 없는 신뢰에 찬 유대"는, 죽음을 경험하고 난 지금, 그분이 "구세주와 해방자, 하나님의 투사이자 강한 자"[50]로 입증되셨음을 의미한다.

분명 누가가 이것을 강조한 첫째 이유는 예수님이 신적이고 온전한 아들임을 입증하려는 것이었을 것이다. 하지만 그 묘사는 부차적으로, 그리스도인 제자들에게 상황이 불길하고 하나님을 쉽게 볼 수 없는 것 같을 때라도 하나님은 거기 계신다는 것을 상기시켜 준다. 그러므로 하나님은 가장 고통스럽고 난처한 상황에서도, 그리고 그분의 손이 우리를 무겁게 누르는 듯 보이는 때도 신뢰할 만한 분이시다. 우리는 그분이 우리와 함께하시며 결코 우리를 떠나지 않으신다는 것, 그리고 결국에 가서는 그분이 우리를 온전한 구원의 축복을 더욱 유쾌한 방식으로 경험할 곳으로 데리고 가시리라는 것이 진리임을 알기 때문이다.

---

49 Senior, *Luke*, p. 169.
50 앞의 책, p. 165.

4. 오시는 왕

우리가 지금까지 검토한 세 가지 주제는 그리스도의 죽음에 대한 미묘한 뉘앙스를 지닌 누가의 기사를 속속들이 규명한 것이 아니다. 적어도 다른 한 가지 주제를 간략히 언급할 만하다. 누가는 9:51에 있는 편집자 주에서 "예수께서 승천하실 기약이 차 가매 예루살렘을 향하여 올라가기로 굳게 결심하시고"라고 말한다. '승천하다', 곧 하늘로 '올라간다'(taken up)고 번역된 단어 '아나렘프시스'(*analēmpsis*)는 보통 '올라가다'(elevation)라는 의미로 사용되는 희귀한 단어다. 그것은 그분의 죽음을 말할 수도 있지만, 그다음에 나오는 구절들은 엘리야의 사역을 떠올리게 하므로, 승천에 대한 언급일 가능성이 더 크다. 하지만 우리가 꼭 둘 중 하나를 선택해야 하는 것은 아니다. 예루살렘은 그리스도가 굴욕을 당하며 십자가에 달려 들리우신 곳이기도 하고, 높이우사 하늘로 들리우신 곳이기도 하다. 마지막에 가서는 두 가지가 서로 결합한다. 십자가에서 왕의 즉위가 시작되기 때문이다.

또 누가는 최후의 만찬 때 예수님이 하신 말씀에 미래 지향적인 어조를 덧붙인다. 제자들과 나눈 마지막 식사는 종말 때 이루어질 메시아적 잔치를 예상하는 것이었는데, 그 잔치에 대해서는 유대교에서도 많이 말하며,[51] 그들도 그것을 고대했다. 예수님은 다음번에 자신이 먹고 마실 때는 "구속받은 자들이 메시아와 함께 앉아서 즐기는"[52] 그리고 주린 자가 배부름을 얻고 목마른 자가 만족하게 될(6:21) 잔치 때라고 말씀하신다(22:16, 18). 그분으로 하여금 최종적으로 그의 나라에 들어가게 하는 것과 그 나라의 완성을 가리키는 것이 바로 십자가다. 매리언 소즈(Marion Soards)가 말했듯이, 이러한 해설의 요점은 그것이 제자들로 하여금 이제 바야흐로 목격할 사건들의 의의를 좀 더 긴 시간적 틀 안에서 보도록 만들었다는 것이다. 제자들이 바야

---

51 사 25:6-7; 49:10-13; 시 107:3-9.
52 Stein, p. 201.

흐로 보게 될 사건들은 그저 잠시 지나가는 비극이 아니라 '궁극적인 의의를 지닌'[53] 것이었다. 그리스도의 죽음은 그의 나라가 완성되는 마지막 단계를 촉진하는 것이었다. 그렇다면 9:51의 말씀과 22:7-38의 식사는 누가가 묘사한 여러 가지 모습에 높임받으셨으며 오시는 왕이신 고난받는 그리스도의 모습을 추가해야 함을 시사한다.

결론

누가복음에 나오는 그리스도의 수난에 대한 기록은 그 복음서 나머지 부분에 나오는 관심사들과 완벽하게 조화를 이룬다. 누가는 사람들에게 관심이 있다. 사람들을 주의 깊게 관찰하는 누가가 갈보리 사건들을 전개하면서 그 이야기에 다른 복음서 저자들보다 더 많은 사람을 포함하는 것은 놀라운 일이 아니다. 또 누가가 그분을 의도적으로 희생자로 택한 책임이 누구에게 있으며 그 동기가 무엇이었는지에 관심을 가지는 것에 놀라면 안 된다. 또한 그리스도가 십자가로 가실 때 그분이 주변 사람들과 역동적인 관계를 맺으며 그로 인해 그분 자신이 무엇보다도 자비로운 구세주임을 보여 주신다는 점을 살펴보는 것에도, 성부와 성자 간의 관계를 깊이 생각하면서 가장 절망적인 상황에도 불구하고 신뢰하는 것이 무엇인지 보여 준다는 것에도 놀라면 안 된다. 하지만 그의 이야기의 인간적 차원이 신적 차원을 가려서는 안 된다. 십자가는 하나님이 계획하시고 성자가 지신 것이다. 이것은 성경이 성취되고, 사탄이 전투에 참가하여 패배하며, 하나님 나라가 절정에 이를 준비

---

[53] M. L. Soards, *The Passion According to Luke: The Special Material of Luke 22* (Sheffield Academic Press, 1987), p. 125. 그녀는 현재이자 미래로서의 하나님 나라에 대한 논쟁을 염두에 두고서, 누가가 하나님 나라가 곧 도래할 것에만 관심이 있는 것처럼 여겨지지 않도록, 오해를 바로잡는 말을 하나 덧붙인다. "동시에 누가는 인간적·현세적 실존이 계속되리라는 것을 분명하게 암시했다." 누가의 종말론에 대해서는 Marshall, *Luke: Historian*, 특히 pp. 128-136를 보라.

를 하도록, 그래서 구원의 온전한 차원이 모든 사람, 심지어 가장 합당하지 못한 사람에게까지 이르도록 하기 위해서다. 그러한 것이 가리키는 것은 그분은 하나님을 신뢰하는 성자이며, 그분은 지금도 여전히 자비심 많은 구세주시고 오시는 왕이시라는 것이다.

9장

영광스러운 생명 수여자

요한복음 18:1-19:42

예수님의 죽음에 대한 요한복음의 독특한 묘사는 "대단히 깜짝 놀랄 만한 것이다."[1] 이것은 사형수의 행진이기보다는 왕의 행차에 더 가깝다. 이것은 수난 내러티브라기보다는 영광의 내러티브다. "어떻게 예수님이 영광을 받으셨으며, 어떻게 예수님의 죽음을 통해 하나님이 영광을 받으셨는가"[2]에 대한 이야기이기 때문이다.

요한은 다양한 그러나 똑같이 타당한 여러 가지 강조점을 지닌 복음서 기사를 적절하게 절정으로 이끈다. 그가 기록하는 수난 내러티브는 가장 높은 음조로 끝난다. 마태는 예수님의 죽음을 폭력적이고 피비린내 나는 죽음 그리고 결국 그분이 옳다는 것을 초자연적으로 입증하는 죽음으로 본다. 마가는 그 죽음을 대속물이 되신 종의 음울한 고난으로 본다. 누가는 그것을 사랑과 신뢰에 찬 아들의 행위로, 그로 인해 그분이 구세주가 된 것으로 본다. 예수님이 부끄러움에서 영광을, 죽음에서 생명을 가져오시는 온유하고 위엄 있는 왕이라는 요한의 묘사는 이러한 다른 복음서 기자들의 묘사를

---

1   Carroll and Green, p. 82.
2   Hooker, *Not Ashamed*, p. 109.

보완해 준다.

혹자는 요한이, 구원이 십자가보다는 성육신으로 인해 이루어진 면이 더 큰 것으로 이해한다고 말한다. 그런 판단의 근거는 빈약하다. 요한은 예수님의 생애 마지막 몇 주간에 대해 어떤 복음서 저자 못지않게 많은 지면을 할애할 뿐 아니라, 복음서 전체에 십자가에 대한 예언적 상징과 경고 표시를 빽빽하게 끼워 넣어서, 그가 정말로 십자가를 성육신보다 부차적인 것으로 생각한다고 믿을 수 없다. 그가 사용하고 있는 주마등 같은 이미지들은 정말 휘황찬란하다. 예수님은 땅에서 "들릴"(3:14; 8:28; 12:32-34) 때 성전을 헐(2:19) "하나님의 어린 양"(1:29)이시다. 제자들은 "양들을 위하여 목숨을 버리"는 "선한 목자"(10:11)의 살을 먹어야 한다(6:51-53). 대제사장은 이 밀알이 "땅에 떨어져 죽[어서]"(12:24) 선지자 이사야의 말씀을 이루고(12:38) 생각할 수 있는 가장 큰 사랑의 표현을 가져오는 것(15:13)이 좋다고 생각했다(11:49-52). 요한은 십자가 처형의 중요성을 과소평가하지 않는다.

수난 기사의 몇 가지 낯익은 이야기들이 요한복음에 빠진 것은 사실이다. 제자들과 최후의 만찬을 나눈 것이 나와 있지 않으며(참고. 6:25-59; 13:1-17), 동산에서의 고뇌도, 공회 앞에서 받은 재판[3]도, 시몬이 예수님의 십자가를 지고 간 사건도, 여자들이 예수님의 운명을 애도하여 운 것도, 십자가에서 사람들이 비난의 말을 퍼부은 것도, 하나님 아버지로부터 분리되는 유기의 부르짖음도 나와 있지 않다. 이러한 사건들이 빠져 있고, 다른 사건들이 포함되어 있으며, 낯익은 사건들도 좀 다르게 묘사되어 있기에 우리는 십자가를 완전히 다른 각도에서 보게 된다.

---

3 가야바의 장인인 안나스 앞에서 재판이 열렸으며(18:12-14, 19-24), 예수님을 가야바에게 보내졌다(18:24). 하지만 그 재판에 대해 자세한 것은 기록되어 있지 않다. 이 시점에서 그것을 포함하는 것은 불필요했을 것이다. 11:47-53을 보면 공회의 판결이 이미 선고되었기 때문이다.

1. "너희 왕이로다"

요한은 예수님을 무엇보다도 온유하나 위엄 있는 왕으로 제시한다. 그분의 위엄은 수난 내러티브에서 "여러 부분과 여러 모양으로"[4] 나타난다. 요한복음의 그리스도는 마가복음에서처럼 수동적인 분으로 나오지 않는다. 요한이 제시하는 그리스도는 왕답게 주관하는 분, 자신의 재판과 처형 의식의 주재자시다.

1) 그가 시간표를 정하신다

왕실 행사는 시계처럼 정확하게 이루어진다. 아무도 지각하지 않는다. 모든 사람은 정확하게 지시받은 대로, 정확히 제시간에 맡은 일을 수행한다. 어느 해 나는 런던 화이트홀의 세계대전 전사자 기념비 앞에서 열린, 여왕이 참석하는 전사자 추모일 예배에 참석한 적이 있다. 행사 전에 두꺼운 브리핑 서류 뭉치를 받았는데, 거기에는 정확하게 무엇을 해야 하는지가 적혀 있었다. 거기 보면 오전 10시 42분에 어떠어떠한 왕실 가족이 도착할 것이라고 쓰여 있다. 10시 43분에는 다른 왕실 가족이 올 것이다. 10시 45분에 왕대비가 도착할 것이며, 11시에 "빅벤 시계가 첫 번째 울릴 때" 모두 착석하여 의식이 시작될 것이다. 그리고 그대로 진행되었다. 왕실 가족들은 예고된 시각에 정확하게 도착했으며, 1초도 빨리 오거나 늦게 오지 않았다. 그리고 식은 빅벤이 첫 번째 울리는 바로 그 순간 시작되었다.

요한복음 전체에서 예수님은 자신이 이와 비슷하게 위엄 있게 시간표를 정하신다는 것을 보여 주셨다. 예수님의 어머니가 갈릴리 가나에서 아직 때도 안 되었는데 예수님의 신원을 드러내기를 강요하자, 그분은 "내 때[5]가 아

---

4 히 1:1.
5 그리스어로는 '호라'(hōra), 곧 '때'(hour)로서, NIV는 보통(별로 도움이 안 되게) 그것을 좀 더 일반적인 단어인 '때'(time)라고 번역한다. 12:33에서만 어떤 이유에서인지 예외다. 2:4; 7:30;

직 이르지 아니하였나이다"(2:4)라고 말씀하셨다. 무리가 그를 잡으려 했으나, 아무 일도 일어나지 않았다. "그의 때가 아직 이르지 아니하였[기]"(7:30) 때문이다. 두 번째로, 그분이 명백히 도발적인 언동을 했고 충분히 기회가 있었음이 분명함에도 사람들이 그를 잡지 못하였는데, 그것은 "그의 때가 아직 이르지 아니하였[기]"(8:20) 때문이다. 하지만 예수님을 방문하러 왔을 때, 그리스인들이 "일종의 방아쇠, 곧 절정의 순간이 동터 온다는 표시"[6] 역할을 했다. 예수님이 그 이방인들의 요청대로 그들을 만나셨는지는 나와 있지 않다. 나와 있는 것은 "인자가 영광을 얻을 때가 왔[다]"(12:23)는 것이다. 그래서 예수님은 자신의 죽음으로 이어질 마지막 행동들을 시작하셨다.

2) 그가 사건들을 주관하신다

재판과 십자가형이 진행되면서, 예수님은 "처음부터 끝까지 감독의 자리에 앉아 있다."[7] 단지 그분이 모든 것을 예상하신 듯하다는 것뿐 아니라(13:1; 18:4), 모든 것을 계획하셨다는 것이다. 그분은 결코 강요당하신 적이 없다. 그분은 한 번도 협박을 받아 행동하시는 듯한 적이 없다. 그분의 생명은 사람들이 그에게서 빼앗아 간 것이 아니라 그분이 자신의 때에 자신이 택한 방식으로 자발적으로 버리신 것이다(10:17-18). 요한이 나열한 모든 세부 사항은 그분의 왕다운 위엄이나 왕으로서의 권위에 무게를 더해 준다.

(1) 폭도들에게 잡히심(18:1-11)

우리는 수난이 시작되자마자 예수님의 권위를 알게 된다. 그분은 배신의 과정을 시작하도록 유다를 특파한다(13:27). 예수님이 제자들과 함께 기도하시고 난 후(이것은 제자들의 후원을 받지 못한 채 성부 하나님과 더불어 필사적으로 몸

8:20; 12:23, 27; 13:1; 17:1을 보라.
6   Carson, *John*, p. 437.
7   Carroll and Green, p. 99.

부림치던 것이 아님을 유의하라), 유다는 그분을 잡으려고 군대와 관원들의 무리와 함께 기드론시내 저편 감람나무 숲으로 들어갔다. 즉시 예수님은 지휘봉을 잡고 묻는다. "너희가 누구를 찾느냐"(4절). 유다는 나와서 예수님을 지목하기는커녕 뒷전에 숨어 있고, 예수님은 그들이 자신을 찾는다는 말을 듣자마자 자신의 모습을 드러내셨다. 그분은 놀라운 단어를 택하여 자신을 나타내는데, 그것은 "내가 그니라"(5절, I am he)는 말이다. 요한이 이 말을 단지 예수님의 신원을 나타내는 말로 쓴 것이 아니라, 하나님의 이름인 "스스로 있는 자"(I am)[8]를 나타내는 말로 사용했다는 것에는 거의 의심할 여지가 없다. 그의 대적들의 반응이 그것을 증명한다. "그들이 물러가서 땅에 엎드"려졌으며, 윌리엄 템플(William Temple) 대주교의 말에 따르면 이것은 "잠시 그분의 신성의 영향에 [굴복]"[9]했기 때문이다. 그다음에 예수님은 자기 제자들을 풀어 달라고 협상하셨는데(8절) 이는 처음부터 끝까지 분명하게 나타나는 다른 사람에 대한 놀라운 배려를 보여 주는 증거다. 제자들은 예수님이 잡히지 않도록 저항하려 했으나, 예수님은 그들이 폭력을 쓰는 것을 만류하고 격투 전에 귀를 다친 말고를 고쳐 주셨다. 이 이야기는 예수님이 상황을 주관하시는 분이라는 확고한 인상을 준다.

(2) 안나스 앞에서 심문을 받으심(18:12-14, 19-24)

안나스는 주후 15년 빌라도의 전임자인 발레리우스 그라투스(Valerius Gratus)의 영향으로 물러날 때까지 대제사장이었다. 하지만 그는 여전히 막후에서 권력을 행사하고 있었다. 그의 네 아들이 뒤를 이어 대제사장 자리에 올랐으며, 사위 가야바가 이제 그 자리를 차지하고 있었다. 그 안나스 앞에 예수님은 당당히 서 계셨다. 예수님은 심문이 굳이 필요하냐고 말씀하신다(20-21절). 예수님은 매우 공개적으로 가르치셨으며 모든 사람이 그분이 무

---

8 출 3:13-14. R. E. Brown, *John*, p. 818.
9 Milne, p. 252에서 인용.

엇을 믿는지 알고 있었기 때문이다. 가야바가 그를 건방지다고 나무랐으나 그분은 여전히 자신의 주장을 굽히려 들지 않으셨다(22-23절). 그분이 뭔가 잘못하셨을 수도 있다. 그 경우 그들은 그것이 무엇인지 지적해야 한다. 아니면 그분은 잘못이 없으실 수도 있다. 그 경우 그들은 그를 부당하게 다루는 것이다. 그 심문은 아무 성과가 없었다. 예수님이 허용하지 않으셨기 때문이다. 브루스 밀른(Bruce Milne)이 썼듯이, "안나스는 예수님의 준엄한 고결함으로 인해 더 이상 자신의 계략이 먹히지 않자, 더 손을 쓰지 못하고 그를 자신의 사위(24절)에게, 그리고 후에는 공회에 보냈다."[10]

공회 앞에서 이루어진 재판은 기록에 없다. 요한에 따르면 이미 궐석으로 재판이 진행되었으며, 판결이 내려졌기 때문이다(11:45-53). 분명 요한이 그 재판에 대해 기록했다 하더라도, 우리는 고결하신 분이 재판을 받는 모습을 동일하게 보게 될 것이다. 예수님이 빌라도 앞에 서 있을 때(요한이 묘사하는 다음 장면), 그분은 여전히 위엄 있는 자세와 상황을 주관하는 주권을 유지하고 있었기 때문이다.

(3) 빌라도와의 대화(18:28-19:16)

예수님은 이제 반역죄를 저질렀다는 명목으로, 지상에서 가장 높은 사람인 가이사의 총독 빌라도 앞에 서 있다. 그다음에 나오는 것은 법적인 심문이기보다는 그들 사이에 오간 매우 색다른 대화다. 그 대화의 세 가지 측면은 특히 주목할 만하다. 첫째로, 빌라도가 예수님을 심문한 만큼 예수님도 빌라도를 심문하셨다. 예수님은 빌라도의 질문에 대해 질문으로 답하셨다. 빌라도가 "네가 유대인의 왕이냐?"(18:33)라고 묻자, 예수님은 "네가 스스로 하는 말이냐, 다른 사람들이 나에 대하여 네게 한 말이냐?"(34절)라고 답하셨다. 브루스 밀른의 해설은 매우 통찰력이 있다. "예수님은 로마 제국을 대표하는

---

10 Milne, p. 259.

이 사람에게 한 치도 기죽지 않으시며, 대화를 개별 맞춤으로 돌려 빌라도를 하나님의 은혜를 받아야 하는 사람으로 대우한다."[11]

둘째로, 예수님은 빌라도에게 자신이 통치하기 위해 나셨다고 말씀하심으로 자신의 왕권을 공공연하게 선포하셨다(37절). 하지만 그분은 일반적인 왕권의 개념과는 거리를 두려고 조심하시며 이렇게 설명하셨다. "내 나라는 이 세상에 속한 것이 아니니라. 만일 내 나라가 이 세상에 속한 것이었더라면 내 종들이 싸워 나로 유대인들에게 넘겨지지 않게 하였으리라. 이제 내 나라는 여기에 속한 것이 아니니라"(36절). 빌라도는 예수님이 말씀하시는 하나님 나라의 개념이 그에게 익숙한 나라 개념, 곧 거짓말, 반쪽 진리, 정치 운동, 폭력, 가식, 속임수로 얼룩진 나라들과는 매우 다르다는 것을 알고 안도했다 하더라도, 예수님은 그가 안도하라고 그 말씀을 하신 것도 아니었을 뿐더러, 또한 그러한 안도는 순간일 뿐이었다. 예수님은 그의 나라가 "이 세상에 속한 것이 아니라"고 주장하심으로써, 심지어 가이사의 권세보다도 더 높은 권세를 주장하고 있었다. 그분은 그날 빌라도의 재판정에서 두 세상이 충돌하고 있었으며, 빌라도가 대표하는 나라는 예수님이 대표하는 나라에 질 것이라고 말씀하시는 것이었다. 승리하고 영원토록 지속될 나라는 예수님의 나라다.

빌라도가 안도한 것도 잠시, 예수님을 풀어 주려는 최후 시도가 실패하고 군중이 마침내 예수님을 십자가에 못 박으라고 사납게 외칠 때, 빌라도는 "더욱 두려워하여"(19:8) 다시 들어가 예수님을 시험해 보았다고 나와 있다. "불신으로 인해 마음이 혼미한 상태이기는 했지만, [빌라도는] 그가 심문하는 사람에게 신비한 능력이 있음을 느끼며 그 때문에 두려워한다."[12] 예수님은 빌라도의 고뇌를 덜어 주기 위해서는 아무것도 하지 않으시고 자신의 주권을 다시 한번 주장하실 뿐이다(19:11). 예수님이 주관하고 계셨다면, 빌라

---

11   앞의 책, p. 266.
12   Senior, *John*, p. 152.

도는 그렇지 못했다. 미신에 사로잡힌 그 로마인은 대화를 나눈 끝에 예수님을 풀어 주기로 결심했다. 하지만 빌라도는 자신이 통제할 수 없는 힘과 싸우느라 자기 마음대로 자유롭게 결정할 수 없었다.

셋째로, 예수님은 빌라도로 하여금 선택하지 않을 수 없게 하셨다. 표면적인 선택은 빌라도가 무리에게 제시한 것이었다. 그들은 유월절마다 한 명의 죄수를 사면하는 관행이 있었는데 빌라도는 이 관행에 따라 바라바를 놓아주기 원하는가, 예수를 놓아주기 원하는가[13](18:39-40)를 무리에게 물었다. 더 심오한 선택안은 죄수인 예수님이 재판관인 빌라도에게 방금 요구한 것으로, "무릇 진리에 속한 자는 내 음성을 듣느니라"(37절)는 것이다. 빌라도는 예수님이 말씀하신 진리에 귀를 기울일 것인가, 아니면 유대 지도자들이 퍼뜨린 거짓말에 귀를 기울일 것인가? 빌라도는 예수님 편에 설 것인가, 그분의 원수들 편에 설 것인가? 빌라도는 진짜 왕에게 복종할 것인가, 이 세상 나라를 계속 섬길 것인가? 오늘날 우리도 같은 선택에 직면한다.

3) 십자가상의 대관식(19:1-37)

빌라도는 무리의 뜻에 굴복하기 전에, 예수님을 석방하려고 여러 가지 전략을 구사했다. 그는 방금 언급한 것처럼 그들에게 바라바와 예수님 중에 선택하라고 했다. 그들은 누구를 살리고 누구를 죽일지 결정해야 했다. 그들은 바라바를 살려 주고 예수님을 죽이기로 했다(18:39-40). 그러자 빌라도는 타협 전략을 시도했다. 그는 예수님을 채찍으로 때리고 조롱의 대상으로 만듦으로써 사람들의 욕구를 반쯤은 채워 주려 했다(19:1-5). 그분이 얼마나 무력하고 아무런 해도 끼치지 않을 자인지 보게 하여 그들의 동정을 자아내려는 생각에서였다. 그 채찍질은 아마도 사형수에게 시행되던 매우 비정하고도 사람을 쇠약하게 만드는 '베르베라티오'(*verberatio*, 막 15:15에 언급되어 있는)가

---

13   이 관습의 역사적 확실성에 대해서는 Carson, *John*, p. 596를 보라.

아니라, '푸스티가티오'(*fustigatio*)라는 덜 심한 매질이었을 것이다.[14] 채찍질 다음에는 모의 대관식이 있었다. 군병들은 금이 아니라 가시로 된 면류관을 그의 머리에 씌우고, 아마도 '낡고 보풀이 인 누더기'[15]였을 모조 왕복을 입히고, 경멸조로 인사하고는 여기저기를 때렸다. 그들의 판토마임은 멍들고 피 흘리는 예수님을 "왕이라기보다는 어릿광대처럼 보이게"[16] 만들었다. 어떻게 그렇게 애처로운 사람을 해치고 싶어 할 수 있을까? 그가 도대체 어떤 힘을 발휘할 수 있다는 말인가? 그가 현 상태에 어떤 해를 끼칠 수 있다는 말인가? 하지만 그래도 그들은 그를 죽이고 싶어 했다. 모의 대관식은 그저 웃어넘기기에는 너무 진리에 가까웠다. 군병들은 재미 삼아 그분을 놀렸을지 모르지만, 그렇게 함으로써 그분의 참된 지위를 드러내 주었다. 그분은 정말로 왕이었으며 현 상태에 위협적인 존재였다.

고문을 받은 이 사람의 불쌍한 모습도 무리의 마음을 돌이키지는 못했으며, 그들은 빌라도가 관여할 것을 강요했다. 이 사람을 석방하는 것은 그들이 유일하게 왕으로 인정하는(분명 그들의 이러한 주장은 위선이었다) 가이사에게 유익이 되지 않을 것이다. 군중이 이런 식으로 말하자, 이전에 이미 몇 가지 외교적 실책을 저질러 팔레스타인 내에서 입지가 취약했던 빌라도는 자신이 어떻게 행동해야 할지를 알았다. "가이사의 충신"[17](12절)이라는 특혜받은 지위를 잃는 모험을 할 수는 없는 노릇이었다. 그래서 여전히 그는 "너희 왕이로다"(14-15절)라고 주장하면서 "이에 예수를 십자가에 못 박도록 그들에게 넘겨 주[었다]"(16절).

---

14 앞의 책, p. 597. 덜 심한 채찍질은 경고의 의미로 이용되었다. 하지만 이 경우에는 그것이 유대인들을 달래기에는 역부족인 것으로 드러났다. 이러한 해석은 사건들의 순서에 잘 들어맞는다. 요한은 이것이 사형 선고가 내려지기 전에 일어난 것으로 기록하고 있기 때문이다. 하지만 이것은 예수님이 사형 선고를 받은 후에 두 번째 채찍질을 당했던 것을 의미한다(마 27:26; 막 15:15).
15 Beasley-Murray, *John*, p. 336.
16 앞의 책, p. 337.
17 이 용어는 가이사의 총애를 받는 사람을 나타내는 준전문적인 용어였을 것이다. Carson, *John*, p. 607를 보라.

요한은 더 혹독한 두 번째 채찍질인 '베르베라티오'는 언급하지 않으나, 아마 예수님은 그런 채찍질도 당했을 것이다.[18] 그러고는 대관식 행렬은 골고다로 출발했다. 요한복음에 나오는 예수님은 계속 강한 모습을 보이신다. 그분은 자신의 십자가를 지셨다(17절). 구레네 사람 시몬이 도와주었다는 이야기는 나오지 않는다. 요한은 오직 예수님에게만 초점을 맞춘다. 그분과 함께 십자가에 달린 다른 두 사람은 부수적으로 잠깐 언급될 뿐이다. 예수님이 드라마의 중심인물이다. 요한은 예수님이 "가운데"(18절) 십자가에 달렸다고 말함으로써 이 점을 강조한다.

요한의 사건 기록은 계속해서 예수님의 왕권을 강조한다. 요한을 매혹한 것은 빌라도가 십자가에 붙여 놓은 죄목이다. 거기에는 "나사렛 예수 유대인의 왕"(19절)이라고 되어 있다. 자연히 유대인들은 그 표현을 놓고 왈가왈부했다. 그들은 빌라도가 예수님이 왕**이라고** 쓸 것이 아니라 예수님 자신이 왕이라고 **주장했다고** 써야 했다고 불평했다. 하지만 빌라도는 이 점에서는 요지부동이었다. 그러므로 예수님의 왕권 문제에서는 빌라도가 결론을 내렸으며, 그분의 왕적 지위가 확실하다는 것을 단언한 셈이다. 빌라도는 예수님을 상하게 하고 모욕까지 하느라 그 패를 아람어(그 지역의 방언), 라틴어(로마 정부의 세계어), 그리스어(문명권의 언어)로 마련했다. 그렇게 하면서 빌라도는 예수님이 유대인들의 왕일 뿐만 아니라 전 세계의 왕, 모든 백성의 왕임을 알린 것이다. 그러면서도 그것은 아이러니로 가득 찬 팻말이었다. "유대인들은 십자가에 달린 사람이 왕이 될 수 있다는 것을 도저히 믿을 수 없었고…그리스인들은 하나님이라면 도저히 죽을 수 없다고 말했으며…로마인들은 그것을 믿을 수가 없었다. 하나님, 왕이, 십자가에 못 박혔다고? 심지어 일개 로마 시민이라도 십자가로 처형할 수는 없는 법이다. 그건 불법이다. 일반범이나 그렇게 죽는 것이다."[19] 모든 사람을 구원하고자 하셨던 이 왕은 심지어

---

18   앞의 책, p. 608.
19   R. Brown, "Saving message", p. 120.

죽으면서도 왕권, 특히 신적 왕권이 무엇인지에 대해 협착한 시야를 갖고 있던 사람들을 매우 동요하게 했다.

심지어 십자가의 보좌에 있을 때도 예수님은 여전히 상황을 주관하고 계셨다. 그분이 겟세마네 동산에서 보여 주셨던 다른 사람들에 대한 배려(18:8)는 이름을 알 수 없는 제자에게 자기 어머니를 맡기면서 앞으로 잘 모시라고 당부했을 때도 나타난다(26-27절).[20] 예수님은 장남이었으므로 어머니를 봉양하는 것은 그의 권리이자 의무였을 것이다. 하지만 십자가에서까지 그렇게 하셨다는 것은 그분의 놀라운 사랑과 놀라운 상황 장악력을 보여 준다.

요한은 그 후에 단 한 가지 사건만 더 포함하고, 신속하고 장엄하게 이야기를 마무리한다. 예수님이 죽으셨을 때 요한이 기억하는 것은 승리의 외침이다. 십자가에 달리신 그리스도에게서 '테텔레스타이'(*tetelestai*)라는 단 한 마디가 승리의 나팔 소리처럼 울려 퍼진다(30절). 그것은 "다 이루었다", 즉 "다 성취했다"라는 말이다. 성부 하나님이 그를 보내사 하게 하신 일은 완성되었다.[21] 성부 하나님의 뜻이 마지막 세세한 사항까지 준수되었다. 성부 하나님의 사랑이 궁극적인 형태로 계시되었다. 성부 하나님의 은혜가 가장 확실한 방식으로 임했다. 성부 하나님의 죄 사하심을 위해 가장 비싼 값을 지불했다. 성부 하나님의 영광이 가장 예기치 않은 방식으로 나타났다. 성부 하나님의 원수들이 결정적으로 패했다. "악의에 찬 이 세상 지배자는 십자가에서 다스리는 분 앞에서는 무기력하기"[22] 때문이다.

심지어 그분이 장사 될 때도 우리는 그분의 왕권을 상기시키는 세부 사항들을 보게 된다.[23] 니고데모는 마치 왕에게 하듯 그분을 동산에 있는 새

---

20 참고. 13:23. 거기에는 "예수의 사랑하시는 자"인 이름을 알 수 없는 제자가 언급되어 있다.
21 요 4:34을 보라. 예수님은 "나의 양식은 나를 보내신 이의 뜻을 행하며 그의 일을 온전히 이루는 이것이니라"라고 말씀하셨다.
22 Carroll and Green, p. 109.
23 R. E. Brown, *John*, p. 912는 요한이 그것을 왕권의 표시로 말한 것인지는 확실히 알 수 없다고 지적한다. 하지만 그것은 왕권을 '시사하며' 십자가 처형 장면에 '걸맞은 결론'을 맺어 준다고 말한다.

무덤에 장사 지냈다(41절). 그는 예수님의 시체에 몰약과 침향을 섞은 35킬로그램이나 나가는 엄청난 양의 향품을 발랐다. 이런 대접은 왕이나 받는 것이다. 주권에 대한 표시들은 심지어 그분이 무덤에 있을 때까지도 그를 따라다녔다. 예수님은 종종 자신이 "들려야 하는 것"에 대해 말씀하셨는데, 제자들에게는 그 말이 자신이 십자가에 죽을 것을 의미한다고 풀어서 말씀해 주셨다(12:33). 그분의 들리우심은 구원을 가져올 것이며(광야에서 모세의 뱀이 그랬던 것처럼, 3:14),[24] 자신에 대한 주장이 참되다는 것을 입증해 줄 것이고(8:28), 세상을 주관하는 악한 자를 내쫓고 사람들을 자신에게 이끌 것이다(12:31-32). 하지만 그 용어는 아이러니한 것이었다. 많은 사람은 그 말에서 문자 그대로의 진술 이상의 것을 보지 못했다. 즉 그분의 몸이 십자가에 들어 올려져 죽는다는 것 이상을 보지 못했다. 그들은 더 깊은 의미를 깨닫지 못할 것이다. 그분이 들려 올리우는 것은 그분의 몸을 십자가에 다는 것일 뿐 아니라 왕이 보좌에 오르는 것이었다. 톰 스매일은 그 상징의 논리에 따라 이렇게 결론을 내리며 묻는다. "그 문구에서 요한이 예수님이 죽으시기 위해 십자가에 들리시는 것과 죽은 자 가운데서 들리시고 사신 것과, 그가 성부 하나님 우편으로 들리사 통치하시는 것을 동시에 보도록 권한다고 한다면 지나친 말일까?"[25] 분명 그렇지 않다. 요한은 예수님이 왕이시며 십자가에서 다스린다는 것을 여러모로 매우 분명하게 말했다.

2. "이 사람이로다!"

빌라도는 무리에게 예수님을 왕으로 제시한 바 있다(19:14). 또 한 번은 그분을 무리에게 "사람"으로 제시했다(19:5). 예수님의 인성의 표시는 설사 간략하게 묘사되어 있다 해도, 그분의 왕권 표시만큼이나 놓쳐서는 안 되는 것이었

---

[24] 민 21:4-9.
[25] Smail, *Windows*, p. 80.

다. 그분은 충분히 의식이 있는 진짜 인간으로 재판받고, 조롱당하고, 고문당하고, 십자가에 달리셨다. 그분이 신적 본성과 왕으로서의 본성을 가지고 있다고 해서 그분이 당한 고난의 실상이 조금이라도 줄어드는 것은 아니다. 그분은 그 모든 것의 위력을 남김없이 경험하셨다. 그분의 인성에는 위조된 것이 전혀 없었으며, 결코 시늉만으로 고난받으신 것이 아니었다.

1) 진정한 인간[26]

빌라도는 군병들이 모의 대관식을 마친 후 예수님을 끌어내어 유대인들에게 보여 줄 때 그분의 인성을 강조했다. 조지 비즐리머리(George Beasley-Murray)는 이렇게 해설한다. "예수님은 그분을 알던 사람이라면 누구나 소름 끼칠 만큼 충격적인 모습을 하고 있었던 게 분명하다."[27] 그분은 고문을 받은 희생자들처럼 애처로움을 자아내는 인간의 표본이었다. 그리고 빌라도의 요점은 바로 그것이었다. 빌라도가 생각하기에 그분은 진짜 육체가 있는 인간으로, 다른 모든 인간과 마찬가지로 폭력을 당하면 짓밟힐 수 있는 분이었다. 브루스 밀른은 예수님이 견딘 고난은 육체적인 부분(채찍으로 맞았다), 인격적인 부분(비인격적인 환경들을 통해서 고난받은 것이 아니라 다른 사람들의 손에 고난당했다), 정서적인 부분(조롱과 동정을 받았다) 모두였다고 지적한다. 그분은 학대를 받았기 때문에, 현실에서 다른 사람들의 손에 육체적·정서적인 학대를 받는 모든 인간의 구세주가 될 수 있었다. 예수님은 전체주의적이고 억압적인 모든 세력으로부터 우리를 해방하사 우리의 고난을 함께 나누고, 그것을 통해 완벽한 구세주가 되시기 위해,[28] 우리와 같은 인성을 입으셨다. 그런 세력에 "죽음의 세력을 잡은 자, 곧 마귀"[29]까지도 포함된다.

---

26 이 점은 Milne, pp. 273-276에서 배운 것이다.
27 Beasley-Murray, *John*, p. 337.
28 히 2:10.
29 히 2:14.

그분이 받은 고난이 진짜였다면 그분의 죽음도 마찬가지다. 그것은 진짜 사람의 진짜 죽음이었다. 요한은 아마도 부분적으로는 이 점을 강조하기 위해 시몬이 예수님을 위해 처형 장소까지 십자가를 지고 간 것을 전혀 언급하지 않는다(19:1).[30] 첫째 이유는 그리스도를 자신의 십자가를 지고 갈 만큼 충분히 강한 분으로 제시하려는 것이었던 게 분명하다. 후에, 시몬이 마지막 순간에 예수님의 십자가를 졌기 때문에, 예수님 자신은 실제로 십자가에서 죽지 않으셨다는 가르침이 퍼졌다.[31] 오늘날 이슬람은 여전히 그렇게 믿는다. 이 믿음이 요한 시대에 퍼지고 있었다는 증거는 없지만, 벌써 초기 형태로 존재하고 있었을 수도 있다. 요한은 이야기에서 시몬을 배제함으로 십자가에 다른 사람이 달리는 일은 있을 수 없었음을 암시한다. 예루살렘 총독 관저에서 떠난 그 사람이 바로 골고다 언덕에서 나무에 못 박힌 사람이다.

요한복음에만 나오는 또 다른 인상적인 장면은 그리스도가 정말로 인성을 가지고 있었다는 것을 더 강조한다. 예수님이 죽으신 후 "그중 한 군인이 창으로 옆구리를 찌르니 곧 피와 물이 나오더라"(19:34). 이에 대한 의학적 설명은 복잡하다.[32] 그것의 상징적 의미에 대해서는 이론이 분분하다. 하지만 피는 적어도 정결하게 해 주는 희생 제사의 피를 상징하고, 물은 요한복음 7:38-39에서 보듯 생명을 상징한다는 데는 상당히 의견이 일치하는 듯하다.[33] 그러므로 요한은 "십자가의 드라마는 죽음에서 끝나는 것이 아니라 죽음에서 흘러나오는 생명에서 끝난다"[34]고 말하는 것이다. 하지만 요한이 이 이야기를 포함한 좀 더 단순한 이유가 있다. 이것이 일차적으로 예수님이 죽

---

30 복음서 기사들을 이 점에서 서로 조화롭다. 십중팔구 요한은 처음에는 예수님이 자기 십자가를 지고 갔다는 의미로 말했을 것이며, 반면 공관복음서에서는 성벽에 가까워지면서 시몬이 그것을 예수님에게서 받아서 지고 갔다고 기록한다. 시몬이 "시골로서 와서 지나갔다"고 말하는 막 15:21을 보라.
31 이러한 믿음은 2세기 영지주의 이단인 Basilides가 그의 요한복음 주석에서 가르쳤다. Carson, *John*, p. 699.
32 자세한 것은 Beasley-Murray, *John*, p. 356를 보라.
33 R. E. Brown, *John*, p. 913.
34 앞의 책.

으셨다는 것, 그분이 진짜 인간으로 죽으셨다는 것, 그리고 그분의 죽음에는 한 점 의심도 있을 수 없다는 것을 입증하기 위해 포함되었다는 데는 학자들의 의견이 모두 일치하는 듯 보인다.

2) 인간의 대표

예수님은 외로운 개인으로 죽으셨을 뿐 아니라 인간 대표로 죽으셨다. 그분이 재판을 받을 때 죄목은 신성 모독과 반역죄였으며, 브루스 밀른이 지적하듯이, "모든 인간 죄의 핵심에는 바로 이 두 가지 왜곡이 있다."[35] 그분이 공회와 빌라도 앞에서 재판을 받을 때의 죄목은 우리가 하나님의 심판석 앞에서 직면하게 될 죄목이다. 브루스 밀른은 빌라도가 예수님에게 던진 바로 그 질문, 곧 "네가 무엇을 하였느냐"(18:35)라는 질문이 하나님이 에덴동산에 있는 아담과 하와에게 던진 바로 그 질문인 것에 주목한다.[36] 그러므로 그분의 심판과 죽음은 우리가 하나님 앞에 죄인으로서 받게 되는 심판 및 사형 선고와 관련되어 있다. 요한은 이 같은 사고를 밀접하게 연결지어서 우리에게 "그가 우리 대신, 우리를 위해 정죄받으셨다! 그분은 우리를 대표하는 인간이시다"[37]라고 말하는 것이다.

요한은 "말씀이 육신이 되어 우리 가운데 거하시매"(1:14)라는 주장으로 복음서를 시작했다. 이제 복음서가 끝나 가고 예수님이 사람들 사이에 거하시다가 떠나실 준비를 하는 지금도, 요한의 주제는 여전히 성육신하신 하나님의 아들이다. 불가해하게도, 영원하신 말씀이 진정한 인간으로 죽으셨다. 예수님은 인간의 대표로서 우리 대신 우리가 받을 심판을 받으시고, 우리가 죽을 죽음을 경험하시며, 그 결과 우리는 더 이상 정죄 아래 있지 않고 영원한 생명을 누릴 수 있다.

35　Milne, p. 275.
36　창 3:13.
37　Milne, p. 276.

3. "보라, 하나님의 어린 양이로다"

세례 요한은 예수님이 공생애를 시작하시자마자 주위 사람들에게 그분을 가리키면서 "보라, 세상 죄를 지고 가는 하나님의 어린 양이로다"(1:29)라고 말한다. 학자들은 그 이래로 요한이 염두에 둔 양이 정확히 어떤 것인지를 놓고 설전을 벌여 왔다. 그것은 기존에 만들어져 있던 호칭이 아닌 듯 보이기 때문이다. 그것은 창세기 22장에 나온 아브라함과 이삭을 위해 마련된 양인가? 출애굽기 12장에 나오는 유월절 양인가? 레위기 4-5장에 나오는 속죄제인가? 레위기 17장의 속죄 염소인가? 이사야 53장의 "도수장으로 끌려가는 어린 양"인가? 아니면 예레미야 11장에 나오는 "순한 어린 양"인가?[38] 그 문제에 대한 모나 후커의 의견이 아마도 옳을 것이다. "우리가 복음서 기자에게 직접 묻더라도, 그 역시 그것 중 어느 것을 택할지 어려웠으리라."[39] 상관없다. 은유는 변할지라도 그 의미는 고정되어 있다. 어떤 어린 양을 의미하든 간에, 그것은 "세상 죄를 지고 가는" 어린 양이었다. 요한은 하나님이 보내신 그 어린 양을, 이스라엘의 모든 제사와 의식들을 성취하여 극적으로 종식하고, 죄의 문제가 되풀이되지 않도록 제거할 분이라고 보았다.

요한의 수난 기사에는 이 은유의 서너 가지 흔적이 나타난다.

1) 그분이 죽으신 시각

요한복음은 부활절 주간의 사건이 일어난 시간 면에서 공관 복음서들과 다르다. 대부분의 주석에서 설명하듯 그러한 상이한 기사들은, 쉽게는 아니어도 서로 조화될 수 있다.[40] 우리의 목적은 서로 일치하지 않는 난해한 부분들을 설명하려는 것이 아니라, 요한의 기록이 지닌 의의를 탐구해 보려는 것

---

[38] 여러 가지 견해들에 대한 자세한 논의는 Morris, *John*, pp. 144-147를 보라.
[39] Hooker, *Not Ashamed*, p. 98.
[40] 또한 Blomberg, *Historical Reliability*, pp. 175-180.

이다. 그는 재판이 "유월절의 준비일이요, 때는 제육시"에 끝났다고 말한다 (19:14). 비즐리머리는 그 말의 의의를 다음과 같이 설명한다.

> 장소, 날짜, 시간이 모두 언급되어 있다. 복음서 기자는 지금 일어나고 있는 사건이 획기적으로 중대하다는 것을 의식하기 때문이다.…그것은 준비일의 제육시(정오)였다. 이 순간 세 가지 일이 일어난다. 유대인들은 일을 멈추고, 집에서 누룩을 모아 태우며, 유월절 양을 잡기 시작한다.[41]

예수님에게 일어나고 있는 일의 의미를 이보다 더 확실하게 나타낼 수는 없다. 그분은 유월절 양을 잡는 바로 그 순간에 십자가에 달리도록 넘겨졌다. 더 위대한 유월절 양이 드려짐으로 첫 번째 유월절은 유효 기간이 지나 폐기되고 있었다. 그분은 이집트에서의 해방을 영원히 능가할 출애굽을 가져오시고, 보편적인 해방의 수단이 되실 분이었다.

볼 눈이 있는 사람들은 요한의 기사 앞부분에서 그런 일들에 대한 암시를 보았을 것이다. 유대인들이 빌라도에게 예수님을 넘겨주었을 때 그들은 "더럽힘을 받지 아니[하려고]" 그의 궁전에 들어가기를 거부했다(18:28). 이방인의 소유지에 들어감으로써 더럽혀지면, 유월절 식사를 할 수 없기 때문이다. 얼마나 아이러니한 일인가!

> 그들은 약속된 이스라엘의 해방자, 하나님의 아들, 구세주이신 분을 처형하려 하면서도 의식법에 매달리고 있었다. 그리고 유월절 양을 먹으려는 열심에 하나님의 어린 양을 죽이라고 요구함으로써, 부지불식간에 어린 양의 의의를 성취하는 데 도움을 주고 있었으나, 동시에 그것이 지닌 구원의 효력으로부터는 단절되고 있었다.[42]

---

41 Beasley-Murray, *John*, p. 341.
42 앞의 책, pp. 327-328.

2) 그분의 죽음과 관련된 세부 사항들(19:28-34)

십자가 처형 장면에서 요한만이 언급하는 두 가지 세부 사항은 예수님의 죽음이 지닌 희생 제사적 특성을 더욱 강조한다. 첫째로, 마지막 순간이 다가오자, 예수님은 "목마르다"고 말씀하셨으며(28절), 그들은 그분에게 마실 것으로 싸구려 포도주를 드렸다.[43] 요한은 그들이 해면을 예수님의 입에 대기 위해 꿰어 놓은 막대기를 주목한다. 그것은 "우슬초"였다(29절). 요한은 그것이 출애굽기 12:22에서 천사들이 그들의 장자를 죽이는 일을 막기 위해 이스라엘 집 문설주에 유월절 양의 피를 바르는 데 사용되었던 바로 그 우슬초라는 사실을 놓칠 리 없다. 다시 한번 이집트에서 제물로 드려진 어린 양과 갈보리에서 제물로 드려진 사람 사이에 밀접한 관련이 있음이 나타난다.

둘째로, 사형 집행인들이 사형수들의 다리를 꺾어서 빨리 죽게 만들었을 때(31절),[44] 그들은 예수님이 이미 죽으셨다는 것을 발견했으며, 그래서 "다리를 꺾지 아니[했다]"(33절). 아마도 그분이 두 번 채찍질을 당하고 기나긴 재판 과정을 거쳤기 때문에 빨리 죽으셨으리라는 것은 요한의 주된 관심사가 아니다. 그분의 다리가 꺾이지 않았다는 것이 관심사다. 출애굽기 12:46과 민수기 9:12에서는 유월절 양의 뼈를 꺾지 말라고 명기한다. 요한이 그것을 주목하는 것은 유월절 양과 하나님의 어린 양이신 예수님을 다시 한번 연관 짓는 것이다.

3) 그분의 죽음의 의미

가야바는 자신이 하는 말이 무슨 의미인지도 제대로 모르면서 "한 사람이 백성을 위하여 죽어서 온 민족이 망하지 않게 되는 것이 너희에게 유익한

---

[43] 이것은 고통을 덜기 위해 예수님께 드렸지만 예수님이 거절하셨던 몰약 탄 포도주로 만든 진정제와는 다르다(막 15:23).
[44] 다리를 꺾는 것은 신체 조직에 충격을 더하고, 숨쉬기를 수월히 하려고 몸을 밀어 올리는 것을 막기 위한 것이었다. 질식 상태가 되면 곧 죽음에 이르게 될 것이다.

줄을 생각하지 아니하는도다"(11:50)라고 말한 적이 있다. 그에게 그 말은 그저 냉소적인 편의주의적 표현이었다. 그는 현실주의적인 정치가들 세계에 사는 사람으로, 그들은 생명을 하찮게 여겼으며, 나사렛 출신의 설교자 하나쯤이야 그가 죽어서 민족을 재앙에서 구할 수 있다면 없애 버릴 수도 있는 일이었다. 하지만 그는 부지불식간에 더 심오한 진리를 표현하고 있었다. 예수님이 "백성을 위하여"('히페르', *hyper*) 죽어야 한다고 말함으로써 그는 희생제사에 사용되는 어휘를 사용했다. 요한은 제사와 대속을 말할 때 언제나 '히페르'라는 단어를 사용한다.[45] 그것은 짐승이 죄인 대신 죽어서, 회개한 죄인을 위해 속죄할 때 사용되는 단어였다. 대속자란 어떤 사람 대신 행동하여 그 사람이 행동할 필요가 없게 해 주는 사람이다. 존 스토트는 이렇게 말한다. "그리스도는 이처럼 우리의 대속자로서 우리 자신이 결코 할 수 없는 일을 하셨다. 그분이 우리의 죄와 심판을 지신 것이다."[46]

한 사람이 어떻게 백성을 위해 죽을 수 있는지는 신비다. 어떻게 단 한 사람이 많은 사람의 죄를 질 수 있는가? 그것이 가능한가? 그렇다. 구약의 제사 제도는 무죄한 대속자가 범죄 한 사람의 죄를 지는 원리를 오랫동안 확립해 왔으며, 속죄일은 한 희생자가 모든 사람의 죄를 질 수 있다는 것을 보여 주었다. 톰 스매일은 더 상세히 대답한다. "그렇다. 특히 그 사람이 성육신하신 창조주, 그의 백성이 깨뜨려 성취될 수 없었던 언약을 성취함으로써, 곧 옛 인간성을 가지고 죽음에 이르셨고, 그렇게 하시면서 새 인류를 성령으로 모두가 누릴 수 있는 생명으로 일으키심으로써, 그 백성을 재창조하러 오신 분이라면"[47] 더욱 그렇다.

요한이 그리스도의 사역에 대해 주로 제사 제도라는 관점에서 접근하는 것은 아니더라도, 그 흔적은 명백히 볼 수 있으며, 그러한 해석은 타당하다.

---

45 Carson, *John*, p. 386.
46 Stott, *Cross of Christ*, p. 276.
47 T. Smail, "Can one man die for the people?" in Goldingay (ed.), p. 91.

예수님이 죽음에 굴복하셨을 때, 그분은 죄를 위한 온전하고 완벽한 희생 제사가 되셨으며, 그분 안에서 "오랫동안 이어져 내려온 제사들이 영원히 폐지되어 버렸다."[48]

톰 스매일은 매우 짧은 책 『십자가 위에 난 창』(Windows on the Cross)에서 예루살렘을 방문한 경험에 대해 쓴다. 그 어느 날 밤 그는 더위로 잠을 이룰 수가 없었다.

새벽녘이 될 때까지 나는 발코니를 이리저리 다니면서 거의 비어 있는 거리를 내려다보았다. 거리에 아무런 인기척도 없는 것은 아니었다. 길 한 중간쯤에서 나귀 한 마리가 전날의 모든 쓰레기를 실은 쓰레기통을 끌고 가고 있었기 때문이다. 그 나귀가 아직 도착하지 않은 곳은 전날의 온갖 쓰레기로 가득 차 있었지만, 나귀가 쓰레기통을 끌고 지나간 자리에는 모든 것이 깨끗이 단장된 채 새로운 날을 맞을 준비가 되어 있었다. 쓰레기통을 끌고 있는 나귀. 그것은 십자가의 어리석음과 동일한 종류의 일을 하면서 동일한 길을 걷던 한 분의 굴욕을 생각나게 한다. "세상의 쓰레기를 제거하는 하나님의 어린 양을 보라."[49]

4. "우리가 그 영광을 보니"

십자가 처형을 빛나는 광휘의 표현으로 보는 것보다 더 별난 십자가 처형 묘사는 생각하기 어렵다. 하지만 요한에 따르면 예수님은 자신의 십자가에 대해 여러 번 이런 식으로 말씀하셨다(12:23, 27-28; 13:31-32; 17:1).[50] 요한은 두 번에 걸쳐 십자가를 그런 식으로 말한다(7:39; 12:16). 십자가는 하나님의 영

---

48 Milne, p. 283.
49 Smail, *Windows*, pp. 110-111.
50 Eugene Peterson은 요한복음 17:1을 이렇게 풀어서 쓴다. "아버지여, 때가 왔습니다. 당신 아들의 빛나는 광휘를 나타내 보이시옵소서." *The Message* (NavPress, 1993), p. 264.

광을 나타내는 동시에 하나님이 자기 아들에게 영광을 주시는 수단이었다.

1) 어렴풋이 감지된 영광

하나님의 선택받은 백성이었던 유대인들은 하나님의 영광, 하나님의 신적 광휘와 신적 속성들을 여러 번 감지했다. 그들에게 영광이란 눈부시게 초월적인 권능 안에서 하나님의 거룩하심이 드러나 경외심을 불러일으키는 것이었다. 그들은 출애굽이라는 대단한 사건들에서 그것을 보았으며,[51] 시내산의 불과 구름과 어두움에서 그것을 관찰했고,[52] 하나님의 현현이 그들의 성소를 가득 채움에 따라 성막과 성소 안의 그 영광으로부터 물러났다.[53] 그들은 자신들이 그 충만한 영광을 마주 대하고는 살아남을 수 없다는 것을 알았다.[54]

요한의 주장은 하나님의 영광이 그리스도의 삶 안에서 눈에 보이게 되었다는 것이다(1:14). 조지 캐리(George Carey) 대주교는 돋보기를 통해 태양광선을 모으는 아이에 비유한다. "요한은 하나님의 영광이 예수님 안에 집중되어 있는 것을 본다."[55] 사람들은 그분이 기적의 표적들을 수행하실 때[56] 그리고 나귀를 타고 예루살렘으로 승리의 행진을 하면서 "이스라엘의 왕"으로 환호를 받으실 때(12:12-16) 그것을 여러 번 감지했다. 이것은 영광의 속삭임으로, 예수님의 사역이 절정에 이를 때 장엄하게 최고조에 이르게 될 것이다.

2) 가려진 영광

영광에 대해 이런 식으로 이해했기 때문에, 그들은 십자가 처형과 같은 불

---

51 출 15:19-21.
52 신 5:22.
53 레 9:23-24; 대하 7:1-3.
54 출 33:22.
55 G. Carey, The Gate of Glory (1986; Hodder and Stoughton, 1992), p. 90.
56 요 2:1-11; 4:46-54; 5:1-9; 6:5-13, 19-21; 11:1-44; 21:1-11.

유쾌하고 수치스러우며 무기력한 사건에서 하나님의 영광을 탐지해 낼 준비가 되어있지 않았다. 그들은 하나님이 볼 만한 사건들, 세상을 깜짝 놀라게 하는 기적들, 행진하는 군대들, 적들의 굴복, 장엄한 위엄의 과시 등에서 자신을 나타내시리라고 기대했다. 하지만 십자가 처형에서는 그런 것들을 볼 수 없었다. 눈부신 빛, 의로운 심판, 승리의 권세, 영광의 표적들, 이 모든 것이 거기 없는 것처럼 보였다. 그 대신에 그들이 기대하던 표시와 정반대되는 것이 아주 분명하게 존재하고 있었다.

빛이 아니라 어두움이 십자가 처형 사건 전체에 드리워져 있었다. 요한은 예수님이 십자가에 달리실 때 세 시간 동안 해가 비치지 않았다는 것은 말하지 않는다. 하지만 그는 이미 그 나름대로 생생하게 요점을 말한 바 있다. 예수님은 제자들에게 어두움이 그들을 붙잡을 것이라고 경고하셨으며, 지금 그 어두움이 임했다(12:35). 유다가 예수님을 배신하기 위해 다른 제자들을 떠났을 때, 요한은 "유다가…나가니 밤이러라"(13:30)라고 효과적으로 해설한다. 어두움은 분명했다. 의가 아니라 악이 우위에 있는 것처럼 보였다. 선과 악 사이의 우주전은 잘못되어 가는 것처럼 보였다. 사탄은 유다를 부추겨 예수님을 배신하도록 하는 데 성공했다(13:2, 27). 그리고 예수님은 그분의 수난 사건 여기저기에 사탄의 손길이 미치고 있음을 인정하셨다(14:30). 예수님이 받으신 재판은 진리를 확증하고 누가 옳은지를 가려 주기는커녕, 진리를 부인하고 악이 아무런 제한 없이 활개를 펴도록 했다. 의로우신 분은 정죄를 받는 반면, 불의한 자는 자유를 얻었다.

십자가 처형은 권능을 보여 주기는커녕 약함의 전형이다. 예수님은 자유를 억압당했고, 가차 없이 추적당했으며, 수치스럽게 옷이 벗겨졌고, 무자비하게 채찍질당했으며, 무자비하게 조롱당했고, 완전히 품위를 상실했으며, 마침내 고통스럽게 못 박히고, 십자가에 높이 들려 올리셨다. 그 속에 어디에 영광이 있다는 말인가?

3) 영광이 계시되다

그런데도 세상과 거꾸로인 하나님의 질서에서, 예수님의 죽음은 그분의 영광을 최고로 나타내는 것이었으며 그분의 부활과 승리라는 또 다른 영광으로 들어가는 입구라는 걸 입증할 것이었다. 하나님의 영광이 절대적인 자기희생의 행동에서 실현되리라는 생각은 혁명적인 것이었다. 분명 그것은 하나님의 어리석은 것이 우리의 지혜를 다 합한 것보다 더 지혜롭고, 하나님의 약함이 우리가 연합한 힘보다 더 강하며, 하나님의 수치가 우리의 가장 된 영광보다 더 높임을 받는다는 것을 입증해 주었다.[57] 그것은 장엄함을 한데 결합해 보려는 우리의 모든 웅대한 시도들보다 그분이 수치를 당하신 것에 더 큰 영광이 있다는 것을 의심할 여지없이 보여 주었다.

십자가는 하나님이 택하신 영광에 이르는 길, 곧 오랫동안 계속되어 온 신적 계획의 성취다. 요한은 수난 기사에서 그것을 네 번에 걸쳐 언급한다(19:24, 28, 36, 37).

십자가는 사탄이 사실은 예수님에게 "관계할 것이 없다"는 것을 보여 주었다(14:30). 예수님은 이 세상 왕에게 굴복하여 그가 그의 일을 하도록 허용하시고 나서, 그다음에 죽은 자 가운데서 살아나심으로, 사탄이 자랑하던 권세가 허울뿐임을 입증했기 때문이다.

십자가는 그리스도가, "한 알의 밀이 땅에 떨어져 죽지 아니하면 한 알 그대로 있고 죽으면 많은 열매를 맺느니라"(12:24)라고 말한 것이 진리임을 확증해 주었다. 그것은 "죽음은 생명으로 이어진다. 이는 어두움의 권세를 뒤집는 주장이다."[58]라는 신비한 역설을 극적으로 보여 준다. 예수님 자신이 말씀하셨듯, 분명 "이 세상에서 자기의 생명을 미워하는 자는 영생하도록 보전하리라"(12:25).

십자가는 고난과 수치를 변형시켰다. 그것을 통해 "소름 끼칠 듯이 무서

---

57 고전 1:18-31.
58 Senior, *John*, p. 152.

운 죽음의 도구"인 십자가가 "엄청난 사랑의 표시"로 변화되었다. 그것은 "세상을 향한 하나님의 사랑이라는 끝없는 신비"[59]를 이전 어느 때보다도 확신 있게 입증해 주었다.

십자가는 새로운 인류를 창시했다. 이 한 사람의 죽음에서 풍성한 새 생명이 나올 것이다. 그분은 "들려"서 모든 나라와 족속과 방언의 많은 사람을 자신에게 이끌어(3:14) 하나님을 위한 새로운 백성을 만들며 만물을 재창조하는 일을 시작하셨다.[60] 그분은 들려 올려졌을 때, (스펄전의 말에 따르면) 나팔과도 같이 사람들을 깨워 복된 소식을 듣게 함으로써, 그물과도 같이 사람들을 복음 안에 들어오게 함으로써, 사랑의 줄과도 같이 방황하는 자들을 끌어당김으로써, 군기와도 같이 자기 주변의 신자들을 규합하여 단합시킴으로써, 그리고 병거와도 같이 사람들을 앞으로 또 위로 하늘을 향해 끌어올림으로써 사람들을 그에게로 이끌었다.[61]

십자가는 언젠가 사람들이 슬픔과 애도와 회개 속에서 "그들이 그 찌른 자를 보리라"(19:37)[62]는 그리고 "죄와 더러움을 씻는 샘이 다윗의 족속과 예루살렘 주민을 위하여 열리리라"[63]는 스가랴의 예언을 성취했다.

십자가는 하나님의 영광을 나타내는 매체였다. 왜냐하면 장 칼뱅이 썼듯이,

…화려한 극장 안에서처럼, 그리스도의 십자가 안에서 하나님의 비교할 수 없는 선하심이 전 세계에 드러났다. 하나님의 영광은 실로 높고 낮은 모든 피조물에서 빛나지만, 십자가에서처럼 밝게 빛난 적은 한 번도 없었다. 십자가에서는 만물이 놀랍게 변한다. 모든 사람이 죄를 범하였다는 것이 명백히 드러나고, 죄가 제거되며, 사람들에게 구원이 회복된다. 간단히 말해 전 세계가 새롭게 되며 만물이 다

---

59 앞의 책, p. 147.
60 골 1:20.
61 Spurgeon, pp. 161-166.
62 슥 12:10.
63 슥 13:1.

시 제 질서를 찾는다.⁶⁴

"그 죽음에서 우리는 무한한 영광을 본다."⁶⁵ 그 죽음 안에서 우리는 "긍휼과 진리가 같이 만나고 의와 화평이 서로 입 맞추었다"⁶⁶는 것을 보기 때문이다.

예수님은 주권적인 왕, 진정한 인간, 희생 제사의 양, 영광스러운 생명 수여자로 죽으셨다. 리처드 버리지가 요한이 묘사한 대로 그리스도를 높이 나는 독수리에 비교한 것은 괜한 짓이 아니다. 그는 "하늘로 올라가는 독수리의 광경은 영광스럽다"라고 썼다. "마찬가지로, 요한에게 예수님의 죽음은 그분이 이 땅에서 해방되어 높은 곳에 계시는 성부 하나님께로 돌아가게 하는 것이다. 그분의 수난의 때는 그분의 영광의 때다. 이것이 최고의 아이러니다."⁶⁷ 그 사실에 대해 하나님께 감사하라. '테텔레스타이.' 다 이루었다.

---

64 Calvin, *John* 2, p. 68, Stott, *Cross of Christ*, p. 206에서 인용.
65 Calvin, *John* 2, p. 135.
66 시 85:10.
67 Burridge, p. 156.

3부

설명된 십자가

10장

십자가, 과분한 의

로마서 3:21-26

"십자가의 도"[1]는 사도 바울 신학의 중심이다. 그것은 바울의 신학을 규정하는 기준으로 다른 모든 것의 단서가 된다. 그는 자신이 전파하는 내용을 "십자가에 못 박힌 그리스도"[2]로 간단하게 요약할 수 있었다. 그는 "예수 그리스도와 그가 십자가에 못 박히신 것"[3]을 알고 전파하는 것 외에 다른 야망은 아무것도 없다고 고백했다. 그가 언제나 자랑하고자 했던 것은 "우리 주 예수 그리스도의 십자가"[4]였다.

사도 바울은 복음서 기자들이 나사렛 예수의 죽음에 대해 묘사한 사건의 의미를 좀 더 완전하게 탐구하고 설명한다. 바울이나 다른 서신서 저자들이 성금요일에 일어난 사건들에 뭔가 이질적인 해석을 투사했다고 그들을 비난할 수는 없다. 그들의 성찰은 예수님 자신이 이해하시고 의도하셨던 것에서 "발전한 것이지, 거기서 변화되어 다른 것으로 진화한 것은 아니다."[5]

---

1 고전 1:18.
2 고전 1:23.
3 고전 2:2.
4 갈 6:14.
5 Wright and Borg, p. 104.

그들은 모두, 하나님이 십자가에서 단지 유대인뿐 아니라 온 세상을 위해 뭔가 엄청나게 결정적인 일을 해 주신 것을 보았으며, 그 안에 담겨 있는 의미를 풀어내려 애썼다. 그분의 죽음은 역사적 사실일 뿐 아니라 모든 인류에게 중대한 의의를 지닌 사건이었다.

신학의 맨 밑에는 "성경대로 그리스도께서 우리 죄를 위하여 죽으셨다"[6]는 단순한 고백이 놓여 있다. 그리스도인들은 그 죽는 행위에서 하나님의 사랑이 놀랍게 표현된 것[7]과 대리적이고 대속적인 의의를 보게 되었다. 바울은 '눈부시게 휘황찬란한 색깔들'로 십자가를 묘사해야만 그 의의를 제대로 붙들 수 있었다. 그는 십자가의 유익들을 묘사하기 위해 수십 가지 은유들을 사용한다.[8] 우리가 체계적으로 깔끔하게 이론을 정리하려는 생각 때문에, 찬란하게 다양한 바울의 묘사를 종종 이차원적인 단색 그림으로 전락시켜 버리는 것은 얼마나 슬픈 일인가!

먼저 로마서 3:21-26에 나오는 바울의 가르침을 그 실례로 살펴보자. 바울의 저술에서 이 짧고 압축된 문단이 차지하는 중요성을 의심하는 사람은 거의 없다. 마르틴 루터는 자신의 성경 여백에 이것이 "이 서신서와 또한 성경 전체의 주요점, 중심점"[9]이라고 적어 놓았다. 좀 더 최근에 이르면, 찰스 크랜필드(Charles Cranfield)는 그것이 "로마서 전체의 중심이요, 핵심"[10]이며, 그것이 눈에 띄는 이유는 문체와 언어와 반복, 그리고 내용이 특히 인상적이기 때문이라고 썼다. 그는 "그것은 마치 엄숙한 선언문 같다"라고 말한다.[11] 이와 비슷하게, 마틴 로이드 존스는 25절을 가리켜 "우리는 여기에서 성경

---

6 고전 15:3.
7 갈 2:20.
8 Green, "Death of Christ", p. 204. 그는 이렇게 쓴다. "예수님의 죽음이 바울 신학의 기초에 놓여 있듯이, 바울은 그 의미를 설명하기 위해 지치지도 않고 계속 새로운 이미지를 추가하면서 해석을 해 나가는 듯이 보인다"(p. 203). 그는 이로 보아 "바울이 속죄에 대한 단 하나의 이론을(혹은 어떤 것을 중심적인 것으로) 가정한다고 보지"(p. 205) 않도록 주의해야 한다고 말한다.
9 Moo, p. 218에서 인용.
10 Cranfield, *Romans*, p. 199.
11 앞의 책.

전체에서 가장 중요한 구절 중 하나를 보고 있다. 그에 대해서는 의문의 여지가 없다"[12]라고 말한다.

이 구절이 중요한 까닭은 바울이 우리의 놀라운 구원을 하나님의 의와 은혜, 인간의 궁지와 무력함, 그리스도의 십자가와 성취와 연관해서 대단히 간결하게 말하기 때문이다. 그것은 그리스도가 죽으신 결과로 죄 된 인간들이 "하나님의 은혜로 값없이 의롭다 하심을 얻[었음]"을 말해 준다(24절).

1. 칭의의 원천(3:21)

복음은 우리가 종종 설명의 출발점으로 삼는 대로, 사람들의 필요에서 시작하는 것이 아니라, 하나님의 의에서 시작한다. 그것은 하나님이 자신의 피조물을 대함에 있어 결정적인 변화가 일어났다는 것을 말해 준다. 이 일은 우리의 주도권이 아니라 하나님의 은혜로운 주도권 가운데 일어났으며, 우리가 하나님과 올바른 관계를 맺도록 하기 위한 것이다.

1) 결정적인 변화

"이제는"(But now)이라는 바울의 말은 결정적인 변화가 일어났음을 나타낸다. 단순히 바울의 논증에서뿐 아니라 하나님의 섭리 안에서 변화가 일어났다는 것이다. 마틴 로이드 존스는 "성경 전체에서 '이제는'이라는 이 말보다 더 멋진 말은 없다. 이 얼마나 중대한 말인가"[13]라고 언급했다.

바울은 로마서에서 이때까지 인간이 유대인이나 이방인이나 할 것 없이 다 죄에 빠져 있어 하나님의 진노를 쌓을 뿐이었다는 것을 말했다(1:18). 이방인들은 창조물에 내재되어 있는바 하나님에 대해 자신들이 알고 있는 지

---

12 Lloyd-Jones, p. 65. Leon Morris는 그것이 "아마도 일찍이 쓰인 단락 중 가장 중요한 것이리라"고 주석한다. *Romans*, p. 173.
13 Lloyd-Jones, p. 25.

식에 따라 살지 못했으며(1:21-23), 반면 유대인들은 하나님과 그들의 언약 관계에 걸맞게 살지 못했다. 그들은 그렇지 않다고 항의했지만 말이다(2:17-29). 그러므로 모두 다 기소되었으며, 거룩하신 하나님 앞에 설 때 핑계할 수 없다(3:19). 우리는 실패한 것에 대해 하나님 앞에서 자신을 정당화하거나 핑계를 대지 말고, 잠잠히 회개하며 하나님 앞에 서야 한다. 하지만 무슨 일을 해야 하는가? 어떻게 불의한 우리가 의로우신 하나님과 관계를 맺을 수 있는가? 바울은 우리의 상황을 소극적으로 진단하는 것에서, 이제 하나님의 해결책을 적극적으로 선포하는 것으로 넘어간다.

그리스도가 오시기 전의 해결책들로는 그 문제를 효과적으로 처리하지 못했다. 마치 근본적인 수술이 필요한 데에 반창고만 붙여 놓은 격이었다. 그러나 "이제는" 하나님의 구원 프로그램에서 새 장이 열렸으며, 분명하고 신선한 새 출발이 일어났다. 율법과 옛 언약의 조항에 예시되었으나 성취될 수는 없었던 것이 그리스도를 통해 가능해졌다. 뭔가가 "나타났다"는 것은 새로운 시대가 열렸고, 새로운 때가 이르렀으며, 신기원이 시작되었다는 의미다.

2) 은혜로운 주도권

이 새 시대의 시작을 나타내는 것은 무엇인가? 새 시대와 이전의 모든 시대를 구분 짓는 것은 "율법 외에 하나님의 한 의가 나타났다"는 것이다. 존 스토트는 그 차이를 이렇게 강조한다. "바울은 어떤 사람들의 불의함과 어떤 사람들의 자기 의를 하나님의 의와 대조한다."[14]

어떻게 하나님의 "의"가 곤경에 빠진 우리를 도울 수 있는가? 하나님의 의가 우리를 구원하기보다 우리에게 유죄를 판결하고 정죄했다면 분명 좀 더 이해하기가 쉬웠을 것이다. 즉 "의"가 죄를 심판하는 하나님의 정의를 의

---

14 Stott, *Romans*, p. 108. 『로마서』(IVP).

미한다면 말이다. 그러므로 해결의 열쇠가 되는 질문은 바울이 말하는 "하나님의 한 의"라는 말의 의미가 무엇인가 하는 것이다. 그는 여기에서 로마서 1:17과 같은 의미로 말한다. 거기에서 그 말은 불의한 사람들이 하나님과 의로운 관계를 맺게 하기 위해 그리고 그들에게 하나님 앞에서 의로운 지위를 부여하기 위해 하나님이 취하신 행동을 말한다.

"하나님의 한 의"에 대한 최근의 논의는 그것이 관계적인 용어임을 강조했다. 제임스 던(James Dunn)은 "사람들은 다른 사람들과의 관계에서 그들이 요구하는 것을 채워 줄 때 의로운 것"[15]임을 상기시킨다. 그러므로 여기에서 하나님은 자기 백성이 하나님 자신과의 새 언약 관계를 회복하고 유지하도록 하기 위해 행동하신다. 하나님이 정확히 어떻게 그것을 회복하고 유지했는지는 24-25절에서 분명히 드러난다. 지금은 이 새로운 상황을 만들어 내고 회복을 가능하게 하신 분은 하나님이라는 사실을 강조하는 것이 관심의 초점이다. 하나님이 우리의 칭의의 원천이시다.

3) 일관된 발전

하나님의 이러한 구원 행동이 전혀 새로운 상황을 만들긴 했지만, 그것이 "율법과 선지자", 즉 전체 구약에서 예상되지 않았던 것은 아니다. 바울이 특정한 구약성경을 염두에 두고 있었다 하더라도, 그것이 무엇인지 명기하지는 않는다.[16] 하지만 그는 그저 그리스도 안에 있는 하나님의 의에 대한 이러한 새로운 계시를 구약 여러 군데에서 여러모로 예상하고 준비했다는 의미로 말했을 가능성이 크다. 그의 요점은 자기 백성이 이같이 새로운 방식으로 다시 하나님과 의로운 관계를 맺게 하셨다고 해서, 하나님 편에서 마

---

15 Dunn, Romans, p. 41. 『WBC성경주석: 로마서(상) 1-8』(솔로몬). N. T. Wright는 다른 식으로 논지를 전개하며, 여기에서 "하나님의 의"는 하나님의 도덕적 특성이 아니라 그분의 언약적 신실함으로, 그분은 그 신실함으로 인해 자기 백성을 옳다고 입증하실 것이라고 주장한다. Paul, p. 95-103, 105-107.

16 주석가들은 사 11:5; 42:6; 46:13; 51:5, 6, 9; 61:3 및 다른 많은 구절을 제시한다.

음이 바뀐 것은 아니라는 것이다. 그것이 하나님이 전에 실패하셨음을 나타내는 것은 더욱더 아니다(이에 대해서는 뒤에서 살펴볼 것이다). 그것은 하나님이 전에 자신을 계시하신 것과 시종 일관되며, 언제나 거룩함과 은혜가 일관되게 함께하는 그분의 성품과도 조화를 이룬다. 구약에 나오는 진노의 하나님이 이제 신약에서는 은혜의 하나님으로 대체된 것이 아니다. 오히려 하나님의 구원 계획이 점차 전개되어, 그리스도가 오심으로 충만함에 이르게 된 것뿐이다.

이 구절 앞부분에 나오는 "율법 외에"라는 바울의 말은 하나님의 계획의 연속성에 대한 이 같은 강조와 긴장을 이루는 것처럼 보인다. 바울은 스스로 모순된 말을 하는 위험에 빠져 있는가? 이 문구는 여러 가지로 해석되었다. 먼저 그것은 율법의 행위로는 결코 구원을 이룰 수 없으므로 하나님이 구원을 이루는 새로운 방법, 곧 그리스도를 믿는 믿음이라는 방법을 제시하셨다는 의미일 수 있다.[17] 그렇다 해도 이것은 하나님이 마음을 바꾸셨다는 의미는 아닐 것이다. 로마서 4장에서 입증되겠지만, 심지어 율법 시대에도 하나님과 올바른 관계를 맺을 때 핵심이 되는 필요조건은 그분의 약속을 믿는 것이었기 때문이다.

둘째로, 그것은 하나님이 자신의 의를 나타내기 위해 율법 아닌 다른 방도를 택하신다는 의미일 수도 있다.[18] 여기서 강조하는 것은 우리가 율법을 지키는 것(혹은 그것을 지키지 못하는 것)이 아니라, 하나님이 자신을 새로이 계시하셨다는 것이다. 그것은 구약이 이 새 시대를 예상했다는 것과도 일관되며, 또한 율법을 하나님의 계시로 인식할 것이다.

아니면 셋째로, 바울이 다른 곳에서 그러듯이 율법을 유대 언약 전체를 뜻하는 말로 사용하는 것일 수도 있다. 그렇다면 그는 하나님이 더는 율법에서 규정한 민족과 종교의 경계선 안에서만 일하시지는 않는다고 말하는 것

---

17 Morris, *Romans*, p. 174.
18 Moo, p. 223.

이다.[19] 하나님은 이제 자유로이 그 경계선 바깥에서도 역사하시며 그분의 구원 계획에 이방인들을 포함한다.

이 중 어떤 견해도 옳을 수 있다. 하지만 첫째 견해는 이 문맥에서 그 문구가 의미하는 바를 제대로 평가하는 것 같지 않다. 둘째 견해는 명확성이나 전후 문맥 면에서는 매우 권할 만하다. 하지만 셋째 견해가 로마서에 나오는 바울의 논증 전체와 가장 잘 맞는다. 이 구절에서 율법이 두 번 언급된 것은 긴장을 조성하기는 하지만 상충하는 것은 아니다. 하나님이 이제 그리스도 안에서 우리를 위해 하신 일은 그분이 전에 사람들을 구원하시던 것과 연속성 및 불연속성을 동시에 가지고 있다.

2. 칭의의 필요성(3:22-23)

바울은 하나님이 이 새로운 구원의 시대를 가져오기 위해 무엇을 하셨는지 말하기 전에, 처음 세 장에서 도달한 결론을 간략하게 재진술한다. 왜 사람들은 하나님과 올바른 자리에 있지 않은가, 혹은 올바른 관계를 맺고 있지 않은가?

1) 비극적인 부족함

바울이 강조하는 것은 죄의 방정식에 있는 인간이라는 인수다. "모든 사람이 죄를 범하였으매 하나님의 영광에 이르지 못하더니." 사람은 하나님의 피조물의 절정이어야 했다. 고린도전서 11:7에 따르면, "남자는 하나님의 형상과 영광"이다. 하지만 뭔가 철저히 잘못되어서 그 형상을 훼손하고 인간이 영광에 미치지 못하게 만들었다. 그 원인은 죄다. 바울은 죄를 짓는 것을 부정 과거형, 즉 축적된 과거의 일로 말한다. 그는 "지난 과거에 백성들이 지은

---

19   Dunn, *Romans*, p. 165.

모든 죄를 단 한순간에 집약해 놓고 있을"[20] 수도 있다. 하지만 그는 우리가 모두 아담의 죄에 연루되어 있으며 원(原)타락의 결과로 고통받고 있다는 것을 언급하고 있을 가능성이 더 크다. 로마서 5:12은 바울이 바로 이것을 염두에 두고 있다는 점을 시사할 것이다. 아담은 피조물로서의 한계를 벗어나려 애쓰다가, 그를 나머지 피조물과 가장 분명하게 구분시켜 주고 그들보다 높은 존재로 만들어 준 바로 그것을 잃어버렸다.[21] 그는 하나님이 그에게 의도하신 영예에 미치지 못하게 되었으며, 하나님의 지속적인 인정이라는 목표에 이르지 못하게 되었다. 하지만 바울의 생각은 과거의 역사에만 매여 있지는 않다. "죄를 범하였으매"가 부정 과거 시제로 되어 있다면, "이르지 못하더니"는 진행형 시제로 되어 있다. 이렇게 그는 우리가 지닌 문제의 역사적 뿌리뿐 아니라, 그 원타락의 결과로 우리가 모두 계속 겪고 있는 해악을 강조한다.

죄의 해악은 보편적이다. 누구나 다 영향을 받는다. 아무도 벗어날 수 없다. 여러 주석에서 이 문제에 관해 핸들리 모울 감독의 주석을 인용하는 것은 타당하다. "음녀, 거짓말쟁이, 살인자는 거기에 이르지 못한다. 하지만 당신도 마찬가지다. 아마도 그들은 탄광의 제일 밑바닥에 서 있고 당신은 알프스 산꼭대기에 있을지는 모르겠다. 하지만 당신이나 그들이나 별을 따지 못하기는 매한가지다."[22] 게다가 그것은 사실이다. 하지만 바울의 요점은 모든 사람 개개인이 하나님 앞에 죄인이라는 것을 증명하려는 것이기보다는, 언약 혈통이라는 특권을 가진 유대인과 이방인 간에 아무런 차이가 없다는 것을 보여 주려는 것이다. 유대인이나 이방인이나 그들의 삶에서 하나님의 영광에 이르지 못하기는 마찬가지다. 인종적인 면에서 전혀 "차별이 없다." 모든 사람에게 하나님의 간섭하시는 은혜가 필요하다. 죄에 대한 다른 효과

---

20 Moo, p. 226.
21 Dunn, *Romans*, p. 178.
22 Moule, p. 97.

적인 해결책은 없다.

2) 신적 진노

여기에 나와 있지는 않지만 분명하게 추정되고 있는 것[23]이 풀어야 할 방정식의 또 다른 인수다. 바로 죄 자체가 문젯거리다. 죄는 그 죄를 범하는 사람들과 그들이 살고 있는 사회적·물리적 환경, 양자를 다 파괴하기 때문이다. 하지만 죄의 일차적 문제는 그것이 의롭고 거룩하신 하나님께 무엇을 행하는가 하는 것이다. 그것은 하나님의 감정을 상하게 하며 그분의 진노를 불러일으킨다.

오늘날 많은 사람은 하나님의 진노에 대해 말하기를 꺼린다. 적어도 전통적으로 이해하는 진노에 대해서는 그렇다는 것이다. 진노에 대한 전통적 이해는 인격적 분노로서, 하나님이 죄를 지은 피조물에게 응분의 벌을 내리는 것을 수반한다는 이해다. 그들에게 그러한 생각은 우리 주 예수 그리스도의 사랑과 자비가 풍성하신 아버지에게 합당치 않은 것이다. 그 반대는 여러 형태다. 어떤 사람은 하나님의 진노라는 개념을 완전히 거부하며 원시적이고, 무지한 사람들이나 생각하는 것이라며 무시한다. 그들은 그런 개념이 악을 물리치기 위해서 영과 조상을 달래는 정령 신앙 같은 고대 종교 관습에서 나온 것이라고 말한다. 하지만 복수심에 불타고, 예측할 수 없으며, 변덕이 죽 끓듯 하는 신들과 관련된 이런 합당치 못한 개념을 성경에 계시된 거룩하신 하나님의 의로운 분노와 혼동해서는 안 된다. 레온 모리스가 설명하듯, 하나님의 진노는 구약에 580회 이상 나오며, 그것을 묘사하기 위해 20개 이상의 단어가 사용된다.[24] 그 주제는 신약에서도 이어진다. 그러므로 그것은 쉽게 무시해 버릴 수 있는 부차적인 문제가 결코 아니다.

다드(C. H. Dodd)는 하나님의 진노가 우리를 향한 분노라는 개인적인 태

---

23   그것은 1:18-2:29에 개진되어 있다.
24   Morris, *Atonement*, p. 153.

도가 아니라, "객관적 사실의 영역에서 일어나는 어떤 과정 혹은 결과"[25]라는 견해를 보인다. 다시 말해, 바울이 로마서 1:18에서 말하는 하나님의 진노는 하나님이 이것저것 따져 본 결과 발하시는 개인적인 분노라기보다는 우리의 죄의 결과에서 나온 불가피하고 비인격적인 결과물이다. 다드는, 바울이 하나님이 우리를 사랑하신다고 기쁘게 말하는 것처럼 하나님을 진노의 직접적 주체로 제시하는 적은 한 번도 없다면서, 논증을 뒷받침한다. 그리고 다드는 바울이 "하나님의 진노"라는 표현을 세 번 사용하는 것[26]은 인정하지만, 일반적으로 진노를 언급할 때는 비인격적이고 절대적인 표현을 더 잘 사용하여 그저 "진노"라고만 말한다고 주장한다.

다드의 관찰은 정확하다. 하지만 그렇다고 반드시 그와 같은 결론이 나오는 것은 아니다. 바울은 진노와 하나님의 관계에 대해 조심성 있게 말하려 했을 것이다. 그것에 대해 미심쩍은 마음이 있기 때문이 아니라, 복수심에 불타는 신에 대한 이교적 개념을 예수 그리스도의 아버지 하나님께 투사하지 않도록 하기 위해서다. 존 스토트는 마찬가지로 바울이 때로는 하나님을 언급하지 않고 은혜에 대해 말한 적도 있다는 것을 지적한다. 때로 그것 역시 비인격적인 힘처럼 들릴 수 있다(예를 들어, 5:20-21). "하지만 우리는 그렇다고 해서 은혜를 비인격화하고 그것을 하나의 영향력이나 과정으로 바꾸지는 않는다."[27]

다드의 견해의 진짜 근거는 해석학적이기보다는 이데올로기적인 것이다. 하지만 하나님이 죄에 대해 화를 내시고, 따라서 불가피하게 그 죄를 저지르는 사람에 대해 화를 낸다는 진술에 왜 반대하는가? 하나님이 자신의 피조물에게 해를 끼치는 것을 증오하고 악을 혐오하심으로 잘못된 것에 대해 부정적인 반응을 보이지 않는다면, 도대체 그 하나님은 어떤 분이란 말인가?

---

25 Dodd, p. 49. 그러한 입장은 A. T. Hanson이 좀 더 충분히 탐구하고 주장했다.
26 롬 1:18; 골 3:6; 엡 5:6. 또한 롬 9:22을 보라.
27 Stott, *Cross of Christ*, p. 105.

분명 그분은 우리가 신뢰할 수 있거나 예배하기에 합당하신 하나님은 아닐 것이다![28]

좀 더 최근에는 수많은 복음주의 학자들이 하나님의 분노라는 개념을 좀 수정해 보려고 애썼다. 그들은 진노라는 개념 자체 혹은 심지어 그것의 인격적 특성을 모두 수긍하면서도 그것에 관심을 두기보다는 하나님의 진노에 보복적 특성이 있다는 것에 관심을 둔다. 이 분야를 깊이 연구한 스티븐 트래비스(Stephen Travis)는 이렇게 요약한다.

> …신적 심판을 '처벌'이나 '응보' 같은 개념으로 이해하는 것은, 바울에게는 지엽적인 것이었다. 그는 하나님이 인간의 죄에 대해 응보적 벌을 가하는 것으로 생각하기보다는, 사람들이 자신의 선택과 행동에 대해 하나님이 주신 결과를 체험하는 것이라고 생각한다. 그는 구원과 정죄를 둘 다 일차적으로는 관계적인 용어로 이해한다. 즉 사람은 하나님과의 관계를 확증하고 강화하는 것이든가, 아니면 자신들이 이생에서 체험했던 것처럼 하나님으로부터 소외되는 것이든가, 둘 중 하나의 운명을 겪게 되리라는 것이다.[29]

그는 속죄에 대한 형벌적 시각에 의문을 표하고, 그 대신 언약적 관점을 제안한다. 그러면 하나님의 진노는 진짜이고 인격적이지만 응보적인 것은 아니게 된다. "인격적 관계라는 맥락에서는 진정한 응보란 있을 수 없기 때문이다."[30] 그분의 진노는 죄의 내재적 결과에 있다. 그러므로 그리스도의 죽음을, 분노한 하나님을 달래는 것이라고 볼 필요는 없다. 그 대신 그것은 "인간들이 하나님과 관계를 맺도록 하려는 하나님의 열심을 가장 잘 보여 주는

---

28 관련 주제에 대한 상세하고 탁월한 논의로는 앞의 책, pp. 102-111를 보라.
29 S. Travis, "Christ as the bearer of divine judgment in Paul's thought about the atonement", in Goldingay (ed.), p. 21. 또한 Fiddes, 5장을 보라.
30 S. Trasvis, *Christ and the Judgment of God: Divine Retribution in the New Testament* (Marshall Pickering, p. 186), p. 44.

것"³¹이다. 트레비스는 죄의 절대적 심각성과 그리스도가 우리를 위해 십자가에서 신적 심판을 경험한 사실은 확고하게 붙잡고 싶어 하지만, 처벌 혹은 응보적 벌이라는 견지에서 말하는 것은 "바울 자신보다 한발 앞서는 것"³²이라고 주장한다. 그는 최고의 벌이 "하나님이 그 백성에게 더 이상 임재하지 않으시는 것"³³이라고 믿는다. 응보라는 개념은 외부에서 처벌을 부과한다는 의미이기 때문에 부적절한 반면, 처벌에 대한 이러한 언약적 견해는 처벌의 내재적이고 관계적인 특성을 강조한다.

하지만 이같이 우리의 속죄 교리에서 하나님의 형벌적 분노라는 개념을 제거하려는 것에는 몇 가지 심각한 문제들이 있다. 먼저, 가장 중요한 것으로, 트레비스 자신도 동의하듯, "응보적 벌은 구약에서 낯익은 개념이다."³⁴ 복수법(lex talionis)³⁵은 응보라는 관점에서 침착하고 정연하게 정의에 접근하는, 잘 보존되고 용인되어 온 원리다. 그것은 인간적 원한과 개인적 앙심을 무절제하게 앙갚음하는 것을 금할 뿐만 아니라, 재판관들의 행동에 한계를 설정한다.³⁶ 바울과 다른 신약 저자들의 생각은 구약에서 많은 영향을 받았다.

둘째로, 바울의 글에서 그런 개념이 암시되는 만큼 자주 나타나지는 않는 것을 인정한다 해도, 그렇다 해서 그런 개념이 전혀 존재하지 않는다는 의미는 아니다.

셋째로, 트레비스가 검토하고 있는 바울의 본문은 분명 죄에 대한 하나님의 형벌적 진노를 말하는 것으로 해석할 수도 있다. 트레비스가 인정하는 많은 학자가 그렇게 해석한다.³⁷ 그러므로 우리가 그렇게 해석할지 여부는 특

---

31 Travis, "Christ as the bearer", p. 32.
32 앞의 책, p. 33.
33 Travis, *Christ and the Judgement*, p. 11.
34 앞의 책, p. 13.
35 출 21:23-25; 레 24:19-20; 신 19:21.
36 마 5:38-39에 나오는 예수님의 해설은 복수법(lex talionis)을 잘못 적용하는 것을 겨냥한 것이었다.

정한 본문 자체에 달려 있기보다는 좀 더 광범위한 철학적 접근법에 더 많이 달려 있다.

넷째로, 응보적 정의 역시 인격적인 것이라고 볼 수는 없는가? 죄에 대한 하나님의 진노를 악에 대한 하나님의 개인적 분노의 표현으로, 그래서 그 죄를 범한 자들을 벌하는 것으로 이해하면 안 되는 설득력 있는 이유는 없는 듯하며, 오히려 그렇게 이해해야만 하는 서너 가지 이유가 있는 듯하다. 하나님의 진노라는 개념은 그보다 더 풍성한 것이지만 말이다. 포사이스는 그러한 진노는 "거룩하신 하나님 안에 있는바, 죄에 대한 필요한 반응이었다. 거기에서만 우리는 죄 된 세상에서 십자가의 신적 필요성, 즉 심판의 도덕적 필요성을 깨닫게 된다"[38]라고 주장했다.

그러므로 두 가지 면에서 칭의가 필요하다. 하나님이 자기 백성과 화목하고 그들과 조화를 이루어 사시려면, 인간의 죄가 극복되어야 하며, 신적 진노가 달래져야 한다. 하지만 죽음에 이르는 방정식을 어떻게 풀어야 하는가? 율법과 선지자들은 그 해답을 예상하기는 했지만, 답을 제공해 주지는 못했다. 진정한 해결책은 "그리스도 예수 안에 있는 구속"(24절)에 있다.

3. 칭의의 본질(3:24-25)[39]

바울은 그리스도의 십자가로 말미암아 우리에게 임한 신비하고 놀라운 하나님의 은혜를 이해하도록 돕기 위해 세 가지 비유를 사용한다. 죄인은 "값 없이 의롭다 하심을 얻는데", 그것은 "구속으로 말미암아", 속죄(atonement) "제물"을 제공함으로 이루어진다. 그 묘사는 각각 법정, 노예 시장, 성전에서

---

37   Travis, "Christ as the bearer", p. 31.
38   Forsyth, *Cruciality of the Cross*, p. 29.
39   '바울에 대한 새 관점'의 견지에서 칭의를 해설한 것으로는 Wright, Paul, pp. 113-133와 J. D. G. Dunn, "Romans, Letter to the", in DPL, pp. 838-850를 보라.

빌려온 것이다.

1) 칭의에 대한 묘사

칭의를 진부하게 묘사할 수 있다. 복음주의 설교자들이 한 번도 그렇게 해본 적이 없는 척한다면 어리석은 일이다. 우리는 비인격적인 정의의 세력이 당사자에게 관여하지도 영향을 주지도 않은 채 역사한다는 모든 개념, 정의를 만족시키려는 모든 수학적 공식, 재판관들이 판사석에서 일어나 **아무런 힘도 들이지 않고** 피고석에 있는 죄수들을 대신한다는 피상적인 개념은 전부 어리석은 것임을 깨달아야 한다. 칭의를 이런 식으로 제시하는 것은 그것을 법적 허구로 만들어 버리는 것이다.

이스라엘에서 재판은 대단히 개인적인 과정이었다. 그것은 형사 법정보다는 민사 법정에서 일어나는 재판 과정과 훨씬 더 비슷했다. 어떤 추상적인 '법'이나 '국가'를 위해 피고를 고소하는 검찰청 같은 건 없었다. 피고와 원고가 재판관 앞에서 자신의 주장을 펼치고, 재판관이 피고를 옳다고 하든가(즉 그 사람을 의롭다고 했다) 잘못되었다고 하든가(그래서 그 사람을 정죄했다) 둘 중 하나였다. 의롭다 칭함을 받으면 피고는 공동체에 다시 받아들여지고 관계가 회복되었다. 정죄를 받으면 관계가 어느 정도 계속 깨어진 채로 있었다. 심각한 범죄로 인해 정죄를 받으면 추방당하거나 사형 선고를 받았다. 두 경우 모두 범죄자와 공동체는 최종적으로 분리되었는데, 이는 궁극적이고 돌이킬 수 없게 관계가 단절되는 것을 의미했다. 폴 피데스의 "이러한 히브리적 배경은 '칭의'가 법적인 용어이기는 하지만 근본적으로는 관계의 문제임을 의미한다"[40]는 주장은 옳다.

하나님은 고발자이면서 또한 재판관이시다. 그것의 경이는 하나님이, 고발받아 마땅하며 의문의 여지없이 악한 죄를 범한 우리가 그분과 올바른 관

---

40 Fiddes, p. 87.

계를 회복할 수 있고 우리 편에서는 아무런 비용도 치르지 않은 채 모든 고발에서 자유롭게 되었다고 선포될 수 있는 길을 마련해 내셨다는 것이다. 이러한 "인간이 지불할 수 있는 어떤 것에도 의존하지 않은 순전한 자비 행위"[41]는 법적 허구가 아니라 "극도로 중대한 법적 **실제**다."[42] 그것은 결코 하나님의 독단적인 행동이 아니다. 하나님의 의롭고 거룩한 성품이 요구하는 것을 충족해야 한다. 하지만 그분 자신이 그렇게 할 수 있는 수단을 제공하시는 것이다.

"칭의"는 놀랄 만큼 긍정적인 단어다. 그것은 사면과 죄 사함이라는 개념을 뛰어넘는다. 사면은 우리가 잘못을 저질렀지만 하나님은 우리의 형 집행을 연기하시고, 우리가 마땅히 벌을 받아야 하지만 하나님이 그 벌을 면제해 주신다고 말한다. 칭의는 고소 자체가 완전히 기각되었다고 말한다. 유죄 판결을 내리거나 벌을 부과할 이유가 없다는 것이다. 마커스 론(Marcus Loane)의 말을 풀어서 말하면, 사면은 "너는 가도 된다. 너는 너의 죄로 인해 마땅히 받아야 할 벌을 면제받았다"라고 말하는 것이다. 칭의는 "너는 와도 된다. 네가 나의 모든 사랑과 임재에 들어오는 걸 환영한다"[43]고 말하는 것이다.

현대의 은혜 행위들은 우리를 향하신 하나님의 사랑이 얼마나 비상한지를 보여 준다. 지미 카터(Jimmy Carter)는 미국 대통령이 되고 나서 가장 먼저 '조지아 사면 및 가석방 위원회'에 메리 피츠패트릭(Mary Fitzpatrick)을 석방해서 그녀가 자신의 딸 에이미(Amy)를 돌보도록 동의해 달라고 요청한 것이었다. 메리 피츠패트릭은 가난한 흑인 여성으로, 제대로 법적 진술을 하지 못하는 바람에 살인죄로 무기 징역을 받아 살고 있었다. 그녀는 백악관에 살면서 "자신의 임무를 모범적으로 수행했고", 에이미와 매우 가까워졌다. 후에 그녀는 조지아주에서 완전 사면을 받았다. 법적으로 살인죄가 선고된 사

---

41 Dunn, *Romans*, p. 179.
42 Moo, p. 228.
43 Stott, *Romans*, p. 110에서 인용.

람을 사면하려 한 것뿐 아니라, 그녀를 자기 집에 초대하여 자기의 소중한 딸을 돌보도록 맡긴 것은 카터가 보여 준 비범한 은혜의 행동이었다. 물론 카터 일가는 그렇게 하는 것에 대해 불쾌해하는 편지를 몇 통 받았다. 그것은 대담한 은혜의 행동이었다.[44] 하지만 그것까지도 값없이 우리를 의롭다 하시는 하나님의 놀라운 은혜에는 미치지 못한다.

2) 구속에 대한 묘사[45]

우리가 무죄 방면된 것은 누군가가 우리를 대신하여 의에 대한 요구를 충당해 주었기 때문이다. 예수님은 자신의 완벽한 순종의 삶을 우리의 죄 된 삶과 맞바꾸셨다. 하나님이 "죄를 간과하지도" 않으시고 정의를 손상하지도 않으신 채 우리를 의롭다 하신 것은 바울이 소개하는 둘째 장면인 구속 장면에 잘 나타나 있다. 그것은 바울의 독자들에게는 매우 익숙한 것이었으리라. 로마의 노예 시장에서 팔린 노예는 새 주인의 재산이 되었다. 그들은 자유를 얻을 수 있었으나, 그러기 위해서는 대속의 값을 치러야 했다.

구속은 성경에서 구원에 관해 설명하기 위해 즐겨 사용하는 은유 중 하나가 되었다. 그것은 과거로는 출애굽 때의 위대한 구속 행위에서, 앞으로는 하늘에 있는 14만 4천 명의 구속받은 자들의 노래에까지 이른다.[46] 하지만 "그리스도 예수 안에 있는 구속"에 비교해 보면 다른 모든 것은 아무것도 아니다. 그분 자신이 우리의 자유를 확보하기 위한 대속값이 되셨기 때문이다.

3) 속죄에 대한 묘사

우리는 이제, 단순한 구속의 묘사로부터 NIV가 속죄 제물(a sacrifice of atonement)이라고 번역한 복잡한 묘사로 눈을 돌리게 된다. 바울의 생각이

---

44 Jimmy Carter, *Keeping Faith: Memoirs of a President* (Collins, 1982), p. 30.
45 구속의 개념에 대해서는 뒤의 16장에서 더 자세히 살펴볼 것이다.
46 계 14:3.

법정과 노예 시장에서 떠나 성전으로 가 있다는 것을 분명히 알 수 있다. 하지만 그가 그리스도의 역사를 '힐라스테리온'(*hilastērion*)이라고 말할 때 정확히 무엇을 염두에 두었는지는 많은 논란이 일고 있다.[47] 그 배후에는 세 가지 주요 개념이 자리하고 있을 것이다.

최근에 많은 사람은 그것이 '속죄소'(mercy seat)를 언급한다는 종교개혁자들의 견해를 다시 주장한다. 그것은 언약궤 뚜껑을 말하는 것으로, 거기서 하나님이 나타나시고, 속죄일에는 피를 뿌리는 곳이었다.[48] 그 말이 히브리서 9:5(신약 전체 중 이곳에서 유일하게 한 번 더 나온다)에서 사용될 때는 분명 속죄소를 말한다. 게다가 그 말은 칠십인역에서 27회 나오는데, 그중 21회가 이런 식으로 사용된다. 하지만 이것은 유일한 번역도 아닐뿐더러 문제가 없는 것도 아니다. 바울이 그리스도의 사역을 마치 하나의 물체나 장소만 가리키는 양 말하리라고 보기는 어렵다. 그랬다면 아마도 정관사를 사용했을 텐데, 그는 그러지 않았다. 그리고 바울은 히브리서 저자와는 달리 레위기의 상징을 거의 사용하지 않는다. 그러한 전문적인 암시를 사용하면 그의 로마인 독자들은 분명 그 의미를 깨닫지 못했을 것이다. 그 말이 칠십인역에서 이같이 상징적 의미로 사용될 때라도, 그것은 속죄소라는 장소 자체보다는 그것의 기능, 즉 거기서 성취된 것을 말한다. 이러한 해석은 거의 확실하게 잘못된 것이다.[49]

많은 사람은 그것을 속죄(expiation)에 대한 언급으로 본다. '속죄하다'(to expiate)란 죄를 덮어 가리고, 더러움을 제거하며, 죄책을 없앰으로써 죄를 처리하는 행동을 취한다는 의미다. 이렇게 해석하는 첫째 이유는(이것은 다드가 주창했으며 널리 지지를 받았다) 칠십인역에서 보통 그런 의미로 사용되었기 때문이다. 다드는 칠십인역에서 그 단어를 하나님을 달랜다는 의미(세속

---

47 최근에 나온 유용한 논의로는 J. M. Gundry-Volf, "Expiation", in *DPL*, pp. 279-284를 보라.
48 레 16:2, 14.
49 이 결론에 대한 좀 더 상세한 사유로는 Moo, pp. 233-235를 보라.

그리스어에서처럼)로 사용하는 경우는 "사실상 없다"[50]고 말한다. 그는 "그[‘속죄’(expiation)라는 의미] 기저에 있는 개념은 원시 종교의 특징"으로, 그런 종교에서는 부정하게 된 어떤 종교인, 소유물 혹은 장소를 소독하기 위해 정결 의식이 정기적으로 시행되었다고 말하면서 자신의 논증을 지지한다. NIV는 "속죄의 제사"(a sacrifice of atonement)라고 번역함으로써(NASB가 그러듯이) 그 문제를 적당히 얼버무린다. 하지만 NIV는 그 단어에 대한 제3의 해석인 "화목"(propitiation)이라는 해석을 난외주로 밀어내 버림으로써 "속죄"라는 해석을 지지한다는 것을 보여 준다.

하지만 레온 모리스는 '힐라스테리온'이라는 단어를 주의 깊게 검토한 결과,[51] 그 말의 용례에 대한 다드의 결론, 즉 그가 번역한 '속죄'가 과연 정확했는지에 대해 의문을 제기한다. '속죄'라는 의미에 도달하게 된 일차적 동기는 언어학적인 것보다는 신학적인 것인 듯싶다. 하나님이 악에 대해 개인적이고 사법적인 분노를 표현한다는 것을 부인한다면, '화목'은 분명 적절치 못한 번역이다. 하지만 하나님의 진노라는 견해를 받아들인다면, '화목'이 전적으로 적당하며, '속죄'만으로는 불충분하다.

그 말의 세 번째 해석인 '화목'에는 "내적 일관성이 있다는 것이고 (응보적 정의의 가능성을 인정한다면) 그것을 지지하는 해석의 역사는 상당히 긴 편이다."[52] 그것은 화목 안에 포함되어 있지만 그저 죄를 고치는 것을 뜻하는 속죄보다 더 풍성한 의미다. '힐라스테리온'은 세속 그리스어에서뿐 아니라 칠십인역 여러 곳에서도 '화목'을 의미하는 것으로 사용되었다. 더글러스 무(Douglas Moo)는 이렇게 결론을 내린다. "언어학적 증거에다가, 하나님의 진노를 전반적 주제로 삼고 있는 로마서 1-3장의 전후 문맥이라는 증거를 더

---

50 Dodd, p. 78.
51 Morris, *Apostolic Preaching*, pp. 144-178. 그의 논증을 좀 덜 전문적으로 표현한 것은 Atonement, pp. 151-163에 나온다.
52 Travis, "Christ as the bearer", p. 31.

할 때(1:18; 참고. 2:5), '힐라스테리온'이 하나님의 진노로부터 벗어난다는 말을 불가피하게 포함한다는 결론을 피할 수 없다."[53]

성경의 하나님과 화목하는 것은, 물론 다른 사람들이 달래려고 애쓰는 신들과 화목하게 지내는 것과는 전혀 다르다. 세 가지 점에서 그렇다.[54] 하나님의 분노는 그 신들의 분노나 우리의 분노와는 다르다. 그것은 다른 신들이 보여 주는 것처럼 예측할 수 없고 비합리적인 분노가 아니다. 그것은 오직 악으로 인해서만 유발되는 것이다. 그리고 "인간의 진노와는 달리, 그것은 완벽하게 의로우며, 따라서 온갖 불합리와 변덕과 보복에서 나온 것이 아니다."[55] 둘째로, 이교와는 대조적으로, 하나님을 달래는 것은 우리가 아니다. 하나님은 은혜의 행위로 스스로 달래시는 분이시다. 하나님은 주도권도 쥐시고, 우리 대신 죽으시는 희생도 제공하신다. 셋째로, 기독교적 화목의 본질은 다르다. 우리는 "달콤한 것이나 채소 제물, 짐승, 심지어 인간 제물로 신들에게 뇌물을 바치지는 않는다."[56] 우리는 우리가 먼저 받은 것을 드린다. 우리는 우리에 대한 하나님의 태도를 바꾸기 위해 제물을 드려야 하는 것은 아니다. 마치 하나님이 자기 아들의 피가 십자가에서 흘러내리는 것을 보고서야 마지못해 우리를 용서하시기로 마음먹기라도 하듯 말이다. 포사이스가 상기시키듯이, "속죄가 은혜를 획득하게 한 것이 아니다. 속죄는 은혜로부터 흘러나온 것이다."[57] 하나님은 우리를 사랑하사 우리의 화목제물이 되도록 자기 아들을 주셨기 때문이다. 그래서 이전에 사람들이 속죄를 이루는 수단이었던 제사 제도 전체의 초점은 이제 그리스도가 되었다. 그분은 우리의 화목의 수단이시다.

---

53   Moo, p. 237. 또한 Cranfield, *Romans*, pp. 214-218; Morris, *Romans*, pp. 180-183; Stott, *Romans*, pp. 113-116를 보라. 그 반대의 것으로, 나에게는 설득력이 있으나 궁극적으로는 우리를 납득시키지 못하는 복음주의적 관점으로는 Smail, *Once and for All*, p. 90를 보라.
54   이러한 점들은 Stott, *Romans*, p. 115에 개진되어 있다.
55   Cranfield, *Romans*, p. 216.
56   Stott, *Romans*, p. 115.
57   Forsyth, *Cruciality of the Cross*, p. 41.

제임스 던은 속죄와 화목 간의 논쟁이 "두 가지를 불필요하게 양극화하는 것"[58]이라고 생각한다. 그리고 후자에서 전자를 일소해 버린다면 그렇게 될 수 있다. 던 자신이 말하듯이, "바울의 입장이 지닌 논리는 하나님의 진노(1:18-3:20에서 해설하고 있는)를 예수님의 죽음에 의해 어떻게든 피할 수 있다는 것"이기 때문이다. 그는 또한 "그 본문은 또한 하나님을 제사를 받으시는 대상보다는 그 제물을 제공하는 분으로 묘사한다"[59]고 덧붙인다. 하지만 신비롭게도 둘 다 분명 사실이다. 그분은 제사를 제공하는 분이면서 또한 그 제사의 대상이시다. 결국 그 말과 전후 문맥과 문제를 다 제대로 다루는 것은 '힐라스테리온'에 대한 이 세 번째 해석뿐이다. 화목만이 우리의 죄로 인해 타당하게 유발된 하나님의 진노를 적절히 해결한다.

4. 칭의를 받음(3:22, 25-26)

바울은 세 번에 걸쳐, 하나님의 은혜가 주는 유익을 "믿음으로 말미암아" 우리들이 누릴 수 있게 되었다고 말한다. 최근에는 이 "믿음"을 예수님을 믿는 우리의 믿음보다는 '예수님의 신실하심'으로 여기는 것이 유행이다. 하지만 바울은 다른 곳에서는 이 용어를 그런 식으로 사용하지 않으며, 그런 해석은 여기 나오는 단어의 서너 가지 용례에 들어맞지 않는 듯이 보인다.[60] 바울이 염두에 두고 있는 것은 그리스도를 믿는 우리의 믿음이라는 것이 거의 자명하다.

그는 우리의 의로운 지위는 "예수 그리스도를 믿음으로 말미암아…미치는"(22절) 것이라고 말한다. 우리의 구속은 "그의 피로써 믿음으로 말미암[아]"(25절) 이루어진다. 그리고 우리의 칭의는 "예수 믿는" 것에 달려 있다

---

58 Dunn, *Romans*, p. 171.
59 앞의 책.
60 앞의 책, p. 166.

(26절). 두 번째 문구는 색다르다. 다른 어느 곳에서도 바울은 "그의 피"를 믿는 것에 대해 말하지 않는다. 바울이 화목은 믿음으로 말미암아, 그리고 그리스도의 피 안에서 온다고 말했다고 이해하는 게 더 낫다.[61] 우리의 믿음은 어떤 물체에 대한 믿음이 아니라 그리스도의 인격을 믿는 믿음이 되어야 한다. 그리고 그것이 바울의 요점이다. 중요한 것은 어떤 종류의 '믿음'이냐, 혹은 어떤 것을 믿는 믿음이냐 하는 것이 아니다. 즉 사람들이 병원 원목에게 "병중에도 나를 지탱해 준 것은 나의 믿음이었습니다"라고 말하면서 자신들 안에서 자신들을 지지해 준 어떤 내적 힘을 발견했다는 의미로 말하는 경우의 그런 믿음이 중요한 것이 아니다. 큰 차이를 가져오는 것은 믿음의 대상이 무엇인가 하는 것이다. 그리스도를 믿는 믿음만이 칭의를 개인적으로 자신의 것으로 만들 수 있게 한다. 그분을 믿으려면 다른 어떤 것이나 어떤 사람을 우리 구원의 소망으로 믿는 것은 그만두어야 한다. 우리의 구원의 소망은 전적으로 오로지 그분만을 믿는 것이다.

존 스토트는 그것을 아름답게 묘사한다.

믿음은 그리스도를 보는 눈, 그분을 잡는 손, 생명의 물을 마시는 입이다. 그리고 예수 그리스도가 신이자 인간이심과 그가 죄를 지고 죽으신 것이 절대적으로 적절하다는 것을 분명하게 볼수록, 우리에게 뭔가 내놓을 것이 있다고 생각하는 것은 더욱 말이 안 되게 여겨진다. 바로 그 때문에, 크랜머의 말대로, 이신칭의만이 "그리스도의 참된 영광을 진척시키고 인간의 헛된 영광을 타도하는" 것이다.[62]

5. 칭의의 영광(3:25-26)

사람들은 정의에 민감하고, 죄 가운데 빠져 있기 때문에, 하나님을 불의하다

---

61 Morris, *Romans*, p. 182.
62 Stott, *Cross of Christ*, p. 187.

고 고발할 만반의 준비가 되어 있다. 질서정연하고 관료적인 사회에 사는 우리는 매사가 무엇보다도 공정하고 규칙에 따라 움직이기를 원한다. 그렇지 않으면 재빨리 우리의 권리를 주장하고 응분의 보답을 요구한다. 물론 우리가 해를 입은 쪽이기보다는 해를 끼친 사람의 경우에는 그렇게 예민하게 굴지 않는다. 하지만 바로 우리가 하나님의 영광에 이르지 못하는 자들인데도, 우리는 쉽사리 상당히 부당하게 역할을 역전시킨다. 우리는 우리 자신이 피해자라고 여기고 정의를 요구하는 것이다. 그런데 사실 해를 당한 쪽은 하나님이시고 우리는 해를 끼친 쪽이다.

그러한 논쟁은 로마서 처음 몇 장에서 유대인들이 바울에게 질문을 던진 것에서 어느 정도 볼 수 있다. 하나님의 정의가 인류의 피고석에 서 있다. 분명 유대인들의 주장에 따르면 그들과 하나님과의 관계는 그들이 언약 백성이며 율법 수호자이기 때문에 확보된 것이었다. 하지만 바울은 그들을 환상에서 깨어나게 하고, 유대인들에게 약간의 유리한 점은 있으나(특히 그들이 "하나님의 말씀을 맡았"다는 것에서, 3:2), 그들 역시 이방인들과 매한가지로 은혜로 칭의를 받을 필요가 있다는 것을 보여 주어야 한다. 그렇다면 거기서 정의는 어디에 있는가?

1) 하나님의 일차적 목적

바울은 하나님이 자신의 정의를 일차적으로 율법에서 보여 주신 것이 아니라 십자가에서 보여 주셨다고 말한다. 하나님은 유대인과 이방인을 똑같이 다루고, 율법과 죄를 다루며 제사와 속죄를 제공하는 방식에서 자신의 절대적인 통합성을 보여 주신다. 그리고 그 모든 것은 십자가에서 명확하게 드러난다.

하나님은 자신에게 충실하기 위해서, 죄를 대수롭지 않게 눈감아 주시거나, 가볍게 넘어가거나 값싸게 용서해 주실 수 없었다. 그렇게 하셨다면 정의는 없었을 것이다. 하지만 그로 인해 하나님은 딜레마에 빠지셨다. 어떻게 하면 죄인들을 자신과 화목하게 해서 자신의 사랑을 무한히 베풀고, 동시에 죄에 대한 심판을 타협하지 않으면서 자신의 거룩함을 충족시킬 수 있을까? 엄위하신 거룩함과 자비로운 긍휼이 하나님의 마음 한가운데서 서로 겨룬다.

십자가는 하나님의 해답을 보여 준다. "십자가는 하나님의 굽힐 수 없는 의가 바로 죄를 용서받는 수단임을 보여 준다."[63] 하나님은 그리스도의 십자가로써 자신의 온전한 거룩함을 유지하면서 자신의 은혜로 죄 사함을 받을 수 있게 하시기 때문이다. 그 대답은 그리스도께 있다. 온전하신 분, 곧 흠 없는 제물이신 그분은 죄 된 사람들 대신 죄를 위한 화목제로 자신을 드리셨다. 찰스 크랜필드는 이렇게 말한다. "[하나님은] 그분의 자비로써 죄 된 사람들을 용서하기로 하셨으며, 참으로 자비하시기 때문에 그들을 정당하게, 즉 어떤 식으로든 그들의 죄를 눈감아 주지 않고서, 그들을 용서하기로 하셨다. [그분은] 그들이 받아 마땅한 그 의로운 진노를 자신의 아들, 곧 자기 자신이 온전히 다 받기로 하셨다."[64]

그래서 바울은 하나님이 "의로우시며 또한 예수 믿는 자를 의롭다 하신다"는 의기양양한 결론에 도달할 수 있다.

2) 한 가지 있을 수 있는 반대

바울은 하나님의 정의가 당시 모든 것에서 공개적으로 나타났다고 말한다. 하지만 그것은 한 가지 반대를 야기할 수도 있다. 하나님을 피고석에서 너무 쉽게 풀어 주어서는 안 된다. 이전에 범한 죄들은 어떻게 되는가? 왜 하나님은 지체하셨는가? 과거의 죄를 간과하면 그분의 정의를 타협하는 것이 아닌가? 그분이 그때 죄에 대해 상관하지 않으셨다면, 왜 이제야 죄에 대해 뭔가를 조치하셨는가?

바울의 대답은 하나님이 결국은 부당한 하나님이라는 결론에 이르기 전

---

63   Morris, *Romans*, p. 183.
64   Cranfield, *Romans*, p. 217.

에, 이전 세대에 그분이 무엇을 하고 계셨는지 이해할 필요가 있다는 것이다. "전에 지은 죄를 간과하심"(25절)은 하나님이 무관심하거나 정의롭지 못한 것이 아니라 참으신 것이었다. 그분은 이전 세대들을 처벌하는 것을 연기하시고 정의의 손을 억제하셨다. 그들의 죄가 중요하지 않기 때문이 아니라, "그분의 의도는 처음부터 십자가로 말미암아 그 죄를 영단번에, 결정적이자 최종적으로 처리하는 것이었기 때문이다."[65]

십자가는 앞을 내다볼 뿐 아니라 뒤를 돌아보는 작용도 한다. 그것은 미래뿐 아니라, 과거와 현재를 위한 하나님의 정의 역시 보여 준다. 그리고 그것은 그 사건 이전에 살았던 사람들, 그 당시에 살고 있던 사람들, 그리고 그 이래 태어난 사람들을 구속한다. 우리는 "예루살렘 밖 푸른 언덕에 십자가가 세워지기 전부터 하나님의 마음속에는 십자가가 있었다"는 찰스 딘스모어(Charles Dinsmore)의 말을 읽을 때, 십자가를 단지 하나님의 구속하시는 사랑의 상징으로 축소하지 않도록 주의해야 한다.[66] 그것은 상징 이상의 것이었다. 그것은 죄를 하나님이 속죄하신 실상, 곧 역사의 한 시점에서 이루어진 십자가 처형에서 실현되고 나타난 실상이었다. 하지만 "죽임을 당한 어린 양"[67]의 "창세 이후로"의 업적은 믿음을 가진 사람이라면 어느 시대에 살든, 누구든, 모든 자에게 유익을 준다.

면밀히 논증된 이 구절들 안에 바울 복음의 핵심이 가득 채워져 있다.[68] 바울의 복음은 하나님의 정의를 계시한 하나님의 의, 우리의 구속을 확보한 그리스도의 희생, 믿음을 가진 모든 사람에게 값없이 주어진 칭의에 대해 말한다. 이것들은 달콤한 해방을 주는 말이다. 존 버니언(John Bunyan)은 절망에 빠져 모든 것을 잃어버렸다며 포기하려 하는 찰나에, 이렇게 증언했다.

65　앞의 책, p. 212.
66　Baillie, p. 194에서 인용. Baillie는 아마도 십자가를 하나의 상징으로만 축소하는 문제에서 완전히 벗어나지 못하는 듯하다.
67　계 13:8.
68　롬 2:16에서 바울은 복음을 "내 복음"이라고 말한다.

…바로 그때 내가 대단히 두려운 마음으로 집 안을 왔다 갔다 하고 있을 때, 이 하나님의 말씀이 나의 마음에 와 박혔다. 너는 "그리스도 예수 안에 있는 속량으로 말미암아 하나님의 은혜로 값 없이 의롭다 하심을 얻은 자 되었느니라"(롬 3:24). 오, 이것이 나를 얼마나 확 바꾸어 놓았는지! 내게 얼마나 갑작스러운 변화가 일어났는지!

그것은 마치 악몽에서 깨어난 것과도 같았다. 이제 하나님이 나에게 이렇게 말씀하고 계시는 듯이 보였다. "죄인아, 너는 내가 너의 죄 때문에 너의 영혼을 구원할 수 없다고 생각하지? 내 아들이 여기 있는 것을 보라. 그리고 내가 너를 보는 것이 아니라 아들을 보는 것을 보라. 나는 내 아들을 기뻐하는 대로 너를 다룰 것이다." 이 말로 인해서 나는 어느 때든 그리스도를 바라봄으로, 그리고 그분의 유익을 죄인에게 전가함으로써 하나님이 그 죄인을 의롭다 하실 수 있다는 것을 이해하게 되었다.[69]

바울은 그 말에 "아멘!"이라고 말할 것이다.

---

[69] John Bunyan, *Grace Abounding to the Chief of Sinners* (Moody, 1959), p. 89. 『죄인의 괴수에게 넘치는 은혜』(CH북스).

11장

십자가, 지혜로운 어리석음

고린도전서 1:18-2:5

퍼트리샤 기어링(Patricia Gearing)의 딸이 1998년에 배튼 병(Batten's disease)으로 사망했을 때, 영국 링컨셔(Lincolnshire) 해변의 작은 마을 메이블토프(Mablethorpe) 공동묘지에 마련된 그녀의 무덤은 단순한 십자가로 장식되었다. 얼마 안 가 지방 자치 단체에서는 기어링 부인에게 그것을 치우라고 지시했다. "십자가는 세울 수 없다. 기독교 최고의 상징을 과도하게 사용하는 것은 바람직하지 않기 때문이다"라는 규칙 때문이었다. 그 가족은 그 대신 미키 마우스가 새겨진 묘석을 세우도록 허락받았다.[1]

이 사건은 우리 사회의 참된 가치가 무엇인지 보여 준다. 세상에 대한 디즈니식 해석이 기독교적 해석을 대체했다. 심지어 대개는 세련됨의 중심으로 여겨지는 대도시 지역에서 멀리 떨어진 메이블토프와 같은 곳에서도 그렇다.

십자가의 치욕은 계속된다. 바울 시대로부터 우리 시대에 이르기까지 그것이 치욕과 불쾌한 것이 아닌 적은 없었다.[2] 사람들은 십자가가 주는 불쾌

---

[1] *The Times*, 6 September 1998.
[2] '스칸달론'(*Skandalon*)은 고전 1:23에서 "거리끼는 것"(stumbling-block)보다는 "불쾌한 것"(offence)으로 번역하는 것이 더 낫다. Witherington, p. 109를 보라.

함에 여러 모양으로 반응한다. 어떤 사람들은 그것을 조롱한다. 어떤 사람들은 그것을 무시하려 애쓴다. 그리스도인들도 다른 사람들 못지않게 십자가의 수치를 줄이는 기술을 가지고 있다. 오랫동안 십자가에 익숙하다 보니 그것의 부조리와 그에 대한 반감이 줄어들어, 우리는 십자가를 장식품으로 바꾸어 버렸다. 우리는 고문의 도구요, 가능한 한 가장 고통스럽게 사형을 집행하는 장치인 십자가보다는, 반짝반짝 윤나게 닦아 예배당에 달아 놓는 놋쇠 장식, 혹은 교회 건물 꼭대기에 예술품처럼 세워 놓는 십자가에 더 익숙하다. 모나 후커는 십자가에 대한 우리의 이해에 문제가 있다고 지적한다. 그녀는 이렇게 말한다.

> 우리의 문제는 단지 우리가 기독교의 이야기에 너무 익숙해져 있다는 것이다. 우리는 십자가가 사람이 고안해 낼 수 있는 가장 야만적인 처벌 형태였던 사회에서, 초대 그리스도인들이 선포한 십자가에 달리신 구세주라는 복음이 매우 불합리한 것임을, 실로 완전히 정신 나간 것이라는 사실을 깨닫기가 매우 어렵다.[3]

고린도인들은 그런 환상에 빠져 있지 않았다. 바울이 고린도에 보낸 첫 번째 편지를 보면 알 수 있다.

1. 십자가의 어리석음(1:22-25)

바울의 가르침의 요지는 "십자가의 도"(18절)였다. 하지만 즉시 그는 그것이 고린도 시민들에게 얼마나 어리석은 메시지로 보일지를 인식한다. 그들이 유대인이건 이방인이건 상관없다. 십자가는 어떤 종교적·문화적 배경에서 자란 사람에게든지 하나님이 자신을 알리는 방법에 대한 모든 예상을 완전히

---

[3] Hooker, *Not Ashamed*, p. 8.

뛰어넘는 것이었다. 너무나 불합리한 것이라 사람들이 사실이라고 믿기를 바라고 그런 이야기를 꾸며 낼 사람은 아무도 없을 것이다. 역설적이게도, 이 점이야말로 그 일이 실제로 일어났으며 하나님이 하신 일이라는 것을 믿을 만한 좋은 근거를 제공해 준다. "제정신이든 아니든 간에 어떤 인간도 십자가에 달리신 메시아를 통한 하나님의 구속 계획이란 것을 꿈도 꾼 적이 없었을 것이다. 그것은 너무 터무니없고 너무 굴욕적이다."[4] 왜 그래야만 하는가?

1) 유대인에게는 치욕

유대인들이나 그리스인들이나 한결같이 십자가가 불합리하다고 판단했지만, 바울이 설명하듯이 각 집단은 그런 결론에 도달한 이유가 나름대로 있었다. "유대인은 표적을 구하고 그리스인은 지혜를 찾으나"(22절). 둘 다 십자가 안에서 그들이 찾고 있는 것을 발견하지 못했다.

예수님이 사역하시는 동안, 사람들은 그분을 믿을 수 있도록 표적들을 보여달라고 반복해서 요청했다.[5] 그들은 하나님이 자신의 은혜와 권능을 나타내시는 것을 보거나, 혹은 예수님의 메시아적 지위를 증명하기를 바라는 순전한 마음에서 표적을 구한 것이 아니었다. 사람들은 그들 자신과 그들의 보잘것없고 죄에 물든 마음을 나름의 판단 척도로 삼아서, 예수님을 평가하고 시험하기 위해 이런 대단한 일들을 간청한 것이다. 그들은 종종 종교라는 옷을 입고 있기는 하지만 그 태도는 "바탕은 회의적이고, 본질은 자기 본위적인"[6] 것이었다.

감각적이고 기적적인 것에 대한 그들의 욕구를 더욱 불태운 것은 하나님에 대한 잘못된 이해였다. 유대인들은 하나님이 그분의 세상을 구원하러 방문하실 때는 권능 가운데 오실 것이라고 믿었다. 그들은 오실 메시아를 기다

---

4   Fee, *1 Corinthians*, p. 68.
5   마 12:38-39; 16:1; 막 8:11-12; 요 2:18; 4:48.
6   Barrett, *1 Corinthians*, p. 54.

리면서, 그분이 걸프 전에서 명망을 얻은 슈바르츠코프 장군 같은 사령관의 모습일 것이라고 잔뜩 기대하고 있었다. 메시아는 로마군을 그들의 땅에서 축출하고 그들에게 다시 자유를 되찾아 주러 올 것이라고 말이다.

십자가라는 말은 그런 기대를 채우기에는 천부당만부당한 말이었다. 그것은 권능이 아니라 약함에 대해, 승리가 아니라 패배에 대해, 정복이 아니라 굴욕에 대해 말했다. 십자가에 달리신 메시아란 "꽁꽁 언 수증기, 증오에 찬 사랑, 혹은 위로 향하는 하강, 경건한 강간범 등과 같이 틀림없이 용어상 모순으로 보였을 것이다. 차이가 있다면 훨씬 더 충격적이라는 점뿐이었다."[7]

라이트는 그러한 입장을 요약한다. "누가 '십자가에 달리신' 메시아란 말을 들어본 적이 있는가? 그것은 결국 십자가에 달리고 만 실패한 메시아다. 십자가 처형은 보통 자신을 하나님이 택하신 영웅이라고 생각했다가, 뒤늦게 전혀 그렇지 않다는 것을 알게 된, 착각에 빠진 가련한 광신자들에게 로마군이 시행하는 것이었다."[8] 유대인들은 특히 마카비 시대 이래 의인들의 고난에 대해 인식하고 있기는 했지만, 순교한 메시아라는 개념을 수용할 만큼 상상의 나래를 충분히 펼치지는 못했다. 그런 사고 범주란 존재하지 않았다.

십자가에 달린 것이 처형의 한 방법이었다는 사실이 문제를 더욱 크게 만들었다. 이 처형 형태는 특히 굴욕적이었다(이 점에 대해서는 나중에 다시 살펴보겠다). 유대인들은 노예들이나 로마의 적군들이 벌거벗은 몸으로 나무로 된 말뚝에 매달려 서서히 지체되는 죽음의 고통을 당하는 것을 보지 않기 위해 종종 눈을 가려야 했다. 하지만 그들이 보기에 예수님이 메시아일 리가 없음을 입증해 준 것은 십자가 처형의 형태보다는 오히려 그 상징적 의미였다. 신명기 21:23에서 율법은 "나무에 달린 자는 하나님께 저주를 받았음이니라"라고 선포했다. 원래 그 말은 이미 처형된 시체를 나무에 전시해 놓는 것을 의미하는 것이 거의 분명하지만, 그러한 생각은 십자가에 처형되어 죽

---

7   Carson, *The Cross*, pp. 21-22.
8   Wright, *Crown and Fire*, p. 5.

은 사람들에게도 쉽게 적용할 수 있었다. 그처럼 분명하게 하나님의 저주를 받은 사람이 어떻게 그들을 구원하는 분이 될 수 있다는 말인가?

십자가 처형은 로마인들이 유대를 진압하기 위해 널리 사용했다. 그래서 유대인들은 십자가를 억압의 도구로 보게 되었다. 히틀러 치하의 독일에서 많은 가족을 아우슈비츠에서 잃은 한 친구는, 유대인에게 십자가에 대해 자랑하라고 청하는 것은 마치 그에게 가스실에 대해 자랑하라고 청하는 것이나 마찬가지라고 말한 적이 있다. 얼마나 불합리한 말인가!

2) 로마인에게는 당혹스러운 것

한편 유대인에게 어리석은 것이 로마인에게는 당혹스러운 것이었다. 바울은 이 본문에서 그것에 대해 직접 언급하지는 않지만, 짧게나마 그것을 살펴보면 십자가에 달리신 그리스도에 대한 그리스인의 반응을 좀 더 잘 이해할 수 있을 것이다.

그리스가 고대 세계의 문명을 형성했다면, 로마는 고대 세계의 사회적·정치적 분위기를 형성했다. 로마가 십자가 처형법을 맨 처음 만든 것은 아니다. 그것은 아마도 페르시아인들이 만들었을 것이다. 하지만 로마는 자신의 뜻에 반대하는 모든 세력을 확실히 근절시키기 위해 십자가를 십분 활용했다. 십자가 처형은 최대한의 효과를 위해 고통을 모욕과 고문을 굴욕과 합쳤다. 그것은 이반 카라마조프(Ivan Karamazov)가 19세기 불가리아의 포학무도함을 목격한 후, "어떤 짐승도 그처럼 교묘하고 그처럼 기술적으로 잔인할 수는 없을 것이다"[9]라고 말했던 것을 생각나게 한다. 하지만 짐승들이 실패한 일에 로마인들은 성공했다. 희생자들을 벌거벗기고, 때려서 반쯤 죽인 뒤 십자가 가로대를 지고 거리를 행진하게 하여 처형장에 이르면, 이미 못쓰게 망가져 버린 그들의 몸에 못을 박았다. 거기서 죽음이 이를 때까지 오랜 시간

---

9 J. Glover, *Humanity: A Moral History of the Twentieth Century* (Jonathan Cape, 1999), p. 31.

고통을 견디는 모습을 사람들에게 공개적으로 보여 준다. 이 분야 연구에 많은 도움을 준 마르틴 헹엘은 "십자가 처형은 처형자의 변덕과 극단적 잔학성이 극에 달한 형벌이었다"[10]고 썼다.

로마는 십자가 처형술을 상습적으로 시행했다. 그것은 범죄 억제 효과가 컸다. 그것은 모든 형태의 처형 중 가장 심한 것으로 여겨졌으며, 하층 계급의 사람들만 그런 처형을 받았다. 로마 시민들이 그렇게 사형을 당하는 경우는 매우 드물었다.[11] 그것은 너무나 당혹스러운 것이라 예의 있는 로마인들은 십자가에 대해 말하는 것을 피하고, 꼭 말해야 할 때는 '불운한 나무' 같은 식으로 완곡한 표현을 사용했다. 키케로는 라비리우스(C. Rabirius)를 변호하면서 "'십자가'라는 단어 자체를 로마 시민의 몸에서뿐 아니라 그 생각과 눈과 귀에서 멀리 떨어뜨려 놓아야 한다"[12]고 말했다. 요세푸스가 그것을 "가장 가련한 죽음"[13]이라고 한 건 괜한 말이 아니다.

그리스와 로마의 강력한 신 중 일부는 죽기도 했는데, 그 신들의 죽음은 그들의 신비감과 위엄을 더해 주는 영웅적인 것이다. 그들이 이처럼 굴욕적인 형태로 죽는 경우는 결코 없을 것이다. 그리스도인들이 과거에도 그랬고 지금도 그렇게 하듯이 노예처럼 죽으신 분이 지금은 구세주일 뿐만 아니라 전 우주의 주님으로 높임을 받으셨다고 주장하는 것은 명백한 난센스다.

3) 그리스인에게는 부조리한 것

십자가가 유대 종교에는 치욕이고, 품위 있는 로마 사회에는 당혹스러운 것이었다면, 그리스 문화에는 부조리한 것이었다. 그리스인들의 지혜는 구약에 나오는 것과 같은 실제적인 지혜가 아니라 이성의 철학적 지혜였다. 그들은

---

10 M. Hengel, *Cruxification* (1976; ET SCM, 1977), p. 25.
11 앞의 책, p. 39.
12 앞의 책, p. 42에서 인용.
13 Hooker, *Not Ashamed*, p. 9에서 인용.

논증으로 하나님을 알고자 했으며, "제1원리로부터 추론하는 것이야말로 하나님에 대해 아는 적절한 방식이라고 주장했다."[14] 철학을 깊이 연구해 전문적인 철학자가 되는 사람들은 소수였지만, 지혜를 추구하는 것은 그리스 문화 전체의 사고방식이었다. 유명한 철학자들은 수사학 훈련을 받았으며, 삶과 죽음과 우주에 대해 조리 있는 설명을 제공한다고 주장하면서 그들의 세계관을 주창했다. 스토아학파나 에피쿠로스학파 등의 전체적인 가치 체계는 이렇게 사색적이고 서로 경쟁하는, 심지어 모순되기까지 한 철학들을 바탕으로 하고 있었다.

그 모든 것의 기저에는 자기 본위의 죄가 놓여 있다. 유대인들이 그리스도가 자신들이 선택한 능력의 기준에 부합될 때까지 그분에 대한 판단을 유보했다면, 그리스인도 이에 못지않게 그리스도가 자신들이 택한 지적 판단 기준에 부합할 때까지 그분에 대한 판단을 유보하고 있다. 고든 피(Gordon Fee)는 "그들의 우상숭배는 하나님을 궁극적인 이성으로 생각하는 것이다. 그 이성은 물론 **우리가** 합리적이라고 생각하는 것을 말한다"[15]라고 썼다.

그들의 기준에 의하면, "십자가의 도"는 극도로 어리석은 것처럼 보였다. 하나님이 인간의 육신을 입고 나타나셨고, 그처럼 야만적이고 순진한 방식으로 세상을 구원하겠다고 주장한다는 개념은 분명 난센스였다. 브루스는 그들의 논증의 최종 결론에 주의를 기울였다. "십자가 처형의 치욕뿐 아니라, 그처럼 소름 끼치는 죽음에서 자신을 구해 낼 만큼의 충분한 지혜를 갖지 못한 사람을 어떻게 주님이자 해방자로 받아들일 수 있으며, 지혜의 해설자로 의지할 수 있다는 말인가?"[16] 그들은 그렇게 할 수 없었다.

그래서 그리스의 현자들, 유대의 종교 선생들, 당시의 세련된 논평자들(20절)은 모두 하나님이 그리스도의 십자가에서 뭔가를 계시하시고 구원의

---

14   T. Page, "Philosophy", in *DPL*, p. 716.
15   Fee, *1 Corinthians*, p. 75.
16   Bruce, *Corinthians*, p. 35.

중요성을 지닌 어떤 것을 행하셨을 가능성을 거부했다. 그것은 지혜와 권능에 대한 전통적인 규범에 따라 형성된 그들의 기대에 너무나 어긋났기 때문에, 그들은 진실을 파악하는 데 완전히 실패했다.

2. 십자가의 실상(1:23-25)

사실 십자가의 실상은 그들이 이해한 것과는 완전히 다르다. 그것은 "하나님의 능력이요, 하나님의 지혜"(24절)를 나타내 보였다. 그 '치욕'은 유대인들이 들을 수 있을 최대의 복된 소식이었다. 그 '당혹스러움'은 하나님의 엄위를 드러내 보였다. 그 '어리석음'은 그리스인들이 만날 수 있을 최대의 지혜였다. 인간의 모든 종교와 사상 체계가 사람들을 하나님께 인도하는 데 실패했을 때, "하나님께서 전도의 미련한 것으로 믿는 자들을 구원하시기를 기뻐하셨도다"(21절).

어떻게 이럴 수 있는가? 단지 "하나님의 어리석음이 사람보다 지혜롭고 하나님의 약하심이 사람보다 강하[기]"(25절) 때문이다. 그들은 완전히 잘못된 기준으로 하나님을 판단하고 있었다. 그분은 그들과는 다른 수준에서 역사하셨으며, 엄위하시고 전능하신 창조주로서, 그들이 있는지도 전혀 몰랐던 지혜와 권능을 불러일으키셨다. 쉽게 말하자면, 유대인과 그리스인의 모든 힘을 다 합한 것보다 하나님의 새끼손가락 하나에 더 큰 권능이 있다.

그 십자가에서 하나님은 세상보다 한 수 더 높으시고 우리의 원수를 이기시고 우리를 그들의 손아귀에서 벗어나게 해 주심으로 우리에게 유리한 무언가를 이루고 계셨다.[17] 그분의 권능은 약함으로 나타났을 수도 있고, 그분의 통찰력 있는 지혜는 어리석게 보였을 수도 있지만, 그분의 계획은 심오했다. 세상은 자기중심성에 근거해 돌아가는 반면, 하나님은 그와 달리 자기

---

17 Fee, *1 Corinthians*, p. 77.

부인이라는 기초에 근거해서 일하신다. 그분은 어리석음과 약함에 자신을 내어주시며, 그렇게 하면서 자신의 진정한 지혜를 확증하고 자신의 강한 권위를 보이신다.

"십자가의 도"가 지닌 권능은 일차적으로 죄를 처리하고 사람들이 하나님과 바른 관계를 갖도록 하는 권능이다. 그것은 속죄를 달성하는 권능이다. 그것은 변화를 이루고 새롭게 하는 권능이다. 존 스토트는 이렇게 상기시킨다.

> 그리스도의 십자가에는 놀라운 능력이 있다. 그것은 가장 둔한 양심도 각성하게 하고 가장 완고한 마음도 녹게 하는 권능, 부정한 자를 정결하게 하는 권능, 멀리 있는 자를 화목으로 이끄시고 회복시키는 권능, 갇힌 자를 속박에서 벗어나게 하고 가난한 자를 거름더미에서 들어 올리는 권능, 사람들을 서로 나누어 놓는 장벽들을 허무는 권능, 우리의 고집 센 성품을 그리스도의 형상으로 바꾸어 놓으며 마지막에 가서는 우리가 하나님 앞에 흰옷을 입고 서기에 알맞게 만드는 권능을 가지고 있다.[18]

바울은 그것을 어떻게 알아냈는가? 그가 그 수수께끼를 풀 수 있었던 단서는 부활이었다. 예수님이 정말로 유대인들이 상정하듯이 나무에서 저주를 받으셨다면, 그리고 예수님이 정말로 그리스인들이 상정하듯이 극도로 어리석어 자신을 죽음에서 구원할 수 없었다면, 그분은 분명 사흘 후에 죽은 자 가운데서 살아나지 않으셨을 것이다. 하지만 부활은 그리스도가 십자가에서 하나님의 저주를 실제로 지셨지만, 그것이 그분의 죄 때문이 아님을 의미한다. 그렇지 않았다면 죽음이 그를 삼켜 버렸을 것이기 때문이다. 그게 아니라 그분은 우리를 위해 저주를 지셨다. 부활은 예수님이 자신을 제물로 드린 것을 하나님이 저주에 대한 충분한 대답으로 받아들이셨다고 선포하며,

---

18 Stott, *Cross of Christ*, p. 225.

그래서 그리스도는 더는 고난을 받지 않고 죽은 자 가운데서 살아나셨다. 부활은 어떤 권세도 그분을 붙잡을 수 없다고 선포한다. 사탄은 할 수 있는 짓은 모두 다 해 보았으며, 죽음은 그의 마지막 카드였다. 그런데도, 심지어 그리스도가 가장 연약한 상태가 되었을 때마저도 그분은 사탄을 물리칠 수 있으셨다. 여기에서 다시 우리는 하나님의 역사에 대한 매우 재미있는 아이러니를 인정하지 않을 수 없다.

오늘날 많은 지식층이 그러는 것처럼, 바울 시대의 종교 지도자들과 지식인들이 그걸 설득력 없는 부조리라고 치부해 버린 것은 사실은 구원을 제공하는 하나님의 멋진 전략이었다. 인간의 지혜로는 결코 그런 결론에 도달하지 못할 것이다. 그런 결론은 완전히 다른 각도에서 던진 질문에서 나온 것이다. 여기에는 제1원리로 논증할 수 없는 진리가 있었다. 그것은 계시되어야만 했다. 복음이 선포되고 성령께서 통찰력을 주셔야만[19] 사람들은 진리를 인식하여 구원을 가져오는 진정한 지혜와 권능을 십자가 안에서 분별할 수 있다.

3. 십자가의 영향

십자가의 영향은 여러 가지다. 그것은 어떤 사람들에게는 구원을 제공하지만, 동시에 바울이 이 본문에서 간간이 말하고 있는 다른 결과를 가져오기도 한다.

1) 십자가는 분열을 일으킨다

카슨(D. A. Carson)은 고대 사회는 양극단적 표현으로 인류를 묘사하는 걸 즐겼다는 점을 지적한다. 그들은 로마인과 야만인, 유대인과 그리스인, 종과

---

[19] 고전 2:7-12; 고후 4:3-6.

자유자 등으로 말했다.[20] 여기에서 바울은 또 다른 양극단을 말한다. 그것은 "멸망하는 자들"과 "구원을 받는 우리"다(18절). 그것은 무엇보다도 더 중대한 분류다. 사람들의 영원한 운명과 관계된 것이기 때문이다. 그 둘을 구분하는 선은 십자가로 그어지는데, 십자가는 인류를 분리할 뿐 아니라 또한 역사도 둘로 나누어 놓는다. 십자가는 새로운 시대를 시작하며, 옛 세상에 심판을 가한다. 십자가의 메시지를 거부하는 사람은 "이 세대에 변론가"(the philosophers of this age, 20절)와 한편이 되는 것이며 새 세대에 들어갈 준비가 되어 있지 않다는 것을 보여 준다. 그 시대는 갈보리에서 시작되었지만, 그리스도가 약함과 어리석음이 아니라 권능과 영광으로 다시 오실 때 완전히 성취될 시대다.

십자가가 터무니없는 것이라고 확신하는 사람들은 멸망하는 자들이라고 바울은 주장한다. 옛 시대는 지나가고 있으며 그들은 그 시대와 함께 사라지고 있다. 이와 대조적으로, 역사하시는 하나님의 권능을 보고 그 유익을 얻는 사람들은 새 시대의 자녀이며 자신이 구원을 얻는 과정에 있는 자들임을 보여 준다. 바울은 더 나아가 이 새 시대의 사람들을 "믿는 자들"(21절)이라고 규정한다. 하나님의 구원을 경험하는 사람들은 자신들의 유일한 소망인 십자가에 매달리는 사람들이다. 두 경우 모두 바울은 그들의 삶에서 일어나고 있는 일을 묘사하기 위해 진행형 시제를 사용한다. 십자가를 거부하는 사람은 멸망하는 도상에 있다. 하지만 십자가의 그리스도를 믿는 사람들은 구원받는 과정에 있다. 그들은 여정을 시작했으며 이미 그것이 주는 많은 기쁨을 경험하지만, 아직 목적지에 도달하지는 않았으며 더 많은 기쁨이 그들을 기다리고 있다.

사람들은 얼마나 줄기차게 세상을 둘로 나누려고 애써 왔는지! 오늘날에는 북반구와 남반구, 부유한 자와 가난한 자, 가진 자와 가지지 못한 자, 남

---

20 Carson, *The Cross*, p. 14.

자와 여자, 사교육과 공교육, 임대 주택과 자가 주택 등으로 구분한다. 하지만 무엇보다 큰 구분은 십자가를 어리석은 것으로 보는 사람들과 그것을 하나님의 권능으로 보는 사람들 간의 구분이다. 교회가 무디어져 버린, 오늘과 같은 관용의 시대에 사는 우리는 그러한 구분이 얼마나 두려운 것인지를 어느 정도 재발견할 필요가 있을 것이다. 그리스도인들도 세상 사람들과 똑같이 세상사에 정신이 팔린 듯한 현대 물질주의 시대에, 우리는 내세에서 온전히 드러날 그런 구분에 다시 초점을 맞출 필요가 있다. '사용자 친화적'(user-friendly) 복음을 전하는 시대에, 우리는 십자가가 어떤 사람에게는 불쾌감을 줄 것이며, 많은 사람, 심지어 우리의 가족과 친구들은 거부할 수 있다는 것을 받아들일 준비를 더 해야 한다. 상냥하게 복음을 전하고 싹싹하게 우정을 쌓는다고 해서 모든 사람이 그리스도께로 돌아오는 것은 아니다.

2) 십자가는 어리석음의 정체를 드러낸다

십자가는 하나님의 지혜만 선포하는 것이 아니다. 그것은 동시에 세상의 어리석음의 정체를 드러내고 그것이 사실은 겉치레뿐이고 터무니없다는 것을 드러낸다. 바울은 이 구절에서 세 번에 걸쳐 십자가 사역의 그러한 측면으로 되돌아간다. 20절에서 그는 지혜를 가르치는 자들, 유대 랍비들("선비", scholars),[21] 그리고 세상의 "변론가"(philosophers)들을 불러낸다. 그들과 토론을 하기 위해 그렇게 하고 있을 수도 있다. 하지만 그의 질문은 앞 구절에서 이사야 29:14을 비난조로 인용한 다음에 나오고 있기에, 빈정대고 있는 것일 가능성이 더 크다.[22] "그들은 지금 어디로 도망갔는가? 하나님이 십자가에

---

21 '선비'(scholar)라는 번역은 잘못된 것이다. 선비란 학적인 그리고 아마도 천부적인 재능이 있는 사람을 시사한다. 여기에서 사용된 그리스어 '그라마테우스'는 그리스 문화권에서는 결코 수준 높은 학자를 나타내는 말로 사용되지 않았다. 바울이 염두에 두고 있었던 것은 그리스어를 사용하는 유대인들 사이에서 그 용어가 사용되던 용법이었다. 즉 '그라마테우스'는 '서기관', 곧 하나님의 율법에 대한 전문가로, 성경적 유산 및 거기서 나온 모든 전통에 대한 식견이 있는 사람이었다." Carson, *The Cross*, p. 17.

22 Fee, *1 Corinthians*, p. 70.

서 하신 일에 비추어 볼 때, 그들의 논리가 어떻게 지속될 수 있는가? 그들은 어디에 숨어 있는가?"

다음 구절에서 바울은 그들이 완전히 영적 도탄에 빠졌음을 폭로한다. 그들은 그들의 율법과 의식들 혹은 이성과 철학을 통해 하나님을 알 수 있다고 주장한다. 하지만 가차 없는 바울의 판결에 따르면, 그들은 그런 것들로는 "하나님을 알지 못[했다]"(21절). 그들은 여전히 조사하고, 여전히 추구했으나, 아직 도달하지 못했다. 하나님은 십자가를 통해서만 알 수 있는데, 인간의 교만은 그것을 받아들이기 어려워하며 나름대로 갖가지 세계관을 고안해 내면서 끊임없이 그것을 교묘하게 회피하려 한다. 하지만 이 모든 것은 막다른 길이라는 것이 입증된다. 하나님이 사람들을 구원하시기 위해 자신을 온전히 드러내기로 하신 곳은 단 한 군데뿐인데, 그곳이, 바로 그리스도의 십자가다.

바울은 세 번째로 훨씬 더 통렬하게 이 점을 말한다. 28절에서 그는 십자가의 사람들, 세상의 어떤 기준으로 보아도 전혀 인상적이지 않은 그 사람들이야말로 하나님이 세상의 잘못된 교만을 부정하시기 위해 택하신 자들이라고 말한다. 브루스는 그들을 통해, 그리고 더 특별하게는 그들이 믿는 것을 통해, "그분은 지혜, 권능, 평판, 가치의 판에 박힌 규범들을 폐하신다. 1세기 그리스 로마 사회에서, 십자가에 달린 사람이 우주의 주님으로 높임을 받았다고 선포하는 것보다 더 이런 규범을 파괴하는 것은 없었을 것이다"[23]라고 말한다. 십자가는 그것들이 자기중심적이고, 교만하며, 오만한 체계임을 폭로함으로써 그것들을 무효화한다. 십자가는, 그들이 자신이 안다고 주장하는 하나님의 성품이나 그분의 길을 모두 이해하지 못하고 있다는 걸 보여 준다. 이는 논쟁으로 해결할 문제가 아니다. 마치 하나님이 어떤 세미나에서 사람들과 나란히 앉아서 세상 문제에 대한 해결책을 고민하며 찾듯 하는 것

23　Bruce, p. 36.

이 아니라는 말이다. 이것은 다스리시는 주님이신 하나님이 "십자가의 도"에서 말씀하시고 행동하신 문제다. 그 도는 세상의 지혜 있는 자들이 말하곤 하는 도와는 반대되는 것이다. 십자가에서 하나님은 그것들의 공허함을 폭로하실 뿐 아니라 그들의 교만을 심판하신다. 그분은 그것들을 부정하셨다.

    십자가는 무리 가운데 서서 대담하게 진리를 말하여 임금님이 벌거벗었다고 외치는 어린 소년과도 같이, 지금도 우리 시대의 현혹하는 '지혜'를 부정한다. 그래서 오늘날, 십자가는 그리스도가 우리를 내버려 두고 떠나지 않으시고 오히려 새로운 인류를 창조하기 위해 죽으시기로 했다는 것을 보여 주기 때문에, 우리의 세속적인 개인주의의 정체를 드러낸다. 십자가는 그리스도가 우리의 죄를 받으사 우리가 범한 도덕법에 대한 하나님의 심판을 스스로 받으셨음을 보여 주기 때문에, 죄 있음을 부인하고 도덕적 경계에 의문을 제기함으로써 상처를 치유하고자 하는 치료적 접근법들의 정체를 드러낸다. 십자가는 그리스도가 단 한 번도 집을 소유한 적이 없고, 머리 둘 곳도 없었으며, 나무에 달리실 때 옷까지 벗겨진 분으로 묘사하기 때문에, 우리가 악함을 해결하기 위해 돈과 권력을 의지하는 것을 적나라하게 드러낸다. 하나님은 그리스도 안에서 우리의 문제에 대한 매우 개인적이고, 예상할 수 없으며, '비과학적인' 답을 제공하시기 때문에, 십자가는 우리의 악을 경감하고 우리가 사는 세계를 개선하는 방편으로서의 과학에 대한 신뢰를 산산이 부순다. 죄 없으신 그리스도가 부당하게, 아무런 저항 없이 죽으심으로 세상의 상처와 증오를 스스로 지셨기 때문에, 그러면서 억압받는 자들에게 자비와 은혜를 가져다주셨기 때문에, 십자가는 갈등을 해결하며 권리를 확보하려고 학대한 자들에게 보복하고 앙갚음하려는 마음을 깨뜨려 버린다. 그리스도가 이성을 뛰어넘는 사랑과 이성적으로는 도저히 설명할 수 없는 은혜로 기꺼이 죽으시는 모습을 보여 주셨기 때문에, 십자가는 흔들리지 않는 지식의 토대로서의 이성에 대한 우리의 믿음을 파괴한다. 십자가는 여전히 우리의 어리석음을 폭로하고 우리의 젠체하는 세계관을 꺾어 버린다.

3) 십자가는 겸손을 낳는다

십자가가 분열을 가져와 세상에 영향을 끼치고, 불신자들의 세계관을 무효화해 영향을 미친다면, 그것은 또한 겸손함을 낳음으로 신자들에게도 영향을 미친다. 그것은 우리가 우리 힘으로는 하나님을 발견할 수 없고 하나님 앞에서 의롭게 살 수도 없다고 말해 준다. 그것은 우리의 사상과 체계들이 환상에 불과함을 드러낸다. 그것은 우리 지혜가 어리석으며, 우리 능력은 약하고, 우리 선함은 부적절하다는 것을 보여 준다. 그것은 우리가, 우리를 찾으시고 솔선해서 우리와 관계를 맺으시며 우리 구원의 수단을 제공해 주시는 하나님의 놀라우신 자비에 의존하고 있음을 나타낸다. 그것은 우리의 합당치 못함과 그분의 놀라운 은혜를 보여 준다. 그것은 또한 우리 중 그 누구도 십자가에 나아올 때 유리한 위치에 있지 못하다는 것을 드러낸다. 고든 피는 이렇게 쓴다.

> 십자가 앞에서 누구나 평등하다. 우리가 가진 그 어떤 것도 살아 계신 하나님 앞에서 유리하게 작용하지 않을 것이다. 총명함도, '권력'도, 성취도, 돈도, 명망도. 하나님은 비천한 고린도인을 택하심으로, 그분의 총애를 얻을 만한 온갖 인간적 체계를 영원히 배제했다고 선포하셨다. 완전히 하나님을 의지하든가(31절), 절대로 그러지 않든가, 둘 중 하나다.[24]

바울은 먼저 부정적인 말로 논지를 밝힌다. 십자가는 "아무 육체도 하나님 앞에서 자랑하지 못하게 하려"(29절) 함을 의미한다. 어떤 인간도 그처럼 의로우시고 자비하신 하나님 앞에서는 자만할 근거를 조금도 갖지 못한다. 우리는 경외심과 감사가 깃든 겸손으로 그분 앞에 다가서야 한다. 이어서 그는 같은 점을 긍정적으로 말한다. 그는 예레미야 9:24을 인용하면서, 격려해

---

[24] Fee, *1 Corinthians*, p. 84.

야 할 자랑이 있다고 말한다. "자랑하는 자는 주 안에서 자랑하라"(31절). 우리가 자랑해야 할 것은 그리스도가 십자가에서 이루신 구속 사역이다. 바울이 '자랑'이라는 말로 사용하는 단어('카우차오마이', kauchaomai)는 그가 특별히 좋아하는 단어다.[25] 그것은 어떤 것에 '크게 기뻐하다'부터 어떤 것을 '전적으로 신뢰하다'에 이르기까지 광범위한 의미로 사용한다. 바울은 여기에서 분명 그러한 온갖 의미를 통합한다. 고린도인들은 그리스도의 십자가만을 완전히 그리고 오로지 신뢰해야 하며, 또한 그것을 멸시할지도 모르는 세상, 사실을 말하자면 지혜 있는 자들이 훨씬 더 어리석은 것들을 자랑하는 그런 세상에서 그 십자가를 자랑해야 한다.

갈라디아서 6:14에서 바울은 개인적 간증을 하면서 십자가를 자랑한다는 주제로 다시 돌아온다. 거기에서 그는 "그러나 내게는 우리 주 예수 그리스도의 십자가 외에 결코 자랑할 것이 없으니 그리스도로 말미암아 세상이 나를 대하여 십자가에 못 박히고 내가 또한 세상을 대하여 그러하니라"[26]라고 썼다. 이 구절에 대한 존 스토트의 해설은 상기할 만하다. 그는 그리스어 원문을 번역하기가 어렵다고 말하면서, "그것은 자랑하는 것, 영광으로 여기는 것, 신뢰하는 것, 기뻐하는 것, 한껏 즐기는 것, 위해서 사는 것을 의미한다. 우리의 자랑 혹은 '영광'의 대상은 우리의 시야를 꽉 채우고, 주의를 집중하게 하며, 시간과 정력을 빼앗는다. 한마디로 우리의 자랑은 우리가 자나 깨나 생각하는 것이다"[27]라고 썼다. 바울이 고린도 신자들에게 명하는 것은 십자가에 대한 바로 그러한 자랑, 불합리하도록 반문화적인 그런 자랑이다.

---

25 신약성경에는 그 말이 59회 나오는데, 그중 55회가 바울의 글에 나온다. 앞의 책.
26 "내게는…자랑할 것이 없으니"(May I never boast, NIV와 NRSV)는 '메 게노이토 카우차스타이'(mē genoito kauchasthai)를 번역한 것인데, AV의 "하나님은 내가…을 자랑하는 것을 금하시니"(God forbid that I should glory…)라는 번역에 반해 좀 서툴러 보인다.
27 Stott, *Cross of Christ*, p. 349.

4. 십자가의 성취(1:30)

바울은 자신의 가르침을, 교회가 십자가의 공동체로서 메시지를 선포해야 하는 방식이라고 하기 앞서, 자신을 예로 들면서 그리스도가 우리를 위해 성취하신 것을 요약한다. 교회 밖에 있는 사람들, 그 생활 방식을 하나님이 무효로 하신 그런 사람들과는 대조적으로, 하나님의 부름을 받은 신자들은 "그리스도 예수 안에" 있다는 바로 그것으로 인해 존재하게 된 사람들이다. 세상에서 구할 수 있는 지혜와는 분명히 대조적으로, "그리스도…는 하나님께로서 나와서 우리에게 지혜"가 되셨다. 그러고서 바울은 이 지혜의 선물이 무엇을 의미하는지 그다음에 나오는 세 가지 표현으로 자세히 설명한다. 그 표현들은 각각 법정, 성전, 노예 시장에서 나온 것이다. 그리스도는 "우리에게…의로움과 거룩함과 구속함"이 되셨다.[28] "의로움"이란 우리가 하나님 앞에서 올바른 지위를 지니게 되었으며 그분과 올바른 관계를 맺게 되었다는 의미다. "거룩함"이란 우리가 그분을 위해 구별되었으며 이제 그분의 독점적인 소유물이 되었다는 의미다. "구속함"이란 우리가 그분으로 인해 죄의 권능과 결과로부터 자유롭게 되었다는 의미다. 그렇다면 우리는 그리스도의 사역으로 인해 **그분과** 관계를 맺고 그래서 **그분을 위해** 살게 되는데, 그 모든 것은 하나님이 **그분을 통해** 이루신 일에 달려 있다. 바울의 말은 그리스도인의 삶에 대한 '누가', '어떻게', '왜'를 요약한다. 우리는 누구인가? 의로운 사람들이다. 우리는 어떻게 사는가? 거룩한 백성으로서 산다. 왜 그런가? 구속 때문이다.

---

28 바울은 우리가 그리스도 안에서 네 가지 은사, 곧 지혜, 의로움, 거룩함, 구속함을 받는 것이 아니라 한 은사, 곧 지혜의 은사를 받는데, 그 지혜의 은사는 의로움과 거룩함과 구속함으로 규정된다고 말한다. AV와 대조하라. Fee, *1 Corinthians*, pp. 85-86를 보라.

5. 십자가의 공동체(1:26-2:5)

바울이 십자가를 묵상한 데는 특별한 목적이 있었다. 사회 정세에 대해 해설하거나, 심지어 복음을 전파하기 위한 것이 아니었다. 그 두 가지를 다 하고 있었지만 말이다. 그의 목적은 목회를 위한 것이었다. 그는 교회에 그들의 참된 정체성을 가르쳐서, 그들의 삶이 현재보다 더 그들을 위한 하나님의 뜻과 목적에 부합하도록 애쓰고 있다. 십자가를 통해 하나님은 개인을 구원하신다. 하지만 그분은 그 이상의 일을 행하신다. 그것은 또한 하나님이 새로운 공동체, 곧 새 시대의 공동체를 창조하시는 수단이다. 그 공동체에서는 십자가가 중심적이고 상징적인 중요성을 지니고 있으며, 그 구성원들은 여전히 십자가의 본을 따라 산다.

1) 십자가로 형성된 공동체

십자가에 못 박히신 그리스도가 이 공동체의 토대다. 그 밖의 다른 어떤 것으로도 그 구성원들을 식별할 수 없다. 전통적인 세상의 관점에서 보면 그들은 보잘것없는 사람들이다. 고린도의 그리스도인 중 일부는 회당장이었던 그리스보를 비롯해, 바울을 개인적으로 접대했던 비교적 부유한 가이오,[29] 선교 사역을 후원할 수 있었던 스데바나(고전 16:15), 성의 재무관 에라스도[30]와 같은 어느 정도 신분이 높은 사람들도 있었으나,[31] 대다수는 지혜롭지도 영향력이 있지도 않았다(1:26). 분명히 대부분은 종이었을 것이다. 그들은 세상에서는 하찮은 사람들이었을지 모르지만, 그들을 불러 자신의 특별한 백성이 되게 하신 하나님께는 하찮은 사람들이 아니었다. 그분이 그들을 택하셨다는 것은 십자가의 도에 전적으로 들어맞는다. 십자가가 약하고 어리석은

---

29 롬 16:23.
30 롬 16:23.
31 고전 1:14; 행 18:8.

것으로 간주되었다면, 무력한 사람들과 세상 지혜가 부족한 사람들이 거기 끌렸다는 것은 적절하다. 그런 사람들을 통해 무언가를 할 수 있다고 생각하다니 하나님은 참 얼마나 어리석은 분이신가![32] 고린도 교회의 구성은 십자가의 도를 그대로 반영했다.

2) 십자가가 특징인 공동체

공동체는 또한 계속되는 삶에서 이 메시지를 반영해야 한다. 그러나 고린도 교인들은 그렇게 하고 있지 못했다. 바울은 먼저 서두에서 교회의 내분에 대해 우려를 표현한다. 각 분파가 서로 지위와 인정을 얻으려고 경쟁하고 있었기 때문이다(1:10-17). 그들은 그렇게 논쟁적이고 자신을 내세우는 삶을 삶으로써, 자신들이 십자가의 의미를 충분히 파악하지도 못했고, 그 가치관을 마땅히 그렇게 해야 하는 만큼 광범위하게 구현하지도 못한 것을 입증하고 있었다. 이 문맥에서 십자가의 중대한 기능은 자기 본위와 교만, 자기주장에 근거한 세상의 가치관을 비판하는 것이었다.[33] 어떻게 그들은 십자가에 못 박히신 그리스도를 따르는 자들이라고 말하면서, 그처럼 십자가에 못 박히지 않은 삶을 살 수 있다는 말인가?

이 주제는 고린도전서 전체를 관통하고 있다. 바울은 처음부터 단호한 신학적 기초를 놓는 것이 중요하다고 보았다. 예를 들어, 그들이 인간 지도자에 대해, 혹은 그들 자신의 지혜와 힘과 영예에 대해 자랑한다면(3:18-4:21), 그들은 여전히 그리스도 밖에 있는 사람들과 똑같이 생각하고 있는 것이었다. 아니면 회중의 "강한" 자들이 성찬식 때 한 행동으로 "약한" 자들을 얕보고 있었을 때(11:17-34), 그들은 자신들이 십자가가 규정하는 생활 방식을 제대로 채택하지 못하고 여전히 인습적인 세상의 방침을 따라 생각하고 있

---

32 Fee, *1 Corinthians*, p. 84.
33 Pickett, p. 69. 또한 Tomlin, 특히 5장을 보라. 그는 십자가가 바울에게는 '중심이 되는 논쟁의 초점'이며 '교회 내에 통용되던 권능의 사용에 대한 반대 이데올로기'(p. 101)가 된다고 쓴다.

다는 걸 드러냈다. 그리고 셋째 예로, 예배에서 강력한 영적 은사를 시행하는 것에 너무 관심을 가진 나머지 사랑으로 행하지 못하고 자기주장을 내세웠을 때, 다시 한번 그들이 십자가의 도의 영향을 마땅히 받아야 하는 만큼 깊이 받지 못했다는 걸 보여 주었다(12-14장, 특히 14:26-28).

피터 램프(Peter Lampe)는 그들의 문제를 적나라한 말로 묘사했다.

> 고린도인들의 기독교 신학은 너무나 열심이 있고, 하나님의 지혜를 너무나 자랑스러워하지만 그 수준은 다른 세상 사람들의 지혜와 동일하다. 둘 다 십자가의 말에 의해 부조리하게 된다. 둘 다 똑같이 불경하다. 고린도 신학자들의 지혜는 다른 세상 사람들의 지혜보다 결코 나을 게 없다.[34]

바울은 이 서신의 많은 부분에서 교회가 십자가로 부름을 받았을 뿐 아니라, 일상생활 가운데서도 십자가로 인해 특징지어지는 공동체가 되어야 한다고 권고한다. 레이먼드 피킷(Raymond Pickett)의 말을 빌리면, "그는 고린도인들에게 그 공동체가 '십자가의 말씀'으로 형성되었으며 그러므로, 그 사회 구조는 하나님이 세상의 지혜와 권능을 배제하심을 반영한다(혹은 그래야 한다)고 상기시킨다."[35] 어떻게 공동체에서도 여전히 세상의 기준에 따라 부자 교인이 자기 동료 교인을 다음대로 대하고 판단한단 말인가!(3:1-4) 더는 교만이나 우월감이 들어설 여지는 없다. 십자가의 도는 개인 구원뿐 아니라 사회 변혁으로 이어진다.

이것은 왜 바울이 처음에 독자들에게 겸손하라고 권하면서 부정적인 말로 글을 시작했는지를(앞에서 살펴본 대로) 설명해 준다. 그들에게 주 안에서 자랑하라고 권하면, 마음에 와닿지 않을 것이다. 그는 그것이 무슨 의미인지를 말하기 전에 그것이 무슨 의미가 *아닌지*를 강조해야 했다. 그것이 의

---

[34] P. Lampe, "1 Corinthians 1-4", *Int* 44(1990), p. 125.
[35] Pickett, p. 73.

미하지 않는 것은 그들과 그들 자신의 지혜에 자랑할 만한 근거가 있다는 것이다. 그들은 주 안에서 그리고 오직 주만을 자랑스럽게 느껴야 한다. 그럴 때만 그들은 더 이상 멸망하고 있는 세상 사람들처럼 생각하지 않게 될 것이다.

3) 십자가를 선포하는 공동체

바울은 공동체의 형태에서 공동체의 메시지 선포로 주의를 돌린다(2:1-5). 새로운 주제를 말하고 있는 것처럼 보일지 몰라도 그는 사실상 같은 주제를 좀 다른 식으로 전개하고 있다. 바울은 자신이 그들에게 복음을 선포할 때 고대 사회 유랑 철학자들이 흔히 그랬듯, 수사학적 기술을 이용한 것이 아님을 상기시킨다. 그는 그들에게 자신의 말의 진실성을 전달하기 위해 하나님 한 분만을 의지하고 꾸밈없이 진리를 말했다.

그와 달리, 고대 철학자들은 수사학을 연구하고 보여 주는 데 전념했다. 그들은 자신들이 말하는 내용을 제시할 설득력 있고 웅변적인 방식을 탐구했고, 청중에게 그들의 메시지를 확신시키기 위해 온갖 종류의 수사학 기술을 총동원했다. 그들은 자신들의 메시지가 인기를 얻고, 사람들의 구미에 맞으며, 강력한 것이 되게 하기 위해 할 수 있는 온갖 것을 다했다. 그들은 제품을 도저히 사지 않을 수 없게 만드는 영악한 세일즈맨처럼 때로는 눈속임까지도 불사하고 메시지를 포장했다.

바울은 그런 접근법을 사용하지 않기로 의식적으로 결단했다(2절). 그 대신, 그의 접근법은 "결연히 단도직입적이고 공개적이었다."[36] "전도함"(preaching)을 가리켜 그가 잘 사용하는 용어들은, 바로 그것을 보여 준다. 그는 사자(herald)처럼 메시지를 전하며, 누가 결혼을 한다는 둥, 누구네 아

---

[36] D. Litfin, *St Paul's Theology of Proclamation: 1 Corinthians 1-4 and Graeco-Roman Rhetoric* (Cambridge University Press, 1994), p. 194. Litfin의 연구는 고대 수사학 기술 및 그와는 대조되는 바울의 선포 신학에 대한 뛰어난 연구다.

기가 태어났다는 둥 하면서 이웃들과 재잘거리듯이 복된 소식을 말하고, 법정에서 증거를 제시하듯이 진리를 증언한다. 두에인 리핀(Duane Litfin)에 따르면, 이런 이미지들 배후에 있는 그리스어 단어 중에는 자존심 강한 연설자들이 일반 세상에서 사용할 만한 단어는 아무것도 없었다. 하지만 바울은 그런 용어들을 매우 좋아한다.[37] 그는 더 강력하게 설득하는 단어들을 선택할 수도 있었으나 그렇게 하지 않고, 좀 더 명료하고 덜 조작적인 어휘를 선택했다. 다시 말하건대 이것은 인간의 전략이 아니라 심오한 신학의 문제다. 그의 전도 형식은 그가 전하는 내용에 녹아들어 갔다. 그의 방식은 그의 메시지와 일관된다. 바로 약함과 어리석음이라는 방법이다.

이것은 바울이 무능력한 연사가 되려고 꾀했다거나 복음은 서툴게 선포해야 한다고 주창한다는 말은 아니다. 사도행전 14:12은 그와 다른 것을 시사한다. 또한 그것이 그의 사상이 적당히 얼버무린 것이었음을 의미하지도 않는다. 사도행전에 기록된 그의 설교를 하나라도 연구해 보면 그런 생각은 없어질 것이다. 그는 분명 어떻게 하면 그리스도를 상대방의 문화적 배경에 적합한 방식으로 선포할 것인지 주의 깊게 생각했다. 그것은 그가 "말하는 사람이 갈채를 받으나 그 메시지에 주의를 집중하지 못하게 만드는 인위적인 의사소통"[38]을 피했다는 의미다. 설교자가 아니라 온갖 어리석음과 약함을 드러내는 십자가를 전면에 내세워야 한다.

카슨은 이것이 오늘날 우리의 복음 전도 유형에 함축하는 바가 무엇인지 묻는다.

왜, 우리는 끊임없이 그리스도인 운동선수, 연예인, 대중 가수를 내세우는가? 왜, 우리는 그들의 의견이나 그들이 체험한 은혜가 다른 신자들의 의견과 체험보다 조금이라도 더 중요하다고 생각하는가? 외부 사람들에게 우리 교회 사람들에

---

37 앞의 책, p. 195.
38 Carson, *The Cross*, p. 35.

대해 말할 때, 우리는 멸시받고 비천한 사람으로서 그리스도인들이 된 사람들을 바로 떠올리는가, 아니면 중요한 사람들이 그리스도인이 되었는지 말함으로써 사람들에게 감동을 주는 것을 좋아하는가? 현대 서구의 복음 전도는 승리주의라는 바이러스에 깊이 감염되어 있으며, 그 결과로 겸손이 파괴되고, 은혜가 최소화되며, 돈과 영향력과 우리 시대의 '지혜'에 지나친 충성을 바치는 질병이 퍼지고 있다.[39]

"십자가의 도"가 우리의 공동체 생활을 형성해야 할 뿐 아니라, 우리의 복음 전도 방법도 결정해야 한다. "약하심으로 십자가에 못 박히신"[40] 그리스도의 메시지를 승리주의적이거나 압도적이고 저항하기 어려운 방식으로 선포하는 것은 불가능하다. 그것은 세상의 방식에 넘어가는 것이며 복음의 형태와 내용 사이에 모순을 일으키는 것이다.

이 본문 전체를 통해 사도 바울은 하나님의 방법을 세상의 방법과 대조할 뿐 아니라 또한 하나님의 방법을 교회의 방법과 대조한다. 고린도 교회는 십자가로 인해 앞으로 올 세대의 표적으로 부름받았으나, 여전히 세상의 인습적 사고에 영향을 많이 받고 있었다. 십자가는 그것들을 무효로 만들었건만, 그들은 여전히 권능과 지혜가 늘 중요한 것인 양 행동했다. 그들은 십자가가 그저 그들의 구원의 수단일 뿐만 아니라 그들의 세계관을 재건하는 토대요, 그들의 모든 행동의 단서가 되는 것임을 파악하지 못했다. 그들은 이런 새로운 사고와 생활 방식으로 완전히 돌아서지 못했다. 그들은 여전히 진행 중이었으며, 바울은 바로 이러한 과정을 조금은 절박하게 격려했다. 그들은 여전히 십자가의 도를 듣고 온전히 깨달아야 했다.

우리는 십자가에 대한 바울의 두 번째 묘사에서 로마서에 묘사된 것과는 매우 다른 이미지를 보게 된다. 여기에서 하나님의 약함은 세상의 강함

---

[39] 앞의 책, p. 29.
[40] 고후 13:4.

과 충돌하며, 하나님의 어리석음은 세상의 지혜와 정면으로 충돌한다. 하지만 두 경우 모두 놀랍게도 약함과 어리석음이 우위를 차지한다. 1994년 9월 12일 월요일, 작은 복엽 비행기가 백악관 뜰에 불시착하여, 클린턴 대통령의 침실에 상당한 손상을 입혔고, 대통령 집무실을 쑥대밭으로 만들었다. 정신 병동에서 탈출한 한 환자가 비행기를 그리로 몰고 간 것이었다. 그것은 아름다우면서 아이러니한 사건이었다. 사회에서 정신병자라고 거부당하며, 사회에 아무런 기여도 못 한다고 여겨지던 어떤 사람이 조종하는 작고 보잘 것없는 비행기가, 세상에서 가장 권세 있는 사람을 보호하기 위해 세상에서 최고로 복잡하게 설계된 안전장치를 교묘하게 빠져나갔다. 그 천진무구한 작은 비행기는 백악관을 둘러싸고 있는 모든 고도의 과학 기술 장치의 진짜 약점을 폭로했으며, 자신이 그 모든 것보다 '더 지혜롭다'라는 것을 입증했다.

    이것은 십자가에 정확하게 빗댈 수 있는 것은 아니다. 이러한 탈선행위로 이룰 수 있는 유용한 목적은 아무것도 없기 때문이다. 그럼에도 불구하고, 그것은 약함이 때로는 진정한 힘을 감추고 있으며, 어리석음이 때로는 진정한 지혜를 숨겨 놓고 있음을 상기하게 한다. 그리고 세상의 힘과 지혜는 때로 쉽게 우롱당하고 무효화될 수 있다. 십자가 사건은 분명 그런 것이다.

12장

십자가, 치명적인 화해

고린도후서 5:16-21; 에베소서 2:11-22; 골로새서 1:19-20

예수님이 말씀하신 비유 중 가장 널리 알려진 것 중 하나는 탕자의 비유다.[1] 아버지와 사이가 벌어진 젊은이가 아버지의 유산을 받을 때가 되기도 훨씬 전에 그 유산을 받아 그것을 마음껏 써 보려고 집을 떠났다. 인간이 겪을 수 있는 가장 비천한 상태에 빠진 아들은 다시 정신을 차리고 집으로 돌아왔다. 따뜻한 환영을 받으리라고는 기대도 하지 않고서 말이다. 하지만 그의 아버지는 이제나저제나 하며 아들을 기다리다가 아들을 보자마자 환영하기 위해 달려갔다. 아버지는 반항적인 아들과 화해하고 그에게 풍성하고 과분한 관대함을 보이며, 그를 다시 가족의 일원으로 받아들인다. 이 비유는 널리 알려져 있는데, 그것이 아름답게 꾸며진 우아한 이야기이기 때문만이 아니라, 그것이 묘사하는 상황이 너무나 인간적이고 그것이 나타내는 진리가 시대를 초월한 것이기 때문이다. 많은 사람은 깨어진 관계라는 것을 잘 알고 있으며, 많은 사람은 그런 멋진 화해를 간절히 바란다. 이 이야기는 화해에 대해 알아야 할 모든 것을 말하지는 않는다 해도,[2] 가장 중요한 것은 말한다.

---

[1] 눅 15:11-24.
[2] 예를 들면, 그것은 화해의 대가를 암시하는 것 이상은 하지 않는다. 하지만 이야기란 진리를 체

곧 아버지이신 하나님이 그것을 간절히 바라시며, 그분은 그렇게 하지 않으실 충분한 이유가 있지만, 그러한 화해를 가능케 하신다는 것이다.

그 비유는 바울이 서신서에서 진술하고 설명하는 것을 이야기 형태로 제시해 준다. 바울은 화해의 수단으로서 십자가라는 개념을 연구하면서, 그 비유의 빈 곳을 메우고, 시야를 확장해, 이미 놀라운 은혜의 행위로 명백하게 나타난 것을 더욱 비범하게 보이게 한다.

1. 화해의 중심성

1) 바울의 경우

서너 가지 요소들을 살펴보면 바울에게 화해라는 개념이 얼마나 중요한 것인지 알 수 있다. 다섯 번에 걸쳐 그는 십자가에 달리신 그리스도의 사역을 화해라는 개념으로 설명한다.[3] 화해의 사역으로서의 십자가라는 개념은 그리스도의 죽으심의 대단히 명백한 결과인 것처럼 보이는데도, 신약 저자 중 바울만이 유일하게 그렇게 묘사하는 것은 '다소 놀라운' 사실[4]이다. 그는 하나님이 스스로를 우리와 화목하게 하셨다고 말하기 위해 전례 없는 어법을 사용하는 듯이 보인다.[5] 마지막으로, 십자가를 화해로 설명하는 것은 그 자체가 호소력 있을 뿐 아니라 가치도 있다. 그것은 그리스도의 죽음으로 인해 생겨난 하나님과 인간 사이의 새로운 관계를 말해 주는 가장 덜 비유적이고 가장 구체적인 방식이다.[6]

그러한 개념은 동시에 두 방향으로 나아간다. 그것은 우리를 복음의 핵심

계적으로 표현하기 위해 만들어지는 것은 아니며, 그렇기 때문에 언제나 문제를 포괄적으로 다루지는 않을 것이다.
3 롬 5:9-11; 11:15; 고후 5:16-21; 엡 2:11-22; 골 1:20-23.
4 I. H. Marshall, "The meaning of 'reconciliation'", in R. A. Guelich (ed.), *Unity and Diversity in New Testament Theology* (Eerdmans, 1978), p. 117.
5 앞의 책, pp. 127-128.
6 앞의 책, p. 117.

으로 이끌어 그것이 어떻게 이루어졌는지 좀 더 정확하게 알려 준다. 하지만 그것은 또한 복음의 주변으로도 뻗어 나가, 그것이 어떻게 적용되어야 하는지에 대해 다른 어떤 구원의 비유보다도 더 많은 것을 말해 준다. 바울이 이 야기를 전개하는 방식으로 보아, 그것이 그에게는 구원이라는 면에서뿐 아니라, 좀 더 광범위하게는 그리스도인의 갖가지 경험 및 의무와 관련해서도 중요하다는 것을 알 수 있다. 이에 비추어, 랠프 마틴(Ralph Martin)은 화해가 "바울 신학을 해석하는 열쇠라 할 수 있다. 그리고 그의 메시지를 요약하는 간단한 용어를 제시해야 한다면 화해라는 단어야말로 그의 선교적·목회적 사상과 실천에서 '주요 주제' 혹은 '중심'이 될 것이다"[7]라고 주장했다.

바울은 화해라는 주제를 십자가에 대한 다른 관점과 분리해서 전개하지 않는다. 그 주제를 가장 상세히 해설하는 고린도후서 5장에서, 그것은 다른 개념과 함께 등장한다.[8] 그리스도의 사역은 새 창조로 이끈다(16-17절). 그것은 대리적 대속이다. 그는 "모든 사람을 **대신하여**(for) 죽[으셨다]"(14-15절). 그는 우리의 '대표'로서 죽으셨다(14, 21절). 그러면서 모나 후커가 바울 속죄의 핵심 개념이라고 주장하는 것, 곧 우리가 그리스도 안에서 교체된다는 개념을 전달한다.[9] 그의 죽음은 희생 제사, 즉 속죄제였다(21절). 그것은 우리의 죄 사함(19절)과 칭의(19, 21절)로 이끈다. 이 모든 것들은 바울의 당면한 논증에 언급되어 있다. 하지만 화해라는 개념이 분명 중심 무대에 있으며,

---

7   Martin, *Reconciliation*, p. 5.
8   Green, "Death of Christ", in *DPL*, p. 204.
9   M. D. Hooker, *From Adam to Christ: Essays on Paul* (Cambridge University Press, 1990), pp. 13-41. 그는 그리스도가 인류와 연대를 맺으시고 죽기까지 인간의 상황에 함께 참여하신 것을 바울의 사상에서 극히 중요한 요소로 본다. 그 결과 그리스도인들은 그리스도와 동일시되고 죄에 대해 죽는 것을 통해 또한 그분의 부활에 참여할 수 있다. 그녀의 결론은 "그리스도 안에서 경험을 교환한다는 개념은 속죄에 대한 바울의 이해에서 중대한 실마리다"라는 것이다. 그 관점은 명백히 참되고 타당한 것이다. 하지만 그 자체로 유일하거나 충분한 것은 아니다. 그리스도는 우리의 대표자이실 뿐 아니라 또한 우리의 대리자시다. Stott는 이렇게 설명한다. "'대리자'란 다른 사람을 위해 행동하여 그 다른 사람이 행동할 필요가 없도록 해 주는 사람이다. '대표'란 다른 사람들을 위해 행동하여 그 다른 사람들을 자신의 행동에 연루시키는 사람이다." *Cross of Christ*, p. 276.

다른 것들은 조연 역할을 하고 있을 뿐이다.

2) 우리를 위해

십자가를 화해로 해석하는 것은 신약에 널리 언급되거나 사도 시대 직후 다른 사람들이 주제로 삼은 적은 별로 없지만, 오늘날 가장 지배적인 해석 중 하나이다. 그것이 인기를 끌게 된 이유는 간단히 설명할 수 있을 것이다. 존 스토트는 이렇게 쓴다. "그것은 아마도…가장 인격적인 설명이기 때문에 가장 인기 있을 것이다."[10] 이스라엘 사법 제도, 성전 혹은 노예 시장 등 과거 시대와 연관된 다른 이미지들과 달리, 이것은 현대 사회에 어울린다. 더군다나 사람들이 진정한 관계들을 추구하고, 만족스럽지 못한 관계들의 영향들로 인해 고통받고 있는 포스트모던 문화에서는 십자가를 화해라는 유리한 위치에서 이해하는 것이 더 시급하다.

깨어진 관계라는 고통스러운 문제는 대부분의 사람에게 매우 실제적인 것이다. 그것은 모든 종류, 모든 차원의 관계에 영향을 미친다. 가정에서 남편과 아내 관계, 부모와 자식 간의 관계가 깨지는 비율은 사상 유례없이 높다. 학교에서도 사상 유례없이 많은 아이가 쫓겨나고 있는데, 이는 관계들이 최종적으로 파괴되었다는 징후다. 남녀 간의 성적 분열이든, 노사 간의 산업적 분열이든, 부유한 자와 가난한 자 간의 사회적 분열이든, 북아일랜드의 통일당 개신교도들과 공화당 천주교도들 간의 정치적 분열이든, 흑백 간의 인종적 분열이든 간에, 여기저기서 화해의 필요성이 요청되고 있다. 국제무대에서도 화해의 필요성은 명백하다. 중동의 이스라엘과 팔레스타인, 르완다의 투치족과 후투족, 구유고슬라비아의 보스니아인과 세르비아인, 터키의 쿠르드인과 투르크인, 그로즈니의 러시아인과 체첸인, 인도네시아, 파키스탄, 북부 나이지리아의 회교도와 그리스도인…이런 목록을 들자면 끝도 없다. 화

10　Stott, *Cross of Christ*, p. 192.

해의 필요성은 세계인의 의제에서 상당한 우선순위를 차지한다.

심지어 표면상으로는 좋은 관계인 것처럼 보이는데 기저에는 전혀 관계가 없는 상태를 감추고 있을 수도 있다. 사람들이 서로 정말 깊이 관여하고 용납하는 경우는 드물다. 종종 일반 사회에서만큼이나, 직장, 가정, 심지어 교회에서조차, 불편한 휴전 상태를 꿰뚫고, 아니면 무언의 평화 조약을 넘어서, 정말로 사람들을 서로 하나로 묶어 주는 진정하고 깊은 화해를 위해 노력할 필요가 있다.

2. 화해의 본질

'화해한다'라는 것은 소외를 극복하고 애정이 싹트도록 원수를 우정을 나누는 상태로 초대하는 것이다. 그것은 깨어진 관계들을 치유하여 그런 관계들로 고통받아 온 사람들이 적대감의 원인을 물리치고 앞으로는 다른 사람들과 친밀한 조화를 이루며 살아갈 수 있도록 하려는 것이다.

'화해'라는 말은 물론 온갖 방식으로 사용되며, 종종 낭만적이고 감상적인 느낌을 주기도 한다. 그것은 그저 관계의 결속 면에서 전혀 깨어진 경험이 없이 그저 서로 떨어져 있기만 했던 사람들을 재결합시키는 것이 아니다. 그것은 관계의 회복은 될 수 있지만 화해는 아니다. 화해란 갈라진 틈을 대충 메워 놓고 붕괴의 원인이 결코 없었던 것처럼 가장하는 것이 아니다. 화해는 붕괴의 원인을 정면으로 대하고 그것을 해결하는 것이다. 원인을 해결할 때만 참된 우정을 회복할 수 있다는 것을 인식해야 한다. 많은 사람은 화해가 달성하기 쉬운 목표가 아니라는 사실을 이해하지 못한 채, 그리고 문제에 직면하여 필요한 대가를 지불하지도 않은 채 화해하기를 원한다.

데즈먼드 투투(Desmond Tutu) 주교가 남아공의 인종 차별 정책이 종식된 후 남아공의 상황에 관심을 보이게 된 것은 이러한 통찰 때문이다. 불의가 일어나고 범죄가 유발되었다. 해롭고 치명적인 악의 대가를 치렀다. 넬슨 만델라가 대통령으로 선출되고 아프리카 민족 회의가 정권을 잡은 후, 인종 차별 정책이 시행되던 기간에 자행된 악이 애초에 없었던 것처럼 행동하는 것으로는 충분하지 않았다. 그래서 진실과 화해 위원회(Truth and Reconciliation Commission)를 설립해 각 측이 자신들의 범행을 고백하고 일단 진실을 공개하면 용서를 받도록 했다.

데즈먼드 투투는 백인 화란 개혁교회 지도자들과 '반인종차별정책' 교회 지도자들이 처음으로 한자리에 모인 1990년 루스텐버그 교회 회의(Rustenberg Church Conference)에서 이렇게 연설했다.

화해가 이루어지려면, 그리스도의 사신인 우리, 화해의 복음을 맡은 우리, 우리가 그리스도의 평화의 도구가 되어야 합니다. 우리 자신이 화해해야 합니다. 불의와 억압의 희생자들이 이제 용서할 준비가 되어야 합니다. 그것이 복음의 명령입니다. 하지만 잘못을 저지른 사람들은 "우리가 불의를 행함으로, 여러분을 여러분의 가정에서 몰아냄으로, 여러분을 빈곤한 재정착 캠프에 몰아냄으로, 여러분에게 상처를 입혔습니다. 여러분의 자녀에게 열등한 교육을 시킴으로, 여러분의 인간성을 부인하고, 여러분의 기본권을 짓밟음으로, 상처를 입혔습니다. 죄송합니다. 우리를 용서해 주십시오"라고 말할 준비가 되어야 합니다. 그리고 부당한 취급을 당한 사람들은 상대방을 용서해야 합니다.[11]

바울이 십자가를 통해 가능하게 된 하나님과 죄 된 인간들 사이의 화해를 해설할 때, 그가 염두에 두는 것은 피상적인 의미의 화해와 반대되는 온전하고 정확한 의미의 화해다. 그것은 죄를 효과적으로 다루며, 범죄의 문제를 회피하지 않는 화해다. "화목하게 하는 말씀"(19절)에 대한 바울의 설명은 화해에 대한 하찮은 이해를 제거하고 감상적인 생각에서 구해 준다.[12]

---

11 D. Tutu, *The Rainbow People of God* (Transworld, 1994), p. 215.
12 Gunton, p. 177.

1) 죄가 문제다

우리와 하나님의 관계가 깨어진 원인은 죄다. 고린도후서 5장에서 바울은 그 문제를 단 한 번만 암시한다("그리스도 안에 계시사…그들의 죄를 그들에게 돌리지 아니[하셨다]"라고 말함으로, 19절). 앞으로 살펴보겠지만 그가 여기에서 화해를 언급하는 진짜 목적은 목회적인 것이기 때문이다. 하지만 심지어 여기에서도 그는 우리의 관계를 침해한 원인을 빼놓지 않으려고 주의를 기울인다. 다른 곳에서는 그것에 대해 좀 더 직접적으로 쓴다.

바울은 로마서 5:6-11에서 하나님 앞에서 우리의 상태를 준엄하게 평가한다. 6절에서 그는 우리가 "경건하지 않은 자"라고 말한다. 즉 하나님으로부터 소외되어 있으며 그분과 참되고 살아 있는 관계를 맺지 못하고 있다는 것이다. 그 이유는 (7-8절) 우리가 의롭기는커녕 적극적으로 죄를 짓는 죄인들이기 때문이다. 우리가 죄를 짓고 소외된 결과 우리는 하나님 앞에서 중립적인 위치에 있는 것이 아니라(거룩하신 창조주와의 관계에서 중립이란 있을 수 없기에), 그분의 원수가 되었다. 하나님을 이러한 대립한 것을 무시할 수도 축소할 수도 없다. 그것은 해결되어야 한다. 우리가 하나님과 화목하려면 하나님께 대한 우리의 혐오감을 극복해야 하며 그분께 대한 우리의 적대감은 용서받음으로 변화되어야 한다.

화해(개역개정에서는 대부분 '화목'이라고 번역한다—역주)라는 주제를 다루는 문맥 속에 있는 골로새서 1:20에서 바울은 다시 한번 우리가 하나님으로부터 소외된 것을 죄와 연관 짓는다. 그는 죄를 그저 우리의 피상적인 행동으로만 규정하지 않고 우리의 전체적인 마음가짐에 영향을 미치는 어떤 것으로 규정한다. 우리를 하나님에게서 멀어지게 하고 우리에게나 하나님에게나 기쁨이 되어야 하는 우정을 끊어 놓는 것은, 우리가 생각하고 행동하는 방식이다.

화해가 이루어지려면 죄라는 장애물을 극복해야 한다.

2) 하나님은 화해자시다

우리의 상태에 대한 바울의 진단은 우리가 설사 그러기를 바란다 해도 우리 스스로는 상황을 해결하기 위해 아무것도 할 수 없다는 것을 분명하게 보여 준다. 죄는 하나님과 화목하려는 우리의 바람을 약하게 만들 뿐 아니라 우리를 무력한 존재로 만들었다.[13] 무언가가 빠져 있다고 해서 언제나 마음으로 그것을 더 사모하게 되는 것은 아니다. 그리고 비록 죄 된 상태에 있는 우리가 아직 경험하고 있는 것보다 더 많은 어떤 것을 종종 열망하고 뭔가가 부족하다는 것을 인식한다 해도, 우리의 사고는 너무나 손상되어서 근본적으로 부족한 것이 바로 하나님과 우리의 관계라는 것을 알지 못하는 경우가 많다. 설사 우리가 하나님과 평화를 누리고자 하는 마음이 든다 해도, 과거에 저지른 악행들에 대한 충분한 보상으로 그리고 그분의 은총을 얻기 위해 무엇을 드릴 수 있다는 말인가?

> 내가 공을 세우나
> 은혜 갚지 못하네.
> 쉼이 없이 힘쓰고
> 눈물 근심 많으나
> 구속 못할 죄인을
> 예수 홀로 속하네.[14]

하지만 바울은 우리가 무력할 때 하나님이 주도권을 쥐사 자신을 우리와 화목하게 하신다고 단호하게 말한다. 그는 고린도후서 5장에서 세 번에 걸쳐 그 점을 강조한다. "모든 것이 하나님께로서 났으며"(18절). 하나님은 "세

---

13 롬 5:8.
14 Hymn, "Rock of ages, cleft for me", by Augustus Montague Toplady. "만세반석 열리니", 새 찬송가 494장 2절.

상을 자기와" 화목하게 하고 계셨다(19절). 그리고 "하나님이 죄를 알지도 못하신 이를 우리를 대신하여 죄로 삼으신 것은 우리로 하여금 그 안에서 하나님의 의가 되게 하려 하심이라"(21절). 로마서 5장에서도 하나님의 주도권을 똑같이 강조한다.

하워드 마셜은 바울이 화목에 대해 정확하게 어떻게 쓰고 있는지 검토하면서, 하나님이 수동 동사의 암시된 주어이거나 능동 동사의 목적어로 쓰인 경우가 한 번도 없다는 점을 지적한다. 우리는 "하나님이 우리에 의해 화목하게 되신다"라거나 "우리가 하나님을 화목하게 한다"라는 말을 결코 읽은 적이 없다. 하나님이 언제나 화목의 일을 하신다. 마셜은 "게다가 하나님의 화목 행위가 어떠한 인간 행위보다도 먼저, 그리고 그 행위와 독립해서 일어난다는 것이 일반적으로 받아들여지고 있다. 우리가 하나님께 화목된 것은 우리가 아직 죄인 되었을 때였다"라고 설명한다. 화목은 우리가 그분으로부터 받는 그 무엇이다.[15] 그는 "이 모든 것은 화해의 행위가 일차적으로 하나님이 행하시는 어떤 것임을 시사한다"[16]라고 결론을 내린다.

왜 그래야 하는가? 하나님이 피해 당사자라는 단순한 이유 때문이다. 죄의 문제는 우리 편에서보다 "하나님 편에서는 비교할 수 없을 만큼 더욱 심각하다."[17] 죄는 일차적으로 그분께 대한 범죄이기 때문이다. 그러므로 그분이 그 범죄를 용서하고 무효로 돌리는 조처들을 취하셔야만 한다. 우리가 잘못을 했으므로 그분께 사죄하고자 할지 모르지만(하지만 우리의 교만하고 죄된 성품은 보통 그렇게 하기를 매우 꺼린다), 이미 행한 일을 원상회복하고 하나님께 가한 상처를 제거하거나 그분을 유발한 정당한 분노를 달래거나 할 수는 없다. 오직 하나님만이 그 일을 하실 수 있다. 그리고 하나님은 전례 없는 방식으로 우리를 향한 그분의 분노의 원인을 제거하셨다고 바울은 주장한다.

15　참고. 롬 5:11, "이제 우리로 화목을 얻게(received) 하신."
16　Marshall, "Reconciliation", p. 122.
17　Martin, *2 Corinthians*, p. 154.

그분은 상대방에게 마땅한 처벌이 내려지기를 바라는 피해 당사자로서 또한 남편이나 아내처럼 화해를 추구하는 피해 당사자로서 그렇게 하셨다.[18]

그렇다면 어떻게 화해를 이루어야 했는가? 그분은 그저 말 한마디로 화목을 명하실 수는 없었다. 그렇게 하면 그분의 거룩하고 의로운 성품에 맞지 않을 것이며 죄를 가볍게 여기게 되는 것이기 때문이다. 그분은 죄에 대해 생각을 바꾸시거나, 거룩함을 타협하거나, 사람들을 의롭게 하기를 포기함으로써 자신을 세상과 화목하게 하신 것이 아니었다. 그분은 우리가 때로 사람들에게 권하는 것처럼 "너는 그걸 변화시킬 수 없어. 그러니 그저 있는 그대로 받아들여. 그것을 감수해"라고 말하면서 '상황을 감수한' 것이 아니었다. 그분의 화해는 훨씬 더 근본적이며, 그러므로 훨씬 더 만족스러운 것이었다. 그분은 자신의 자비와 은혜로 자신의 아들을 십자가에서 드림으로, 범죄자들과 화목한 관계를 맺는 한편, 범죄도 처리하고 자신의 의도 충족하는[19] 방식을 고안해 내셨다.

3) 그리스도는 행위자시다

하나님은 그리스도 안에서 세상을 자신과 화목하게 한다. 고린도인들은 그리스도를 더는 민족적·정치적 지도자로 보지 않고 화해의 새로운 시대를 여는 하나님의 행위자로 보아야 한다(16-17절). 여기에서 당연시되는 것은 바울이 화해에 대해 쓰고 있는 다른 곳에서는 명백하게 표시되어 있다. 이러한 상황을 가져온 것은 특별히 그리스도의 십자가였다. 그리스도의 삶만으로는 우리를 화목하게 하기에 충분하지 못했을 것이다. 그분이 반드시 죽으셔야 했다. 그래서 예를 들어 로마서 5:10에서 바울은 "그의 아들의 죽으심으로 말미암아 하나님과 화목하게 되었은즉"이라고 말한다. 에베소서 2:13-16

---

18 J. D. G. Dunn과 대조해 보라. Dunn은 이 중 두 번째 것만 간직하고, 첫 번째 것은 버리고 싶어 한다. *The Theology of Paul the Apostle* (T. and T. Clark, 1998), p. 229.
19 Forsyth, *Cruciality of the Cross*, p. viii.

에는 하나님으로부터 소외되어 있던 사람들이 "그리스도의 피로 가까워졌 느니라"라고 나오며, "십자가로" 유대인과 이방인들이 하나님의 한 가족이 되었다는 사실을 덧붙인다. 골로새서 1:22에도 동일한 메시지가 나온다. "이제는 그의 육체의 죽음으로 말미암아 화목하게 하사 너희를 거룩하고 흠 없고 책망할 것이 없는 자로 그 앞에 세우고자 하셨으니."

바울은 어떻게 십자가가 상황을 일변시키고 화해를 가져오는지 알려 준다. 그는 그것을 설명하기 위해 두 개의 관용 어법을 사용한다. 첫째로 19절에는 법정·회계적 관용어가 나온다. 그것은 "그들의 죄를 그들에게 돌리지 아니하시고"라는 말이다. 둘째로, 21절에는 제사·제식적 용어가 나온다. "하나님이 죄를 알지도 못하신 이를 우리를 대신하여 죄로 삼으신 것은 우리로 하여금 그 안에서 하나님의 의가 되게 하려 하심이라." 두 경우 모두 전이와 대속으로 화목이 일어난다.

우선 죄 된 사람들에 관한 한 십자가는 "하나님이 당연히 그들이 갚아야 하는 빚을 그들 계좌에 기입하지 않으시고"[20] 그 대신 예수 그리스도의 계좌에서 그 빚을 갚도록 한다는 것을 의미한다. 이것은 하나님이 죄를 무시하신다는 의미가 아니다. 필립 휴스(Philip Hughes)의 말을 빌리면 "죄의 청산이 이루어진다. 죄는 청산된다. 하지만 죄인들이 아니라 죄인들의 대리자인 그리스도가 청산하시는 것이다."[21]

둘째로, 이사야 53장에 예시된 대로 그리스도는 희생 제사가 되셨다.[22] 고대의 모든 제사에서는 예배하는 자와 제물 간에 교체가 이루어졌다. 그러므로 여기에서도 교체가 이루어진다. 불의한 자의 죄가 그리스도께 부과되었으며, 그리스도의 의가 우리에게 전가되었다.[23] 그리스도는 성부 하나님께 순종

---

20 Barnett, p. 307.
21 Hughes, *2 Corinthians*, p. 209.
22 Martin, *2 Corinthians*, pp. 140, 157.
23 유사한(완전히 똑같지는 않지만) 개념이 롬 5:19에도 나온다.

하사 자신을 죄인들과 너무나 완벽하게 동일시하신 나머지, 그들의 죄짐과 벌을 스스로 지셨다. 바울은 그리스도가 죄인이 되셨다고 말하지 않고 그분이 죄가 되셨다고 주의 깊게 말한다. 그리스도가 자신이 죄에서 구한 자들에게 죄 대신 주시는 것은 하나님 앞에서의 올바른 지위다. 그 지위는 그분의 온전하신 순종을 통해 그분만이 받을 자격이 있는 것이다. 이렇게 해서 하나님과의 화목이 이루어진다.

속죄에 대한 이러한 묘사는 새로운 것일지 몰라도 그에 대한 설명은 같은 것을 쉽게 알 수 있다. 그 묘사가 칭의든, 구속이든, 해방이든, 아니면 바울이 사용하는 다른 많은 비유 중 하나든 간에, 설명은 하나다. 제임스 데니는 그것을 이렇게 요약한다.

> 그분은 죄가 되셨다. 곧 우리를 위해 저주받으신 것이다. 바로 이것이 그분의 죽음에 화목적(propitiatory) 특성과 권능을 부여한다. 다시 말하면 하나님이, 의로우시면서도 동시에 예수 믿는 자들을 의롭다고 받아들이는 하나님이 되실 수 있게 한다. 하나님은 의로우시다. 그리스도의 죽음 안에서 세상 죄를 스스로 지신 성자 예수님이 그분의 율법을 존중했기 때문이다. 그리고 그분은 예수님을 믿는 사람들을 의롭다고 받아들일 수 있다. 그렇게 믿음으로 죄가 예수님에게 전가되었기 때문이다. '대리적'(vicarious) 혹은 '대속적'(substitutionary)이라는 말이 이 진리를 전달해 주지 않는다면, 도대체 어떤 말이 그것을 전달해 줄 수 있다는 말인가. 또한 이런 대리적이고 대속적인 특성이 부인된다면, 다른 어떤 해석으로 그리스도의 죽음을 죄인들에 대한 사랑의 표현으로 간주할 수 있다는 말인가.[24]

앞으로 나아가기 전에 이 교리에 대한 한 가지 오해를 짚고 넘어가야겠다. 이 교리를 보면 하나님은 자기 아들이 십자가에서 죽으시는 끔찍한 희

---

24 Denney, p. 103.

생을 하자 할 수 없이 우리에 대한 태도를 바꾸사 우리와 화목하지 않을 수 없었다고 생각하기 쉽다. 성난 하나님이 예수님의 상처에서 떨어지는 피를 보고서야 마음이 가라앉아서 죄 된 인간들을 향해 회유적인 태도를 취하게 되었다는 것이다. 하지만 그런 입장은 서너 가지 이유로 문제가 있다. 우리와 하나님을 화목하게 하는 일에서 주도권을 쥐신 분은 하나님이시다. 그리스도가 주도권을 쥐시고, 내키지 않아 하시는 성부 하나님께 마음을 누그러뜨리시라고 설득하신 것이 아니다. 십자가는 하나님을 은혜의 하나님으로 만들기 위해서가 아니라 하나님이 은혜의 하나님이시기 때문에 일어난 일이다. 하나님은 그리스도를 희생시키심으로 다름 아닌 바로 자신을 희생하고 계시는 것이다. '하나님은…그리스도 안에 계셨기' 때문이다.[25] 성부와 성자는 서로 대립하시지 않는다. 십자가는 우리에 대한 하나님의 태도를 적대감에서 사랑으로 바꾼 것이 아니다. 그분은 언제나 그분의 피조물들에 대해서는 사랑의 태도를, 우리의 죄에 대해서는 미움의 태도를 취하신다. 지금도 여전히 그렇다. 일단 우리의 죄가 제거되고 나면, 그분의 억제할 수 없는 사랑을 막는 장애물이 제거되는 것이다. 십자가가 바꾸어 놓은 것은 그분의 태도가 아니라 그분 앞에서의 우리 지위다. 우리가 그리스도의 의를 받음으로 하나님과 화목하게 된 것이지 하나님이 조금이라도 성품을 바꾸사 우리와 화목하신 것이 아니다.

4) 평강이 그 결과다

바울의 진술 중 어떤 것은 하나님이 모든 사람의 삶에서 자동으로 일어나는 보편적인 화목을 이루신다고 시사하는 것처럼 보이지만, 그것이 사도 바울의 의도가 아님은 명백하다. 화목이 주는 유익은 그리스도와의 관계에 상관없이 모든 사람에게 주어지는 것이 아니라, "그리스도 안에"(17절) 있는 사

---

25 Stott, *Cross of Christ*, 6장을 보라.

람들에게만 주어진다. "그리스도 안에" 있다는 것은 다른 곳에 나오는 것처럼 그분과의 연합이라는 신비적인 함의를 지닌 것이 아니다.[26] 그보다 그것은 그분에 대한 믿음을 발휘하는 것, 그래서 그분이 가져오셨으며 다시 오실 때 완성하실 새 질서에 들어가는 것을 포함한다. 많은 사람에게 이 새로운 창조는 눈으로 관찰할 수 있는 실체가 아니다. 하지만 **누구든지** 그분을 믿고 자신의 죄를 그리스도의 의로 바꾸는 사람은 지금 그 새 창조에 들어가 바로 여기에서 그것을 체험하기 시작할 수 있다. 바울은 후에 자신이 죄인 중의 괴수라고 말한다. 교회를 핍박한 경력이 있기 때문이다.[27] 하지만 그는 "누구든지"에 자기도 포함되며, 그렇다면 그 누구도 배제되지 않는다고 확신한다.[28] 그리스도를 믿는 믿음이 필요하지 않을 정도로 선한 사람은 아무도 없으며, 그리스도를 믿는 믿음을 가지지 못할 정도로 악한 사람은 아무도 없다. 그분을 믿는 사람은 누구든 그분이 주시는 화목의 선물과 그에 따른 열매들로부터 유익을 얻는다.

화해는 우리가 하나님과 더불어 화평을 누리도록 해 준다.[29] 성경에 나오는 평화의 개념이 그저 하나님과의 전쟁이 끝났다는 의미라고 생각한다면, 그 개념을 이해하지 못하는 것이다. 그 개념은 그보다 훨씬 더 풍성하고 깊다.[30] 그것은 적대감이 부재하는 것이기보다는 적극적인 조화가 존재하는 것이다. 그것은 잘못된 관계의 부재에 대해 말하는 것이 아니라, 올바른 관계가 존재하는 것에 대해 말한다. 그것은 우리의 행복이 자라날 수 있는 토양이다. 그것은 우리를 온전하게 만든다. 그것은 그리스도 안에서 발견할 수 있는 구원의 온갖 유익을 나타낸다.

우리는 그리스도의 죽음, 우리와 하나님과의 화목 그리고 우리가 새로운

---

26 Barrett, *2 Corinthians*, p. 173. 『국제성서주석: 고린토후서』(한국신학연구소).
27 딤전 1:15.
28 Barnett, p. 298.
29 롬 5:1.
30 W. Foerster, *'eirēnē'*, *TDNT*, pp. 400-420.

창조에 들어가는 것 등에 초점을 맞추지만, 그것은 그리스도의 생명, 우리와 하나님과의 화목으로 인한 지속적인 결과, 그리고 이 새 창조 질서에서 사는 것이 무엇인지에 대한 관심으로 발전되어야 한다. 바울은 그것을 이렇게 표현한다. "우리가 원수 되었을 때에 그의 아들의 죽으심으로 말미암아 하나님과 화목하게 되었은즉 화목하게 된 자로서는 더욱 그의 살아나심으로 말미암아 구원을 받을 것이니라."[31] 하나님께 가까이 감으로써 얻을 수 있는 모든 유익, 즉 고난 가운데 기뻐함, 어려움 가운데 참음, 성품의 변화, 확고하고 흔들리지 않는 소망은 모두 우리의 것이다. 인생은 완전히 새로 시작되며, 가장 어려운 역경에 처해 있을 때라도 이전에는 결코 알지 못했던 풍성함을 지니게 된다.

3. 화해의 사신

바울이 고린도후서 5장에서 화목에 대해 쓰게 된 일차적인 동기는 구원론적인 것이 아니라 목회적인 것이다. 그것은 고린도의 특별한 상황 및 사도 바울과 그 교회 사이의 깨어진 관계와 관련이 있다.

1) 화해의 전파자인 사도

그리스도께서 이루신 화해의 좋은 소식은 이제 전파되어 다른 사람들도 그 추수에 참여하게 해야 한다. "화목하게 하는 말씀을 우리에게 부탁하셨느니라. 그러므로 우리가 그리스도를 대신하여 사신이 되어 하나님이 우리를 통하여 너희를 권면하시는 것같이 그리스도를 대신하여 간청하노니"(19-20절). 사도가 앞장섰지만, 그 혼자 선포한 것은 아니다. 수십 세기 동안 남녀노소 지위 고하를 막론하고 많은 사람이 끊임없이 그분의 사신으로 살았다.

---

31 롬 5:10.

우리는 사신을 권위와 위엄이 있는 인물로 생각하는 데 익숙하다. 그들은 자기 군주의 말을 자신 있게, 주저 없이 말한다. 그들은 협상할 뿐 아니라 명령을 내린다. 그들이 대표하는 나라가 온갖 외교적·군사적 자원으로 그들을 후원하기 때문이다. 하지만 바울은 여기에서 이런 식으로 사신 역할을 하지 않는다. 그는 명령하기보다는 "권면"(20절)한다. 그는 법령을 포고하기보다는 "간청"(20절)한다. 그는 권위 있는 위치에 서기보다는 약한 자의 자세로 무릎을 굽히고 그의 메시지를 전하는 듯하다.

최근의 연구에 따르면 이것이 때로 사람들이 주장하는 과장된 개념들보다 고대 사신의 역할에 훨씬 더 맞는다는 것을 알 수 있다. 앤서니 배시(Anthony Bash)[32]는 로마 시대 사신들은 상대방과 대등한 입장에서 평화 정책을 협상하는 위엄 있는 인물은 좀처럼 아니었으리라는 것(하물며 그들보다 우위에 있는 것은 더욱 아니었다)을 보여 주었다. 그들은 강한 자에게 평화를 간청하는 약한 쪽의 대표로서 사신의 임무를 수행했을 것이다. 이것은 바울이 고린도인에게 글을 쓰는 어조와 분명 일치한다. 그것은 또한 십자가의 메시지와도 일치한다. "약하심으로 십자가에 못 박히신"(13:4) 그리스도는 화목을 이루시는 분이기 때문이다.

바울의 후계자로 그리스도의 사신들인 우리의 메시지는 이 시대에 더할 나위 없이 적절하다. 그것은 화해의 메시지인 것이다. 하지만 우리는 바울의 메시지를 선포할 뿐 아니라 그 방법도 본받도록 주의해야 한다. 우리는 결코 우월한 입장에서 사람들에게 복음을 전파해서는 안 되고, 그들이 화목을 누리지 못한 상태로 느끼는 고통을 함께 져야 하며, 그들이 그리스도를 의지하여 구원을 얻도록 낮은 자리에서 온유하게 간청해야 한다.

---

[32] A. Bash, *Ambassadors for Christ: An Examination of Ambassadorial Language in the New Testament* (Mohr, 1997), 여러 곳. 그 비유를 기독교 지도력에 적용한 것으로는 D. J. Tidball, *Builders and Fools: Leadership the Bible Way* (IVP, 1999), pp. 17-33를 보라.

2) 화해의 공동체인 교회

슬픈 사실은 고린도가 마땅히 화해의 공동체가 되어야 했는데도 그러지 못했다는 것이다. 고린도전서는 고린도 교인들이 서로 분열되어 있고 여러 당파로 갈래갈래 나뉘어 있다고 말한다. 고린도후서는 그들이 그 교회를 설립한 사도 바울과 소원한 상태가 되었음을 보여 준다.[33] 그러한 소원함은 바울의 여행 계획에 대한 오해로부터 그의 재정 관리와 그들의 후원을 거절한 것에 대한 의심, 그리고 그의 선교적 업적을 훼손하는 "큰 사도들"의 개입에 이르기까지 일련의 복잡한 문제로 인한 것이었다.[34]

이 모든 것은 그들이 화해의 의미를 제대로 깨닫지 못했음을 보여 준다. 서로 화목하지 못한 채 하나님과 화목을 누리는 것은 불가능했으며, 하나님의 사신과 화목하지 못한 채 하나님과 화목하기는 더더욱 불가능했다. 그래서 바울은 '불신자들에게 명령을 내리기에 더 적절한 언어'[35]를 사용해서 그들을 기본으로 다시 돌아오게 하고 '단순한' 복음을 다시 한번 상기시킨다. 그는 그들에게 "하나님과 화목하라"(20절)고 간청한다. 바울이 그들에게 서로서로 화목하라거나 바울 자신과 화목하라고 하기보다는 "하나님과" 화목하라고 간구하는 것을 유의하라. 동료 신자들과 소원한 상태로 사는 것은 그저 그들로부터 소외되는 것이 아니라 바로 하나님으로부터 소외되는 것이다. 그리고 사도 바울이 하나님의 신적 위임을 받은 사신인 것을 거부하는 것은 하나님을 거부하는 것이나 다름없다. 수직적 차원에서 하나님과의 진정한 화목은 수평적 차원에서 서로서로 진정한 화목이라는 결과를 낳을 것이다. 교회는 화해의 메시지를 전파할 뿐 아니라 관계 속에서 그 화해의 본을 보여야 한다.

---

33 고전 4:15.
34 고후 10-13장은 그가 고린도인과 겪는 어려움에 대해 매우 성실한 통찰을 제공해 준다.
35 Martin, *Reconciliation*, p. 109.

4. 화해의 범위

이러한 해석은 광범위하게 두루 영향을 미친다. 바울은 후에 쓴 편지에서 그 개념을 멋지고 새로운 두 가지 방식으로 전개한다. 그리스도 안에서 우리를 그분 자신과 화목하게 하시고 하나님은 또한 유대인과 이방인의 화해를 가능하게 하시며 우주를 화해시키려고 준비하신다.

1) 인종적 화해(엡 2:11-22)

십자가는 유대인과 이방인 사이의 원수 관계를 소멸하여 끝내셨으며(16절), 한 인류가 되게 하고, 이전에는 적대감만 있었던 곳에 평화를 가져왔다. 역시 슬프게도 초대 그리스도인 신자들은 십자가 사역의 이 측면이 함축하는 바를 충분히 이해하지 못했다. 에베소서에서 바울은 이방인 신자들에게 말하는데(11절),[36] 그들은 분명 교회 안 유대인들에게 우월한 태도를 보였으며, 자신들의 참된 지위를 다시 한번 상기해야만 했다. 유대인들에게는 하나님과의 언약 관계라는 오랜 유산이 있었으며, 메시아를 배출한 민족이었다. 그와 대조적으로 바울은 십자가 사건이 일어날 때까지 이방인들이 겪어야 했던 다섯 가지 불리한 점들을 열거하면서, 그들이 "밖에 있었고…나라 밖의 사람이라.…언약들에 대하여 외인이요,…소망이 없고 하나님도 없는 자"(12절)였다고 말한다. 그들은 그분에게서 엄청나게 멀리 떨어져 있었으며 그분의 세상에서 소외된 삶을 살았다.

하지만 그리스도 안에서 상황은 극적으로 바뀌었다. 배제되어 있던 사람들이 이제 "동일한 시민"이다(19절). "외인"이었던 사람들이 이제는 "하나님의 권속"이다(19절). "멀리 있던" 사람들이 가까워졌다(13절). 그리고 계속 충

---

36 Martin은 우리가 여기에서 "논쟁적 저의를 어느 정도 파악해야" 한다고 생각한다. *Reconciliation*, p. 166. 다른 사람들은 그보다 덜 확신하며, 그것이 회람용 서신이었기 때문에 어떤 특정한 상황에만 맞는 문제를 다루지는 않았을 것이라고 주장한다. O'Brien, *Ephesians*, p. 183를 보라.

돌하던 두 민족이 이제 한 평화로운 새 인류 안에서 연합한다(12-15절). 그렇게 되면 이방인 그리스도인들은 감히 자신들이 유대 그리스도인들보다 우월하다고 간주하지 않는다. 그들은 만회해야 할 것이 가장 많은 사람이었다. 그들이 화해한 것은 전혀 그들의 공로가 아니고, 전적으로 그리스도의 공로다. 그분은 자신의 십자가를 통해 그들의 모든 불리한 점들을 상쇄하시고 그분이 거기에서 확보하신 평화의 모든 열매를 그들에게 주셨다. 이제 그들은 하나님 앞에서 유대인들과 동등한 자리에 서 있다. 그분의 은혜라는 자리다. 그러므로 교회에서는 인종적 배경에 기초해서 혹은 세상 사람들이 나누기 좋아하는 어떠한 다른 기준에 근거해서도 우월감이나 열등감이 존재할 수 없다.

하지만 그리스도는 어떻게 유대인들과 이방인들을 이렇게 평등하게 만드시는가? 그분은 "중간에 막힌 담"을 허시고 "원수 된 것 곧 중간에 막힌 담을 자기 육체로 허시고 법조문으로 된 계명의 율법을 폐하[심으로]" 그렇게 하신다(14-15절). "막힌 담"이란, 성전에서 이방인의 뜰과 유대인들만 들어갈 수 있는 안뜰을 구분하는 담을 언급하는 것일 수도 있다. 그것은 이방인들이 더 이상 들어가지 못하도록 막았으며 거기 들어가면 목숨이 위험할 수 있다고 경고하는 것이었다. 하지만 많은 사람은 그 말이 에베소에 살고 있던 사람들에게는 그리 큰 의미가 없었을 것이며, 어쨌든 실제 담은 그들 마음속에 있는 막힌 담을 상징하는 것일 뿐이라고 생각한다. 그렇기 때문에 피터 오브라이언(Peter O'Brien)과 다른 사람들은 바울이 다음 절에 나오는 모세의 율법으로 인한 담을 의미했다고 주장한다.[37] 이 유대 율법에는 의식법과 도덕법이 둘 다 포함되어 있다. 거기에는 "살인하지 말지니라"와 같은 큰 명령들도 포함되고, 유대인과 이방인 사이의 실제 경계선을 정하고 그들 간에 안전거리를 유지하도록 만들어진 사소한 음식 규정과 다른 규정들도 포함되

---

37   O'Brien, *Ephesians*, pp. 195-196.

었다. 어떤 면에서 보든 이방인들은 밖에 배제되어 있었을 것이다.

그리스도는 모세의 율법이 더는 적절하지 않아서 그것을 폐하신 것이 아니다. 바울이 그렇게 주장했다면 그리스도가 가르치신 것과 모순되는 셈일 것이다.[38] 하지만 그리스도는 십자가에서 우리의 불순종으로 인한 벌을 우리에게서 제하시고 스스로 지심으로, 우리가 율법을 범하여 받게 되는 정죄를 무효로 만드셨다. 그리스도가 그렇게 하셨기 때문에, 이 율법들은 더는 우리를 분열시킬 수 없다. 고대 사회의 두 주요 민족이 더 이상 따로 분리되어 있을 필요가 없다. 십자가는 그들을 한데 결합하여 하나의 새로운 인류를 창조한다.

십자가에 대한 어떠한 해석도 이 해석보다 분열된 오늘날 세계에 더 적절할 수는 없을 것이다. 우리는 이미 남아공의 상황에서 그것이 어떻게 적절한지를 보았다. 예루살렘 맞은편 언덕 위에 여러 세기 전에 세워진 나무 말뚝이 그저 개인들을 구원하기 위해서만이 아니라 인종적인 관계 역시 변화시키기 위해 세워졌다는 것을 인식한다면, 얼마나 더 많은 분쟁 지역에서 전투원들의 호전적 태도가 변화되고, 적대감이 종식되며, 인종 청소 정책들이 폐지되겠는가?

2) 우주적 화해(골 1:19-20)

바울의 저술에서 화해에 대한 마지막 언급은 골로새서에 나온다. 거기서 그는 하나님과 화해는 믿는 사람이면 누구나 그리스도의 죽음을 통해 누릴 수 있게 되었다고 주장하면서, 이미 잘 알고 있는 내용을 반복한다(1:21-23). 인간이 하나님으로부터 소외된 것, 하나님이 화해의 주도권을 쥐신 것, 아들이 행위자가 된 것, 우리가 믿음으로 화목을 받아야 하는 것 등이 앞에서 검토한 다른 본문에서와 마찬가지로 여기에서도 명백하게 나타나 있다.

---

[38] 마 5:17-20.

하지만 화목 사역의 새로운 측면들 역시 포함되어 있다. 바울은 이전에는 하나님이 "그의 십자가의 피로 화평을 이루사 만물 곧 땅에 있는 것들이나 하늘에 있는 것들이" 그리스도로 "말미암아 자기와 화목하게 되기를 기뻐하심이라"(20절)라고 말한 적이 없다. 이 구절을 보면 그의 사고에서 두 가지 발전이 일어난다. 첫째로, 그는 여기에서 "화목하다"라는 말에 대해 보통 사용하는 '카탈라소'(katallasō) 대신 '아포카탈라소'(apokatallasō)라는 복합 동사를 사용한다. 그 단어는 아마 자신이 만들어 냈을 것이다. 그는 우리가 하나님의 화목 역사에 더욱 초점을 맞추게 하기 위해 그 단어를 사용한다.

둘째로, 바울은 여기에서만 십자가가 회개하고 믿는 신자들을 화목하게 하는 것과 달리 "만물"을 화목하게 하는 것에 대해 말한다. 그가 고린도후서 5:19에서 하나님이 "세상"('코스모스', kosmos)을 화목하게 하는 것에 관해 쓴 것은 사실이다. 하지만 그가 거기에서 말하는 세상은 죄 된 인간을 의미하며 더 광범위한 범주를 염두에 두고 있지 않음이 분명하다. 그렇지만 여기에서 그는 "만물"이라고 비인격적인 방식으로 말한다. 그가 말하는 것은 무엇인가?

어떤 학자들[39]은 그 문구를 다음에 나오는 구절들과 더 밀착시켜서, 그 구절에서 강조하는 것은 "만물"이 아니라 화목이라고 말한다. 세상을 위해 주어진 화목이 아니라, 신앙을 갖고 있으며 바울이 전파한 메시지를 믿는 사람들로 인해서만 실현되는 화목이라는 것이다. 만일 그렇다면 바울은 여기에서 자신이 이전에 서너 번 말했던 것과 전혀 다르지 않은 것을 말하고 있는 셈이다. 그것은 바울의 폭넓은 가르침 및 "화목하다"라는 말을 무생물보다는 사람들의 세상에 사용하는 것이 더 적절하다는 것 그리고 일관적이라는 면에서 가치가 있다. 하지만 이것은 그리스도께 대한 찬송의 절정부에 나오는 주장(15-20절)의 위치를 제대로 취급하지 못하는 것으로 보인다. 거기서

---

39 Marshall, "Reconciliation", pp. 126-127. 여러 가지 해석에 대한 좋은 안내서로는 O'Brien, *Colossians*, pp. 53-56를 보라.

는 그리스도의 사역을 창조와 새 창조라는 관점에서 보고 있다.

다른 사람들은 화목의 범위를 확장한다. 하지만 "만물"은 천사들, 주권자들, 통치자들과 권세들 등 골로새서에서 매우 몰두하고 있는 것으로 특별히 1:16에 언급된 것들의 세상을 말한다고 해석한다. 그것들이 거의 확실하게 포함되기는 하겠지만 바울의 주장을 이런 식으로 제한할 이유는 없어 보인다.

선택된 단어와 그 단어들이 나오는 전후 문맥에 비추어 볼 때, 가장 자연스러운 해석은 "만물"이 전 우주를 말한다는 것이다. 그 용어는 온 세상이 하나님과 심각하게 단절된 상태였으며, 이제 모든 측면과 모든 차원에서 그분과 소외된 상태에서 기능하고 있다는 것을 전제한다.[40] 그리스도의 죽음은 그 모든 것을 변화시켰으며 우주가 다시 하나님과 평화를 누리고 다시 그분의 다스리심 아래 있는 질서정연한 상태로 돌아가도록 만들었다. 그리스도의 죽음이 어떻게 그런 화목을 이루었는가에 대한 설명은 2:15에 가서야 비로소 나온다. 하지만 여기에 확증되어 있는 중요한 점은 이것이다. "바울은 이 우주적인 화목이 내세의 드라마에서 이루어진 것이 아니라 역사 안에서 일어난 어떤 것, 즉 십자가 위에서 예수님이 죽으신 것을 통해 이루어졌다고 단언한다."[41] 여기에 나오는 그의 주장은 로마서 8:19-21에 나오는 하나님의 자녀들이 마지막으로 나타날 때 장차 피조물이 해방될 것이라는 그의 비전과 비슷하다. 하지만 정확히 똑같지는 않다.

제임스 던이 해설하듯이, "그 비전은 광대하다. 그 주장은 마음을 흥분시킨다." 그것은 원창조의 회복에 대한, 현재 우주의 부서짐과 깨어짐을 극복하는 것에 대한, 그리고 그것을 온전하게 회복하는 것에 대한 것이다. 초대 그리스도인들은 그런 우주적 회복을 예수님의 죽음 및 부활과 연결하고, 그 안에서 "문자 그대로 자연의 부조화와 인간의 비인간성을 해결할 열쇠를 보고, 하나님 창조의 특성과 우주에 대한 하나님의 관심의 온전한 표현이 그

---

40 창 3:17-19.
41 O'Brien, *Colossians*, p. 56.

리스도의 십자가 안에서 발견되며 요약되어 있다고 [생각하는]"[42] 놀라운 믿음을 가지고 있었다. 그것이 바로 여기 나온 주장이다.

불가피하게, 그런 대담한 주장은 몇 가지 질문을 불러일으킨다. 바울은 여기에서 우주의 구원이 일어날 것이며 결국은 모두가 믿음과는 상관없이 화목하게 될 것이라고 가르치는 것인가? 바울은 어떻게 그 같은 만물의 화목이 일어나리라고 상상하는가? 우리는 보편 구원론에 대한 모든 생각을 버려야 한다. 그 말이 결국에는 그리스도를 믿고 따르려는 바람과는 상관없이 모든 사람이 구원을 받으리라는 것을 의미한다면 말이다. 그런 견해는 바울의 전반적인 신학[43]에 반하는 것이며, 구원을 얻기 위해서는 믿음이 필수적인 것이라고 명기되어 있는 바로 다음 구절과도 맞지 않을 것이다. 어떤 다른 식으로 "화목"이 일어나야 한다. 화목이 이행되는 것에는 한 가지 이상의 방법이 있으므로 그것은 전적으로 가능하다.

바울은 하나님과의 전적인 화해가 무엇을 의미하는지 자세히 말하지는 않지만, 여러 다른 방식으로 일어나리라고 생각했을 수는 있다. 먼저, 그리스도를 믿는 사람들은 지금 하나님과 화목된 상태에 들어가며 갈보리에서 이루어진 그리스도의 구원 사역이 주는 유익을 벌써 경험하기 시작했다. 이것이 바로 바울의 가르침의 주요 취지였다. 둘째로, 통치자들과 권세들과 주권자들, 혹은 천사들 등 하나님의 뜻에 저항하며 계속 그분을 반대하는 자들은 강화 조약으로 화목하게 될 것인데, 고대 로마 식민지들은 이런 개념을 쉽게 이해할 것이다. 그들은 진압되고, 평화가 그들에게 부과될 것이다. "그리스도의 죽음으로 이루어지는 평화는 자유롭게 받아들여질 수도 있고 강제로 부과될 수도 있기"[44] 때문이다. 셋째로, 우주 자체는 하나님의 다스리심 아래에 다시 들어와 재창조될 것이다. 깨어진 곳은 고쳐질 것이며, 흩어

---

42   Dunn, *Colossians*, p. 104.
43   J. M. Gundry-Volf, "Univesalism", *DPL*, pp. 956-961.
44   Bruce, *Colossians*, p. 210.

진 부분은 치유될 것이고, 하나님의 평화가 모든 것에 임할 것이다.

그렇다면 그리스도의 십자가는 그분을 믿게 된 사람들뿐 아니라 온 우주와 하나님과의 화목을 이룬다. 그 범위는 엄청나게 넓다. 하지만 그에 조금이라도 못 미친다면 분명 불완전한 화목이 될 것이다. 십자가가 신자들의 화목만 가져온다면, 하나님은 피조물을 회복하고 악을 고집하는 자들을 정복할 또 다른 수단들을 찾아야 할 것이다. 하지만 하나님의 충만함이 그리스도 안에 거하시며(2:9), 그분의 충만한 기쁨이 그리스도의 십자가에서 이루어졌다. 십자가는 개인적이고 민족적이고 우주적인 화해를 가져온다. 이것은 하나님이 전체 피조물을 하나님 자신과 조화시키시는 한 가지 수단이다.

화목은 속죄의 핵심과 영역을 규정한다. 그것의 핵심은 죄 된 인간이 하나님과 우정 관계를 회복하는 것이다. 그 영역은 우주 자체를 포함하는 것으로, 우주는 십자가에 달리는 동일한 행위로 하나님과 올바른 관계로 회복되는 과정에 있다. 둘 다 범죄를 저지른 당사자들을 그 범죄의 대상인 하나님 자신과 화목하게 하려는 하나님의 자비로운 계획과 행동으로 이행된다. 언제나 우리가 그분 덕분에 화목을 누린다. 하지만 이 경이로운 행동은 치명적인 화목이다. 그것은 그분의 사랑하는 아들의 죽음을 통해서만 이루어지기 때문이다.

13장

십자가, 현재의 역사

갈라디아서 2:20; 5:24; 6:14; 빌립보서 3:10-11

십자가는 역사상으로만 가장 결정적인 사건인 게 아니다. 그것은 현재의 경험도 되어야 한다. 신자들의 삶을 가장 크게 변화시키는 능력인 것이다. 놀랍다고밖에 할 수 없는 언어를 사용해서, 그리스도의 제자들은 그분의 역사적인 십자가 처형에서 유익을 얻도록 부름받을 뿐 아니라, 날마다 그분과 함께 자신을 십자가에 못 박도록 부름받는다. 그리스도인의 삶은 역설적으로 그리스도와 함께 죽는 것을 의미한다. 신자의 운명은 십자가 모양의 생활 방식을 영위하는 것이다.

최근의 복음 전파와 가르침은 이러한 성경 진리를 무시하고, 대신 영광의 신학과 성령의 변화시키는 권능을 강조하는 경향이 있었다. 그것은 기독교의 초점을 갈보리로부터 빈 무덤 그리고 오순절로 바꾸어 놓았다. 기독교가 가지고 있는 음울한 패배주의를 극복하고 그것을 좀 더 적극적이고 즐거운 기쁨의 표현으로 바꾸려다 보니 그렇게 된 것이다.[1] 아니면 그것은 그리스도인의 삶에 대한 좀 더 기술 지향적 접근, 곧 성숙함에 이르고 그리스도를 누

---

1   서론 pp. 27-28를 보라.

리기 위한 영적 훈련, 즉 기도, 성경 읽기, 금식, 전도 등의 중요성을 강조하는 접근에 자리를 내주었다. 하지만 우리가 그리스도와 함께 죽어야 한다는 것을 언급하는 사람은 거의 없다.

이전 세대들이 때로 그랬던 것처럼 이러한 관점을 도외시해서는 안 된다. 하지만 살아서 그리스도와 함께 다스릴 수 있기 전에 그리스도와 함께 죽어야 한다는 것을 철저히 가르치지 않은 채, 부활의 삶, 성령의 권능을 받은 삶, 혹은 영적으로 훈련된 삶에 대해 말하는 것은 모래 위에 집을 짓는 것이다. 은사주의 신학자 톰 스매일은 "오순절로 이르는 길은 갈보리다. 성령은 십자가로부터 오신다"[2]고 지혜롭게 상기시켰다. 하지만 우리는 갈보리 없는 오순절, 고통 없는 승리, 대가 없는 변화, 먼저 죽는 것이 없는 부활을 원하는 경우가 너무 많다. 케직 사경회의 초기 강사였던 휴 에번 홉킨스(Hugh Evan Hopkins)는 그리스도의 죽으심과 실제적인 거룩함 사이의 중대한 관련에 대해 이렇게 표현한다. "그러므로 모든 진정한 진보의 조건은 그 죽음을 따르려는 마음일 것이다. 그리스도의 생명으로 채워지고자 하는 열망보다 그리스도와 더불어 기꺼이 죄에 대해 죽으려는 것이 영혼의 진보를 나타내는 더 참된 증거다."[3] 그리스도의 죽음이 과거의 사건일 뿐 아니라 현재의 경험이 되지 않는다면 거룩해질 수 없다.

바울은 그리스도와 함께 죽는다는 것이 무엇을 의미하는지 상세히 해설하지는 않지만, 여러 가지 방식으로 그 주제를 빈번하게 제기하며 간략하게 진전시킨다. 그에게 그 주제는 너무나 중요하기 때문에, 예일 대학교의 리처드 헤이스(Richard Hays) 교수는 최근에 바울의 처음 다섯 서신서에 나타난 사상의 개략과 관심사를 연구하면서, 논문 제목을 "그리스도와 함께 십자가에 못 박힘"이라고 붙였다. 그는 그리스도 안에 나타난 하나님의 행동에 응

---

[2] Smail, "Cross and Spirit", p. 55.
[3] H. E. Hopkins, *The Law of Liberty in the Spiritual Life* (Marshall, Morgan and Scott, 1952), p. 82.

하는 교회의 위치를 검토하고, 새로운 복음의 시대에 교회의 역할을 살펴보고 나서는 이렇게 결론을 내렸다. "바울의 가장 특징적인 신학적 강조점 중 하나는 교회의 역할이 **십자가의 특색**을 가진다는 것을 꾸준히 주장한다는 것이다."[4] 바울은 예수님의 초림과 재림 사이의 이 시기에 교회는 십자가 형태의 생활 방식을 경험하게 될 것이라고 추정한다(계속 헤이스의 말이다). 바울이 말하는 "내가 그리스도와 함께 십자가에 못 박혔나니"[5]라는 구절이나 그와 비슷한 구절들은 매우 다양한 것을 의미한다. 리처드 테너힐(Richard Tannehill)이 묘사한 바에 의하면, 바울의 가르침은 두 가지 기본 단위로 나누어지는데, 그것은 "그리스도와 함께 죽는 것을 결정적인 과거의 사건으로 말하는 것 그리고 그리스도와 함께 죽는 것을 현재의 경험으로 말하는 것이다."[6] 이런 기본적인 구분을 바라보는 또 다른 시각은 어떤 본문들은 그리스도와 함께 죽는 것을 이를테면 "내가 그리스도와 함께 십자가에 못 박혔나니"[7]라는 말처럼 직설법으로 말하는 반면 다른 본문들은 "땅에 있는 지체를 죽이라"[8]는 명령처럼 명령법으로 말한다고 보는 것이다.

바울은 그리스도가 한 번 십자가에서 죽으심으로, 그분의 제자들도 불가피하게 연이어 십자가에서 죽어야 하리라고 생각한다. 그들의 **칭의**에는 그리스도와 함께 못 박히는 것이 포함된다. 그들의 **성화**는 세상의 죄 된 마음가짐과 생활 방식뿐 아니라 그들 자신의 죄 된 생활 방식을 날마다 십자가에 못 박을 것을 요구한다. 그들이 **옳다는 것이 입증되는** 것은 지금 이 세상에서 십자가의 수치를 지고 믿음을 위해 고난받는가에 달려 있다. 그들이 그리스도와 **동일시되기** 위해서는 그분의 죽으심을 따라야 한다. 이 모든 것이 그

---

4 R. B. Hays, "Crucified with Christ: a synthesis of the theology of 1 and 2 Thessalonians, Philemon, Philippians and Galatians", in J. Bassler (ed.), *Pauline Theology* 1 (Fortress, 1991), p. 240.
5 갈 2:20.
6 R. C. Tannehill, *Dying and Rising with Christ* (Topelmann, 1966), p. 6.
7 갈 2:20.
8 골 3:5.

리스도와 함께 죽는 것에 대한 바울의 간략한 언급에 요약되어 있다.

1. 그리스도에 의한 우리의 칭의: 십자가의 유익을 실현함(갈 2:20)

제일 먼저 살펴볼 말은 직설법 진술로서, 그리스도의 십자가가 주는 유익들을 얻는 수단으로, 우리는 십자가에 달리신 그리스도와 믿음으로 연합하는 데 참여한다는 것이다. "내가 그리스도와 함께 십자가에 못 박혔나니 그런즉 이제는 내가 사는 것이 아니요, 오직 내 안에 그리스도께서 사시는 것이라. 이제 내가 육체 가운데 사는 것은 나를 사랑하사 나를 위하여 자기 자신을 버리신 하나님의 아들을 믿는 믿음 안에서 사는 것이라."

왜 많은 그리스도인이 갈라디아서 전체에서 이 놀라운 핵심을 뽑아내어, 그리스도인의 삶에 대한 온갖 가르침의 기반으로 삼는지 깨닫기는 쉽다. 하지만 우리는 그러한 경향에 저항해야 한다. 우선 그 본문을 전후 문맥에서 읽고 해석해야 하기 때문이다. 바울은 편지를 쓰는 이유와 그것을 쓰게 된 개인적 상황을 밝히고 나서, 서신서 나머지 부분에서 상세히 말할 기본 논지를 대단히 응축된 형태로 진술하려고 한다.[9]

15-16절에 표현된 논지의 요점은 우리가 하나님과 올바른 관계로 회복되기(즉, '칭의를 얻기') 위해서는 그리스도만을 믿어야 하며, 율법을 준수하는 우리의 능력을 믿어서는 안 된다는 것이다. 우리가 후자에 의지한다면, 분명 곧 막다른 골목을 만나게 될 것이다. 우리는 결코 율법을 완벽하게 지킬 수 없으며 그래서 하나님께 마땅히 의롭다 함을 받지 못할 것이기 때문이다. 율법주의의 길은 막다른 길이다.

대부분의 유대 그리스도인들은 그 점에 대해 바울의 말에 동의했을 것이다. 그들은 율법을 지키는 것은 공로를 쌓거나 은총을 얻는 길이 아님을 쉽

---

9   2:15-21 본문 전체에 대한 최고의 해설로는 Longenecker, pp. 82-96를 보라.

게 인정할 것이다. 최근의 연구[10]는 유대인들이 우리가 그들에 대해 종종 생각하는 것과 같은 의미에서 율법주의자들이 아니었다는 것을 보여 준다. 그렇더라도 그들은 여전히 율법을 존중했으며 그것을 그들을 구원해 주신 하나님의 은혜에 대한 필요 불가결한 반응으로 보았다. 언약 안에 있는 사람들은 그 언약을 지켜야 했다. 그것을 준수한다고 해서 언약 안에 들어갈 수 있는 것은 아니지만 말이다. 하지만 바울의 급진적인 믿음의 복음에서 율법의 위치는 무엇이었는가? 율법은 우리 그리스도인의 삶에서 어디에 위치하는가? 바울의 급진적인 복음 설교가 암시하는 것처럼 그것을 파기해 버린다면, 도덕 폐기론의 상태, 즉 모든 것이 허용되는 제약의 부재 상태가 되지 않겠는가? 갈라디아 그리스도인들은 율법을 맨 먼저 하나님의 은총을 얻는 수단으로 보지는 않았을지 모르지만, 여전히 그리스도인들이 율법을 지키고 도덕 폐기론을 피하는 것이 매우 중대하다고 생각했다. 물론 바울은 여기에서나 로마서 6장에서나 은혜가 도덕 폐기론으로 이끈다는 생각을 반박한다.

앞으로 분명해지겠지만, 문제가 되는 율법은 도덕법이나 야고보가 사랑의 "최고 법"(royal law)[11]이라고 부른 것이 아니라, 유대인들의 언약을 규정하고 그들을 다른 민족들과 구분해 주는 경계표, 이를테면 할례, 음식 규정 그리고 누구와 함께 먹어야 하고 누구와 함께 먹으면 안 되는지에 관한 규칙들과 같은 유대 관습들이나 부차적인 규정이다(2:11-14). 일부 유대인 신자들은 그리스도를 믿은 다음에도 계속해서 이러한 것들을 준수하는 것이 중요하다고 가르쳤다. 그들은 그것들이 그리스도 안에 나타난 하나님의 은혜에 대한 매우 중요하고 필수 불가결한 반응이라고 가르치면서, 이방인 회심자들에게 강요하려 했다. 바울은 그럴 수 없다고 주장한다. 그리스도를 믿은 다음에도 다시 그런 율법으로 돌아가, 계속 그런 관습을 준수해야만 하나님을 기쁘시

---

10 E. P. Sanders 이래 바울에 대한 최근의 이해를 간결하게 요약한 것으로는 S. J. Hafemann, "Paul and his interpreters", in *DPL*, pp. 666-679, 특히 p. 672 이하를 보라.
11 약 2:8; 참고. 갈 5:13-14.

게 할 수 있다고 전파한다면, 우리는 (18절에서 그가 말하기를) 우리가 죄인임을 다시 한번 확증할 뿐이다. 그는 이러한 율법과 언약 관습에 대한 우리의 태도는 훨씬 더 철저해야 한다고 주장한다. 하나님을 위해 산다는 것은 그리스도만을 믿는 것이며, 그것은 율법에 대해서는 죽는 것을 의미한다.

바울은 이러한 명제를 전개하는 중에 처음으로 "그리스도와 함께 십자가에 못 박히는 것"에 대해 이야기했다. 그런데 전후 문맥을 보면 그는 자아가 근절되고, 개성이 부인되며, 세상을 피하는, 그래서 그리스도의 생명이 우리 안에서 형이상학적으로 표현되는 어떤 신비적 체험에 대해(일부 사람들이 주장하듯이) 쓰고 있는 것이 아니다. 실제로 "내가 육체 가운데 사는 것"이라는 말만 살펴보아도 그렇게 해석하지는 않을 것이다. 그것은 우리 발을 땅에 확고히 딛고 서도록 해 주며, 우리 안에 살아 계신 그리스도를 체험하는 것은 성령에 사로잡히는 것이 아니라 평범한 일상을 사는 것임을 말해 주기 때문이다. 오히려 그는 그리스도와 함께 십자가에 못 박히는 것은, 율법과 실로 자아의 지배("내가…십자가에 못 박혔나니")에서 벗어나서, 더 이상 자기 공로를 주장하거나 하나님의 은총을 얻고 유지하려 하지 않는 것에서 벗어나는 것이라고 말한다. 그것은 심지어 그러한 것들을 믿음을 보완해 주는 보조 수단으로도 보지 않는 것이다. 믿음은 그러한 것들이 죽었음을 의미한다.

20절의 첫 번째 문구는 정확히 말하면 19절에 속한 것이다.[12] 바울은 어떤 새로운 개념을 말하기 시작하는 것이 아니라, 19절에 나오는 개념을 완성하고 있다. 그는 "그리스도와 함께 십자가에 못 박히는" 것이 율법에 대해 죽는다는 의미라고 말하고 있다. 존 스토트는 율법이 "율법을 범한 나의 죽음을 줄기차게 요구하는데, 어떻게 내가 의롭다 함을 받을 수 있다는 말인가?"라고 묻는다. "율법의 요구 사항을 충족하고 그것이 요구하는 죽음을 죽음으로써만 가능하다."[13] 하지만 나 자신이 그렇게 해야 한다면 나는 죽고 말

---

12 Longenecker, p. 92와 George, p. 199.
13 Stott, *Cross of Christ*, p. 341.

것이다. 자비로운 하나님은 이를 아시고, 율법을 충족하시면서 동시에 나를 그 손아귀에서 해방할 또 다른 방법을 제공하셨다. 하나님의 완전하신 아들이 나를 대신하사 내 죽음을 죽으시고 나를 율법의 요구라는 횡포에서 해방해 주셨다. 그렇게 되면 율법은 나에 대해, 혹은 모든 믿는 자들에 대해 어떠한 권세도 지니지 못한다. 우리는 거기에서 완전히 자유롭게 된다. 그리스도가 십자가에서 우리가 못다 이룬 결과들을 스스로 지시고 그 권세로부터 우리를 영단번에 해방해 주셨을 때 그 권세가 멸하여졌기 때문이다. 여기에서 바울은 진리를 주장하는 것만으로 만족하며, 후에 가서 그것을 더 충분하게 설명한다. "그리스도께서 우리를 위하여 저주를 받은 바 되사 율법의 저주에서 우리를 속량하셨으니"(3:13). 십자가 이후 율법은 우리를 전혀 지배하지 못하며, 하나님의 은총을 얻는 수단도, 하나님께 받은 은총을 유지하는 수단도 되지 못한다. 자아 역시 율법과 마찬가지로 그리스도의 십자가에서 죽임을 당했으며 제거되었다. 우리 자신에게는 하나님과 관계를 누릴 수 있도록 해 줄 것이 아무것도 없다. 우리에게 필요한 것은 십자가에 달리신 분에 대한 믿음이다. 그것으로 충분하다.

"그리스도와 함께 십자가에 못 박힌다"라는 것은 무엇을 의미하는가? 그것은 우리 몸을 그분이 달리신 나무 막대기에 물리적으로 매달고 그분이 그러셨듯 우리 몸에 못질하는 것을 의미하지는 않는다. 그것은 믿음으로 그분과 동일시되며 그분이 우리를 위해 죽으셨음을 믿음으로써 그분과 연합되는 것이다. 바울이 지금 완료 시제로 쓰고 있는 것을 유의하라. 그것은 믿는 우리에게 일어난 일이다. 그것은 "신자의 영단번의 헌신 행위를 나타낸다."[14] 그 시제는 그 일이 비록 완료되었지만 현재에도 함의를 지니는 것을 나타낸다. 그리스도와 함께 죽는다는 것은 하나님 앞에서 의롭다 함을 얻는 낡은 수단을 폐지했을 뿐 아니라, 또한 그분과 함께 다시 살리심을 받아 그분의 새

---

14   Longenecker, p. 92.

로운 생명의 권능으로 살게 되었음을 의미하기 때문이다. 그래서 바울은 "그리스도와 함께 십자가에 못 박혀서" 더는 자신을 위해 살지 않는 것에 대해 말할 뿐 아니라, 또한 그리스도가 우리 안에 사시는 것에 대해서도 말한다. 그리스도의 죽으심과 부활을 분리할 수 없는 것과 마찬가지로, 신자들이 십자가에 못 박히는 것을 그들이 그리스도의 부활의 삶을 사는 것과 분리할 수도 없다. 전자는 후자로 이어진다. 전자는 후자 없이는 불가능하다.

"내 안에 그리스도께서 사시는 것이라"는 바울의 말은 신비주의나 완벽주의가 아니라 우리가 그분의 십자가를 믿을 때 일어나는 변혁을 나타내는 말이다. 우리가 십자가에 달리신 그리스도와 믿음으로 연합할 때, 성령님으로 내주하시는 그리스도는 우리 안에 거하사 안으로부터 우리를 변혁시키신다. "내 안에 계신 그리스도"란 내가 밖에서 안으로가 아니라, 안에서 밖으로 새로운 사람이 되며, 이전에 그분을 믿기 전과는 완전히 다른 목표와 소망을 두고 삶의 방향을 정한다는 말이다.

이 서신서 마지막 부분에서 바울은 이것이 무엇을 의미하는지 계속 설명한다. 그것은 우리의 관계들, 곧 하나님과의 관계, 율법과의 관계, 자신의 성품과의 관계, 이웃과의 관계, 그리고 교회와의 관계에 변혁적인 효과를 가져올 것이다. 그것은 우리가 두려워하면서 하나님의 종으로 사는 것이 아니라, 하나님의 자녀로서 온전한 유익들을 누릴 수 있으리라는 의미다(3:26-4:7). 그것은 우리가 여전히 율법을 충족하려 애쓰기보다는 구속받은 자의 충만한 자유를 누리리라는 의미다(5:1). 그것은 우리가 실제적이고 섬기는 사랑으로 우리 이웃을 사랑하리라는 의미다(5:13-15). 그것은 우리가 성령과 조화를 이루어 행하며 그분이 마음껏 우리의 성품을 바꾸고 우리를 변화시키시도록 하는 것을 의미한다(5:16-25). 그것은 우리가 하나님의 교회에서 겸손하게 우리의 역할을 다하는 것을 의미한다(5:16-6:6). 이 모든 것은 율법에 대한 바울의 태도가 도덕 폐기론으로 이어질 수도 있다는 비난에 완벽한 대답을 해 준다. 어떻게 그렇게 할 수 있다는 말인가? 믿음을 발휘한다는 말은 그리스도와 함께 죽는 것, 그리고 또한 동일하게 그분과 함께 사는 것, 그리고 그분의 부활 생명이 우리 안에 거하게 하는 것을 의미한다.

그러므로 그리스도와 함께 죽는다는 바울의 말은 먼저 믿음을 통해 그리스도의 죽음과 동일시되고, 자신을 하나님 앞에 의롭게 하는 수단으로서의 율법과 자아의 지배에서 벗어난다는 의미다. 그리스도와 함께 죽는 것은 모든 신자가 그리스도에게 헌신하고 의롭게 될 때 이루어지는 일이다.

2. 그리스도를 통한 우리의 성화: 십자가의 죽음을 죽음(갈 5:24; 6:14)

이제 직설법으로부터 명령법으로 옮겨 간다. 이 명령법은 직설법에 확고히 기초하고 있다. 신자들이 먼저 그리스도와 함께 율법과 자아에 대해 죽지 않았다면, 그들에게 죄를 죽이라고 권하는 것은 아무 소용이 없을 것이다. 하지만 바울은 이미 일어난 일에 비추어 이제 신자들이 날마다 끊임없이 어떤 것을 경험해야 하는지 가르치기 위해 그 비유를 사용한다. 우리는 죄 된 성품과 세상을 의식적으로, 의도적으로 십자가에 못 박아야 한다. 바울이 그 은유를 처음 사용했을 때 율법의 정죄에서 자유롭게 되는 것을 강조했다면, 이제 두 번째 사용할 때는 죄의 지배에서 자유롭게 되는 것을 강조한다. 죄는 더 이상 우리에게 권세를 행사해서는 안 된다. 십자가에서 그 견고한 진이 파괴되었기 때문이다.

1) 죄 된 성품에 대해 죽음(갈 5:24)

"그리스도 예수의 사람들은 육체와 함께 그 정욕과 탐심을 십자가에 못 박았느니라." 바울이 여기에서 말하는 요점은 갈라디아서 2:20에서 말하는 것과는 상당히 다르다. 거기에서는 그리스도와 함께 십자가에 못 박혔다고 수동태로 썼다. 즉 그리스도가 우리 대신 죽으심으로 우리에게 무엇인가가 행해졌다는 것이다. 여기에서는 육체를 십자가에 못 박는다고 능동태로 쓴다.

바울은 우리가 무언가를 하도록 권고하고 있다. 로마서 8:13("영으로써 몸의 행실을 죽이면")과 골로새서 3:5("그러므로 땅에 있는 지체를 죽이라")에서 그랬던 것과 같다. 전자는 완성된 행동으로, 하나님 앞에서 우리의 지위를 변화시키는 사건이 영단번에 일어나는 것에 대해 말한다. 후자는 지속적인 행동으로, 우리가 그리스도처럼 될 때까지 성품의 변화를 이루는 과정에 대해 말한다. 그리스도와 함께 죽는다는 것은 즉시 칭의를 받는 것과 점진적으로 성화되는 것 둘 다를 의미한다. 십자가에는 죽음에 대한 두 가지 이미지가 있다. 먼저, 십자가에 달리면 죽게 되는데 그렇게 되면 보통 원상태로 되돌릴 수 없다. 그것은 결정적이고 철회할 수 없는 일이다. 둘째로, 십자가에 달리면 교수형이나 총살형의 경우처럼 즉각 죽는 것이 아니라 서서히 죽게 된다. 십자가에 달려서 죽는 것은 시간이 걸린다. 그러므로 바울이 우리가 그리스도와 함께 죽었다는 것과 날마다 육체를 십자가에 못 박아야 한다는 것 둘 다를 말한 것은 전적으로 타당하다.

다시 한번 전후 문맥이 중요하다. 19-21절은 죄 된 본성에 따라 사는 것이 무엇인지를 묘사한다. 그 구절에는 성적 부도덕("음행과 더러운 것과 호색"), 종교적 간음("우상숭배와 주술"), 자기중심적인 삶("원수 맺는 것과 분쟁과 시기와 분 냄과 당 짓는 것"), 사회적으로 파괴적인 행동("분열함과 이단과 투기와 술 취함과 방탕함과 또 그와 같은 것들")을 망라하는 포괄적인 죄 목록이 나와 있다. 그와 대조적으로 성령의 지배하에 사는 사람들은 그들의 삶에서 "사랑과 희락과 화평과 오래 참음과 자비와 양선과 충성과 온유와 절제"라는 열매가 자라가는 것을 보게 될 것이다(22-23절). 이런 성령의 열매들을 맺는다고 해서 신자들이 팔짱 끼고 아무것도 하지 않고 앉아서 성령이 어떠한 도움도 받지 않고 그런 열매를 맺으시도록 기다리라는 말은 아니다. 오히려 그들은 그 열매가 자랄 수 있도록 성령님께 기꺼이 협조해야 한다. 그분의 역할은 생명을 낳는 것이다. 그들의 역할은 특별히 가지치기하여 옛 삶을 잘라내고 수확의 결실을 맺는 데 꼭 필요한 헌신을 보여 주는 것이다.

우리는 어떻게 죄 된 열정을 십자가에 못 박는가? 그것은 생생하고 냉엄한 이미지로서, 죄 된 본성을 단호히 끊어 버리도록 명한다. 우리는 그것을 위로하거나 수용하거나 격려하거나 여지를 두는 것이 아니라 끊어 버려야 한다.[15] 토저(A. W. Tozer)는 십자가 처형의 상징을 그다운 냉정한 어투로 자세히 말했다. "옛 로마 시대 십자가는 타협을 모르는 것이었다. 그것은 결코 양보하지 않았다. 그것은 그 반대자를 죽이고 영원토록 입을 막아 버림으로써 모든 논쟁에서 승리한다…그것은 반대자를 패배시키고 그에게 자신의 뜻을 강요함으로 승리한다."[16] 티머시 조지(Timothy George)가 설명하듯이, "바울은 여기에서 고행의 과정, 기도와 금식과 회개와 절제 훈련을 통해 날마다 육체를 죽이는 금욕의 과정을 묘사한다." 그는 이것이 "일관되고 충실하게 경계하며 세상과 관계를 끊고 육신의 금욕"[17]을 하는 것 외에는 거룩함에 이르는 지름길, 완전함으로 이끄는 즉효약은 없다고 가르친다는 사실을 제대로 상기시킨다.

그런 가르침은 오늘날 거의 인기가 없다. 금욕이라는 말조차 뭔가 구시대적인 느낌이 난다. 왜 영적 훈련에 대한 안내서 중에는 금욕에 대해 언급하는 것이 거의 없는가? 우리 대부분은 훨씬 더 쉬운 길을 택하여 하나님이 우리를 순식간에 거룩하게 만드시거나, 아니면 죄 된 소욕을 일으키는 칩을 빼 버리고 경건한 소욕이라는 칩을 대신 끼워서, 우리가 즉시 거룩하게 되도록 다시 프로그램되기를 원한다. 하지만 날마다 자신을 죽이는 것은 거룩함을 추구하는 데 없어서는 안 될 필요조건이다. 영적으로 성장하려면 죄의 습관을 점진적으로 절멸시키고 우리의 욕구가 하나님께 향하도록 방향을 바꾸어야 한다. 죄가 우리 삶의 통제권을 빼앗는 것을 예방하려면 꾸준한 헌신과 노력과 인내가 필요하다. 죄의 권능은 십자가로 인해 깨어졌지만,

---

15 Stott, *Cross of Christ*, p. 348.
16 W. W. Wiersbe, *The Best of A. W. Tozer* (1978; Crossway, 1991), pp. 134-135.
17 George, p. 405.

여전히 우리 삶에 권리가 있는 것처럼 굴기 때문이다. 그러므로 바울은 로마인들에게 이렇게 말한다.

…너희도 너희 자신을 죄에 대하여는 죽은 자요, 그리스도 예수 안에서 하나님께 대하여는 살아 있는 자로 여길지어다. 그러므로 너희는 죄가 너희 죽을 몸을 지배하지 못하게 하여 몸의 사욕에 순종하지 말고 또한 너희 지체를 불의의 무기로 죄에게 내주지 말고 오직 너희 자신을 죽은 자 가운데서 다시 살아난 자 같이 하나님께 드리며 너희 지체를 의의 무기로 하나님께 드리라.[18]

우리는 의식적으로, 날마다, 죄를 거부하고 하나님께 복종해야 한다.
청교도들은 이 점에서 우리에게 많은 것을 가르쳐 준다. 그들의 가르침이 이제 고루해졌다고 해서 전혀 귀를 기울이지 않는다면, 우리는 위험에 처할 것이다. 패커의 글에 있는 한 단락은 길게 인용할 만한 가치가 있다.

우리를 유혹하는 욕망을 억제하는 것에 대한 청교도의 가르침은 능률적이고 철저하다. 거기에는 자신을 낮추는 것, 자기 성찰, 어떤 죄에든 끼어들지 못하게 하는 대비책으로 자신의 영적 삶에서 모든 죄에 대항하는 것, 죄의 보일러에 불을 때는 상황을 피하는 것, 죄가 다가오는 것을 알아채기도 전에 죄의 희생자가 되지 않도록 경계하는 것, 자신이 반격하고 있는 특별히 악한 욕망에 그리스도의 십자가의 살상력이 적용되도록 주 예수 그리스도께 기도하는 것 등이 포함된다. "그대의 죄를 죽이기 위해 그리스도에 대한 믿음이 역사하도록 하라"고 가장 위대한 청교도 교사인 존 오웬(John Owen)은 썼다. "그의 피는 죄로 병든 영혼에 위대한 주권적 치료책이다. 이 안에서 살라. 그리하면 그대는 정복자가 될 것이다. 참으로, 하나님의 선한 섭리를 통해 그대는 그대의 욕망이 그대 발아래 죽어 있

---

[18] 롬 6:11-13.

는 것을 보게 될 것이다."[19]

바울의 이러한 가르침은 바로 그리스도께서 "아무든지 나를 따라오려거든 자기를 부인하고 날마다 제 십자가를 지고 나를 따를 것이니라"[20]라고 제자들에게 가르치신 것을 반복할 뿐이다. 날마다 자기를 부인함으로써 그리스도가 십자가 처형을 당하신 곳까지 그분을 따르는 것을 일정한 습관으로 삼는 것은, 비범한 그리스도인이 되려는 사람들만이 선택해야 할 행동이 아니라, 제자라면 누구에게나 필수적으로 요구되는 기본 조건이다. 그 비유는 단호하고 심지어 충격적이기까지 하며, 그것을 좀 부드럽게 만들려고 하지 않도록 주의해야 한다. 그리스도가 이 대담한 비유적 표현을 사용하실 때, 사순절 기간에 초콜릿을 먹지 않는 것같이 이따금 쾌락을 부인하는 것이나, 나이 든 친척을 모시고 사는 것같이 고난이나 문제를 마지못해 지는 것만을 염두에 두신 것이라면, 그리스도가 문제를 과장하고 있다고 마땅히 비난할 수 있을 것이다. 하지만 그분은 우리에게 그 이상의 것을 요구하신다. 그분은 그의 제자들인 우리가 "우리의 믿을 수 없는 타락한 본성을 십자가에 고정해 죽여 버려야"[21] 한다고 말씀하시는 것이다. 우리에게 요구되는 것은 바로 자기를 부인하고, 죄 된 옛 방식에 따라 삶을 선택하고 지배할 수 있는 권리를 포기하는 것이다. 지금까지 우리는 그 과정의 부정적인 측면만 강조했다. 죽이는 것도 매우 중요하지만 "살리는 것"도 중요하다. 성령으로 신자를 살아나게 하며 그리스도를 닮아 가는 습관들을 강화하는 것 말이다.[22] 바울은 둘 다 언급한다. 그는 우리가 죄 된 본성을 십자가에 못 박아야 한다고 말한다. 하지만 그는 또한 "만일 우리가 성령으로 살면 또한 성령으로 행

---

19   Packer, *Holiness*, p. 108. 인용문은 John Owen의 *Of the Mortification of Sin in Believers*에서 나온 것이다.
20   눅 9:23.
21   Stott, *Cross of Christ*, p. 279.
22   Packer, *Holiness*, p. 106.

할지니"(5:25)라고 쓴다. 우리가 우리의 일을 할 때 그분은 그분의 일을 하시며 우리에게 부족한 영적 활력과 건전한 욕망을 주신다. 거룩함의 정수는 하나님을 향한 열정을 갖는 것과 덜 값어치 있는 것들에 대한 다른 모든 열정을 십자가에 못 박는 것이다.[23] 하지만 부정적인 것을 강조할 필요는 있을 것이다. 오늘날의 교회는 그것을 거의 언급하지 않기 때문이다. 토저는 다음과 같이 현대 교회에 대해 적절하게 묘사했다. "천박한 현대 교회 지도자들은 성소 안에서조차 재미를 찾으려는 오락에 미친 성도들을 즐겁게 하려고 십자가를 수정해 버린다."[24] 하지만 그같이 복음을 수정하는 것은 영적 재앙을 초래하는 것이다.

성경에서는 거룩함에 대해 죄 된 성품을 그 소욕과 함께 십자가에 못 박는 것을 그처럼 중요하게 여기는데, 왜, 그것에 대해 그처럼 불편한 침묵이 흐르는가? 온갖 구실을 대지만, 사실은 아마도 그런 가르침이 방종함과 자기만족이 최고로 군림하는 안락한 세상에 쉽게 잘 맞지 않기 때문일 것이다. 우리의 침묵은 세상의 분위기가 교회에 얼마나 깊이 영향을 미쳤으며, 우리가 주님의 의견보다 세상의 의견을 얼마나 더 두려워하는지를 보여 준다. 하지만 십자가를 쉽게 제쳐 놓을 수는 없다. 그것은 갈보리 높은 언덕에 우뚝 서 있으며, 개개 신자들에게 세상의 문화적 가치관으로부터 떨어져 있으라고 명한다. 그것은 또한 교회 전체에게 세상과 타협한 것을 깊이 회개하라고, 그 안의 죄를 축출하기 위해 철저하게 조치하라고, 그리고 거룩함에 대한 새로운 진지함을 보이라고 명한다.

2) 세상의 방식에 대해 죽음(갈 6:14)

바울은 십자가와 그것이 신자의 삶에 미치는 영향을 언급하면서 갈라디아서 끝부분에서 마지막으로 세상의 사고방식에 주의를 돌린다. 그는 십자가

---

[23] 앞의 책, p. 101.
[24] Wiersbe, p. 135에서 인용.

만이 그의 자랑의 원인이라고 주장한다. 그러고서 마치 설명이라도 하듯이, 그것으로 말미암아 "세상이 나를 대하여 십자가에 못 박히고 내가 또한 세상을 대하여 그러하니라"라고 덧붙인다.

다시 한번 전후 문맥이 중요하다. 그는 친필로 서명하면서(6:11), 그 서신서의 메시지를 간결하게 요약한다. 그는 어떤 사람들이 아주 피상적이고 겉만 그럴듯한 종교를 구한다고 말한다.[25] 그들에게 중요한 것은 얼마나 많은 수의 사람들에게 할례를 줄 수 있느냐 하는 것이다. 종교란 옛 언약의 관습과 규정을 표면적으로 준수하는 것뿐이기 때문이다. 할례의 길은 십자가의 길보다 더 마음 편하다. 포피를 제거하는 할례는 십자가 처형처럼 치명적이지 않기 때문이 아니라, 세상의 사회적 관습이 할례는 영예스러운 것으로 규정하는 반면, 십자가에서 죽는 것은 수치스럽고 경멸할 만하며 한심한 것으로 규정했기 때문이다. 하지만 바울은 이어서, 외적인 규정을 이행하는 것은 사람을 내적으로 변화시키는 데는 아무 소용이 없다고 말한다. 그것은 하나님의 진정한 율법을 준수하도록 돕지 못한다(5:13). 대조적으로 그는 십자가를 부끄러워하지 않으며 오히려 자랑한다. 그것은 문제의 핵심을 다루고 거기 동일시되는 모든 사람으로 하여금 죄 된 습관으로부터 거룩한 삶으로 내적 변화를 이루도록 하기 때문이다.

루터는 "십자가는 모든 것을 시험대 위에 올려놓는다"[26]고 말한다. 십자가가 세상의 모든 사람, 즉 옛 종교 의식의 기준을 유지하고 준수하는 데 예민한 훌륭한 유대 종교 지도자들을 포함한 모든 사람의 마음가짐을 시험해 보면, 그들은 완전히 낙제할 것이다. 십자가는 모든 것을 뒤엎고 진리와 가치관을 판단하는 완전히 새로운 판단 기준을 확립하기 때문이다. 그들의 세계관과 철학(그것이 바로 바울이 말하는 **세상**의 의미다)은 죄의 문제를 다루지도 않

---

25 "육체의 모양을 내려 하는 자들"(6:12)은 문자적으로는 "흰 피부의 미모를 원하는 사람들"이라고 번역할 수 있을 것이다.
26 McGrath, *Enigma*, p. 12에서 인용.

으며, 하나님과의 확고한 관계로 이끌지도 않고, 사람들이 변할 수 있도록 어떤 능력도 제공하지 않는다. 오직 십자가만이 그것을 할 수 있다. 그러므로 그의 관점에서 보면 세상은 내놓을 것이 아무것도 없다. 그것은 더 이상 어떤 매력도 호소력도 가지고 있지 않다. 그것은 쓸모없고 죽어 있으며 생명이 없는 해결책들만을 제공하는 죽은 땅일 뿐이다. 마치 십자가에서 "세상이 나를 대하여 십자가에 못 박히고 내가 또한 세상을 대하여 그러[한]" 것과도 같다.

브라이언 잉그라피아(Brian Ingraffia)는 최근 포스트모더니즘 배후에 놓여 있는 일부 이론에 대해 통렬히 비판하며, 바울의 말이 현대 사회에 얼마나 적절한지를 보여 주었다. 그의 주장에 따르면 우리 앞에 놓인 선택은 '하나님에 대한 인간의 상상'에 기초한 포스트모던 '존재신론'(ontotheology), 즉 우리 스스로 하나님에 대한 이해를 조직화하려 하는 이 이론을 따르거나 아니면 하나님이 스스로에 대해 계시한 것을 따르거나 둘 중 하나다. 전자는 우리가 주체가 되고 하나님이 객체가 되어, 매우 잘못된 하나님과의 관계로 이끈다. 하나님이 우리를 창조하신 주체이신 게 사실이다. 그분 안에서 "우리가 그를 힘입어 살며 기동하며 존재"한다."[27] 그렇다면 감히 우리가 어떻게 우리의 형상, 곧 "사람의 기술과 고안으로 새긴 것들"[28] 대로 하나님을 창조하려 애쓸 수 있다는 말인가? 잉그라피아는 기독교 신학이 "성경 계시에 충실하다면 [현대 존재신론의] 방향을 완전히 뒤집어 버린다.' '기독교의 진수'는 '인간이 하나님께 올라가는 것이 아니라 하나님이 십자가에 못 박힌 그리스도 안에서 자신을 비우신 하나님의 자기 계시다'"[29]라고 결론을 내린다. 십자가는 포스트모더니즘의 신학적 노력에 의문을 던지며, "성경 계시

---

[27] 행 17:28.
[28] 행 17:29.
[29] B. Ingraffia, *Postmodern Theory and Biblical Theology* (Cambridge University Press, 1995), p. 241.

와 철학적 추측 둘 중 하나를 선택해야 한다"[30]고 말한다. 기독교가 잃어버린 선지자적 음성을 회복할 수 있도록 해 줄 만한 것은 십자가의 신학뿐이는 말이다. 잉그라피아는 이같이 도발적이고 도전적인 말을 쓰면서, 바울이 "세상이 나를 대하여 십자가에 못 박히고 내가 또한 세상을 대하여 그러하니라"는 말에서 의미를 포착해서 우리 시대에 신랄하게 적용한다.

그러므로 그리스도가 단 한 번 십자가에 달려 죽으신 결과, 그리스도인들이 날마다 죽는 것은 우리 존재 및 삶 전체와 관련되어야 한다. 그것은 우리 존재의 핵심에 영향을 미친다. 타락하고 죄 된 본성에 지지 않으려면, 우리의 의지와 정서, 행동과 욕망 그리고 마음과 사고 체계도 똑같이 날마다 십자가에 달려야 한다. 우리의 철학과 세계관이 여전히 세상을 따라 작동하고 있는 한, 그것은 날마다 십자가에 못 박혀야 한다. 하나님께 대하여 온전히 살아 있기 위하여 우리의 의지와 감정과 생각은 날마다 죄 된 유형에 대해 죽어야 한다. 부활에 이르는 다른 길은 없다. 생명을 경험하는 유일한 길은 먼저 죽음을 경험하는 것이다.

3. 우리가 옳다고 입증됨: 십자가의 길을 걸음(빌 3:10-11)

바울이 십자가에 대한 그리스도인의 경험에 대해 말할 때, 그것이 세 번째로 의미하는 것은 그리스도를 위해 고난받는다는 것이다. 이러한 점에서 그것은 구해야 하는 이상이 아니라 체험해야 하는 인생의 사실이다.[31] 그리스도인들은 그리스도를 위해 고난을 받을 것이다. 바울은 이 주제를 서너 번 다시 언급하는데, 그때마다 자신이 견디는 고난을 그리스도의 고난과 연결한다.[32] 빌립보서만큼 그 주제가 두드러지게 나타나는 곳은 없다. 바울은 고

---

30 앞의 책.
31 Hays, "Crucified with Christ", p. 241.
32 고전 15:30-31; 고후 4:9-10; 13:4; 갈 6:17; 골 1:24.

난을 배경으로 글을 쓰면서, 고난이 그들의 믿음이 진실한 것임을 입증하기 때문에 피해야 할 길이기보다는 환영해야 할 특권이라는 것(1:29)을 말하기에 앞서, 복음을 위해 자신이 받은 고난에 대해 말한다(1:12-14). 그것은 모두 "자기를 낮추시고 죽기까지 복종하셨으니 곧 십자가에 죽으[신]"(2:8) 그리스도의, 진행 중인 이야기의 일부다. 바울은 빌립보인들에게 자기가 그들을 섬기다가 희생된다 할지라도 기뻐하라고 명한다(2:17-18). 그러므로 바울이 분명 그의 서신의 중추적인 지점에서 "내가 그리스도와 그 부활의 권능과 그 고난에 참여함을 알고자 하여 그의 죽으심을 본받아 어떻게 해서든지 죽은 자 가운데서 부활에 이르려 하노니"라고 쓸 때, 그 기초가 잘 놓여 있는 셈이다.

이 말은 복잡하다. 우리가 두 가지를 염두에 둔다면 더 잘 이해하게 될 것이라는 고든 피[33]의 해설은 도움이 된다. 첫째로, 바울은 우리가 세 가지, 곧 그리스도와 부활의 권능과 그의 고난에 참여하는 것을 알아야 한다고 주장하고 있는 것이 아니라, 단 한 가지, 곧 그리스도를 알아야 한다고 주장한다. 바울의 큰 바람은 그가 이미 아는 것보다 그리스도를 더 충만히 아는 것, "토론할 신학적 주제로서가 아니라…함께 사귀어야 할 인격적 존재로서"[34] 아는 것이다. "그 부활의 권능"과 "그의 고난에 참여함"은 둘 다 그리스도를 안다는 것이 무슨 의미인지를 설명해 준다. 그리스도와 함께 그의 죽음과 부활을 경험하지 않고서는 그리스도를 알 수 없다. 둘째로, 이 두 해설은 같은 것을 역순으로 말하는 또 다른 두 문구에 반영되어 있다. 그래서 바울은 이어서 "그의 죽으심을 본받아 어떻게 해서든지 죽은 자 가운데서 부활에 이르려 하노니"라고 말한다.

바울이 부활로 시작하였다가 그다음에 십자가에 못 박히는 것으로 돌아간다는 사실은 분명 우리가 정신을 차리고 주의하게 하기 위한 것이다. 논리

---

33 Fee, *Philippians*, NTCS, pp. 147-148. 더 자세한 해설은 NICNT 주석의 해당 부분을 보라.
34 Hawthorne, p. 147.

적으로는 그 반대가 되어야 한다. 하지만 여기에는 바울의 의도가 있다. 부활은 고난과 더불어 씨름할 때 커다란 차이를 가져온다. 그것은 모든 것을 다른 각도에서 보게 한다. 부활이 없다면 고난은 무의미하고, 궁극적으로 실패와 무익함으로 끝나는 끝없는 투쟁이 될 것이다. 하지만 부활은 그렇지 않다는 것을 미리 우리에게 말한다. 예수님을 죽은 자 가운데서 살리신 동일한 권능이 언젠가 우리 역시 영원한 생명으로 살리실 것이다. 이것은 값싼 승리주의가 아니다. 바울은 고난이 격렬하고도 실재하는 것임을 너무나 잘 알았다. 그에게는 그것을 입증할 만한 상처도 있었다.[35] 그는 그것을 하찮은 것인 양 가장하지 않는다. 그는 그것에 대해 냉정할 정도로 현실적이다. 하지만 그의 생각을 지배하는 더 큰 실재가 있다. 그것은 부활의 실재다. 그래서, 고든 피가 말하듯이, 그는 "다소 우울한 금욕주의, 곧 역사적 기독교에서 종종 나타난 신자의 운명은 기본적으로 그리스도의 임재와 권능을 거의 혹은 전혀 느끼지 못한 채 '참호에서 끝까지 맹렬히 싸우는 것'이라는 생각"[36]에 대해 아는 바가 없다. 그 대신 "곤경을 억지로 감내하는" 태도가 고난을 기쁘게 포용하는 것으로 바뀐다. 그것은 앞으로 올 부활의 확실함을 알려 주며 신자들의 정당성이 입증되는 과정이기 때문이다.

그는 이러한 소망에 대한 이유를 말하면서도, 고난의 실상에 대해서는 할 말이 아무것도 없다는 듯이 서둘러 지나가지 않는다. 부활에 비추어 볼 때 고난에 대해 할 말이 더 적은 것이 아니라 더 많다. 먼저 십자가에 죽는 것이 없었다면 부활은 없었을 것이다. 죽음이 생명보다 먼저 일어나며, 부활의 삶은 당연히 죽음이 없이는 불가능하다. 그러므로 고난은 모든 그리스도인이 누구나 겪는 전형적인 경험이 될 것이다.[37] 우리는 고난을 추구하지도 말아야 하며, 일부 그리스도인들이 그렇듯이, 골치 아픈 이웃이나 불합리한 사

---

35 고후 11:23-29.
36 Fee, *Philippians*, NTCS, p. 148.
37 참고. 행 14:22; 살전 3:3; 딤후 3:12.

람이 됨으로써 고난을 자초하지도 말아야 한다. 우리는 오로지 십자가를 전파하는 것 때문에만 고난을 받아야 한다. 하지만 우리가 복음을 위해 애쓴 결과 고난이 올 때 결코 놀라서는 안 된다. 우리는 "어그러지고 거스르는 세대"(2:15) 가운데 살며 "그리스도의 십자가의 원수로"(3:18) 사람들에게 둘러싸여 있기 때문이다. 왜 그들이 우리 삶을 편안하게 만들 것을 기대하는가?

하지만 그리스도인들이 고난을 예상해야 하는 더 깊은 이유가 있다. 고난을 견디는 것은 그리스도와 친밀한 교제를 나누게 되는 것이다. 우리가 고난받을 때 우리는 **그분의** 고난에 동참한다. 그리고 고든 피의 말에 따르면 그것이 "모든 것의 실마리다."[38] 우리의 고난은 결코 그리스도의 고난이 그랬듯이 구속을 이루지는 못할 것이다. 그럼에도 불구하고 그 고난은 "그분의 고난과 밀접하게 연결되어 있다."[39] 이처럼 우리 주님과 연결되어 있는 것은 분명 결코 후회의 원천이 될 수 없다. 그것은 분명 언제나 기쁨의 원천이 될 것이다. 그분의 몫을 함께 나눈다는 것은 얼마나 큰 특권인가!

바울은 본질적으로 사도로서 자신과 그가 경험한 것에 대해 말하지만, 그리스도인들의 고난에 대해 더 광범위하게 언급하는 것으로 보아, 자신을 모든 신자의 귀감으로 보고 있음이 분명하다. 빌립보서에서 종종, 특히 그의 간증을 포함하는 바로 이 부분에서(3:4-14) 그는 자신의 경험을 예로 들어 모든 신자에게 해당하는 진리를 가르친다. 그는 자기 앞에 놓인 목표에 대해 말하면서, 고난에 대해 "누구든지 우리 온전히 이룬 자들은 이렇게 생각할지니"(3:15)라고 말하는 것이다. 우리는 예수님의 발자취를 따라 십자가의 수치를 지고 갈보리로 향하는 십자가의 길을 가는 엄청난 특권을 누린다.

이와 같은 생각은 핍박이 없는 듯한 환경에서 사는 일부 그리스도인들의 양심에 죄책감을 불러일으킬 수 있다. 이런 의미에서 그들은 그리스도와 함께 죽는다는 면에서 실격인가? 그들은 기회를 놓치고 실패하고 있는가? 이

---

[38] Fee, *Philippians*, NTCS, p. 149.
[39] 앞의 책.

본문과 유사한 고린도후서 4장에 대한 리처드 보컴의 해설은 도움이 될 것이다. 그는 바울이 그리스도와 함께 죽고 산다는 생각을, 삶에서 겪은 극적인 핍박들이나 엄청난 기적들에만 적용하는 것이 아니라, 사역이 요구하는 것들에 직면해서 겪은 일상적인 약함이나 종종 겉으로 보기에는 그리 대단한 것처럼 보이지 않는 것들을 포함해 그가 얻은 승리에도 적용한다는 것을 지적한다. '죽는 것과 다시 사는 것'은 바울이 그의 사역 전체를 바라보는 시각이었다. "그가 사역에서 겪은 모든 오르내림은 바울에게는 **하나님에 대한** 체험, 곧 그 안에서 그가 예수님의 죽으심과 부활하심에 동일시될 수 있는 체험이었다."[40] 보컴은 이어서 이렇게 쓴다.

> 바울의 경험과 동일시하려고 꼭 파선된 배에 타거나 감옥에 갇히거나 광주리를 타고 성벽을 내려갈 필요는 없다. 바울이 겪은 것과 같은 육체적인 위험에 처하지 않더라도 바울의 절반만큼만 기독교 사역에 헌신한다면 누구나 바울이 말하는 약함이 무엇인지 경험할 것이다. 문제들을 해결할 수 없는 것처럼 보일 때, 과로하여 완전히 녹초가 되었을 때, 아무런 성과가 없는 듯하여 의기소침해졌을 때, 목회에 심혈을 쏟느라 정서적으로 고갈되었을 때, 간단히 말해 기독교 사역자가 경험할 수 있는 모든 때에, 그는 자기로서는 힘에 부치지만, 하나님의 은혜로 넉넉히 이길 수 있는 그런 일에, 능력의 한계에 도달한 것이다.[41]

이것 역시 그리스도와 함께 죽는 것이다. 그러므로 모든 진정한 그리스도인의 삶은 부활하신 그리스도의 권능 가운데 사는 것이지만, 약함 가운데 십자가에 달리신 그리스도와 동일시하며 "영원히 십자가의 흔적을 지니게"[42] 될 그런 삶이다.

---

40   Bauckham, "Weakness-Paul's and ours", *Themelios* 7.3 (1982), p. 5.
41   앞의 책, pp. 5-6.
42   Fee, *Philippians*, NTCS, p. 150.

4. 우리가 그리스도와 동일시됨: 십자가의 주님을 본받음(빌 3:10)

바울은 논지를 한 단계 더 발전시킨다. 이같이 고난을 받는다는 것은 우리가 "그의 죽으심을 본받는다"는 것을 의미한다. 우리는 그렇게 그리스도를 본받아 개조된다. 특징적으로, 바울은 '…을 따르다'(be conformed to) 혹은 '…처럼 만들어지다'(being made like)에 해당하는 말을 만들어 낸다. 그가 사용하는 단어는 '쉼모르피조메노스'(*symmorphizomenos*)인데, 그 말은 신약에서 여기서만 한 번 쓰였다. 바울은 특별히 접두사 '쉼'(*sym*-)을 즐겨 사용하는데, 그는 언제나 신자를 그리스도와 그리고 신자들을 서로, 연합시키려 애쓰고 있기 때문이다. 바울은 여기에서 일차적으로 순교에 대해, 혹은 심지어 그저 육체적 고난에 대해서만 생각하고 있는 것이 아니라, 좀 더 일반적으로 그리스도와 함께 죽는 것과 그래서 그분께 통합되는 것에 대해 생각하고 있다.[43] 여기에서는 바울과 그의 주님 간의 가장 친밀한 동일시를 말한다. 그는 행복하게 해로한 부부의 삶에서 종종 볼 수 있는 것처럼 "함께 자라 가는 것"을 염두에 두고 있다. 부부는 종종 똑같이 생각하고, 똑같이 반응하며, 같은 것을 즐기고, 같은 가치관을 공유하며, 상대방의 독특한 버릇을 서로 따라 한다. 때로는 심지어 외모까지 똑같아진다! 그리스도와 같이 된다는 것은 풍성한 함의를 지니고 있다. 우리 역시 그분이 그랬던 것과 똑같이 생각하고 행동하며, 판단하고 반응하고, 사랑하고 섬기며, 신뢰하고 순종하고, 기도하고 머물며, 복종하고 주게 된다.

그러한 그리스도와의 동일시는 우리가 그분을 볼 때야 비로소 온전히 이루어질 것이다.[44] 하지만 그러한 목표를 향해서는 지금도 전진할 수 있다. 우리는 성령으로 "그와 같은 형상으로 변화하여 영광에서 영광에 이르[기]"[45]

---

43   O'Brien, *Philippians*, pp. 408-410.
44   요일 3:2.
45   고후 3:18.

때문이다. 그같이 그리스도를 닮는 것은 궁극적으로는 성령의 역사이기는 하지만, 우리가 그리스도의 삶에서 가장 어려운 시점이었던 그분의 죽음을 따를 때만 가능하다. 우리는 자아를 버리고, 자신의 삶을 자신의 방식대로 영위하려는 모든 야심을 포기하고 죽이지 않으면 결코 그분과 같이 될 수 없을 것이다. 십자가의 주님처럼 되고자 한다면 그분이 사신 것만을 본받을 것이 아니라 그분이 자신을 내주시고 죽으신 것도 본받아야 한다.

토저는 "우리는 십자가에 대해 무언가를 해야만 하는데, 둘 중 하나만 할 수 있다. 거기서 도망가든가, 그 위에서 죽든가 하는 것이다"[46]라고 썼다. 십자가는 그리스도인들이 날마다 죽는 곳이다. 그것은 그리스도 안에서의 우리 위치를 나타내는 직설법이며, 그리스도를 닮아 가라는 명령법이다. 우리는 끊임없이 그분과 함께 죽으면서 동시에 그분의 부활 권능으로 사는 그 긴장에서 결코 벗어날 수 없다. 신자들은 예수님의 십자가에 연합함으로써 그것이 주는 유익을 자신의 것으로 만들고 칭의를 받는다. 그들은 그 권능을 실감하며 더욱 성화한다. 그들은 그 수치를 지면서 최후에 옳다고 입증되기 위해 그 길을 가며 완전히 주님과 동일하게 될 때까지 주님을 본받는다. 오늘날 어떤 사람들은 '승리에 찬 그리스도인의 삶'의 비결인 부활하신 그리스도와 함께하는 삶에 대해, 또 어떤 사람들은 성령의 권능에 대해 말하지만, 십자가를 통과하지 않고서는 그 둘 중 어느 것도 경험할 수 없다. 성금요일이 없다면 부활절도 오순절도 없을 것이다. 우리는 부활하여 그리스도와 함께 다스리도록 부름받았을 뿐만 아니라, 또한 그분과 함께 죽도록 부름받는다. 예수님을 따르는 모든 사람의 삶에서 십자가는 과거의 역사일 뿐만 아니라 현재의 사실이기도 하다.

---

46   Wiersbe, p. 135에서.

14장

십자가, 비장한 승리

골로새서 2:8-15

구스타프 아울렌(Gustav Aulén)은 그의 유명한 책 『승리자 그리스도』(*Christus Victor*, 정경사)에서 속죄에 대한 '고전적' 개념은 그리스도가 악을 이기고 승리하셨다는 개념이라고 말했다. 그것은 십자가를 하나의 드라마로 본다.

그 중심 주제는 속죄를 신적인 충돌과 승리로 보는 개념이다. 그리스도, 승리자 그리스도는 인류를 속박시키고 고난을 주는 '폭군'인 세상의 악한 권세들과 더불어 싸우고 승리하신다. 그리고 하나님은 그리스도 안에서 세상을 자신과 화목하게 하신다.[1]

아울렌의 주장에 따르면, 신약 시대와 초대교회 시대를 지배했던 것은 이러한 사상이었다. 이레나이우스(Irenaeus, 주후 약 130-200년)를 포함한 많은 사람이 그것을 가르쳤으며, 그 가르침은 종교개혁 때까지 계속해서 영향을

---

1 Aulén, p. 20.

미쳤다. 마르틴 루터는 복음에 대한 그의 열정적인 언어, 특별히 교리 문답과 찬송가에서 그 사상을 되살렸다. 하지만 루터의 후계자들은 속죄가 죄에 대해 만족시키는 것이라는 개념으로 되돌아갔다. 그것은 로마 시대의 테르툴리아누스(Tertullian, 주후 약 160-220년)와 키프리아누스(Cyprian, 주후 약 200-258년)의 글에까지 그 기원이 거슬러 올라가며, 안셀무스(Anselm, 주후 약 1033-1109년)가 그것을 가장 분명하게 표현했다.

이 '고전적인' 견해의 배경은 이원론이다. 즉 적대적인 세력이 하나님을 반대하며, 하나님은 그리스도 안에서 그들과 싸워 그들을 격퇴하신다는 것이다. 우리의 속죄 드라마는 그리스도의 삶과 죽음과 부활에서 하나님의 계속되는 행동으로 공연된다. 아울렌의 견해에 따르면 속죄에 대한 객관적 이론이나 주관적 이론은 모두 전개되는 구원 드라마를 충분히 설명하지 못했다. '객관적인'(만족설) 속죄 개념은 그리스도의 죽음을 이러한 지속적인 신적 행동과 분리했으며, '주관적인'(도덕적 강화설) 이론은 이 드라마를 통해 하나님과 세상 사이에 일어나는 진정한 변화에 충분히 부합하지 못했다.[2] '고전적인' 견해의 초점은 구원 사역으로서만이 아니라 속죄 사역으로서의 그리스도의 사역이다.

이 시점에는 특히 구원의 사역과 해방이 동시에 속죄 사역이며, 하나님과 세상 사이의 화해 사역임을 아는 것이 중요하다. 그리스도가 사람을 구해 주셨으나 악의 권세에 대해 승리하는 것은 구원 사역이지 속죄 사역이 아니라는 말은 커다란 오해를 불러일으킨다. 그 두 개념은 도저히 분리할 수 없기 때문이다. 하나님과 세상 사이의 속죄를 **구성하는** 것은 바로 그리스도가 악의 권세를 깨뜨리시는 구원이다. 바로 그것으로 그분은 대립을 제거하고, 인류에게 임한 심판을 제거하며, 세상의 죄를 그들 탓으로 돌리지 않고 세상을 그분 자신과 화목하게 하

---

2   앞의 책, pp. 20-22.

신다(고후 5:18).³

아울렌은 고린도전서 15장, 고린도후서 5:19, 골로새서 2:14에 의지하여 이것이 십자가에 대한 '대표적인' 신약의 해설이라는 주장을 펼친다. 그는 또한 로마서의 중심적인 속죄 논증(4-7장)과 갈라디아서 3:10-13에 나오는 율법의 저주에 관한 말을 해석하면서, 율법을 원수, 곧 그리스도가 격퇴하신 적대적인 권세 중 하나로 제시한다.⁴ 아울렌은 바울의 글 외에도 수많은 다른 본문을 이용한다. 그중 가장 설득력 있는 것은 요한계시록의 어린 양 이미지에서 나온 것이다.⁵

아울렌의 견해는 정당한 비판을 많이 받아 왔다. 존 매킨타이어는 속죄에 대한 이러한 견해가 신약 모델 중 '하나'라는 주장은 정당하지만, 아울렌이 그것을 특별히 탁월한 견해라고 여기는 것에 대해서는 정당성을 인정하기 어려우며, "기막힌 착상이 과장된 경우"⁶라고 지적했고, 많은 사람이 이에 동의한다. 콜린 건턴(Colin Gunton)⁷은 아울렌이 신약보다는 오리게네스의 영향을 더 받은 것이 아닌가 우려하며, 그가 속죄를 인간 그리스도가 실제 이 세상에서 시험에 맞서 싸우며 마귀적 세력에 계속 승리를 거두는 이야기로 보다는 신들이 전쟁하는 신화 이야기와 비슷한 우주적 드라마로 제시하는 것이 아닌지 우려한다. 건턴의 말에 의하면 십자가는 신적인 드라마라기보다는 신적인 **동시에** 인간적인 드라마다. 게다가 아울렌의 견해는 지나치게 승리주의적이다. 예수님을 믿게 된 진짜 인간들이 그 전투를 계속 수행하기 때문이다. 건턴의 결론은, 성경은 분명 승리의 비유를 사용하긴 하지만 "승리의 언어는 최종적이고 영원히 고정된 어떤 이론이 아니라" 십자가의 "다면

---

3   앞의 책, p. 87.
4   앞의 책, p. 84.
5   앞의 책, pp. 89-91.
6   McIntyre, p. 43.
7   Gunton, pp. 54-82.

적인 실상 중 하나를 알려 준다"는 것이다.[8]

아울렌의 논지는 많은 사람에게 이것이 속죄에 대한 '전통적인' 견해임을 설득시키는 데는 성공하지 못했지만, 신약에 어느 정도 확고한 바탕을 두었으나 소홀히 여겨졌던 하나의 통찰을 되살리는 데는 성공했다. 신약 전체에 걸쳐 십자가는 실패가 아니라 승리로 여겨진다. 십자가는 즐거운 확신과 승리의 언어로 이야기된다. 존 스토트가 말하듯이 물론 그것은 놀라운 일이다. "그리스도가 죽는 것을 보았던 당시의 관찰자들은 누구나, 십자가에 못 박히신 분이 정복자라는 주장을 들으면 놀라며 쉽사리 믿지 않았을 것이기 때문이다."[9] 하지만 단언컨대 초대 그리스도인들은 십자가의 그리스도를 바로 그런 분으로 주장했다.

승리라는 주제가 나오는 중요 본문 중 하나는 골로새서 2:8-15로, 이 본문은 여러 가지 점에서 골로새서의 핵심이다. 이 본문은 바울이 독자들에게 그들을 사로잡으려는 적대적인 세력에 주의하라고 경고하며 시작한다(8절). 그러고서 예수님을 그 적대적인 세력들에 대한 하나님의 대답으로 소개하며(9-12절), 십자가에서 행하신 예수님의 사역이 우리의 죄에 대한 결정적인 대답이자 우리의 원수들을 결정적으로 패배시키는 것이라고 제시하면서 절정에 이른다(13-15절).

1. 우리를 사로잡기 원하는 적대적인 세력들(2:8)

1) 골로새의 상황[10]

골로새의 목양업자, 농부, 양모 염색자들은 불확실한 세상에 살았다. 그들은 적대적인 경제적 세력이나 자연적 재앙에 대해 아무런 보호도 받지 못했을

---

8   앞의 책, p. 62.
9   Stott, *Cross of Christ*, p. 227.
10 여기에 나온 골로새에 대한 묘사는 Arnold, *Colossian Syncretism*에서 나온 것이다.

뿐 아니라, 그들에게 번영을 주거나 역경을 주는, 보이지 않는 세계의 초자연적 세력의 활동에 지배를 받고 있었다. 혹은 그렇다고 생각했다. 그렇기 때문에 그들의 종교 생활의 많은 부분은 악을 물리치고, 심술궂은 영을 달래며, 선한 영과 천사들을 불러 도움을 청하고, 행운을 확보하기 위한 것이었다. 그들은 보호와 번영을 얻기 위해 온갖 종교적 무기들, 즉 정결 규정, 굴욕적인 의식, 마술 의례, 은밀한 제식, 천사 숭배 등을 사용했다. 골로새 이교도들뿐 아니라, 회당에서 예배하는 유대인들도 이러한 관행을 따랐음을 보여 주는 증거가 있다.

예수 그리스도께 회심한 많은 사람들도 이러한 분위기에 깊이 동화되어 있었을 것이다. 이방인들의 이교 종교에서 직접 영향을 받았든, 유대 회당에서 간접적으로 영향을 받았든 간에 말이다. 하지만 골로새서의 행간에 숨은 뜻을 많이 읽지 않아도, 그들이 예수 그리스도를 믿은 후에 이러한 태도와 관행에서 마땅히 떠나야 했음에도 그러지 않았다는 것을 분명하게 알 수 있다. 그들은 이러한 보이지 않는 통치자들과 권세들의 영향을 여전히 너무 믿고 있었다(1:16; 2:15). 그들은 여전히 천사를 숭배하고(2:18) 앞서 말한 전형적으로 혼합주의적인 종교 관행을 시행하면서 동시에 온갖 종류의 종교적 규칙과 규정에 속박된 채(2:16-23) 그 영향력들을 달래려 하고 있었다.

그렇게 하면서 그들은 그리스도의 지위를 완전히 오해했다. 그들은 그분이 보이지 않는 세계의 주관자들과 권세 중 하나라고 인식했으나, 그분이 으뜸이자 탁월한 분(1:18)이라는 것, 곧 그분을 중심으로 과거와 현재와 미래의 모든 창조물이 돌아가고 있다는 것(1:15-20), 그리고 그분 안에 "신성의 모든 충만이 육체로 거하시"(2:9; 참고. 1:19)는 것은 인식하지 못했다. 그들은 그분이 그들 세계를 지배하는 갖가지 초자연적 존재 중 하나며 어느 정도 신성이 있다고 믿었다. 하지만 그들은 그리스도를 독특하신 분으로 믿기보다는 다른 존재 중 하나로 서열 어딘가에 속해 있는 분으로 여겼다. 클린턴 아널드(Clinton Arnold)는 이집트에서 발굴되었으나 소아시아의 혼합주의를 보여 주는 한 기도문에 대해 말한다. 거기 보면 예수님의 이름이 마치 천사들이나 이교 신들의 이름 중 하나라도 되듯, 그 이름들과 함께 예수님의 이름을 부른다. "호르, 호르, 포르, 엘로에이, 아도나이, 이아오, 사바오스, 미카엘, 예수 그리스도. 우리와 이 집을 도우소서. 아멘."[11] 그래서 바울은 어느 정도 긴급하게 예수님에 대한 이 진리를 그의 독자들에게 가르친다.

그들은 그리스도의 본성에 대해 혼동함으로써, 그분의 사역에서 충분한 유익을 얻지 못하고, 여전히 악한 영을 불필요하게 두려워하면서 살고 있었다. 그래서 바울 서신은 그들에게 "악을 극복하는 수단으로, 높임받으신 그리스도와 연합하는 유익을 누리라고"[12] 강하게 권면한다.

2) 사로잡는 권세들

골로새 그리스도인들을 상당히 비논리적인 방식으로 속박하겠다고 위협하는 이 권세들은 누구였는가? 그들은 "보좌 혹은 능력, 관원, 권세"[13]라고 불린다. 바울은 그들이 사람들을 자신의 권위 아래로 유혹하고, 통제권을 시행하기 위해 사용하는 전략을 말함으로 그들의 정체를 더 자세히 밝힌다. 그들은 "철학과 헛된 속임수"로 사람들을 유혹하는데 "이것은 사람의 전통과 세상의 초등 학문을 따름이요, 그리스도를 따름이 아니니라"(8절). 유감스럽게도 그들의 본성(그들의 호칭이 나타내듯이)과 그들의 방법론은 갖가지로 해석된다.

첫째로, 바울이 여러 번에 걸쳐 말하는 이 권세들의 본성은 무엇인가?(1:16; 참고. 2:15) 제2차 세계대전 이래로 많은 학자는 그것들을 악한 목적을 위해 노력을 기울이는 강력한 인격적·지성적 존재로 보는 쪽으로 기울었다. 그럼으로써 그것들을 비신화화하고, 그것을 정치적·경제적·군사적 제도

---

11 Arnold, *Colossian Syncretism*, p. 242.
12 앞의 책, p. 102.
13 롬 8:38; 고전 2:6, 8; 15:24; 엡 1:21; 3:10; 6:12.

나 다른 공공 제도들과 그것들을 형성하는 가치관, 전통, 인습, 법률 등과 같은 인간의 권력 구조에서 구현된 사회적 실체로 보기를 좋아한다. 그들은 인간 실존의 과정을 결정하기 위해 외부에서 오는 전통적인 '마귀들'과 달리, 세상 안에서 움직인다.[14] 이 견해에 따르면, 심리적인 것이든 사회적인 것이든, 어떤 종류의 권세라도 그것을 절대적인 것인 양 사용하는 것은 마귀적 방식으로 사용하는 것이다.[15] 그런 해석이 나치즘에 직면하여 어떻게 생기게 되었는지는 쉽게 이해할 수 있다. 나치즘은, 마귀들과 영들의 존재가 더 이상 그럴듯하게 보이지 않는 당시 세상에서, 구체화된 악의 세력으로 보였던 것이다. 몇몇 학자들이 이러한 해석을 강력히 주창하는데, 그중 가장 최근의 학자로는 월터 윙크(Walter Wink)가 있다.[16]

하지만 고대 사회에서, 그리고 바울이 이 권세에 대해 쓰고 있는 서신서의 특정 배경에서는 그가 인격적인 사탄적 존재, 다시 말해 사탄이나 귀신들, 타락한 천사들, 악한 영들과 별의 영들을 포함한 사탄의 모든 추종자를 염두에 두고 있다는 것에는 의심의 여지가 없다. 다른 어떤 해석도 그 서신서의 역사적 맥락, 곧 당시는 영적 존재들이 살고 있는 영적 영역이 있다고 당연히 믿었다는 사실을 제대로 다루지 않는다.[17]

바울이 마귀적 존재를 염두에 두고 있었다 해서 그 존재들이 자신의 목적을 이루기 위해 공공 제도를 통해 일하며 구조악을 조직할 능력이 없다는 것은 아니다. 일례로 요한계시록은 그들이 바로 그런 일을 상당히 잘할 수 있다는 것을 가르쳐 준다. 현대 서구 사회에서는, 다른 시대나 다른 문화권들에서와는 달리, 그들이 주로 이런 식으로 일할 것이다. 하지만 우리는 이

---

14 J. Ellul, *The Ethics of Freedom* (Eerdmans, 1976), p. 152를 보라.
15 Gunton, pp. 70-73.
16 J. R. W. Stott, *The Message of Ephesians*, BST (IVP, 1979), pp. 267-275를 보라. 또한 Wink(예를 들어 *Naming the Powers*, Fortress, 1984)에 대한 전반적인 개관과 비판에 대해서는 Arnold, *Powers*, pp. 167-209를 보라.
17 O'Brien, *Ephesians*, p. 469.

러한 통치자들과 권세들을 사회 정치적 혹은 사회 경제적 구조들과 동일시해서는 안 되며, 또 그들이 사회 각층에서 악을 창출하기 위해 광범위한 전략과 제도를 통해 직간접적으로 일할 수 있다는 사실을 인정해야 한다.

바울이 이러한 존재를 묘사하기 위해 다양한 용어를 사용한다고 해서 이런 존재들의 특정한 계급 체제를 주창하거나 각각의 악을 다른 악들과 분명하게 구분하는 듯하지는 않다. 피터 오브라이언이 말하듯이, "여러 용어가 같은 실상을 가리키며, 그것들의 등급을 매기려 드는 것은 순전한 추측일 뿐이다."[18]

둘째로, 바울이 인격적인 영적·지성적 존재를 언급한다고 인정한다면, 과연 바울은 그것들이 어떻게 일한다고 생각하는가? 골로새에서 그들의 일차적인 전략은 그리스도인들을 덫에 빠뜨려서 그들이 그리스도만을 계속 신뢰하는 대신 "사람의 전통과 세상의 초등 학문"에서 유래된 헛된 철학을 따르도록 유혹하는 것인 듯하다.

바울이 사용하는 "철학"이라는 말은 어떤 특정한 사상을 지닌 학파를 말하는 것이 아니다. 그것은 골로새 그리스도인들을 뒤흔들고 있던 거짓 교사들이 자신들의 가르침을 말할 때 사용하는 단어였을 것이다. 하지만 어쨌든 그것은 광범위한 의미를 지니고 있었다. 바울은 일반적인 철학을 무익한 것으로 치부해 버리는 것이 아니라, 공허한 엉터리 철학을 무시하는 것이다. "사람의 전통…을 좇음이요"라는 바울의 한정구는 상당히 포괄적이다. 유대인이나 이방인이나 그들의 "철학들"을 후세들이 간직해야 하는 신성한 전통으로 간주했기 때문이다. 그다음에 나오는 구절들(16-23절)만이 이 철학 혹은 전통이 어떤 것이었는지 더 정확하게 말해 줄 수 있다. 그 구절은 그 거짓 가르침이 회당과 밀접한 관계를 지니고 있기는 했지만 혼합주의였음을 나타낸다. 바울은 이 구절 앞부분에서 의도적으로 말장난을 하는 듯하다. "사로

---

18 앞의 책, p. 468.

잡다"라고 번역된 단어('실라고곤', *sylagōgōn*)는 "회당"('시나고게', *synagōgē*)에 해당되는 단어와 비슷하며, 그가 그것을 염두에 두고 있었음을 시사한다. 하지만 한 가지는 확실하다. 바울은 그들이 따르라고 권하는 것이 하나님에게서 비롯된 것이 아니라 인간에게서 비롯된 것이라고 확신했다. 그것은 신적 계시가 아니라 인간이 창안해 낸 것이다.

NIV에서 "세상의 초등 학문"(the basic principles of this world)이라고 번역하는 그다음 문구는 모든 주석가들이 보여 주듯이 정말로 문제의 소지가 많다.[19] 그것을 여러 다른 방식, 서로 모순되는 방식으로 해석할 수 있다. 그것은 우주의 물리적 요소들인 흙, 불, 물, 공기에 대해 사용되었으나 여기에서 그렇게 보는 것은 적절한 것 같지 않다. 그것은 확대 해석되어, 인간의 삶을 지배하는 것으로 여겨졌던 천체, 행성과 별을 의미하게 되었다. 어떤 사람들은 그것이 '초보적인 지식' 혹은 종교적 가르침의 기본 요소들 같은 것을 의미한다고 생각했다. 하지만 여기에서 그 문구는 좀 더 인격적인 것을 말하는 듯하며, 그것을 물리적 영역에서 사는 생명에 중대한 영향을 미치는, 하늘의 영역에서 활동하는 보이지 않고 인격적인 영적 세력에 대한 언급으로 보는 것이 아마도 맞을 것이다. 이 세력들이 바울의 원래 독자들을 뒤흔들고 있던 공허한 철학, 인간의 전통을 통해 전달된 철학의 진짜 원천이었다.

골로새 신자들은 그리스도가 그들을 위해 확보하신 자유를 잃어버릴 위험에 처해 있었다. 계속해서 악한 영적 세력을 두려워하여 그들을 달래려 했기 때문이다. 그들은 아직 주변의 혼합주의적인 종교적 분위기로부터 자유롭지 못했다. 그것은 그들로 하여금 그리스도를 너무 낮게 생각하게 만들었으며 그분의 인격과 그분이 십자가에 성취하신 일을 모두 과소 평가하게 만들었다. 그들에게는 그들의 하나님 한 분 만이 최고로 다스린다는 확신이 전혀 없었다. 그들이 매혹되고 있던 인간적 철학의 배후에는 그들이 달래려 애

---

19   특히 O'Brien, *Colossians*, pp. 129-132와 Dunn, *Colossians*, pp. 148-151에 나오는 유용한 논의를 보라.

쓰던 바로 그 악한 존재들이 있었다. 클린턴 아널드가 말하듯이, "바울의 논쟁은 독자들을 놀라게 했을 것이다. 바울이 사실상 그들의 '철학'이 그들이 보호받기 원하던 바로 그 악의 있는 권세의 영감을 받았다고 비난하고 있음을 깨달았기 때문이다."[20]

2. 우리를 구원하기 원하시는 신적인 그리스도(2:9-12)

바울은 그리스도가 하나님을 대적하는 모든 권세와 능력을 이기고 승리하셨다는 위대한 선언에 이르면서, 그의 독자들에게 그들이 믿는 그리스도의 본성과 그것이 그리스도인의 삶에 미치는 함의들을 가르침으로, 확실한 토대를 놓는다.

1) 그리스도는 누구이신가?

그리스도는 유일무이한 분이시다. 그들을 괴롭히는, 그리고 몇 가지 신적인 요소가 있다고 보이는 능력이나 권세와는 달리, 그분 안에만 신성의 "모든 충만이 육체로 거하[신다]"(9절; 참고. 1:19). 다른 영적 존재들도 초자연적 능력이나 신성을 어느 정도 지닐 수도 있을 것이다.[21] 그것을 가지고 있다 해도 그들은 사탄의 대행자가 되었으며, 하나님과 독립하여 기능하고자 하므로 심하게 왜곡되고 비틀렸다. 그러므로 설사 그런 능력이나 신성을 가지고 있다고 해도 그들은 예수님과 견줄 만한 존재들은 아니다. 그분 안에는 하나님이 거하고 계시기 때문이다. 신성의 충만함이 그분 안에 구현되어 있다. 이 말은 하나님이 세상을 구원하려는 목적으로 임시로 그리스도 안에 거하셨다는 의미가 아니라, 그리스도 자신이 육체로 오신 하나님이시라는 의미다. 그리스도는 하나님보다 못한 분이 아니시며, 하나님이 완전하고 독특하게 인

---

20 Arnold, *Colossian Syncretism*, p. 190.
21 참고. 고전 8:5.

간 존재로서 오신 분이다. 그분은 그들이 굽신거리는 초자연적 존재들과는 얼마나 다른가! 어떠한 다른 능력도 그분보다 매우 열등하며, 하나님께로 이르는 길이라는 다른 모든 길은 막다른 골목이다. 그분만이 하나님과 우리를 연결할 수 있으며 우리와 하나님을 화목하게 할 수 있다.

유진 피터슨은 바울의 말이 의미하는 바를 생생하게 표현한다. "하나님의 모든 것은 그분 안에서 표현되며 그래서 우리는 그분을 분명하게 보고 들을 수 있다. 그리스도의 충만함과 그분 없는 우주의 공허함을 깨닫기 위해서는 망원경이나 현미경이나 천궁도가 필요 없다."[22]

2) 이것은 무엇을 함축하는가?

바울이 말한 그리스도에 대한 진술(9절)과 골로새 신자들에 대한 진술(10절)은 매끄럽게 연결된다. 신성의 충만함은 그리스도 안에 있으며, 그래서 신자들은 그분 안에서 채워진다. 그리스도는 육체로 오셨으며 그래서 신자들은 그분이 머리가 되시는 계속되는 육체를 형성한다. 신자들이 경험하는 충만함은 완료 시제 수동태로 되어 있다. 그들은 그것을 받았다. 하지만 그것은 그들이 현재 계속해서 소유하고 경험하는 것이다. 그것은 그들이 하나님께 받은 선물이며, 그들 자신의 노력으로 이룬 상태가 아니다.

바울은 신자들이 경험하는 충만함이 어떤 종류의 것인지를 말하지는 않는다. 다른 곳에서 그는 "기쁨과 평강"[23]으로 혹은 "의의 열매"[24]로 충만해지는 것을 말한다. 바울은 골로새서 앞부분에서 그들이 "모든 신령한 지혜와 총명에 하나님의 뜻을 아는 것"(1:9)으로 채워지도록 기도했다. 여기에서는 '생명의 충만'을 말하는 것일 수도 있다. 하지만 그가 정말로 말하는 것은 이것이다. "너희가 그리스도 안에서 필요한 모든 것을 가지고 있는데 그분을

---

22 E. Peterson, *The Message* (NavPress, 1993), p. 499.
23 롬 15:13.
24 빌 1:11.

신뢰하는 것 외에 다른 것에 의지해야 통치자들과 권세들로부터 더욱 잘 보호받을 수 있다고 생각하다니 얼마나 잘못된 것인가. 너희는 너희에게 필요한 모든 것을, 게다가 그 이상의 것을 그리스도 안에서 소유하고 있다." 신성이 충만하신 그리스도가 우리도 채워 주신다. 그러므로 우리와 하나님과의 관계 안에 다른 "능력들"이 들어설 여지가 없다.

3) 그것은 어떻게 역사하는가?

바울은 그렇게 주장하고 나서 이제 그리스도의 충만하심이 신자들의 충만함으로 어떻게 바뀌는지 조금 더 설명한다. 열쇠는 그들과 그분과의 연합에 있다. 신자들은 그리스도에게 통합된다. 바울은 그것을 설명하기 위해 할례(유대인 남자 유아들이 이스라엘의 언약 공동체에 통합되는 수단)와 세례(그리스도인 신자들이 그리스도의 새 언약 공동체에 통합되는 수단)라는 말을 사용한다.

첫째, 할례의 유비가 있다(11절). 난 지 8일 된 유대인 사내아이들에게 할례 의식을 행하듯, 이제 신자들이 새 언약에 들어갈 수 있도록 또 다른 더 근본적인 할례가 일어났다. 유대인 사내아이들은 육체의 작은 일부분을 벗겨 내었다. 이 새로운 그리스도인의 할례에는 "육적 몸"(body of flesh) 전체를 벗어 버리는 것이 포함된다.[25] 그리스어 원어를 보면 이 할례, 곧 이렇게 몸을 벗는 것은 그리스도인들이 그들의 '죄 된 본성'(sinful nature, NIV, 개역개정에는 '육적 몸'으로 번역되어 있다—역주)을 벗고 하나님에게서 소외되는 것을 벗어던질 때 경험하는 어떤 것일 수도 있고, 아니면 그리스도가 우리를 위해 경험하신 것일 수도 있다. 후자가 맞는다면, 그것은 그분이 폭력으로 죽으신 것을 말한다. 곧 그의 육체의 몸이 벗겨진 것을 말하는 것이다. 하지만 그렇게 보기는 어렵다. 피터 오브라이언은 모든 것을 고려할 때 그것을 그리스

---

25 이것은 NIV에서 '죄 된 본성'(sinful nature)이라고 번역한 원래 문구를 문자적으로 번역한 것이다.

도에 대한 언급으로 보려 하지만, 어려움이 없지 않음을 인정한다.[26] 이러한 해석은 바울이 다음 단락에서 십자가에 대해 가르치려는 것을 준비하게 한다. 하지만 라이트는 또 다른 의미를 제안한다. 그는 "몸"이 가족의 몸을 말할 수 있다는 것을 지적하면서, 회심자들이 세례를 받으러 올 때 "옛 삶과의 결속, 그때까지 그가 일차적으로 충성을 바쳤던 가족과 사회의 연계망"을 뒤에 남겨 두고 온다고 말한다.[27]

바울이 말하는 정확한 의미가 무엇이든 간에 그의 가르침의 취지는 분명하다. 유대인들이 문자적으로 육체의 할례를 받는 것을 통해 언약에 들어가는 것처럼, 할례받지 못한 이방인들도 또 다른 할례를 통해 새 언약에 들어갈 수 있다. 그것은 그들이 죄를 지향하는 모든 관계망과 함께 자아와 죄의 지배를 받는 삶을 벗어 버리는 것, 아니면 그리스도의 섬뜩한 죽음에 대한 상징적 표현이다.

둘째로, 그리스도의 죽음과 장사 지냄과 부활의 유비가 있다(12절).[28] 여기에서 바울은 대단히 분명하게 말한다. 회심자들이 물속으로 장사 지낸 바 되었다가 거기서 다시 일어날 때, 그들은 예수 그리스도의 죽음과 장사 지냄과 부활을 극적으로 재연한다. 그리스도인의 삶을 시작한 신자들은 그분의 죽음을 죽었으며, 그분과 함께 장사 지낸 바 되었고(그분이 진짜로 죽으셨다는 것을 입증하기 위해 무덤에 계셨던 것처럼), 그리고 하나님의 능력을 믿는 믿음을 통해 그리스도와 함께 새로운 삶을 살도록 일으킴을 받았다. 이 모든 사건은 옛일이다. 이 신자들이 그리스도를 믿을 때, 그들은 이전에 따르던 삶의 방식에 대해 죽었다. 그들은 그것을 장사 지냈으며 예전에 충성을 바치던 것, 습관, 영향력, 생활 방식을 모두 영단번에 벗어 버렸다. 이제 그들은 성령의 생명을 경험하고 하나님을 기쁘시게 하는 새길로 행하도록 다시 살리심

26　O'Brien, *Colossians*, p. 117; Dunn, *Colossians*, p. 157.
27　Wright, *Colossians*, p. 106.
28　롬 6:1-4.

을 받았다.

그들이 우선 닥친 경험으로 인해, 자신들이 그리스도 안에서 완전하지 않고, 현재 느끼는 이생의 삶의 속박으로부터 자유로운 충만한 삶을 위해서는 그리스도 이상의 뭔가가 필요하다고 생각한다면(거짓 교사들이 주장하듯이), 바울은 그들에게 이미 그들이 그리스도와 함께 다시 살리심을 받은 것을 알라고 촉구한다(참고. 3:1). 부활은 하나님의 능력, 즉 그들이 지금 여기에서 적어도 부분적으로나마 경험하기 시작한 능력의 행위다. 그들은 언젠가 그 실체를 온전히 경험하게 될 것이다. 그동안은 그들 삶에서 어떤 측면은 신비로 남아 있을 것이며 이해되지 않을 것이다. 그들의 삶은 온전히 드러나기보다는 "그리스도와 함께 하나님 안에 감추어[져]"(3:3) 있을 것이다. 중요한 것은 그들이 다른 가르침을 따르게 하려는 모든 유혹에 저항하면서, 주재하시는 그분의 우선권에 집중하고 오로지 그분 안에서만 계속 소망을 가지는 것이다.

골로새 신자들은 초자연적 권세에 더는 억압당할 필요가 없다. 하나님의 충만함이 거하는 분이 그들을 도우러 오셨으며 그들에게 필요한 모든 것을 주시기 때문이다. 그들은 그분의 죽으심과 장사 지냄과 부활에서 아주 가깝게 그분과 동일시되었기 때문에 그분께 연합되었다. 그분이 그들이 권능을 가지고 있다고 믿는 모든 권세를 이기고 다시 사셨는데, 왜 그 권세를 두려워하는가?

3. 우리를 해방하는 놀라운 십자가(2:13-15)

바울은 같은 부분을 한 번 더 다루는데, 이번에는 훨씬 더 높은 곳에서 바라봄으로써 그리스도가 그들을 위해 십자가에서 얼마나 경이로운 일을 이루셨는지 좀 더 분명하게 볼 수 있게 한다. 그는 그들이 할례받지 않았던 상태가 어땠는지 상기시킨다. 그들은 하나님께 대하여 결코 살아 있지 않았으며, 죄의 상태에 빠져 있었고, 죄를 처리할 길도 전혀 없었다. 그들이 그들 자신을 도울 수 없었을 때(시체처럼 무력한 것이 없으므로), 하나님이 간섭하사 그리스도의 죽음을 통해 그들을 극적으로 변화시키셨다. 다시 한번 바울은 두 가지 개념으로 갈보리의 사역을 설명한다. 먼저, 그는 십자가가 우리의 채무를 무효로 만드는 것을 말하며, 둘째로 그것이 우리의 원수를 패주시키는 것을 말한다.

1) 십자가는 우리 채무를 무효로 만든다

사람들이 그리스도를 믿기 전에 놓여 있는 위험한 상황은 죄로 인한 것이며 이것은 십자가가 다루고 또 치료해 주는 문제다. 죄는 우리가 진 채무로 묘사된다. 고대 사회에서는 채무자가 흔히 자신이 진 빚의 총액과 그것을 갚을 의무를 인정하는 증서를 늘 썼다. 바울은 그것을 하나의 예로 사용한다. 하지만 우리가 죄 때문에 진 빚을 기록하는 이 "법조문으로 쓴 증서"(14절)의 성격은 정확하게 어떤 것인가?

다시 한번 서너 가지 가능성이 제시된다. 그 증서는 우리가 율법을 범했을 때 우리의 죄를 기록하는 고발장일 수도 있다. 이것은 명백한 해석인 듯 보인다. 바울은 "우리를 거스르고 불리하게 하는 법조문으로 쓴 증서"에 대해 말하기 때문이다. 모세 율법과 그것의 모든 법적 요구와 법령을 준수하려다 보면 곧 우리는 줄줄이 그것을 어기게 되어 하나님께 빚을 진 상태에 있게 될 것이다. 어떤 영적 법정에서든 책(율법)은 우리를 유죄라고 고발할 것이다.

피터 오브라이언은 이 견해를 좀 더 다듬는다.[29] 그는 이스라엘이 하나님과 언약을 맺을 때, 율법을 순종하기로 계약맺으며 실패하면 처벌 조항이 있을 것을 받아들였다는 사실을 지적한다. 그는 유대인들이 언약과 그것의 정

---

29 O'Brien, *Colossians*, p. 125.

당한 요구와 규정들을 어겼을 뿐 아니라, 또한 바울은 이방인들도 하나님과 그분의 율법에 똑같이 빚지고 있다고 추정했을 것이라고 말한다. 이방인들의 경우 그들의 양심이 그분의 도덕법을 지키도록 했을 것이며, 유대인들과 마찬가지로 그것을 범하는 죄를 지었을 것이다. 그래서 유대인이나 이방인이나 똑같이 하나님께 갚아야 할 빚을 지고 있다.

하지만 다른 사람들은 두 번째 해석을 제시한다. 제임스 던은 바울이 아마도 이전 유대의 개념을 빌려왔을 것이라고 생각한다. 즉 의인의 책이 하늘에 간직되어 있다는 것이다.[30] 모세는 무시무시한 금송아지 사건 이후에 이스라엘에 자비를 내려 달라고 하나님께 간청하면서 그것을 언급했다. 그는 "그러나 이제 그들의 죄를 사하시옵소서. 그렇지 아니하시오면 원하건대 주께서 기록하신 책에서 내 이름을 지워 버려 주옵소서"라고 부르짖는다. 그러자 하나님은 "누구든지 내게 범죄하면 내가 내 책에서 그를 지워 버리리라"라고 대답하신다.[31] 유대교는 묵시적 사고가 흔했던 기간에 이러한 개념을 발전시켜, 천사들이 하늘에 책을 가지고 있는데, 그 안에는 사람들의 좋은 행동과 나쁜 행동이 다 기록되어 있으며 미래의 심판을 위해 보존되어 있다고 믿었다.

바울이 이 은유를 사용할 때 이러한 해석들이 시사하는 것과 아주 똑같은 방식으로 사용하지는 않았을 것이며, 그런 논의 때문에 바울의 명백한 메시지에서 벗어나지 않도록 주의해야 한다. 분명한 것은 죄에는 비용이 따른다는 것이며, 우리는 너무 빈곤하여 죄의 빚을 스스로 갚지 못하나, 그리스도의 십자가가 그것을 완전히 갚아 주었다는 것이다. 거기에서 그리스도가 세 가지 일을 행하셨기 때문이다. 그분은 우리의 빚을 "도말"하셨고 ['엑살레입사스'(*exaleipsas*)는 문자적으로 그분이 과거의 빚을 완전히 청산해 주셨다는 의미다], "우리를 거스르고 불리하게 하는 법조문으로 쓴 증서를 지우시고 제하

---

30 Dunn, *Colossians*, p. 164.
31 출 32:32-33.

여 버리사 십자가에 못 박으[셨다]"(14절). 그것이 고발장이라면 그것은 폐지되었다. 그것이 채무 증서라면 다른 사람이 그것을 지불했다. 그것이 하늘에 보관한 악행에 대한 서류라면 무효화되었다. 우리의 채무에 대한 모든 기록은 삭제되었다. 십자가의 놀라운 소식은 죄의 차용 증서가 폐기되었다는 것이다. 우리가 하나님에게 진 채무가 십자가에 못 박힘으로써 영단번에 근절되었다.

몇 세기 전에 이사야 선지자는 하나님이 "나 곧 나는 나를 위하여 네 허물을 도말하는 자니 네 죄를 기억하지 아니하리라"[32]고 말씀하셨다고 기록했다. 이제 하나님의 약속이 그의 아들의 십자가를 통해 성취되었다.

사람들은 이 비유에 온갖 개념을 삽입했다. 종종 주장되는 것은 바울 당시에는 차용 증서를 취소할 때 거기에 'X'자를 그었다는 것으로, 그것은 분명 십자가에서 하나님에 대한 우리의 채무가 취소되었음을 나타내는 적절한 상징이다. 하지만 그것은 너무 교묘하다. 바울은 분명 여기에서 십자가의 모양에 주의를 기울이지 않는다. 다른 사람들은 채무가 취소되는 방식, 곧 채무를 지불할 때 그 종이를 못에 찔러넣은 것을 말한다. 유감스럽게도 그런 관행이 있었다는 증거는 없다.[33] 고발장을 십자가에 처형된 사람의 머리 위에 못으로 박아 놓아 왜 그들이 처형당했는지를 대중들이 볼 수 있도록 했다는 암시가 나와 있을 수도 있다. 만일 그렇다면 바울은 빌라도는 그리스도가 "유대인의 왕"[34]으로 십자가에 달리셨다고 주장했을지 모르지만, 실제 기소용 범죄 명부에는 "이 사람은 백성들의 죗값을 지불하기 위해 죽는 예수다"라고 되어야 했다고 말하고 있는 셈이다. 하지만 이 비유는 다른 비유들과 마찬가지로 너무 멀리까지 나가서는 안 된다. 핵심은 "이 비유는 그리스도가 십자가에 못 박히셨기 때문에 우리 채무가 완전히 사해졌음을 생생

---

32 사 43:25.
33 O'Brien, *Colossians*, p. 126.
34 마 27:37; 막 15:26; 눅 23:38; 요 19:19을 보라.

하게 말해 준다"³⁵는 점이다.

 죄에는 언제나 가격표가 달려 있다. 우리가 죄의 결과를 감당할 때, 우리의 죄 된 행동으로 더 늘어난 빚을 지불하는 경우가 종종 있다. 하지만 이생에서 죄를 지건, 심판 날에 지건 죄 때문에 하나님께 진 빚은 두려운 것이다. 그러나 십자가에서 복된 소식이 흘러나온다. 우리 자신의 빈약하고 더럽혀진 자원으로는 도저히 충족시킬 수 없는 빚을 다른 사람이 완전히 갚아 주었다. 그리스도가 십자가에 못 박히셨을 때, 우리의 채무 증서도 못 박혔다. 하나님은 그것이 되돌이킬 수 없게 취소되었다고 선포하셨다.

2) 십자가는 우리의 원수를 처부순다

십자가는 우리의 죄 문제를 다룬다. 하지만 우리 원수의 문제는 여전히 남아 있다. 그 원수들은 계속 존재하면서 우리를 괴롭히고 있으며, 우리가 모두 알고 있듯이 아직까지 그들이 성공적으로 전투에서 이기고 있을 수도 있다. 십자가는 사탄의 역사를 무효화해야 할 뿐 아니라, 사탄 자신과 그의 부하들 역시 처리해야 한다.³⁶ 십자가가 그들에게 이룬 것이 있다면 과연 무엇인가? 어떻게 십자가는 자신들이 처리하기에는 벅찬 힘을 두려워하고 그들에 억눌려 있는 골로새 신자들이나 다른 모든 신자를 도와주는가?

 바울의 대답은 십자가가 그 문제 역시 해결한다는 것이며, 결정적이고 대담한 방식으로, 기막힌 개념과 의도로 그렇게 한다는 것이다. 그리스도는 우리의 원수들이 풀려나와 돌아다닐 때 하늘에서 안전하게 있지 않으시고 우리가 사는 세상에 들어와 그 반목을 정면으로 마주하셨다. 톰 스매일은 그것을 생생하게 묘사한다.

 그리스도는 소방수가 화재 현장에 오듯이, 구조선이 가라앉는 배에 다가오듯이,

---

35 O'Brien, *Colossians*, p. 126.
36 Wallace, p. 29.

구조팀이 알프스산 눈 속에 갇힌 상처 입은 사람에게 오듯이 오신다. 그들은 돕고 구조하는 데 필요한 것을 가지고 있다. 하지만 그들은 불이 타오르고, 폭풍우가 거세게 일고, 우박이 사람을 매몰하는 곳에 와서, 스스로 그 위험에 노출되어야 한다.[37]

그래서 그리스도는 "통치자들과 권세들을 무력화하여 드러내어 구경거리로 삼으시고 십자가로 그들을 이기셨느니라"(15절). 예수님의 죽음에서 그것들은 무력하게 되었고 스스로 포로가 되었으며 완전히 패배했다.

여기에 놀라운 아이러니가 있다. 우주의 보이지 않는 통치자들과 권세들이 그리스도를 없애려 했고 세상 권세와 제휴하여 그들의 목적을 이루려 했다. 그들이 성공했다면 하나님의 선한 목적이 타도되었을 것이며, 악이 저지당하지 않고 승리했더라면 세상은 완전히 멸망하는 길을 갔을 것이다. 이같이 동맹을 맺은 권세들은 만전을 기했다. 주의 깊게 각색된 드라마에서 정치적·종교적 권세들이 초자연적 권세와 결합하여 그리스도의 죽음을 확보했다. 그분은 철저히 연약한 상태가 되고 완전한 굴욕에 빠졌을 것이다. 그들은 그분이 무력하며 반격을 가할 가능성이 전혀 없다고 확신했다. 그러나 역설로 그분은 그들의 학대에 굴복함으로써 승리를 얻고 그들을 이기셨다. 권세들은 그분을 덫에 빠뜨리고 무력하게 만든 대신, 바로 권세들 자신이 잡히고 패배했다.

라이트는 이렇게 썼다.

로마와 이스라엘의 '관원들'과 권세들, 즉 당시 세계가 알던 최고의 정부와 최고의 종교 권력이 공모하여 예수님을 십자가에 달았다. 이 통치자들은 그분이 그들

---

37 Smail, *Once and for All*, p. 106. Smail은 그러한 묘사는 그리스도가 "성부 하나님이 그분의 거룩한 분노로 죄인들을 그들의 죄의 결과들에 넘겨 주는 곳"에 오시는 것과 연관시킨다. 하지만 그것은 여기에도 잘 들어맞는다.

의 주권에 도전한 것에 화가 나서 **그분을** 발가벗기고, **그분이** 대중에게 치욕을 받게 했으며, **그분에** 대해 승리했다고 축하했다.

그는 이어서 그 사건에서 "하나님은 십자가에 달리신 메시아이신 그리스도 안에서 **그들을** 발가벗기고, **그들이** 대중에게 치욕을 받게 했으며, 그들을 그분의 개선 행진에 끌고 다니셨다"라고 설명한다.[38]

온갖 악한 짓을 다해 본 그들은 자기 꾀에 넘어갔다. 그들이 우위에 있는가 했더니 결국은 자기 무덤을 파고 말았다. 십자가는 원수들보다 한 수 위에서 그들을 정복했음을 의미한다.

바울은 그리스도를, 승리한 로마 장군이 자기 군대를 이끌고 개선 행진을 하며 로마시에 들어오는 것으로 그린다. 십자가는 승리자가 의기양양하게 타는 병거와도 같다.[39] 플루타르크가 이를 묘사한다. 그 개선 행진은 사흘 동안 지속되었다. 거리는 기쁨에 겨운 사람들로 넘쳐 났다. 첫째 날에는 열을 지어 서 있는 250개의 병거에 포획한 예술 작품들을 전시했다. 둘째 날에는 "많은 사륜마차 위에 마케도니아 무기 중 가장 멋지고 화려한 것들을 놓아두었다." 그 뒤에는 그들이 빼앗은 보물에서 나온 은을 두었다. 셋째 날에는 나팔수들과 예식 절차를 거쳐 희생 제물로 바칠 많은 소를 화환으로 장식하여 앞세우고, 패배한 페르세우스(Perseus)와 그의 가족들을 "종으로 끌고 다녔다." 행진의 절정은 개선장군인 아이밀리우스(Aemilius)가 "금을 섞어 짠 자줏빛 겉옷을 입고 오른손에는 월계수 가지를 들고" 나타나는 것이다. 그를 수행한 것은 승리를 거둔 그의 군대뿐 아니라 그의 업적을 "찬양하는 승리의 찬가와 찬양들"이었다. "모든 사람이 그를 응시하면서 찬탄을 보냈다."[40] 아이밀리우스가 페르세우스를 이기고 승리한 것을 그런 식으로 경

---

38 Wright, *Colossians*, p. 116.
39 Dunn이 Scott를 인용하여, *Colossians*, p. 168에서 한 말.
40 이것은 L. Williamson, "Led in triumph", *Int* 22(1968), pp. 322-323에서 알게 된 것이다.

축했다면, 그리스도가 패배한 사탄, 그의 모든 측근, 그리고 율법과 죽음처럼 공모하여 우리를 대적하는 다른 모든 원수를 이끌고 개선 행진을 하실 때 우리는 얼마나 더 크게 경축해야 하겠는가!

바울의 주장은 극도로 담대한 것이다. 첫째로는 그것이 통상적으로 세상을 바라보는 방식을 역전하기 때문이다. 우리는 보통 원수를 진압할 수 있는 것은 군사적 권세와 정치적 힘이라고 생각한다. 하지만 하나님은 약함을 통해서 그 일을 하신다. 우리는 성공을 자랑한다. 하지만 십자가의 그리스도는 패배를 기꺼이 받아들인다. 우리는 고통을 피한다. 하지만 그리스도는 기꺼이 그것을 받아들이셨다. 그리고 그 약함과 수치와 고통과 외견상 패배처럼 보이는 것을 통해 그분은 진정하고 비길 데 없는 승리를 이루셨다.

둘째로, 그 이후에 많은 사람이 그렇게 생각하는 것처럼 골로새인들이 보기에도 이러한 억압하는 권세들은 세상 안에서 지금도 여전히 고삐가 풀린 채 돌아다니며 사람들에게 권세를 발휘하는 것처럼 보였다. 그렇다면 어떻게 그들이 패배했다고 말할 수 있는가? 십자가는 그들의 패배를 보장하며, 우리가 그들의 패배를 온전히 체험할 때 절정에 이를 하나님의 계획을 성큼 진척시킨다. 그 패배는 그리스도가 영광 중에 오실 때 모든 사람에게 명백하게 드러날 것이다. 하지만 그것은 아직 완성 단계에는 이르지 못했다.

존 스토트는 하나님의 여섯 단계 프로그램을 이같이 설명한다.

> 1단계는 창세기 3:15 이후로 **예고된 정복**이다.
> 2단계는 예수님의 사역에서 **시작된 정복**이다.
> 3단계는 예수님의 죽음에서 **이룩된 정복**이다.
> 4단계는 예수님의 부활에서 **확증된 정복**이다.
> 5단계는 예수님의 교회를 통해 **확장된 정복**이다.
> 6단계는 예수님의 재림으로 **완성된 정복**이다.[41]

우리는 지금 복음을 전해야 하는 5단계에 있다. 하지만 그 기간에 권세들은 그들의 패배를 인정하지 않을 것이다. 권세들은 그들이 가진 허위적 힘에 영향받지 않은 체하며, 심지어 마지막으로 죽어 가는 진통을 겪으면서도 계속해서 불신자들을 사로잡고 있고 신자들을 괴롭힌다. 그들은 그렇게 할 권리가 전혀 없다. 하지만 그들은 속임수에 너무 숙달된 나머지 자신들이 패배했다는 사실을 깨닫지조차 못한다. 바로 이러한 이유로 우리는 복음을 전해야 한다. 우리는 그리스도가 감옥 문을 열고 자칭 교도관들을 가두었다는 것을 사람들에게 알려야 한다. 우리는 불신자들과 신자들에게 그리스도의 승리를 알려서 불신자들이 십자가의 해방 능력을 체험하게 하고, 신자들은 그리스도가 가져오시는 해방의 충만함을 계속해서 경험하도록 해야 한다. 여기에서 바울은 특히 신자들을 염두에 두고 있다. 신자들은 이러한 적대적인 권세들을 잡아 흔들 만한 확신이 부족했다. 그들은 "삶의 매우 많은 부분을 지배하고 결정했던 보이지 않는 권세들과 세력들을 더 이상 두려워할 필요가 없다는 것을 깨닫지 못했다. 더 큰 권세와 힘이 역사하는데, 그것은 그들의 삶을 더 효과적으로 결정할 수 있다. 그들은 한마디로, '그리스도', 진정한 승리다!"[42]라는 것을 깨닫지 못했다.

이 구절에는 십자가에 대한 강력한 이미지가 엄청나게 많이 나온다. 그것은 영적 할례, 육체의 몸이 벗겨지는 것, 그리스도와 함께 장사 지낸 바 되고 부활하는 길, 죄로 인해 죽어 있을 때 살아나는 수단, 죄를 깨끗이 지워 버리는 것, 그리고 무엇보다도 우리의 원수를 격파하고 그들이 공개적으로 수치와 굴욕을 당하도록 하는 것이다. 이 중 가장 중요한 것은 마지막 두 개로, 바울은 지금까지 그것을 설명해 왔다. 그리스도가 십자가에서 우리 죄의 엄청난 부채를 갚으시고 우리의 모든 원수를 격파하셨다.

여기에 우리가 승리주의에 대해 수상쩍은 눈길을 보내게 된 지금에도, 확

---

41 Stott, *Cross of Christ*, pp. 231-239.
42 Dunn, *Colossians*, p. 170.

신하며 경축하고 전해야 하는 승리가 있다. 오늘날 많은 그리스도인이 자신 없이 물에 물 탄 듯 사는 것은 실로 바로 그리스도가 이미 그분의 십자가를 통해 정말로 우리 원수들을 패퇴시켰다는 것을 가르치지도 믿지도 않기 때문일 것이다. 그것은 그분이 이제 획득해야 하는 승리가 아니라, 이미 획득한 승리다. 그 승리는 우리가 그분을 도와 원수와의 싸움에 참여해야 하는 것이 아니라, 그분이 독자적으로 획득할 수 있으며 또 획득하신, 그리고 그것을 통해 그분이 우리에게 도움을 제공하시는 승리다. 그것은 그저 경축해야만 하는 승리가 아니라 그리스도의 십자가를 피난처로 삼으며 원수에 저항하고 자유 가운데 행하면서 체험해야 하는 승리다.

그것은 실로 승리지만, 비장한 승리다. 예수님이 궁극적인 값을 치르셨으며, 믿기 어려운 패배를 경험하셔야 했기 때문이다. 승리자 그리스도(*Christus Victor*)이신 그분은 또한 십자가에 달리신 그리스도(*Christus Crucifixus*)시다.

4부

적용된 십자가

15장

단번에

히브리서 10:1-18

1. 히브리서는 지금도 적절한가?

얼핏 보기에 히브리서는 현대 사회의 관심사들과는 거리가 먼 것처럼 보인다. 그것은 분명 유대 종교 의식을 대단히 중시하던 사람들을 대상으로 쓴 것이었다. 게다가 독자들은 복잡다단한 미드라시, 즉 유대 랍비들이 성경 본문을 해석하고, 종종 그 안에서 새롭고 예상치 못한 것을 발견하는 방식에 익숙했을 것이다. 히브리서는 제사에 매우 몰두하는데 그것은 현대 사회, 적어도 서구 사회 사람들은 이해하기 어려운 부분이다. 그런 관습에 대한 아득한 기억은 뉴스에서 소수 종교 집단이 제사용 짐승을 잡는 것을 보도할 때나 이따금 우리의 의식에 투사된다. 그런 집단 관행은 '문명화된' 인간들의 민감한 마음에 경각심을 불러일으킨다. 하지만 그러한 반응은 매우 서구 중심적이며 최근에 생겨난 세계관을 드러낸다.

하지만 비서구 세계 여러 지역에서는 여전히 이러저러한 종류의 제사들을 드리는 관습을 갖고 있으며, 여전히 제사장과 신전과 종교 의식을 중요하게 여긴다. 히브리서는 유대적 유산을 물려받은 사람들뿐 아니라, 이런 지역에서도 분명 변증서로서 가치를 지닌다. 또한 그 책은 지금도 현대 서구인들에게 말한다. 히브리서의 관심사는, 비록 새로운 모습을 띠고 있으며 분명 그 종교적 뿌리와는 관계가 끊어졌지만, 지금도 여전히 존재하고 있다. 히브리서의 적실한 주제 네 가지를 간략하게 언급할 수 있을 것이다.

첫째로, 희생이라는 개념은 지금도 여전히 대단한 흠모의 대상이다.[1] 우리는 짐승을 제물로 바치는 희생 제사 관습을 야만적이고 원시적인 과거에 속한 것으로 치부할 수 있을지 모르지만, 다른 사람을 위해 자신을 희생하는 사람을 여전히 존경하는 눈으로 바라본다. 다른 사람의 생명을 구하고 죽은 용맹한 구조자, 자유라는 대의를 위해 자신의 생명을 바친 군인, 오빠를 살리기 위해 신장을 기증한 용감한 여성, 선한 일을 위해 힘에 지나도록 가진 것을 드리는 기부자 등은 모두 여전히 존경을 불러일으킨다. 속죄라는 개념이 전혀 없다 해도, 희생이라는 개념은 여전히 고상한 것으로 여겨진다.

둘째로, 제사장의 역할은 오늘도 여전히 필요하다. 제사장은 하나님과 사람 사이의 매개자다. 그들은 제사를 드리고 하나님의 세상에서 어떻게 건전하게 살 것인지를 지혜롭게 인도해 줌으로써, 사람들을 죄에서 구한다. 우리가 사는 세상은 세속적인 제사장들로 넘쳐 난다. 그들은 하나님의 중요성을 부인하고 나서도, 여전히 사람들 양심의 가책을 덜어 주고 삶의 지혜를 제공해 주려 애쓴다. 임상 심리사들과 세속적인 고해 신부들이 여기저기에 있다. 그들은 종종 중재자의 역할을 맡아 과거에 상처 입은 것을 회복시키거나 깨어진 관계를 회복시키려 한다. 세속 제사장들은 고객들로 하여금 그들 자신, 그들의 감정, 그들의 참된 정체성, 혹은 그들의 잊힌 과거와 접하게 하는 중재자 역을 한다.

현대인들은 종교적 제사장들은 무시하지만, 급성장하는 상담 산업에는 크게 의지한다. 그들은 임상 심리사의 개인 상담실이나 심지어 제리 스프링

---

[1] Gunton(pp. 115-117)은 인간에게는 그것이 계속해서 호소력을 발휘하는 뭔가가 고유하게 내재되어 있다고 주장한다.

어(Jerry Springer: 미국의 인기 있는 토크쇼 진행자—역주) 쇼 같은 토크쇼의 공개적인 고해실에서 평화를 찾으려 한다. 하지만 거기서는 속죄해 주지는 않고 청문회만 할 뿐이다.

셋째로, 신적인 것에 접근하고자 하는 욕구는 분명히 존재한다. 신적 존재와 접촉하려는 마음은 여러 곳에서 명백히 드러나는데, 특히 신적인 것이 우리 안에 있다고 가르치는 여러 종류의 뉴에이지 운동에서 그것을 볼 수 있다. 하나님에 대한 뉴에이지 운동의 개념은 그리스도 안에서 자신을 계시하신 하나님과는 매우 거리가 있으며, 그들이 말하는 신적 존재와 만나 친밀한 관계를 맺는 길은 전혀 기독교적인 것이 아니다. 그럼에도 불구하고, 그러한 욕구는 히브리서 배후에 있는 것같이, 신과 의미 있는 관계를 맺고자 하는 욕구가 지금도 있음을 시사한다.

넷째로, 언약이라는 개념, 아니 그보다는 그런 개념의 부재가 있다. 현대 사회의 사상은 언약에 기초한 관계에서 계약에 기초한 관계로 옮겨 갔다. 신성한 결혼 언약("기쁠 때나 슬플 때나…죽음이 우리를 갈라놓을 때까지" 부부를 묶어 줌)은 세속적인 결혼 계약(관계가 잘못될 경우에 혼전 협약으로 마무리됨)으로 대체되었다. 교육과 의료로부터 축구 감독의 고용에 이르기까지 수많은 영역에서도 똑같은 이동이 일어난 것을 알 수 있다. 사람들이 한때 살았던 전통적인 공동체로부터, 우리가 지금 살고 있는 대규모의 비인격적인 사회들로 대규모로 이동한 배후에도 그런 사상이 자리하고 있다. 영국 유대교의 최고 지도자인 조너선 색스(Jonathan Sacks)에 따르면, 인격에 대한 우리의 이해에 이같이 심오한 변화가 일어난 것을 알면 우리 사회의 많은 병폐가 설명된다.[2] 그러므로 히브리서에서 매우 중요하게 여기는 언약 개념은 오늘날 사람들의 마음속에서 가장 우위를 차지하지는 않을지 모르지만, 우리의 생활 방식에는 의미심장한 함축을 지니고 있다.

---

2   J. Sacks, *The Politics of Hope* (Jonathan Cape, 1977), 여러 곳.

이러한 쟁점들은 우리가 사는 매우 다른 세계에서도 히브리서의 메시지가 여전히 적절하다는 것을 시사한다. 이 쟁점들은 우리가 히브리서와 현대 문화 사이에 다리를 놓을 수 있게 해 주며, 사람들로 하여금 가장 적실한 진리인 그리스도의 십자가와 만나게 할 수 있는 접촉점을 지니고 있다.

2. 히브리서에 나타난 십자가

십자가는 11장을 제외한 히브리서 모든 장에서 언급된다. 모나 후커는 "히브리서는 신약에서 (속죄라는) 주제에 대한 가장 한결같은 글이다"[3]라고 말한다. 히브리서에는 같은 뜻을 가진 수많은 문구와 폭넓은 묘사가 발견되는데, 그것은 보통 성막과 성전 사역에 이렇게 저렇게 연관되어 있다. 아들이 오신 것은 "죄를 정결하게 하[기]"(1:3) 위해서였다. 예수님은 "영광과 존귀로 관을 쓰신[다]"(2:9). "구원의 주"는 "고난을 통하여 온전하게"(2:10) 되셨다. 그는 "죽음을 통하여" "죽음의 세력을 잡은 자"(2:14)를 멸하신다. 아들이신 예수님은 "자기를 세우신 이에게 신실하[셨다]"(3:2).

그분은 "때를 따라" 우리를 돕기 위해 긍휼과 은혜를 베푸실 수 있는 "대제사장"이시다(4:14-16). 그분은 그의 "경외하심을 인하여" 그리고 "받으신 고난으로 순종함을 배워서" "영원한 구원의 근원"이 되셨다(5:7-9). 예수님은 우리 앞서가사 "휘장 안에" 들어가셨다(6:19-20). 그분은 멜기세덱의 반차를 좇은 제사장으로 죄를 위하여 단번에 제사를 드리셨으며, 다른 제사장들과는 달리 "온전히 구원하실 수 있다"(7:17, 25, 27). 그분은 옛 언약을 폐기하신 새 언약의 제사장이시다(8:6, 13). 그는 죄로부터 정결함을 이루셨으며, 자기 피를 드려 사람들의 양심을 씻어 주셨다(9:12). 이 제사장은 "죄를 위하여 한 영원한 제사를 드리[신]" 분으로, 이제 하늘의 보좌에서 다스리신다(10:12).

---

3   Hooker, *Not Ashamed*, p. 112.

그분은 우리가 시온산에 와서 즐거운 예배를 드릴 수 있도록 하신다. 그의 "아벨의 피보다 더 나은 것을 말하는 뿌린 피" 때문이다(12:22-24). 끝에서부터 두 번째 장면은 명백히 속죄양을 언급하면서, 그리스도가 "자기 피로써 백성을 거룩하게 하려고 성문 밖에서 고난을 받으셨느니라"(13:12)라고 말한다. 마지막 언급은 축도에서 찾아볼 수 있는데, 거기서는 "양들의 큰 목자"가 흘리신 언약의 피라는 주제로 되돌아온다(13:20-21). 이 같은 본문은 각각 십자가에 대한 풍성하고도 다양한 이해를 제시한다.

3. 히브리서의 목적

십자가에 대한 어떤 특정한 본문을 살펴보기 전에, 히브리서의 전반적인 관점을 아는 것이 도움이 될 것이다. 그렇게 함으로써 히브리서가 그리스도의 죽음을 더 잘 이해하도록 돕는 특별한 강조점을 해석할 수 있을 것이다. 히브리서가 쓰인 이유에 대해서는 서너 가지 주장이 제기되어 왔다.[4] 수사학적인 구조와 문어적이 아닌 구어적인 문체로 보아, 그것은 서신서이기보다는 한 편의 설교였던 듯하며, "그 구상은 랍비적이고 내용은 기독교적이며 길이는 장대하다."[5] 그 목적은 목회적이며, 비틀거리는 그리스도인 신자에게 신실함을 유지하라고 권면하려는 것이다. 그들이 왜 불안정했는지에 대해 서너 가지 이유가 주장되었는데, 그 이유를 살펴볼 만하다. 물론 그중 어느 하나를 반드시 선택해야 할 필요는 없다. 분명 한 가지 이상의 문제가 걸려 있었기 때문이다.

---

4   어떤 사람들은 서신의 '독자들'이나 설교의 '청중들'이 누구인지 확인하려는 것은 추측이며 불필요한 것이라고 주장한다. 그들은 히브리서를 서신이나 설교로 보는 것이 아니라 구약성경의 절정인 예수 그리스도의 엄위하신 우월성에 대한 해설로 보며, 그것의 진리와 적용은 모든 사람에게 해당한다고 생각한다.

5   Long, p. 2.

1) 배교의 문제

이 서신서에는 포기에 대한 경고와 참고 견디라는 권면이 여기저기에 깔려 있다.[6] 그것은 독자들이 그들의 믿음으로 인해 고난을 받았으며(10:32) 현재 하나님의 단련을 경험하고 있고(12:1-3), 그들 중 일부는 아마도 그리스도를 믿는 믿음으로 인해 감옥에 있다(13:3)는 것을 암시한다. 아마도 그들의 지도자들은 심지어 그리스도를 믿는 대가로 자신의 목숨을 바쳤을 수도 있다(13:7). 저자는 그들에게 이제 회당과의 접촉을 완전히 끊고, 우월한 길인 그리스도에게 충실하라고 권한다(13:13). 히브리서 독자들이 배교할 위험이 있었다는 사실은 널리 받아들여지나, 꼭 그 때문에만 히브리서가 쓰인 것은 아니다.

2) 피곤함의 문제

최근 토머스 롱(Thomas Long)은 히브리서 독자들이 그리스도인이 되는 것에 대해 정말로 피곤함을 느꼈던 것 같다고 지적했다. 그는 이것이 이 서신서의 중심 주제라는 신뢰할 만한 주장을 펼치며, 그에 따르면 그 주제는 12:12-13에서 절정에 이른다. "그러므로 피곤한 손과 연약한 무릎을 일으켜 세우고 너희 발을 위하여 곧은 길을 만들어 저는 다리로 하여금 어그러지지 않고 고침을 받게 하라." 롱은 그의 입장을 요약하면서 다음과 같이 현대 사회와 연관시킨다.

> 설교자는 허공에 대고 설교하지 않았다. 그는 실제로 존재하는 긴박한 목회적 문제를 한 가지 다루고 있는데, 그것은 놀랄 만큼 현대적인 문제로 보인다. 회중은 기진맥진해 있다. 그들은 지쳤다. 세상을 섬기느라 지치고, 예배를 드리느라 지쳤으며, 기독교 교육에 지쳤고, 사회에서 별난 존재로 취급받으며 다른 사람들의 수

---

6 히 3:6; 4:11, 14; 5:11-6:12; 10:19-25; 12:25-27.

군거림을 듣는 데 지쳤고, 영적 투쟁에 지쳤고, 기도 생활을 유지하려고 애쓰는 데 지쳤으며, 심지어 예수님에게 지쳤다. 그들의 손은 축 늘어졌으며 그들의 무릎은 연약하다(12:12). 교회 출석률은 저조하며(10:25), 그들은 확신을 잃고 있다. 문제는 그들이 잘못된 방향으로 나아간다는 것이 아니다. 그들은 어디로 갈 만한 에너지가 없다. 여기에서 그들을 위협하는 것은 그들이 마멸되고 닳아빠져서 밧줄 끝을 놓고 표류할지 모른다는 것이다. 그들 중 많은 사람은 예수님을 따라 치열하게 걸어가는 일에 지쳐서, 공동체를 떠나고 믿음을 배반하고 혼자 유유자적하게 살까 하고 생각하고 있었다.

우리는 물론 그 문제를 인식한다. 하지만 히브리서 설교자의 반응은 우리를 놀라게 할 것이다. 히브리서에서 가장 놀라운 사실은 영적 피곤함이라는 목회적 문제에 직면한 그 설교자가 매우 대담하다는 것, 심지어 기독론과 설교가 대답이라고 생각할 만큼 뻔뻔하기까지 하다는 것이다. 그 설교자는 개선된 집단 역학, 갈등 관리 기술, 선교 조직 개편 혹은 활기찬 예배 등의 도움을 얻으려 하지 않는다. 오히려 그는 설교한다. 회중에게 예수님의 본성과 의미를 복잡한 신학 용어로 설교한다.[7]

3) 양심의 가책 문제

세 번째 주장은 바나바스 린다스(Barnabas Lindars)의 주장으로, 문제가 세례 후에 짓는 죄에 대한 것이라는 것이다. 그는 예를 들면 9:14에 나오는 양심에 대한 강조에 주의를 기울인다. "하물며 영원하신 성령으로 말미암아 흠 없는 자기를 하나님께 드린 그리스도의 피가 어찌 너희 양심을 죽은 행실에서 깨끗하게 하고 살아 계신 하나님을 섬기게 하지 못하겠느냐." 그는 그리스도의 사역이, 지나치게 양심이 민감한 듯하며 계속해서 적절치 못하다는 느낌과 죄책감에서 벗어나 자유롭지 못한 사람들에게 특별히 적용된

---

[7] Long, p. 3.

다고 주장한다. 저자는 독자들에게 "참 마음과 온전한 믿음으로 하나님께 나아가자"(10:22; 참고. 4:16)고 강력하게 권한다.

린다스는 설명하기를, 자신들의 믿음에 대한 히브리서 독자의 확신은 계속되는 죄의식으로 인해 손상되었다고 한다. 예전에 이런 문제로 괴로움을 당했더라면, 그들은 언제라도 성전에 가서 제사를 드렸을 것이다. 이같이 실제로 의식을 수행하는 것은 탁월한 치료 요법이었으며 그들이 양심에 느끼는 고통을 가라앉히는 데 도움이 되었다. 하지만 그들이 새로 갖게 된 신앙에서는 그에 해당하는 의식이 없었다. 제사는 단번에 드려졌으며, 그들은 그것을 반복할 수 없었다. 그래서 그들은 예전에 행하던 정결 의식들에 계속 어느 정도의 매력을 느꼈다.

린다스는 이러한 딜레마에 대한 옛 대답에 설득력이 없으므로, 새로운 논증이 제시되어야 했다고 말한다. 저자는 한 단계 한 단계 옛 유대 관습들을 허물어야 했으며, "그리스도의 제사가 어떻게 현재에 그들의 필요를 채워 주는지 상세히 보여 주어야 한다."[8] 그래서 우리는 히브리서에서 "원래 글이 창의적이고 새롭게 발전된 것", 곧 복음에 대한 "놀랍고 독창적인 제시"[9]인 것을 보게 된다. 저자는 이렇게 확실하게 주의를 집중시키고, 저항을 극복하며, 십자가에 대해 가장 상상력이 풍부하면서도 건전한 기초를 가진 해설을 제공한다. 그 해설은 이전 어느 제사장보다도 나으며, 하늘에서 계속해서 우리를 위해 일하시는 완벽한 대제사장이 우리에게 있음을 보여 준다. 그 해설은 우리에게 속죄일이 규정하는 기준을 능가하는 궁극적인 제사가 있음을 보여 준다. 그리고 그 해설은 우리가 독자들이 동경하는 옛 언약보다 훨씬 우월한 새 언약에 들어갔음을 보여 준다.

문제가 배교든, 피곤함이든, 불편한 양심이든, 대답은 언제나 같다. 그것은 그리스도다. 이 서신서에서는 여러 번 반복해서, 그분의 사역을 효과적인 제

---

8   Lindars, p. 60.
9   앞의 책.

사, 우월한 대제사장이 제공하는 것, 새 언약을 확립하는 것이라는 세 가지로 해설한다. 그 해설은 5:1-10에서 나오기 시작하여, 5:11-6:19에서 잠시 옆길로 빠져 강력한 경고가 나온 후, 7:1에서 다시 시작하여 10:18까지 이어진다. 10:1-18은 논증의 절정으로, 이전에 나왔던 것을 요약하므로, 연구할 만하다.

4. 예수님의 십자가는 효과적인 제사를 제공한다(10:1-10)

히브리서 저자의 사고는 구약의 예배 규정의 전적인 영향을 받아 형성되었다. 그러므로 그는 "피 흘림이 없은즉 사함이 없느니라"(9:22)는 것을 자명한 것으로 여긴다. 그는 어떻게 예수님의 죽음이 구약의 피 제사가 규정한 기준을 충족할 뿐 아니라 그것을 능가하는지 살펴본다. 특히 다른 모든 제사를 측정하는 판단 척도가 된 속죄일[10]이 그리스도의 희생 제사에 대한 그의 글의 배경을 형성한다.[11] 그날에는 백성들의 모든 죄가 제하여졌다. 예수님이 그 제사가 이룬 것에 필적하고 그것을 능가할 수 없다면, 그분은 아무것도 제시할 것이 없다.

저자는 속죄일을 염두에 둔 것이 분명하지만, 그것을 선택적으로 사용한다. 놀랍게도 그는 속죄 염소를 언급하지 않으며, 그 대신에 지성소에 그 피가 뿌려진 염소 제물에 대해 자세히 설명한다. 그가 속죄 염소에 대해 침묵을 지키는 이유가 있다. 그의 관심사는 피 제사에 대한 것이며, 속죄 염소에 주의를 집중시켰다면 초점이 흐려졌을 것이다. 속죄 염소는 결국, 린다스가 주장하듯이, "이미 피의 의식으로 구속된 죄를 제거"하는 것만을 나타낸다.[12] 정말로 중요한 것은 예수님이 자신의 피를 뿌린 희생 제물이었다는 것이다.

---

10 레 16장. Ellingworth(p. 493)는 저자는 속죄일을 일차적으로 염두에 두고 있기는 하지만 매일 드리는 제사도 배제하지는 않는다고 바르게 해설한다.
11 Lindars, p. 54.
12 앞의 책, p. 92.

하지만 저자의 진짜 관심사는 그리스도의 죽음과 속죄일 간의 유사점이 아니라 차이점이다. 속죄일은 그리스도가 드리신 제사의 우월성을 입증할 뿐이다. 그래서 그는 그리스도의 제사의 효율성으로 넘어가기 전에 이전에 드려진 피 제사들의 부적절함을 확증한다.

1) 이전 제사들의 부적절함

집약된 몇 구절, 곧 1-4절에서 저자는 속죄일로 요약되는 유대 제사 제도를 상세히 비판한다. 필립 에드컴 휴즈(Philip Edgcumbe Hughes)[13]는 이 구절에서 제사 제도를 궁극적으로 비효율적이며 따라서 부적절한 것으로 보는 네 가지 사실을 끌어낸다.

첫째로, 그 특성은 실체가 없다는 것이다. 속죄일의 의식 규정을 구현하는 "율법은 장차 올 좋은 일의 그림자일 뿐이요, 참 형상이 아니[다]"(1절). 율법은 저 멀리 있는 어떤 실체를 가리키는 표지판과 같은 것이나, 그 자체가 목적지는 아니다. 마찬가지로, 속죄일은 그리스도의 제사 안에 계시된 실제를 가리킨다. 표지판과 목적지를 혼동하는 여행객은 없을 것이며, 하나님과의 친밀함을 구하는 사람이라면 구약 의식의 그림자와 그리스도 속죄의 십자가라는 실체를 혼동해서는 안 된다. 이렇게 말함으로, 저자는 그가 이전에 사용했으나 다르게 전개된 개념을 말하는 것이다. 8:5에서 그는 땅에 있는 장막이 "하늘에 있는 것의 모형과 그림자"라고 썼다. 거기서는 성소를 비교했지만, 여기에서는 제사를 비교한다. 하지만 요점은 같다. 오늘날로 치면 수동 타자기가 현대적인 워드 프로세서의 그림자라고 말할 수 있을 것이다. 그것은 당시에는 유용했지만, 현재 구할 수 있는 것에 비하면 기능이 극도로 제한된 것이었다. 그렇다면 왜 진짜 것을 값없이 얻을 수 있는데 뒤에 오는 탁월한 것의 그림자에 불과한 이전의 형식에 집착하는가?

---

13 Hughes, *Hebrews*, pp. 389-394. 『반즈성경주석: 히브리서 상, 하』(크리스챤서적).

둘째로, 그 본성은 반복적이다. 속죄일이 부적절했던 이유는 그것이 "해마다 늘 드리는"(repeated endlessly year after year: 문자적 번역은 '해마다 끝없이 반복되는'—역주) 것이어야 했기 때문이다. 저자는 강조하기 위해 말을 겹쳐 쌓는 것 같다. 그것이 "같은"(repeated) 것이어야 했다는 말은 그것의 목적을 제대로 성취하지 못했음을 시사할 것이다. 하지만 언제나(endlessly)라는 말을 덧붙이는 것은 속죄일의 부적절함을 강조하며, 한편 해마다(year after year)라는 말을 덧붙임으로 그것을 더욱 궁지에 몰아넣는다. 속죄일이 이룩할 수 있었던 것은 기껏해야 지난해의 죄를 깨끗이 씻어 주는 것이었다. 하지만 해마다 열두 달이 지나면 동일한 의식을 처음부터 다시 반복해야 했다. 저자는 이것 역시 이전에 다른 식으로 말한 적이 있다. 7:27과 9:25에서 저자는 이스라엘의 대제사장은 계속 다시, 날마다, 해마다 제사를 드려야 했다고 말한다. 그들의 일은 결코 끝나지 않았다. 예수님은 얼마나 다르신가!

셋째로, 그것이 이룬 것은 부적절하다. 이미 말한 것에 비추어 볼 때, 너무도 당연한 말이다. 하지만 저자는 여전히 옛 제사의 비효율성에 대해 뭔가 할 말이 있다. 그 제사들은 "나아오는 자들을 언제나 온전하게 할 수 없느니라"(1절). 사실상 그 제사는 그 반대의 효과를 가져온다. "해마다 죄를 기억하게" 한다(3절). 즉 사람들을 변화시키지 못한다는 말이다. 그것은 사람들의 양심에 결코 무죄를 선언하지 못한다. 그들의 고뇌를 연장하기만 할 뿐이다.

토머스 롱은 그 문제를 생생하게 표현한다.

실로 해마다 되풀이하는 속죄일 의식 전체는, 해마다 인간의 영혼에 내리쳐 죄라는 주제를 끊임없이 두드려 대는 큰 쇠망치와도 같다. 다시 말해 그것은 치유하지는 못한다. 다만 우리가 죄 되고, 죄 되고, 죄 되다는 것, 유죄며 하나님 앞에 받아들여질 수 없다는 것을 강압적으로 주입할 뿐이다.[14]

---

14 Long, p. 101.

오늘날 교회에 가는 것도 어떤 때는 이와 똑같은 효과를 가져올 수 있다고 롱은 말한다. 실제로 많은 설교자는 하나님이 은혜로우시다는 사실보다 우리가 죄인이라는 사실을 더 상기시킨다. 그들은 사람들이 필요한 자격을 가지고 있지 못하다는 신호를 보낸다. 사람들은 충분히 헌금하지 않거나, 충분히 기도하지 않거나, 충분히 전도하지 않거나, 충분히 교회에 나오지 않거나, 충분히 섬기지 않거나, 충분히 돌보지 않거나, 충분히 찬양하지 않거나, 어떤 것이든 결코 충분하지 않다고 설교자들이 지적한다. 그러면 예배자들은 자신들이 받아들여지기를 소망하면서 그들의 보잘것없는 '일'을 하나님께 가져와야 한다.

계속 반복해서 우리는 이런 것들을 드린다. 하지만 소용이 없다. 결코 충분하지도, 적절하지도 않다. 그래서 우리는 지성소에 가까이 가지 못한 채, 양심에 죄책감을 느끼고 떠나며 다음 주에는 단에다 올려놓을 선의와 선행을 또 한 바구니 가지고 다시 온다. 아니면 완전히 떠나 버린다.[15]

새 언약의 복음을 선포하는 것에서 옛 언약의 율법을 순종하려 애쓰는 것으로 급속히 빠져들어 가기는 너무나 쉽다. 하지만 그것은 그리스도의 십자가를 완전히 배반하는 것이다!

넷째로, 그 재료는 타당하지 않다. 옛 언약의 제사적 요소는 "황소와 염소의 피"(4절)였다. 하지만 어떻게 그것이 인간을 제대로 대신할 수 있다는 말인가? 휴즈는 그것의 결함을 열거한다. 그것들은 의지력도, 이성도, 그들에게 일어나는 일에 대한 이해도 없다. 그것들은 수동적이며 말도 못 하는 제물이다. "이성이 없는 짐승은 본성상 하나님의 피조물의 극치인 인간의 대체물 역할을 할 자격이 없다."[16] 히브리서는 원칙적으로 그들이 충분히 선하

---

15 앞의 책, p. 102.
16 Hughes, *Hebrews*, p. 392.

거나, 충분히 숫자가 많거나, 충분히 정기적으로 제물을 드리면 죄를 제할 수 있다고 말하는 것이 아니다. 원칙적으로 그들이 죄 된 인간의 효과적인 대체물이 되거나 "능히 죄를 없이 하지 못[한다]"(4절)라고 말하는 것이다. 의지적으로 죄를 범한 자들에게는 제사를 통해 그들을 깨끗하게 해 줄 의지적인 대속자가 필요하다. 폴 엘링워스(Paul Ellingworth)는 이것을 "아마도 레위기의 제사에 대한 저자의 가장 강한 부정적 진술"[17]이라고 부른다.

속죄일에 대한 언급, 그리고 여기 나와 있지는 않으나 구약 시대 다른 모든 제사에 대한 이 네 가지 언급을 더하면, 어떤 사람들이 그리스도의 사역보다 더 효과적이라고 생각하고 싶어 하는 그 제사의 효율성이 완전히 사라진다.

2) 그리스도의 제사의 효율성

저자는 옛 제사 제도에 대해 네 가지 비판을 하고 나서, 이제 그리스도의 제사가 우월한 이유를 네 가지로 주장한다. 그것은 옛 제도의 결함을 일일이 하나하나 맞서는 것은 아니지만, 암시적으로 그렇게 하며, 십자가의 우월성에 대해 제한된 반증 이상의 훨씬 긍정적인 묘사를 제시한다. 그리스도의 사역은 그분이 어떻게 살았으며, 무엇을 확립하셨고, 누구에게 영향을 미치셨으며 그 특징은 무엇인가 하는 것 때문에 효과적이다.

첫째, 그분은 어떻게 사셨는가. 그분은 순종적인 삶을 드렸다(5-9절). 그리스도의 제사를 효과적인 것으로 만든 것은 무엇이었는가? 그것은 그분이 십자가에서 드린 것이 율법의 성취를 이룬, 하나님에 대한 완전한 도덕적 순종의 삶이었다는 것이다. 저자는 시편 40:6-8을 묵상한다. 대체로 칠십인역에서 나온 것은 특히 마지막 행을 바꾸어 놓았다. 하지만 브루스가 말하듯이, 그가 히브리 어법을 사용했더라도 "그의 목적을 거의 달성했을 것이다."[18] 시

---

[17] Ellingworth, p. 497.
[18] Bruce, *Hebrews*, p. 232. 『뉴인터내셔널성경주석: 히브리서』(생명의말씀사).

편은 순종과 제사 사이에 약간의 대립이 있는 듯 보일 수 있는 몇몇 본문 중 하나다.[19] 저자는 예수님의 입으로 시편의 말을 하게 함으로, 그 둘 사이의 긴장이 그분 안에서 완벽하게 해결되었음을 밝힌다. 사람들이 순종 없이 제사를 드림에 따라 매우 자주 옛 언약에서 장애물이었던 것이 그분 안에서 단번에 정리되었다. 그분은 인간의 소명에 대한 시편 기자의 환상을 충실히 이루셨다. 그분의 삶은 전적인 순종의 삶이었으며 그로 인해 그분은 완전한 제사가 될 수 있었다. 그분의 성육신은 십자가라는 당연한 결과를 가져왔다. 그분은 그분의 삶에서 보여 주신 동일한 전적 순종으로 인해 갈보리로 가신 것이었기 때문이다.

히브리서 저자는 이전에 두 번, 그리스도의 순종과 고난을 연관시킨 바 있다(2:10; 5:8). 이제 그의 그러한 사상은 절정에 이른다. 성자는 성부 하나님의 뜻에 완전히 자신을 내맡기사 십자가에 달려 돌아가심으로 전례 없는 희생 제사 형태를 도입하신다. 여기에서 마침내 "새로운 순종의 사람, 곧 마침내 하나님의 계명에 순종하고, 하나님의 거룩함을 반영하며, 인간 편에서 하나님의 언약을 성취하는 새로운 인류의 첫 열매가 등장한다."[20] 톰 스매일이 주장하듯이, 예수님 안에서 "제사는 순종함으로 자신을 드리는 것으로 재규정된다. 그러므로 그저 특정한 순종의 행위들이 아니라 전 인격을 스스로 드리는 것으로 표현되는 순종을 말한다."[21] 저자는 그리스도의 희생 제사를 이런 견지에서 설명하기 때문에, 우리는 그것이 이전에 드려졌던 어떤 다른 제사보다 우월하다는 것을 곧 알 수 있다.

둘째로, 그리스도의 사역은 그분이 확립한 것 때문에 효과적이다. 그는 새 언약을 창시하셨다(9절). 저자는 그리스도의 완전한 순종과 그분이 자신

---

19   예를 들어, 삼상 15:22; 시 50:8-14; 51:16-17; 사 1:11-17; 렘 7:21-26; 호 6:6; 암 5:21-24; 미 6:8.
20   Smail, *Once and for All*, p. 111.
21   앞의 책.

을 주신 것을 조금 더 상세히 설명한 후에, 그다음 요점을 날카롭게 말한다. 그리스도가 "그 첫 것을 폐하심은 둘째 것을 세우려 하심이니라." 옛 질서는 폐해졌으며 새로운 질서가 도입된다. 그리스도의 사역은 기존의 제사 제도에서 약간 개선된 것처럼 대체로 동일한 것이 아니라, 철저하게 새로운 시작이다. 옛 제사는 폐하여졌으며 대단히 우월한 그리스도의 도로 대체되었다. 히브리서 독자들은 예수님도 조금 믿고 옛 의식도 계속 의지하는 상태로 양다리를 걸치고 있을 수는 없다. 옛 질서에 속하든가 그리스도의 새 시대에 속하든가 둘 중 하나다. 이제부터는 하나님과의 친밀함, 죄의 용서, 우리의 양심을 깨끗하게 하는 것 등은 우리가 제사를 드리는 것에 달려 있지 않고 그분이 이미 우리 대신 드린 제사에 달려 있다.

셋째로, 그것은 그분이 누구에게 영향을 미쳤는가 하는 것 때문에 효과적이다. 그분은 거룩한 백성을 창조하신다(10절). 선지자 학개[22]는 다소 모호한 비유를 하나 말했는데, 그것은 일반적인 구약의 가르침, 곧 더럽혀진 것을 만짐으로써 부정하게 될 수는 있지만 거룩한 것을 만짐으로써 정결하게 될 수는 없다는 진리를 강조하기 위해 만든 비유인 듯하다. 옛 언약은 부정적인 것에 치우쳐 있었다. 옛 언약은 이미 더러워진 것을 고립시키든가 심지어 그것을 파괴함으로써 더러움이 퍼지는 것을 막으려 했다.[23] 하지만 옛 언약은 부정한 것을 정결하게 할 능력은 없었다. 그것은 변화가 일어났을 때 그 변화를 인식하고 경축할 수는 있었지만, 그 변화를 일으키기 위해서는 아무것도 할 수 없었다. 그와 대조적으로 교인들은 "예수 그리스도의 몸을⋯드리심으로 말미암아⋯거룩함을 얻었[다]." 그것을 통해 신자들은 죄로부터 깨끗해지고, 그리스도 안에서 성화되며, 하나님께만 속한 백성으로 섬기기 위해 따로 구별된다. 십자가는 율법이 결코 할 수 없었던 일을 한다. 그것을 통해 그리스도는 이전의 제사들이 결코 제공할 수 없었던 지위와 관계

---

22 학 2:10-14.
23 레 13-14장.

와 변화를 제공한다.

넷째로, 그의 희생은 그 특징으로 인해 효과적이다. 그는 되풀이될 수 없는 행동을 완성하셨다(10절). 이 모든 것은 "단번에" 이루어졌다. 해마다 다시 제사를 반복할 필요가 없으며, 날마다 피 제사를 드릴 필요는 더욱 없다. 그리스도의 희생은 단 한 번만 드려지면 된다. 예루살렘을 내려다보는 언덕에서 그분이 죽으신 유례 없는 사건은 보편적이고 지속적인 영향을 지니고 있었으나, 결코 다시 반복될 필요가 없다. 도로시 세이어스(Dorothy L. Sayers)는 그 주장이 얼마나 엄청난 것인지 지적한다. "그분은 역사에 들어오신 유일하신 하나님이시다.…니케아 신조에서 다음 두 진술을 단호하게 나란히 놓은 것보다 더 놀라운 문장 배치는 없다. '진정 바로 그 하나님이…그가, 본디오 빌라도에게 고난을 받으셨다.'"[24]

이것은 속죄에 대한 오늘날의 몇몇 접근법에서 강조하는 것과는 얼마나 다른가! 미사 의식에서 하나님의 아들이 되풀이해서 드려질 필요는 없다. 그리고 우리는 심지어 얼핏 보기엔 상당히 받아들일 만한 것처럼 보이는 일부 가르침도 주의해야 한다. 구원은 현재 경험이다. 하지만 구속은 단번에 이루어진 것이다. 그러므로 폴 피데스가 "구원은 지금 여기에서 일어난다. 하나님이 우리의 곤경에 참여하사 우리를 구하시기 위해, 스스로 큰 대가를 치르시고 혼란스러운 인간의 삶에 들어오사, 치유와 화목을 위해 행동하시는 것은 언제나 현재다"[25]라고 썼을 때, 우리는 주의해야 한다. 구원이 지금 여기에서 '일어나는' 이유는 오로지 그때 거기에서 일어난 사건 때문이다. 우리는 감히 우리의 회개 체험이나 성령 체험을 중심적인 것으로 만들어서, 우리가 구원을 경험하기까지는 어떻든 구원이 '일어나지' 않는다고 암시하지 말아야 한다. 그 탁월함에서 그리스도의 완성된 사역을 제하는 위험에 빠지지 않기

---

24 P. Yancy, *The Jesus I Never Knew* (Marshall Pickering, 1995), p. 200. 『내가 알지 못했던 예수』 (IVP).
25 Fiddes, p. 14.

위해서다. 히브리서는 다른 신약 저자들과 마찬가지로 우리의 구원은 갈보리에서 일어났으며 십자가에서 이미 완성되었다는 데 공감한다. 우리는 회개와 믿음을 통해 지금 그것을 개인적으로 적용할 수 있을지는 모른다. 하지만 그렇다고 해서 구원이 여기에서 지금 생겨나는 것은 아니다. 우리가 경험하는 하나님의 은혜는 어떤 것이든 약 이천 년 전에 그분이 우리를 위해 해 주신 일 때문이다. 거기서 그분의 역사는 단번에 끝났다.

그렇다면 히브리서는 레위기의 제사 제도의 약점들을 드러내고 그리스도 제사의 우월성을 확증함으로써, 신자들이 예수님에게 등을 돌리고 다른 곳에서 그들의 죄와 죄책에 대한 더 효과적인 대답을 찾으려고 생각하는 것이 얼마나 어리석은 짓인지 지적한다.

5. 예수님의 십자가는 뛰어난 대제사장을 보여 준다(10:11-14)

히브리서 10장의 논의는 이제 드려지는 제사에서 그것을 드리는 제사장으로 자연스럽게 넘어간다. 예수님은 완벽한 제사이자 뛰어난 대제사장이시다. 예수님의 제사장직의 탁월성은 7:1-28에서 이미 설명되었으며, 여기에서는 간략하게 요점이 되풀이될 뿐이다. 하지만 먼저 옛것의 가치를 파하고 그다음에 새것의 가치를 확증하는 동일한 접근법을 이용해서, 저자는 핵심 문제를 대단히 응축된 형태로 다시 제시한다.

1) 과거의 비효율적인 제사장들

11절에서는 아론의 제사장직에 대해 맹렬한 일격 두 방을 날린다. 그것이 과거에 얼마나 값진 공헌을 했든, 앞으로 올 대제사장을 가리키는 역할을 얼마나 유용하게 달성했든, 궁극적으로는 죄를 최종적으로 다룰 능력은 없다. 먼저, 그들의 임무가 반복되는 것이 문제였다. "매일…자주" 그들은 제사를 드려야만 했다. 그것은 그들을 어디에도 이르게 하지 못했다. 그들은 죄를 처리했다거나 자신들의 임무를 완수했다고 결코 주장할 수 없었다. 그들이 오늘 한 일은 내일도 반복되어야 했다. 그들의 임무는 절대 끝나지 않을 임무였다. 둘째로, 그들의 일이 비효율적인 결과를 가져온다는 것이 문제였다. 그들이 끝없이 드리는 제사들은 궁극적으로는 쓸데없는 것이었다. 그것들은 "언제든지 죄를 없게 하지 못하기" 때문이다. 그것들은 한 차원에서는 죄의 문제를 다루었으나 근본적으로 다루지는 못했다. 그것들은 앞으로 올 완전한 제사를 가리켰으며, 그들의 상징은 그리스도의 제사를 예상하는 데 가치 있는 것이었다. 하지만 그리스도의 제사만이 "죄를 없게" 할 수 있었다. 그 제사에 가치가 있다면 그것은 그리스도가 언젠가 드리실 제사에서 유래된 것이라는 거다.

2) 십자가의 효과적인 제사장

저자는 이제 그 제사장들로부터 "이 제사장"(this priest, 개역개정에는 '그리스도'로 나와 있다—역주)에게로 주의를 돌린다. 물론 그는 예수님을 의미한다. 그는 우리가 앞에서, 특히 4:14-5:10과 7:1-8:6에서 제사장의 일에 관해 쓴 것을 통해 더 상세히 이해할 수 있으리라 가정하고는, 다음 두 절에서 예수님에 대한 주요 사실을 빠르게 말한다. 우리는 이 구절을 살펴보면서 좀 더 상세한 이 가르침을 간략하게만 언급할 것이다.

"이 제사장"은 누구인가? 그는 멜기세덱의 반차를 좇은 제사장(7:17)으로, 아론의 제사장직보다 연대적으로 앞서며, 뛰어나다. 그 탁월성은 쉽게 입증된다. 먼저, 이스라엘의 위대한 족장인 아브라함이 멜기세덱으로부터 겸손하게 축복을 받았으며, 그에게 십일조를 드림으로 공경을 표했다(7:1-2).[26] 둘째로, 멜기세덱은 하나님께로부터 직접 그 임무를 행하도록 임명받았으며, 제사장 가문에 속했기 때문에 그 일을 행한 것이 아니었다. 그는 "아버지도 없

---

[26] 창 14:18-20.

고 어머니도 없고 족보도 없고 시작한 날도 없고 생명의 끝도 없[었다]"(7:3). 그는 조상들도 자손들도 없으며, 그 반차의 유일한 존재다.[27] 게다가 그의 제사장직은 영원하며 "불멸의 생명의 능력"(7:16) 위에 세워진 것이다. 그러므로 후사는 필요 없다. 멜기세덱은 예수님을 예시한다. 대체로 그의 제사장직은 예수님이 그와 같은 부류임을 보여 준다.

하지만 우리는 그런 제사장은 우리의 상황에 공감하지 못할 것이며 죄 많고 유한한 우리 인간을 돕기에는 적합하지 않을 것이라고 생각하고 싶을 수도 있다. 그분이 하나님을 대표할 자격은 충분히 갖춘 것이 분명하다. 하지만 우리를 대표할 자격은 정말 제대로 갖춘 것일까? 저자는 이 제사장의 장엄한 독특하심과 인간에 대한 그분의 공감 사이에 주의 깊게 균형을 유지한다. 그는 예수님이 우리의 인성을 입으셨으며 "잠시 동안 천사보다 못하게"(2:7, 9) 되었고, 시험을 온전히 체험하셨으되 그 시험에 굴복하지 않으셨고(4:15), 연약함에 노출되었다는 것(5:2)을 지적한다. 그분이 겟세마네 동산에서 흘린 눈물과 그 후에 하나님의 뜻에 굴복하여 순종한 것은 특별히 타당했다(5:7). 그분은 고난을 통해 제사장의 일을 하도록 다듬어지고 온전하게 되었다. 그러므로 한 각도에서 보면, 그분이 하나님께 우리를 대표할 자격을 지니게 된 것은 그분의 신적 지위가 아니라 그분의 증명된 인성 때문이다. 보통 지도자들의 세계에서 사업가와 정치가들은 그들이 알기에, 연약함의 징표를 전혀 보이지 않으며 고난에 영향을 받지 않을 사람들을 '성공자들'이라고 부른다. 하지만 그분이 하나님 앞에서 우리의 대표자가 되기에 적합하도록 만들어 준 것은 바로 그분의 연약함과 고난의 경험이다.

이 제사장은 무엇을 했는가? 다른 모든 제사장과는 달리, 이 제사장은 단 한 번만 제사를 드렸을 뿐이다. 하지만 그것은 모든 제사를 종식하는 제사였다. 한 번의 제사라도, "이 제사장"이 드린다면 레위기의 제사 제도 전

---

27 Lindars, p. 75.

체를 단숨에 폐하기에 충분했다. 구약의 제사들은 수명이 유한한 배터리와도 같았다. 그것의 효과는 다음날, 그다음 번, 혹은 기껏해야 그다음 해까지만 지속되었다. 하지만 그리스도가 죄를 위해 드리신 제사는 결코 수명이 다하지 않을 것이다. 그것은 "언제나 있을"(for all time, 12절에 나오는 이 말은 개역개정에는 번역되어 있지 않다―역주) 것이었다. 결정적이고 반복할 수 없는 것일 뿐 아니라, 놀랍고 변화시키는 효과를 지닌 것이다. 그것은 제사 제도가 결코 이루지 못한 것을 이루는 데 성공한다. "그가 거룩하게 된 자들을 한 번의 제사로 영원히 온전하게"(14절) 하셨기 때문이다. "온전하게 하[신다]"는 것은 새 시대의 구원이 주는 축복들을 누리는 것이다.[28]

얼핏 보면 저자는 그저 10절에서 말한 점을 강조하는 것처럼 보인다. 하지만 꼭 그렇지만은 않다. 거기에서 그는 사람들이 하나님께 구별되는 수단인 그리스도의 죽음이 반복될 수 없는 특성을 가지고 있음을 강조하기 위해 완료 시제를 사용했다. 여기에서 그는 하나님 백성의 삶에서 십자가가 지니는 지속적인 효과에 대해 말하기 위해 현재 분사 수동태를 사용한다.[29] 거기에서 그의 요점은 그리스도의 제사가 그것을 자기 것으로 만드는 사람을 "온전하게" 해 준다는 것이었다. 여기에서 요점은 그들은 하나님의 백성이 되었으므로 그들의 죄에도 불구하고 그분과 지속적인 교제를 나눌 수 있다는 것이다. 세례를 받은 후에 죄를 지었다 해도 그들과 하나님 사이의 친밀함은 망가지지 않았다. 그리스도의 제사가 죄를 단번에 해결했기 때문이다. 여기에서 신자들에게 계속 죄를 지으라고 부추기는 것이 아니라는 것과[30] 죄를 지을 때면 그리스도가 그 죄를 최종적으로 온전히 처리해 주신다는 확신이 나와 있다는 것은 더 말할 나위도 없다. 괴로운 양심은 그리스도의 십자가로 인해 잠잠해진다.

28　Seifrid, p. 276.
29　Bruce, *Hebrews*, p. 241.
30　바울이 롬 6:1-23에서 다룬 문제.

이 제사장은 지금 어디 있는가? 그분은 십자가에서 자신의 일을 마치시고 "하나님 우편에 앉[아]"(12절) 계신다. 그분은 하나님의 뜻에 온전히 따라 죽으신 후, 부활하시고 하늘로 높여지심을 받으심으로 하나님께 의롭다고 인정받았다. 그분은 자기 백성을 위해 간구하시면서 제사장으로서 계속 사역하고 계시기는 하지만, 계속 제사를 드리시지는 않는다. 그분의 사역의 그 측면은 완수되었다. 그러면 그분은 무엇을 하고 계시는가? 저자는 그분이 "자기 원수들을 자기 발등상이 되게 하실 때까지 기다리시나니"라고 말한다(13절). 그가 높임을 받는다면, 왜 그의 모든 원수들이 즉시 진압되어 그의 발밑에 엎드리지 않는가? 왜 기다리나? 크리소스토무스의 말로 하면, 그 기다림은 "차후에 태어날 충실한 신도들을 위한"[31] 것이다. 그리스도가 기다리는 것은 자신의 승리를 필연적인 결론으로 이끌어 갈 힘이 없어서가 아니라, 하나님의 자비로 더 많은 사람이 회개함으로 그분께 나아오고 그분의 구원에서 유익을 얻도록 하기 위해 은혜의 날을 연장하기 위한 것이다.

브루스는 이 점에서 그 본문을 이렇게 요약한다.

이렇게 그리스도의 제사는 세 가지 탁월한 효과가 있는 것으로 여겨진다. 그 제사로 그의 백성들은 죄로부터 양심이 깨끗해졌다. 그 제사로 그들은 하나님께 받아들여진 예배자로서 하나님께 나아가기에 합당하게 된다. 그 제사로 그들은 새 언약에 포함된 하나님과의 온전한 관계를 맺게 되어, 이전 시대에 약속되었던 것이 성취되는 것을 경험했다.[32]

저자는 이제 그 언약에 초점을 맞춘다.

---

31 Hughes, *Hebrews*, p. 402에서 인용.
32 Bruce, *Hebrews*, p. 241.

6. 예수님의 십자가는 새 언약을 창조한다(10:15-18)

언약이라는 주제는 이미 8:6-13과 9:15-22에서 살펴본 바 있다. 두 번째 본문을 먼저 살펴본다면, 9:15-22에서 그리스도는 "새 언약의 중보자"로 제시되며, 언약이라는 개념이 유언과 관련하여 연구된다. 저자는 말장난하고 있다. '디아테케'(*diathēkē*)라는 하나의 그리스어 단어가 '언약'과 '유언'이라는 두 가지 의미를 모두 가지고 있기 때문이다. 그는 그 은유에 기초해서 유언은 그것을 쓴 사람이 죽을 때까지는 효력을 발휘하지 못한다는 점을 지적한다. 새 언약은 그리스도가 죽으셨기 때문에 생겨난 것이다. 저자는 이렇게 십자가를 레위기 앞부분에 설명된 대로 속죄의 제사로 제시하는 것에서 벗어나, 이제 출애굽기 24:5-8에 설명된 언약을 시작하는 제사로 제시한다. 십자가는 새 언약을 시작하는 데 필수불가결한 역할을 한다.

앞의 본문인 8:6-13에서는 새 언약의 개념을 그것에 대한 예레미야의 예언과 관련하여 해설한다.[33] 옛 언약은 백성들의 불순종으로 인해 실패했으며, 하나님은 자신을 위해 사람들을 구속하고자 하는 바람(그 언약에 표현되어 있는)에 충실하기 위해 그의 언약 약속을 수행할 새로운 길을 찾으셨다. 그래서 예레미야는 언약이 하나님의 백성 안에서 결정적이고 내적인 변화를 일으켜 그들이 언약적 의무를 수행할 수 있도록 해 줄 새날을 마음에 그렸다. 놀랍게도 이것은 신약에서 새로운 개념으로 등장한다. 다른 신약 저자들이 간과한 것을 히브리서에서 다루기 때문이다. 복음을 새 언약으로 암시한 저자들조차 그것을 예레미야의 예언과 연관 짓지는 않았다.[34]

저자가 10:15-18에서 간략하게 다시 살펴보는 것은 십자가의 언약 맺는 역사라는 이 측면이다. 전에 그는 새 언약에 대한 예레미야의 환상 전체를 인용했다(8:8-12). 이제 그는 상기시키기 위해 몇 가지만 뽑아서 인용한다. 하

---

33 렘 31:31-34.
34 Lane, *Hebrews*, pp. cxxxii-cxxxiii.

지만 그 본문은 중대한 문제들을 강조하기 위해 주의 깊게 택한 것이다. 새 언약은 사람들의 삶에 내적인 변화를 가져온다. "내 법을 그들의 마음에 두고 그들의 생각에 기록하리라"(16절). 그것은 더 이상 외적 율법을 피상적으로, 심지어 마지못해 순종하는 것이 아니다. 새 언약은 사람들의 의지 안에 내적 변혁을 이루었기 때문에, 순종은 이제 하나님의 율법에 기꺼이 자발적으로 복종하는 것이다. 십자가가 내적인 변화를 가져왔다면, 그것은 또한 결정적인 변화를 가져왔다. "그들의 죄와 그들의 불법을 내가 다시 기억하지 아니하리라"(17절). 십자가는 그것들을 다 처리했다. 그들은 용서를 받았다. 그렇다면 그런 것이 계속 문제가 되는 것처럼 민감한 양심이 계속 되풀이해서 그것을 다시 문제 삼을 필요는 없다. 죄를 위해 제사를 더 드릴 필요성은 하물며 더욱 없다. 드려진 제사로 충분했다. 더 이상 드리는 것은 불필요한 것일 뿐 아니라, 진품에 대한 값싼 모조품에 불과하기 때문에 그리스도의 십자가에 대한 모욕이 될 것이다.

그렇다면 십자가는 과거의 죄를 속할 뿐 아니라, 새로운 언약을 시작한다. 속죄는 과거에 초점을 맞춘다. 새 언약은 "미래를 위한 영원한 협정을 시작한다."[35] 십자가는 속죄의 제사로서 하나님 앞에서 우리가 죄 사함을 받은 자가 되게 한다. 십자가는 언약의 제사로서 우리가 하나님과 계속 관계를 맺도록 한다.

십자가는 히브리서 전체에 걸쳐, 그리고 특별히 제사, 제사장직, 언약이라는 히브리서의 주요 주제들에서 중심이 된다. 이러한 관점에서 볼 때, 그것은 십자가에 달리신 그리스도가 다른 모든 제사를 드릴 필요성을 다 폐해 버리는 효과적인 제사이며, 모든 선조와 제사장들을 능가하는 뛰어난 대제사장이고, 다른 모든 언약을 초월하는 새 언약의 창시자이심을 보여 준다. "우리가 믿는 도리의 사도이시며 대제사장"(3:1)이신 예수님은 다른 어떤 존재보다

---

[35] Lindars, p. 95.

정말로 "더 나은" 분이시다. 그리고 십자가가 그렇게 만들었다.

   10:18 뒤에 나오는 구절에서 저자는 그의 가르침이 지닌 실제적이고 목회적인 함축을 설명한다. 십자가가 정말로 그가 주장한 모든 것을 성취했다면, 신자들은 확신하며 하나님께 가까이 나아갈 수 있고(10:19-22), 단호히 우리 믿음을 굳게 잡을 수 있으며(10:23), 소망 가운데 서로 격려할 수 있다(10:24-25). 예수님을 따르다가 뒤돌아서는 것에 대한 이유나 변명은 있을 수 없다.

16장

이를 위하여 너희가 부르심을 받았으니

베드로전서 1:2, 18-21; 2:13-15; 3:18-22

그리스도의 십자가에 대한 사도 베드로의 묵상은 특별히 흥미롭다. 어떤 신약 저자도 베드로보다 그리스도의 수난에 더 가깝고 고통스럽게 관여한 사람은 없다. 그리고 그는 초대교회 사도들의 지도자였기 때문에, 그가 십자가에 어떠한 탁월함과 의미를 부여하는지 보는 것은 특별히 중요하다.

레온 모리스의 견해에 따르면, "베드로전서는 짧은 글 치고는 속죄에 대해 놀랄 만큼 많이 말한다. 서신 대부분이 이렇게 저렇게 그 문제와 관계가 있다. 베드로는 처음부터 끝까지 하나님이 그리스도 안에서 역사하신 구원에 관심을 보이기 때문이다."[1] 십자가는 실로 그 서신서에서 중심이 되며, 십자가에 대한 베드로의 접근은 주목할 만하다. 십자가에 대한 언급들은 서신서 도처에 흩어져 있으며, 제임스 데니의 말로는 "그것은 아무렇지도 않은 듯이 제시되기 때문에 훨씬 더 인상적이다."[2] 바울과 달리 베드로는 구속에 대한 복잡한 신학을 논하거나 위대한 변증적 도식을 상세히 말하지 않는다. 베드로에게 십자가의 메시지는 "그가 변호할 준비를 하는 논리적 명제가 아

---

1   Morris, *Cross in the New Testament*, p. 316.
2   Denney, p. 63.

니다. 그것은 그가 전파해야 하는 복음이다."³

베드로는 믿음에 대해 공격당하고 있는 그리스도인들을 격려하려는 진지한 목사로서 글을 쓴다. 그는 그들이 이미 알고 있으나 자신들이 처한 상황에 적용하지 않고 있는 진리들을 상기시킨다. 그는 그들에게 그리스도에게 도움을 청할 뿐 아니라 또한 그분을 본받으라고 권면한다. 특히 고난 가운데 있을 때 그렇게 하라는 것이다. 베드로에게 있어 십자가는 기독교 제자도의 틀을 형성한다. 십자가는 기독교 신앙이라는 차량 전체를 받치고 있는 차대이며 우리의 기독교적 체험 전체에 형태를 제공하는 것이다. 십자가는 그리스도인의 소명 중심부에 있다.

서신서는 베드로가 "십자가에 붙잡히고 매혹되어"⁴ 있다는 것을 보여 준다. 그는 자주 십자가로 돌아와서 그것을 깊이 묵상한다. 그는 십자가의 본보기적 역할뿐 아니라 구속적인 의미도 설명한다. 그의 언어는 독특하며 자신의 목적에 맞추어 주의 깊게 선택한 것이다. 그는 십자가에 대해서나 십자가 처형에 대해서 말하지 않고, "그리스도의 피 뿌림"(1:2)에 대해, "흠 없는 어린 양"(1:19)에 대해, 그리스도가 "나무에 달려" 고난을 받으신 것에 대해, 그가 "채찍에 맞음"에 대해(2:24), 그리고 그가 "육체로는 죽임을 당하[신]" 것에 대해(3:18) 말한다. 그는 독자들이 그리스도 안에서 그들을 부르신 것을 더 충분히 알게 하려고 그리스도의 전체 수난을 묵상한다.

일부 사람들이 말했듯이 베드로의 서신에는 신학이라곤 거의 없다는 말은 사실이 아니다. 여기에는 그의 독자들의 실생활 경험과 연결된 심오한 목회 신학이 나와 있다. 그는 건전한 신학적 기초 위에서 그들이 어떻게 처신해야 하는지를 보여 준다. 베드로는 그들의 문제들을 다루면서 신학을 제쳐 놓는 것이 아니라, 십자가의 관점에서 접근한다. 그는 인사말에서 그리고 (앞에서 살펴보았듯) 서신서 내의 다른 세 군데에서 그것에 대해 말한다. 대체로

---

3 앞의 책, p. 60.
4 앞의 책, p. 58.

그는 그리스도의 인격과 십자가에서 이루신 그분의 사역을 대단히 광범위하게 묘사한다.

1. 십자가는 언약에 대한 충성을 공고히 한다(1:2)

글쓴이의 이름을 기록하는 의례적인 서두가 나온 직후, 베드로는 자기 독자들이 누구인지 밝히고 그들이 받게 된 놀라운 삼위일체적 축복이라는 견지에서 그들을 묘사한다. 그들은 하나님 아버지의 택하심을 받았으며, "순종함과 예수 그리스도의 피 뿌림을 얻기 위하여" 성령으로 구별된 자들이다. 그렇다면 제일 처음부터 십자가는 그의 사고의 제일 앞자리를 차지하고 있다.

하지만 그의 어휘 선택은 흥미롭다. "피"는 그리스도의 죽음이 폭력에 의한 것임을 증명한다. 동시에 그것은 유대 제사 제도를 조망하게 해 준다. 그 제도에서는 피를 흘리고 처리하는 것이 대단히 중대한 역할을 했다. 베드로는 피 의식의 세 가지 다른 측면 중 하나를 염두에 두고 있었을 것이다.

첫째로, 베드로는 정결 의식에서 피 뿌림의 역할을 생각했을 수도 있다. 전염성이 있는 피부병을 앓는 사람들은 일단 치유되면 공동체에 다시 받아들여지기 전에 피로 정결하게 하는 의식을 거쳐야 했다.[5] 시체와 접촉하여 더럽혀진 사람은 재와 그 위에 뿌린 물을 섞은 것으로 깨끗함을 받아야 했다.[6] 게다가 제사 의식에서 단이나 휘장이나 속죄소에 피를 뿌리는 일차적인 목적은 죄 되고 "부정한" 백성이 그들의 거룩하고 정결한 하나님께 다가갈 수 있도록 하는 것이었다.[7] 이것이 베드로 사상의 배경이라면,[8] 그는 자기 독자들이 그리스도의 죽음으로 부정함에서 정결하게 되었으며, 이제 살아 계

---

5 레 14:6-7.
6 민 19:1-22.
7 레 1:5, 11; 3:2, 8, 13; 4:6, 17; 5:9; 16:14, 15, 19; 17:6.
8 Michaels, *1 Peter*, p. 12를 보라.

신 하나님의 바로 그 임재에 그들 스스로 들어갈 수 있게 되었다고 말하는 것이다.

둘째로, 피는 아론과 그의 아들들이 여호와의 제사장으로 봉헌되는 동안 그들에게 뿌려졌다.⁹ 베드로가 이것을 생각하고 있는 것이라면, 그는 자기 독자에게 그들 역시 제사장으로 구별되었으며 하나님을 섬기도록 봉헌되었다고 말하는 셈일 것이다. 이것은 분명히 이 구절 나머지 절반과도 잘 맞는다. 그 나머지 절반에서는 그들이 "순종함"을 위해 부름받았다고 말하며, 그가 2:9에서 교회는 왕 같은 제사장이라는 주제를 발전할 것을 예상한다. 하지만 이러한 두 해석 모두에 있는 문제점은 그것들은 그저 그리스도인의 삶의 시작만을 언급하는 반면, 베드로는 성령의 성화시키는 사역에 대해 말한 후 피 뿌림에 대해 언급함으로써, 그리스도인의 삶에 계속해서 나타나는 특징에 대해 암시하는 듯이 보인다는 것이다.¹⁰

피 뿌림에 대한 구약의 세 번째 용례는 베드로가 여기에서 말한 것의 배경일 가능성이 가장 크다. 그 문구는 하나님이 이스라엘과 언약을 맺을 때 시내산의 모습을 생각나게 한다.¹¹ 에드먼드 클라우니(Edmund Clowney)는 다음과 같은 것을 상기시킨다.

열두 개의 기둥이 있는 단에서 제사가 드려졌다. 피의 절반은 단에 뿌렸다. 모세는 하나님의 언약 말씀을 다시 읽었고, 백성들은 순종을 맹세했다. 모세는 백성들에게 남은 제물의 피를 뿌리면서 "이는 여호와께서 이 모든 말씀에 대하여 너희와 세우신 언약의 피니라"라고 말했다.¹²

---

9 출 29:21.
10 Grudem, p. 53.
11 출 24:8.
12 Clowney, p. 35. 출 24:8을 인용.

시내산에서 하나님과 이스라엘은 피로 인 친 언약을 통해 상호 책임을 지는 관계, 즉 그분은 그들의 하나님이 되시고, 그들은 그분의 백성이 되고 그분의 율법을 지켜야 하는 관계를 맺었다. 모세가 산에서 내려와 백성들에게 말했을 때 그들은 "여호와께서 말씀하신 모든 것을 우리가 준행하리이다"[13]라고 반응했다. 베드로의 인사말을 보면 순종하라는 말이 피 뿌림과 밀접하게 연결되어 있으므로, 그는 이 묘사를 빌려 오려 한 것이 거의 분명하다.

베드로는 신산한 경험을 겪음으로 말미암아 자신들이 이 세상에서 나그네요, 유랑자라고 느끼는 흩어진 신자들에게, 그들이 사실은 하나님께 속한 언약 백성이라고 말한다. 그들은 선지자 예레미야가 마음에 그렸던[14] 새 언약을 맺은, 새로운 하나님 백성의 일원이다. 이 언약은 철저히 다른 형태의 공동체를 생성시켰다. 물론 거기에서도 순종은 역시 우선순위상 상당히 높은 것이긴 하지만 말이다. 하지만 그들은 더는 외적인 율법적 의무에 몰두하지 않는다. 그 대신에 그들은 하나님을 기쁘시게 하려는 내적 충동을 느끼는 축복을 누린다. 그들은 그분의 축복을 경험함으로 말미암아 종교적 율법주의자들과는 근본적으로 다른 집단에 속하게 된다. 그 축복은 그들을 산산조각이 난 세상에서 안전하게 지켜 주며, 급속하게 절망의 나락으로 빠져들고 있는 세상에서 소망을 준다.

옛 언약과 마찬가지로, 이 언약 관계도 피 뿌림을 통해 맺어진다. 하지만 이 경우 피는 짐승의 피가 아니라 어떤 분의 피다. 언약이 생겨나게 하고 이 이방인 독자들도 포함될 수 있게 해 준 것은 예수님의 십자가다. 그리스도의 뿌린 피는 새 언약 협정과 그 의무 사항을 확증해 준다.

---

13   출 24:3.
14   렘 31:31-34.

2. 십자가는 효과적인 구속을 성취한다(1:18-21)

베드로의 독자들은 신앙을 지키기 위해 격렬한 싸움을 하고 있었다. 그들의 이웃들은 "그들에게 수치를 주고, 모욕하며, 명성을 떨어뜨리는, 그리고 그들이 공동의 선을 위태롭게 하는 사회적·도덕적 일탈자들이라는 나쁜 평판을 듣게 하려고 만들어 낸 언어적 학대를 연달아 가하면서"[15] 공격하고 있었다. 이러한 반대에 직면하여, 누군가가 자신의 신앙을 포기하고, 이웃과 더불어 더 편안하며 덜 논쟁적인 관계를 맺고 싶어 한다 해도 그리 놀랄 일은 아니다. 베드로는 그들에게 그런 압력에 굴복하지 말고 "마음의 허리를 동이고, 근신하여", 그들의 믿음의 목표, 즉 "예수 그리스도의 나타나실 때에" 받을 "은혜"를 "온전히 바랄지어다"라고 격려한다. 그들은 "순종"하려 애써야 하며 온전함을 향해 끊임없이 진보해야 한다. 그들이 이 세상에서 어떤 고난을 당하든 그만한 가치가 있을 것이다. 그들은 동료 인간들을 "두려워하지" 말고, 사실상 그들의 진짜 재판관인 하나님을 두려워해야 한다.

하지만 그들이 거룩함의 길을 계속 걸어갈 때 그들의 일차적인 동기는 두려움이 아니라 감사다. 베드로는 그들에게 하나님이 그리스도의 죽으심을 통해 그들을 위해 해 주신 일을 상기하고 그분이 그들의 구속을 위해 지불하신 대가가 얼마나 값어치 있는 것인지 묵상해 보라고 권한다. 베드로는 집약된 몇 문장 안에서 간결한 구속 신학의 개요를 잘 정리한다.

1) 구속의 사실

구속은 이미 이루어진 사실이다. "너희가…대속함을 받은 것"(18절). 오늘날 '구속'(redemption)이라는 말은 "쿠폰을 물건과 교환하거나 전당포에 맡긴 물

---

15 J. H. Elliot, "Disgraced yet graced: the gospel according to 1 Peter in the key of honour and shame", *Biblical Theology Bulletin* 25(1995), p. 173.

건을 찾아오거나 하는 등의 경우에 사용되는 비인격적인 용어"가 되었다.[16] 하지만 그 말은 베드로 시대에는 결코 비인격적인 용어가 아니었다. 그것은 유대 사회에서나 로마 사회에서나 구원에 대한 적절할 뿐 아니라 생생한 비유였다. 유대법은 장자의 구속이나 여호와께 봉헌된 다른 사람들이나 물건들의 구속에 대한 규정을 마련해 놓았다.[17] 그것은 또한 빈곤해지거나 종이 된 사람들을 그들의 가장 가까운 남자 친족이 구속하는 규정도 만들어 놓았다.[18] 이 놀라운 친족 구속('고엘', gō'ēl)의 개념은 룻의 이야기에 아름답게 그려져 있다. 그녀가 남편을 사별하고 아무런 생계 수단도 없이 정처 없이 떠돌 때, 보아스는 그녀를 위한 책임을 떠맡는다.[19] 로마 사회에서 종들은 신들에게 드려지는 것처럼 신전에 구속값을 배상하고서 자유를 살 수 있었다. 이론적으로는, 해방된 종은 그러면 신들의 소유가 되는 셈이며, 실제적으로는 사회적으로 자유인이 되는 셈이다.[20] 이사야는 하나님을 이스라엘의 구속주로 묘사했다.[21] 이제 베드로는 하나님이 자기 아들의 생명을 구속값으로 지불함으로써 그의 독자들을 위해 그 역할을 성취하셨다고 말한다.

2) 구속의 필요성

우리는 무엇에 포로가 되었으며 무엇에서 자유롭게 될 필요가 있는가? 베드로는 다소 놀랍게 대답한다. 그는 우리가 죄에서 구속되는 것이 아니라 "너희 조상이 물려준 헛된 행실에서" 구속된다고 말한다. "헛된"(futility)이란 것은 살아 계신 하나님 대신 무력한 우상들을 섬긴 사람들의 생활 방식에 대해 선지자들이 내린 판결이었다.[22] 칠십인역 전도서에서는 처음 두 장에서

---

16 Marshall, *1 Peter*, p. 56.
17 출 13:13; 레 27:1-25.
18 레 25:25, 47-53.
19 룻 4:1-12.
20 Michaels, *1 Peter*, p. 64.
21 사 41:14; 43:14; 44:24; 47:4; 48:17; 49:7, 26; 54:5-6; 60:16.
22 예를 들어, 렘 2:5; 8:19; 16:19.

만 열세 번이나 베드로가 인생의 공허함, 무의미함, 진부함을 묘사할 때 사용한 것과 동일한 그리스어 단어('마타이오스', *mataios*)를 사용한다. 바울 역시 그리스도 밖에 있는 이방인들의 생각을 헛된 것이라고 말한다.[23] 그렇다면 베드로가 말하는 헛된 것이란 일차적으로 그의 독자들이 시행했던 조상 전래의 우상숭배를 말하며, 그와 관련된 윤리적 가치 체계, 관습, 문화 등을 포함한 전체 생활 방식을 포괄한다.[24] 그리스도는 죄의 권세와 처벌로부터 그들을 풀어 주셨을 뿐 아니라, 또한 아무짝에도 쓸모없는 우상들을 섬기는 부담으로부터도 해방해 주셨다.

우상숭배는 고대인들에게 그랬던 것과 마찬가지로, 현대인들에게서도 자유를 빼앗아 갔다. 비록 덜 단순하고 덜 명백한 방식으로이긴 하지만 말이다. 거의 50년 전에 조이 데이비드맨(Joy Davidman)은 이렇게 평했다. "집은 주부를 삼켜 버리고, 사무실은 간부직 사람들을 궤양으로 썩게 했었으며, 판에 박힌 여흥은 우리 스스로 즐기지 못하게끔 만든다. 우리의 우상들이 우리에게 아무런 해도 끼치지 않았는가?" 이 말은 지금은 고색창연한 말처럼 들린다. 하지만 우상숭배의 형태는 바뀌었을지라도, 문제 자체가 줄어들 기미는 보이지 않는다. 심리학자인 올리버 제임스(Oliver James)의 『침상 위의 영국』(*Britain on the Couch*)[25]이라는 책만 읽어 보아도 알 수 있다.[26] 그는 영국이 수십 년 전보다 더 부자가 됐는데, 우울증 발병 사례가 엄청나게 증가하는 것에서 입증되듯이, 지금이 예전보다 어떻게 훨씬 덜 행복하게 되었느냐고 묻는다. 마찬가지로, 조너선 글러버(Jonathan Glover)의 『인간성』(*Humanity*)[27]이라는 제목의 '20세기의 도덕사'에서는 그 몇십 년 동안 세상을 지배했던 잔혹함과 국수주의의 지루한 이야기들을 상세히 말한다. 그런

---

23 엡 4:17.
24 Morris, *Cross of Jesus*, p. 41.
25 앞의 책, p. 38에서 인용.
26 1997년에 Century에서 출판됨.
27 1999년에 Jonathan Cape에서 출판됨.

사실로 해서 우리는 우상들이 아직도 건재하며 현대인들의 숭배를 받고 있다는 것을 인식하게 된다. 많은 사람에게 있어 최신판 우상숭배는 컴퓨터다. 하지만 그것은 획일적인 형태를 지니지는 않는다. 그것이 여전히 사람들을 헛된 것에 종속시킬 능력을 가지고 있다는 증거는 어디서나 볼 수 있다.

그리스도의 십자가는 우리를 헛된 것의 감옥으로부터 구해 주며, 우리 실존뿐 아니라 피조물 전체의 근원이시며 목적이시며 목표인 성부 하나님을 소개해 준다.[28] 하나님은 그리스도 안에서 우리가 온전한 유업을 누리도록 해방해 주신다. 에드먼드 클라우니가 말하듯이, "'공허한 사람들'의 텅 빈 삶과 대조적으로, 그리스도인들은 하나님을 믿고 그 안에서 소망을 품는다. 궁극적인 의미, 곧 하나님의 영원한 계획과 목적의 영광 안에서 무의미함은 사라져 버린다."[29]

3) 구속의 대가

몸값에 대한 요구는 거래가 성사되려면 대가를 치러야 한다는 걸 의미한다. 구약에서 보통 몸값의 가치에 대해 거의 강조를 하지 않는 것은 대단히 의외다.[30] 예를 들어, 이사야 52:3을 보면 하나님은 이스라엘이 "돈 없이" 포로 생활에서 "속량"될 것이라고 말씀하신다. 베드로는 값에 대해 무관심한 이러한 경향을 단호히 역전시킨다. 그는 우리를 구속시켜 준 희생 제사의 가치에 초점을 맞춘다. 그의 근본 요점은 우리가 자유를 얻도록 치러진 대가는 너무 커서, 때로 그리스도의 제자들이 아무리 어려움을 겪는다 해도 그렇게 얻은 자유를 내던져 버릴 수는 없다는 것이다. 베드로는 "너희가…대속함을 받은 것은 은이나 금같이 없어질 것으로 된 것이 아니요,[31] 오직 흠 없고 점

---

28 골 1:15-20.
29 Clowney, p. 72.
30 Michaels, *1 Peter*, p. 63.
31 참고. 행 3:6.

없는 어린 양 같은 그리스도의 보배로운 피로 된 것이니라"(19절)라고 쓴다.

여기에는 서너 가지 개념들이 얽혀 있다. 베드로는 출애굽기 12:5에서 유월절 어린 양의 이미지를 빌려오며, 좀 더 넓게는 제물로 드릴 어린 양은 하나님이 받으실 만한 것이 되려면 온전해야 한다는 반복되는 언급들[32]을 빌려온다. 아마도 베드로는 이사야 53장을 약간 암시하면서, 그리스도가 우리를 해방하기 위해 구속값으로 하나님께 제물로 드려졌을 때 죄 없고 흠 없는 삶을 살고 있었다고 말하는 것이다.

종은 구속값을 한 푼 두 푼 모으기 위해 오랜 세월 동안 저축해야 했을 것이다. 하나님은 죄인들이 도저히 낼 수 없는 값을 치르셨으며, "창세 전부터"(20절) 그것을 위해 일하셨다. 이것은 실제로는 아무런 대가도 치르지 않은 채, 거의 뒤늦은 궁리로 뜯어 맞춘 막판의 값싼 타협이 아니었다. 이 구속은 가장 비싼 값을 치른 가장 온전한 것이었다. 그것은 창세 전에 계획되었으며 본디오 빌라도 치하의 역사에서 제공되었고, 그 이전이나 이후나 믿음으로 그 유익을 얻는 모든 사람에게 효력을 발휘한다.

베드로의 성찰들은 분명 예수님이 그들과 함께 계시던 시절에 직접 말씀하신 기억할 만한 말로 인해 형성되었을 것이다. "인자가 온 것은 섬김을 받으려 함이 아니라 도리어 섬기려 하고 자기 목숨을 많은 사람의 대속물로 주려 함이니라."[33] 그가 당시에는 예수님이 하신 말씀의 의미를 제대로 깨닫지 못했다 해도, 이제 십자가와 부활 사건을 겪은 후로는 그것을 분명하게 알게 되었다. 예수님은 그분만이 자기 백성을 종노릇에서 구할 수 있는 대속물이셨고, 그 일은 인간적 수단으로는 도저히 불가능한 것이다.

4) 구속의 효과

예수님이 십자가에 달리신 후에 다시 살리심을 받고 영광스럽게 되었다는

---

[32] 참고. 예를 들어, 민 6:14; 28:3, 9.
[33] 막 10:45.

사실은 하나님이 제공하신 구속값이 충분한 것이었음을 여지없이 보여 준다. 그분이 지니신 생명의 권세는, 그분을 죽음에 매어 두려 했으며 우리를 도저히 도망갈 수 없게 헛된 것에 종속시켰던 사슬을 끊어 버렸다. 따라서 우리 신자들은 이제 소망의 백성이 된다. 무의미한 황무지를 헤매고 다니는 것이 아니라, 방향 감각과 목적지를 가지고 이 세상을 헤쳐나가는 것이다. 우리는 빈 무덤에서 자신의 권능과 신뢰할 만한 증거를 보여 주신 하나님을 믿고 소망한다. 이것이 우리로 하여금 목표를 향해, 즉 우리가 온전히 영원토록 자유롭게 될 그날을 향해, 순례자의 길을 가면서 적대감을 견뎌낼 수 있도록 하는 확신이다.

5) 구속의 목적

그때까지는 여기에서 할 일이 있다. 우리가 구속받은 목적은 거룩한 삶을 살도록 해방된 것이다. 그것은 베드로서 대주제 중 하나다. 그는 거룩함에 대해 여러 차원에서 쓰면서, 그것을 개인적 성품의 문제, 사회적 행동의 문제, 공동체 관계의 문제로 제시한다. 여기에서 그는 성품의 거룩함을 강조한다. 복음의 진리를 순종함으로 말미암아 그리스도 피의 깨끗하게 하는 효과를 체험한 우리는 이제 서로를 진실하게 사랑함으로 구속의 열매를 맺어야 한다(22절).

구속은 우리의 개인적 편의를 위한 것이 아니다. 우리의 개인적 죄로 인한 벌이 처리되고 헛된 것이라는 감옥에서 석방된 우리는 자기중심적인 생활 방식에 빠져들어서는 안 된다. 그리스도께 대한 우리의 순종은 우리가 처음에 복음에 반응한 것 훨씬 이상으로 계속해서 표현되어야 한다. 그것은 우리가 자기중심적인 삶에서 타자 중심적인 삶으로 바뀌고 다른 사람들을 실제로 사랑으로 섬기기 시작하면서 계속된다.

십자가는 우리를 변화시켜 주변 사회와 반대되는 삶을 불가피하게 살도록 우리를 구속한다. 베드로는 그리스도의 고난이라는 주제로 되돌아오면서 독자들에게 동일한 균형 잡힌 가르침을 준다. 갈보리에서는 놀라운 은혜가 흘러나오지만, 그것은 우리가 인생의 상황들에 잘 대처하고, 불의한 상황에 완전히 반문화적으로 반응하게 한다는 것이다.

3. 십자가는 기독교 제자도의 본이 된다(2:21-25)

베드로전서에는 고난이 배어 있다. 그의 독자들은 고난에 시달린다. 그들은 악행한다는 비방을 받는다. 그들은 모욕을 당하고, 악의적 중상을 당하며, 이상 성격자로 여겨진다. 그들은 자신들이 악을 당하는 쪽임을 발견한다(2:12; 3:9, 16; 4:4). 명예와 수치를 중대하게 여기는 사회에서 그들의 믿음은 큰 희생을 요한다. 그들은 이러한 불의한 상황을 어떻게 다루어야 했는가?

베드로는 이에 대한 반응으로, 먼저 종들에게 말한다(18절). 그들은 인격적 존재로 권리를 가지고 있기보다는 재산으로 취급되던 존재들이었기 때문에, 정면으로 반대를 받고 있었을 것이다. 하지만 그는 곧 다른 사람들도 포함하면서, 24절에 가서는 "너희"에게 말하던 것에서 그리스도가 "우리"를 위해 죽으신 것이라는 의미를 이끌어 낸다.

1) 그리스도의 고난의 유형

베드로는 그들의 고난이 부당하며 불의한 것임을 자명하게 여긴다. 그는 잘 못했기 때문에 고난을 받는 사람들을 다루는 것이 아니다(16, 19-20절). 그가 관심을 가지는 것은 고난 일반에 대한 것이 아니라, 그들이 기독교 신앙으로 해서 직면하는 편파적이고 부당한 반대다. 그는 또한 사회 내의 일반적인 불의에 대해 논하면서 다른 사람들을 위해 그 불의를 바로잡으려면 그리스도인들이 어떤 조치를 하는 것이 적절한지에 대해 말하는 것도 아니다.[34] 그는 그리스도를 따르는 사람들이 진정한 제자도를 발휘할 때 생겨나는 부당한 고난에 대해 말한다. 그런 제자들은 결코 인기를 얻지 못할 것이다.

그는 그들이 그런 종류의 불의를 만날 때 그들이 성취해야 할 특별한 부르심이 있다고 말한다. 그것은 그리스도의 자취를 따라가는 것이다(21절). 우리는 그것을 적용할 때 주의해야 한다. 베드로가 모든 그리스도인이 고난을 받도록 부름받았다고 말한다고 생각하기 쉬우며, 많은 사람은 그의 말을 그렇게 해석한다. 하지만 그가 정말로 말하고 있는 것은 고난이 "올 때", "그때" 그것을 인내로 견뎌야 한다는 것이다. 하워드 마셜은 이렇게 설명한다. "그들이 '이를' 위하여 부름받았다고 말할 때, 그 말은 그들이 고난을 '인내심 있게' 견디도록 부름받았다는 의미다."[35] 베드로의 요점은 그들이 고난에 대해 다른 사람들이 하듯이 분노하거나 비슷한 방식으로 보복하거나 정치적 행동을 취하거나 금욕적으로 눌러 참거나 우울증에 빠져 위축되거나 하는 반응을 보여서는 안 되고, 그리스도 자신이 하신 것과 동일하게 그것을 받아들여야 한다는 것이다.

부당하게 고난을 당하는 그리스도인들의 본이 되며, 보복하지 않고 묵묵히 그 고난을 지도록 하는 것은 그리스도의 고난이다. 존 엘리엇(John Elliot)은 베드로의 권고를 철학자 플루타르크의 조언과 비교한다. '원수들로 인해 유익을 얻는 법'(How to Profit by One's Enemies)이라는 글에서 그는 이렇게 촉구한다. "당신을 증오하는 사람을 괴롭게 하고 싶다면, 그를 비천하다거나 나약하다거나 방종하다거나 저속하다거나 옹졸하다고 모욕하지 말고, 당신을 다루어야 하는 사람들에게 당신 자신이 사나이답게 절제력을 보이고 진실하며 친절하고 정의롭게 대하라."[36] 하지만 엘리엇이 알듯이, 그러한 비교는 만족스럽지 못하다. 베드로는 일반적인 지혜를 제공하는 것이 아니라, 그들에게 참을성 있게 고난을 견뎌야 하는 기독론적인 동기를 부여하고 있기 때문이다. 그리고 플루타르크가 설사 그런 조언을 제공했다 해도, 그리스도

34　Marshall, *1 Peter*, pp. 87-89를 보라.
35　앞의 책, p. 92.
36　Elliot, "Disgraced yet graced", p. 171.

는 스스로 궁극적인 고난을 지심으로 그것을 삶으로 살아 내셨다. 우리가 자신의 고난을 남다르게 다루도록 해 주는 분은 그리스도시다.

서신 앞부분에서, 말하자면 베드로의 카메라는 그리스도를 흠 없는 유월절 어린 양으로 포착했다(1:19). 이제 그는 이사야 53장의 구절을 필터로 사용하여 그분을 고난받는 종으로 포착한다. 그리스도는 죽으러 가시는 흠 없고 점 없는 어린 양이시다. 2:22-25의 각 구절은 이사야 53장과 연관되어 있다. 22절은 이사야 53:9을 인용하며, 23절은 이사야 53:7을 암시하고, 24절에는 틀림없이 이사야 53:4, 5, 12에서 나온 단어들과 문구들이 포함되어 있고, 반면 25절은 이사야 53:6을 반영한다.[37]

베드로는 분명 갈보리에서 일어난 일에 대해 추억하지만, 실제 사건에 대해서는 아무 말도 하지 않는다. 그렇게 했다면 방해가 되었을 것이다. 그는 고난받은 교회에 그 사건들이 지닌 적절성과 중요성을 어느 정도 강조하기 위해 뒤로 한 발짝 물러선다. 그가 가장 상기하는 것은 그리스도가 자기 주변에서 일어나는 불의에 불평하지 않고 비보복적으로 받아들이셨다는 것이다. 그분은 모욕을 당했을 때 잠잠했으며, 비난을 당했을 때 그것을 받아들이셨다. 위협을 당했을 때는 그것에 순복하셨다. 예수님은 수동적인 극기를 보이신 것이 아니었다. 오히려 그분의 반응은 적극적인 순복과 신뢰의 완벽한 모범이다. 그분은 저항하고 즉각적인 정의를 요구하실 필요가 없었다. "오직 공의로 심판하시는 이에게" 부탁하셨기 때문이다(23절). 그리스도의 수난에 대한 베드로의 기억은 누가의 기사와 비슷하다. 예수님은 자신의 정당함이 입증되리라는 것을 확신하며 신뢰하는 아들이셨다. 그러므로 그리스도는 이같이 가장 극심한 시험을 받으면서도 자신의 가르침을 실천하실 수 있었다. 그분은 자신을 저주하는 자들을 축복하시고 자신을 모욕하는 자들을 위해 기도하셨던 것이다.[38]

37　Grudem, p. 129.
38　눅 6:28.

그렇다면 그리스도의 수난은 자신의 믿음 때문에 고난을 당하는 모든 신자에게 모델 역할을 한다. 이 점에서 예수님은 그들의 "본"이 되셔야 한다 (21절). '히포그람몬'(*hypogrammon*)이라는 이 말은 신약에서는 여기에서만 사용되었으나, 다른 곳에서는 아이들이 알파벳을 배울 때 글씨를 베껴 쓰는 것을 나타낼 때 사용한다. 아이들이 글씨를 주의 깊게 베껴 쓰는 것과 마찬가지로, 제자들은 그리스도의 본을 따를 때도 마찬가지로 주의를 기울여야 한다. 그렇게 한다면 쉽지는 않겠지만, 우리는 하나님을 신뢰하고 그분이 적당한 때에 잘못을 보복하고, 악행을 저지르는 자들에게 복수해 주시리라고 믿고 고난을 견딜 수 있을 것이다.[39] 보복하기를 거부하는 것은 악순환의 고리를 끊고 선으로 악을 이기는 것이다.

2) 그리스도 죽음의 목적

그리스도의 수난을 하나의 본보기로 보는 것은 옳다. 하지만 베드로는 거기서 만족하지 않는다. 그가 그리스도의 수난이라는 모범적 모델을 전개할 때 그는 동시에 그것의 구원적·구속적 의의 역시 전개하지 않을 수 없다. 하워드 마셜은 제임스 데니가 이 점에 대해 진술한 것을 그의 주석에서 적절하게 인용한다.

> 사도 베드로는 십자가로 잠시 눈을 돌리더라도 마치 그것에 매혹되어 사로잡힐 수밖에 없는 듯하다. 그는 습관적으로 십자가에서 더 많은 것을 보았으며, 악행을 당한 종에게 권고하는 데 필요한 것보다 훨씬 더 많이 보았다. 그는 결백한 고난과 인내에 대한 최고의 본보기인 십자가에 대한 그들의 관심이 아니라, 유일한 구속의 원천인 십자가에 대한 모든 죄인의 관심으로 궁극적으로 영감을 받았다.[40]

---

39 롬 12:19-21.
40 Marshll, *1 Peter*, p. 91. Denney, p. 57를 인용.

그리스도의 고난을 묵상할 때 베드로는 그 목적의 네 가지 측면을 더 본다.

첫째로, 그리스도는 우리의 죄를 담당하기 위해 죽으셨다(24절). 베드로는 여기에서 좀 더 광범위한 구약의 배경을 염두에 두고 있지만, 특별히 이사야 53:4, 12을 암시하고 있다. 이 표현법은 죄를 범한 사람은 그에 대한 값을 치러야 한다는 것을 흔히 표현하는 말이었다. 바로 이러한 견지에서 이스라엘 자손들은 불평한 것 때문에 광야에서 40년간 지내라는 판결을 받았다.[41] 예레미야와 에스겔이 각 사람은 자신의 죄의 결과를 다른 사람들에게 넘기지 말고 스스로 책임을 지라고 했을 때, 이런 뜻으로 말한 것이었다.[42] 하지만 하나님의 자비로, 새 언약하에서는 죄의 짐과 결과를 스스로 지시고, 회개하는 죄인에게서 그것들을 멀리 제해 버리신 분은 고난받는 종이다. 이것은 오직 그분 안에서 완벽한 대속자를 발견할 수 있었기 때문에 가능한 일이다. 그는 흠이 없었기 때문에 자신의 죄가 없었으며 져야 할 죄의 결과도 없었다.

베드로는 그리스도의 죽음을 색다른 방식으로 말한다. 그는 그리스도가 "나무에 달려 그 몸으로 우리 죄를 담당하셨[다]"(24절)고 말하기 때문이다. 왜 '나무'인가? 베드로는 십자가 처형에 대해 다른 여러 가지로 말할 수 있었음에도 불구하고, '십자가'('스타우로스', *stauros*)라는 분명한 단어를 선택하지 않는다. 그가 '나무'('크쉴론', *xylon*, 목재 혹은 목재로 만든 물체)라는 말을 택한 것은 신명기 21:23을 상기시키려는 의도인 듯이 보인다. 그 구절에서는 사법적 벌로 시체를 나무에 매다는 것에 대해 말하며, "나무에 달린 자는 하나님께 저주를 받았음이니라"라고 말한다. 그것은 아마도 예수님이 죽으셨을 때 우리의 죄를 지심으로 그 죄에 대한 심판으로 하나님의 저주를 받으셨다는 것을 의도적으로 상기시키는 말인 듯하다.

그렇다면 그분의 수난은 본보기일 뿐만 아니라 구속적인 것이다.

---

41 민 14:33-35.
42 렘 18:30; 겔 18:20.

둘째로, 그리스도는 우리의 삶을 새롭게 하기 위해 죽으셨다(24절). 그분은 "우리로 죄에 대하여 죽고 의에 대하여 살게 하려고" 죽으셨다. 죄 사함은 삶을 새롭게 하는 것으로 이어져야만 한다. 전형적인 바울식으로,[43] 베드로는 그리스도의 죽음이 우리의 악행을 용서해 주는 것 이상을 이루기 위한 것임을 설명한다. 그것을 통해 우리는 그리스도와 연합하였으며 의의 열매를 맺을 의무를 지니게 된다.[44] 죄 사함은 우리의 삶을 명확하게 방향 전환하게 해 죄에서 멀어지고 하나님과 다른 사람 앞에 옳은 삶을 살도록 해야 한다. 그분의 죽음은 '당연히' 용서받을 것이기에 계속 죄를 짓게 만드는 '값싼 은혜'가 아니다. 우리를 위한 그분의 대속이라는 대가를 이해하면 그것이 "그리스도께 대한 측량할 수 없는 의무를, 그리고 따라서 헤아릴 수 없는 동기 부여 능력을 지니고 있음"[45]을 보게 될 것이라고 제임스 데니는 말한다. 우리는 더 이상 죄를 짓고 싶지 않게 될 것이다.

셋째로, 그리스도는 우리의 상처를 치유하기 위해 죽으셨다(24절).[46] 죄는 고통과 고난을 포함한 수많은 해악을 가져온다. 하지만 그분의 죽음은 그것들을 모두 포괄적으로 치유한다. 그리스도께 가해진 상처들은 우리의 짐을 제해 주며 우리의 상처들을 치유해 준다. 우리는 그분의 손실에 비례하여 이득을 얻는다. "테오도르(Theodore)가 말했듯이 여기에 '새롭고 이상한 치유의 방법이 있다. 의사가 대가를 겪으며 환자는 치유를 받는다.'"[47]

넷째로, 그리스도는 우리와 하나님의 관계를 회복시키기 위해 죽으셨다(25절). 양은 길에서 벗어나는 경향이 있다. 그들은 자신들이 직면하는 위험을 잊어버리고, 자신이 목자의 인도와 보호를 받을 필요가 있다는 것에 무

---

43 참고. 롬 6:1-23.
44 롬 7:4.
45 Denney, p. 60.
46 우리는 원래의 문맥(사 53:3)에서 그것을 살펴보았을 때 이 진술이 함축하는 점들을 탐구해 보았다(사 53:5). 앞의 p. 166를 보라.
47 Stibbs, *1 Peter*, p. 121.

관심한 채 정처 없이 방황한다. 인간도 하나님과의 관계에서 이와 똑같다. 하지만 십자가를 통해 그리스도는 잃어버린 자를 찾으시고 그들을 다시 집으로 데려오사 그들을 자신에게로 회복하셔서, 그분이 그들의 "영혼"의 "목자와 감독" 역할을 할 수 있게 하신다. 그분 안에서 우리는 인생의 방향을 회복하며 하나님과의 관계에서 화해를 누린다.

베드로는 그리스도의 죽음을 본보기로 볼 것인가 구속을 이루는 것으로 볼 것인가 중에서 선택하기를 거부함으로써, 이후 많은 세대의 제자들이 이루지 못한 조화를 이룬다. 램지 마이클스(J. Ramsey Michaels)는 이렇게 말한다.

> 베드로전서는 그리스도의 십자가가 희생적인 사랑의 예인가, 아니면 하나님이 정하신 화해와 구속의 수단인가를 놓고 벌어지는 현대의 모든 토론을 뛰어넘는다. 의심할 여지없이 이 서신을 분명 둘 모두다. 그 두 측면이 긴장을 이루지 않는다. 사실상 각각은 상대편을 요구한다. 그리스도인들은 그리스도의 죽음으로 구속받았기 때문에 죄를 뒤에 남겨 두고 예수의 발자취를 따를 수 있다. 그러므로 제자도는 그 죽음이 주는 구원의 유익을 수동적으로 받아들이는 것 이상을 요구한다. 그것은 바로 예수님의 죽음 및 그 죽음으로 이끈 모든 것에 적극적으로 참여하는 것이다.[48]

3) 그리스도의 죽음이 지니는 호소력

하지만 우리는 신자들을 위한 모범인 그리스도의 수난과 죽음이라는 주제로 되돌아온다. 복음주의자들은 종종 십자가의 구속적 의의를 옹호하려다가 그것이 우리의 모범임을 과소평가하기 때문이다. "이를 위하여 너희가 부르심을 받았으니 그리스도도 너희를 위하여 고난을 받으사 너희에게 본을

---

[48] J. R. Michaels, "Going to Heaven with Jesus: 1 Peter", in R. W. Longenecker (ed.), *Patterns of Discipleship in the New Testament* (Eerdmans, 1996), pp. 255-256.

끼쳐 그 자취를 따라오게 하려 하셨느니라"(21절). 예수님의 본은 그저 부러워하기 위해서나, 심지어 그저 주목만 하기 위해서 거기 있는 것이 아니라, 본받으라고 있는 것이다. 우리는 예수님의 제자들로서 그분을 위해 받는 불의에 대해 예수님이 하셨던 것과 같이 반응하면서, 그분의 부르심에 참여하고 그 발자취를 좇아야 한다.

마르틴 헹엘은 베드로의 편지가 쓰인 시대의 제자도의 특성을 탐구했다. 그의 말에 의하면 참된 제자가 되고 주인을 따른다는 것은 "먼저 주인의 운명을 무조건 공유하는 것이다. 그것은 심지어 주인의 뒤를 이어 궁핍함과 고난을 당하는 것에서 그치지 않으며, 따르는 자가 온전히 신뢰한다는 것을 기초로 해야만 가능한 일이다. 그는 자신의 운명과 자신의 미래를 그의 주인의 손에 내맡기는 것이다."[49] 우리는 예수님의 제자로서 그분이 인도하는 곳으로 따라가야 하며, 때로 십자가에 도달한다 해도 놀라서는 안 된다. 우리는 그렇게 행동할 때 고난을 통해서 자유가 오며, 불의를 기꺼이 받아들이는 것을 통해서 악이 패하고 선이 언젠가 승리하리라는 것을 알고, 그분이 그러셨듯이 기꺼이 순종함으로 그것을 받아들여야 한다.

4. 십자가는 총체적인 승리를 선포한다(3:18-22)

베드로는 서신에서 다시 한번 그리스도의 십자가로 되돌아오는데, 이번에는 그 십자가가 하나님을 반대하는 모든 것을 누르고 이룩한 총체적인 승리를 기뻐한다.

1) 그리스도의 죽음의 최종성

베드로는 히브리서 저자와 약간 비슷한 투로[50] "그리스도께서도 단번에 죄를

---

49 Hengel, *The Charismatic Leader and his Followers* (1968; ET T. and T. Clark, 1981), p. 72.
50 히 9:26, 28.

위하여 죽으사"(18절)라고 단언한다. 그의 죽음은 예전에 제사장들이 드리던 희생 제사와는 달리 충분하고 온전한 속죄 사역이었다. 그분은 다시 죽으실 필요가 전혀 없으며, 반복해서 그럴 필요는 더욱 없다. 램지 마이클스는 "그리스도의 고난은 끝났으며, 그 목적은 완전히 이루어졌다"고 주석한다.[51]

그리스도의 죽음은 몇 가지 놀라운 변화를 이루었는데, 베드로는 이것을 몇 가지 대조를 이용해서 묘사한다. "의인"이신 그리스도가 "불의한 자"를 대신하셔서, 하나님에게서 멀리 떨어져 있던 사람들이 가까이 올 수 있게 했다. 그분은 "죽임을 당하시고" 그다음에는 "살리심을 받으셨다." 전자는 "육체로" 일어났고 후자는 "영으로" 일어났다(18절).[52] 전자는 인간의 손으로 인해 일어났으며, 후자는 하나님의 권능의 행동으로 일어났다. 그렇게 그리스도의 십자가는 정반대되는 것들을 결합하며, 그 긴장들을 해소한다. 죄 된 인간들이 거룩하신 하나님과 화목된다. 소외된 사람들이 화목하게 하시는 하나님의 존전에 나아오게 된다. 그리스도를 죽인 악한 사람들의 행동이 우리를 위해 그 일이 일어나도록 하신 하나님의 자비로운 행동으로 변화된다. 억누를 수 없는 생명이 죽음을 정복한다. 그리고 멸망할 육체의 몸은 멸망하지 않고 영원히 살 부활체로 대체된다. 십자가는 의로우신 하나님과 죄 된 피조물 사이의 간격을 영단번에 메운다.

2) 십자가의 승리의 최종성

베드로는 그리스도의 고난을 그의 부활과 분리할 수 없었다. 그 둘은 모두 하나님의 한 구속 행위의 일부다. 그는 부활이라는 개념을 소개하고 나서,

---

51　Michaels, *1 Peter*, p. 202.
52　이 점에서 육체적인 것과 영적인 것을 대조하는 데는 주의가 필요하다. 여기에서 언급하는 것은 인간의 육체 대 인간의 영이 아니라, 연약한 육체 대 하나님의 권능의 영이다. 여기에서 대조하는 것은 육체의 몸이 죽은 후 영혼이 부활한 것이 아니라, 육체의 몸이 죽는 것과 영적인 몸이 부활한 것이다. 그리스도는 성령의 권능 행사를 통해 새로운 유형의 몸을 가지고 다시 살아나셨다. 참고. 고전 15:42 이하. Michaels, *1 Peter*, pp. 203-205를 보라.

이제 그것을 좀 더 충분히 탐구하고 그의 독자들에게 그것이 목회적으로 의미하는 바를 끌어낸다. 유감스럽게도 이 부분은 신약에서 가장 어려운 구절 중 하나다. 그는 완곡한 논리로 그리스도가 부활하신 것에서 "옥에 있는 영들에게" 전파하신 것으로 넘어간다(19절). 그들은 자신들이 범죄를 저지른 때인 "노아"의 날부터 형을 살고 있는 자들이었다(20절). 노아에 대해 생각하다가 그는 새로운 길로, 혹은 새로운 두 길로 빠진다. 방주 안에서는 "구원을 얻은 자가…겨우 여덟 명"이었다. 나머지는 "물"에 빠져 죽었다(20절). 그래서 많은 사람을 빠져 죽게 했던 바로 그 물이 방주에 피난한 소수의 사람에게는 구원의 수단이 되었다. 그렇다면 구원은 심판의 이면이다.

그는 물을 언급하다가 "세례"의 물을 떠올렸다. 세례는 여전히 우리를 "구원[한다]"(21절). 육체를 씻기는 것이 아니라 그것이 의미하는 것이 그렇다는 말이다. 그것은 "선한 양심"(21절)이 하나님을 향하여 찾아가는 것이다. 베드로의 말은 세례에서 우리가 이제 하나님 보시기에 깨끗한 양심을 가지고 살아갈 것이라고 약속한다는 의미일 수도 있다. 또는 "찾아가는 것"('에페로테마', *eperōtēma*)이라는 단어는 '요청'을 의미할 수도 있으므로, 그는 세례 때 우리가 하나님의 용서와 우리의 양심을 깨끗하게 할 것을 요청한다고 말하는 것일 수도 있다.[53]

베드로는 이렇게 두서없이 돌아다니다가 마침내 다시 출발점으로 돌아온다. 부활하신 그리스도는 이제 하나님 우편에 높임을 받으셨으며 우주의 모든 권세와 능력을 호령하며 다스리신다. 물론 그것이 바로 베드로가 말하고 있는 요점이다. 그의 독자들에게 다른 권세들은 너무나 생생하고 그리스도의 신앙을 반대하는 그들의 능력은 너무나 강한 것처럼 보인다. 하지만 사실은 그리스도야말로 그들을 정복하신 분이시다. 그 때문에 그는 해설하면서 그리스도가 옥에 있는 영에게 전파한다는 개념을 포함하는 것이다. 19-20절

53　Marshall, *1 Peter*, p. 131를 보라.

은 그리스도가 언제 그의 사명을 착수하셨는지, 누구에게 전파하셨는지, 뭐라고 말씀하셨는지, 어디로 가셨는지에 대해 어떻게 보느냐에 따라 여러 가지 방식으로 해설될 수 있다. 주된 해석 세 가지는 이렇다.[54] 첫째 해석은 그리스도가 노아 시대에 불순종했던 사람들의 영에게 가셨다고 말한다. 그것은 그들에게 자신의 승리를 알리기 위해서일 수도 있고, 그들에게 다시 한번 회개할 기회를 주시기 위해서일 수도 있다. 둘째 해석은 그리스도가 노아에게 들어가사 방주가 지어지고 있을 때 그 당시 사람들에게 전파했으나 그들이 그의 말을 듣기를 거부했다는 것이다. 아니면 셋째로 베드로의 말은 그리스도가 아래 음부에 갇혀 있거나 위로 하늘에 있는 불순종하는 초자연적 권세들을 방문하사, 자신의 부활과 그들 및 다른 모든 악한 세력들에 대한 자신의 최종 승리를 선포했다는 의미일 수도 있다.

프랑스는 그 구절을 주의 깊게 논의하고는 셋째 견해를 채택하게 되었다.[55] 베드로는 그리스도의 여정이 성령을 통해 이루어졌다고 말하는데, 그는 방금 성령이 그리스도의 부활의 행위자라고도 언급한 바 있다. 그렇다면 그 여정이, 일부 사람들이 이해하듯이 그분의 죽음과 부활 사이가 아니라, 부활 후에 그분이 하늘로 오르시는 도중에 일어났다고 이해하는 것이 논리적이다. 그리스도가 전파한 대상은 누구였는가? 그분은 노아 시대의 불순종하는 "영들"에게 전파하셨다. 이것은 노아 시대에 하나님께 큰 슬픔을 일으켰던 사람들의 죽은 영들을 언급할 수도 있으나, 창세기 6:1-4에 나온 타락한 천사들, 당시 사람들이 죄를 짓도록 충동질했던 존재들을 가리킬 가능성이 더 크다. "영들"이라는 단어는 보통 예수님이 사역하시는 동안 종종 만났

---

54 Marshall, *1 Peter*, pp. 122-132에는 그 해설에 대한 매우 훌륭하고 이해하기 쉬운 서론과 이 본문에 대한 여러 가지 해설이 담겨 있다.

55 R. T. France, "Exegisis in practice: two examples", in I. H. Marshall (ed.), *New Testament Interpretation: Essays in Principles and Methods* (Paternoster, 1977), pp. 264-278. Michaels, *1 Peter*, pp. 205-220 역시 이 견해를 채택한다. 다른 견해로는 Grudem, pp. 157-162를 보라.

던 초자연적 존재를 의미한다. 다른 곳에 보면 그들이 마지막 심판을 기다리면서 "옥에" 갇혀 있다고 말한다.[56]

이러한 만남은 어디에서 일어났는가? 베드로는 사실상 아무 말도 하지 않는다. 그리스어('포류테이스', *poreutheis*)는 그저 "저가 갔다"(he went: 개역개정에는 번역되어 있지 않다—역주)는 것만 말해 줄 뿐이다. 그가 어떤 방향으로 갔는지는 말해 주지 않는다. 전통적인 이해처럼, 죽은 자들이 거하는 곳인 음부로 "내려"간 것일 수도 있다. 하지만 본문이 꼭 그것을 요구하지는 않는다. 아마도 하늘로 올라갔을 수도 있다. 유대인들은 하늘에 서너 개의 층이 있는데 그중 하나에 악한 영들이 사로잡혀서 자신의 파멸을 기다리고 있다고 믿었다. 이 일은 부활 후에 일어났을 가능성이 대단히 큰데, 만일 그렇다면 그리스도는 불순종한 영들이 갇혀 있는 곳으로 "올라"가셨다고 보는 것이 더 사리에 맞는다.

예수님은 그들에게 무엇을 전파하셨는가? 다시 한번 기회를 주겠다는 복음을 전파했다는 증거는 없다. 베드로 논증의 문맥에 비추어 볼 때, 예수님의 메시지가 그런 것이었다면 그것을 여기에 포함하는 취지가 무엇인지 의아하다. 성경의 더 넓은 전후 문맥이나, 베드로서의 전후 문맥이나, 그리스도가 전파한 것이 그분이 모든 반대 권세들을 이기고 승리하셨다는 것을 시사한다. 부활은 그의 모든 원수들이 패주했다는 것을 입증했다. 프란스는 이렇게 지적한다.

그리고 이것은 베드로의 독자에게 실제로 정말 중요한 주제였다. 그들은 반기독교적 편견이 가할 수 있는 최악의 것을 견디라고 부름을 받았을 것이다. 하지만 그럴 때라 해도 그들은 이교 대적자들과 더욱 중요한 것으로 그들 배후에 있는 영적인 악의 세력들이 그리스도의 통제권 바깥에 있는 것이 아님을 확신할 수 있

---

56 벧후 2:4; 유 6절.

었다. 그들은 이미 패배를 당했으며 최종적인 처벌을 기다리고 있다.[57]

그래서 십자가에 대한 베드로의 최종 해설은 승리의 어조로 끝난다. 십자가는 그의 독자들의 삶을 어렵게 만드는 바로 그 사람을 비롯하여 하나님을 반대하는 모든 것을 정복했다. 다시 한번 더 베드로의 손에서 십자가는 복된 소식임이 입증된다. 십자가는 그저 구원의 복된 소식일 뿐 아니라 승리의 복된 소식이다.

베드로가 그리스도의 십자가를 다루는 것에 대해 두 가지가 특별히 눈에 띈다. 먼저, 그는 성경의 좀 더 광범위한 이해와 완벽하게 일관되게끔 십자가에 접근한다. 그는 성경 다른 곳에서 발견되지 않는 것은 하나도 말하지 않는다. 실제로 그는 독자들이 그리스도 고난의 의미를 더욱 분명하게 깨닫도록 돕기 위해 구약 제사 제도의 서너 가지 이미지를 능란하게 이용한다. 그리고 그가 말하는 것은 다른 신약 저자의 가르침과도 일맥상통한다. 하지만 둘째로, 그의 손에서 그 오래된 메시지들은 놀라운 신선함을 띤다. 그는 숙련된 기능공처럼 익숙한 것을 취하여 그것을 아주 새것처럼 보일 때까지 갈고 다듬는다. 그는 그렇게 하면서 그의 독자들의 실제적인 필요와 목회적인 필요를 정확하게 채워 준다.

베드로에 따르면, 고난받는 그리스도는 그의 십자가를 통해 우리를 순종으로 이끄는 언약 수립자, 우리를 자유로 이끄는 대속물 제공자, 우리를 죄사함으로 이끄는 우리 죄를 지신 분, 우리를 참음으로 이끄는 최고의 본, 그리고 우리를 승리로 이끄는 높임 받은 주님이 되셨다.

---

57 France, "Exegesis in practice", p. 272.

17장

하나님은 사랑이시라

요한1서 4:7-14

요한1서 저자는 사랑을 전파하는 사람으로 유명하지만, 교회를 오류로 이끌고 가는 사람들에 대해서는 놀랍도록 날카롭고 단호하게 말한다. 그는 그들을 "거짓말쟁이"(2:4, 22; 4:20)라고 세 번 비난하며 그들의 사상이 적그리스도적이라고 세 번 말한다(2:18, 22; 4:3). 그들의 가르침은 그런 반응을 불러일으킬 만큼 심각하게 정도에서 벗어나 있던 게 분명하다. 그들의 오류는 하나님이 그리스도 안에서 성육신하셨음을 부인한 것이다. 그들에게 육체는 악한 것이었으며, 하나님이 인간의 형상을 입고 우리가 사는 물질세계에 들어오신다는 건 상상도 할 수 없는 일이었다. 따라서 그들은 예수님이 정말 사람이 아니라 그저 사람인 것처럼 '보였을' 뿐이라고 가르쳤다. 그분의 인간의 몸은 환영일 뿐이었다는 것이다.

요한은 이것이 극히 중대한 기독교 진리와 진정한 그리스도인의 삶을 침해할 가능성을 가지고 있는 이단이라고 보았는데, 그것은 옳았다. 그리스도가 육체로 오지 않으셨다면(4:2), '그리스도의 성육신, 속죄의 죽음, 육체의 부활의 실상'[1]이 의문시되었을 것이 분명하며 우리는 하나님이 그분을 통해 하신 일이 있다면 과연 그게 무엇일까에 대해 매우 불확실한 상태로 있을 것이다. 우리는 분명 하나님을, 아니면 우리가 그분의 자녀이며 영생을 받았다는 것을 "알지"[2] 못할 것이다. 게다가 "잘못된 가르침은 언제나 잘못된 삶으로 이끌며,"[3] 요한은 서신서 처음부터 끝까지 그의 독자들의 삶에서 진리가 실제로 어떤 결과를 낳는가에 관심이 있다.

요한은 그리스도의 생명에 대해 자신이 목격한 체험을 상기시킴으로 거짓 가르침에 반격을 가한다(1:1-3). 다른 사람들은 내적 조명이나 은밀하게 신성을 계시받는 것으로 만족할지 모르지만, 요한은 그렇지 않다. 그가 아는 하나님은 나사렛 예수의 삶과 죽음이라는 살과 피의 생생한 현실을 통해 자신을 알리셨으며, 모든 사람이 볼 수 있게 매우 공개적으로 그렇게 하신 분이시다. 이 하나님을 아는 것은 우리의 주관적인 추론이 아니라, 예수님의 인격 안에 나타난 그분의 객관적인 계시에 반응하는 것이다. 그 계시의 중대하고 필수 불가결한 부분은 십자가에서 주어졌다.

요한의 첫 번째 편지를 제대로 이해하는 것은 어렵다. 그의 접근법은 "논쟁적이고 직선적이기보다는 묵상적이고 순환적"[4]이기 때문이다. 어떤 사람들은 그의 사상에서 분명하고 논리적인 유형을 발견하려 애쓰면서, 그것을 분석적으로 정리된 것이기보다는 사상이 결합되어 연결된 일련의 문단들이라고 간주한다.[5] 하지만 많은 사람은 그 논증이 순환적이라고, 혹은 좀 더 특별하게는 "나선형으로, 같은 사상들이 계속 토론의 수위를 높여 가면서 서너 번 반복된다고"[6] 본다. 이것은 그리스도의 죽음이 이 서신서의 단 한 군데에서만 언급된 것이 아니라 여러 군데에서 언급되었다는 의미다. 사실상

---

1   Jackman, p. 15.
2   '알다'(know)는 요한이 가장 자주 사용하는 단어 중 하나다. 그의 세 서신서에서 그리스어 '기노스코'(ginōskō)는 25회 나오며 '오이다'(oida)는 16회 나온다.
3   Jackman, p. 15.
4   Eaton, p. 25.
5   Marshall, *Epistles of John*, p. 26.
6   앞의 책, p. 22.

열일곱 군데나 되는 곳에서, 다양한 언어, 피와 제사와 사랑의 언어[7]를 사용해서, 십자가에 대한 아홉 개의 서로 분리된 개념들을 재생시켜 놓는다.[8] 이러한 언급 중 아마 우리가 여기에서 살펴보는 본문 4:7-12이 가장 알찬 본문일 것이다.

1. 십자가는 하나님의 사랑을 드러낸다

요한에게 있어 예수님의 십자가는 죄 된 인류에 대한 하나님의 사랑을 최고로 잘 드러낸다. 거짓 교사들을 날카로운 정죄하는데도 불구하고, 요한의 서신을 지배하는 것은 비난의 어조가 아니라 사랑의 어조다. 그리고 십자가는 하나님의 사랑에 대한 최고의 표현이다.

1) 하나님은 누구신가?

이 짧은 서신에는 하나님의 경이롭고 신적인 존재의 신비를 간파하는 데 도움이 되는 두 가지 위대한 진술이 담겨 있다. 앞부분에서 우리는 "하나님은 빛이시라"(1:5)는 말을 읽었다. 뒤에서는 "하나님은 사랑이심이라"(4:8)는 말을 읽게 될 것이다. 이것은 하나님의 성품에 대한 가장 심오한 계시다. 사랑은 하나님이 소유하고 있는 특성이 아니라, 하나님 자신의 정수다.[9] 그것은 이따금 하나님을 특징짓는 별로 중요치 않은 속성이 아니라, 하나님의 참다운 핵심, 곧 본질적 존재다. 그것은 하나님의 구성 요소가 아니라, 그분의 순수한 본성이다. 하나님은 다른 어떤 것이기 이전에, 사랑이시다. 하나님은 그분의 사랑 안에서 세상을 창조하셨고 사람들을 만들어 내사 사람들과 우정을 나누고자 하셨다. 하나님은 그분의 사랑으로 세상을 구속하시고 사람들을 재

---

[7] 주된 곳은 1:7; 2:2; 3:16; 4:9-10; 5:6.
[8] R. E. O. White, *An Open Letter to Evangelicals* (Paternoster, 1964), p. 195.
[9] Jackman, p. 118.

창조하사, 사람과의 교제를 새롭게 하시고 죄로 인해 단절된 관계를 회복시키고자 하셨다.

요한이 말하는 사랑은 인간의 사랑과는 다르다. 싱싱한 진짜 과일이 인공적인 과일향과 다른 것과 마찬가지다. 초대 그리스도인들은 하나님의 사랑을 말할 때, 사랑을 나타내는 말로 평상시에 쓰는 그리스어 단어('에로스', *erōs*)를 피하는 경향이 있었다. 혹시라도 오해가 없도록 하기 위해서였다. 하나님의 사랑은 '아가페'(*agapē*)다. 그것은 비범한 종류의 사랑, 터무니없을 정도로 다른 사람들을 섬기기 위해, 최후까지 자신을 주는 사랑이다.

인간의 사랑은 보통 '에로스'다. 그 사랑은 값어치 있고, 사랑할 만하고, 보답으로 사랑을 줄 수 있는 사람들을 사랑한다. 그것은 욕망, 종종 소유하고자 하는 욕망이라는 특징을 지닌다.[10] '아가페'는 값어치 없는 사람을 사랑하며, 매우 아낌없이 그렇게 한다. 그러므로 하나님의 사랑은 우리가 자연적인 사랑이라고 알고 있는 인간적 태도와는 다르다. 그것은 전적으로 새로운 것이며 우리는 그저 인간의 사랑을 상상하여 좀 확대하기만 하면, 절대 진정으로 사랑을 이해하지 못할 것이다. 그분의 사랑은 우리의 사랑과는 다르다. 양적으로 다를 뿐 아니라 종류가 다른 것이다.

주의할 점이 있다. "하나님은 사랑이시다"라고 말하는 것은 "사랑은 하나님이시다"라고 말하는 것이 아니다. 그렇게 하면 잘 알려진 논리적 오류를 범하는 셈이다. 예를 들어, "모든 개는 다리가 네 개다"라고 말하는 것은 "다리가 네 개인 동물은 모두 개다"라고 말하는 것과 같지 않다. 처음 문장은 완벽하게 참이지만 역으로 하면 완벽하게 거짓이다. 하나님은 사랑이시다. 하지만 그렇다고 해서 모든 사랑이 하나님은 아니다. 첫째로, 우리는 어떤 종류의 사랑에 대해 말하고 있는지 규정해야 한다. 앞에서 살펴보았듯이, 많은 사랑은 하나님의 사랑에 미치지 못하며, 심지어 그분의 놀라운 은혜에

---

10 Morris, *Cross in the New Testament*, pp. 339-340.

대한 값싼 모조품조차 되지 못하기 때문이다. 둘째로, 하나님은 사랑이시다. 하지만 그분은 사랑 훨씬 이상인 분이시다. 요한이 사랑에 대한 해설에서 설명하듯이, 하나님은 거룩한 사랑, 목적이 있는 사랑, 완전한 사랑, 구속의 사랑이시다.

2) 하나님은 무엇을 행하셨나?

우리는 하나님에 대한 이 모든 것을 어떻게 아는가? 그분이 사랑이시라는 어떤 증거가 있는가? 그 대답은, 그분이 행하시는 것으로 우리가 하나님을 안다는 것이다. 그리고 하나님은 그분의 행동으로 자신이 사랑이시라는 것을 우리에게 드러내 보이셨다. 우리는 그것을 상상하거나 추론하거나 바라거나 추정하지 않았다. 요한은 우리가 그것을 보았다고 말한다. 그분이 어디에서 이런 식으로 자신을 계시하셨는지 물으면, 그 대답은 '십자가에서'라는 것이다. 십자가가 없다면 사랑에 대한 우리의 이해는 불완전할 것이다. 사랑이 무엇인지 규정하는 것은 십자가이기 때문이다. 우리는 사랑을 멋지고 따스한 느낌으로, 감정으로, 심지어 의지의 헌신으로 생각할지 모른다. 하지만 십자가는 사랑을 자신을 주는 것으로 규정한다. "그가 우리를 위하여 목숨을 버리셨으니 우리가 이로써 사랑을 알고"(3:16). 하나님이 사랑이시라는 것을 가장 설득력 있고 논박할 수 없게 우리에게 계시하는 것은 십자가다. "하나님의 사랑이 우리에게 이렇게 나타난 바 되었으니 하나님이 자기의 독생자를 세상에 보내심은 그로 말미암아 우리를 살리려 하심이라"(9절). 하나님은 그저 우리에게 동정을 느끼시거나, 그저 우리를 사랑한다고 말씀하시는 것으로 우리를 사랑하신 것이 아니었다. 그분의 사랑은 행동으로 표현되었다. 그분은 자신의 가장 귀한 아들을 보내사 우리 가운데 살고 우리를 위해 자신을 주도록 하셨다. 그것은 구체적인 사랑이었다. 하나님은 요한의 반대자들이 분명 가르치고 있었던 것처럼 우리가 어떤 주관적인 조명의 과정을 통해 그 사랑을 발견하도록 내버려 둔 것이 아니라, 십자가에서 객관적으로 그것을 보이셨다.[11] 역사상의 어떤 날에, 예루살렘 밖의 한 산에서, 하나님의 아들이 우리를 위해 십자가에 달리셨다. 이보다 더 큰 사랑이 어디 있다는 말인가?

> 바다 같은 주의 사랑
> 　　내 맘속에 넘치네.
> 생명의 주 우릴 위해
> 　　보혈 흘려 주셨네.
> 영원하신 주의 사랑
> 　　어찌 우리 잊으리.
> 생명 주신 주님만을
> 　　영원히 찬양하리.[12]

존 스토트는 그것을 이렇게 요약한다. "그리스도가 오신 것은 그러므로 하나님의 사랑에 대한 구체적이고 역사적인 계시다. 사랑(아가페)은 자기희생, 곧 자신을 희생하여 다른 사람의 긍정적인 선을 구하는 것이기 때문이다. 그리고 하나님이 자기 아들을 주신 것보다 더 큰 자기희생은 일찍이 결코 없었으며, 있을 수도 없을 것이기 때문이다."[13]

3) 하나님은 어떻게 역사하시는가?

사랑이 하나님의 특징이며 십자가에서 나타났다고 말하고 나서, 요한은 이제 가르침에 좀 더 개인적인 뉘앙스를 부여한다. "하나님은 사랑이시라"는 것뿐 아니라, 아니면 "하나님의 사랑이 우리에게 나타난 바 되었다"는 것뿐

11　Seifrid, p. 282.
12　William Rees와 William Edwards의 찬송가, "Here is love"(바다 같은 주의 사랑).
13　Stott, *Epistles of John*, pp. 164-165. 『틴데일신약주석시리즈: 요한서신서』(기독교문서선교회).

아니라, "하나님이 우리를 사랑하셨다"는 것이다(10절). 그는 하나님에 대한 기본적인 진리를 진술하고 십자가에 대한 통찰력 있는 주석을 달고는, 개인적 적용까지 한다. 하나님이 그의 아들을 보내셨을 때, 그것은 우리와 같은 진짜 사람들의 세계에 보내신 것이었다. 그리고 그분은 우리의 죄악 되고, 반역적이며, 타락한 인성을 완전히 아시면서도 우리를 사랑하셨다. 우리는 특별히 사랑스러운 존재가 아니었다. 우리는 감사함으로 창조주를 인정하거나, 신실함으로 그분을 따르거나, 진실하게 그분과 동행하려는 경향을 거의 보이지 않았다. 그 대신 우리의 타락한 본성으로 인해 우리는 그분의 선하심에 무관심했고, 그분의 방식에 회의적이었으며, 그분의 율법에 반역적이었다. 사실상 우리가 그분을 사랑하고자 했다 해도, 우리의 본성은 너무나 곡해되어 있어서 조금이라도 지속적이고 의미 있는 방식으로 그렇게 할 수 없었다.

하지만 놀라운 은혜를 베푸시는 하나님은 우리가 먼저 그분을 향해 움직이기를 기다리지 않으셨다. 하나님은 의로운 엄위하심을 지닌 분이셨으므로 그렇게 기다리셨더라도 충분히 정당했을 것이다. 그 대신에 그분이 먼저 행동을 취해 우리를 찾고, 우리에 대한 그분의 사랑을 알리며, 우리의 사랑을 구하고, 우리에게 사랑을 퍼부으셨다. 요한은, "사랑은 여기 있으니 우리가 하나님을 사랑한 것이 아니요, 하나님이 우리를 사랑하사…그 아들을 보내셨음이라"(10절)고 쓴다. 바울도 로마서 5:6-10에서 다른 언어를 사용해서 동일한 요점을 말한다. 하나님은 "우리가 아직 연약할 때에", 우리가 "경건하지 않은" 때에, "우리가 아직 죄인 되었을 때에", "우리가 원수 되었을 때에" 그분의 구원의 사랑으로 우리를 찾아오셨다. 주도권은 전적으로 하나님이 쥐셨다. 사랑에 빠진 연인처럼, 하나님은 우리에게 다시 그분과의 교제를 회복하도록 간청하기 위해 모든 장애물을 극복하시고, 행동을 억제하는 모든 것을 무릅쓰시고, 모든 방해를 이겨 내셨다. 하나님은 주권적인 은혜가 위험에 처할 정도로, 우리가 그분을 인정하는 진척이나, 개혁의 표시, 회개의 기미 혹은 반응에 대한 암시를 기다리지 않으시고, 그분의 용서하시는 사랑을 보여 주셨다.

혼돈에 빠지고 상처 입은 다이애나 왕세자비가 1995년 11월에 마틴 바시르(Martin Bashir)와 했던 한 유명한 "파노라마"(Panorama) 인터뷰에서 이렇게 말했다. "세상에서 최대의 질병은 사랑받지 못하는 병입니다." 십자가는 아무도 그 병으로 고생할 필요가 없다고 말한다. 우리 우주의 핵심에는 우리를 사랑하실 뿐만 아니라 자신의 사랑을 가장 잊을 수 없는 방식으로 알게 하신 분이 계시다. 그리고 그분의 사랑은 다른 인간의 사랑과 다르다고 할 때, 우리는 그것이 어떤 인간의 사랑보다 훨씬 더 우월하기에 다르다는 것을 쉽게 인정한다. 그리스도 안에서 우리를 사랑하시는 분은 어떤 인간보다 훨씬 더 중요한 분이시다. 그분이 그리스도 안에서 우리를 사랑하시는 그 사랑은 우리가 다른 인간에게서 받을 수 있는 어떤 사랑보다 훨씬 더 놀라운 사랑이다. 그리고 그분이 그리스도 안에서 보이신 사랑은 다른 인간의 사랑보다 훨씬 더 확실하다. 그의 피조물 중 어떤 것도 "사랑받지 못하는 병"을 겪지 않는다.

2. 십자가는 하나님의 진노를 화목하게 한다(4:10, 14)

1) 속죄하는 사랑의 필요성

우리의 사랑관은 쉽게 감상주의로 전락할 수 있다. 그럴 때 우리는 하늘에 계신 우리 아버지가 우리를 사랑하시는 것과 우리를 용서해 주실 것을 당연하게 여긴다. 마치 그것이 세상에서 가장 예측 가능한 일이며 아무런 어려움이나 대가 없이 일어날 수 있기라도 하듯이 말이다. 하지만 감상은 참된 사랑이 아니다. 하나님의 사랑은 감상적인 사랑이 아니다. 그분의 죄 사함은 값싼 은혜가 아니다. 그분은 애당초 우리와 그분의 관계를 이간시킨 일이 절대 일어나지 않은 것처럼 무시함으로써 우리를 "사랑"하지는 않는다. 그분은 우리의 불화의 원인을 다룸으로써 우리를 사랑하신다.

포사이스는 하나님의 아버지 되심에 대한 이와 비슷한 글에서 다음과 같이 지적한다.

우리가 하나님 아버지를 하늘에 계신 최고의 본질적 아버지 이상으로 생각하지 않을 때, 그 이름을 너무 가볍게 여기는 것이다. 하나님은 어떤 한 아버지 혹은 온 세상의 아버지에 의해 자신을 계시하신 것이 아니었다. 그것은 하나의 표현은 되었을지언정 계시는 아니었을 것이다. 그것은 한 아들과 십자가로 계시되었다.… 내 말은 **사랑**을 넘어서, 미움으로 고통당하시면서도 그것을 구속하는 거룩한 사랑인 **은혜**로 나아가지 않을 때, 우리는 하나님 아버지를 너무 경시하는 것이라는 말이다.[14]

요한도 이 말에 동의할 것이다. 하나님의 사랑은 죄를 해결하고 악행을 구속하는 거룩한 사랑이다. 십자가는 죄인들로 하여금 하나님이 자신을 위해 얼마나 많은 것을 주셨는지 보게 하여 그들을 얻음으로써 그들이 그분께 돌아오도록 영향을 미치는 것 이상의 일을 한다. 그것은 하나님과 그들 사이의 장애물을 제거하고, 온전한 정의로 죄의 문제를 해결한다. 요한이 보기에는 십자가가 하나님의 사랑을 표현할 뿐 아니라 백성들의 죄를 구속하는 것이 너무나 분명하다. 그리스도의 죽음과 백성들의 죄 사이의 연관은 요한복음에도 충분히 분명하게 나왔다. 하지만 그것은 "요한의 서신에 틀림없이" 표현되어 있다. 레온 모리스는 복음서와 서신서가 여기에서보다 더 일치하는 점은 아마도 없을 것이라고 말한다. 즉 그리스도의 십자가와 백성들의 죄 사이의 연관을 확증한다는 점에서 그렇다는 것이다.[15]

요한에게 속죄가 중요하다는 첫 번째 표시는 서신서 앞부분에 나온다. 그는 1:7에서 "그 아들 예수의 피가 우리[즉, 빛 가운데 행하는 자들]를 모든

---

14 P. T. Forsyth, *God the Holy Father* (1897; Independent Press, 1957), p. 7.
15 Morris, *Cross in the New Testament*, p. 348.

죄에서 깨끗게 하실 것이요"라고 쓴다. 불과 몇 구절 뒤에 그의 죽음과 우리의 죄와의 연관이 다시 언급된다. "그는 우리 죄를 위한 화목제물이니 우리만 위할 뿐 아니요, 온 세상의 죄를 위하심이라"(2:2). 요한은 자신의 주제를 다시 한번 빙 둘러 살펴보면서 망원경의 각 부분과도 같이 세 가지를 연결하는 더욱 간결한 진술을 한다. 첫째 것에서 둘째 것이 비롯되며, 또한 둘째 것에서 셋째 것이 비롯된다. "오직 하나님이 우리를 사랑하사 그 아들을 보내시고 우리 죄를 위하여 화목제로 삼으셨다"(10절, NIV의 어순을 따라 번역함-역주). 첫째 부분은 하나님이 우리를 사랑하신다고 말한다. 둘째 부분은 그리스도가 우리를 위해 오셨다고 말한다. 셋째 부분은 그리스도께서 우리를 위해 속죄하셨다고 말한다. 거룩하신 하나님의 사랑을 죄 된 인간이 누릴 수 있는 수단은 그리스도의 십자가다. 하나님이 우리 죄를 무시하지 않으시고 그 죄의 실상을 직면하시며 그에 대한 대답으로 하나님 자신의 아들을 보내신 것은 바로 하나님이 우리를 사랑하시기 때문이다.

하워드 마셜은 "하나님 사랑의 깊이는 인류가 그 사랑에 가한 상처를 견디고, 온전하고 값없는 용서를 베푸신 것에서 볼 수 있다"[16]라고 말한다.

2) 속죄하는 사랑의 본질

요한서신은 사랑이 죄의 문제를 극복한 수단을 자세히 설명한다. 그리스도는 "화목제로"(10절) 십자가에서 죽으셨다. 요한 역시 바울 못지않게 속죄일에 의해 사상적으로 영향을 받았다. 피는 다시 한번 깨끗하게 하고 죄를 용서하는 과정의 중심으로 나타나며, 그리스도의 죽음은 본질이 희생 제사라는 시각으로 보인다.

요한도 바울 못지않게, 그리스도의 죽음을 '힐라스모스'(*hilasmos*), 곧 '화목'(propitiation)이라고 말한다. 바울의 서신에서 그런 것처럼, 요한의 서신에

---

16   Marshall, *Epistles of John*, p. 215.

서도 그 단어의 정확한 의미가 무엇인지에 대해 논란이 일고 있다. 그것이 '덮는 것'인지 '속죄'(expiation)인지 '화목'인지에 대한 논란을 여기에서 다시 자세히 말하지는 않겠다.[17] 요한이 하나님의 도덕적 정결함(1:5-7)과 장차 있을 하나님의 심판(2:28)을 매우 의식하고 있다고 말하는 것으로 충분하다. 둘 다 하나님이 자신이 창조한 백성들에게 그들의 죄와 그들이 그분의 의를 충족하지 못한 것에 대한 책임을 물을 것임을 암시한다. 그러므로 죄인들이 영생이라는 선물을 받으려면 신적 심판이라는 정의로운 분노를 어떻게 해서든 달래야 하는 듯이 보일 것이다.

하나님이 사랑이시라면 화목이 필요하지 않다는 주장에 대해 화이트(R. E. O. White)는 이렇게 답한다. "요한이 가르치는 것은 하나님이 사랑이시며 그 때문에 화목을 제공하신다는 것이다."[18] 그 안에 그의 사랑이 있다. 그것은 그분의 거룩함이 요구하는 의를 회피하거나 죄에 대한 그분의 진노를 억누르는 것이 아니라, 그분 자신이 자기 아들을 통해서 우리가 스스로 제공할 수 없는 것, 곧 우리의 죄성에 대한 해결책을 제공하는 것이다. 은혜롭고도 궁극적으로는 신비로운 방식으로, 하나님의 진노가 우리에게 임하는 대신 예수님에게 임했다. 그래서 우리는 하나님께 거부당하는 대신 환영을 받았다. 우리는 하나님의 벌을 받는 대신 용서를 받았다. 그리고 죽음에 사로잡히는 대신 영생을 얻는다.

바로 이 점에서 요한은 우리가 구속을 이해하는 데 특별한 공헌을 한다. 모든 신약 기자들이 하나님의 사랑과 화목의 행동을 연결하지만, 요한은 다른 누구보다도 더 확고하게 그렇게 한다. "화목과 사랑은 서로를 설명하는 개념들이 된다."[19] 제임스 데니는 이어서 이렇게 말한다.

---

17 앞의 pp. 296-299를 보라.
18 White, *Open Letter*, p. 205.
19 Denney, p. 151.

사도 요한은 사랑과 화목 사이에 어떠한 대조를 발견하기는커녕, 화목을 가리키지 않고는 누구에게도 사랑의 개념을 전혀 전달하지 못한다. 사랑은 거기에서 표현되며, 그는 그저 "보라. 사랑의 방식을!"이라는 말로 화목을 설명할 수밖에 없다. 그에게 있어 "하나님은 사랑이시라"고 말하는 것은 "하나님이 그의 아들을 온 세상의 죄를 위한 화목제물로 삼으셨다"라고 말하는 것과 똑같다. 하나님의 사랑에서 예수님의 화목적 죽음이 제거된되면 하나님의 사랑이 모든 의미를 잃어버리는 것이라고 말하면 부당할지 모르지만, 분명 그것은 사도가 의미하는 모든 것을 잃어버리는 것이다. 그것은 죄와 슬픔과 사망보다 더 깊이 나아가는 의미와 요한1서에 나오는 것과 같이 흠모하는 기쁨, 경이, 정결함 안에서 생명을 재창조한다는 그런 의미는 없다.[20]

우리가 하나님이 우리를 사랑하신다는 것을 충분히, 최종적으로, 참으로 아는 이유는 그리스도가 우리 죄를 위하여 죽으셨기 때문이다.

3) 속죄하는 사랑의 범위

우리를 향한 하나님의 사랑에 대해 이 위대한 선언을 하고 나서, 요한은 몇 구절 뒤에 구속의 범주를 넓혀 예수님을 "세상의 구주"(14절)라고 선포한다. 그가 명백히 포괄적이고 보편적인 문체로 글을 쓴 것은 이번이 처음은 아니다. 그것은 2:2에서 처음으로 나왔는데, 거기에서 그는 그리스도의 화목제물이 "우리 죄를 위한" 것이며 "우리만 위할 뿐 아니요, 온 세상의 죄를 위하심이라"라고 말한다. 이 말은 무슨 의미인가? 그는 그리스도의 죽음이 그리스도를 믿든 안 믿든 상관없이 모든 사람에게 죄 사함을 가져왔다고 주장하는 것인가?

"세상"이라는 말은 요한이 계속해서 사용하는 용어 중 하나다. 그는 이

---

[20] 앞의 책, pp. 151-152.

지구를 가리키기 위해서가 아니라 그 안에 사는 죄 된 사람들을 가리키기 위해 그 말을 사용한다. 세상에 대한 그의 일차적인 관점은 그러므로 부정적이다. 우리는 세상을 사랑해서는 안 된다. 그것은 지나갈 것이기 때문이다(2:15-17). 세상은 하나님을 사랑하지 않으며, 따라서 하나님을 따르는 자들도 사랑하지 않는다(3:1, 13). 세상의 사고방식은 신자들의 사고방식과 조화를 이루지 못한다(4:5). 세상은 거짓 선지자들과 적그리스도의 고향이며 악한 자의 지배하에 있다(4:1, 3; 5:19). 하지만 이것은 그리스도께서 오셨으며, 위하여 죽으셨고, 이기고 승리하신 세상이다(4:4; 5:4-5).

요한이 그리스도가 이 세상의 구주라고 말한다고 해서, 모든 사람이 자동으로 그리스도로 구원을 받는다고 말하는 것은 아니다. 오히려 그리스도의 죽음은 모든 사람을 구원하기에 충분하다고 말하는 것이다. 누구든지, 예수님이 하나님의 아들이심을 믿는다면, 하나님께로 새로이 태어나고 그분 안에 산다(예를 들어, 5:1-12). 요한의 요점은 거짓 교사들의 독단적 주장과는 반대로, 사람들은 구원받기 전에 어떤 비밀한 조명이 필요하지 않다는 것이다.[21] 그리스도의 죽음은 하나님이 모든 사람을 사랑하신다는 공적 선언이었으며, 모든 사람이 하나님의 구원을 얻기에 충분한 도구였다. 구원은 어떤 비밀스럽고 은밀한 의식을 통해 입문한 엄선된 엘리트들만을 위한 것이 아니다. 그리스도는 공개적으로 죽으셨으며, 누구든지 그분을 믿으면 구원을 얻을 수 있다. 그런 의미에서 그분은 "세상의 구주"이시다.

3. 십자가는 하나님의 백성을 위임한다(4:11-12)

요한은 아직 십자가에 대해 이야기를 다 끝내지 않았다. 그는 십자가가 하나님의 사랑을 계시하고 그분의 진노를 화목한다고 선포하고 나서, 이제 그것

---

21   Seifrid, p. 282.

이 하나님의 백성들에게 동기를 제공한다고 선언한다. "사랑하는 자들아, 하나님이 이같이 우리를 사랑하셨은즉 우리도 서로 사랑하는 것이 마땅하도다"(11절).

1) 사랑은 의무다

하나님의 사랑이 우리 삶에 흘러들어오면 반드시 우리의 삶을 통해 다른 사람들에게로 흘러넘쳐야 한다. 십자가는 하나님이 우리를 사랑하신다는 것을 단언할 뿐 아니라, 이번에는 우리가 다른 사람들을 사랑해야만 한다고 주장한다. 우리 삶에서 하나님의 사랑을 받고 그다음에 그것을 다른 사람들과 나누기를 거부하는 것은 하나님의 값없이 흘러넘치는 은혜를 침체의 늪에 가두어 두는 것이다.

요한의 주요 관심사 중 하나는 "우리의 믿음이 진정이라는 것을 어떻게 알 수 있는가?"라는 질문에 대답하는 것이다. 그는 세 가지 시험을 제시하면서 세 번의 해설로 그것을 자세히 설명한다.[22] 그 시험은 첫째 도덕적인 것으로, 순종의 시험이다. 둘째는 사회적인 것으로, 사랑의 시험이다. 그리고 셋째는 교리적인 것으로, 믿음의 시험이다. 우리가 여기에서 관심이 있는 것은 이 중 둘째다.

요한은 먼저 빛 가운데 살려면 사랑해야 한다고 말한다. 사랑이 없으면 우리는 어두움 가운데 거한다(2:7-11). 그다음에 그는 가인과 아벨의 실례를 들어 이것을 상세히 말하며, 증오를 살인과 단호하게 연관 짓는다(3:12). 그는 그와 대조적으로, 하나님은 그리스도 안에서 다른 사람의 생명을 취하지 아니하시고 우리를 위해 그분 자신의 생명을 주셨으며, 그렇게 함으로써 우리에게 사랑의 궁극적인 실례를 보여 주셨다고 가르친다. 우리의 사랑은 하나님의 사랑처럼 속임수가 아니라 진정한 사랑이 되어야 하며, 그저 말로만이

---

[22] 그 세 해설 부분은 2:3-27; 2:28-4:6; 4:7-5:5이다. Stott, *Epistles of John*, p. 61를 보라.

아니라 행동으로 표현되어야 한다고 말한다. 행동을 통하지 않고서야 어떻게 그 사랑이 진정한 사랑이라는 것을 알 수 있다는 말인가? 올바른 것을 말하기는 쉬우나 우리가 말하는 것에 부응하여 살기는 훨씬 더 어렵다(3:11-18).

그의 논증의 초점은 3:16에 나온다. "그가 우리를 위하여 목숨을 버리셨으니 우리가 이로써 사랑을 알고 우리도 형제들을 위하여 목숨을 버리는 것이 마땅하니라." 그 단 한 구절에서 그는 사랑의 정의, 사랑의 표현 그리고 사랑의 요구를 말한다. 하나님이 그리스도 안에서 우리를 사랑하셨기 때문에 우리는 다른 사람들을 사랑할 의무가 있다. 그리고 그분이 십자가에서 죽을 만큼 끝까지 우리를 사랑하셨기 때문에, 우리도 마찬가지로 우리를 끝까지 희생하도록 부름받는다. 하나님의 사랑은 그저 흠모할 만한 계시가 아니라 본받아야 할 모범이다.[23]

요한이 그 문제로 되돌아올 때 그는 그저 동일한 진리, 곧 신자들이 그리스도의 자기희생을 본받을 의무가 있다는 것을 거듭 단언할 뿐 아니라, 그의 권고에 새로운 깊이와 설명을 덧붙인다. 사랑한다는 것은 빛 가운데 행하고 그리스도의 발자취를 따르는 것을 의미할 뿐 아니라, 하나님을 안다는 것을 의미한다. 그분은 모든 참된 사랑의 원천이고 기원이기 때문이다. "하나님은 사랑이심이라"(8절). 하나님을 알면서 사랑의 삶을 사는 데 실패하는 것은 불가능하다. 그분은 사랑이실 뿐만 아니라, 그분은 우리를 사랑하셨다. 우리는 죄를 지었기 때문에 그분은 우리에게 화를 낼 만한 충분한 이유가 있었지만, 사랑은 죄를 극복하고 우리와 관계를 맺을 수 있는 길을 발견했다. 우리도 똑같이 해야 한다. 다른 사람들의 필요에 대해 분노와 조급함, 이기심이나 무관심으로 반응하고 싶어질 때, 적극적인 사랑이라는 길을 의식적으로 선택해야 한다. 하나님이 어떤 분이신지와 하나님이 무엇을 하셨는가 하는 것은 둘 다 다른 사람들을 사랑하고자 하는 강력한 동기를 제공해 준다.

---

[23] Stott, *Epistles of John*, p. 147.

2) 사랑은 계시다

그러고서 요한은 얼핏 보기에 부적절한 것 같은 말을 끼워 넣는다. 그는 "어느 때나 하나님을 본 사람이 없으되"(12절)라고 말한다. 하나님은 영이시고 보이지 않는 분인 것은 사실이다. 하지만 설사 우리가 그분을 볼 수 있다 해도, 두렵고 엄위하신 거룩한 하나님을 보는 것은 인간이 도저히 견뎌 낼 수 없는 일이다. 모세는 하나님의 영광을 보게 해 달라고 구했지만, 아무도 하나님의 얼굴을 보고 살아남을 수 없다는 말을 들었다.[24] 하지만 이제 하나님은 우리를 통해 보일 수 있다. 요한복음이 증거하듯이,[25] 요한과 다른 사람들이 그리스도의 얼굴에서 하나님을 본 것처럼, 이제 신자들이 적극적으로 다른 사람들을 섬길 때 그들이 보여 주는 사랑에서 하나님을 볼 수 있다. 사랑하는 것은 하나님이 한때 성막 혹은 성전에 거하셨던 것처럼 우리 안에 사신다는 증거를 제공하는 것이다. 그러므로 사람들이 하나님을 보고 싶어 할 때 우리 안에서 그분을 볼 수 있어야 한다. 사랑은 얼마나 강력한 전도와 변증의 도구인가! 그리스도인들은 회의주의적인 지식 계층 사람들의 논증으로 겁먹을 필요가 없다. 사랑 한 줌만 있어도 한 무더기의 철학 전체를 능가한다. 우리는 십자가에 나타난 하나님의 '아가페' 사랑을 보았기 때문에 사랑한다. 그리고 또 그것이 그 사랑을 계속해서 나타내는 방법이기 때문에 사랑한다.

3) 사랑은 완성이다

영문 모를 문구가 하나 더 나온다. 하나님의 사랑은 우리를 통해 나타날 뿐만 아니라 "우리 안에 온전히 이루어지느니라"(12절). 그것은 놀라운 주장이다. 너무나 놀라운 주장이라 어떤 사람들은 요한이 더 이상 하나님의 사랑이 우리 안에서 온전하게 되는 것에 대해 말하는 것이 아니라 그분께 대한

---

[24] 출 33:20.
[25] 요 1:18; 14:6-11.

우리의 사랑이 온전해지는 것에 대해 말하고 있다고 주장하여 그것을 좀 완화하려 해 왔다. 하지만 존 스토트가 주장하듯이, "전체 단락이 하나님의 사랑에 관한 것이며, 우리는 이러한 장엄한 결론이 내려졌다고 해서 동요해서는 안 된다."[26] 그것은 하나님의 사랑은 우리 안에서 재현될 때에만 온전히 이룬다고 말하는 것이다. 그것이 세상에서 당대에 표현되지 않는다면, 그것은 여전히 불완전한 것이다. 사랑은 본질상 표현되어야만 하며, 그래서 완전한 효과를 발휘하려면 우리를 통해 뻗어 나가야 한다. 사랑은 하나님의 존재에 영원한 기원이 있고, 하나님의 아들 안에서 역사적으로 표현될 뿐 아니라, 또한 계속해서 현재에 하나님의 백성 안에서 완성된다.

이것은 공리공론만 일삼는 신학자가 내놓은 난해하고 비밀스러운 점이 아니다. 이것은 지혜롭고 나이 지긋한 사랑의 사도인 요한이 말할 만한 내용으로, 하나님 백성의 영적인 삶을 위한 실제적 함축이다. 그가 그들에게 사실상 말하고 있는 것은 그들을 괴롭히고 있는 거짓 교사들이 지독하게 잘못되었다는 것이다. 그들은 신비적인 경험 안에서 하나님을 추구하며, 세상에서 물러나 소수의 영적 엘리트 집단을 이루고 살면서, 그들만이 하나님을 개인적으로 본다고 믿었다. 그들은 자신들이 세속적인 세상과 일상생활의 책임들에서 벗어나 비범한 계시들의 빛에 뒤덮일 때 자신들이 '신령'하다고 생각했다. 그들이 어떻게 그러한 결론에 도달했는지 알기는 쉽다. 그들의 개념은 매우 그릇된 출발점을 가지고 있기 때문이다. 그들은 '육체'를 평가절하하며 그리스도가 진정한 인간이 아니었다고 주장한다. 그러므로 그들은 실제 세상에 뿌리박고 있는 영성을 믿지 않을 것이다. 그들의 영성은 불가피하게 세상을 거부하고 세상 도피적인 것이 될 것이다. 하지만 요한은 그들이 세상에서 도피함으로 하나님의 온전한 사랑을 발견하지는 못할 것이라고 주장한다. 그와 반대로, 하나님에 대한 참된 지식은 정반대 방향에서 발견된다. 하

---

[26] Stott, *Epistles of John*, p. 167.

나님의 사랑은 세상을 섬기고, 그리스도 안에서 볼 수 있는 것과 동일하게 희생적이고, 자신을 주며, 현실적인 봉사로 이웃과 원수를 사랑하는 것에서 가장 충만히 체험하게 된다.

요한이 이 서신서에서 반대하는 것과 비슷한 가르침은 수시로 교회를 괴롭힌다. 오늘날 소위 '복음주의 영성'이라는 어떤 것들은 영혼과 육체를 상당히 비성경적인 방식으로 대비하며, 예배 중에 삼층천에 올라가는 것 혹은 그리스도에 관한 어떤 신비한 체험을 하는 것 혹은 우리 주위의 걱정거리들과 문젯거리들의 괴롭힘을 받지 않고 주님과 함께 산 위에서 거하는 것이, 깨어지고 더러운 이 세상에서 실제로 예배를 드리는 일에 열중하는 것보다 더 영적이라고 암시한다. 이러한 모든 사상은 시험해 보아야 하며(1-3절), 그렇게 할 때 그중 많은 것이 기준에 미치지 못하는 것을 발견하게 될 것이다. 기독교 신앙의 기초는 하나님이 그리스도 안에서 성육신하셨으며(2절), 인간의 몸을 입고 그분이 우리 가운데 사셨고, 우리를 위해 죽으셨다는 사실에 있기 때문이다. 그렇다면 그리스도인들은 갈보리에서 자신을 주신 데서 나타난 하나님의 사랑을 우리의 일상적이고 구체적인 삶 가운데서 완성하게 될 것이다.

비록 어떤 점에서 보면 십자가는 요한이 이 짧은 서신을 쓴 중심 목적은 아니지만, 그것은 그의 논증에서 중대한 것으로 등장하며, 그의 주제에서 결코 부수적인 것이 아니다. 요한은 다른 어떤 신약 저자들보다도 더, 그리스도의 십자가를 하나님의 사랑과 연결지으며, 나아가 하나님 자신의 참 본성과 연관시킨다. 그것은 희석된 감정이나 단순한 감상이 아니라, 강하고 순수한 사랑임이 입증된다. 그것은 배상금을 지불함으로, 그리고 죄의 파괴성을 스스로 지심으로, 교제에 방해되는 모든 것을 극복하는 사랑이다. 그것은 그리스도가 우리를 위해 자신의 생명을 속죄제로 버리신 것처럼 궁극적인 값을 치르는 사랑이다. 그리고 그것은 "한가한 과시, 그저 경이와 기쁨을 위한 구경거리가 아니라, 변혁하는 에너지가 되는"[27] 사랑이다. 바로 하나님의 백성이 그분을 본받아 자신을 드려 섬길 때 그렇게 된다. 십자가는 하나님이 우리를 사랑하신다는 것을 말해 주며, 그 메시지는 우리의 경배를 불러일으켜야 한다. 십자가는 하나님이 우리를 용서하신다고 말하며, 그 소식은 우리의 회개하는 믿음을 불러일으켜야 한다. 하지만 십자가는 또한 하나님이 세상을 사랑하셨듯이 우리도 세상을 사랑하라고 명하셨다고 말해 준다. 그리고 그러한 책임에 대해 우리는 신속하게 순종해야 한다.

우리가 속죄의 해석에 대해 논하거나 십자가를 이론화하는 것을 즐길 때, 하나님의 사랑이 얼마나 놀라운 것인지 잊어버리기 쉽다. 하지만 요한은 우리를 십자가의 핵심으로 다시 데리고 갈 것이다. 간단히 말해서, 우리는 바로 거기에서 우리를 위한 하나님의 사랑을 경험한다.

---

27   G. G. Findlay, *Studies in John's Epistles* (1909; Kregel, 1989), p. 353.

18장

어린 양이 합당하도다

요한계시록 5:1-14

요한계시록은 그리스도의 십자가에 대한 성경의 가르침에 어울리는 절정이다. 괴롭힘당하고 핍박받는 그리스도인들에게는 악이 여전히 지배하고 있는 것처럼 보이지만, 요한계시록은 그들의 그런 경험에도 불구하고 하나님이 모든 악의 세력을 이기셨음을 경축한다. 실상은 하나님이 심지어 지금도 모든 것의 가장 위에서 다스리시며, 언젠가는 만물을 재창조하심으로 그분이 최고라는 것을 보여 줄 것이다. 그분의 승리는 부인할 수 없다. 결정적인 전투에서 이미 이기셨기 때문이다. 그것은 논란의 여지가 없다. "충성된 증인"인 그리스도가 죽으시고 부활하심으로 "죽은 자들 가운데에서 먼저 나[신]"(1:5) 분으로서 승리를 얻으셨기 때문이다. 불명예스러운 죽음으로 인한 패배처럼 보였던 것이 승리로 이르는 길이 되었다. 요한계시록 맨 처음부터 십자가로 인해 사탄 및 죄와 사망을 포함한 그의 패거리들이 모두 패배했다는 것이 분명하게 드러난다. 바로 그 예수의 피를 통해 사람들이 그들의 죄에서 해방되었으며, 또 환난을 이기고 승리한다(1:5; 7:14; 12:11).

요한계시록을 지배하는 이미지는 우리를 결연히 십자가로 데리고 간다. 그것은 어린 양의 이미지다. 이 책에는 '어린 양'에 대한 언급이 스물아홉 번 나오며, 그중 단 한 번만 빼고는 모두 예수님을 가리킨다.[1] 이것은 요한이 예수님에 대해 즐겨 사용하는 호칭이다. 그에 비해, 요한은 '예수 그리스도'라는 호칭은 겨우 일곱 번, '그리스도'라는 호칭은 네 번만 사용한다.[2] 이 호칭은 어린 양의 최종적 승리와 역사의 완성을 향해 굽히지 않고 움직이는 요한계시록 전체의 중심이다. 그에게 가해진 모든 폭력에도 불구하고, 어린 양은 자신에게 드려진 예배를 받기에 합당한 분임이 드러난다. 그분은 하나님의 총체적인 통치가 성공적으로 확립되게 하는 대행자시기 때문이다.

어린 양은 진노를 발하고 심판하시는 분으로 나타나긴 하지만(6:16; 14:10; 17:14), 보통은 신앙 공동체의 예배의 초점으로 나타난다. 우주의 관제탑에서 예배자들은 그분이 그들에게 이루신 구원을 기뻐하고(7:9-17; 15:3), 그분에게 보호와 인도를 구하며(7:17; 14:4), 그분이 신부 교회와 영원히 결합할 혼인 잔치를 고대하고(19:7-9), 그분이 장차 새 창조의 중심부에서 다스리실 것을 자신 있게 예언한다(21:1-22:6).

어린 양은 5:6에 처음 소개된다. 그것은 하늘에서 그분께 드려지는 예배가 나타나는 장면이며, 그 이미지의 깊이를 특히 십자가와 관련하여 어느 정도 포착하는 장면이다. 요한은 환상 가운데 하나님이 보좌에 앉아 계시는 눈부신 광경에 압도당했으며(4:1-11), 그의 눈이 그 장면을 보려고 애쓸 때, 하나님 우편에서 앞뒤로 가득 글씨가 쓰인 일곱 인으로 봉한 두루마리를 보게 된다. 그때 그는 천사가 "누가 책을 펴며 그 인을 떼기에 합당하냐"(2절)고 절박하게 묻는 음성을 듣게 된다. 자격을 갖춘 후보자가 하나도 없는 듯하고, 요한은 바야흐로 절망에 빠지려 한다. 그때 한 장로가 그렇게 할 자격이 있는 한 분을 소개한다(5절).

---

1   예외는 13:11로, 거기에서는 땅의 짐승이 어린 양처럼 두 개의 뿔을 가지고 있다. Aune, pp. 366-367.
2   D. Guthrie, "The Lamb in the structure of the book of Revelation", *Vox Evangelica* 12 (1981), p. 64.

모여서 예배하는 무리들이 그렇게 열리기를 고대하는 이 봉인한 문서는 무엇인가? 그것에 대한 묘사로 보아 법적인 문서로 생각할 수 있다.[3] 조지 케어드(George Caird)는 그 "두루마리"에 대해 네 가지로 해석할 수 있다고 말한다.[4] 첫째, 그것은 어린 양의 생명책으로 거기 쓰인 것은 신자들의 이름일 수 있다.[5] 하지만 이것은 이 인이 떼어질 때 일어나는 일과 특별히 연관된 것 같지는 않아 보인다. 그러므로 그런 해석은 별로 설득력이 없다. 두 번째 해석은 이후에 일어나는 일과 훨씬 더 일맥상통하는 것으로, 두루마리가 요한이 목격하여 교회에 전할, 앞으로 일어난 사건들을 묘사한다는 것이다.[6] 하지만 그 두루마리를 열 권리는 그리스도의 죽음과 매우 긴밀히 연관되어 있다. 그렇기 때문에 왜 예수님은 두루마리를 열기 위해 주후 30년으로부터 요한이 환상을 본 때까지 기다렸는지라는 질문을 하게 한다. 그래서 어떤 사람들은 셋째로, 그것은 예수님이 나사렛 회당에서 읽은 것과 같은 성경 두루마리라고 말한다.[7] 이것은 요한계시록이 "구약을 기독교 복음에 비추어 일관되게 묵상한다"[8]는 사실을 강조한다는 의의를 지니고 있으나, 두루마리를 연 결과로 일어나는 일을 제대로 잘 설명하거나, 왜 단 한 분 죽임당한 어린 양만이 그것을 열 자격이 있는지 나타내 보이지 못한다. 그렇기에 케어드는 네 번째 견해를 선호한다(그리고 모든 것을 고려할 때 그가 옳다고 본다. 두 번째 해석도 상당히 추천할 만하기는 하지만 말이다). 즉 그것이 "구약에 예시된 하나님의 구속적 계획, 곧 하나님이 그것으로써 죄악 된 세상에 그분의 주권을 주장하고 그분의 창조의 목적을 이루는 계획"을 포함한다는 것이다. 그 계획은 그리스도의 죽음과 그분의 '원형적 승리'로 효력이 발생하였으며, 그 때문에

---

3   Beasley-Murray, *Revelation*, pp. 120-123.
4   Caird, pp. 70-72.
5   계 3:5; 13:8; 17:8; 20:12, 15; 21:27.
6   이것은 Mounce가 선호하는 견해로, 그는 그것을 지지하는 증거로 시 139:16을 제시한다.
7   눅 4:16-21.
8   Caird, p. 72.

그리스도만이 인을 뗄 수 있다. 이것은 "그리스도의 자비로운 목적에 따라 미리 정해진 세상의 운명"[9]이다. 케어드의 제안에 따르면 그것은 "신적 지식이 충만하고 정확하다는 것을 나타내는 표시로"[10] 앞뒤로 쓰여 있다.

두루마리를 여는 것은 요한계시록이 전개되는 데 대단히 중대한 것임이 밝혀진다. 각각의 인이 떼어지듯이, 세상에서 새로운 활동이 시작되어, 마침내 일곱 번째 인이 떼어지면서(6:1-8:1) 일곱 나팔이라는 새로운 상징이 뒤를 이을 때까지 계속된다(8:2-11:15). 나팔 소리가 들린 후에는 상당히 오랫동안 멈췄다가, 하나님의 진노의 일곱 대접이 쏟아 부어진다(15:1-16:21). 그 모든 것은 최종적으로 하나님이 원수들을 이기시고 타락한 세상을 다시 회수하시는 절정에 이른다. 그리고 이 모든 일을 어린 양이 하신다.

요한은 한 장로가 두루마리의 인을 뗄 권리가 있는 분이 있기 때문에 두려워할 필요가 없다고 말을 하자, 자연히 그분이 누구인지 찾으려 한다. 바로 그때 죽임당한 어린 양의 비범한 이미지가 나타나기 시작한다. 그의 환상은 상세히 기록되어 있으며, 각 세부 사항은 모두 중대하다.

1. 어린 양의 형상(5:1-7)

1) 그분의 호칭

장로는 어린 양을 "유대 지파의 사자 다윗의 뿌리"(5절)라고 묘사한다. 두 호칭 모두 구약에서 나온 것이며, 둘 다 유대인들이 메시아에 대해 사용하던 기존의 용어들이다. 전자는 야곱이 말년에 유다에게 내린 축복을 암시한다.

> 유다는 사자 새끼로다.
> 내 아들아, 너는 움킨 것을 찢고 올라갔도다.

---

9 앞의 책.
10 앞의 책.

> 그가 엎드리고 웅크림이 수사자 같고
> 　　암사자 같으니 누가 그를 범할 수 있으랴?
> 규가 유다를 떠나지 아니하며
> 통치자의 지팡이가 그 발 사이에서 떠나지 아니하기를
> 　　실로가 오시기까지 이르리니[11]
> 그에게 모든 백성이 복종하리로다.[12]

둘째 호칭은 이사야 11:1에 나온다. 거기에서는 이상적인 왕이 다윗의 혈통에서 나와서 새로운 평화의 시대를 열고 의로 세상을 다스릴 때를 상상한다. 마침내 요한은 새로운 평화와 정의의 시대가 시작되었으며, 그 시대를 가져온 분이신 오랫동안 고대하던 메시아가 도착했을 뿐만 아니라 그의 일을 성취했다는 것을 이해하게 된다.

2) 그분의 용모

그런 소개를 받고 요한은 당연히 개선장군다운 온갖 표시와 그에 수반되는 장엄하고 화려한 장식들을 지닌 당당한 군사 같은 인물을 보리라 기대한다. 그렇다면 그가 실제로 "어린 양이 서 있는데 일찍이 죽임을 당한 것 같[은]"(6절) 모습을 보았을 때 얼마나 충격을 받았을지 상상해 보라. 사자가 서 있어야 할 자리에 자그만 죽임당한 어린 양이 있을 뿐이다. 요한이 택한 "어린 양"에 해당하는 단어는 그리스어에서 더 흔하게 사용하는 '암노스'(*amnos*)보다 작은 품종인 '아르니온'(*arnion*)이다. 요한복음 21:15을 빼면 이 말은 신약에서 요한계시록에서만 사용된다. 유진 보링(Eugene Boring)은 우리는 그 이미지에 너무나 익숙해져서 그것을 보아도 요한이 받았던 것과 같은 영향

11　NIV 난외주에 보면 "실로가 올 때까지(until Shiloh comes) 혹은 공물의 주인이 올 때까지(until he comes to whom tribute belongs)"라고 되어 있다.
12　창 49:9-10.

을 받지는 않는다고 말한다. 그는 "이것은 아마도 문학에서 가장 기상천외한 '이미지의 재탄생'일 것이다. 사자가 있어야 할 곳이 하나님의 어린 양으로 채워진다."[13]

여기서 강조하는 것은 어린 양의 연약하고 애처로운 모습이다. 그는 죽임을 당한 것처럼 보인다. 어린 양은 강하고 힘이 세기는커녕 가엾고 구슬픈 상태에 있다. 프란시스코 수르바란(Francisco Zurbarán)의 감동적인 그림인 "묶인 어린 양"(The Bound Lamb)은 제사에 바치려고 준비해 놓은 어린 양의 취약한 모습을 어느 정도 포착하는 듯하다. 그는 어둡고 우울한 배경을 바탕으로 흰 어린 양을 돌판 위에 눕혀 놓았다. 그 양의 발은 밧줄로 묶여 있으며 그 양은 방어할 수 없이 멍한 상태로 죽음으로 가는 도상에 있다. 제사가 다 끝난 후의 광경은 얼마나 더 애처로울까! 이미 죽임당한 어린 양의 광경은 얼마나 더 무력할 것인가!

3) 그분의 자세

하지만 이 어린 양의 광경에서 더욱 이상한 것이 있다. 그 양은 죽임을 당했는데도, "서 있[다]"(6절). 목이 이미 베어졌을 텐데 지금은 살아 있고 똑바로 서 있다. 우리는 요한의 비유적 표현이 일관되리라고 기대할 수는 없다. 환상이란 원래 그런 것이기 때문이다. 각각의 세부 사항을 서로 일치시키기는 어려울지 모르지만, 모든 세부 사항은 통찰력과 진리를 전달하는 방편으로 중요하다. 그러므로 이제 이 어린 양이 우리가 예상할 수 있듯이 누워 있지도 잠자고 있지도 않고 서 있다는 사실은 어린 양의 승리를 증언한다. 그것은 한때 죽임을 당했으나 더 이상 죽어 있지 않고 다시 살아 있다. "죽임당한 어린 양은 부활하신 주님이시다."[14]

---

[13] Boring, p. 108.
[14] Beasley-Murray, *Revelation*, p. 124.

4) 그분의 중심성

그분은 "보좌…사이"(the center of the throne, 6절)에 서 있다. 그분은 하늘의 드라마에서 구경꾼이나 조연이 아니다. 그분은 모든 주의가 집중되는 중심인물로, 모든 눈이 그분을 보고 모든 음성이 그분을 위해 찬양을 드린다.[15] 그분은 결승 골을 넣은 축구 선수가 축하하는 동료들에게 둘러싸여 있듯이, 그리고 환호하는 군인들이 개선 장군에게 찬양을 퍼붓듯이, 천상의 성가대에 둘러싸여 있다.

요한계시록의 환상이 전개됨에 따라, 그리고 하나님이 거룩하신 은혜로 전능하게 다스리실 때까지 심판의 드라마가 펼쳐짐에 따라, 그 모든 것의 열쇠는 바로 이 어린 양이시라는 게 분명해진다. 그분의 인격과 그분의 활동은 옛 시기에서 새 시대로, 그리고 그것을 넘어 만물의 완성으로 행진해 나가면서 역사의 과정을 결정한다. 하나님을 반대하는 모든 것을 물리치시는 분은 바로 그분이시다. 그분은 하나님의 위대한 구속 계획을 실행에 옮기고, 이제 하늘 보좌에 앉아 그것이 완성될 것임을 보증해 주신다.

5) 그분의 특징들

이 어린 양은 이제껏 보아 온 다른 어떤 양들과도 다르게 보인다. 양에게 보통 달려 있는 두 개의 뿔은 사라지고 없다. 그 대신에 "일곱 뿔과 일곱 눈이 있으니 이 눈들은 온 땅에 보내심을 받은 하나님의 일곱 영이더라"(6절). 일곱은 완전함, 완성을 나타내는 상징적인 숫자다. "일곱"은 아무것도 부족함이 없음을 나타낸다. 뿔은 힘의 상징이다. "일곱 뿔"이란 저항할 수 없는 충만한 힘을 나타낸다. 이는 전능함이다. 눈은 지식 혹은 인식의 상징이다. 그렇다면 "일곱 눈"은 '완전한 지식으로 이끄는 온전한 환상'[16]을 가리킨다. 이는 전지함이다. 눈은 또한 "일곱 영"(참고. 4:5), 혹은 아마도 더 정확하게는 칠

---

15 Hughes, *Revelation*, p. 79.
16 Mounce, p. 146. Caird는 흥미롭게도 슥 4:10을 참조한다.

중적인 영[17]이라고 묘사된다. 그것은 부활하신 그리스도가 이 땅에서 그의 일을 완수하도록 보내신 온전하고 적절한 성령님의 에너지를 말한다. 이는 편재다. 하나님의 세상 어느 부분도 그가 출입하지 못하는 곳은 없다. 어떤 나라나 제도도, 어떤 권세나 이데올로기도, 그를 못 들어오게 막을 수 없다. 부활하신 그리스도의 사역은 세상을 되찾기 위해 원하시면 언제나 어느 곳에나 그의 세상에 꿰뚫고 들어갈 수 있게 해 주었다.

우리가 죽임당한 어린 양의 이미지를 결코 만족할 만하게 눈에 보이도록 그려 볼 수 없음은 분명하다. 하지만 그것이 주는 메시지는 분명하다. 이 취약한 피조물의 죽음을 통해, 하나님은 위대한 승리를 이루셨다. 하나님의 원수들은 패배당했으며, 그분의 정복은 그분 자신이 정하신 때에 그 절정에 이르기까지 신속히 진행되고 있다. 요한은 사자를 보라(5절)는 말을 들었으나 실제로는 어린 양을 본다(6절). 그들은 서로 다른 두 짐승이 아니다. 어린 양이 궁극적으로 사자가 되는 것이 아니다. 그는 어떤 사람에게는 사자가 아니며, 다른 사람에게는 어린 양이 아니다. 사자는 정말로 그저 어린 양이다.

요한은 생생하고 놀랍고 극적인 방식으로, 그의 유대적 유산이 그에게 가르쳐 준 것, 특히 그들의 민족주의적 야심에 관한 모든 것을 재평가해 보라는 명을 받는다. 그는 악의 정복은 사자, 곧 강력한 군사력이, 군사적 힘을 인상적으로 과시함으로 이루어지리라고 예상한다. 그 대신 그것은 자그마한 어린 양을 통해서 일어난다. 요한은 "'사자'라고 읽거나 생각하는 데 익숙한 곳마다 '어린 양'이라고 읽고 생각해 보라"는 지시를 받는다. 전능하신 하나님은 바로 이런 식으로 역사하시기 때문이다. 케어드가 말하듯이, "구약이 메시아의 승리 혹은 하나님의 원수를 타도하는 것에 대해 말할 때마다, 우리는 복음이 십자가의 길 외에는 이러한 목적들을 수행하는 다른 방법을 인정하지 않는다는 것을 기억해야 한다."[18]

---

17 NIV 난외주에 나오는 것처럼.
18 Caird, p. 75.

2. 어린 양의 신원

어린 양의 신원은 어떤 의미에서 매우 분명하다. 그것은 예수 그리스도시다. 하지만 그러한 비유적 표현은 어디에서 나왔는가? 배경을 알면 좀 더 잘 이해할 수 있는가? 그 은유는 주로 두 가지로 볼 수 있다. 그것은 메시아적 통치자를 말할 수도 있고 제사의 제물을 말할 수도 있다.[19]

1) 메시아적 통치자

어린 양의 이미지가 예수님 시대의 유대교에서 메시아를 나타내는 말로 사용된 것 같지는 않지만, 그것을 강력한 지배자나 해방하는 지도자를 묘사하는 것으로 생각할 만한 여러 가지 이유가 있다. 요한계시록 자체가 어린 양이 보좌에 앉아 있으며(7:17; 22:1, 3) 예배를 받으신다는 것을 강조한다.

또한 어린 양은 목자이시며(7:17; 참고 14:1-5), '목자'는 고대 사회에서 '왕'을 나타내는 흔한 은유였다. 어린 양은 강한 전사로서(7:14), 그의 진노는 두려운 것이며(6:16), 심판 때 일익을 담당하는 분이다(13:8; 21:27). 그렇다면 그분은 적어도 부분적으로는 강력한 전사이며 힘 있는 지도자로 제시된다.

유대교나 기독교의 묵시 문서에서 짐승들은 종종 강력한 세계의 지도자들을 묘사한다. 양은 특히 종종 왕과 정복자를 나타내는 말로 사용되었다.[20] 훨씬 후인 11세기에, 모세를 이집트를 멸하고 이스라엘을 구할 어린 양으로 묘사하는 전승이 발전되었다. 이에 근거하여, 일부 사람들은 그 이미지가 일차적으로 억압받는 백성을 구해 줄 강력한 군사적 지도자를 언급한다고 주장했다.

---

19 이 부분의 기초가 되는 세부 사항으로는 Aune, pp. 367-373를 보라.
20 단 8:3-8, 20-21; *1 Enoch* 85-90.

2) 희생 제사의 제물

하지만 그 이미지의 배경으로 더 어울릴 만한 것은 제사 제물에 대한 구약의 가르침에서 찾아볼 수 있다. 어린 양의 강함과 사나움에 대한 언급이 몇 번 나오긴 하지만, 그 은유는 분명 그가 죽임을 당했다는 것과 피를 흘렸다는 것에 더 비중을 둔다. 요한이 '에스파그메논'(*esphagmenon*), 곧 "죽임을 당한"(6절)이라는 색다른 단어를 택한 것은 그 어린 양이 '폭력적이고 무자비하게' 처형당했음을 강조한다. 그것은 여기에서만 십자가와 관련하여 사용된다.[21] 예수 그리스도를 어린 양이라고 말하는 수많은 신약의 언급들[22]과 이사야 53장에 대한 여러 암시[23]로 보아 이 해석이 가장 그럴듯하다.

전에 이 비유가 나왔을 때와 마찬가지로, 저자가 글을 쓰면서 구약의 서너 가지 희생 제사 중 정확하게 어떤 것을 염두에 두는지는 결정할 수가 없다. 그것은 출애굽이라는 주제에 너무나 잘 들어맞으므로 어떤 사람들이 강력하게 생각하듯이 유월절 양이었는가?[24] 아니면 번제의 어린 양, 봉헌 제물의 어린 양 혹은 정결제의 어린 양이었는가? 속죄일의 숫양이었는가? 이사야 53장에 나오는 어린 양이었는가? 무엇이었는가? 아마도 그중 어느 하나를 선택할 수는 없을 것이다. 신약 저자들의 마음속에서 한 종류의 어린 양이 다른 어린 양과 병합되었을 수도 있으며, 그들은 그저 "그 피로 구속을 이루는 죽임당한 어린 양의 은유를 이해할 수 있는 일반적인 맥락"[25]을 이용한 것일 수도 있다. 그 모든 것의 공통점은 제물의 피를 흘림으로써 하나님께 제물의 생명을 드리는 것을 통해 속죄와 해방이 온다는 것이다.

어린 양을 이렇게 제물로 해석하는 것은 그것을 메시아적 지배자로 보는

---

21 동일한 의미론적 범위 안에 들어 있는 '튀오'(*thyō*)라는 동사가 고전 5:7; 막 14:12; 눅 22:7에서도 유월절 어린 양을 죽이는 것에 대해 사용되었다. Aune, p. 361.
22 예를 들어, 요 1:29, 36; 고전 5:7; 벧전 1:18-19.
23 예를 들어, 벧전 2:22-25.
24 Beasley-Murray, *Revelation*, p. 125.
25 Aune, p. 373.

것보다 거의 분명 우세한 해석이다. 죽임당한 어린 양은 구약의 모든 제사를 성취하며 대체한다. 여기에 속죄와 해방을 가져오는, 죄를 위한 궁극적인 제사가 있다.

3. 어린 양의 성취(5:8-10)

장로들의 노래(9-10절)는 어린 양이 하나님의 구속 계획의 인들을 떼기에 합당하다고 선포하며 그 이유를 설명한다. 여기에서 그분의 합당하심은 그분이 누구인가보다는 그분이 무엇을 이루셨는가에 달려 있다.[26] 모든 것은 그분의 죽음과 그에 따른 일들에 초점을 맞추고 있다. 이것이야말로 그분에게 인을 떼기에 합당한 자격을 부여하며 그분으로 하여금 새 창조에서 절정에 이를 이 지상의 사건을 이루게 하는 것이다. 그분이 십자가에서 영단번에 죽으신 것은 오늘날까지도 지상이라는 극장과 천상이라는 보이지 않는 무대에서 펼쳐지고 있는 세계사에 영향을 미치고 있다. 요한은 생물들과 장로들의 노래를 들을 때 십자가에서 성취된 일들에 대해 많이 듣는다. 그리스도의 사역에 대해 세 동사가 사용되며, 네 번째 동사는 그 사역이 함축하는 바를 자세히 말한다. "죽임을 당하사", "피로 사서", "삼으셨으니" 그리고 그 결과 "저희가…왕 노릇 하리로다."

1) 그분이 사신 것

"각 족속과 방언과 백성과 나라 가운데에서 사람들을 피로 사서"(9절). 요한은 대속물이라는 언어를 이용해서 하나님의 계획을 갱신한다. 그 계획은 처음부터 끝까지 하나님이 특별히 자기 것이라고 부르는 백성을 가지는 것이었다. 아브라함을 부르신 것부터, 출애굽과 시내산의 언약, 그리고 예레미야

---

26 Mounce, p. 148.

와 에스겔의 예언들에 이르기까지, 하나님이 자신의 신실함을 보이실 수 있고 또한 그에 대한 보답으로 그들도 그분께 신실할 백성을 바라신다는 것은 분명했다.[27] 여기에서 경이로운 생각은 그분이 그런 백성을 사고 그리스도의 피로 그들의 값을 치렀다는 것이다. 그런 생각은 요한계시록에만 나오는 것이 아니다. 바울은 에베소 장로들에게 하나님의 교회는 "자기 피로 사신"[28] 것이라고 말했다. 그는 고린도인에게 그들이 값으로 산 것이 되었으며 그렇기 때문에 그들의 주인이신 하나님께 속해 있다고 말한다.[29] 그들에게는 자신들의 삶을 가지고 마음대로 원하는 것을 할 자유가 없다. 뉘앙스는 좀 다르지만 베드로는 "너희가… 대속함을 받은 것은 은이나 금같이 없어질 것으로 된 것이 아니요. 오직 흠 없고 점 없는 어린 양 같은 그리스도의 보배로운 피로 된 것이니라"[30]라고 말한다. 그러므로 그것은 초대 그리스도인들이 잘 알고 있는 개념이었다.

요한이 강조하는 것은 하나님이 자기 백성에 대한 소유권을 가지고 계시다는 것이다. 십자가에서 흘리신 그리스도의 피는 그들을 자유롭게 했을 뿐만 아니라, 하나님을 위해 그들을 샀다. 그러므로 사탄이 마치 그들을 소유한 양 행동하면서 그들을 자기 멋대로 다룰 수는 없다. 또한 그들이 누구를 섬길지 선택할 수도 없다. 그들은 취소할 수 없도록 한 주인에게 속해 있으며, 그 주인으로부터 보호받고 주인으로 인해 운명이 정해지며, 따라서 확실한 순종으로 그분을 섬겨야 한다.

하나님께 속한 이 백성들은 누구인가? 이전의 언약 백성들과는 달리, 이들은 어떤 한 인종이나 민족이 아니다. 그리스도가 피로 산 백성은 "각 족속과 방언과 백성"에서 나온 국제적인 큰 무리다. 하나님의 새로운 종말론적

---

27 창 17:7-8; 출 6:7; 19:5; 렘 24:7; 31:33; 32:28; 겔 11:20; 14:11; 37:27.
28 행 20:28.
29 고전 6:19-20.
30 벧전 1:18-19.

백성은 이스라엘의 협소한 민족주의를 박차고 나와 그분의 우주적 통치에 대한 전조가 된다.

2) 그분이 설립하신 교회

하나님은 시내산에서 언약을 맺으며 이스라엘을 향한 의도를 표현했다. 그들은 "제사장 나라가 되며 거룩한 백성이 되[어야]"[31] 했다. 정치적 독립체를 나타내는 통상적인 두 단어, "나라"와 "백성"은 수식하는 말로 인해 변했다. 나라는 제사장들이 사는 곳이 되어야 했으며, 백성은 거룩해야 했다. 그 계획은 하나님이 통치하시는 나라에 속한 모든 사람이 세상에서 제사장으로서 그분을 섬겨야 한다는 것이다. 그들은 하나님과 민족들 사이에 중재자가 되어 인도자와 중보자로 섬기고, 하나님으로부터 멀리 떨어져 있는 죄 된 백성이 다시 하나님과 관계를 맺도록 도와야 했다. 그들은 거룩한 백성으로 구별되어 그분을 따라야 하고, 그분의 언약 규정을 신실하게 지켜야 했다. 그렇게 되면 그들은 다른 어떤 민족과도 다른 백성으로 구별될 것이다.[32] 하지만 이스라엘은 그 부르심을 저버렸다. 그들은 다른 사람들을 위해 제사장으로 섬기는 대신, 스스로 제사장이 필요하게 되었다. 그리고 다른 사람들과 다른 것을 기뻐하는 대신 다른 사람들과 똑같이 되려고 했다.

하지만 옛 언약 아래에서 실패한 것이 새 언약 아래에서 성취되었다. 그리스도가 왕과 제사장으로서 죽으심으로 세상에서 꾸준히 하나님을 섬기며 그분의 우주적인 나라가 도래할 때 중대한 역할을 하는 "제사장 나라와 거룩한 백성"이 생겨났다. 그들 자신은 어떠한 주권이나 제사장직도 가지고 있지 않고, 그리스도에게서 그런 주권과 제사장직을 끌어낸다. 그들의 존재 이유는 지상에서 그리스도의 사역을 계속하는 것이다. 조지 케어드의 말을 빌리면 "요한은 그리스도가 지상에서 승리한 후 철수하셨다가 재림 때에야 돌

---

31 출 19:6.
32 예를 들어, 레 18:1-5; 삼상 8:19-21을 보라.

아오신다고 생각하지 않는다. 그분은 자신의 신실한 제자들 안에서 그들을 통해 자신의 왕과 제사장 기능을 계속 수행하신다."[33]

그렇다면 교회의 역할은 자기 생명을 버릴 정도로(12:11) 신실한 증인이 되고, 타협 없이 하나님을 대표하는 것이다. 하나님을 위해 그들을 사신 "어린 양의 피"는 아주 오래전에 갈보리에서 있었던 한 번의 역사적 사건에서만 뿌려진 것이 아니라, 거기서 유래되어 순교자들의 죽음에서 계속 뿌려진다.[34] 루마니아 교회 지도자인 조지프 쏜(Joseph Tson)이 차우셰스쿠 비밀경찰에 체포되어 심문을 받을 때, 한 관리가 그를 죽이겠다며 위협했다. 쏜은 그 관리에게 이렇게 말했다.

경관님, 경관님이 가진 최고의 무기는 죽이는 것이지요? 저의 최고의 무기는 죽는 것입니다. 경관님, 경관님은 저의 설교가 테이프에 녹음되어 전국에 퍼져 있다는 것을 아십니다. 경관님이 저를 죽이면, 저는 저의 피로 그 테이프를 적실 것입니다. 그 후에 누가 그 테이프를 듣든지, 그들은 이렇게 말할 것입니다. "한번 들어 보는 게 좋겠어. 이 사람은 자기 피로 이 테이프를 봉인했거든." 그것은 이전보다 열 배는 더 큰 소리로 말할 것입니다. 그러니 저를 죽여 보시지요. 그러면 저는 최고의 승리를 얻게 됩니다.[35]

그 관리는 그를 집으로 보냈다. 쏜이 옳았다. 모든 악의 권세에 대한 그리스도인의 최고의 전략은 자기 원수의 피를 쏟는 것이 아니라 구세주의 피를 가리키는 것이며, 범위를 넓혀 그리스도의 본을 따르다가 필요하다면 그들 자신의 피를 뿌리는 것이다.

---

33 Caird, p. 77.
34 R. Bauckman, *The Theology of the Book of Revelation* (Cambridge University Press, 1993), p. 75.
35 *Leadership* 8.4 (1987), p. 47.

3) 그분이 확보하신 승리(5:10)

어린 양에게 부르는 예배의 노래는 불의한 체제에서 억압받으며 고난당하는 그리스도인들의 실제 환경과는 부합하지 않을 듯한 확신을 내보인다. 그것은 새 언약의 제사장들이 "땅에서 왕 노릇 하리로다"(10절)라고 말한다. 그리스어 사본 중 일부는 이것을 현재 시제로 표현한다. "그들이 왕 노릇 한다." 이는 그리스도인들이 멸시받고 거부당하는 것처럼 보일지라도, 사실은 가이사와 그의 심복들이 아니라 그들이 통제권을 쥐고 있음을 의미할 것이다. 하지만 그런 주장은 순전한 공상에 불과할 것이다. 미래시제가 분명 옳다. 그 노래는 그리스도가 모든 것을 다스리며 그들이 그분과 함께 다스릴 날을 소망 가운데 고대한다.[36] 요한계시록에서 종종 그렇듯이, 그들은 현재의 현실이 아니라 최종적인 현실을 경축하고 있다. 그들로 찬양하게 만드는 것은 최종 결과다. 그들이 보는 것은 언젠가 천년 왕국 때(20:4), 그리고 새롭게 창조된 하늘과 땅에서(21:5) 그들이 불의에서 해방되고 옳다고 입증될 때에 대한 환상이다. 그들은 보상을 받을 것이며, 의기양양하게 주님과 함께 다스릴 것이다.

그런 환상은 쉽게 믿기 어려운 것이며, 하늘의 성가대는 이런 질문을 받을 법하다. "어떤 근거에서 그런 소망을 가질 수 있는가?" 그들은 주저 없이 대답할 것이다. 그것은 어린 양이 죽임을 당했기 때문이다(9절). 죽어 가는 어린 양이 그의 십자가에서 모든 악한 권세들과 대결하셨으며 요한계시록 앞부분에서 살펴보았듯이 철저히 그들을 패배시켰다. 그들은 쇠퇴하는 그들의 권능을 잠시 간직할 수는 있지만, 최종 결과는 논의의 여지도 없다. 세계사라는 드라마의 다음 장에서, 마귀는 추방되고 그의 모든 수행원과 소행도 추방될 것이다. 비천한 약함을 지심으로 부패한 권세를 쳐부수려는 하나님의 지혜로운 계획은 성과를 거두었다. 부활이 그 증거다.

36　Mounce, p. 149.

4. 어린 양의 예배(5:7-14)

십자가에 대한 요한의 가르침은 하늘 성가대에 대한 그의 인상적인 묘사에 암시되어 있다. 세부 사항들에 대해 계속 생각할 때 우리는 그가 한 말의 의미를 분별하게 된다. 예배의 내용뿐 아니라, 예배 행위 자체가 그리스도의 십자가에 대해 많은 것을 계시해 준다.

1) 예배자들은 누구인가?

하늘 성가대는 먼저 대표자 소수의 음성으로 시작되어, 점점 불어나서 마침내 창조 세계 전체가 그의 찬양에 동참한다. 첫 번째 음성들은 "네 생물과 이십사 장로들"(8절)의 음성이다. "네 생물"은 4:6-8에 묘사되어 있다. 그들의 위치는 하나님의 보좌 바로 옆이며, 그들은 그분의 거룩한 성품과 그분의 영원한 존재를 계속해서 노래로 선포한다. 이러한 기민하고 생생한 짐승들은 그의 피조물의 정점이다. 야수의 우두머리인 "사자"는 고상한 모든 것을 나타낸다. 길들이는 가축 중 가장 위대한 "소"는 힘을 나타낸다. 모든 피조물의 왕관인 "사람"은 지혜를 구현한다. 모든 조류의 정점인 "독수리"는 속도를 묘사한다. 그렇다면 신분, 힘, 지혜, 속도가 그들의 살아 계시고 영원하신 창조주에게 복종하여 절한다.

'이십사 장로'라는 이미지는 해독하기가 그리 쉽지 않다.[37] 어떤 사람들은 그들이 하늘의 법정을 구성하는 천사들이라고 말한다.[38] 하지만 그 천사들은 보통 "장로들"이라고 불리지 않는다. 어떤 사람들은 그들이 히브리서 11장에 열거된 사람들과 비슷한 구약의 위인들이라고 말한다. 다른 사람들은 24라는 숫자가 구약 제사장직의 스물네 직분을 시사한다고 주장한다. 그

---

37 Sweet, p. 118.
38 왕상 22:19; 사 6:1.

들은 모두 이스라엘의 대명절에 참석해야 하는 우두머리들이었다.[39] 하지만 다른 사람들은 그들을 이스라엘의 열두 족장과 예수님의 열두 제자가 합한 것이라고 본다. 하지만 그들이 천사들이건 사람들이건, 그들의 임무는 하나님의 우주 안에서 하나님을 높이고 모든 세상사에 대한 그분의 지배권을 나타내는 것이었다. 그분은 그 안에 휩쓸리지 않는다. 거기 무관심하기 때문이 아니라, 이미 그 결과를 결정하셨기 때문이다. 하나님은 승리로 그 모든 것을 다스리신다.[40]

찬양에 합세하는 다음 성가대는 "많은 천사의 음성이 있으니 그 수가 만만이요, 천천이라"(11절). 요한이 그 숫자를 문자적으로 받아들이도록 말한 것은 아니다. 그는 우리가 도저히 셀 수 없는 광대한 숫자의 천사들이 어린 양을 찬양하는 일에 열중하고 있다고 말하는 것이다. 그리스도가 지상에 사시다가 십자가로 가실 때 하늘에 있는 천사의 무리가 보고 있었다. 그리스도의 십자가 처형에 참여한 인간들은 이해하지 못했지만, 그 천사들은 그것이 그에게 어떠한 대가를 요구하며 그가 죽는다는 것이 무엇을 의미하는지 이해했다. 이제 그분이 다시 살아나사 높임을 받으시자 그들은 적군을 정복한 영웅이 귀환했을 때 하듯이 그에게 찬양의 말을 퍼붓는다.

그 성가대는 다시 커져서 마침내 "하늘 위에와 땅 위에와 땅 아래와 바다 위에와 또 그 가운데 모든 피조물"(13절)이 전심으로 어린 양을 예배했다. 물론 요한은 현재는 피조물에 하나님의 통치에 여전히 적대적인 요소들이 있다는 것을 안다. 하지만 십자가가 문제를 정리했다. 케어드는 "그리스도의 업적이 온 우주에 미친다는 확신이 너무 커서 그의 환상은 우주적인 반응을 불러일으키지 않을 수가 없다"[41]고 썼다. 바울과 마찬가지로, 그는 십자가를 통해 전체 우주가 하나님과 화목하게 되리라는 것을 알며, 로버트 마운스

---

39 대상 24:4-18.
40 Beasley-Murray, *Revelation*, p. 114.
41 Caird, p. 77.

(Robert Mounce)가 말하듯이, "그리스도가 이룬 업적의 우주적 보편성은 우주적인 반응을 요구한다"⁴²는 것을 안다.

계속해서 늘어나는 예배자의 범위는 우리가 사는 우주의 중심부에서 십자가가 이룬 성취가 가장 좋은 모든 것, 천사적이고 인간적인 모든 것의 경축을 받는다는 것을 말해 준다. 창조된 우주의 모든 부분이 죽임당한 어린 양의 합당하심을 선포하는 새 노래에 반드시 참여한다.

2) 예배자들은 어떻게 행동하는가?

우리는 그들의 "큰"(12절) 그리고 기쁨에 찬 찬양의 노래 외에도, 그들의 예배에 두 가지 다른 측면이 있음을 읽을 수 있다. 첫째, 8절은 생물들과 장로들이 "어린 양 앞에 엎드려" 있다고 기록한다. 하늘의 예배에 대한 최후의 일별 역시 그 말을 반복한다. "장로들은 엎드려 경배하더라"(14절). 그들은 그분의 임재 앞에서 확신에 차 있고, 노래하면서 즐거워하긴 하지만, 그들의 예배의 특징은 어린 양 앞에서 경외심과 겸손함을 갖는 것이다. 그들이 구원을 확신한다 해서 그분과 지나치게 스스럼없는 관계를 맺게 되지는 않는다. 오히려 그것은 그와는 반대의 효과를 가져왔다. 그런 큰 구원은 우리 원수의 권세를 깨고 우리를 자유롭게 하기 위해 자신의 권세를 내려놓으시고 십자가를 지실 만큼 우리를 지극히 사랑하신 그분 앞에 경외함으로 엎드릴 것을 요구한다.

둘째로, 그 생물들과 장로들은 또한 "향이 가득한 금 대접을 가졌으니 이 향은 성도의 기도들이라"(8절). 향과 기도의 연관성은 시편 141:2로 거슬러 올라간다. 그러므로 요한은 낯익은 이미지를 채택하고 있다. 여기에서 놀라운 것은 지상의 실재들이 천상의 장면에 소개되고 있다는 것이다.⁴³ 예배자들은 어린 양에게 열심히 환호를 보내고 있지만, 그분을 이 세상의 갈등과

---

42   Mounce, p. 150.
43   Sweet, p. 129.

고난의 실상에서 분리하는 것은 아니다. 그들이 경축하는 어린 양은 아직이 땅에 있는 자기 백성의 실제적인 필요들에 아무런 영향도 받지 않고 저기 구름 위에서 아늑하고, 초연한 영적인 삶을 누리고 있는 분이 아니다. 성가대가 모여서 그분의 승리를 경축할 때, 그분의 대제사장적인 중보 사역은 멈추지 않고 하늘에서 계속된다.

3) 예배자들은 무엇을 노래하는가?

예배자들은 그 어린 양에게 일곱 가지로 환호한다. 그분은 "능력과 부와 지혜와 힘과 존귀와 영광과 찬송을 받으시기에 합당하도다"(12절). 조지 비즐리머리는 4장과 5장에 비추어 볼 때, "처음 네 요소를 그리스도가 하나님 대신 발휘하신 주권을 표현하는 것으로 보고, 마지막 셋을 우주가 새로 왕위에 오르신 주님을 인정하는 것으로 본다면, 여기 나오는 송영의 맥락에 들어맞을 것이다"[44]라고 말한다. 하지만 그는 그런 구분을 강요할 수는 없다고 올바르게 덧붙인다. 실로 각각의 속성들이 하나님께 속한 것처럼 예수님께도 속한 것으로 언급되어 있다고 보는 것이 더 낫다.[45]

로버트 마운스가 지적하듯이, 신약 다른 곳에서는 여기 언급된 각 특질이 예수님께 속한 것으로 되어 있다. 모호하고 중립적인 목록은 없다. 이 노래를 작곡한 사람은 유의어 사전을 참고하여 찬사의 말들을 찾은 후 그 단어들을 한데 죽 꿰어 놓은 다음, 기분 좋은 멜로디를 붙여서 사람들 앞에 내놓은 것이 아니다. 그 단어들은 주의 깊게 선택된 것으로, 매우 체제 전복적이고 또한 매우 깊은 뜻을 드러낸 것이다. 그것들은 로마 황제들이 스스로 가지고 있다고 주장하는 모든 속성을 예수님이 가지신 것으로 돌리기 때문에 체제 전복적이다. 자발적으로든 협박 때문이든 로마에 바쳐진 경의는 제대로 하자면 오직 어린 양에게 속한 것이다. 그리고 그분은 힘으로가 아니라

44　Beasley-Murray, *Revelation*, p. 128.
45　Sweet, p. 131.

자기희생으로 그것을 얻으셨다.⁴⁶

그 말은 매우 깊은 뜻을 드러낸다. 그것은 믿음 없는 인간이 십자가에서 보는 것과는 정반대되는 것을 예수님에게 돌리기 때문이다.⁴⁷

능력. 십자가는 패배에 대해 말한다. 세상의 권세들은 그리스도를 쳐부수고 제거하기 위해 움직였으나, 실제로는 그분이 "통치자들과 권세들을 무력화하여 드러내어 구경거리로 삼으시고 십자가로 그들을 이기셨[다]."⁴⁸

부. 십자가는 빈곤의 궁극적 표현이다. 자기 소유의 집을 한 번도 가져 보지 못했으며 재산이라곤 거의 없는 사람이 궁극에 가서 모든 것, 심지어 자기 옷가지까지 다 빼앗기고 벌거벗은 채 십자가에 달렸다. 하지만 십자가에 달리신 그리스도의 빈곤함은 우리의 삶을 도저히 상상할 수 없을 만큼 풍성하게 하기 위한 것이었다. "우리 주 예수 그리스도의 은혜를 너희가 알거니와 부요하신 이로서 너희를 위하여 가난하게 되심은 그의 가난함으로 말미암아 너희를 부요하게 하려 하심이라."⁴⁹

지혜. 십자가는 어리석음의 극치다. 그 누구도 제정신으로는 스스로 십자가에 달리려 하지 않을 것이다. 공고한 세상은 어리석은 자들을 처분하려는 방편으로 십자가를 고안해 냈지만, 사실은 십자가에 달리신 그리스도는 "하나님의 지혜니라. 하나님의 어리석음이 사람보다 지혜롭[기]"⁵⁰ 때문이다.

힘. 십자가는 연약함의 전형이다. 세상의 권세들은 연합하여 그리스도가 완전한 무력함과 무방비 상태를 경험하도록 한다. 그분은 "약하심으로 십자가에 못 박히셨[다]."⁵¹ 하지만 실제로는 하나님의 능력이 역사하고 있었다. 하나님이 부르신 자들에게는 십자가에 달리신 그리스도는 하나님의 능력이

---

46 앞의 책.
47 이것은 Mounce, p. 150에서 알게 된 것이다.
48 골 2:15.
49 고후 8:9.
50 고전 1:24-25.
51 고후 13:4.

며 "하나님의 약한 것이 사람보다 강하기"⁵² 때문이다.

존귀. 십자가는 수치를 나타낸다. 그것은 희생자의 품위를 떨어뜨리고 굴욕을 주도록 만들어졌다. 그것은 그리스도가 무리의 조롱과 제사장들의 조소를 받게 했다. 하지만 역설인 것은, 십자가는 그분의 보좌이며 또한 그분이 무덤에서 부활로 가는, 땅에서 승천하는, 그리고 하늘로 들리심을 받는 길이라는 것이다. 그래서 이제 그분은 "지극히 높은" 곳에 계시며 "하늘에 있는 자들과 땅에 있는 자들과 땅 아래에 있는 자들로 모든 무릎을 예수의 이름에 꿇게 하시고 모든 입으로 예수 그리스도를 주라 시인하여 하나님 아버지께 영광을 돌리게 하[실]"⁵³ 것이다.

영광. 십자가는 어두운 치욕의 장소였다. 갈보리에서 어떤 영광을 발견하기는 어려웠다. 2세기 사데의 감독이었던 멜리토(Melito)는 그의 "수난에 대한 설교"(Homily on the Passion)에서 그것을 생생하게 표현한다.

오, 전례 없는 살인이여! 전례 없는 범죄여!
주권자께서 벗은 몸이 되어 알아볼 수 없게 되었으며
심지어 사람들의 눈에서 가려 줄 겉옷조차 입지 못하였다.
그 때문에 하늘의 빛도 외면하고
낮은 어두워졌다.⁵⁴

하지만 어두움을 헤치고, 억누를 수 없는 영광의 희미한 불빛이 비쳤다. 요한은 "말씀이 육신이 되어 우리 가운데 거하시매 우리가 그의 영광을 보니 아버지의 독생자의 영광이요, 은혜와 진리가 충만하더라"⁵⁵라고 증언했다.

---

52 고전 1:25.
53 빌 2:9-11.
54 Hooker, *Not Ashamed*, p. 10에서 인용.
55 요 1:14.

그는 또 그분이 가장 큰 영광을 받으실 때는 그의 기적들이나 도저히 반발할 수 없는 가르침에서가 아니라, 그가 십자가에 달리신 때라고 증언했다.[56]

찬송. 십자가는 저주를 나타냈다. 십자가에 못 박히게 된 사람들은 축복을 받은 것이 아니라 저주를 받아야 했다. 율법은 "나무에 달린 자는 하나님께 저주를 받았음이니라"[57]고 말했다. 하지만 하나님은 "그리스도께서 우리를 위하여 저주를 받은 바 되사 율법의 저주에서 우리를 속량하시도록"[58] 했다. 그래서 이제 그분은 우리의 찬송의 대상이 되셨다. 윌리엄 바클레이(William Barclay)가 말하듯이 그것은 "아무것도 가지지 못한 우리가 모든 것을 가진 그분께 드릴 수 있는 한 가지 선물"[59]이다.

우주의 악한 권세들과 세계의 구속받지 못한 권세들이 패배와 빈곤과 어리석음과 약함과 수치와 불명예와 저주로 보았던 것이 하나님의 자비로운 일하심으로 능력과 부와 지혜와 힘과 존귀와 영광과 찬송이 되었다. 그리고 그 모든 것의 초점인 죽임당한 어린 양은 "세세토록" 우리의 예배를 받기에 합당하시다!

십자가에서 이루신 그리스도 사역의 절정으로서 요한이 성령의 감동 아래에 택한 "죽임당한 어린 양"의 비유보다 더 적절한 것은 생각하기 어려울 것이다. 이것은 이전의 설교자들과 저술가들이 사용하던 수많은 주제를 포괄한다. 이것은 제사에 바쳐진 제물인 죽임을 당한 어린 양들에 가해진 무시무시한 폭력과 전사(戰士) 왕의 장엄한 승리를 조화시킨다. 그것은 하나님이 폭력과 힘으로가 아니라 자신을 주시는 것과 자기희생으로 악을 정복하시려고 오셨다는 심오한 신비를 포착한다. 그것은 자신의 생명으로 대가를 지불하시고, 지금도 여전히 하나님의 보좌 안에 있는 어린 양이 십자가에 처

---

56   요 12:23; 13:31-32.
57   신 21:23.
58   갈 3:13.
59   Mounce, p. 150에서 인용.

형당한 표시를 지니고서 세상을 승리로 다스리신다는 것을 말해 준다.

"십자가의 성 요한의 그리스도"(Christ of St. John of the Cross)라는 살바도르 달리의 그림은 아마도 20세기에 가장 유명한 종교화일 것이다. 그것은 십자가에 달리신 그리스도께서 갇혀 있으면서도 초월하시며, 고난당하면서도 뭔가 의기양양하게 세계를 품고 있는 모습을 놀랍게 묘사한다. 십자가는 마치 하나님을 위해 단번에 세상의 반환을 요구하는 것처럼 캔버스에서 갑자기 튀어나온다. 그리고 물론 십자가가 이룬 것은 바로 그것이다.

연구 문제

이 연구 문제의 목적은 독자들이 저자가 쓴 내용의 핵심을 이해하도록 돕고, 배운 것을 개인의 삶에 적용하도록 도전하는 데 있다. 여기 나오는 질문은, 개인이나 소그룹 모임에서 매주 한두 시간 함께 공부하고 토론하고 기도하면서 활용하도록 만들었다.

이 연구 문제는 책의 각 부분에 관련된 자료를 제공한다. 제한된 시간에 모임에서 사용할 경우, 리더는 사전에 모임 때 토론하기에 적당한 질문과 조원들이 주중에 스스로 또는 더 작은 모임으로 모여서 풀어 볼 질문을 정해야 한다.

모임에 충분히 기여하고 충분히 배울 수 있기 위하여, 모든 조원이 책의 해당 부분과 참고해야 할 성경 구절들을 정독해야 한다.

또 이 공부가 단순히 이론적인 연구로 끝나지 않도록 하는 것이 중요하다. 깨달은 것을 실제로 어떻게 실천할 것인지를 생각하고 토론할 시간을 가짐으로써 그런 일이 일어나지 않도록 조심해야 한다. 모임을 시작하고 끝낼 때마다 찬양과 기도로 하나님께 초점을 맞추도록 하라. 함께 모여 토론하는 가운데 성령님이 여러분에게 말씀하시기를 구하라.

서론: 오늘날 복음주의 영성과 신학에 나타난 십자가(17-39면)

1. 복음주의 영성에서 "십자가가 더 이상 과거처럼 중심적 위치를 차지하지 못한다"(19면)는 주장에 대해 어떻게 생각하는가?
2. 기독교는 당신에게 얼마만큼이나 "십자가 발치에 있는 죄인의 종교"(찰스 시므온, 20면)인가? 당신의 신앙의 핵심에는 무엇이 있다고 말할 수 있는가?

> 기독교의 모든 산 경험은 십자가에서 시작한다. (20면, 캠벨 모건)

3. 복음주의 영성이 별 도움이 되지 않는 "말씀 중심적"(21면)인 것이라는 주장에 어떻게 대답할 것인가?
4. 데릭 티드볼은 23-26면에서 "십자가 중심적인" 복음주의 영성의 어떤 긍정적 결과를 강조하는가?
5. "그리스도인의 삶은 십자가 모양이다"(26면). 이 말은 무슨 의미인가? 당신에게도 그런가?
6. 여기에서는 십자가 중심적인 복음주의 영성의 어떤 위험 요소가 강조되는가?(26-27면) 그런 위험을 어떻게 피할 수 있는가?
7. '무가치함'(worthlessness)과 '합당치 않음'(unworthiness)의 차이는 무엇인가? 당신을 묘사하는 말은 어떤 것인가? 이러한 구분은 왜 중요한가?
8. "십자가가 오늘날의 복음주의 영성의 중심에서 밀려나고 있다"(27면)는 증거는 무엇인가?
9. 당신의 기독교 신앙 체험에서 "오순절이 갈보리를 대신했다"(27면)라고 생각할 만한 어떤 이유라도 있는가? 이것은 어떤 문제로 이끄는가?
10. 데릭 티드볼은 켈트 영성에 어떤 잠재적인 위험이 있다고 보는가? 그 위험을 어떻게 극복할 것인가?(29-30면) 왜 그런가?

11. "복음주의자들은 십자가를 원래의 중심적 위치로 회복시켜야 한다"(30면)는 말에 동의하는가? 왜 그런가?
12. 십자가의 해석에 관한 "전통적인 복음주의적 입장"(30면)은 무엇인가?
13. "형벌의 대속"이란 무슨 의미인가?(31면) 왜 이런 교리에 대해 다소 거북하게 느끼는가?(35-37면) 당신이 생각하기에는 이것을 어느 정도 정당화할 수 있다고 보는가?

> 십자가를 전할 때…사회의 시류를 충족하려 하기보다는 하나님의 계시를 신실하게 나타내야 한다. (37면)

14. 데릭 티드볼은 십자가에 대해 어떤 "오늘날 복음주의 사고에서의 변화들"(37면)을 밝히는가? 이것을 어떻게 비교 검토해야 하는가?
15. 데릭 티드볼은 우리가 "새로운 이해 방법과 해석의 새로운 깊이"(38면)를 탐구할 때 어떤 것을 주의해야 한다고 조언하는가? 왜 그런가?

1부 예견된 십자가

1장 여호와께서 준비하시리라(창세기 22:1-19) (43-65면)

1. 이 이야기에서 절묘하고도 "충격적인" 것은 무엇인가?(43면)
2. 창세기 저자는 아브라함이 직면한 시련의 정도를 어떻게 강조하는가?(45-48면)
3. 하나님이 아브라함에게 자기 아들을 제물로 바치는 것과 같이 "혐오감을 불러일으키는"(47면) 일을 시킨 이유를 우리는 어떻게 설명해야 하는가?
4. 이것이 왜 사실상 "특별히 적절한 시험"(클라우스 베스터만, 47면)인가?
5. 본문은 아브라함의 순종이 전적으로 신뢰하는 것이었음을 어떻게 보여 주는가?(48-51면)

> 지체하는 것은 사탄의 가장 간교한 계략이다. (헨리 로, 49면)

6. 이 이야기는 이스라엘에 어떤 목적이 있었는가? 그것은 어떤 면에서 특별히 적절했는가?(51-54면)
7. 우리는 왜 구약에 기독교적 의미를 첨부하여 해설할 때 "주의해야" 하는가?(52면) 여기에는 어떤 지침이 나와 있는가?
8. 이삭은 어떤 면에서 "명백히 그리스도를 드러내는가?"(54면) 여기에서 이삭과 예수님 사이의 "가장 놀랍게 비슷한 점"(57면)은 무엇인가?
9. 하나님이 "공급하시는" 주님이시라는 주장은 우리 사회에서 왜 그렇게 "물의를 일으키는"(60면, 브루그만의 말) 것인가?

> 하나님의 약속은 언제나 확실한 것이었지만, 아브라함의 순종으로 인해 더욱 강화되었다. (62면)

10. 이 사건이 일어난 장소가 갖는 의의는 무엇인가?(62-64면)

2장 여호와의 유월절이니라(출애굽기 12:1-51) (67-91면)

1. 데릭 티드볼은 왜 출애굽 이야기가 때로 "위험스러운"(67면) 방식으로 이용된다고 말하는가?
2. "유월절 이야기는 다른 무엇보다도, 하나님이 자신을 드러내신 것이다"(존 스토트, 69면). 이것은 하나님에 대해 무엇을 계시하는가?(69-71면)
3. 출애굽과 그에 선행하는 유월절의 관계는 무엇인가?(65-66면)
4. 여기에는 유월절의 어떤 "다섯 개의 독특하지만 서로 연관된 결과들"이 나와 있는가?(75-87면)
5. "우리는 하나님이 쉽게 화를 내는 분이라는 이미지를 쉽사리 받아들이려 하지 않는다"(77면). 당신도 그런가? 데릭 티드볼이 말한 것이 어떻게 도

움이 되는가?

6. 이집트에 내린 재앙들은 어떤 면에서 "하나님의 능력"을 보여 주었는가?(80면)

7. 유월절과 출애굽은 어떤 식으로 그리스도의 죽음을 가리키는가? 신약 저자들은 이것을 어떻게 분명히 밝히는가?(80-84면)

> 이스라엘의 경험에서 유월절 양을 통해 일어난 모든 일이 이제 예수님을 통해 우리의 경험 속에서 일어난다. (88면)

3장 이날에 너희를 위하여 속죄하리라(레위기 16:1-34) (93-117면)

1. 이 본문의 어떤 것이 속죄일의 중요성을 강조하는가?(93면)

2. 왜 속죄일을 그렇게 엄격하게 준비해야 하는가? 여기에서는 무엇을 강조하는가?(104-106면)

3. 레위기 16장은 죄의 의미를 이해하는 것을 어떻게 도와주는가?

> 무의식적으로 이루어진 영적 태만으로든, 좀 더 의식적인 영적 무관심으로든, 아니면 공공연한 영적 반역으로든, 죄는 하나님을 그분의 세계에서 밀어내고. (99면)

4. 죄란 일차적으로 하나님과의 깨진 관계에 대한 것이며 법적인 범주의 견지에서 생각하는 것은 별로 도움되지 않는다고 주장하는 사람이 있다면 어떻게 대답할 것인가?(100-101면)

5. "주의를 기울일" 필요가 있는 속죄 의식의 네 가지 측면은 무엇인가?(103-113면)

6. 피를 흘리는 것이 의미하는 것은 무엇인가? 희생자의 생명을 내어놓는 것인가, 아니면 희생자의 죽음을 내어놓는 것인가?(105-106면) 왜 그런가?

7. 어떤 사람들은 왜 속죄제에 대해 말할 때 '대속물'이라는 단어를 사용하

는 것을 반대하는가? 이 개념은 어떠한 진리들을 보호하여 주는가?(106-108면)
8. '속죄'는 정확히 무엇을 의미하는가? 세 가지 대안들 각각의 장점은 무엇인가?(108-110면)
9. 속죄 염소에 대한 세부 사항들은 속죄에 대한 이해에 어떻게 더 도움이 되는가?(110-113면)
10. 그리스도의 희생은 어떤 면에서 속죄일에 규정된 의식들에 비해 "무한한 우월성"을 가지는가?(113-117면)

단 한 분 그리스도의 죽음은 속죄의 드라마에서 최종적인 행동이었으며, 우리에게 영원한 죄 사함을 가져다주었다. (115면)

4장 내 하나님이여, 내 하나님이여, 어찌?(시편 22:1-31) (119-141면)

1. 이 시편의 1절과 2절에서는 어떤 "크나큰 긴장"이 강조되어 있는가?(121-123면) 당신은 이런 것을 경험한 적이 있는가?
2. 시편 기자의 처음 곤경은 어떤 면에서 다른 사람들의 반응으로 강화되는가? 이것은 어떻게 표현되는가?(123면)
3. 시편 기자는 이 시편에서 그의 고난의 어떤 세 번째 차원을 강조하는가?(124-125면)
4. "그를 따라다니며 괴롭히는 괴로움의 멜로디에 주체할 수 없는 신뢰의 곡조로 맞선다"(125면). 시편 기자는 여기에서 하나님에 대한 어떤 진리에 특별히 초점을 맞추는가?(125-129면)
5. 22절에서 일어나는 극적인 변화는 무엇인가? 우리는 그것을 어떻게 설명할 수 있는가? 그것의 결과는 무엇인가?(130-132면)

처음에는 개인의 찬양 노래였던 것이 계속 커져 나가 마침내 전 세계가 예배에 참여

하게 된다. (132-133면)

6. 시편 22편은 어떤 면에서 그리스도의 고난에 대한 놀랄 만큼 "적절하고" "정확한" 묘사인가?(133면)
7. 시편 기자의 경험과 예수님의 경험 사이에 어떤 차이점을 인식해야 하는가?(138면) 왜 이것이 그렇게 중요한가?
8. 이 시편은 어떤 면에서 예수님의 부활을 암시하는가?(139-140면)

예수님 한 분만이 [이 시편의] 그 말에 꼭 알맞으며 그 말의 의미를 완전하게 성취하신다. (141면)

5장 슬픔의 사람(이사야 52:13-53:12) (143-168면)

1. 하나님에 대해 말하는 이 본문에서 "참신한 어떤 것"(144면)은 무엇인가?
2. 그 종의 "불가해성"은 무엇인가?(147-149면) 그것은 52:13-15에 어떻게 표현되어 있는가?
3. 종을 보는 사람들은 그가 고난받는 이유를 어떻게 설명하는가? 그들은 이러한 결론에 도달하면서 무엇을 생각하지 못했는가?(153-155면)
4. "하나님의 목적이 종의 모범을 통해 죄인들에게 영향을 미쳐 그들이 회개하도록 만드는 것뿐"(155면)이라고 주장하는 사람에게 어떻게 대답할 것인가?
5. 당신이 6절에 나오는 "우리"의 일부라는 개념에 어떻게 반응할 것인가?(157면)
6. 이 구절들을 쓴 저자는 종의 고난이 자발적인 성격을 지니고 있다는 것을 어떻게 강조하는가?(157-159면) 이것은 왜 그렇게 중요한가?
7. 9절에 대해 "어려운" 것은 무엇인가?(159면) 이것을 어떻게 해결할 수 있는가?

8. 11절은 어떤 면에서 "일찍이 기록된 속죄 신학의 가장 완전한 진술 중 하나"(알렉 모티어, 164면)인가?
9. 그리스도인들이 이 본문이 예수님을 가장 분명하게 가리킨다고 보는 것은 정당한가?(165-168면) 왜 그런가?

2부 경험된 십자가

6장 십자가에 달린 메시아(마태복음 26:1-27:56) (171-197면)

1. 복음서 기자들은 예수님의 죽음에 대한 해석을 거의 말하지 않는 것처럼 보인다. 그렇다면 그들은 자신들이 쓴 글을 통해 그분의 죽음이 무엇을 의미하는지 어떻게 보여 주는가?(172-175면)
2. 복음서 기사들 간에 차이가 있는 것에 대해 신경이 쓰이는가? 그것을 어떻게 설명해야 하는가?(174-175면)
3. "십자가의 그림자"가 어떤 면에서 마태복음 전체에 드리워져 있는가?(174-175면)
4. 마태의 수난 기사에 나타난 "다섯 가지 주제"는 무엇인가?(175-196면)

> 예수님의 죽음의 드라마에서 어떤 측면도 우연한 것은 없다. (178면)

5. 마태가 구약을 이용한 것은 예수님 죽음의 어떤 측면들을 전달하는 데 기여하는가?(176-180면)
6. 마태의 기사에서 피라는 상징에는 어떤 "세 가지 차원"이 포함되어 있는가?(180-184면)
7. 예수님을 "순교자"로 묘사하는 것은 어떤 면에서 온전한 진리에 미치지 못하는가? 마태는 이것을 어떻게 밝히는가?(185-186면)
8. 마태는 예수님이 사건에 대한 "주권적 통제권"을 지니고 있다는 것을 어

떻게 나타내는가?(191-193면)

십자가는 수동적으로 견뎌야 했던 비극이 아니라, 의도적으로 수행하여 성공적으로 완수한 행동이다. (톰 스매일, 193면)

9. 마태가 예수님의 십자가 처형에 대한 그의 기사를 마무리하는 방식에서 의미심장한 것은 무엇인가?(193-196면)

7장 고난받는 종(마가복음 14:1-15:47) (199-223면)

1. 마가가 그의 복음서에서 택하는 접근법의 독특한 점은 무엇인가?(200-202면)
2. 마가가 십자가와 관련하여 제시하는 "네 가지 중대한 주제"는 무엇인가?(202면)
3. 예수님이 마가복음 10:45에서 이사야 53장을 암시한다는 주장에 의문을 표하는 사람에게 어떻게 대답하겠는가? 왜 이 구절이 복음서의 "핵심 구절"인가?(202-203면)
4. 예수님이 자신이 종으로서 고난받는다고 말하는 것에서 우리가 놓칠 수도 있는 "명백한 것"은 무엇인가?(203-204면) 이것은 마가복음에서 어떻게 상세히 설명되어 있는가? 이것이 당신에게 적용되는 방식들을 생각해 볼 수 있는가?
5. 마가의 기사에서 예수님은 어떤 면에서 "다소 수동적인 분으로" 묘사되는가? 이것은 어떤 의미가 있는가?(204-205면)
6. 마가는 예수님의 고난이 지닌 구속 효과를 어떻게 전달하는가? 왜 그러한 구속이 필요한가?(205-208면)

자유에 이르는 길은 역설적으로 예수님 자신이 쳐부수러 오신 그 세력들에 자발적으로 굴복하신 것에서 발견되었으며, 또한 그분은 자신의 연약함을 통해 그들의 권세가 종말을 고하게 하셨다. (206-207면)

7. "마가복음 전체에 걸쳐, 서로 겨루며 궁극적으로 상호 보완되는 주제들이…다투어 나타난다"(208면). 그것은 무엇인가? 마가는 예수님의 주권이라는 주제를 어떻게 설명하는가?(209-219면)
8. 누가 예수님의 왕권을 인정하는가? 누가 인정하지 못하는가? 왜 그런가?(209-212면) 이것은 마가복음의 첫 번째 독자들에게 어떤 도움을 주었겠는가?
9. 왜 "마가의 십자가관이 가장 냉혹"한가? 이것은 그가 쓴 글에서 어떻게 설명되는가?(214면)
10. 예수님이 십자가에서 유기의 부르짖음을 발하실 때 어떠한 놀라운 '역설'이 드러나는가?(216-219면) 이것은 오늘날 인간의 고통에 대해 무엇을 말해 주는가?

그것은 사람들이 빠져들 수 있는 심연 중에 그분이 이미 뛰어들어 보지 않은 것은 하나도 없다는 것을 말해 준다. 그리스도는 버림받음의 고통, 고난의 외로움, 침체의 어두움, 환경으로 인한 당혹스러움, 죽음의 고뇌를 우리와 함께 나눌 수 있는 분이시다. (219면)

11. 마가는 예수님의 고난과 죽음이 "신자의 모델" 역할을 한다는 것을 어떻게 설명하는가?(220-223면)
12. "오늘날 제자들은 여전히 십자가를 지라는 부름을 받는다"(221면). 이것은 당신에게 어떻게 적용되는가?

8장 자비로운 구세주(누가복음 22:1-23:56) (225-250면)

1. 누가는 수난 이야기에 대한 기사에서 어떤 것을 빼놓기로 하는가? 그리고 마태와 마가가 빼놓은 것 중 어떤 것을 포함시키는가? 누가는 이러한 사건들을 어떤 독특한 관점으로 설명하는가?(226-227면)

2. 누가는 예수님이 "총격전이 벌어지는 자리에 우연히 있었던 불운한 희생자"이기보다는 "의도적인 희생자"였다는 것에 어떻게 주의를 기울이는가?(227면)

3. "영원하신 하나님은 아들을 희생하는 이 역사적인 사건을 통해 세상의 구원을 이루기로 작정하셨다." 왜 우리는 "이렇게 말할 때 조심해야" 하는가?(229면)

4. 예수님의 죽음으로 이끈 사건들에서 사탄의 역할에 대해 매우 고무적인 것은 무엇인가?(229-231면)

사탄은 이러한 위험한 일을 통해 자신도 모르게 역설적으로 하나님의 계획을 성취하고 있었고, 동시에 제 꾀에 넘어가 자신의 패배를 가져오고 있음을 알지 못했다. (230면)

5. "예수님을 죽음으로 몰아넣는 범죄 동맹"(231면)에 연루된 사람은 누구인가? 각각의 경우에 그들이 연루된 배후에는 무엇이 놓여 있는가?(231-238면) 당신 자신의 삶에서 얼마만큼 이러한 것을 인식하는가?

십자가는 그리스도의 나라에서는 실패자만이 성공한다는 것을 보여 준다. (233면)

6. 어떤 식으로 당신의 종교는 "방해될 수"(235면) 있는가?

7. 당신의 "자기를 보전하고자 하는 욕망"(236면)이 당신을 죄로 이끄는 방식에 대해 생각할 수 있는가?

8. "누가의 죄책에 대한 묘사는 어떤 사람도 어느 정도는 예수님을 처형한

책임을 모면할 수 없음을 시사한다"(237면). 당신은 이 시나리오 어디에서 당신의 모습을 보는가?

9. "예수님의 죽음에 대한 누가의 묘사에서 가장 눈에 띄는 특징"(238면)은 무엇인가? 누가는 이것을 어떻게 제시하는가?(238-244면)

10. 예수님이 자신에게 자비를 구하던 죽어 가는 강도에게 보여 준 은혜에서 그토록 "엄청난" 것은 무엇인가? 이 강도는 어떤 면에서 "우리 모두의 귀감"인가?(242-244면)

이제 십자가에서 예수님은 누구보다도 가장 소외되고 배척당하는 자를 포용하사 그에게 낙원에 있게 되리라고 약속하셨다. (242면)

11. 예수님이 죽어 가는 강도에게 말씀하신 것에서 "두 가지 더" 살펴볼 만한 것은 무엇인가?(242-244면)

12. 누가가 예수님의 수난에 대해 쓰는 것은 "성부와 성자 간에 특별한 관계를 서너 군데 드러내는가?" 데릭 티드볼은 누가가 강조한 것의 어떤 두 가지 이유를 돋보이게 하는가?(245-247면)

13. "오시는 왕"이신 그리스도라는 주제는 누가복음에서 어떻게 제시되는가?(248-249면) 왜 이 측면은 오늘날 우리에게 그처럼 중요한가?

9장 영광스러운 생명 수여자(요한복음 18:1-19:42) (251-275면)

1. 예수님에 대한 요한의 묘사 중 복음 기사를 "적절하게 절정으로"(251면) 이끄는 것은 무엇인가?

2. 요한이 십자가 처형의 중요성을 과소평가한다는 주장에 대해 어떻게 대답할 수 있는가?(252면)

3. "요한이 제시하는 그리스도는…주관하는 분"이다. 요한의 수난 기사에서는 어떤 다른 방식으로 이것이 제시되는가?(253-254면)

4. 예수님과 빌라도의 대화에서 "주목할 만한" 것은 무엇인가?(240-242면) 이 것은 요한의 독특한 주제를 어떻게 강조하는가?
5. 십자가로 가는 예수님의 여정은 어떻게 "대관식 행렬"(259-260면)이라고 말할 수 있는가?
6. "이 왕은 심지어 죽으면서도 왕권, 특히 신적 왕권이 무엇인지에 대해 협착한 시야를 갖고 있던 사람들을 매우 동요하게 했다"(260-261면). 당신은 신적 왕권에 대해 어떻게 생각하는가? 요한이 여기에서 설명한 것이 당신을 동요하게 하는가?
7. 요한이 예수님이 십자가에서 "들리운다"라고 묘사할 때 그 의미는 무엇인가?(261-262면)
8. 어떤 면에서 요한은 예수님의 인성의 실상을 강조하는가? 그것은 왜 그처럼 중요한가?(262-265면)
9. "예수님은 외로운 개인으로 죽으셨을 뿐 아니라 인간 대표로 죽으셨다"(265면). 이 말은 무슨 의미인가? 요한은 이 진리를 어떻게 설명하는가?
10. 요한은 예수님을 처음에 "세상 죄를 지고 가는 하나님의 어린 양이로다"(1:29; 266-270면)라고 묘사한 것을 어떻게 발전시키는가?
11. "영광"이란 무엇을 의미하는가? 어떻게 예수님은 십자가를 영광이라는 견지에서 묘사할 수 있을까?(270-275면)

세상과 거꾸로인 하나님의 질서에서, 예수님의 죽음은 그분의 영광을 최고로 나타내는 것이었다. (273면)

3부 설명된 십자가

10장 십자가, 과분한 의(로마서 3:21-26) (279-303면)

1. "십자가의 도"가 바울에게 그처럼 중요하다는 것을 어떻게 아는가?(279-281

면) 당신에게는 십자가가 얼마나 중심이 된다고 말하겠는가? 왜 그런가?
2. 복음이 "사람들의 필요에서 시작하는 것이 아니라, 하나님의 의에서 시작한다"라고 주장하는 것은 왜 그처럼 중요한가?(281면)
3. "해결의 열쇠가 되는 질문은 바울이 말하는 '하나님의 한 의'라는 말의 의미가 무엇인가 하는 것이다." 이 말의 의미는 무엇인가? 그것은 하나님이 이미 자신에 대해 계시하신 것과 어떻게 들어맞는가?(282-283면)
4. 이 본문에서 바울은 십자가가 해결하고자 하는 문제의 이중적 성격을 어떻게 설명하는가?(287-291면)

음녀, 거짓말쟁이, 살인자는 거기에 이르지 못한다. 하지만 당신도 마찬가지다. 아마도 그들은 탄광의 제일 밑바닥에 서 있고 당신은 알프스 산꼭대기에 있을지는 모르겠다. 하지만 당신이나 그들이나 별을 따지 못하기는 매한가지다. (핸들리 모울, 286면)

5. "오늘날 많은 사람은 하나님의 진노에 대해 말하기를 꺼린다"(287면). 당신도 그런가? 왜 그런가? 데릭 티드볼이 여기에서 말하는 것은 어떻게 도움이 되는가?
6. 바울이 "그리스도의 십자가로 말미암아 우리에게 임한 신비하고 놀라운 하나님의 은혜"를 탐구하기 위해 사용하는 "세 가지 비유"는 무엇인가? 이러한 이미지들은 우리의 이해에 어떻게 도움이 되는가?(291-298면)
7. 죄 사함과 칭의의 차이는 무엇인가?(292-294면)
8. '힐라스테리온'(*hilastērion*)이라는 단어의 의미에 대해 어떤 안이 제시되는가?(295-298면) 어떤 것이 가장 설득력이 있다고 생각하는가? 왜 그런가?
9. 이 문맥에서 "예수님을 믿는" 것의 의미는 무엇인가?(3:26; 298-302면)

이신칭의만이 "그리스도의 참된 영광을 진척시키고 인간의 헛된 영광을 타도하는" 것이다. (크랜머, 존 스토트가 299면에서 인용)

10. "하나님의 정의가 인류의 피고석에 서 있다"(300면)라는 데릭 티드볼의 말은 무슨 의미인가? 십자가는 어떻게 하나님의 정의를 드러내는가?
11. "십자가는 앞을 내다볼 뿐 아니라 뒤를 돌아보는 작용도 한다"(302면). 이 말은 무슨 의미인가? 그것은 왜 중요한가?

11장 십자가, 지혜로운 어리석음(고린도전서 1:18-2:5) (305-328면)

1. 당신은 십자가가 우리의 문화에서 어떤 면에서 "불쾌한 것"(305면)이라는 것을 알아차렸는가?
2. 바울 시대 십자가의 도에 대해 그처럼 "어리석은" 것은 무엇이었는가? 왜 사람들은 유대인이나 로마인이나 그리스인이나 할 것 없이 십자가에 그렇게 부정적으로 반응했는가?(306-312면)
3. "사실 십자가의 실상은 그들이 이해한 것과는 완전히 다르다"(312면). 왜 사람들은 그때나 지금이나 십자가의 의미를 그처럼 잘못 평가하는가?

> 세상은 자기중심성에 근거해 돌아가는 반면, 하나님은 그와 달리 자기 부인이라는 기초에 근거해서 일하신다. (312-313면)

4. 바울은 대중의 견해가 잘못되었고 십자가가 하나님의 지혜를 나타낸다는 것을 어떻게 그렇게 확신할 수 있는가?(312-314면)
5. 구원 외에, 바울은 십자가의 어떤 결과를 이 본문에 끼워 넣는가?(314-320면)
6. 세상 사람을 분류할 수 있는 모든 방법 중에 "무엇보다도 더 중대한 분류"(315면)는 무엇인가? 그리스도인 신자들에게 이것이 주는 실제적인 효과는 무엇인가?
7. "하나님은 십자가를 통해서만 알 수 있[다]"(317면). 이 말에 대해 어떻게 반응할 것인가?

8. 어떤 면에서 십자가는 "우리 시대의 현혹하는 '지혜'"(318면)에 도전을 가하는가?
9. 왜 십자가를 자랑하는 것 혹은 "자나 깨나 생각하는 것"이 그렇게 좋은 일인가?(320면)
10. 어떻게 "고린도 교회의 구성은 십자가의 도를 그대로 반영"했는가?(322-323면) 당신의 교회는 이 중 어디에 해당될까?
11. 기독교 공동체가 "일상생활 가운데서…십자가로 인해 특징지어지는 공동체"(324면)가 된다는 것은 실제로 무슨 의미인가?
12. 바울의 매체는 그의 메시지로 인해 어떻게 형성되었는가? 그것은 당시 다른 의사소통 수단과 어떻게 달랐는가?(325-326면) 여기에서 오늘날 우리는 어떤 교훈을 얻을 수 있는가?

> 현대 서구의 복음 전도는 승리주의라는 바이러스에 깊이 감염되어 있으며. (카슨, 327면)

13. "고린도 교회는 십자가로 인해 앞으로 올 세대의 표적으로 부름받았으나, 여전히 세상의 인습적 사고에 영향을 많이 받고 있었다"(327면). 당신에 대해서도 어떤 점에서 이렇게 말할 수 있는가?

12장 십자가, 치명적인 화해(고린도후서 5:16-21; 에베소서 2:11-22; 골로새서 1:19-20) (329-352면)

1. 화해라는 개념이 바울에게 그처럼 중대하다는 것을 어떻게 알 수 있는가?(330-332면)
2. "십자가를 화해로 해석하는 것은…오늘날…가장 지배적인 해석 중 하나다"(332면)라는 말에 동의하는가? 왜 그런가?
3. 왜 화해는 "달성하기 쉬운 목표가" 아닌가?(333면) 당신 자신의 삶과 좀

더 일반적으로는 이 세상에서 그에 대한 예를 각해 볼 수 있는가?

4. 왜 바울은 화해의 주도권이 우리에게서가 아니라 하나님으로부터 오는 것이라고 주장하는가?(336-338면) 그는 이것을 어떻게 이해시키는가?

5. 하나님은 "그저 말 한마디로 화목을 명하실 수는 없었다"(338면). 왜 그런가?

6. 십자가는 정확히 어떻게 화해를 가져오는가?(338-341면)

그리스도가 자신이 죄에서 구한 자들에게 죄 대신 주시는 것은 하나님 앞에서의 올바른 지위다. (340면)

7. 데릭 티드볼은 여기에서 어떤 "이 교리에 대한 한 가지 오해"를 다루는가?(341면)

8. "하나님이 모든 사람의 삶에서 자동으로 일어나는 보편적인 화목을 이루신다"(341면)라고 주장하는 사람에게 어떻게 대답할 것인가? 그렇다면 화해가 일어나기 위해서는 무엇이 필요한가? 왜 그런가?

9. "하나님과 더불어 화평을" 누린다는 것은 무슨 의미인가?(341-343면) 당신은 어떤 식으로 그것을 경험하는가?

10. 바울은 사신의 역할을 어떻게 이해하는가? 왜 우리는 "바울의 메시지를 선포할 뿐 아니라 그 방법도 본받도록 주의해야"(344면) 하는가?

11. "그들이(고린도의 그리스도인들이) 화해의 의미를 제대로 깨닫지 못했음을 보여 주는"(345면) 것은 무엇인가? 당신이 어떤 식으로 그들과 같은 처지에 놓일 수 있는지 생각해 볼 수 있는가?

12. 어떻게 바울은 화해의 개념을 "멋지고 새로운 두 가지 방식으로" 전개하는가?(346-352면)

예루살렘 맞은편 언덕 위에 여러 세기 전에 세워진 나무 말뚝이 그저 개인들을 구원

하기 위해서만이 아니라 인종적인 관계 역시 변화시키기 위해 세워졌다. (348면)

13. 하나님이 회개하고 믿는 신자들과 화목하시는 것과 별개로, "만물"(골 1:19)을 화목하게 하신다는 바울의 글을 무슨 의미인가?(348-352면)
14. 이 "대담한 주장"은 어떤 질문들을 불러일으키는가? 그 질문들에 어떻게 대답할 수 있을까?(351-352면)

[화해는] 하나님이 전체 피조물을 하나님 자신과 조화시키시는 한 가지 수단이다. (352면)

13장 십자가, 현재의 역사(갈라디아서 2:20; 5:24; 6:14; 빌립보서 3:10-11) (353-375면)

1. "최근의 복음 전파와 가르침"이 무시하는 경향이 있는 성경 진리는 무엇인가? 왜 그것이 그렇게 심각한가?(353-356면)

그리스도의 죽음이 과거의 사건일 뿐 아니라 현재의 경험이 되지 않는다면 거룩해질 수 없다. (354면)

2. "십자가 형태의 생활 방식"(355면)을 산다는 것이 무엇이라고 생각하는가? 당신은 어떤 형태의 생활 방식을 사는가?
3. 바울이 갈라디아서 2:20에서 "그리스도와 함께 십자가에 못 박히는 것"에 대해 쓰는 배경은 무엇인가? 이 본문을 해석할 때 이것을 염두에 두는 것은 왜 중요한가?(356-361면)
4. 바울은 어떻게 우리가 그리스도와 함께 죽었으며, 또한 날마다 육체를 십자가에 못 박아야 한다고 말할 수 있는가? 이 말의 의미는 무엇인가? 어떻게 그렇게 할 수 있는가?(361-366면)
5. 당신은 "자신을 죽이라"는 부르심에 어떻게 반응하는가? 왜 그것에 대해

그처럼 "불편한 침묵"이 존재한다고 생각하는가?(361-366면) 그것은 실제로 당신에게 무엇을 의미하는가?

날마다 자신을 죽이는 것은 거룩함을 추구하는 데 없어서는 안 될 필요조건이다. (363면)

6. 갈라디아서 6:14에 나온 바울의 말은 어떤 면에서 우리와 현대 사회에 그처럼 적절한가?(366-369면)
7. 바울이 빌립보서 3:10에서 그리스도와 함께 고난받는 것에 대해 말한 것을 더 잘 이해할 수 있도록 돕는 두 가지는 무엇인가?(370-373면)
8. 바울은 어떻게 고난을 그렇게 기쁘게 포용할 수 있는가?(372-373면) 이것은 당신에게 어떤 영향을 미치는가?

우리는 예수님의 발자취를 따라 십자가의 수치를 지고 갈보리로 향하는 십자가의 길을 가는 엄청난 특권을 누린다. (372면)

9. 자신이 "핍박이 없는 듯한 환경에서 사는"(372면) 것으로 해서 죄책감을 느끼는 그리스도인에게 어떻게 말해 줄 것인가?
10. "우리는 십자가에 대해 무언가를 해야만 하는데, 둘 중 하나만 할 수 있다. 거기서 도망가든가, 그 위에서 죽든가 하는 것이다"(토저, 375면). 당신은 어떤 쪽을 취할 것인가?

14장 십자가, 비장한 승리(골로새서 2:8-15) (377-399면)
1. 구스타프 아울렌이 말하는 소위 "고전적인" 속죄 개념은 무엇인가? 그의 견해에 대해 어떤 "정당한 비판"을 할 수 있는가?(377-380면)

신약 전체에 걸쳐 십자가는 실패가 아니라 승리로 여겨진다. (380면)

2. 골로새 그리스도인들이 직면한 상황의 어떤 특징이 바울이 골로새서 2:8-15에서 말하는 것을 해설해 주는가?(380-382면)
3. 바울이 이 본문에서 말하는 '통치자'와 '권세'는 정확하게 무슨 의미인가? 왜 그것들을 단순히 "인간의 권력 구조에서 구현된 사회적 실체"로 보는 것이 잘못된 것인가?(382-385면)
4. 바울은 여기에서 어떤 악의 전략들을 묘사하는가?(383-386면) 오늘날의 세상에서 이것들이 역사하는 예를 생각할 수 있는가?
5. 그리스도가 이 상황을 변혁시킴으로 차이를 가져오는 배후에는 무엇이 놓여 있는가?(386면)
6. 그리스도가 누구이신가 하는 것은 그분을 믿는 사람들의 삶에서 정확히 어떻게 나타나는가? 바울이 할례의 비유를 사용하는 것은 우리가 그것을 이해하는 데 어떻게 기여하는가?(388-389면)
7. 우리가 그리스도 안에서 가지고 있는 자유를 더욱 잘 묘사하기 위해 바울이 사용하는 "두 가지 개념"은 무엇인가? 이러한 개념은 십자가가 의미하는 것을 파악하는 데 어떻게 도움을 주는가?(390-399면)

십자가에서 복된 소식이 흘러나온다. 우리 자신의 빈약하고 더럽혀진 자원으로는 도저히 충족시킬 수 없는 빚을 다른 사람이 완전히 갚아 주었다. (394면)

8. 십자가는 두려움 가운데 살면서 자신들이 저항하기엔 너무 강한 세력들의 억압을 받는다고 느끼는 신자들을 어떻게 돕는가?(391-394면)
9. 골로새서 2:15에 나온 바울의 주장에서 그처럼 "담대한" 것은 무엇인가?(397면) 이것은 실제로 우리에게 어떻게 성취되는가?
10. "오늘날 많은 그리스도인이 자신 없이 물에 물 탄 듯 사는 것은 실로 바로 그리스도가 이미 그분의 십자가를 통해 정말로 우리 원수들을 패퇴시켰다는 것을 가르치지도 믿지도 않기 때문일 것이다"(399면). 이것을

더 온전히 믿으면 당신의 삶에 어떤 차이가 생길까?

4부 적용된 십자가

15장 단번에(히브리서 10:1-18) (403-426면)

1. 데릭 티드볼은 히브리서의 어떤 네 가지 "적절한 주제"를 언급하는가? (403-406면) 이것은 이 서신서를 공부하는 것이 줄 만한 유익에 대해 무엇을 말해 주는가?
2. 이 서신서가 다루려는 쟁점 중에는 어떤 것이 있는가?(407-411면)

> 히브리서에서 가장 놀라운 사실은 영적 피곤함이라는 목회적 문제에 직면한 그 설교자가 매우 대담하다는 것, 심지어 기독론과 설교가 대답이라고 생각할 만큼 뻔뻔하기까지 하다는 것이다. (토머스 롱, 409면)

3. 구약의 제사 제도에서 그것을 "궁극적으로 비효율적이며 따라서 부적절한 것으로 만드는" 특징은 무엇인가?(412-415면)
4. "실제로 많은 설교자는 하나님이 은혜로우시다는 사실보다 우리가 죄인이라는 사실을 더 상기시킨다"(414면). 당신은 이에 대한 어떤 경험이 있는가? 왜 그런 일이 일어난다고 생각하는가?
5. 구약의 제사와 대조할 때, 그리스도의 사역을 그처럼 훨씬 더 효과적으로 만드는 것은 무엇인가?(415-419면)
6. "우리는 심지어 얼핏 보기엔 상당히 받아들일 만한 것처럼 보이는 일부 가르침도 주의해야 한다"(418면). 데릭 티드볼은 여기에서 무엇을 언급하고 있는가? 왜 그것은 그처럼 중요한가?
7. 히브리서 저자가 여기에서 날리고 있는 "맹렬한 일격 두 방"은 무엇인가?(419-420면)

8. 저자는 예수님의 제사장 사역이 옛 언약의 사역보다 훨씬 더 낫다는 것을 어떻게 보여 주는가?(420-423면)
9. 히브리서는 "이 제사장의 장엄한 독특하심과 인간에 대한 그분의 공감 사이에 주의 깊게 균형을 유지한다"(421면). 왜 이것은 우리에게 그처럼 중요한가?
10. 십자가에서 그리스도의 제물로 "온전하게" 된다는 것은 무슨 의미인가?(10:14; 422면) 이것은 양심에 가책을 받고 있는 사람을 어떻게 돕는가?

> 여기에서 신자들에게 계속 죄를 지으라고 부추기는 것이 아니라는 것과 죄를 지을 때면 그리스도가 그 죄를 최종적으로 온전히 처리해 주신다는 확신이 나와 있다는 것은 더 말할 나위도 없다. (422면)

11. '새 언약'이라는 말의 의미는 무엇인가? 그것은 어떤 면에서 '옛 언약'과 다른가? 유언장을 만드는 비유는 저자가 말하는 것을 이해하는 데 어떻게 도움이 되는가?(424-426면)

16장 이를 위하여 너희가 부르심을 받았으니(베드로전서 1:2, 18-21; 2:13-15; 3:18-22) (427-450면)

1. "그리스도의 십자가에 대한 사도 베드로의 묵상은 특별히 흥미롭다"(427면). 왜 그런가?
2. 베드로가 베드로전서 1:2에서 그리스도의 죽음을 언급할 때 그의 "어휘 선택"에서 특별히 의미심장한 것은 무엇인가? 이것은 그의 독자들에게 무엇을 전달하려고 하는 것인가?(429-431면)
3. 베드로가 베드로전서 1:18-21에서 개략적으로 말하는 "간결한 구속 신학"은 무엇인가?(432-438면)
4. "우상숭배는 고대인들에게 그랬던 것과 마찬가지로, 현대인들에게서도 자

유를 빼앗아 갔다"(434면). 당신은 어떤 "우상"을 섬기고자 하는 유혹을 받는가?

> 그리스도의 십자가는 우리를 헛된 것의 감옥으로부터 구해 주며, 우리 실존뿐 아니라 피조물 전체의 근원이시며 목적이시며 목표인 성부 하나님을 소개해 준다. (435면)

5. 베드로는 여기에서 구속의 어떠한 효과를 강조하는가?(437면) 당신 자신의 삶에서는 이러한 것들을 얼마만큼 경험하는가?
6. "구속의 목적"은 무엇인가?(437-438면) 이것은 실제로 어떻게 성취되는가?
7. 왜 우리는 베드로가 그리스도를 따라가는 것에 대해 말할 때 "그것을 적용할 때 주의해야" 하는가?(439-441면)

> 보복하기를 거부하는 것은 악순환의 고리를 끊고 선으로 악을 이기는 것이다. (441면)

8. 베드로는 여기에서 그리스도의 고난이 그리스도인들이 따라야 할 모범 역할을 하는 것 외에, 그 고난의 목적의 어떤 다른 측면을 강조하는가?(442-446면)
9. 베드로는 "이후 많은 세대의 제자들이 이루지 못한 조화를 이룬다." 어떤 조화인가?(444-445면) 왜 이것은 그처럼 중요한가?
10. "복음주의자들은 종종 십자가의 구속적 의의를 옹호하려다가 그것이 우리의 모범임을 과소평가"한다는 것은 무엇인가?(445면) 당신에게 실제로 어떻게 이런 일이 일어나는가?
11. 십자가는 어떤 식으로 그리스도의 총체적인 승리를 선포하는가?(447-448면)
12. 베드로전서 3:19-22은 왜 "신약에서 가장 어려운 구절 중 하나"인가? (445-446면) 베드로의 이 말은 무슨 의미라고 생각하는가?

13. "베드로가 그리스도의 십자가를 다루는 것에 대해 두 가지가 특별히 눈에 띈다"(450면). 그것은 무엇인가?

17장 하나님은 사랑이시라(요한1서 4:7-14) (451-469면)

1. 요한의 독자들 사이에 돌고 있던 거짓 가르침으로 요한이 이 서신서에서 다루는 것은 무엇이었는가? 왜 그는 그것에 그처럼 강하게 반응하는가?(451-453면)
2. 예수님의 십자가는 요한에게 무엇을 가장 잘 보여 주는가?(453면)
3. 어떤 식으로 하나님에 대한 우리의 이해는 십자가가 없이는 "불완전"한가?(455-457면)

> 사랑에 빠진 연인처럼, 하나님은 우리에게 다시 그분과의 교제를 회복하도록 간청하기 위해 모든 장애물을 극복하시고, 행동을 억제하는 모든 것을 무릅쓰시고, 모든 방해를 이겨 내셨다. (457면)

4. "우리는 하늘에 계신 우리 아버지가 우리를 사랑하시는 것과 우리를 용서해 주실 것을 당연하게 여긴다. 마치 그것이 세상에서 가장 예측 가능한 일이며 아무런 어려움이나 대가 없이 일어날 수 있기라도 하듯이 말이다"(458면). 이렇게 생각하는 것이 왜 잘못인가? 하나님의 사랑이 우리의 죄를 다루는 방식에 대해 무엇을 더 말해야 하는가?
5. "요한은 우리가 구속을 이해하는 데 특별한 공헌"을 하는데, 그것은 무엇인가?(461면)
6. 그리스도가 "세상의 구주"(4:14)라고 말하면서, 어떻게 우리는 "모든 사람이 자동으로 그리스도로 구원을 받는다고 말하는 것은 아니다"라고 확신할 수 있는가?(463면) 그렇다면 그는 무엇을 말하는 것인가?
7. "십자가는 하나님이 우리를 사랑하신다는 것을 단언할 뿐 아니라, 이번에

는 우리가 다른 사람들을 사랑해야만 한다고 주장한다"(464면). 왜 그런가? 그것은 당신에게 실제로 어떻게 이루어지는가?

> 하나님을 알면서 사랑의 삶을 사는 데 실패하는 것은 불가능하다. (465면)

8. 사랑은 어떤 면에서 "강력한 전도와 변증의 도구"(466면)인가? 당신은 이것을 어떻게 체험했는가?
9. 하나님의 사랑이 우리를 통해 나타날 뿐 아니라 "우리 안에 온전히 이루어지느니라"(4:12)라는 것에서 놀라운 점은 무엇인가? 이것은 어떤 "하나님 백성의 영적인 삶을 위한 실제적 함축"을 시사하는가?(466-469면)
10. "요한이 이 서신서에서 반대하는 것과 비슷한 가르침은 수시로 교회를 괴롭힌다"(468면). 이에 대한 어떤 예를 생각할 수 있는가? 이것은 기독교 가르침의 진실성을 평가하는 어떤 시험 기준을 제시하는가?

18장 어린 양이 합당하도다(요한계시록 5:1-14) (471-493면)

1. 요한계시록은 어떤 면에서 '그리스도의 십자가에 대한 성경의 가르침에 어울리는 절정'인가?(471면)
2. 요한계시록 5장에 나타나는 죽임당한 어린 양의 '비범한' 이미지란 무엇인가?(474-478면)
3. 어린 양이 "보좌…사이"(5:6)에 계신다는 사실은 무엇을 암시하는가?(476-477면)
4. 어린 양의 그림이 주는 '분명'한 메시지는 무엇인가?(477-478면)

> 구약이 메시아의 승리 혹은 하나님의 원수를 타도하는 것에 대해 말할 때마다, 우리는 복음이 십자가의 길 외에는 이러한 목적들을 수행하는 다른 방법을 인정하지 않는다는 것을 기억해야 한다. (조지 케어드, 478면)

5. 어린 양의 은유를 바라보는 주요한 두 가지 방법이란 무엇인가? 그중 어느 것이 요한의 환상의 배경으로 더 어울리는가?(478-481면)

6. 두루마리의 인을 떼는 것은 무엇을 상징하는가? 왜 어린 양만이 그 일을 하기에 합당하신가?(481-483면)

7. "십자가에서 흘리신 그리스도의 피는 그들을 자유롭게 했을 뿐만 아니라, 하나님을 위해 그들을 샀다"(482면). 이 문장은 당신에게 어떤 의미가 있는가?

8. 하늘의 예배는 그리스도의 십자가에 관해 무엇을 드러내는가?(486-493면)

9. 예배자들이 어린 양에게 드리는 일곱 가지 환호의 '깊은 뜻'은 무엇인가?(489-492면)

10. 죽임당한 어린 양의 이미지는 왜 그리스도가 십자가에서 이루신 사역을 요약하는 적절한 비유가 되는가?(492-493면)

참고 도서

Alexander, T. D., "The Passover sacrifice", in Beckwith and Selman (eds.), *Sacrifice in the Bible*, pp. 1-24. 『성경에 나타난 제사법 연구』(그리심).

Anderson, A. A., *The Book of Psalms*, NCB 1 (Marshall, Morgan and Scott, 1972).

Arnold, Clinton, *The Colossian Syncretism* (Mohr, 1995).

_____, *Powers of Darkness* (IVP, 1992).

Aulén, Gustaf, *Christus Victor* (SPCK, 1931). 『승리자 그리스도』(정경사).

Aune, David, *Revelation 1-5*, WBC (Word, 1997). 『WBC 성경주석: 요한계시록(상)』(솔로몬).

Baillie, D. M., *God was in Christ: An Essay on the Incarnation and the Atonement* (1956; Faber and Faber, 1961). 『그리스도론』(대한기독교서회).

Baldwin, Joyce, *The Message of Genesis 12-50*, BST (IVP, 1986).

Barnett, Paul, *The Second Epistle to the Corinthians*, NICNT (Eerdmans, 1997). 『NICNT 고린도후서』(부흥과개혁사).

Barrett, C. K., *The First Epistle to the Corinthians*, BNTC (A. and C. Black, 1968). 『국제성서주석: 고린도전서』(한국신학연구소).

_____, *The Second Epistle to the Corinthians*, BNTC (A. and C. Black, 1973). 『국제성서주석: 고린도후서』(한국신학연구소).

Bauckham, Richard, and Hart, Trevor, *At the Cross: Meditations on People who were There* (Darton, Longman and Todd, 1999). 『십자가에서』(터치북스).

Beasley-Murray, George R., *John*, WBC (Word, 1987). 『WBC성경주석: 요한복음』(솔로몬).

_____, *The Book of Revelation*, NCB (Oliphants, 1974).

Beckwith, Roger T., and Selman, Martin J. (eds.), *Sacrifice in the Bible* (Paternoster, 1995). 『성경에 나타난 제사법 연구』(그리심).

Blomberg, Craig L., *The Historical Reliability of Gospels* (IVP, 1987). 『복음서의 역사적 신빙성』(솔로몬).

_____, *Matthew*, NAC (Broadman, 1992).

Boice, James M., and Ryken, Philip G., *The Heart of the Cross* (Crossway, 1999).

Boring, M. Eugene, *Revelation*, IBC (John Knox, 1989). 『요한계시록』(한국장로교출판사).

Brown, Raymond, "The saving message of the cross", in Porter (ed.), *The Cross and the Crown*, pp. 55-122.

Brown, Raymond E., *The Death of the Messiah*, 2 vols. (Geoffrey Chapman, 1994). 『앵커바이블 메시아의 죽음 1-2』(기독교문서선교회).

_____, *The Gospel According to John* 2, AB (Doubleday, 1970). 『앵커바이블 요한복음 2』(기독교문서선교회).

Bruce, F. F., *Commentary on the Epistles of Ephesians and Colossians*, NICNT (Eerdmans, 1957). 『뉴인터내셔널성경주석: 갈라디아서·골로새서·에베소서』(생명의말씀사).

_____, *1 and 2 Corinthians*, NCB (1971; Marshall, Morgan and Scott, 1980).

_____, *The Epistle to the Hebrews*, NICNT (Marshall, Morgan and Scott, 1964). 『뉴인터내셔널성경주석: 히브리서』(생명의말씀사).

Brueggemann, Walter, *Genesis*, IBC (John Knox, 1982). 『현대성서주석: 창세기』(한국장로교출판사).

_____, *Theology of the Old Testament* (Fortress, 1997). 『구약신학』(기독교문서선교회).

Burridge, Richard, *Four Gospels, One Jesus? A Symbolic Reading* (SPCK, 1994). 『복음서와 만나다』(비아).

Caird, G. B., *The Revelation of St John the Divine*, BNTC (A. and C. Black, 1966). 『요한계시록』(총회개혁신학출판부).

Calvin, John, *A Commentary on Genesis* (ET Banner of Truth, 1965). 『구약성경주석: 창세기 I, II』(성서교재간행사).

_____, *The Gospel According to St John* 2 (ET St Andrew Press, 1961).

Carroll, John T., and Green, Joel B. (eds.), *The Death of Jesus in Early Christianity* (Hendrickson, 1995).

Carson, D. A., *The Cross and Christian Ministry: An Exposition of Passages from 1 Corinthians* (IVP, 1993). 『엑스포지터스주석: 마태복음』(기독지혜사).

_____, *The Gospel According to John* (IVP, 1991).

_____, "Matthew", in EBC 8 (Zondervan, 1984).

Clings, David J. A., *I, He, We, They: A Literary Approach to Isaiah 53* (JSOT Press, 1976).

Clowney, Edmund P., *The Message of 1 Peter*, BST (IVP, 1988). 『베드로전서』(IVP).

Cole, Alan, *Exodus*, TOTC (Tyndale Press, 1973). 『틴데일구약주석: 출애굽기』(기독교문서선교회).

Craigie, Peter C., *Psalms 1-50*, WBC (Word, 1983). 『WBC성경주석: 시편 상』(솔로몬).

Cranfield, C. E. B., *The Gospel According to Mark*, CGTC (Cambridge University Press, 1963).

_____, *Romans* 1, ICC (T. and T. Clark, 1975). 『국제비평주석: 로마서 1』(한국신학연구소).

Creed, J. M., *The Gospel According to St Luke* (Macmillan, 1930).

Demarest, Gary W., *Leviticus*, CC (Word, 1990).

Denney, James, *The Death of Christ*, ed. R. V. G. Tasker (1902; Tyndale Press, 1951).

Dodd, C. H., *The Epistle of Paul to the Romans* (1932; Fontana, 1959).

Dray, Stephen, *Exodus*, CBG (Crossway, 1993).

Dunn, James D. G., *The Epistle to the Colossians and to Philemon*, NIGTC (Paternoster, 1996).

_____, *Romans 1-8*, WBC (Word, 1988). 『WBC성경주석: 로마서(상) 1-8』(솔로몬).

Durham, John I., *Exodus*, WBC (Word, 1987). 『WBC성경주석: 출애굽기』(솔로몬).

Eaton, Michael, *1, 2, 3 John* (Christian Focus Publications, 1996).

Ellingworh, Paul, *The Epistle to the Hebrews*, NIGTC (Paternoster, 1993).

Ellison, H. L., *Exodus*, DSB (St Andrew Press, 1982). 『바클레이패턴주석: 창세기』(기독교문사).

Fee, Gordon D., *Paul's Letter to the Philippians*, NICNT (Eerdmans, 1995).

_____, *Philippians*, NTCS (IVP, 1999).

_____, *The First Epistle to the Corinthians*, NICNT (Eerdmans, 1987). 『NICNT 고린도전서』(부흥과개혁사).

Fiddes, Paul S., *Past Event and Present Salvation: The Christian Idea of Atonement* (Darton, Longman and Todd, 1989).

Forsyth, P. T., *The Cruciality of the Cross* (1909; Paternoster, 1997).

France, R. T., *Jesus and the Old Testament* (1971; Baker, 1982).

_____, *Matthew*, TNTC (IVP, 1985).

_____, *Matthew: Evangelist and Teacher* (Paternoster, 1989). 『마태신학』(엠마오).

Fretheim, Trence E., *Exodus*, IBC (John Knox, 1991). 『현대성서주석: 출애굽기』(한국장로교출판사).

George, Timothy, *Galatians*, NAC (Broadman and Holman, 1994).

Gibson, John C. L., *Genesis 2*, DSB (St Andrew Press, 1982). 『바클레이패턴주석: 창세기』(기독교문사).

Goldingay, John, *God's Prophet, God's Servant: A Study in Jeremiah and Isaiah 40-55* (Paternoster, 1984).

_____, "Old Testament sacrifice and the death of Christ", in Goldingay (ed.), *Atonement Today*, pp. 3-20.

_____, "Your iniquities have made a separation between you and your God", in Goldingay (ed,), pp, 39-53.

_____ (ed.), *Atonement Today* (SPCK, 1995).

Gordon, James M., *Evangelical Spirituality: From the Wesleys to John Stott* (SPCK, 1991). 『복음주의 영성』(기독교문서선교회).

Green, Joel B., "The death of Christ", in *DPL*, pp. 201-209.

_____, "The death of Jesus and the ways of God: Jesus and the Gospels on Messianic status and shameful suffering", *Int* 52 (1998), pp. 24-37.

_____, *The Gospel of Luke*, in NICNT (Eerdmans, 1997). 『NICNT 누가복음』(부흥과개혁사).

Greidanus, Sidney, *Preaching Christ from the Old Testament* (Eerdmans, 1999). 『구약의 그리스도, 어떻게 설교할 것인가』(이레서원).

Grudem, Wayne, *1 Peter*, TNTC (IVP, 1998).

Guillebaud, H. E., *Why the Cross?* (IVF, 1937).

Gundry, Robert H., *Mark: A Commentary on his Apology for the Cross* (Eerdmans, 1993).

_____, *Matthew: A Commentary on his Literary and Theological Art* (Eerdmans, 1982).

Gunton, Colin, *The Actuality of the Atonement: A Study in Metaphor, Rationality and the Christian Tradition* (T. and T Clark, 1988).

Hagner, Donald A., *Matthew 1-13*, WBC (Word, 1993). 『WBC성경주석: 마태복음 상』(솔로몬).

Hanson, A. T., *The Wrath of the Lamb* (SPCK, 1959).

Hanson, Paul D., *Isaiah 40-66*, IBC (John Knox, 1995).

Harison, R. K., *Leviticus*, TOTC (IVP, 1980). 『틴데일구약주석: 레위기』(기독교문서선교회).

Hartley, John E., *Leviticus*, WBC (Word, 1992). 『WBC 성경주석: 레위기』(솔로몬).

Hawthorne, Gerald F., *Philippians*, WBC (Word, 1983). 『WBC성경주석: 빌립보서』(솔로몬).

Hengel, Martin, *The Atonement: The Origin of the Doctrine in the New Testament* (1980: ET SCM, 1981). 『신약성서의 속죄론』(대한기독교서회).

Hooker, Morna D., *Not Ashamed of the Gospel: New Testament Interpretations of the Death of Chris t*(Paternoster, 1994).

_____, *The Message of Mark* (Epworth, 1983).

Hughes, Philip Edgcumbe, *The Book of Revelation* (IVP, 1990). 『요한계시록 주석』(여수룬).

_____, *A Commentary on the Epistle to the Hebrews* (Eerdmans, 1977). 『반즈성경주석: 히브리서 상, 하』(크리스챤서적).

_____, *Paul's Second Epistle to the Corinthians*, NICNT (Marshall, Morgan and

Scott, 1961). 『뉴인터내셔널성경주석: 고린도후서』(생명의말씀사).

Hyatt, J. P., *Exodus*, NCB (1971: Marshall, Morgan and Scott, 1980).

Jackman, David, *The Message of John's Letters*, BST (IVP, 1988). 『요한서신』(IVP).

Jenson, Philip P., *Graded Holiness: A Key to the Priestly Conception of the World* (JSOT Press, 1992). 『거룩의 등급』(목양).

_____, "The Levitical sacrificial system", in Beckwith and Selman (eds.), *Sacrifice in the Bible*, pp. 25-40. 『성경에 나타난 제사법 연구』(그리심).

Kaiser, Walter C., "Exodus", in EBC 2 (Zondervan, 1990).

Kidner, Derek, *Genesis*, TOTC (IVP, 1967). 『틴데일구약주석: 창세기』(기독교문서선교회).

_____, *Psalms* 1-72, TOTC (IVP, 1973).

Lane, William L., *The Gospel of Mark*, NICNT (Eerdmans, 1974). 『뉴인터내셔널성경주석: 마가복음 상, 하』(생명의말씀사).

_____, *Hebrews 1-8*, WBC (Word, 1991). 『WBC 성경주석: 히브리서(상) 1-8』(솔로몬).

Levenson, Jon D., *The Death and Resurrection of the Beloved Son* (Yale University Press, 1993).

Levine, Baruch, *Leviticus*, TCS (Jewish Publication Society, 1989).

Lindars, Barnabas, *The Theology of the Letter to the Hebrews* (Cambridge University Press, 1991). 『히브리서 신학』(한들출판사).

Lloyd-Jones, D, Martyn, *Romans: An Exposition of Chapters 3.20-4.45, Atonement and Justification* (Banner of Truth, 1970). 『로마서 강해 1: 속죄와 칭의』(기독교문서선교회).

Long, Thomas G., *Hebrews*, IBC (John Knox, 1997). 『현대성서주석: 히브리서』(한국장로교출판사).

Longenecker, Richard N., *Galatians*, WBC (Word, 1990). 『WBC 성경주석: 갈라디아서』(솔로몬).

McGrath, Alister E., *The Enigma of the Cross* (1987; Hodder and Stoughton, 1996). 『십자가로 돌아가라』(생명의말씀사).

McIntyre, John, *The Shape of Soteriology* (T. and T. Clark, 1992).

Marshall, I. Howard, *The Gospel of Luke*, NIGTC (Paternoster, 1978). 『국제성서주

석: 누가복음 1, 2』(한국신학연구소).

_____, *The Epistles of John*, NICNT (Eerdmans, 1987).

_____, *1 Peter*, NTCS (IVP, 1991).

Martin, Ralph P., *2 Corinthians*, WBC (Word, 1986). 『WBC 성경주석: 고린도후서』(솔로몬).

_____, *Reconciliation: A Study in Paul's Theology* (Marshall, Morgan and Scott, 1981).

Mays, James L., *Psalms*, IBC (John Knox, 1994). 『현대성서주석』(한국장로교출판사).

Michaels, J. Ramsey, *1 Peter*, WBC (Word, 1988). 『WBC 성경주석: 베드로전서』(솔로몬).

Milgrom, Jacob, *Leviticus 1-16*, AB (Doubleday, 1991).

Milne, Bruce, *The Message of John*, BST (IVP, 1993). 『요한복음』(IVP).

Moberly, R. W. L., "Christ as the key to the scripture: Genesis 22 reconsidered", in R. S. Hess, P. E. Satterthwaite and G. J. Wenham (eds.), *He Swore an Oath: Biblical Themes from Genesis 12-50* (Tyndale House, 1993) pp. 143-173.

Moltmann, Jürgen, *The Crucified God* (1973; ET SCM, 1974). 『십자가에 달리신 하나님』(대한기독교서회).

Moo, Douglas, *Romans 1-8*, WEC (Moody, 1991).

Morris, Leon, *The Apostolic Preaching of the Cross* (1955: Tyndale Press, 1965).

_____, *The Atonement: Its Meaning and Significance* (IVP, 1983). 『속죄의 의미와 중요성』(생명의말씀사).

_____, *The Cross in the New Testament* (Paternoster, 1965). 『신약의 십자가』(기독교문서선교회).

_____, *The Cross of Jesus* (Paternoster, 1988). 『그리스도의 십자가』(바이블리더스).

_____, *The Epistle to the Romans* (IVP, 1988).

_____, *The Gospel According to John*, NICNT (Eerdmans, 1971). 『인터내셔널성경주석: 요한복음 상, 하』(생명의말씀사).

Motyer, Alec, *Isaiah*, TOTC (IVP, 1999).

_____, *The Prophecy of Isaiah* (IVP, 1993). 『이사야 주석』(솔로몬).

Moule, Handley C. G., *The Epistle of St Paul to the Romans*, EB (Hodder and

Stoughton, 1894).

Mounce, Robert H., *The Book of Revelation*, NICNT (Eerdmans, 1977). 『뉴인터내셔널성경주석: 요한계시록』(생명의말씀사).

Nolland, John, *Luke* 3:18:35-24:53, WBC (Word, 1993). 『WBC 성경주석: 누가복음(하) 18:35-24:53』(솔로몬).

Noordtzij, A., *Leviticus*, BSC (Zondervan, 1982). 『반즈성경주석: 레위기』(크리스챤서적).

North, Christopher R., *The Second Isaiah* (Oxford, 1964).

_____, *The Suffering Servant in Deutero-Isaiah* (1948; Oxford University Press, 1956).

O'Brien, Peter T., *Colossians, Philemon*, WBC (Word, 1982). 『WBC 성경주석: 골로새서·빌레몬서』(솔로몬).

_____, *Commentary on Philippians*, NIGTC (Eerdmans, 1991).

_____, *The Letter to the Ephesians* (Apollos, 1999).

Packer, J. I., *Knowing God* (Hodder and Stoughton, 1973). 『하나님을 아는 지식』(IVP).

_____, *A Passion for Holiness* (Crossway, 1992).

_____, "What did the cross achieve?", in *Celebrating the Saving Work of God: The Collected Shorter Writings of J. I. Packer* 1 (Paternoster, 1998), pp. 85-123. Originally delivered as the Tyndale Biblical Theology Lecture at Tyndale House, Cambridge, 1973, and published in *Tyndale Bulletin* 25 (1974), pp. 1-43.

Pickett, Raymond, *The Cross in Corinth: The Social Significance of the Death of Jesus* (Sheffield Academic Press, 1997).

Porter, David (ed.), *The Cross and the Crown* (OM Publishing, 1992).

Rad, Gerhard von, *Genesis*, OTL (1961; ET SCM, 1972). 『국제성서주석: 창세기』(한국신학연구소).

Sailhamer, John H., "Genesis", in EBC 2 (Zondervan, 1990).

Sawyer, John F. A., *Isaiah* 2, DSB (St Andrew Press, 1986). 『바클레이패턴주석: 이사야』(기독교문사).

Seifrid, M. A., "Death of Christ", in R. P. Martin and P. H. Davids (eds.),

Dictionary of the Later New Testament and its Developments (IVP, 1997), pp. 267-287.

Senior, Donald, *The Passion Narrative According to Matthew: A Redactional Study* (Leuven University Press, 1975).

_____, *The Passion of Jesus in the Gospel of John* (Michael Glazier, 1991). 『요한이 전하는 예수의 고난』(분도출판사).

_____, *The Passion of Jesus in the Gospel of Luke* (Michael Glazier, 1989). 『루카가 전하는 예수의 고난』(분도출판사).

_____, *The Passion of Jesus in the Gospel of Mark* (Michael Glazier, 1984). 『마르코가 전하는 예수의 고난』(분도출판사).

Smail, Tom, "The cross and the Spirit", in Tom Smail, Andrew Walker and Nigel Wright, *Charismatic Renewal: The Search for a New Theology* (SPCK, 1993).

_____, *Once and for All: A Confession of the Cross* (Darton, Longman and Todd, 1998).

_____, *Windows on the Cross* (Darton, Longman and Todd, 1995).

Spurgeon, C. H., *Sermons on the Blood and Cross of Christ*, ed. C. T. Cook (Marshall, Morgan and Scott, 1961).

Stein, Robert H., *Luke*, NAC (Broadman, 1992).

Stibbs, A. M., *The Meaning of the word 'Blood' in Scripture* (Theological Students Fellowship, 1954).

_____, *The First Epistle General of Peter*, TNTC (Tyndale Press, 1959). 『틴데일신약주석: 베드로전서』(기독교문서선교회).

Stott, John R. W., *The Cross of Christ* (IVP, 1986). 『그리스도의 십자가』(IVP).

_____, *The Epistles of John*, TNTC (IVP, rev. ed. 1988). 『틴데일신약주석: 요한서신서』(기독교문서선교회).

_____, *The Message of Romans*, BST (IVP, 1994). 『로마서』(IVP).

Sweet, John, *Revelation*, PC (SCM, 1979).

Tomlin, Graham, *The Power of the Cross* (Paternoster, 1999).

Wallace, Ronald, *The Atoning Death of Christ* (Marshall, Morgan and Scott, 1981).

Watts, John D. W., *Isaiah 34-66*, WBC (Word, 1987).『WBC성경주석: 이사야(상) 1-33』(솔로몬).

Webb, Barry, *The Message of Isaiah*, BST (IVP, 1996).

Weiser, Artur, *The Psalms*, OTL (1959: ET SCM, 1962).『국제성서주석: 시편』(한국신학연구소).

Wenham, Gordon, *Genesis 16-50*, WBC (Word, 1994).『WBC성경주석: 창세기 하』(솔로몬).

_____, *The Book of Leviticus*, NICOT (Hodder and Stoughton, 1979).『NICOT 레위기』(부흥과개혁사).

Westermann, Claus, *Genesis 12-36* (Augsburg, 1985).

_____, *Isaiah 40-66*, OTL (1966: ET SCM, 1969).『이사야 3』(한국신학연구소).

Whybray, R. N., *Isaiah 40-66*, NCB (1975: Marshall, Morgan and Scott, 1981).

Witherington Ⅲ, Ben, *Conflict and Community in Corinth: A Socio-Rhetorical Commentary on 1 and 2 Corinthians* (Paternoster, 1995).

Wright, N. T., *The Challenge of Jesus* (SPCK, 2000).『예수의 도전』(성서유니온선교회).

_____, *Colossians*, TNTC (IVP, 1986).

_____, *The Crown and the Fire: Meditations on the Cross and the Life of the Spirit* (Eerdmans, 1992).『십자가를 향하여』(말씀사랑학사원).

_____, *Jesus and the Victory of God* (SPCK, 1996).『예수와 하나님의 승리』(CH북스).

_____, *What Saint Paul Really Said* (Lion, 1997).『톰 라이트 바울의 복음을 말하다』(에클레시아북스).

Wright, N. T., and Borg, Marcus, *The Meaning of Jesus: Two Visions* (SPCK, 1999).『예수의 의미』(한국기독교연구소).

지은이 데릭 티드볼(Derek Tidball)은 영국 침례교단(Baptist Union of Great Britain)의 회장을 역임했고, 런던 바이블 칼리지(London Bible College)에서 학장으로 재직했으며 버캄스테드와 플리무스에 있는 교회들에서 목회 활동을 했다. 저서로는 *Skilful Shepherds*와 *Builders and Fools* 등이 있으며, BST 주제별 성경 강해 시리즈의 책임 편집자다.

옮긴이 정옥배는 외국어대학교 서반아어과를 졸업하고 IVP 간사를 역임했다. 합동신학대학원대학교, 미국 웨스트민스터 신학교, 풀러 신학교에서 공부했다. 현재 전문번역가로 활동 중이다. 옮긴 책으로『신명기』,『여호수아』,『누가복음』,『로마서』,『에베소서』,『베드로전서』 등의 BST 시리즈,『비교할 수 없는 그리스도』,『진정한 기독교』,『하나님을 아는 지식』,『사랑 연습』(이상 IVP) 등 다수가 있다.

십자가

초판 발행_ 2003년 3월 19일
초판 5쇄_ 2009년 1월 15일
개정판 발행_ 2022년 10월 11일

지은이_ 데릭 티드볼
옮긴이_ 정옥배
펴낸이_ 정모세

펴낸곳_ 한국기독학생회출판부
등록번호_ 제2001-000198호(1978.6.1)
주소_ 04031 서울시 마포구 동교로 156-10
대표 전화_ (02)337-2257 팩스_ (02)337-2258
영업 전화_ (02)338-2282 팩스_ 080-915-1515
홈페이지_ http://www.ivp.co.kr 이메일_ ivp@ivp.co.kr
ISBN 978-89-328-1963-1
ISBN 978-89-328-1962-4 (세트)

ⓒ 한국기독학생회출판부 2003, 2022

책값은 뒤표지에 있습니다.
무단 전재와 복제를 금합니다.